Boothe
Riecher-Rössler

Frauen in Psychotherapie

Mit Beiträgen von

Wolfgang Aichhorn
Valentina Albertini
Judith Alder
Lina Arboleda
Katharina Behrens
Martina Belz
Esther Biedert
Johannes Bitzer
Margarete Bolten
Brigitte Boothe
Ada Borkenhagen
Eva-Lotta Brakemeier
Marion Breiter
Anna Buchheim
Iris Tatjana Calliess
Almut Dorn
Andrea Ebbecke-Nohlen
Irina Franke
Jens Gaab

Hana Gerber
Gertraude Hagmann
Ernst Hermann
Rebecca Hermann
Elian Hürlimann
Anette Kersting
Frank Köhnlein
Eva Marie Krebs-Roubicek
Helmut Kronberger
Christine Kühner
Franziska Lamott
Astrid Lampe
Simone Munsch
Bernd Nitzschke
Elisabeth Nyberg
Ilka Quindeau
Luise Reddemann
Hertha Richter-Appelt

Anita Riecher-Rössler
Astrid Riehl-Emde
Anke Rohde
Barbara Rost
Marcel Schär
Sabine Scheffler
Günter Schiepek
Elisabeth Schramm
Guido Strunk
Bert te Wildt
Igor Tominschek
Sibil Tschudin
Agnes von Wyl
Birgit Wagner
Marc Walter
Beate Wimmer-Puchinger
Tewes Wischmann
Melanie Wollenschein

Frauen in Psychotherapie

Grundlagen – Störungsbilder – Behandlungskonzepte

Herausgegeben von
Brigitte Boothe
Anita Riecher-Rössler

Unter Mitarbeit von
Lina Arboleda

Mit einem Geleitwort von
Wolfgang Mertens

Mit 22 Abbildungen und 17 Tabellen

Prof. em. Dr. phil. Dipl.-Psych. Brigitte Boothe
Universität Zürich
Psychologisches Institut
Klinische Psychologie, Psychotherapie und Psychoanalyse
Binzmühlestrasse 14/16, CH-8050 Zürich
b.boothe@psychologie.uzh.ch

Prof. Dr. med. Anita Riecher-Rössler
Universitäre Psychiatrische Kliniken (UPK) Basel
Zentrum für Gender Research und Früherkennung
c/o Universitätsspital Basel
Petersgraben 4, CH-4031 Basel
Anita.Riecher@upkbs.ch

Bibliografische Information der Deutschen Nationalbibliothek
Die Deutsche Nationalbibliothek verzeichnet diese Publikation in der Deutschen Nationalbibliografie; detaillierte bibliografische Daten sind im Internet über http://dnb.d-nb.de abrufbar.

Besonderer Hinweis
Die Medizin unterliegt einem fortwährenden Entwicklungsprozess, sodass alle Angaben, insbesondere zu diagnostischen und therapeutischen Verfahren, immer nur dem Wissensstand zum Zeitpunkt der Drucklegung des Buches entsprechen können. Hinsichtlich der angegebenen Empfehlungen zur Therapie und der Auswahl sowie Dosierung von Medikamenten wurde die größtmögliche Sorgfalt beachtet. Gleichwohl werden die Benutzer aufgefordert, die Beipackzettel und Fachinformationen der Hersteller zur Kontrolle heranzuziehen und im Zweifelsfall einen Spezialisten zu konsultieren. Fragliche Unstimmigkeiten sollten bitte im allgemeinen Interesse dem Verlag mitgeteilt werden. Der Benutzer selbst bleibt verantwortlich für jede diagnostische oder therapeutische Applikation, Medikation und Dosierung.
In diesem Buch sind eingetragene Warenzeichen (geschützte Warennamen) nicht besonders kenntlich gemacht. Es kann also aus dem Fehlen eines entsprechenden Hinweises nicht geschlossen werden, dass es sich um einen freien Warennamen handelt.
Das Werk mit allen seinen Teilen ist urheberrechtlich geschützt. Jede Verwertung außerhalb der Bestimmungen des Urheberrechtsgesetzes ist ohne schriftliche Zustimmung des Verlages unzulässig und strafbar. Kein Teil des Werkes darf in irgendeiner Form ohne schriftliche Genehmigung des Verlages reproduziert werden.

© 2013 by Schattauer GmbH, Hölderlinstraße 3, 70174 Stuttgart, Germany
E-Mail: info@schattauer.de
Internet: www.schattauer.de
Printed in Germany

Projektleitung: Alina Piasny
Lektorat: Dipl.-Psych. Mihrican Özdem, Landau
Umschlagabbildung: Amedeo Modigliani, Bildnis Jeanne Hébuterne, 1918
Umschlaggestaltung: Medienfabrik GmbH, Stuttgart, www.medienfabrik-gmbh.com
Satz: Satzpunkt Ursula Ewert GmbH, Bayreuth
Druck und Einband: Himmer AG, Augsburg

ISBN 978-3-7945-2814-1

Geleitwort

Frauen in Psychotherapie, dieses von zwei sehr renommierten Forscherinnen – der emeritierten Züricher Professorin für Klinische Psychologie und Psychoanalytikerin Brigitte Boothe und der Psychiaterin, Psychoanalytikerin und Psychotherapeutin Anita Riecher-Rössler, Chefärztin an den Universitären Psychiatrischen Kliniken Basel – herausgegebene Werk ist eine umfassende Bestandsaufnahme einer Thematik, die bislang selten umfangreich bearbeitet worden ist. Zwar existierten immer schon vereinzelte Überlegungen, ob zum Beispiel bestimmte psychische Erkrankungen gehäuft bei Frauen auftreten oder ob Frauen, wenn sie bei einer Frau in Therapie sind, bevorzugte Übertragungsformationen aufweisen. Aber noch nie gab es eine derart umfassende und gründliche Darstellung der diversen Themen, fokussiert auf Frauen in Psychotherapie. Das ist umso erstaunlicher, als nicht nur der Anteil von Patientinnen in Therapien um Einiges höher ist als der von Männern, sondern auch der Beruf der Psychotherapeutin immer stärker zu einer weiblichen Berufsdomäne zu werden scheint. Dies hat vielerlei Gründe, die ebenfalls in diesem Buch zur Sprache kommen.

In nahezu allen Kapiteln ist es ein Anliegen der Autorinnen und Autoren, Leidenszustände und Krankheitsbilder als sich wandelnde historische und kulturelle Phänomene zu betrachten. Selbst der von Psychoanalytikern beschriebene doppelte Verlust, der im Rahmen der Entstehung weiblicher Geschlechtsidentität als melancholischer Prozess beim Mädchen bezeichnet worden ist, muss nicht als unverrückbar gelten; denn es wäre vorstellbar, dass der Verlust des primären mütterlichen Liebesobjekts weniger normativ gestaltet werden kann.

Neben den Erkenntnissen der zeitgenössischen Psychoanalyse finden Bindungs- und Kleinkindforschung ebenso Berücksichtigung wie kognitiv-verhaltenstherapeutische, system- und traumatherapeutische Ansätze. Da gegenwärtig jeder fünfte Bundesbürger einen Migrationshintergrund hat, über die seelische Gesundheit vor allem der weiblichen Zuwanderer aber noch viel zu wenig bekannt ist, ist es ebenfalls sehr verdienstvoll, dass die Herausgeberinnen dafür Sorge trugen, dass diesem Thema ein ausführliches Kapitel gewidmet wird.

So ist insgesamt ein sehr anregendes Werk mit vielen Perspektiven auf eine lange Zeit doch stark vernachlässigte Thematik entstanden, die es verdient, ernst genommen zu werden. Die übersichtlich gestalteten, didaktisch vorzüglich aufbereiteten Kapitel machen das Buch zu einem wirklichen Lesegenuss.

Prof. em. Dr. Wolfgang Mertens
Ludwig-Maximilians-Universität München
Fakultät für Psychologie und Pädagogik
Department Psychologie
Klinische Psychologie und Psychotherapie/
Abt. Psychoanalyse und psychodynamische Forschung

Vorwort

Das Buch *Frauen in Psychotherapie* präsentiert psychische Störungen, psychotherapeutische Angebote, Psychotherapieforschung und fallbezogenes Wissen im Genderbezug praxisgerecht und im Kontext unterschiedlicher Schulen und vermittelt praktische Handlungsoptionen.

Gendersensibilität ist ein leitender Gesichtspunkt im Zusammenhang mit den Herausforderungen lebenslanger Entwicklung, den aktuellen gesellschaftlichen Entwicklungen im Bereich Partnerschaft und Familie, Bildung und Beruf und der globalen medialen Vernetzung. Die Aufmerksamkeit gilt körperlichen Beeinträchtigungen, Besonderheiten und Einschränkungen; außerdem den psychischen Anforderungen im Zusammenhang mit Pubertät, Sexualität, Mutterschaft, Menopause und Alter. Es geht um Belastungen durch Lebensumstände, besondere Ereignisse und Herausforderungen, um Auffälligkeiten in Bezug auf Körperbild, Geschlechtsanatomie und Genderidentität. Zentral sind die Kapitel zu psychischen Störungen: des Befindens, der Leistung, der mentalen Organisation, der sozialen Integration, der sexuellen Praxis, der Konsum- und Genussregulierung. Schließlich gelangt Psychotherapie mit Frauen und ihr Entwicklungspotenzial für Männlichkeit und Weiblichkeit in den Blick.

Die intensive und immer wieder anregende Zusammenarbeit mit Frau lic. phil. Lina Arboleda bei der Konzeption, Gestaltung und kritischen Sichtung von Textentwürfen und Manuskripten war für die Entwicklung und Vollendung des Buchprojekts von größtem Wert. Frau Carmen Beer und Frau Claudine Pfister haben versiert, zuverlässig und mit großem Engagement Korrespondenz geführt, kontinuierlich Texte verwaltet und Verbesserungen angeregt. Frau Mihrican Özdem hat mit subtiler Fachkompetenz, kommunikativer Energie und nie nachlassender Initiative die Fülle der Beiträge redigiert. Frau Alina Piasny war auf Seiten des Verlags eine stets zuversichtliche, überaus hilfreiche und für die Sache begeisterte Gesprächspartnerin und Ratgeberin. Sie und Herr Dr. Wulf Bertram haben uns zu diesem Buchprojekt ermutigt. Ihnen und allen Genannten gebührt unser herzlicher Dank.

Zürich und Basel, im Januar 2013
Brigitte Boothe
Anita Riecher-Rössler

Über die Autorinnen und Autoren

PD Dr. med. Wolfgang Aichhorn
Paracelsus Medizinische Privatuniversität Salzburg
Christian-Doppler-Klinik, Universitätsklinik für Psychiatrie und Psychotherapie I
Ignaz-Harrer-Straße 79, A-5020 Salzburg
stationaerepsychotherapie@salk.at

Facharzt für Psychiatrie und Psychotherapeutische Medizin; Psychotherapeut für Katathym-Imaginative Psychotherapie. Leiter des Sonderauftrags für Stationäre Psychotherapie an der Christian-Doppler-Klinik, Paracelsus Medizinische Privatuniversität Salzburg. Arbeits- und Forschungsschwerpunkte sind Traumafolgestörungen, Angst- und Zwangsstörungen, Psychotherapie.

Dipl.-Psych. Valentina Albertini
Psychotherapeutische Praxis
Bayerische Straße 2, D-10707 Berlin
valentina.albertini@gmx.de

Psychoanalytikerin in Ausbildung; Gruppenanalytikerin. Langjährige klinische Tätigkeit mit den Schwerpunkten Abhängigkeitserkrankungen und Strukturelle Störungen. Freiberufliche Tätigkeit am Sigmund-Freud-Institut Berlin und im Café Beispiellos, Berlin (Beratungsstelle für Medien- und Glücksspielabhängige). Aufgabenschwerpunkte sind Therapie nichtstoffgebundener Abhängigkeitserkrankungen (Internetabhängigkeit, Glücksspiel) und stoffgebundener Abhängigkeiten; Mitarbeit an der Operationalisierten Psychodynamischen Diagnostik (OPD). Mitglied des Arbeitskreises OPD und des OPD-Arbeitskreises »Sucht«.

PD Dr. phil. Judith Alder
Frauenklinik Universitätsspital Basel
Gynäkologische Sozialmedizin und Psychosomatik
Spitalstrasse 21, CH-4031 Basel
judith.alder@usb.ch

Psychotherapeutin. Seit 1998 an der Frauenklinik des Universitätsspitals Basel als leitende Psychologin tätig. Privatdozentin für Psychologie an der Fakultät für Psychologie, Universität Basel. Ihre Arbeitsschwerpunkte in Praxis, Forschung und Lehre sind Psychoonkologie, Perinatal Mental Health und Sexualmedizin.

Lic. phil. Lina Arboleda
Universität Zürich
Psychologisches Institut
Klinische Psychologie, Psychotherapie und Psychoanalyse
Binzmühlestrasse 14/16, CH-8050 Zürich
l.arboleda@psychologie.uzh.ch

Fachpsychologin für Psychotherapie FSP (Föderation der Schweizer Psychologinnen und Psychologen); Master of Advanced Studies in Psychoanalytic Psychotherapy. Seit 2010 Assistentin am Lehrstuhl Klinische Psychologie, Psychotherapie und Psychoanalyse an der Universität Zürich. Dissertationsprojekt zur narrativen Beziehungsgestaltung bei Patientinnen mit einer Borderline-Persönlichkeitsstörung, betreut durch Professor Brigitte

Boothe. Davor postgraduierte (PG-)Psychologin im Psychotherapiebereich der Psychiatrischen Klinik Münsterlingen. Studium der Psychologie, Psychopathologie und Philosophie an der Universität Zürich und an der Pontificia Universidad Javeriana in Bogota, Kolumbien.

Dr. rer. biol. hum. Katharina Behrens
Medizinische Hochschule Hannover
Klinik für Psychosomatik und Psychotherapie
Carl-Neuberg-Straße 1, D-30625 Hannover
behrens.katharina@mh-hannover.de

Psychologische Psychotherapeutin (Tiefenpsychologisch fundierte Psychotherapie). Stellvertretende Leitung einer Spezialsprechstunde für Migranten. Tätigkeitsschwerpunkte sind stationäre Psychotherapie, Supervision; Forschungsschwerpunkt ist die Versorgung von Migranten in Psychiatrie und Psychosomatik.

Dr. phil. Dipl.-Psych. Martina Belz
Universität Bern
Institut für Psychologie
Klinische Psychologie und Psychotherapie
Gesellschaftsstrasse 49, CH-3012 Bern
martina.belz@psy.unibe.ch

Studium der Psychologie, Ethnologie und Archäologie. Zwischen 1977 und 1990 Tätigkeit in verschiedenen klinischen Einrichtungen. 1990 bis 2006 wissenschaftliche Mitarbeiterin am Institut für Psychologie der Universität Freiburg im Breisgau. Seit 2007 Psychotherapeutin in eigener Praxis in Bern sowie wissenschaftliche Mitarbeiterin am Institut für Psychologie der Universität Bern. Ihre Arbeits- und Interessensschwerpunkte sind Psychotherapieintegration, Emotionen in der Psychotherapie, Behandlung chronischer Depressionen, außergewöhnliche Erfahrungen, Gender und Psychotherapie.

Dr. phil. Esther Biedert
Universität Basel
Postgraduale Studiengänge in Psychotherapie
esther.biedert@unibas.ch

Verhaltenstherapeutin. Ausbildnerin innerhalb der postgraduierten Psychotherapieausbildung der Universität Basel und Dozentin an der Universität Fribourg. Arbeitsschwerpunkt sind Essstörungen.

Prof. Dr. med. Johannes Bitzer
Frauenklinik Universitätsspital Basel
Spitalstrasse 21, CH-4031 Basel
johannes.bitzer@usb.ch

Vorsteher der Frauenklinik des Universitätsspitals Basel und Ordinarius für Gynäkologie und Geburtshilfe an der Universität Basel. Präsident der European Society of Contraception und Past President der International Society of Psychosomatic Obstetrics and Gynecology sowie Mitglied in verschiedenen internationalen Expertengruppen und Advisory Boards für die Bereiche Menopause, Familienplanung und Sexologie. Spezialisierung in Gynäkologie und Geburtshilfe und Psychotherapie.

Über die Autorinnen und Autoren

Dr. rer. nat. Dipl.-Psych. Margarete Bolten
Universität Basel
Kinder- und Jugendpsychiatrische Klinik
Schanzenstrasse 13, CH-4056 Basel
margarete.bolten@upkbs.ch

Fachpsychologin für Psychotherapie FSP (Föderation der Schweizer Psychologinnen und Psychologen). Leiterin der Arbeitsgruppe Risiko- und Resilienzforschung der Forschungsabteilung der Kinder- und Jugendpsychiatrischen Klinik Basel. Forschungsinteressen sind Ätiologie, Prävention und Behandlung frühkindlicher Regulationsstörungen und Emotionsregulationsprozesse im Kontext der Eltern-Kind-Beziehung im frühen Kindesalter.

Prof. em. Dr. phil. Dipl.-Psych. Brigitte Boothe
Universität Zürich
Psychologisches Institut
Klinische Psychologie, Psychotherapie und Psychoanalyse
Binzmühlestrasse 14/16, CH-8050 Zürich
b.boothe@psychologie.uzh.ch

Psychoanalytikerin. Von 1990 bis 2013 Inhaberin des Lehrstuhls für Klinische Psychologie, Psychotherapie und Psychoanalyse am Psychologischen Institut der Universität Zürich. Ihre Arbeitsschwerpunkte sind Genderkonzepte in der Psychotherapie, psychische Gesundheit von Frauen, Erzählen in der Psychotherapie, psychodynamische und narrative Diagnostik sowie psychotherapeutische Bündnisbildung und Kooperation.

PD Dr. phil. habil. Dipl.-Psych. Ada Borkenhagen
Universität Leipzig
Department Psychische Gesundheit
Abteilung für Medizinische Psychologie und Soziologie
Philipp-Rosenthal-Straße 55, D-04103 Leipzig
Dr.Borkenhagen@web.de

Approbierte Psychologische Psychotherapeutin; Psychoanalytikerin (IPA/DPG). 2009 bis 2010 Inhaberin der Dorothea-v.-Erxleben-Gastprofessur der Universität Magdeburg. Seit 2010 Privatdozentin der Abteilung für Medizinische Psychologie und Soziologie der Universität Leipzig. Ihre Arbeitsschwerpunkte sind Weiblichkeit, Identitäts- und Persönlichkeitsstörungen, Schönheitschirurgie, chirurgische Adipositastherapie, Gen- und Reproduktionsmedizin.

Prof. Dr. rer. nat. Dipl.-Psych. Eva-Lotta Brakemeier
Psychologische Hochschule Berlin (PHB)
Am Köllnischen Park 2, D-10179 Berlin
e-l.brakemeier@psychologische-hochschule.de

Klinische Psychologin und Psychotherapeutin (Approbation in Kognitiver Verhaltenstherapie). Professorin an der Psychologischen Hochschule Berlin. Zuvor wissenschaftliche Mitarbeiterin am Universitätsklinikum Freiburg, Abteilung für Psychiatrie und Psychotherapie, dort Leiterin der Arbeitsgruppe »Stationäre Psychotherapie der Depression«; zertifizierte IPT- und CBASP-Therapeutin, -Trainerin und -Supervisorin (IPT: Interpersonelle Psychotherapie; CBASP: Cognitive Behavioral Analysis System of Psychotherapy). Ihre Arbeitsschwerpunkte sind Psychopathologie und Psychotherapie (Outcome- und

Prozessforschung) der episodischen und chronischen Depression, Nebenwirkungen von Psychotherapie, frühe traumatisierende Beziehungserfahrungen, Möglichkeiten der internetgestützten Psychotherapie.

Dr. phil. Marion Breiter
Forschungsinstitut SOFIA
Haberlgasse 54, A-1160 Wien
marion.breiter@institut-sofia.at

Psychotherapeutin. Seit 1987 Universitätslektorin für Frauen- und Genderforschung am Institut für Bildungswissenschaften der Universität Wien. Koordinatorin von internationalen Gleichstellungsprojekten im Netzwerk österreichischer Frauen- und Mädchenberatungsstellen. Ihre wichtigsten Arbeitsschwerpunkte sind feministische Psychotherapie, Gewalterfahrungen von Frauen, psychosexuelle Sozialisation, Mütter zwischen pädagogischen Ansprüchen und Alltag, Situation von Frauen mit Sinnesbehinderungen, Gleichstellungspolitik und Equal Pay.

Prof. Dr. biol. hum. Dipl.-Psych. Anna Buchheim
Universität Innsbruck
Institut für Psychologie
Klinische Psychologie II
Innrain 52, A-6020 Innsbruck
anna.buchheim@uibk.ac.at

Psychoanalytikerin DPV (Deutsche Psychoanalytische Vereinigung). Seit 2008 Inhaberin des Lehrstuhls für Klinische Psychologie II am Institut für Psychologie der Universität Innsbruck. Ihre Arbeitsschwerpunkte sind Klinische Bindungsforschung, Psychotherapieforschung, Psychoanalyse, Neurobiologie und Bildgebung.

PD Dr. med. Iris Tatjana Calliess
Medizinische Hochschule Hannover
Institut für Standardisiertes und Angewandtes Krankenhausmanagement (ISAK)
Carl-Neuberg-Straße 1, D-30657 Hannover
calliess.iris@mh-hannover.de

Ärztin und wissenschaftliche Mitarbeiterin an der Medizinischen Hochschule Hannover, Leiterin der Forschungsgruppe Interkulturelle Psychiatrie und Leiterin der Spezialsprechstunde Migration und seelische Gesundheit.

Dr. phil. Dipl.-Psych. Almut Dorn
Praxis für Gynäkologische Psychosomatik
Beselerstraße 8, D-22607 Hamburg
praxis@almutdorn.de

Verhaltenstherapeutin. 10-jährige Tätigkeit in der Universitätsfrauenklinik Bonn im Funktionsbereich Gynäkologische Psychosomatik; seit 2010 in eigener Praxis. Ihre Arbeitsschwerpunkte sind Beratung und Therapie bei unerfülltem Kinderwunsch, Psychoonkologie, psychische Belastungen rund um Schwangerschaft und Geburt sowie Beratung im Zusammenhang mit Pränataldiagnostik. Zudem Tätigkeit in der ärztlichen wie psychotherapeutischen Aus- und Weiterbildung.

Über die Autorinnen und Autoren

Dipl.-Psych. Dipl.-Übers. Andrea Ebbecke-Nohlen
hsi – Helm Stierlin Institut Heidelberg
Schloss Wolfsbrunnenweg 29, D-69118 Heidelberg
info@ebbecke-nohlen.com

Psychologische Psychotherapeutin für systemische Einzel-, Paar- und Familientherapie. Lehrtherapeutin des Helm Stierlin Instituts (hsi) und der Systemischen Gesellschaft (SG), Lehrende Supervisorin und Lehrender Coach (hsi) (SG), Gründungsvorsitzende des Helm Stierlin Instituts. Ihre Arbeitsschwerpunkte in Therapie und Lehre sind diagnosenspezifische systemische Psychotherapie, Gender, geschlechtsspezifische Fragen, Sexualität, sexueller Missbrauch, Einzel-, Paar- und Familientherapie, Supervision und Coaching.

Dr. med. Irina Franke
Universitäre Psychiatrische Kliniken (UPK) Basel
Forensisch Psychiatrische Klinik (FPK)
Wilhelm Klein-Strasse 27, CH-4012 Basel
Irina.Franke@upkbs.ch

Fachärztin für Psychiatrie und Psychotherapie mit Kognitiv-Verhaltenstherapeutischer Ausbildung; Beraterin für Ethik im Gesundheitswesen. Arbeitsschwerpunkte sind Ethik im psychiatrischen Alltag und ethische Aspekte der Beziehungsgestaltung in Psychotherapien.

Prof. Dr. phil. Jens Gaab
Universität Basel
Fakultät für Psychologie
Klinische Psychologie und Psychotherapie
Missionsstrasse 62, CH-4055 Basel
jens.gaab@unibas.ch

Fachpsychologe für Psychotherapie FSP (Föderation der Schweizer Psychologinnen und Psychologen) und Supervisor. Seit 2011 Leiter der Abteilung Klinische Psychologie und Psychotherapie und des Zentrums für Psychotherapie, Fakultät für Psychologie, Universität Basel. Arbeits- und Interessensschwerpunkte sind Psychotherapieforschung, Psychobiologie und Somatopsychologie sowie Placebo und Nocebo.

Lic. phil. Hana Gerber
Luzerner Psychiatrie, Klinik St. Urban
Stationäre Dienste
Schafmattstrasse 1, CH-4915 St. Urban
hana.gerber@lups.ch

Psychologin. Psychologiestudium an der Universität Bern, Abschluss 2008. 2009 Forschungsjahr am Lehrstuhl für Klinische Psychologie der Universität Zürich, danach wissenschaftliche Tätigkeit an den Universitären Psychiatrischen Kliniken (UPK) Basel im Rahmen eines Projektes des Schweizerischen Nationalfonds (SNF), Schwerpunkt: Heroinabhängigkeit. Seit 2012 klinische Psychologin im stationären Setting und Psychotherapeutin in Weiterbildung bei der Akademie für Verhaltenstherapie und Methodenintegration (AIM).

Dr. med. Gertraude Hagmann
Klinik Schützen Rheinfelden
Psychosomatik, Psychiatrie, Psychotherapie
Bahnhofstrasse 19, CH-4310 Rheinfelden
gertraude.hagmann@klinikschuetzen.ch

Ärztin für Gynäkologie und Geburtshilfe; Psychotherapeutin; Sexualmedizin. Bis 2001 in Klinik und Praxis frauenärztlich tätig. Ab 2001 sexualmedizinische Weiterbildungen. Ab 2002 psychotherapeutische Ausbildung, 2008 Erlangung der Zusatzbezeichnung fachgebundene Psychotherapie. 2002 bis 2007 Klinik Kinzigtal (Psychosomatik und Psychotherapeutische Medizin) mit Schwerpunkt gynäkologische Psychosomatik. Seit 2007 in der Klinik Schützen tätig. Arbeitsschwerpunkte sind Einzel- und Gruppentherapie (Frauentherapiegruppe, gemischte Abteilungsgruppe, Spezialgruppe Sexualmedizin).

PD Dr. phil. Ernst Hermann
Praxis am Claraplatz
Claragraben 78, CH-4058 Basel
e-k-hermann@praxis-am-claraplatz.net

Verhaltenstherapeut. 2000 bis 2011 Mitglied der Klinikleitung der Psychiatrischen Klinik Meissenberg. Seit 1994 Leiter einer Praxis für Diagnostik, Therapie und Begutachtung. Privatdozent an der Universität Basel und Dozent an der Universität Fribourg. Schwerpunkte sind depressive Störungen und Schlafstörungen.

Rebecca Hermann, BSc
Allmendstrasse 10, CH-4116 Metzerlen

Bachelor of Science an der Universität Basel und Studentin im Masterstudium. Inhaltlicher Schwerpunkt ist der Zusammenhang zwischen Sport, psychischem Befinden und psychischer Gesundheit.

Lic. phil. Elian Hürlimann
Praxis Am Hirschengraben
Hirschengraben 13, CH-6003 Luzern
elian.huerlimann@psychologie.ch

Fachpsychologin für Psychotherapie. 2005 bis 2011 Tätigkeit als Psychologin und Psychotherapeutin in Ausbildung an der Psychiatrischen Klinik Meissenberg, Zug. Seit 2011 delegierte Tätigkeit als Psychotherapeutin in privater Praxis; Doktorandin an der Universität Zürich. Schwerpunkt sind depressive Störungen.

Prof. Dr. med. Anette Kersting
Universitätsklinikum Leipzig
Klinik und Poliklinik für Psychosomatische Medizin und Psychotherapie
Semmelweisstraße 10, Haus 13, D-04103 Leipzig
anette.kersting@medizin.uni-leipzig.de

Fachärztin für Psychosomatische Medizin; Psychoanalytikerin (DGPT); Ausbildungen in Systemischer Therapie, Interpersoneller Psychotherapie, Traumatherapie. Direktorin der Klinik und Poliklinik für Psychosomatische Medizin und Psychotherapie, Lehrstuhl für Psychosomatische Medizin, Universitätsklinikum Leipzig. Leiterin des Gender-Referates der DGPPN; wissenschaftliche Leitung der Langeooger Psychotherapiewoche. Arbeitsschwerpunkte sind Psychotherapieforschung, Internettherapie, Emotionsforschung, Verluste und Trauer, Peripartale Störungen.

Dr. med. Frank Köhnlein
Universitäre Psychiatrische Kliniken (UPK) Basel
Kinder- und Jugendpsychiatrische Klinik
Schaffhauserrheinweg 55, CH-4058 Basel
Frank.Koehnlein@upkbs.ch

Stellvertretender Oberarzt Kinder- und Jugendpsychiatrische Klinik (KJPK) Basel. Interessens- und Arbeitsschwerpunkte sind Liaison- und Konsiliarpsychiatrie in der Pädiatrie, psychosomatische Erkrankungen im Kindes- und Jugendalter, psychiatrisch-psychotherapeutische Arbeit in der Jugendhilfe, Provokative Therapie in der Jugendpsychiatrie und Kinderschutz.

Dr. med. Eva Marie Krebs-Roubicek
Praxis für Psychiatrie Rehalp
Forchstrasse 364, CH-8008 Zürich
eva.krebs-roubicek@bluewin.ch

Fachärztin für Psychiatrie und Psychotherapie FMH (Verbindung der Schweizer Ärztinnen und Ärzte) mit Schwerpunkt Alterspsychiatrie und Alterspsychotherapie. Bis 2008 Leiterin der Abteilung für Alterspsychiatrie der Psychiatrischen Universitätsklinik in Basel. Seither tätig in einer Gemeinschaftspraxis in Zürich (Praxis für Psychiatrie Rehalp), am Institut für Gruppenanalyse Bodensee, im deutschsprachigen Vorstand der EFPP (European Federation for Psychoanalytic Psychotherapy in the Public Sector) Schweiz, in zwei Stiftungen (PFD Stiftung Zürich und Zentrum für angewandte Gerontologie Uitikon) und in der UBA Zürich (Unabhängige Beschwerdestelle für das Alter).

Dr. phil. Helmut Kronberger
Paracelsus Medizinische Privatuniversität Salzburg
Christian-Doppler-Klinik
Universitätsinstitut für Klinische Psychologie
Sonderauftrag für Stationäre Psychotherapie
Ignaz-Harrer-Straße 79, A-5020 Salzburg
he.kronberger@salk.at

Klinischer und Gesundheitspsychologe; Psychotherapeut; Ausbildungen in Psychodrama, Dynamischer Gruppenpsychotherapie und Psychoanalyse; Lehrtherapeut und Lehrsupervisor für Psychodrama im ÖAGG (Österreichischer Arbeitskreis für Gruppentherapie und Gruppendynamik). Interessensschwerpunkte sind Grundlagen der stationären Psychotherapie, Kunst und Kultur in Gesundheitsförderung und Therapie.

Prof. (apl.) Dr. sc. hum. Dipl.-Psych. Christine Kühner
Zentralinstitut für Seelische Gesundheit
Abteilung Psychiatrie und Psychotherapie
AG Verlaufs- und Interventionsforschung
J5, D-68159 Mannheim
christine.kuehner@zi-mannheim.de

Psychologische Psychotherapeutin (Kognitive Verhaltenstherapie). Seit 1986 wissenschaftliche Mitarbeiterin am Zentralinstitut für Seelische Gesundheit. Leiterin der Arbeitsgruppe Verlaufs- und Interventionsforschung. Arbeitsschwerpunkte sind kognitive, neurobiologische und psychosoziale Risikofaktoren für die Entstehung und den Verlauf psychischer Erkrankungen, Geschlechtsunterschiede bei psychischen Erkrankungen, neuronale Plastizität bei Depression, experimentelle Psychotherapieforschung, psychotherapeutische Gruppenprogramme, Entwicklung psychodiagnostischer Verfahren.

Prof. Dr. rer. soc. Franziska Lamott
f.lamott@t-online.de

Studium der Soziologie und Psychologie. Mehrjährige Tätigkeit am Institut für Strafrecht und Kriminologie der Universität München. 1998 Venia legendi für Sozialpsychologie (»Die vermessene Frau. Hysterien um 1900«). Gastprofessur für Gender-Studies an der Universität Basel. Gruppenlehranalytikerin und Supervisorin. Von 1999 bis 2011 an der Sektion Forensische Psychotherapie der Universität Ulm. Dokumentarfilm »Tödliche Beziehungen« für Arte (2005 zusammen mit Michael Appel). Forschungsprojekte und Publikationen in den Bereichen Kriminologie, Psychotherapie- und Genderforschung, Gruppen- und Kulturanalyse.

Ao. Univ.-Prof. Dr. Astrid Lampe
Medizinische Universität Innsbruck
Universitätsklinik für Medizinische Psychologie
Schöpfstraße 23a, A-6020 Innsbruck
Astrid.Lampe@uki.at

Psychiaterin und Psychotherapeutin. Stellvertretende Klinikleiterin der Universitätsklinik für Medizinische Psychologie, Medizinische Universität Innsbruck; Leiterin der psychosomatischen psychotherapeutischen Frauenambulanz. Schwerpunkte sind Forschung und Behandlung im Bereich chronische Traumatisierung in der Kindheit.

Prof. Dr. phil. Simone Munsch
Universität Fribourg
Department für Psychologie
Klinische Psychologie und Psychotherapie
2, Rue de Faucigny, CH-1700 Fribourg
simone.munsch@unifr.ch

Ordinaria für Klinische Psychologie und Psychotherapie am Departement für Psychologie der Universität Fribourg. 2009 bis 2011 Ordinaria für Klinische Kinder- und Jugendpsychologie am Institut für Psychologie an der Universität Lousanne. Fachtitel in Psychotherapie (Kognitive Verhaltenstherapie). Leitungsfunktionen im MAS Psychotherapie an der Universität Fribourg (Schwerpunkt Kognitive Verhaltenstherapie; MAS: Master of Advanced Studies in Behavioral Psychotherapy with Children and Adolescents) sowie an der Akademie für Verhaltenstherapie im Kindes- und Jugendalter (Zürich/Fribourg). Leiterin des Zentrums für Psychotherapie des Lehrstuhls für Klinische Psychologie und Psychotherapie am Institut für Familienforschung und -beratung. Schwerpunkt ist die Rolle der Emotionsregulation in der Aufrechterhaltung unterschiedlicher psychischer Störungen (Essstörungen, Insomnie, affektive Störungen) bei Kindern und Erwachsenen.

Dr. phil. Dipl.-Psych. Bernd Nitzschke
Stresemannstraße 28, D-40210 Düsseldorf
bernd.nitzschke@t-online.de

Psychoanalytiker in eigener Praxis. Lehranalytiker, Supervisor und Dozent am Institut für Psychoanalyse und Psychotherapie Düsseldorf sowie am Institut für psychotherapeutische Forschung, Methodenentwicklung und Weiterbildung an der Universität Köln.

Veröffentlichungen zur Theorie und Geschichte der Psychoanalyse, zuletzt: »Die Psychoanalyse Sigmund Freuds. Konzepte und Begriffe« (2011).

Dr. phil. Elisabeth Nyberg
Universitäre Psychiatrische Kliniken (UPK) Basel
Abteilung Klinische Psychologie und Psychiatrie
Wilhelm Klein-Strasse 27, CH-4012 Basel
Elisabeth.Nyberg@upkbs.ch

Psychologische Psychotherapeutin und Supervisorin (kognitive Verhaltenstherapie). Forschungs- und Behandlungsschwerpunkte liegen im Bereich Psychotraumatologie und Aufmerksamkeitsdefizit-Hyperaktivitäts-Störung (ADHS) im Erwachsenenalter.

Prof. Dr. phil. habil. Dipl.-Psych. Dipl.-Soz. Ilka Quindeau
Fachhochschule Frankfurt
Fachbereich 4: Soziale Arbeit und Gesundheit
Klinische Psychologie/Psychoanalyse
Nibelungenplatz 1, D-60318 Frankfurt
quindeau@em.uni-frankfurt.de

Psychoanalytikerin DPV (Deutsche Psychoanalytische Vereinigung) und IPV (Internationale Psychoanalytische Vereinigung) in eigener Praxis. Professorin für Klinische Psychologie und Psychoanalyse an der Fachhochschule Frankfurt. Ihre Arbeitsschwerpunkte sind psychoanalytische Konzeptforschung (Erinnerung, Trauma, Sexualität); Geschlechterforschung, individuelle und gesellschaftliche Folgen des Nationalsozialismus (v. a. Extremtraumatisierung, aktuelle gesellschaftliche Diskurse).

Prof. Dr. med. Luise Reddemann
Alpen-Adria-Universität Klagenfurt
Psychologisches Institut
Universitätsstraße 65, A-9020 Klagenfurt
L.reddemann@t-online.de

Nervenärztin; Fachärztin für Psychotherapeutische Medizin; Psychoanalytikerin DPG (Deutsche Psychoanalytische Gesellschaft) und DGPT (Deutsche Gesellschaft für Psychoanalyse, Psychotherapie, Psychosomatik und Tiefenpsychologie). Bis 2003 Leitung einer Klinik für psychotherapeutische und psychosomatische Medizin. Honorarprofessur für Psychotraumatologie und psychologische Medizin an der Universität Klagenfurt. Arbeitsschwerpunkte sind Psychotraumatologie und Resilienzforschung, Genderkonzepte, frauengerechte Psychotherapie und Traumatherapie.

Prof. Dr. phil. Hertha Richter-Appelt
Universitätsklinikum Hamburg-Eppendorf
Zentrum für Psychosoziale Medizin
Institut für Sexualforschung und Forensische Psychiatrie
Martinistraße 52, D-20246 Hamburg
hrichter@uke.uni-hamburg.de

Psychologische Psychotherapeutin; Psychoanalytikerin DPV (Deutsche Psychoanalytische Vereinigung). Professorin am Fachbereich Medizin des Universitätsklinikums Hamburg-Eppendorf; Gleichstellungsbeauftragte der Medizinischen Fakultät Hamburg. Stellvertretendes Mitglied im Wissenschaftlichen Beirat Psychotherapie der Bundestherapeutenkammer und der Bundesärztekammer. Schwerpunkte sind Psychoendokrinologie, psychologische Diagnostik, Psychotherapie, verschiedene Themen der Sexualwissenschaft, vor allem sexuelle Traumatisierungen und Intersexualität.

Prof. Dr. med. Anita Riecher-Rössler
Universitäre Psychiatrische Kliniken (UPK) Basel
Zentrum für Gender Research und Früherkennung
c/o Universitätsspital Basel
Petersgraben 4, CH-4031 Basel
Anita.Riecher@upkbs.ch

Fachärztin für Psychiatrie und Psychotherapie; Psychoanalytikerin DGPPT (Deutsche Gesellschaft für Psychotherapie, Psychosomatik und Tiefenpsychologie). Seit 1998 Ordinaria für Psychiatrie an der Universität Basel und Chefärztin des Zentrums für Gender Research und Früherkennung an den Universitären Psychiatrischen Kliniken (UPK) Basel. Forschungs- und Arbeitsschwerpunkte sind Genderaspekte und die Besonderheiten von psychischen Erkrankungen bei Frauen, insbesondere in Schwangerschaft, Stillzeit und Menopause; hormonelle oder psychosoziale Risikofaktoren für psychische Erkrankungen bei Frauen; Psychosen, vor allem deren Früherkennung und Frühbehandlung inklusive geschlechtsspezifischer Therapieansätze.

Prof. Dr. phil. Dipl.-Psych. Astrid Riehl-Emde
Universität Heidelberg
Zentrum für Psychosoziale Medizin
Institut für Psychosomatische Kooperationsforschung und Familientherapie
Bergheimerstraße 54, D-69115 Heidelberg
astrid.riehl-emde@med.uni-heidelberg.de

Psychologische Psychotherapeutin. Titularprofessorin an der Universität Zürich. Stellvertretende Leiterin des Instituts für Psychosomatische Kooperationsforschung und Familientherapie der Universität Heidelberg. Arbeitsschwerpunkte sind Paarforschung, Paar- und Familientherapie, insbesondere eine Spezialsprechstunde für ältere Paare.

Prof. Dr. med. Anke Rohde
Universitätsklinikum Bonn
Zentrum für Geburtshilfe und Frauenheilkunde
Gynäkologische Psychosomatik
Sigmund-Freud-Straße 25, D-53105 Bonn
Anke.Rohde@ukb.uni-bonn.de

Fachärztin für Psychiatrie, Psychotherapie und Nervenheilkunde. Seit 1997 Professorin für Gynäkologische Psychosomatik und Leiterin eines entsprechenden Funktionsbereiches am Zentrum für Geburtshilfe und Frauenheilkunde des Universitätsklinikums Bonn. Arbeitsschwerpunkte sind psychische Störungen und Psychopharmakotherapie in der Schwangerschaft und Postpartalzeit, psychische Belastungen in der Pränatalmedizin, Psychoonkologie, Hormone und Psyche, Infantizid und Neonatizid.

Dr. med. Barbara Rost
Universitäre Psychiatrische Kliniken (UPK) Basel
Kinder- und Jugendpsychiatrische Klinik
Schaffhauserrheinweg 55, CH-4058 Basel
Barbara.Rost@upkbs.ch

Fachärztin FMH für Psychiatrie und Psychotherapie und Kinder- und Jugendpsychiatrie und -psychotherapie (FMH = Verbindung der Schweizer Ärztinnen und Ärzte). Bis 2009 leitende Ärztin an der Kinder- und Jugendpsychiatrischen Klinik in Basel. Interessens- und Arbeitsschwerpunkte sind psychosomatische Erkrankungen im Kindes- und Jugendalter sowie Liaisonpsychiatrie in der Kinder- und Jugendmedizin.

Prof. Dr. phil. Marcel Schär
Zürcher Hochschule für Angewandte Wissenschaften
IAP Institut für Angewandte Psychologie
Beustweg 14, CH-8032 Zürich
marcel.schaer@zhaw.ch

Leiter des Zentrums Klinische Psychologie und Psychotherapie an der Zürcher Hochschule für Angewandte Wissenschaften. Arbeitsschwerpunkte sind therapeutisch-beraterische Arbeit und Forschung im Bereich von Familie und Stress.

Prof. Dr. Sabine Scheffler
Therapie, Beratung, Supervision, Coaching
Fridolinstraße 27, D-50823 Köln
kontakt@dr-sabine-scheffler.de

Diplom-Psychologin; Psychologische Psychotherapeutin; Supervisorin DGSv (Deutsche Gesellschaft für Supervision e. V.). Professorin (i. R.) an der Fakultät für Angewandte Sozialwissenschaften der Fachhochschule Köln, dort: Leitung des Instituts für Geschlechterstudien. Gastprofessur, Psychologie, Frauen- und Genderforschung Wien, 1991 bis 1996; Krems, 2008. Lektorat Bildungswissenschaften Innsbruck 1991 bis 2008. Ihre Schwerpunkte sind gendersensible Beratung und Therapie, Frauen- und Geschlechterforschung, Arbeit mit Folgen von Gewalt und Diskriminierung, Sozialpsychologie.

Univ.-Prof. Dr. phil. Dr. phil. habil. Günter Schiepek
Paracelsus Medizinische Privatuniversität Salzburg
Institut für Synergetik und Psychotherapieforschung
Ignaz-Harrer-Straße 79, A-5020 Salzburg
guenter.schiepek@ccsys.de; guenter-schiepek@pmu.ac.at

Leiter des Instituts für Synergetik und Psychotherapieforschung an der Paracelsus Medizinischen Privatuniversität Salzburg. Professor an der der Paracelsus Medizinischen Privatuniversität Salzburg und an der Ludwig-Maximilians-Universität München. Gastprofessor an der Alpen-Adria-Universität Klagenfurt und an der Donau-Universität Krems. Geschäftsführer des Center for Complex Systems (Stuttgart/Salzburg). Mitglied und Senatsmitglied der Europäischen Akademie der Wissenschaften und Künste (Academia Scientiarium et Artium Europaea). Ehrenmitglied der Systemischen Gesellschaft (Deutscher Dachverband für systemische Forschung, Therapie, Supervision und Beratung). Mitglied des wissenschaftlichen Direktoriums der Deutsch-Japanischen Gesellschaft für integrative Wissenschaft. Wissenschaftlicher Beirat zahlreicher Institute, Verbände und Fachzeitschriften. Arbeitsschwerpunkte sind Synergetik und Dynamik nichtlinearer Systeme in Psychologie, Management in den Neurowissenschaften, Prozess-Outcome-Forschung in der Psychotherapie, Neurobiologie der Psychotherapie; internetbasiertes Real-Time-Monitoring in verschiedenen Anwendungsfeldern; Sozialpsychologie; Management, Kompetenzforschung.

Prof. Dr. phil. Dipl.-Psych. Elisabeth Schramm
Universitätsklinikum Freiburg
Abteilung für Psychiatrie und Psychotherapie
Hauptstraße 5, D-79104 Freiburg
elisabeth.schramm@uniklinik-freiburg.de

Klinische Psychologin; Psychotherapeutin; Supervisorin (Approbation in Kognitiver Verhaltenstherapie). Sektionsleiterin »Psychotherapie in der Psychiatrie«. Erste zertifizierte IPT- und CBASP-Therapeutin, -Trainerin und -Supervisorin (IPT: Interpersonelle Psychotherapie; CBASP: Cognitive Behavioral Analysis System of Psychotherapy). Begründerin der Arbeitsgemeinschaft Wissenschaftliche Psychotherapie (AWP) mit dem Schwerpunkt IPT. Forschungsschwerpunkte sind Psychotherapieoutcome und Psychotherapieprozess im Bereich affektiver Störungen, Persönlichkeitsstörungen sowie Schlaf- und Angststörungen. Zahlreiche nationale und internationale Publikationen.

Dr. phil. Dr. rer. pol. Dipl.-Psych. Guido Strunk
Complexity-Research
Salisstraße 5–15/6/26, A-1140 Wien
guido.strunk@complexity-research.com

Psychologe und Wirtschaftswissenschaftler. Lehrbeauftragter und Wissenschaftler an verschiedenen Universitäten und Fachhochschulen. Gründer eines Forschungsinstituts, das systemwissenschaftlich orientierte Forschung und Beratung anbietet (www.complexity-research.com). In der 2005 erschienenen »Zwillingsstudie« zum Gender Pay Gap zeigte er, dass Frauen in Österreich auch bei gleichen Ausgangsbedingungen dramatische Gehaltsverluste gegenüber Männern hinnehmen müssen.

PD Dr. med. Bert te Wildt
LWL-Universitätsklinikum Bochum der Ruhr-Universität Bochum
Klinik für Psychosomatik und Psychotherapie
Alexandrinenstraße 1–3, D-44791 Bochum
bert.tewildt@wkp-lwl.org

Privat-Dozent und leidender Oberarzt der Ambulanz der Klinik für Psychosomatik und Psychotherapie des LWL-Universitätsklinikums Bochum, im Rahmen derer er Internet- und Computerspielabhängige untersucht und behandelt. Habilitation zum Thema Internetabhängigkeit. Mitbegründer des Fachverbandes Medienabhängigkeit.

Dr. med. Igor Tominschek, MBA
Tagklinik Westend
Elsenheimerstraße 48, D-80687 München
I.Tominschek@tagklinik-westend.de

Facharzt für Psychotherapeutische Medizin, Verhaltenstherapeut; Systemischer Paar- und Familientherapeut; Supervisor für Verhaltenstherapie. Leiter der Tagklinik Westend für Psychosomatik und Psychotherapie seit 2007. Dozent an der Abteilung für Psychosomatik der LMU München. Arbeitsschwerpunkte sind Integrative Behandlung von Zwangsstörungen und Burnout, Paar- und Familientherapie, Kundenzufriedenheit im Krankenhaus.

PD Dr. med. Sibil Tschudin
Frauenklinik Universitätsspital Basel
Gynäkologische Sozialmedizin und Psychosomatik
Spitalstrasse 21, CH-4031 Basel
stschudin@uhbs.ch

Fachärztin für Gynäkologie und Geburtshilfe; Fähigkeitsausweis SAPPM (Schweizerische Akademie für Psychosomatische und Psychosoziale Medizin); Zertifikat Sexualtherapie der Deutschen Gesellschaft für Sexualforschung. Seit 2008 Leiterin der Abteilung für Gynäkologische Sozialmedizin und Psychosomatik der Frauenklinik des Universitätsspitals Basel. Arbeits- und Forschungsschwerpunkte sind Beratung und Betreuung in den Bereichen Sexualität und Verhütung, unerwünschte Schwangerschaft, ungewollte Kinderlosigkeit, pränatale Diagnostik und prämenstruelles Syndrom.

Prof. Dr. phil. Agnes von Wyl
Zürcher Hochschule für Angewandte Wissenschaften
Departement Angewandte Psychologie
Minervastrasse 30, Postfach, CH-8032 Zürich
agnes.vonwyl@zhaw.ch

Psychoanalytische Psychotherapeutin. Seit 2009 Leiterin Forschung Psychotherapie und psychische Gesundheit an der Zürcher Hochschule für Angewandte Wissenschaften, Departement Angewandte Psychologie. Arbeitsschwerpunkte sind Psychotherapieforschung im Kindes-, Jugend- und Erwachsenenalter, Versorgungsforschung, Entwicklungspsychopathologie und psychische Gesundheit.

PD Dr. phil. Dipl.-Psych. Birgit Wagner
Universitätsklinikum Leipzig
Department Psychische Gesundheit
Klinik und Poliklinik für Psychosomatische Medizin und Psychotherapie
Semmelweisstraße 10, D-04103 Leipzig
birgit.wagner@medizin.uni-leipzig.de

Psychologin und kognitive Verhaltenstherapeutin. Seit 2010 am Universitätsklinikum Leipzig als wissenschaftliche Mitarbeiterin tätig, zuvor Mitarbeiterin an der Universität Zürich, Abteilung Psychopathologie. Ihre Arbeitsschwerpunkte sind internetbasierte Psychotherapie, Einsatz neuer Medien in behavioralen Interventionen, posttraumatische Belastungsstörung und komplizierte Trauer.

PD Dr. med. Marc Walter
Universitäre Psychiatrische Kliniken (UPK) Basel
Zentrum für Psychotische Erkrankungen
Wilhelm Klein-Strasse 27, CH-4012 Basel
marc.walter@upkbs.ch

Psychiater und Psychotherapeut. Seit 2012 leitender Arzt im Zentrum für Psychotische Erkrankungen an den Universitären Psychiatrischen Kliniken (UPK) Basel. Seine Forschungsschwerpunkte sind Komorbidität, psychotrope Substanzen, Psychose und Sucht sowie Persönlichkeitsstörungen.

a.o. Univ.-Prof. Dr. phil. Beate Wimmer-Puchinger
Frauengesundheitsbeauftragte der Stadt Wien
Klinische und Gesundheitspsychologin
Wiener Programm für Frauengesundheit
Magistratsabteilung 15, Gesundheitsdienst der Stadt Wien
Thomas-Klestil-Platz 8/2, A-1030 Wien
frauengesundheit@ma15.wien.gv.at

Klinische und Gesundheitspsychologin. Ausbildung in Organisationsentwicklung und Public Health. Professorin am Institut für Psychologie der Universität Salzburg. Leitung des Ludwig Boltzmann Instituts (LBI) für Frauengesundheitsforschung bis 2005. Aufbau der WHO-Modellprojekte der Frauengesundheitszentren FEM und FEM Süd (FEM: Gesundheitszentrum für Frauen, Eltern und Mädchen). Wissenschaftliche Leitung von Forschungsprojekten zu reproduktiver Gesundheit, Gewalt in der Familie, Sexualität. Verfasserin von Frauengesundheitsberichten. Lehrtätigkeiten im In- und Ausland. Zahlreiche wissenschaftliche Publikationen. Reviewerin internationaler Fachzeitschriften. Vorstandsmitglied der International Society of Psychosomatic Obstetrics and Gynaecology (ISPOG); Stiftungs- und Publikumsrätin des Österreichischen Rundfunks (ORF); Trägerin des Goldenen Ehrenzeichens für Verdienste um das Land Wien; Trägerin des Goldenen Ehrenzeichens für Verdienste um die Republik Österreich.

PD Dr. sc. hum. Dipl.-Psych. Tewes Wischmann
Universitätsklinikum Heidelberg
Institut für Medizinische Psychologie
Bergheimer Straße 20, D-69115 Heidelberg
tewes.wischmann@med.uni-heidelberg.de

Psychoanalytiker. Seit 1990 Akademischer Mitarbeiter am Institut für Medizinische Psychologie des Universitätsklinikums Heidelberg. Forscherische und therapeutische Arbeitsschwerpunkte sind die psychosozialen Aspekte ungewollter Kinderlosigkeit und der Reproduktionsmedizin.

Dr. rer. medic. Dipl.-Psych. Melanie Wollenschein
Universitätsklinikum Bonn
Zentrum für Geburtshilfe und Frauenheilkunde
Gynäkologische Psychosomatik
Sigmund-Freud-Straße 25, D-53105 Bonn
Melanie.Wollenschein@ukb.uni-bonn.de

Psychoonkologin und Verhaltenstherapeutin in Weiterbildung. Seit 2003 wissenschaftliche Mitarbeiterin im Funktionsbereich Gynäkologische Psychosomatik am Zentrum für Geburtshilfe und Frauenheilkunde des Universitätsklinikums Bonn. Forschungsschwerpunkte sind die psychischen Belastungen und Interventionsmöglichkeiten bei einer Krebserkrankung, Kinderwunsch bei Krebspatientinnen, psychische Aspekte und psychosoziale Interventionen im Rahmen von Pränatalmedizin.

Inhalt

Einleitung... 1
Brigitte Boothe und Anita Riecher-Rössler
Psychotherapie mit Frauen – von der Kindheit bis ins Seniorenalter 1
Zum Auftakt zwei Illustrationen 2
Psychotherapeutische Situationen und die heutige Lebenswelt 2
Psychotherapie mit Frauen und die psychotherapeutische Profession 3
Eigene Beschränktheit begreifen 4
Aufhebung von Diskriminierung und psychische Gesundheit 5

I Bedeutung der Genderperspektive in der Psychotherapie

Neue Lebensformen und Lebensbedingungen für Frauen – Herausforderungen und Gefährdungen

1 Lebenslange Entwicklung – lebenslange Herausforderungen 11
Brigitte Boothe und Lina Arboleda

1.1 Einleitung 11
1.2 Mütterlichkeit als Entwicklungsressource 12
1.3 Das erste Lebensjahr als Startchance 13
1.4 Gesellschaftliche Normierung und weibliche Vulnerabilität 14
1.5 Weibliche Expansion 14
1.6 Weibliche Praxis der Profilierung 15
1.7 Sexualität, Intimität und Partnerorientierung 16
1.8 Raum für sich allein und die Vergänglichkeit 16
1.9 Fazit 16

2 Neue Sozialisationsmuster – neue Bindungsformen – neue Karrieren 19
Agnes von Wyl

2.1	Einleitung	19
2.2	Neue Sozialisationsmuster	21
2.3	Lebensbedingungen der Frauen heute – Chancen und Risiken	23
2.4	Psychische Vulnerabilität und weibliches Selbstbewusstsein	24
2.5	Weibliche Identität und Attraktivität	25
2.6	Fazit	26

3 Genderperspektive und Prozessorientierung 29
Günter Schiepek, Guido Strunk und Wolfgang Aichhorn

3.1	Anliegen der Genderperspektive in den Humanwissenschaften	29
3.2	Genderperspektive und ihr Anspruch auf angemessene Komplexität und Idiografik	30
3.3	Chaos und Komplexität in weiblichen und männlichen Systemen	33
3.4	Fazit	38

Entwicklungsrisiken – Beziehungsrisiken – Milieugefährdungen

4 Psychische Vulnerabilitäten in Kindheit und Jugend 41
Margarete Bolten

4.1	Geschlechtsunterschiede bei psychischen Erkrankungen	41
4.2	Weibliche Entwicklungspfade	42
4.3	Spezifische Vulnerabilitäts- und Schutzfaktoren	43
4.4	Fazit	44

5 Belastungen durch Partnerschaftskrisen und Trennungen 47
Marcel Schär

5.1 Standortbestimmung 47
5.2 Genderorientierte Analysen der psychosozialen Situation 48
5.3 Fazit 51

6 Schwangerschaft und Postpartalzeit 54
Beate Wimmer-Puchinger

6.1 Mutterschaft und Elternschaft – Spiegelbilder gesellschaftlicher Umbrüche? 54
6.2 Schwangerschaft und Geburt als Übergangserfahrung 55
6.3 Vom Partner zum Vater 57
6.4 Fazit 58

7 Der Verlust eines Kindes durch Totgeburt 61
Anette Kersting

7.1 Trauern Frauen anders als Männer? 61
7.2 Psychotherapie für Eltern 64
7.3 Fazit 65

8 Psychotherapie mit Migrantinnen 67
Iris Tatjana Calliess und Katharina Behrens

8.1 Migration und seelische Gesundheit 67
8.2 Migrations- und kulturspezifische Aspekte in der Psychotherapie 68
8.3 Frauenspezifische Konflikte in der Migration 71
8.4 Fazit 72

9 Gefährdungen durch körperliche Beeinträchtigungen oder Behinderungen 75
Marion Breiter

9.1 Einleitung 75
9.2 Armutsrisiko 76
9.3 Gewaltgefährdung 77
9.4 Fazit 80

10 Psychische Belastung durch häusliche Gewalt 83
Elisabeth Nyberg und Anita Riecher-Rössler

10.1 Zum Begriff der häuslichen Gewalt 83
10.2 Epidemiologie 84
10.3 Risikofaktoren 85
10.4 Gesundheitliche Auswirkungen 86
10.5 Hilfesuche und Hilfsangebote 87
10.6 Fazit 91

II Psychotherapie für Frauen – Störungsbilder und psychotherapeutische Angebote

Störungsbilder

11 Depression 95
Ilka Quindeau

11.1 Begriff, Epidemiologie, Diagnose 95
11.2 Depression als Abwehr eines Verlusts 97
11.3 Depression und die Entwicklung der Geschlechtszugehörigkeit 99
11.4 Fazit 101

12 Angststörungen 105
Günter Schiepek, Helmut Kronberger und Wolfgang Aichhorn

12.1	Einteilung und Phänomenologie	105
12.2	Epidemiologie	107
12.3	Neurobiologische Korrelate	110
12.4	Fallbeispiel	113
12.5	Fazit	119

13 Zwangsstörungen 124
Günter Schiepek und Igor Tominschek

13.1	Phänomenologie und Epidemiologie	124
13.2	Neuropsychologische Beeinträchtigungen	126
13.3	Neuronales Netzwerk des Zwangs	127
13.4	Therapeutische Ansätze	130
13.5	Fazit	131

14 Essstörungen 136
Barbara Rost und Frank Köhnlein

14.1	Was sind Essstörungen?	136
14.2	Die einzelnen Krankheitsbilder	140
14.3	Ursachen und Hintergründe	144
14.4	Behandlung	147
14.5	Fazit	149

15 Abhängigkeitserkrankungen 152
Hana Gerber und Marc Walter

15.1	Einleitung	152
15.2	Abhängigkeitserkrankungen allgemein	152
15.3	Spezifische Abhängigkeitserkrankungen	154
15.4	Fazit	159

16 Psychische Auffälligkeiten bei der Internetnutzung . . . 161
Bert te Wildt und Valentina Albertini

16.1 Einleitung . . . 161
16.2 Internetnutzungsverhalten . . . 162
16.3 Pathologische Internetnutzung . . . 163
16.4 Therapie . . . 167
16.5 Fazit . . . 169

17 Körperdysmorphe Störungen und kosmetische Chirurgie . . . 172
Ada Borkenhagen

17.1 Weltweiter Trend zur ästhetischen Behandlung . . . 172
17.2 Klinisch-praktische Standortbestimmung . . . 173
17.3 Fazit . . . 177

18 Somatoforme Störungen . . . 180
Sibil Tschudin

18.1 Einleitung . . . 180
18.2 Definition und Klassifikation . . . 180
18.3 Ätiologie und Pathogenese . . . 182
18.4 Epidemiologie, Prävalenz und Komorbidität . . . 185
18.5 Störungsbild . . . 186
18.6 Therapeutische Herangehensweise . . . 189
18.7 Fazit . . . 190

19 Weibliche Sexualität und ihre Störungen heute ... 192
Hertha Richter-Appelt

- 19.1 Einleitung ... 192
- 19.2 Psychoanalytische Grundannahmen der psychosexuellen Entwicklung ... 194
- 19.3 Sexuelle Funktionsstörungen ... 196
- 19.4 Perversionen und Störungen der Geschlechtsidentität ... 201
- 19.5 Fazit ... 207

20 Persönlichkeitsstörungen ... 210
Anna Buchheim

- 20.1 Diagnostik und Klassifikation ... 210
- 20.2 Epidemiologie, Prävalenz und Komorbidität ... 211
- 20.3 Ätiologie und Risikofaktoren am Beispiel der Borderline-Persönlichkeitsstörung ... 213
- 20.4 Psychotherapeutische Verfahren ... 216
- 20.5 Fazit ... 218

21 Aspekte forensischer Psychotherapie ... 220
Franziska Lamott

- 21.1 Weibliche Gewaltdelinquenz und Psychopathologie ... 220
- 21.2 Weibliche Idealbilder ... 223
- 21.3 Abweichungen vom Weiblichkeitsideal ... 224
- 21.4 Psychotherapeutische Überlegungen ... 228
- 21.5 Fazit ... 229

22 Pathogene Milieus – belastende Lebensumstände ... 231
Astrid Lampe und Luise Reddemann

22.1 Selektive Abtreibung und Tötung von Mädchen ... 233
22.2 Gewalt gegen Frauen im Lebenszyklus ... 233
22.3 Fazit ... 237

23 Psychische Störungen im Zusammenhang mit Schwangerschaft und Geburt ... 239
Beate Wimmer-Puchinger

23.1 Von der »normativen Krise« zu Belastungen der psychischen Gesundheit ... 239
23.2 »Unglückliche Schwangerschaften« – wenn aus der Schwangerschaft ein Risiko wird ... 240
23.3 Psychische Belastungen vor der Schwangerschaft ... 242
23.4 Auswirkungen von Gewalt auf die Schwangerschaft ... 243
23.5 Geburt und Postpartalzeit – vom Traum zum Trauma? ... 246
23.6 Chancen der Intervention und Prävention ... 248
23.7 Fazit ... 249

24 Psychische Störungen in der Perimenopause ... 253
Judith Alder und Johannes Bitzer

24.1 Einleitung ... 253
24.2 Epidemiologie psychischer Störungen ... 254
24.3 Therapie ... 259
24.4 Fazit ... 261

25 Psychische Störungen im Alter ... 265
Eva Marie Krebs-Roubicek

25.1 Einleitung ... 265
25.2 Genderunterschiede allgemein ... 266
25.3 Genderunterschiede in psychiatrischer Hinsicht ... 268
25.4 Ältere psychisch Erkrankte in der Psychotherapie ... 270
25.5 Psychotherapeut oder Psychotherapeutin sein und älter werden ... 272
25.6 Fazit ... 272

Psychotherapieverfahren und psychotherapeutische Begleitung

26 Psychoanalytische Psychotherapie ... 275
Brigitte Boothe

26.1 Weiblichkeit prägt das Bild heutiger Psychotherapie ... 276
26.2 Psychoanalyse – eine etablierte Dienstleistung ... 276
26.3 Psychoanalytischer Behandlungsraum als Rückzugsort ... 277
26.4 Psychoanalytische Professionalität als Habitus ... 278
26.5 Professionalisierung und Therapeutisierung des Alltags ... 279
26.6 Psychoanalyse als Beziehungshandeln ... 280
26.7 Körper, Persönlichkeit, Beziehung ... 281
26.8 Hilfreiche therapeutische Beziehung ... 282
26.9 Zuwendung zum dritten Objekt ... 283
26.10 Kreditierung, Historisierung und die Genderperspektive ... 284
26.11 Denken in dynamischen Konfigurationen ... 285
26.12 Fazit ... 285

27 Kognitive Verhaltenstherapie 289
Christine Kühner

27.1 Einleitung 289
27.2 Störungsmodell 290
27.3 Das Verfahren 291
27.4 Wirksamkeit und Nachhaltigkeit 298
27.5 Fazit 299

28 Interpersonelle Psychotherapie (IPT) 302
Eva-Lotta Brakemeier und Elisabeth Schramm

28.1 IPT als frauenspezifisches Verfahren? 302
28.2 Eckdaten zum Störungsbild unipolare Depression . . . 304
28.3 Das Verfahren – IPT als Behandlungsverfahren
für depressive Frauen 305
28.4 Wirksamkeit und Nachhaltigkeit 309
28.5 Profitieren Frauen besser von der IPT als Männer? . . . 310
28.6 Fazit 311

29 Stress und Stressreduktion 314
Jens Gaab

29.1 Einleitung 314
29.2 Definitionen und genderspezifische Aspekte 315
29.3 Psychobiologische Überlegungen 316
29.4 Implikationen für die Stressreduktion 318
29.5 Überlegungen zum methodischen Vorgehen 318
29.6 Fazit 320

30 Posttraumatische Belastungsstörung (PTBS) ... 323
Astrid Lampe und Luise Reddemann

30.1 Zur Einführung der Diagnose ... 323
30.2 Definition, Epidemiologie und Ätiologie ... 324
30.3 Komplexe PTBS und Bindungstrauma ... 331
30.4 Fazit ... 332

31 Paar- und Familientherapie ... 336
Andrea Ebbecke-Nohlen und Astrid Riehl-Emde

31.1 Einleitung ... 336
31.2 Standortbestimmung ... 337
31.3 Das Therapieverfahren ... 340
31.4 Wirksamkeit und Nachhaltigkeit des Therapieverfahrens ... 344
31.5 Fazit ... 346

32 Gruppentherapeutische Ansätze ... 348
Gertraude Hagmann

32.1 Einleitung ... 348
32.2 Was ist Gruppenpsychotherapie? ... 348
32.3 Wirksamkeit ... 354
32.4 Fazit ... 356

33 Stationäre Psychotherapie ... 357
Ernst Hermann, Elian Hürlimann, Esther Biedert, Rebecca Hermann und Simone Munsch

33.1 Einleitung ... 357
33.2 Strukturelemente der stationären Behandlung am Beispiel einer Frauenklinik ... 359

33.3	Patientinnen und Ergebnisse	365
33.4	Prozessmerkmale stationärer Therapie	368
33.5	Fazit	369

34 Stationäre Psychotherapie – ein Fallbeispiel ... 371
Günter Schiepek und Igor Tominschek

34.1	Einleitung	371
34.2	Therapie einer Patientin mit Zwangsstörung	372
34.3	Kommentar	378

35 Frauenspezifische Behandlungsangebote – Psychotherapie, Beratung und Selbsthilfe ... 381
Sabine Scheffler

35.1	Entwicklung	381
35.2	Ergebnisse	384
35.3	Fazit	391

36 Internetbasierte Therapie ... 395
Birgit Wagner

36.1	Einleitung	395
36.2	Was ist eine internetbasierte Psychotherapie?	396
36.3	Internetbasierte Traumatherapie nach sexueller Gewalt und Missbrauch	396
36.4	Online-Präventionsprogramm nach Verlust eines Kindes in der Schwangerschaft	399
36.5	Internetbasierte Traumatherapie im arabischen Kontext	400
36.6	Fazit	400

37 Psychotherapeutische Begleitung bei onkologischen Erkrankungen am Beispiel des Mammakarzinoms 403
Melanie Wollenschein und Anke Rohde

37.1 Einleitung 403
37.2 Psychische Belastung und Störungen 403
37.3 Psychoonkologische Interventionen und ihre Wirksamkeit 405
37.4 Inhalte psychoonkologischer Interventionen 405
37.5 Fazit 408

38 Psychotherapie bei ungewollter Kinderlosigkeit und in der Infertilitätstherapie 410
Almut Dorn und Tewes Wischmann

38.1 Einleitung 410
38.2 Eckdaten 410
38.3 Psychosoziale Unterstützung und Psychotherapie 412
38.4 Wirksamkeit 414
38.5 Fazit 414

III Gute psychotherapeutische Praxis in der Psychotherapie mit Frauen

39 Welcher Psychotherapiebedarf für wen? Geschlechtsspezifische Aspekte 419
Martina Belz und Anita Riecher-Rössler

39.1 Einleitung 419
39.2 Lebensbedingungen und soziale Realität 422
39.3 Gesundheitszustand, Gesundheitsverständnis und Gesundheitsverhalten 422

39.4	Häufigkeit und Verbreitung von psychischen Störungen	424
39.5	Entwicklung und Verlauf von psychischen Störungen	425
39.6	Psychotherapeutische Versorgung und Behandlung	426
39.7	Psychotherapieforschung	427
39.8	Aus- und Weiterbildung	428
39.9	Fazit: Gleichbehandlung heißt nicht gleiche Behandlung	429

40 Missbrauch in der Psychotherapie 433
Irina Franke und Anita Riecher-Rössler

40.1	Grenzen und Grenzüberschreitungen	433
40.2	Missbrauchsformen	435
40.3	Empirische Daten	436
40.4	Ethische und juristische Implikationen	438
40.5	Aktuelle Praxis im Umgang mit Missbrauch	440
40.6	Fazit	441

41 Behandlung traumatisierter Patientinnen 446
Luise Reddemann und Astrid Lampe

41.1	Einleitung	446
41.2	Wozu frauengerechte traumatherapeutische Behandlungen?	447
41.3	Allgemeine Grundsätze der Behandlung	448
41.4	Die therapeutische Beziehung	450
41.5	Interventionen	454
41.6	Trauern und Neubeginnen	456
41.7	Fazit	456

42 Intelligenz und Mut in der Genderperspektive 458
Bernd Nitzschke

42.1 Freiheit, Gleichheit, Brüderlichkeit 458

42.2 Familie, Arbeitsteilung und Geschlechtsrollen 461

42.3 Wahlspruch der Aufklärung 465

Sachverzeichnis 471

Einleitung

Brigitte Boothe und Anita Riecher-Rössler

Inhalt

Psychotherapie mit Frauen – von der Kindheit bis ins Seniorenalter 1
Zum Auftakt zwei Illustrationen 2
Psychotherapeutische Situationen und die heutige Lebenswelt 2
Psychotherapie mit Frauen und die psychotherapeutische Profession 3
Eigene Beschränktheit begreifen 4
Aufhebung von Diskriminierung und psychische Gesundheit 5

Psychotherapie mit Frauen – von der Kindheit bis ins Seniorenalter

Psychotherapie mit Frauen umfasst heute die gesamte Lebensspanne von der Kindheit bis ins Seniorenalter. Ein breites Spektrum psychotherapeutischen Wissens und Könnens steht für verschiedene Pathologien, Konflikte und Belastungen zur Verfügung. Neben tradierten Angeboten des Supports, der Edukation, Übung, des Trainings, der Beratung, des Analysierens, Reflektierens, Deutens treten Verfahren der Imagination, der Selbstbesinnung, Sammlung und Meditation, des Erzählens, Schreibens und der biografischen Selbstthematisierung, unter anderem im Internet. Es gibt Körperarbeit, Spiel, Sport, Gestalten und Musizieren, nicht zu sprechen von vielfältigen Gruppenszenarien und Selbsthilfeinitiativen. Viele dieser Verfahren werden in therapeutischen Programmen systematisch eingesetzt und wissenschaftlich kontrolliert.

Es gibt zahlreiche Angebote, die auf den Psychotherapiebedarf von Frauen zugeschnitten sind. Das gilt beispielsweise für Essstörungen, unter denen vor allem Frauen leiden, oder für pathologische Folgen familiärer Gewalt und sexueller Übergriffe, deren Opfer überwiegend Frauen sind. Auch für die im Folgenden genannten Gefährdungen, Belastungen und Beeinträchtigungen gibt es spezifische supportive und psychotherapeutische Hilfestellungen: Der Übergang von der Kindheit in die Pubertät und der Eintritt ins Erwachsenenalter ist für adoleszente Mädchen häufig mit psychischen Risiken verbunden. Die Konfrontation mit Verlust und Marginalisierung lässt Frauen im hohen Lebensalter – oft überleben sie den Partner – häufig depressiv erkranken.

Zum Auftakt zwei Illustrationen

Die junge Frau A. plant den Auszug aus ihrem Elternhaus an den Studienort. Dort kommt es erneut, wie zuvor in der Pubertät, zur Entwicklung einer Magersucht. Sie sucht psychotherapeutische Hilfe, um die innere Ablösung von der Primärfamilie zu erreichen. Dass sie, anders als viele Magersüchtige, von sich aus diesen Schritt unternimmt, ist ungewöhnlich und zeigt, dass die Patientin bereit ist, das Symptomgeschehen zu problematisieren.

Die alte Patientin B., hoch in ihren achtziger Jahren, seit kurzem Witwe, kommt zunächst nicht aus eigenem Antrieb, sondern sucht auf Anraten ihrer Tochter psychotherapeutische Hilfe wegen tiefer Verstimmung und Niedergeschlagenheit. Eine supportive Krisenintervention erweist sich als hilfreich; es folgt dann eine längere psychodynamische Psychotherapie. Frau B. hat wenig Zutrauen, nach dem Verlust des Partners allein ein selbstbestimmtes Leben zu führen. Umso schwerer wird ihr der innere Abschied nach dem Tod des Mannes. Ihre psychische Verfassung zeigt sich anfangs als Ich-Verarmung, Initiativ- und Interessenverlust, Fixierung auf unwiederbringlich Verlorenes, wie es einer depressiven Reaktion entspricht. Ihr Selbst- und Sicherheitsgefühl ist chronisch beeinträchtigt. Sie hatte ihrem Mann zugedient und lebt jetzt in der Sorge, hilflos und ratlos sich selbst überlassen zu sein. Sie hatte ihn mehr gefürchtet als geliebt und ein Eheleben lang Verletzungen, Kränkungen und Zurückweisungen hingenommen. Jedoch fasst sie Vertrauen und profitiert von der wohlwollenden Neutralität der Therapeutin: So findet sie den Mut, erstmals über die widerstreitenden Gefühle zu sprechen, die sie dem Verstorbenen gegenüber hatte. Die neue Sicht auf die eigene Biografie führt zum inneren Abschiednehmen. Vermehrt steht jetzt die Ermutigung, das neue Leben allein zu gestalten, im Zentrum der Gespräche.

Psychotherapeutische Situationen und die heutige Lebenswelt

Die Beispiele schildern psychotherapeutische Situationen aus der heutigen Lebenswelt westlicher Prägung: Die Ablösung vom Elternhaus ist eine kritische Lebenssituation. Junge Frauen stehen vor der Aufgabe, sich jenseits der Heimatbasis zu etablieren. Sie haben sich zu bewähren in der Ausbildungs- und Arbeitswelt. Es geht darum, sich in neuen sozialen Situationen zu positionieren und erotisch initiativ zu sein. Das kann für junge Frauen zur psychischen Überforderung werden. Maligne regressive Entwicklungen wie die Magersucht mobilisieren elterliche Pflegebereitschaft, und die Symptomträgerin verweigert sich der fütternden Fürsorge durch Unzugänglichkeit und scheinbare Selbstbestimmung.

Auch alte Menschen suchen heute Beratung und Psychotherapie. Hochaltrige Personen profitieren davon, insbesondere Frauen, denn ihnen fällt die psychotherapeutische Kontaktaufnahme leichter als Männern. Frauen im höheren Lebensalter waren biografisch oft konfrontiert mit genderspezifischen Einschränkungen der Entfaltungs- und Bewegungsfreiheit, mit problematischen Machtkonstellationen, unzureichenden Ressourcen der Selbstbehauptung, des Zutrauens in eigene Fähigkeiten, der Selbstwertregulierung und der Regieführung im Feld der Beziehungen. Das wirkt sich auf nachfolgende Generationen der Töchter und Söhne aus. Psychotherapie hilft, die eigenen Ressourcen zu erfahren und neue Perspektiven zurück und nach vorn zu entwickeln. Im zweiten Beispiel ist die Therapeutin im Alter der Tochter. Der Generationenunterschied kann in der Therapie fruchtbar werden, wenn beide voneinander lernen. Es sind vielfach die Töchter, die sich der Mütter im Alter annehmen. Häufig ist diese Zuwendung für beide konflikthaft; dann ist die beratende oder therapeutische Intervention einer Dritten für beide hilfreich. Unsicherheiten in den Bereichen Selbstgefühl, Selbstsicherheit, Selbstverfügung und Selbstbehauptung stellen weiterhin in der Psychotherapie mit Frauen vulnerable Bereiche dar, die eine pathologische Entwicklung hin zu den verbreiteten Depressionen und Angststörungen fördern.

Psychotherapie mit Frauen und die psychotherapeutische Profession

Was Psychotherapie als Profession angeht, so ist zu beobachten, dass Frauen sich weiterhin vorzugsweise im Feld der hilfreichen Beziehungen, der pädagogischen Einflussnahme und der mütterlichen Funktionen engagieren. Die Berufsgruppe der Psychotherapeuten ist weiblich dominiert. Modelle guter therapeutischer Praxis werden daher zunehmend auf der Professionserfahrung von Frauen aufbauen. Weibliche Ratsuchende sind oft in maligne oder auch destruktive Konfliktdynamiken im Rahmen von Sexualität, Partnerschaft und Herkunftsmilieu verstrickt. Daher ist es unabhängig vom jeweiligen Therapieverfahren für Therapeutinnen eine wichtige Aufgabe, das Vertrauen der Patientin zu gewinnen, ohne in eine Haltung gemeinsamen Ressentiments, ein regressives Refugium weiblichen Einverständnisses, zu geraten. Es geht darum, die Selbstwirksamkeit und die Beziehungsfähigkeit der Ratsuchenden zu verbessern, und zwar bereits innerhalb der psychotherapeutischen Zusammenarbeit. Die Patientin Frau B. findet im traurigen und erschütternden Erinnern und Erzählen vor einer Therapeutin, die im empathischen Prozess zugleich Lebenszugewandtheit und Zuversicht vermittelt, schließlich eine neue Einstellung zur eigenen Ehe; diese ist weitaus kritischer als je zuvor, aber auch bestimmter und entschiedener. Am Ende steht nicht das vernichtende Urteil über den Partner oder die Verwerfung des Ehelebens, sondern Offenheit für neue Erfahrungen.

Eigene Beschränktheit begreifen

Im Interview der Woche des Deutschlandfunks war Linksfraktionschef Gregor Gysi am 1. Juli 2012 im Gespräch; es ging unter anderem um tiefe Gräben und unversöhnliche Gegensätze innerhalb der krisengeschüttelten Partei »Die Linke«. »Gibt es Chancen, diese Gräben zu überwinden?«, war eine Frage des Interviewers. Darauf äußerte Gregor Gysi: »Es gibt einen einfachen Weg. Man muss seine eigene Beschränktheit begreifen und den anderen auch als Bereicherung erleben. Punkt.« Das ist gekonntes Eindrucksmanagement und die zugespitzte Entschlossenheit eines souveränen Politikrhetorikers. Trotzdem: ein gutes Motto für die psychotherapeutische Arbeit mit Frauen. Denn psychotherapeutische Arbeit ist nicht nur Symptombehandlung, Behebung von Störungen und Wiederherstellung eingeschränkter Funktionen, sondern immer auch ein Bildungsprozess für die Personen in Patienten- und jene in Therapeutenrolle. Patientinnen werden bereichert durch die Persönlichkeit und die Expertise ihres therapeutischen Gegenübers. Es ist sehr wichtig, dass die Persönlichkeit der Therapeuten und Therapeutinnen in Entwicklung bleibt; das geschieht unter anderem durch die kontinuierliche intensive Beziehungserfahrung, die Wirkung und Reflexion des Übertragungsgeschehens, durch Supervision und Intervision.

Diagnostische Standards und standardisierte Interventionstechniken sind das eine. Das andere ist, dass, wie bereits betont, Therapeutinnen ihrerseits bereichert werden durch die Persönlichkeit und die Beziehungsangebote ihrer Patientinnen und Patienten. Personaler Kontakt wird zur inneren Beziehung im Rahmen differenzierter Verständigungs- und Austauschprozesse. Bindungstheoretisch gesehen ermöglicht ein eher freundlicher innerer Raum ein Selbst- und Weltverhältnis, das Offenheit nach außen begünstigt, Alleinsein zur Chance werden lässt und Explorationslust anregt. Trennungs- und Frustrationstoleranz sowie Beziehungsintelligenz nehmen zu. Das ist nötig, um den Ansprüchen an ein lebenslanges Lernen und an eine professionelle Flexibilität gewachsen zu sein. Es ist nötig, um sich in veränderten Familien- und Beziehungsstrukturen zu orientieren, Elternschaft zu verwirklichen und sich auf eine globalisierte Welt mit ihren Chancen, Risiken und Gefährdungen einzulassen.

Therapeuten und Therapeutinnen sind zunehmend gefordert, im Gespräch andere und ungewohnte Formen der Lebensgestaltung kennenzulernen und kulturelle Kompetenz zu entwickeln. Das sind Chancen, den eigenen Horizont, die eigene Beschränkung zu übersteigen. Im Kontext einer globalisierten und auf Multi- und Transkulturalität eingestellten Gesellschaft wird diese Kompetenz lebensweltlicher Beweglichkeit in Zukunft noch größere Aufmerksamkeit auf sich ziehen. Auch Krankheitskonzepte und Krankheitsmodelle müssen zunehmend in der Offenheit für vielfältige Lebenswelten und different kulturelle Systeme diskutiert und verändert werden.

Einleitung

Aufhebung von Diskriminierung und psychische Gesundheit

Die Forderung nach Aufhebung jeglicher Benachteiligung verankerte sich in feministischer Politik und Theorie historisch primär im Kampf um Gleichheit als Gleichberechtigung und Ebenbürtigkeit. 1948 kam es in der Generalversammlung der Vereinten Nationen zur allgemeinen Erklärung der Menschenrechte (Resolution 217 A [III] vom 10. Dezember 1948).

In der Präambel heißt es unter anderem, dass »die Völker der Vereinten Nationen in der Charta ihren Glauben an die grundlegenden Menschenrechte, an die Würde und den Wert der menschlichen Person und an die Gleichberechtigung von Mann und Frau erneut bekräftigt und beschlossen haben, den sozialen Fortschritt und bessere Lebensbedingungen in größerer Freiheit zu fördern [...]«.

Artikel 1 lautet: »Alle Menschen sind frei und gleich an Würde und Rechten geboren. Sie sind mit Vernunft und Gewissen begabt und sollen einander im Geist der Brüderlichkeit begegnen.« Und Artikel 2: »Jeder hat Anspruch auf die in dieser Erklärung verkündeten Rechte und Freiheiten ohne irgendeinen Unterschied, etwa nach Rasse, Hautfarbe, Geschlecht, Sprache, Religion, politischer oder sonstiger Überzeugung, nationaler oder sozialer Herkunft, Vermögen, Geburt oder sonstigem Stand.«

Vom Geist der Brüderlichkeit ist die Rede, der – dies ist selbstverständlich – Frauen wie Männer beseelen soll. Seit 1980 gilt die Konvention zur Abschaffung von Diskriminierung der Frau (Convention on the Elimination of All Forms of Discrimination Against Women); sie ist heute für über 180 Staaten gültig. In dieser völkerrechtlich verbindlichen Rechtsgrundlage für alle Unterzeichnerstaaten wird im Einzelnen bestimmt, was als Diskriminierung der Frau gilt; auch wird ein Rahmenmodell zu ihrer Bekämpfung und Beseitigung formuliert. Kontrollorgan für die Bekämpfung weiblicher Diskriminierung ist ein Komitee der Vereinten Nationen (Committee on the Elimination of Discrimination against Women, CEDAW).

Die Bewegung gegen Diskriminierung begründete die Gleichstellungspolitik. In der Europäischen Union basiert sie auf der Gleichbehandlungsrichtlinie des Europäischen Parlaments und des Rates zur Verwirklichung des Grundsatzes der Gleichbehandlung von Männern und Frauen, festgelegt in Artikel 6, Grundrechte im Vertrag von Maastricht. Die Europäische Kommission in Brüssel verfügt über eine Rahmenstrategie der Gemeinschaft zur Förderung der Gleichstellung von Frauen und Männern und finanzielle Fördermittel für die europaweite Netzwerkbildung von Frauenvereinigungen, die sich für die Geschlechtergleichstellung engagieren.

Die gleichberechtigte Partizipation der Frauen und Männer an materiellen Gütern, Bildung, Karriere und politisch-gesellschaftlichen Schlüsselfunktionen hat zum Teil Fortschritte gemacht, ist aber – weiterhin gibt es nicht gleichen Lohn für gleiche Arbeit – keineswegs am Ziel. Das Bundesministerium für Familie, Senioren, Frauen und Jugend verantwortet die Gleichstellungspolitik in Deutschland. Die Bundesregierung verpflichtet sich, regelmäßig einen Gleichstellungsbericht mit differenzierten aktuellen Informationen Gleichstellungssituation zwischen Männern und Frauen zu publizieren. Im Jahr 2011 erschien der erste Bericht.

Die therapeutische Beziehung in der Arbeit mit Frauen heute stellt den Anspruch, die Situation der Patientinnen immer auch im Kontext gesellschaftlicher Bedingungen zu sehen, die Diskriminierung und Entmächtigung begünstigen, Zugangschancen einschränken und Anerkennung verweigern. Therapeuten und Therapeutinnen als professionelle Helfer befinden sich in einer bestimmten Rolle, die sich unter anderem in einer zugewandten und zugleich neutralen und distanzierenden Haltung zeigt. Es entsteht eine persönliche Beziehung, die dennoch zeitlich, örtlich und in ihrer Nähe und Intimität begrenzt ist. Beim Aufbau einer hilfreichen Beziehung geht es um Vertrauensbildung, Orientierung und die Schaffung der Bedingungen für gemeinsame Produktivität.

In der Folge geht es um die Herstellung der Bedingungen für gute gemeinsame Praxis. Pflege und Kontrolle, Profilierung und imaginierendes Bei-sich-Sein, die Etablierung einer privilegierten Dyade und moralische Reflexivität werden wirksam innerhalb einer professionellen Gesprächssituation, die offene rezeptive Bereitschaft zur Anschauung, zum Innewerden, zum Transzendieren des Gegebenen ermöglichen will.

Ratsuchende profitieren, wenn sie das therapeutische Beziehungsangebot aktiv als Wert und Chance wahrnehmen und nutzen. Sie präsentieren sich – im Laufe der Zeit – weniger passiv-rezeptiv, sondern sorgen, mit Unterstützung ihrer professionellen Partnerin, zunehmend dafür, dass die Kooperation als Begegnung für das eigene Erleben und Handeln wirksam und bereits im Kleinen veränderungsrelevant wird. Dazu gehören beispielsweise Freude am Verstandenwerden; dankbares Erinnern an gute Stunden; Überraschung über neue Perspektiven; Auffinden neuer Zusammenhänge, die zur Erprobung neuen Handelns ermutigen; Erholung und Sammlung durch die Möglichkeit, eine Stunde für sich selbst zu haben; Teilhabe an der begründeten Zuversicht einer glaubwürdigen Partnerin; Selbstwertzuwachs durch Toleranz eigener Unzulänglichkeiten und Grenzen; Genuss der Zunahme an Selbstkenntnis und emotionaler Intelligenz.

Psychotherapien funktionieren besonders aussichtsreich, wenn sich der Therapeut oder die Therapeutin erfolgreich als Partner oder Partnerin anbieten kann, der/die der Zusammenarbeit Gewicht gibt und eine Kooperation herstellt, die in wechselseitiger Schätzung aktiv und initiativ gestaltet wird, und über das nachzudenken sich jeweils lohnt.

Gut funktionierende Beziehungsarbeit zwischen Frauen, aber auch zwischen Männern und Frauen und zwischen Männern, lässt sich so bestimmen:

- Die Therapeutin stellt *Personalisierung* her (die therapeutische Arbeit verläuft nicht schematisierend, sondern zugeschnitten auf die Individualität der Patientin).
- Sie stellt *Privilegierung* her (sie schätzt und würdigt auf gesicherter Diskretionsbasis das Intime und Persönliche in den Mitteilungen ihres Gegenübers).

- Sie stellt *Historisierung* her (die Beziehung gilt dem Gegenüber als nichtwiederholbar und wird daher als geschichtliches Ereignis erinnert und gewürdigt).
- Sie stellt *Zukunftsoffenheit* her (die Beziehung hat nicht nur Geschichte, sondern auch eine Entwicklungs- und Veränderungsdimension).
- Sie stellt *Toleranz für Intransparenz* her (es gibt keine Notwendigkeit, alles zu durchdringen und zu erklären; das ist ein wichtiger Schutz vor Rationalisierung und eine Übung in Gelassenheit).
- Sie mobilisiert *Courage*, das Risiko der Selbstenthüllung und Selbstexploration einzugehen.
- Sie bietet Chancen zur *Trauerarbeit:* Hier geht es um realistisches Einverständnis mit der eigenen Biografie und der Freundlichkeit eines vergänglichen Lebens.
- Sie schafft *Zukunftsoffenheit*. Das Ende bedenken heißt auch: fragen, was bleibt, was bleiben soll, was nicht bleiben kann.

Jede Behandlung braucht Courage. Denn Konfrontation und Dissens müssen Platz haben und den Austausch weiterbringen. Es ist wichtig für beide Personen in der Beziehung, sich am rechten Ort vorzuwagen.

Jede Behandlung hat diskreten Charme oder sollte ihn wenigstens haben. Charme ist eine Selbstempfehlung. Ihr Unterpfand ist Liebenswürdigkeit. Charme lockt mit dem Vertrauensvorschuss, die Selbstempfehlung stoße auf Sympathie und Genuss. Wo Charme am Werk ist, geht es lebendig zu. Dass es lebendig zugeht, gerade das sollte man den Ratsuchenden zutrauen.

I Bedeutung der Genderperspektive in der Psychotherapie

Neue Lebensformen und Lebensbedingungen für Frauen – Herausforderungen und Gefährdungen

1 Lebenslange Entwicklung – lebenslange Herausforderungen

Brigitte Boothe und Lina Arboleda

Inhalt

1.1 Einleitung..11
1.2 Mütterlichkeit als Entwicklungsressource......................12
1.3 Das erste Lebensjahr als Startchance..........................13
1.4 Gesellschaftliche Normierung und weibliche Vulnerabilität........14
1.5 Weibliche Expansion..14
1.6 Weibliche Praxis der Profilierung.............................15
1.7 Sexualität, Intimität und Partnerorientierung...................16
1.8 Raum für sich allein und die Vergänglichkeit...................16
1.9 Fazit..16

1.1 Einleitung

Wer die Berufsausbildung beendet, stellt sich auf eine lebenslange Weiterqualifikation und professionelle Beweglichkeit ein. Wer eine Familie gründet, riskiert Krisen und Brüche. Wer erwachsene Kinder hat, fängt etwas Neues an. Frauen im Pensionsalter lernen, beraten, übernehmen neue Verantwortung. Wir sind, mit Baltes (2001) formuliert, im »Zeitalter des permanent unfertigen Menschen« oder, zumindest in westlichen Wissens- und Leistungsgesellschaften, genötigt zu kontinuierlicher Selbsterprobung auf wechselndem Terrain. Biografische Entwicklung gilt heute als lebenslanger Prozess. Er gestaltet sich in Abhängigkeit vom relevanten Lebensmilieu historisch, gesellschaftlich und kulturell unterschiedlich. Entwicklung ist variantenreiches Bildungsgeschehen. Das Kind, die Jugendliche, die Erwachsene integriert sich im Raum der persönlichen wie der professionellen Beziehungen, erwirbt praktische, soziale und reflexive Kompetenzen, bewegt sich in diversen Praxisfeldern und ihren Habitusformen. Entwicklung ist als kontinuierliche und fortschreitende Selbsterprobung zu verstehen, die – in Konfrontation mit Herausforderungen, Risiken und Bedrohungen – immer auch Selbstgefährdung bedeutet. Sexualität und Intimität, Wettbewerb und Verantwortung, Kindsein und Elterlichkeit können in jedem Lebensalter Thema sein.

Die zahlreichen professionellen Beratungs-, Coaching-, Mentoring-, Selbsterfahrungs- und Therapieangebote bieten sich als kontinuierliche Begleitung, Strukturierung und Kommentierung des Lebens an. Die Inanspruchnahme solcher Angebote wird problematisch, wenn Selbständigkeit und Selbstverantwortung untergraben werden; andererseits können diese Angebote hilfreich sein, wenn psychische Fehlentwicklungen und schädliches Beziehungsgeschehen korrigiert werden können.

1.2 Mütterlichkeit als Entwicklungsressource

Lebenslange Entwicklung ist heute etablierter Teil der Entwicklungspsychologie. Bedeutende Impulse gingen von Eriksons Stufenmodell der psychosozialen Entwicklung (1957) aus. Für Erikson ist die primäre Beziehung des Säuglings zur Mutter eine elementare Ressource mit hohem Haltbarkeitsdatum. Heranwachsende profitieren demnach ihr Leben lang von einem guten ersten Lebensjahr: ein unbeschwertes kindliches Spiel, Vertrauen in die eigenen Möglichkeiten während der Pubertät und Adoleszenz, eine erfüllende Intimität und generative Verantwortlichkeit im Erwachsenenalter und sogar heitere Lebenslust im Alter werden möglich. Ist die erste Lebenszeit jedoch durch Milieus der Misere und Gefahr, prekäre Elterlichkeit, Vernachlässigung oder Misshandlung geprägt, so entstehen Urmisstrauen und ein Lebensgefühl der Unheilserwartung.

Allerdings stößt das psychosoziale Entwicklungsmodell aufgrund seiner Unschärfe auf Vorbehalte. Die fehlende Kontext- und Situationsspezifität, die implizite Normativität und die verdeckte Idealisierung eines Menschen- und Gesellschaftsbildes der nordamerikanischen Mittelschicht der 1960er Jahre werden an diesem Modell kritisiert (Oswald et al. 2008, S. 17 f.).

1.3 Das erste Lebensjahr als Startchance

In Bowlbys (1988, 1995) evolutionsbiologischer Perspektive wird das Urvertrauen Eriksons als basales Anschlussverhalten an verfügbare und unterstützende Mutterfiguren zum prägungsähnlichen Prozess der sicheren Bindung. Unbeständige, vernachlässigende oder destruktive Betreuungsverhältnisse hingegen führen zu unsicheren oder desorganisierten Bindungsmustern. Die Arbeitsmodelle sicherer oder nichtsicherer Bindung wirken sich auf spätere Beziehungen aus (u. a. Buchheim u. Kächele 2001, 2002). Sicher gebundene junge Mütter ermöglichen auch Kindern ein sicheres Bindungsmodell. Leibliche Väter und andere männliche Kontaktpartner sind sowohl für Mädchen als auch Jungen wichtige Bindungspersonen. Sichere Bindung zieht Erkundungsbereitschaft und couragiertes Kontaktverhalten nach sich. Die Säuglingsforschung zeigt anhand von Video- und Direktbeobachtung, wie sich günstige und ungünstige Beziehungen zwischen mütterlichem und kindlichem Partner von Augenblick zu Augenblick interaktiv und kommunikativ vollziehen.

Gute mütterliche Praxis hat auch für heutige Entwicklungsforscher eine Schlüsselbedeutung (Brandtstädter 2001). In Ausbildung und Erwerbsleben eingebundene Frauen sind aber auf verwandtschaftliche oder professionelle Fremdbetreuung der Kinder angewiesen; Kinder wachsen häufig in Beziehungs- und Kontaktformen jenseits der Familienbindung auf. Dies war auch in früheren Zeiten der Fall, z. B. bei mittellosen Familien (Kinderarbeit), in adligen Kreisen (Betreuung durch Ammen und Erzieher) oder in Krisen- und Kriegssituationen. Gute mütterliche Praxis wird allerdings nicht durch Weiblichkeit, Blutsverwandtschaft und ein Hausfrauenmodell garantiert.

Eltern vermitteln dem Kind die Erfahrung von Willkommensein und Zugehörigkeit: Das Kind wird als Individuum mit Entwicklungsaussichten begrüßt, erfährt seine Personalisierung als Mädchen oder Junge und es findet die Etablierung einer Heimatbasis statt, die nach außen offen ist. Erfolgte die Zeugung oder Erziehung und Obhut des Kindes unter besonderen Umständen (z. B. künstliche Befruchtung, Adoption, Heimunterbringung, Behinderung), verlangen diese Beziehungsangebote besonderes Engagement. Wenn Eltern ihren Töchtern Genderselbstbestimmung und Genderkreativität ermöglichen wollen, sind Respekt vor der – auch körperlichen – Integrität des Kindes, Freundlichkeit gegenüber sinnlicher und imaginativer Erfahrungslust, Befähigung zu Intimität, Takt und Dezenz, aber auch Kompetenz in der Einschätzung von Risiken, Gefährdungen und Bedrohungen notwendig. Anatomische, physische und mentale Besonderheiten, Abweichungen und Beeinträchtigungen sind für Betroffene und ihre Angehörigen große Herausforderungen; die Chancen für ein gutes Leben sind in Gesellschaften mit einer ausgeprägten Kultur der Anerkennung höher.

1.4 Gesellschaftliche Normierung und weibliche Vulnerabilität

Die psychische Konstitution von Mädchen und Frauen in der Lebensspanne wird als Gegenstand wissenschaftlicher Forschung im 21. Jahrhundert multiperspektivisch aufgefasst, und zwar
- biologisch,
- ökologisch,
- historisch,
- beziehungs- und
- konfliktdynamisch.

Weiblichkeit, Mütterlichkeit und weibliche Entwicklung sind historisch und kulturell variabel auf der Basis gesellschaftlicher Normierungsmacht. Die Primärsozialisation begünstigt nach Bourdieu (2005) auf der Ebene des Körperlichen und des Mentalen einen tradierten männlichen und weiblichen Habitus, der ein komplementäres Zusammenspiel von weiblicher Submission und männlicher Dominanz etabliert. Tatsächlich erfahren sich Mädchen und Frauen in Sexualität und Partnerorientierung häufig als unfrei. Familiäre Gewalt und sexuelle Ausbeutung führen zu Depressionen, Angststörungen, posttraumatischen Belastungs- und Anpassungsstörungen wie auch zu vielfältigen Formen psychischer und sozialer Verelendung.

Mädchen und Frauen sind vulnerabel, was die Akzeptanz ihres Körpers und ihrer Sexualanatomie angeht (Heigl-Evers u. Boothe 1997). Biologisches Geschlecht, Genderidentität und sexuelle Präferenz stehen gemäß Butler (2001, 2003) in kontingentem Verhältnis. Nach Butler (2009) ist es jedoch möglich, auferlegten Normierungen subversiv und offensiv zu entkommen (Reckwitz 2004), um neue Lebensentwürfe im kommunikativen und interaktiven Feld geltend zu machen. Menschliche Körper sind jedoch keine Masse zur beliebigen Verfügung oder Transformation. Zur Genderintelligenz und Gendersensibilität gehört der anatomische Vergleich, ebenso die Erkundung, Verwendung, Aneignung und der Genuss des eigenen körperlichen Potenzials, seiner Ausdrucks- und Gestaltungsmöglichkeiten.

1.5 Weibliche Expansion

Der Bewegungsspielraum der Mädchen hat sich in den letzten Jahrzehnten erweitert, seit ein auf weibliche Gefügigkeit und chronifizierte Abhängigkeit gerichtetes Weltbild überwunden wurde und Eltern in die Ausbildung und erfolgreiche Unabhängigkeit ihrer Töchter investieren. Es geht darum, spezifische Beziehungspartner zu explorieren, Terrain zu sondieren, Risiken und Grenzen zu testen. Neben der mütterlichen Ermutigung bedarf es des väterlichen Engagements, um den Töchtern expansive und intensive Welterfahrung zu ermöglichen (Boothe u. Heigl-Evers 1996). Mädchen und Jungen haben in Spiel-, Sport-, Lern- und Trainingssituationen – Männer und Frauen in Arbeits- und Freizeitsituationen – viel gemeinsamen Raum, den sie kooperativ und konkurrierend gestalten können. Distanz, Abgrenzung und Selbstvergewisserung werden eher in geschlossenen weiblichen und männlichen Zirkeln erprobt. Expansive Initiative, Behauptung von Terrain und Offenheit für vielfältige Beziehungen – besonders sinnfällig in Pubertät, Adoleszenz und jungem Erwachsenenalter – verlangen von Mädchen und Frauen auf der einen Seite Courage und auf der anderen Seite kompetente Risikoeinschätzung.

1.6 Weibliche Praxis der Profilierung

Genderinszenierung zielt auf Genderattraktivität und Genderpositionierung. So präsentieren Eltern ihre kleine Tochter gemäß ihrem persönlichen Mädchenentwurf – etwa lieblich, frech, anmutig, zart oder stark. Das zweieinhalbjährige Kind übernimmt die Darstellung in Eigenregie und inszeniert sie neu. Es beginnt, sich die eigene Sexualanatomie anzuzeigen und mit der Genitalanatomie des männlichen Kindes und der Erwachsenen zu vergleichen. Die damit verbundenen Imaginationen motivieren und beeinflussen die körperliche Selbstprofilierung und das ästhetisch-körperbezogene Verhalten.

Wer sich profiliert, steht in Konkurrenz zu anderen und fordert das Gegenüber heraus – mit der Chance auf Bestätigung oder der Gefahr des Desinteresses oder der Kritik. Wer als Profilierungsakteurin auftreten kann, bietet sich als Ressourcenträgerin mit persönlichen Vorzügen an, die Applaus hervorrufen kann. Die zentralen Risiken der Profilierungsbeziehung sind Verachtung, Beschämung und Ignoriertwerden.

Attraktivität soll als potenziell lebenslange Ressource verfügbar sein; erfolgversprechende Reparaturmaßnahmen – kosmetisch, chirurgisch, diätetisch, medikamentös und sportlich – werden in der Gesellschaft gebilligt und sind marktwirtschaftlich erfolgreich. Junge magersüchtige Mädchen vermeiden phobisch das Fett, die Fülle und die Weichheit des erwachsenen weiblichen Körpers und fliehen vor einer aufgenötigten prekären weiblichen Positionierung. Junge bulimische Frauen leben in diffuser Dysphorie und Selbstfremdheit (von Wyl 2000). Der schlanke Körper gilt als attraktiv und stellt soziale Integration durch weibliche Anerkennung und männliches Wohlwollen in Aussicht. Schönheitsoperierte Frauen jeden Alters suchen den Konkurrenzvorteil durch Fassadenoptimierung. Die Investition lohnt sich aber nicht, wenn Beziehungsintelligenz und Beziehungscourage auf der Strecke bleiben.

1.7 Sexualität, Intimität und Partnerorientierung

Im Kontext liberalisierten Sexualgebarens, das auch Frauen die Trennung von sexuellem Handeln, emotionaler Neigung und Paarbildung offeriert, sind sexuelle Orientierung, Präferenzbildung und Partnerwahl zu anspruchsvollen Aufgaben geworden. Gerade hier ist die initiative Liebeswahl eine besondere Chance für die persönliche Entwicklung von Frauen. Es geht um die Auszeichnung einer besonderen Zielperson und um das Ausgezeichnetwerden durch diese Person der Wahl. Die umworbene Zielperson kann die Neigung erwidern oder nicht. Es gibt keine Rechtsansprüche. Die Bereitschaft, in diesem Risikofeld dennoch um die Aufmerksamkeit der Zielperson zu werben, die eigene Person ins Spiel zu bringen, Zurückweisung zu riskieren und sie ohne Groll hinzunehmen, ist ein Unternehmen mit außerordentlicher persönlicher Bildungsqualität. Gelockerte Partnerloyalität, Trennungsbereitschaft bei einer geminderten Beziehungsqualität, Sexualität und Erotik als Themen für die gesamte Lebensspanne fordern Beziehungsintelligenz und Beziehungscourage, aber auch Kränkungs- und Beschämungstoleranz sowie Mut zur Niederlage. Das intensive Engagement im Dienst eines eigenen Paarprogramms, im Dienst gemeinsamer Entwicklung und Generativität führt nicht von der eigenen Individuierung weg, sondern treibt sie voran.

1.8 Raum für sich allein und die Vergänglichkeit

Von der Kindheit bis ins hohe Alter ist die Fähigkeit zum selbstgewählten Rückzug, zum einsamen Selbstgenügen kreativ und rekreativ. Man schafft und bewahrt einen eigenen Raum, einen eigenen Bezirk, eine persönliche Welt. Wer sich in freiwilliger Selbstexilierung einrichtet, ist eine Ressourcenträgerin, die Selbstgenuss und Weltgenuss verbindet, ohne sich von Anerkennungszufuhr abhängig zu machen. Sie kultiviert einen hochgeschätzten *room of her own*. Sie residiert (auch im Altersheim), mit Patricia Highsmith (Titel einer Erzählung) gesprochen, in der »stillen Mitte der Welt«.

1.9 Fazit

Weibliche Entwicklung ist biologisch, psychisch und sozial ein lebenslanger Prozess. Seit Mitte des 19. Jahrhunderts verfrüht sich der Beginn der Menarche (man rechnet heute mit einem frühen Eintrittsalter ab 10 Jahren) in Populationen mit günstigen ökologischen, hygienischen und Ernährungsbedingungen; auch genetische Faktoren scheinen eine Rolle zu spielen. Der Rückgang der Geburtenraten und die deutliche Zunahme von Erstschwangerschaften nach dem 30. und 40. Lebensjahr verweisen auf biografische Entwürfe weiblichen Lebens, das die biologischen Ressourcen der Mutterschaft nicht nutzt. Andererseits hebt die medizinische Reproduktionstechnologie defizitäre Generativität in einem gewissen Umfang auf. Der Anteil hochaltriger Personen, insbesondere hochaltriger Frauen, steigt kontinuierlich; das Leben jenseits der Reproduktions- und sodann der beruflichen Phase versteht sich zunehmend als Entwicklungsperspektive mit eigenen Ansprüchen, beispielsweise an gesellschaftlicher Partizipation, sozialer Integration, neuen Bindungen. Wichtig ist aber auch die Fähigkeit zum gut gelebten Rückzug und zur Verlusttoleranz auf körperlicher, psychischer und sozialer Ebene.

Bindung und erotisches Vergnügen, gelebte Mütterlichkeit, weibliche Freundschaft, Abenteuerlust und Machtinitiative finden heute variantenreiche und vielfältigere Ausdrucks- und Gestaltungsformen.

Im gesellschaftlichen Leistungsmilieu kontinuierlicher Selbsterprobung und Identitätsarbeit unter wechselnden Risikobedingungen ist die Fähigkeit zur selbständigen Lebensführung mit ausgeprägter Entscheidungskompetenz, Lern- und Bildungsbereitschaft und couragiertem Behauptungsvermögen ein sehr zentrales Entwicklungsziel in der weiblichen lebenslangen Sozialisation. Dazu gehören Mut, Risikobereitschaft, kompetente Selbst- und Risikoeinschätzung sowie die Fähigkeit, mit Niederlagen und Rückschlägen umzugehen, Einsamkeit und Zurücksetzung zu ertragen.

Literatur

Baltes P (2001). Das Zeitalter des permanent unfertigen Menschen: Lebenslanges Lernen nonstop? Aus Politik und Zeitgeschichte; B 36: 24–32.

Boothe B, Heigl-Evers A (1996). Die Psychoanalyse der frühen weiblichen Entwicklung. München: Reinhardt.

Bourdieu P (2005). Die männliche Herrschaft. Frankfurt a. M.: Suhrkamp.

Bowlby J (1988). A secure base. Parent-child development and healthy human development. New York: Basic Books.

Bowlby J (1995). Bindung: Historische Wurzeln, theoretische Konzepte und klinische Relevanz. In: Spangler G, Zimmermann P. (Hrsg). Die Bindungstheorie. Grundlagen, Forschung und Anwendung. Stuttgart: Klett-Cotta; 18–26.

Brandtstädter J (2001). Entwicklung, Intentionalität, Handeln. Stuttgart: Kohlhammer.

Buchheim A, Kächele H (2001). Adult Attachment Interview einer Persönlichkeitsstörung: Eine Einzelfallstudie zur Synopsis von psychoanalytischer und bindungstheoretischer Perspektive. PTT – Persönlichkeitsstörungen Theorie Therapie; 5: 113–30.

Buchheim A, Kächele H (2002). Das Adult Attachment Interview und psychoanalytisches Verstehen: Ein klinischer Dialog. Psyche; 9: 946–73.

Butler J (2001). Körper von Gewicht. Die diskursiven Grenzen des Geschlechts. Frankfurt a. M.: Suhrkamp.

Butler J (2003). Das Unbehagen der Geschlechter. Frankfurt a. M.: Suhrkamp.

Butler J (2009). Die Macht der Geschlechternormen und die Grenzen des Menschlichen. Frankfurt a. M.: Suhrkamp.

Erikson EH (1957). Kindheit und Gesellschaft. Stuttgart: Klett-Cotta.

Heigl-Evers A, Boothe B (1997). Der Körper als Bedeutungslandschaft. Bern: Huber.

Oswald WD, Gatteer G, Fleischmann UM (2008). Gerontopsychologie. 2. Aufl. Berlin: Springer.

Reckwitz A (2004). Die Reproduktion und die Subversion sozialer Praktiken. Zugleich ein Kommentar zu Pierre Bourdieu und Judith Butler. In: Hörning KH, Reuter J (Hrsg). Doing Culture. Zum Begriff der Praxis in der gegenwärtigen soziologischen Theorie. Bielefeld: Transcriptverlag; 40–54.

Von Wyl A (2000). Magersüchtige und bulimische Patientinnen erzählen: eine narrative Studie der Psychodynamik. Bern: Peter Lang.

2 Neue Sozialisationsmuster – neue Bindungsformen – neue Karrieren

Agnes von Wyl

Inhalt

2.1 Einleitung..19
2.2 Neue Sozialisationsmuster 21
2.3 Lebensbedingungen der Frauen heute – Chancen und Risiken.......23
2.4 Psychische Vulnerabilität und weibliches Selbstbewusstsein........24
2.5 Weibliche Identität und Attraktivität 25
2.6 Fazit..26

2.1 Einleitung

Das Geschlechtsrollenverständnis von Frauen und Männern und damit auch die Lebensbedingungen der Frauen der westlichen Welt haben sich seit der Entstehungszeit der Psychoanalyse deutlich verändert. Frauen haben heute ungleich mehr Chancen z. B. in Bezug auf die berufliche Ausbildung verglichen mit den Möglichkeiten zu Beginn des 20. Jahrhunderts. Die psychische Vulnerabilität der Frauen heute (s. Kap. 2.3) ist deshalb weniger auf soziale und politische Benachteiligung als bei den damaligen Frauen zurückzuführen, die mit »Listen der Ohnmacht« auf die Diskriminierung reagierten, wie Honegger und Heintz (1981) treffend formulieren. Heutige psychische Vulnerabilität ist im Zusammenhang mit der Individualisierung der Moderne und dem dazugehörigen Konzept, dass jeder für seine Biografie selbst verantwortlich ist, zu verstehen, akzentuiert durch die Multioptionalität der Wohlstandsgesellschaft.

Werden unter der Genderperspektive Veränderungen der Sozialisations- und Lebensbedingungen von Frauen diskutiert, ist es lohnend, sich die verschiedenen feministischen und gendertheoretischen Diskurse zu vergegenwärtigen. Schigl (2010) unterscheidet fünf Diskurse (s. Tab. 2-1). Der erste Diskurs, *der Diskurs der Gleichheit,* wurde von der ersten Frauenbewegung initiiert und später von der zweiten Frauenbewegung aufgenommen. Heute noch aktuelle Forderungen wie Chancengleichheit in der Bildung oder Rechtsgleichheit für Frauen und Männer nehmen diesen Diskurs auf. Die beiden Geschlechter werden als gleichartig betrachtet (z. B. in Bezug auf Intelligenz). Vor allem französische Intellektuelle wie Julia Kristeva (s. z. B. Kristeva u. Clément 2000) und Luce Irigaray (1987) haben dem den zweiten Diskurs, den *Diskurs der Differenz,* gegenübergestellt. Zwischen den Geschlechtern bestehe eine nicht zu leugnende struk-

Tab. 2-1 Gendertheoretische Diskurse (nach Schigl 2010)

Diskurs der Gleichheit	Chancengleichheit, Rechtsgleichheit
Diskurs der Differenz	strukturelle Differenz zwischen den Geschlechtern: Frauen in Subjektivität begreifen
Diskurs der Diversität	Dezentralisierung des Erkenntnisstandpunktes: Berücksichtigung der Diskriminierung marginalisierter Frauen
Diskurs des Doing Gender	Frau/Mann als Kulturwesen: gesellschaftliche Position ist kulturell produziert
Diskurs des Undoing Gender	Unbewusstheit in Bezug auf Genderbilder: Einfluss auf Normen, Werte, Hierarchien

turelle Differenz. Deshalb müssen Frauen in ihrer eigenständigen Subjektivität und nicht als Ableitung des Mannes verstanden werden. »Menschsein wird in seiner Geschlechtszugehörigkeit biologisch, historisch und ontologisch bestimmt gesehen, die gesellschaftliche Position von Frauen und Männern aber wird als kulturell hervorgebracht analysiert« (Schigl 2010). Der *Diskurs der Diversität* als dritter Diskurs kritisiert ab den frühen 1980er Jahren an den bisherigen feministischen Theorien, dass sie zu sehr von den Lebensbedingungen westlicher, weißer Mittelschichtsfrauen geprägt seien und trotzdem für alle Frauen sprechen wollten, ohne dabei die spezifische Situation verschiedenster Frauen (z. B. aus anderen Ethnien) zu berücksichtigen. Der Erkenntnisstandpunkt müsse dezentralisiert werden, um die Diskriminierungsprozesse marginalisierter Frauen zu erkennen. Ein vierter Diskurs ist der strukturalistische *Diskurs des Doing Gender*. Simon de Beauvoirs Satz »Man wird nicht als Frau geboren, man wird dazu gemacht« (1996) steht am Anfang dieser Denkart, die den Menschen ausschließlich als Kulturwesen versteht. Alle Kulturen kennen eine binäre Zuordnung in eine komplementäre Zweigeschlechtlichkeit, die der Orientierung und Komplexitätsreduktion dient und damit auch als soziales Regulativ fungiert. Für die soziale Praxis liefern die Theoriebausteine des *Doing Gender* den Hintergrund für das geschlechtsrollenreflektierende Handeln. Die wichtigste Vertreterin des jüngsten und fünften *Diskurses des Undoing Gender* ist Judith Butler (1991). Ausgehend von der Psychoanalyse fragt sie nach dem Unbewussten in Bezug auf Genderbilder der westlichen Kultur und dessen Einfluss auf die Normen, Werte und Hierarchien der Gesellschaft und verhilft so zu einer Reflexion über deren verdrängte und verleugnete Aspekte.

Nach Schigl (2010) bestehen die verschiedenen Diskurse heute nebeneinander. Alle haben je nach Thematik und Fragestellung ihre Berechtigung und spezifische Qualität und können zur kritischen Reflexion beitragen.

2.2 Neue Sozialisationsmuster

Seit den 1960er Jahren haben sich die westlichen Gesellschaften gewandelt – vor allem auch in Bezug auf die Geschlechtsrollen. Gesellschaftlicher Wandel hängt untrennbar mit Veränderungen der Sozialisationsprozesse zusammen. Dieses Unterkapitel gibt einen Überblick über wichtige Veränderungen der geschlechtstypisierenden Sozialisation von Mädchen und jungen Frauen.

■ **Familie.** Die Geschlechtszugehörigkeit beeinflusst das Individuum von Geburt bzw. von dem Moment an, wo Eltern erfahren: Es ist ein Mädchen, es ist ein Junge. Bereits vor der Geburt werden Erwartungsmuster wirksam. Der Familie als erste Sozialisationsinstanz kommt deshalb auch in Bezug auf den Erwerb der Geschlechtsrollen zentrale Bedeutung zu. In vielen Kulturen werden männliche Nachkommen höher geschätzt als weibliche. Bis vor einigen Jahrzehnten war dies auch in der westlichen Gesellschaft Tatsache. Heute geht es allerdings nur noch selten darum, einen männlichen Erben oder einen Versorger für das Alter zu gebären. Vielmehr geht es um die Erfahrung der Elternschaft. Außerdem bestehen Familien häufig nur noch aus einem, zwei oder allenfalls drei Kindern. Aus diesen Gründen bekommt das einzelne Kind – ob Junge oder Mädchen – eine viel größere Bedeutung. Mädchen erfahren dadurch eine veränderte Wertschätzung durch die Eltern. Zwar behandeln und erziehen Eltern ihre Söhne und Töchter nach wie vor abhängig von ihren Vorstellungen, wie Mädchen und Knaben sich zu verhalten haben. Doch auch bezüglich dieser Vorstellungen zeigen sich Veränderungen. Die Pluralisierung und Liberalisierung von Familien- und Lebensformen hat auch die Geschlechtsrollen verändert. Aufseiten der Frauen hat die zunehmende berufliche Orientierung Einfluss auf Partnerschaft und Familie. Die Erwerbsquote der Frauen im Haupterwerbsalter (25- bis 54-Jährige) hat sich z. B. in der Schweiz von 45 % im Jahr 1970 auf 77 % im Jahr 2000 deutlich erhöht (Bühler 2002). Allerdings arbeiten viele Frauen Teilzeit (Bühler u. Heye 2005). Diese Zahlen sind vergleichbar mit denen in Deutschland und Österreich; auch dort ist der Vollzeitsektor nach wie vor männlich geprägt, der Teilzeitsektor hingegen weiblich (s. Pfau-Effinger 2004 für Deutschland; Kremer u. Schiffbänker 2005 für Österreich)[1]. Im Familienalltag ist der Vater – als Verantwortlicher für das Haupteinkommen – tagsüber abwesend, für die Kinderbetreuung hauptverantwortlich ist nach wie vor die Mutter. Von Pfau-Effinger (2005) wird dieses Modell als *Vereinbarkeitsmodell der männlichen Versorgerehe* bezeichnet. In Län-

---

[1] Interessant ist, dass es innerhalb der Schweiz und Deutschlands Gegenden gibt, in denen das »Doppelversorgermodell mit externer Kinderbetreuung« verbreiteter ist: zum einen in Ostdeutschland, wo zu Zeiten der DDR dieses kulturelle Leitbild verbreitet war (s. Pfau-Effinger u. Geissler 2002), und zum anderen in der französischsprachigen Schweiz, deren Geschlechterkultur viel stärker mit der französischen übereinstimmt als mit der der deutschsprachigen Schweiz (s. Bühler 2002). Das Ideal, dass Mütter ihre Kleinkinder betreuen, ist dort weniger ausgeprägt.

dern mit einer starken Prägung durch die sogenannte Hausfrauenehe sei dieses Modell dominant. Dabei unterbrechen die Mütter, so lange die Kinder sehr klein sind, die Erwerbsarbeit und nehmen sie dann für einige Jahre temporär als Teilzeitarbeit auf. Wenn die Kinder als nicht mehr so betreuungsbedürftig betrachtet werden, arbeiten sie schließlich wieder Vollzeit. Neben der Kindererziehung wird die Hausarbeit zu einem großen Teil von den Frauen geleistet (s. Macha 2011).

Welche Auswirkungen haben diese veränderten Familienmodelle auf die Mädchen und Jungen? Die Erziehung ist insgesamt liberaler geworden; Macha und Witzke (2008) sprechen von einem Verhandlungshaushalt statt einem Befehlshaushalt. Kinder – sowohl Mädchen wie Jungen – partizipieren mehr an familialen Entscheidungen. Sie werden zur Selbständigkeit erzogen. Aufschlussreich ist auch eine Befragung von Elternpaaren mit egalitär-partnerbezogener Rollenteilung und deren Kindern (Bürgisser 2005). Sowohl Mädchen wie Jungen äußerten sich mehrheitlich positiv zur elterlichen Rollenteilung und schätzten die Abwechslung in ihrer Lebens- und Beziehungswelt. Hingegen ist die Sozialisationserfahrung offenbar bei Jungen weniger nachhaltig. Weder auf geschlechtsspezifisches Verhalten in der Freizeit noch auf die Beteiligung der Jungen im Haushalt scheint die Haushaltsform einen wesentlichen Einfluss zu haben. Allerdings bevorzugen junge Männer laut einer Befragung im Jahr 2000 klar ein partnerschaftliches Modell mit egalitärer Aufgabenteilung zwischen den Partnern (Perrig-Chiello 2004). Auch hier scheint sich ein Wandel zu vollziehen: Bei der Befragung 6 Jahre früher gab es noch keinen Unterschied zwischen den beiden Modellen.

■ **Bildung.** Eine eigentliche Umwälzung hat in der anderen wichtigen Sozialisationsinstanz, der Schule, Bildung und Berufsbildung, stattgefunden. Mädchen und Frauen waren in der Geschichte Europas noch nie so gut ausgebildet wie heute. In der Europäischen Union erreichen Mädchen und junge Frauen im Durchschnitt gar einen höheren Grad an Bildung als ihre männlichen Altersgenossen (Eurydice 2005). In der Schweiz ist der Anteil von Frauen in höheren Berufsbildungen an Hochschulen bei 48 % (Schultheis et al. 2008). Bildung als Voraussetzung für beruflichen und gesellschaftlichen Aufstieg hat sich zugunsten der Frauen entwickelt. Weiterhin besteht freilich die horizontale Segregation, d.h. dass Frauen in typischen Frauenberufen arbeiten und noch wenig – wenn auch zunehmend – in typischen Männerberufen Fuß fassen (Eurydice 2005).

■ **Freizeitverhalten.** In Bezug auf das Freizeitverhalten gibt es ebenfalls geschlechtsspezifische Unterschiede, die sich vor allem bei der Aneignung von öffentlichem Raum zuungunsten von Mädchen zeigen (s. Muri u. Friedrich 2009). Zum Beispiel beanspruchen Knaben einen weitaus größeren Bereich des Pausenplatzes als Mädchen und haben damit einen größeren Aktionsradius; dazu passende Begriffe sind Szenarien von Manipulation (Knaben) und Szenarien der Interaktion (Mädchen). Der Befund der COCON-Studie (s. Schultheis et al. 2008), wonach sich Mädchen eher im privaten Raum aufhalten und Jungen im öffentlichen, weist in die gleiche Richtung: Mädchen im Alter von 6 Jahren tendieren dazu, eher zuhause zu spielen als Knaben (mehrmals die Woche oder täglich: 37 % versus 27 %); Knaben halten sich hingegen eher zum Spiel auf den Quartierstraßen auf als Mädchen (mehrmals die Woche oder täglich: 53 % versus 44 %).

2.3 Lebensbedingungen der Frauen heute – Chancen und Risiken

Der Grad an Bildung und die Erwerbsquote der Frauen haben sich wie bereits erläutert deutlich erhöht. Allerdings fällt der große Anteil an Frauen auf, die Teilzeit arbeiten. Positiv formuliert haben Frauen die Chance, einer Teilzeitbeschäftigung nachzugehen und damit Beruf und Familie zu verbinden. Das Risiko liegt freilich im zeitlichen Zusammentreffen der Familiengründung mit dem Aufbau der beruflichen Karriere. Wenn für die Familienplanung und Familienarbeit fast ausschließlich die jungen Frauen verantwortlich sind, ist das berufliche Engagement eingeschränkt und der Druck der Qualifizierungsphase zu hoch. Tatsächlich ist die vertikale Segregation in der Arbeitswelt durch das Geschlecht beträchtlich. Auf dem akademischen Arbeitsmarkt wird dieses Phänomen oft als *leaky pipeline* bezeichnet: Die Zahl der Frauen verringert sich mit jeder Stufe auf der wissenschaftlichen Karriereleiter. Vor allem vor der Promotion und vor der Habilitation »versickern« die Frauen in den Wissenschaftsstrukturen (She Figures 2009). Ebenso haben Frauen in der Wirtschaft selten Spitzenpositionen inne. Im Jahr 2011 waren in den Vorständen der 160 börsennotierten Unternehmen Deutschlands 3,1 % Frauen, im Vorjahr waren es 3 %. Bei den Aufsichtsräten dieser Unternehmen liegt der Frauenanteil bei 10 % (Weckes 2011). Dies hat Auswirkungen auf das Einkommen: In ganz Europa verdienen Frauen nach wie vor weniger als Männer. In Deutschland ist der Unterschied im Durchschnitt 23 %, in Österreich gar 26 % (BMFSFJ 2010). In der Schweiz liegt er bei 23,7 % (BfS 2008). Damit gehören die Unterschiede europaweit zu den größten. Bei den unter 25-Jährigen ist der Verdienstabstand 2 %, bei den über 40-Jährigen zwischen 25 und 29 % (BMFSFJ 2011). Vor allem drei strukturelle Gründe werden für die Ungleichheit angeführt:

- die sektorale (männliche und weibliche Tätigkeitsfelder) und vertikale (Frauen sind weniger in Führungspositionen) Segregation,
- Erwerbsunterbrechungen und Arbeitszeitreduzierungen von Frauen und
- die Unterbewertung von frauendominierten Tätigkeiten.

Als personale Ursache wird außerdem die zurückhaltendere Strategie von Frauen bei Lohnforderungen und Forderungen nach mehr Verantwortung im Job erwähnt (Babcock u. Laschever 2003).

Frauen haben aufgrund ihrer ausgezeichneten Ausbildung und oft guten (und im Vergleich zu Männern auch oft besseren) beruflichen Abschlüssen an sich die Chance auf alle beruflichen Karrieremöglichkeiten. Trotzdem ist das Risiko, beruflich zu stagnieren, groß, namentlich durch den Karriereknick aufgrund von Mutterschaft. Die finanzielle Benachteiligung ist ein darauf beruhendes Risiko. Der geringere Verdienst wirkt sich auch auf die Renten aus; außerdem ist das Armutsrisiko für alleinerziehende Mütter groß.

2.4 Psychische Vulnerabilität und weibliches Selbstbewusstsein

Frauen haben also Zugang zu einer ausgezeichneten Bildung, die ihnen vielfältige Möglichkeiten einer beruflichen Entwicklung und Existenzsicherung ermöglicht. Auch politisch und rechtlich hat sich die Situation der Frauen unbestritten verbessert. Machtlosigkeit ist nicht mehr der wichtigste Grund für psychische Vulnerabilität.

Im Folgenden plädiere ich für die These, dass weibliche psychische Erkrankung vielfältig mit der relativ neuen Individualisierung des weiblichen Lebenslaufs zusammenhängt. Das Leben als selbstentworfene Biografie ist eng mit beruflicher Selbstverwirklichung verbunden – auch bei Frauen. Gleichzeitig und selbstverständlich gehören für viele junge Frauen Kinder und eine dauerhafte Zweierbeziehung zu einem gelungenen Leben. In einer Gesellschaft, in der das »Vereinbarkeitsmodell der männlichen Versorgerehe« (s. Kap. 2.2) das hauptsächliche Familienmodell ist, ist die Frau für die Erziehung und das gute Gedeihen der Kinder hauptverantwortlich. In diesem Modell stellt die Gesellschaft auch relativ wenig Hilfe bereit, z. B. in Form von externer Kinderbetreuung oder Ganztagsschulen, sondern geht von der individuellen Verzichtsbereitschaft der Mütter aus. Schließlich ist Hilfe durch die Herkunftsfamilie oft nur eingeschränkt möglich, da aufgrund der hohen Mobilität oder Migration im Zusammenhang mit den beruflichen Möglichkeiten bzw. Erfordernissen Familien oft weit weg von verwandtschaftlichen Ressourcen leben. Gleichwohl wird die Entscheidung, ob eine Mutter ihre berufliche Karriere aufgibt, als ihre Angelegenheit betrachtet. Damit ist sie für diese Entscheidung auch verantwortlich. Und wie sie sich auch entscheidet, es kann negativ ausgelegt werden: Sie gilt möglicherweise als egoistisch, falls sie ihre Kinder fremder Betreuung überlässt, oder als bedauernswert, falls sie ihre Karriere aufgibt.

An diesen hier skizzierten Übergängen machen sich spezifische psychische Krisen von Frauen fest. Es sind Krisen, in denen Frauen psychotherapeutische Unterstützung suchen. Als Fragen formuliert können diese folgendermaßen beschrieben werden:

- Wer ist der richtige Mann, dessen selbstentworfene Biografie zu meiner passt oder der bereit ist, eine Übereinstimmung auszuhandeln?

- Bringe ich Kinder- und Karrierewunsch in Einklang oder misslingt es mir?
- Meistere ich die unvermeidliche Regression bei der Geburt meines Kindes in einem Umfeld, das mich als Mutter allein lässt?
- Gelingt mir als Mutter der (teilweise) Rückzug in den privaten Raum nach meinem beruflichen Wirken im öffentlichen Raum?
- Bin ich der Doppelbelastung Beruf und Familie gewachsen oder zerbreche ich daran?
- Habe ich den Kinderwunsch zugunsten meiner Karriere geopfert und bedaure ich das?

Tatsächlich erkranken Frauen ungefähr zweieinhalb Mal häufiger als Männer an depressiven Episoden, wie eine Untersuchung von Kuehner (2003) umfassend bestätigt. In diversen epidemiologischen Studien wurden verschiedene Prädiktoren für Depression identifiziert, die mit der Geschlechtsrolle in Verbindung gebracht werden, wie Armut, Machtlosigkeit sowie Doppel- und Mehrfachbelastung (Kuehner 2003). Außerdem führen auch Erfahrungen wie geringe soziale Unterstützung, geringe soziale Anerkennung und geringe soziale Beteiligung unabhängig voneinander zu einer erhöhten Vulnerabilität für depressive Erkrankungen bei Frauen (Krantz u. Östergren 2000). Eine österreichische Studie zeigte denn auch, dass nicht erwerbstätige, geschiedene Frauen die höchste Depressionsrate aufweisen (Gutiérrez-Lobos et al. 2000).

2.5   Weibliche Identität und Attraktivität

Beruflich hatten Frauen noch nie so viele Möglichkeiten wie heute. Und tatsächlich, auch wenn die Doppelbelastung von Beruf und Familie für Frauen eine große Herausforderung bedeutet, so möchten viele Frauen nie auf den Beruf verzichten. Wie eine aktuelle Studie zeigt, fühlen sich Mütter, die erwerbstätig sind, zufriedener als Mütter, die nicht erwerbstätig sind – trotz der Doppelbelastung (Buehler u. O'Brien 2011).

Umso mehr erstaunt, dass offenbar viele junge Frauen lieber schön als klug wären (Walter 2011). Alles scheint sich um Schönheit zu drehen. Beim Betrachten von Werbung und Musikvideos fällt auf, dass es sich dabei um eine aufdringlich sexualisierte Ästhetik handelt. Untersuchungen bestätigen die Zunahme von sexualisierter Darstellung in Werbung und Medien. Hatton und Trautner (2011) haben die Cover des US-Magazins »Rolling Stone« von 1967 bis 2010 untersucht. Dabei zeigte sich, dass Musiker beider Geschlechter über die Jahrzehnte immer häufiger sexualisiert dargestellt werden, Musikerinnen aber deutlich häufiger. Zusätzlich entwickelten sich die Abbildungen der Musikerinnen in den letzten 10 Jahren in eine Richtung, die die Autorinnen als »hypersexuell« bezeichnen. Auch eine Studie über Inhalte der Werbung weist auf die Veränderung von sexualisierten Darstellungen hin (Gill 2008). Seit rund 15 Jahren, so die Autorin,

würden Frauen nicht mehr als passive Sexobjekte, sondern in sexuell aktiver Rolle dargestellt. Dabei ließen sich drei bevorzugte Themen beobachten:
- die Figur der heterosexuellen, aktiv begehrenden Frau;
- die Figur der sexuell attraktiven, sich rächenden Frau, die den männlichen Partner für Verstöße bestraft (z. B. weil er ihr Auto benutzt oder andere Frauen attraktiv findet);
- die Figur der *hot lesbian* (Gill 2008), meistens dargestellt, wie diese eine andere Frau umarmt oder küsst.

Die Botschaft solcher Werbung scheint zu sein: Die sexuell attraktive Frau ist nicht nur begehrenswert, sie darf ihr sexuelles Begehren aktiv zeigen, ohne Gefahr, zurückgewiesen zu werden. Ist eine Frau sexuell attraktiv, ist sie nicht länger zur Passivität gezwungen. Außerdem wird suggeriert, dass sexuelle Attraktivität erkämpft werden kann: mit harter Arbeit, wie sportliche Betätigung und diszipliniertem Essen, und mit medizinischer Hilfe, wie Schönheitsoperationen. Frauen, die den eigenen Körper als nicht übereinstimmend mit diesem Ideal sehen, reagieren mit Körperscham und Insuffizienzgefühlen (Fredrickson et al. 1998). Das Körperbild als wichtiger Teil des Selbstkonzepts gerät unter Druck. Die Unzufriedenheit mit dem Körper ist denn auch mit einer Essstörung als spezifisch weiblich geltende psychische Krankheit in Verbindung gebracht worden. Wurden Essstörungen in den letzten Jahrzehnten vor allem bei Frauen in der Adoleszenz und im jungen Erwachsenenalter diagnostiziert, wird aktuell auch ein vermehrtes Auftreten im mittleren Erwachsenenalter festgestellt (z. B. Larrañaga 2012; Midlarsky u. Nitzburg 2008). Viele dieser Patientinnen litten schon früher an einer Essstörung, doch eine kleine aber signifikante Anzahl von Neuerkrankungen ist nach dem 40. Lebensjahr zu beobachten (Peat 2008). Möglicherweise ist dies im Zusammenhang mit dem Zwang, als Frau in einer hochspezifischen Art sexuell zu sein (Gill 2008), zu erklären.

2.6 Fazit

Aufgrund der rasanten Veränderungen der Geschlechtsrollen ist weibliche Identität nicht mehr einfach tradiert und gegeben. Als Folge der Liberalisierung der sexuellen Normen, beginnend Ende der 1960er Jahre, können Frauen ihr aktives Interesse an der Sexualität selbstverständlicher leben. Nur: Was ist weibliche Identität heute? Castendyk (2004, S. 101) sagt: »Geschlechtsspezifisches Rollenverhalten im erotischen Dialog, beim Flirten, bei der Werbung und beim Sex selbst gehört immer noch zu einem Rollenkern, der sich gegen jede Integration sperrt.« Weibliche Identität muss in der Pluralität der heutigen Lebensentwürfe zwischen sexuellem Begehren, Beruf und Mutterschaft neu gebildet werden. Dabei verursacht die Multioptionalität der Wohlstandsgesellschaft hohe Ansprüche. Die Gefahr besteht, nur ein perfektes Leben als ein gelungenes Leben annehmen zu können.

Literatur

Babcock L, Laschever S (2003). Women Don't Ask: Negotiation and Gender Divide. Princeton: Princeton University Press.
BfS – Bundesamt für Statistik (2008). Lohnstrukturerhebung. Neuchatel: BfS.
BMFSFJ – Bundesministerium für Familien, Senioren, Frauen und Jugend (2010). Entgelt*un*gleichheit – gemeinsam überwinden. Berlin: Eigenverlag.
Buehler C, O'Brien M (2011). Mothers' part-time employment: associations with mothers and family well-being. J Fam Psychol; 25: 895–906.
Bühler E (2002). Frauen- und Gleichstellungsatlas Schweiz. Reihe »Gesellschaft Schweiz«. Zürich: Seismo.
Bühler E, Heye C (2005). Fortschritte und Stagnation in der Gleichstellung der Geschlechter, 1970–2000. Bern: Bundesamt für Statistik.
Bürgisser M (2005). Familien mit egalitärer Rollenteilung. Die Langzeitperspektive und die Sicht der Kinder. Schweizerischer Nationalfonds, NFP52. Schlussbericht. Bern.
Butler J (1991). Das Unbehagen der Geschlechter. Frankfurt a. M.: Surkamp.
Castendyk S (2004). Zur Theorie der weiblichen Sexualentwicklung. Zeitschrift für Sexualforschung; 17: 97–115.
De Beauvoir S (1996). Das andere Geschlecht. Sitte und Sexus der Frau. Reinbek bei Hamburg: Rowohlt. (Neuübersetzung. Erstveröffentlichung 1949.)
Eurydice (2005). Schlüsselzahlen zum Bildungswesen in Europa 2005. Luxemburg: Amt für amtliche Veröffentlichungen der Europäischen Gemeinschaften. (Auch als PDF im Internet erhältlich; herunterzuladen über Titeleingabe in einer Suchmaschine.)
Fredrickson BL, Roberts TA, Noll SM et al. (1998). That swimsuit becomes you: sex differences in self-objectification, restrained eating, and math performance. J Pers Soc Psychol; 75: 269–84.
Gill R (2008). Empowerment/sexism: figuring female sexual agency in contemporary advertising. Fem Psychol; 18: 35–60.
Gutiérrez-Lobos K, Wölfl G, Scherer M et al. (2000). The gender gap in depression reconsidered: the influence of marital and employment status on the female/male ratio of treated incidence rates. Soc Psychiatry Psychiatr Epidemiol; 35: 202–10.
Hatton E, Trautner MN (2011). Equal opportunity objectification? The sexualization of men and women on the cover of *Rolling Stone*. Sex Cult; 15: 256–78.
Honegger C, Heintz B (Hrsg) (1981). Listen der Ohnmacht. Zur Sozialgeschichte weiblicher Widerstandsformen. Frankfurt a. M.: Europäische Verlagsanstalt.
Irigaray Luce (1987). Zur Geschlechterdifferenz: Interviews und Vorträge. Wien: Wiener Frauenverlag.
Krantz G, Östergren PO (2000). Common symptoms in middle aged women: their relation to employment status, psychosocial work conditions and social support in a Swedish setting. J Epidemiol Community Health; 54: 192–9.
Kremer M, Schiffbänker H (2005). Informal family-based »care« work in Austrian »care« arrangement. In: Pfau-Effinger B, Geissler B (eds). »Care« and Social Integration in Europe. Bristol: Policy Press.
Kristeva J, Clément C (2000). Das Versprechen. Vom Erwachen der Frauen. München: Matthes & Seitz.

Kuehner C (2003). Gender differences in unipolar depression: an update of epidemiological findings and possible explanations. Acta Psychiatr Scand; 163–74.

Larrañaga A, Docet MF, García-Mayor RV (2012). High prevalence of eating disorders not otherwise specified in northwestern Spain: population-based study. Soc Psychiatry Psychiatr Epidemiol; http://www.ncbi.nlm.nih.gov/pubmed/22237718 (Zugriff am 30. April 2012).

Macha H (2011). Konstruktion der Geschlechtsidentität – Widersprüche aktueller Sozialisationsprozesse. Gruppendynamische Organisationsberatung; 42: 105–24.

Macha H, Witzke M (2008). Familie und Gender – Rollenmuster und segmentierte gesellschaftliche Chancen. Zeitschrift für Pädagogik: 54: 261–78.

Midlarsky E, Nitzburg G (2008). Eating disorders in middle-aged woman. J Gen Psychol; 135: 393–407.

Muri G, Friedrich S (2009). Stadt(t)räume – Alltagsräume?: Jugendkulturen zwischen geplanter und gelebter Urbanität. Wiesbaden: VS Verlag für Sozialwissenschaften.

Peat CM, Peyerl NL, Muehlenkamp JJ (2008). Body image and eating disorders in older adults: a review. J Gen Psychol; 135: 343–58.

Perrig-Chiello P (2004). Soziale Integration im Spiegelbild lebenszyklischer Übergänge. In: Suter C (Hrsg). Sozialbericht 2004. Zürich: Seismo; 129–54.

Pfau-Effinger B (2004). Development of Culture, Welfare States and Women's Employment in Europe. Aldershot: Ashgate.

Pfau-Effinger B (2005). Wandel der Geschlechterkultur und Geschlechterpolitiken in konservativen Wohlfahrtsstaaten – Deutschland, Österreich und Schweiz. Tagungsbeitrag zur internationalen Tagung »Kulturelle Hegemonie und Geschlecht als Herausforderung im europäischen Einigungsprozess«. Freie Universität Berlin, 6.–8. Mai 2005. web.fu-berlin.de/gpo/wandel_geschl_pfau_effinger.htm (Zugriff am 30. April 2012).

Pfau-Effinger B, Geissler B (2002). Cultural change and family policies in East and West Germany. In: Carling AH, Duncan S, Edwards R (eds). Analysing Families: Morality and Rationality in Policy and Practice. London, New York: Routledge; 77–83.

Schigl B (2010). Feministische und Gendertheorie – Diskurse und ihre Bedeutung für das psychosoziale Feld. Journal für Psychologie; 18. www.journal-fuer-psychologie.de/jfp-3-2010-02.html (Zugriff am 30. April 2012).

Schultheis F, Perrig-Chiello P, Egger S (Hrsg) (2008). Kindheit und Jugend in der Schweiz. Weinheim: Beltz.

She Figures (2009). Statistics and Indicators on Gender Equality in Science. Luxembourg: European Commission.

Walter N (2011). Living Dolls: Warum junge Frauen heute lieber schön als schlau sein wollen. Frankfurt a. M.: Krüger.

Weckes M (2011). Geschlechterverteilung in Vorständen und Aufsichtsräten. Hans-Böckler-Stiftung. www.boeckler.de/pdf/mbf_gender_2011.pdf (Zugriff am 20. April 2012).

3 Genderperspektive und Prozessorientierung

Günter Schiepek, Guido Strunk und Wolfgang Aichhorn

Inhalt
3.1 Anliegen der Genderperspektive in den Humanwissenschaften......29
3.2 Genderperspektive und ihr Anspruch auf angemessene Komplexität und Idiografik..................30
3.3 Chaos und Komplexität in weiblichen und männlichen Systemen....33
3.4 Fazit..................38

3.1 Anliegen der Genderperspektive in den Humanwissenschaften

Die Genderperspektive thematisiert die Besonderheiten der Lebensentwürfe, Sozialisationsbedingungen und wirtschaftlichen, sozialen sowie politischen Gegebenheiten von Frauen und Männern in ihren jeweiligen Gesellschaften und Lebensräumen. Hinzu kommen die psychologischen und biologischen Bedingungen, die auf die Lebensführung und auf die physische wie psychische Gesundheit in der gesamten Lebensspanne Einfluss nehmen (Boothe u. Heigl-Evers 1996; Riecher-Rössler u. Rohde 2001; Rohde u. Marneros 2007).

Die feministische Genderbewegung und das damit verbundene politische und soziale Engagement gegen geschlechtsgebundene Benachteiligungen machte auf die spezifischen geschlechtsabhängigen Lebensbedingungen aufmerksam und bekämpfte den geschlechtsspezifischen Ausschluss von gesellschaftlichen Ressourcen, die mit einseitigen Rollenvorgaben verbunden waren (s. dazu auf der Ebene genderorientierter empirischer Forschung exemplarisch die sog. Zwillingsstudie von Strunk et al. 2005; Strunk u. Hermann 2009). Ganz im Sinne von Michel Foucault sollte eine Praxis der Freiheit möglich werden, die dem einzelnen Menschen als Frau oder Mann die Gestaltung eines eigenen Lebensentwurfs eröffnet (Foucault 1986; Gussone u. Schiepek 2000). Genderforschung positioniert sich als inzwischen breit differenziertes emanzipatorisches Programm, das auch im klinisch-psychologischen Bereich wirksam wird, wenn es um weibliche Marginalisierung und Ausgrenzung, manipulative oder gewalttätige Suppression oder Ausbeutung und damit verbundene psychosoziale, psychische und psychophysische Schädigungen geht. Personale Integrität, Anspruch auf Bildung, Selbstermächtigung und Selbstbestimmung, finanzielle Autonomie und gesellschaftliche Positionierung sind dabei zentrale Orientierungsmaßstäbe.

Der wissenschaftliche Zugang zum Menschen unter der Genderperspektive mit ihren kontextrelativen, d. h. von der historischen, kulturellen und milieugebundenen Situation abhängigen, daher variablen Rollenentwürfen bietet eine wertvolle, zugleich aber nur *eine* Kategorie oder Leitdifferenz (zum Begriff der Leitdifferenz s. Luhmann 1984). Es handelt sich um eine kategoriale Unterscheidung mit prekärer Tendenz in Richtung Defizitorientierung: Wer Ressourcenzugang fordert, muss den Mangel artikulieren (z. B. von Bildungschancen oder von Positionen in Unternehmen) und auf Defizite hinweisen. Andere kategoriale Unterscheidungen und Leitdifferenzen sind uns geläufig, z. B. die von krank und gesund, arm und reich, jung und alt. Viele dieser Leitdifferenzen sind nicht als dichotome Kategorien, sondern als Pole eines Kontinuums aufzufassen oder inkludieren weitere diskrete Unterkategorien oder Abstufungen. Das gilt in noch stärkerem Maß für Differenzbildungen im Bereich kultureller, religiöser oder politischer Zugehörigkeit. In der Medizin und Psychologie ist die diagnostische Kategorisierung in den internationalen Klassifikationssystemen (z. B. ICD) geläufig. Personen lassen sich nach Persönlichkeitsmerkmalen und differenzierenden Konstrukten unterscheiden, beispielsweise Intelligenz, Kompetenz, Kreativität, Extraversion versus Introversion.

3.2 Genderperspektive und ihr Anspruch auf angemessene Komplexität und Idiografik

Der emanzipatorische Anspruch der Gendergerechtigkeit und Gleichstellung verlangt einen vielschichtigen und komplexen Zugang zu den Eigenschaften weiblich und männlich, zu Weiblichkeit und Männlichkeit. Die Einengung auf eine monoperspektivische Leitdifferenz ist wissenschaftlich, psychotherapeutisch und gesellschaftlich unergiebig. Es geht um ungeteilte Aufmerksamkeit für die Vielfalt und Heterogenität von Wirklichkeitskonstruktionen und um die Vorläufigkeit, Historizität und Perspektivenabhängigkeit von Alltagsorientierung und wissenschaftlicher Modellbildung. Die Genderperspektive ist eine von vielen möglichen Brillen, die uns das Menschsein gemäß einer bestimmten Leitdifferenz zu sehen erlaubt; gute genderorientierte Forschung und -praxis zeichnet sich durch Kontext- und Perspektivensensibilität aus, gleichsam durch die Verfügung über immer auch andere Brillen und die Möglichkeit, sie zu wechseln. In weiterer Konsequenz geht es – gerade im psychotherapeutischen Kontext – um den angemessenen Zugang zur individuellen Person. Eine programmatische Genderorientierung braucht eine idiografische Modellierung der interessierenden Phänomene.

Einer der z. B. in der Persönlichkeitspsychologie geläufigen Versuche, die Individualität zu fassen, besteht darin, diese an der Schnittstelle vieler Kategorien anzusiedeln. Ein Individuum hat unter anderem eine bestimmte oder eine ambige Geschlechtszugehörigkeit, eine mehr oder weniger eindeutig festzulegende

Haut- und Haarfarbe, einen festzulegenden Familienstatus, einen Intelligenzquotienten, bestimmte Verhaltensdispositionen, bestimmte messbare Persönlichkeitsausprägungen wie auch mannigfache physiologische und biochemische Parameter. Das Individuum ist so gesehen ein Punkt oder ein Vektor in einem vieldimensionalen Koordinatensystem, und jede Koordinate wird durch eine Beschreibungsdimension bestimmt. Sind diese Beschreibungsdimensionen zahlreich und hinreichend fein aufgelöst, dann ist jeder Mensch als ein von allen anderen Menschen unterscheidbarer Punkt in diesem n-dimensionalen Koordinatensystem zu denken, als Unikat in einem Kategorien- oder Konstruktraum. Die Studien von Strunk und Hermann (2009) sowie von Strunk et al. (2005) zum Thema »Eine Frau muss ein Mann sein, um Karriere zu machen« berücksichtigen beispielsweise mehr als 20 Dimensionen und zeigen, dass die dramatische berufliche Ungleichbehandlung der untersuchten Männer und Frauen allein vom Geschlecht abhängig war und nicht von den anderen erfassten Dimensionen.

Diese Vorstellung impliziert immerhin, dass es vieldimensionale (nicht nur eindimensionale) Konsträume braucht, um Individuen zu charakterisieren. Was wir sind, sind wir nicht absolut, sondern in Abhängigkeit von den gewählten inhaltlichen Dimensionen und der Metrik dieses Konstruktraumes. Sie impliziert ein Zweites: Die Punkte in diesem Raum sind nicht statisch, sondern sie wandern, sie bewegen sich. Wir brauchen zur Charakterisierung von Individuen die Zeit, denn wir *sind* nicht, wir *werden*. Der Weg, den wir in diesem Raum zurücklegen, wird als Trajektorie bezeichnet. Somit ist ein Individuum nicht nur von seiner Ausprägung auf irgendwelchen Dimensionen (z. B. Geschlechtszugehörigkeit) geprägt, sondern von der Gestalt seines Weges, von der Gestalt seiner Trajektorie.

Abbildung 3-1 (S. 32) illustriert eine solche Trajektorie in einem dreidimensionalen Koordinatenraum, den wir in der Theorie dynamischer Systeme auch als Phasenraum bezeichnen. Solche Räume lassen sich nur dreidimensional anschaulich machen, rechnen aber kann man damit in annähernd beliebiger Dimensionalität. Bei dem in Abbildung 3-1 dargestellten Verlauf handelt es sich um den persönlichen Weg, den eine Patientin während eines stationären Therapieverlaufs über fast 20 Wochen zurücklegt, wenn man diesen Weg auf den Koordinaten von drei Subskalen des Therapieprozessbogens (TPB) darstellt (»Therapeutische Fortschritte/Zuversicht/Selbstwirksamkeit«, »Emotionales Klima zu Hause« und »Emotionales Klima auf der Therapiestation«). Es wird erkennbar, dass man solche Trajektorien auch in ihrem Gesamtverlauf als Attraktor, als dynamisches Muster, betrachten kann. Ein Attraktor charakterisiert die Gestalt der Bewegung eines Individuums, zumindest auf einem bestimmten Abschnitt des Weges, denn häufig verändern sich die in bestimmten Zeitphasen relativ stabilen Muster selbst wieder und gehen ineinander über. Man bezeichnet das als Ordnungsübergänge.

Die Ausprägung der Individualität auf diesen Koordinaten charakterisiert einen Teil individueller Einzigartigkeit. Trivialerweise ist das biologische Ge-

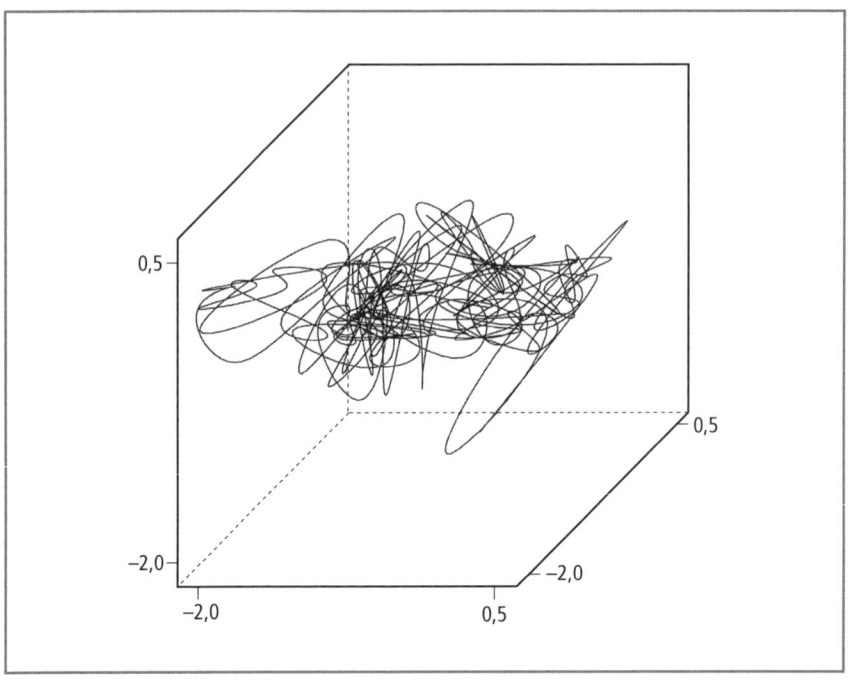

Abb. 3-1 Dreidimensionaler Phasenraum, aufgespannt von den Variablen »Therapeutische Fortschritte/Zuversicht/Selbstwirksamkeit«, »Emotionales Klima zu Hause« und »Emotionales Klima auf der Therapiestation«. Dargestellt ist die Trajektorie einer 17-jährigen Patientin (Diagnose: F43.2, Reaktion auf schwere Belastungen/Anpassungsstörung) über 135 Therapietage, wobei die Kurve mit einem kubischen Spline geglättet wurde. Dargestellt sind z-transformierte Werte.

schlecht – bis auf seltene Fälle einer medizinisch mit Hormontherapie und Chirurgie unterstützten Geschlechtsumwandlung – eine binäre und stabile Größe. Zahlreiche andere genderbezogene Größen sind aber vielfach abgestuft und entwicklungsabhängig variabel, wie die *erlebte* Geschlechtsidentität, die Intensität geschlechtsbezogenen Verhaltens, Konzentrationen von Östrogen, Testosteron und anderen Hormonen. So mag man die Position des Individuums zu einem bestimmten Zeitpunkt t – d.h. den Vektor *x* (t) – als durch die Messwerte der benutzten Konstrukte bzw. Variablen bestimmt sehen. Vorstellbar ist aber auch, dass Individualität durch die spezifische Gestalt des Verlaufs charakterisiert ist, also durch den Attraktor, unabhängig von seiner Lage im Koordinatenraum. Die Vorstellung einer Individualität, die sich im prozessualen Muster widerspiegelt, ist zwar unüblich, erweist sich aber als ebenso sinnvoll und nützlich wie die Idee einer Veränderung dieser prozessualen Muster als Indikator einer Persönlichkeitsveränderung im Rahmen einer natürlichen Entwicklung oder einer Psychotherapie. Psychotherapeutischer Erfolg ist in diesem Verständnis nicht nur in einer Veränderung bestimmter Variablen von vorher zu nachher zu erkennen (z.B. weniger Symptome, weniger subjektive Belastung, mehr soziale Kompetenz, mehr Lebensqualität), sondern in der Veränderung eines prozessualen Musters (z. B. das rhythmische Muster einer Bipolaren Störung geht in eine andere, stabilere Dynamik über, oder die hochfrequenten emotionalen Schwankungen bei der emotional-instabilen Persönlichkeitsstörung des Borderline-Typs beruhigen sich). Die klassische Testtheorie nach der Formel $X = T + E$ würde eine solche charakteristische Dynamik dem Irrtum bzw. dem Rauschen E um den wahren Wert T zuordnen, denn in einem reliablen Messwert X sollte möglichst viel T und möglichst wenig E enthalten sein. Ein konsequent dynamischer Zugang dagegen interessiert sich neben dem Niveau auch für das reliable und valide Prozessmuster D, das dann sicher immer noch von empirischem Rauschen und von Messfehlern verunreinigt wird – alles zeitabhängig versteht sich: $X(t) = T(t) + D(t) + E(t)$.

3.3 Chaos und Komplexität in weiblichen und männlichen Systemen

Besonders faszinierend ist, dass die verschiedenen Beschreibungsdimensionen untereinander und aufeinander wirken können. Man hat es nicht nur mit unabhängigen Beschreibungsgrößen zu tun, sondern mit Variablen oder Faktoren, die interagieren und somit ein System bilden. Physische Aktivität und Körperschema einer Frau oder eines Mannes wirken ebenso aufeinander wie die subjektive Geschlechtsidentität und beispielsweise Östrogen- bzw. Testosteronausschüttung, erlebte Bindung sowie soziale Zugehörigkeit und Stresshormon-, Endorphin- oder Kortisolaktivität, Lebenszufriedenheit und sexuelle Motivation (für Zusammenhänge zwischen psychischen, endokrinen und Immunprozessen s. z. B. Klumbies 2011; Schubert 2011a, 2011b). Die meisten Bereiche zwischenmenschlichen Geschehens, psychischer Vorgänge (Wahrnehmen, Denken, Fühlen, Verhalten) und neuronaler sowie organischer und biochemischer Prozesse im Körper lassen einseitige oder wechselseitige Einflussnahme erwarten, und zwar unabhängig davon, ob man diese Einflussnahme oder Interaktion nur korrelativ oder auch kausal versteht. Bereits wenige Variablen reichen aus, um durch ihre nichtlineare Interaktion ein hochkomplexes, kaum mehr vorhersehbares Verhalten zu erzeugen. Ein solches nicht zufälliges und auch nicht vom Zufall erzeugtes dynamisches Verhalten, das eine komplexe Form von Ordnung bei gleichzeitig stark begrenzter Vorhersehbarkeit aufweist, bezeichnet man als »chaotisch«. Da nichtlineare Wechselwirkungen universell vorkommen, müsste auch das sogenannte deterministische Chaos universell vorkommen. Das scheint in der Tat der Fall zu sein, auch bei Männern und Frauen und in ihrer gemeinsamen Lebenswelt.

Ein für die Definition von Chaos relevantes Merkmal ist der Schmetterlingseffekt. Er bezeichnet die sensible Abhängigkeit der Systemdynamik von den Ausgangsbedingungen, d. h., bereits kleine Unterschiede in der Startposition zweier

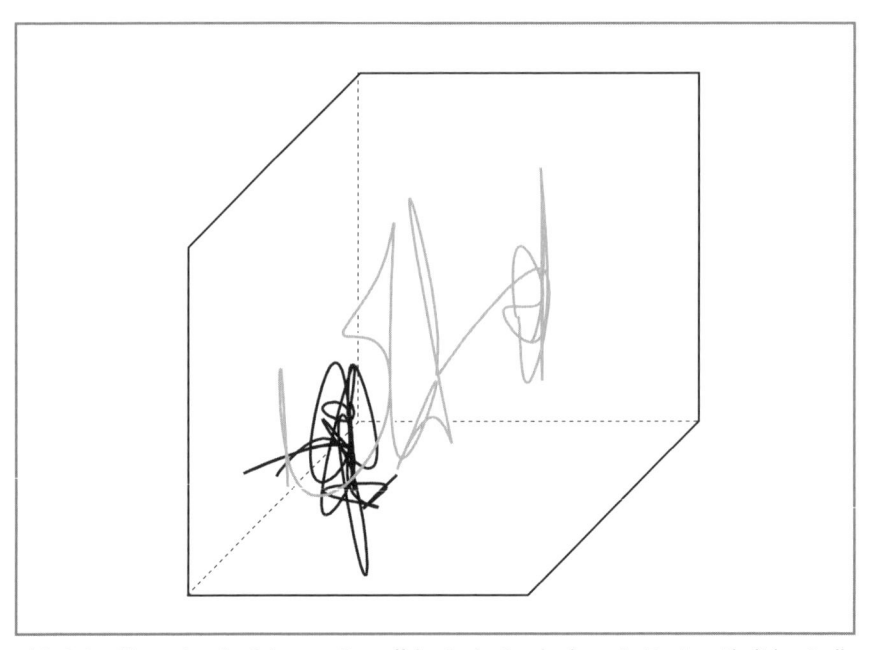

Abb. 3-2 Illustration des Schmetterlingseffekts in der Psychotherapie: Zwei an ähnlicher Stelle beginnende Verläufe (links unten) nehmen bereits nach kurzer Zeit sehr unterschiedliche Wege. Weder das Wissen um den Startpunkt noch die Kenntnis der Dynamik des jeweils anderen »Systems« können uns helfen, die Entwicklung einer einzelnen Patientin vorherzusagen. Psychotherapie entzieht sich der Normierung. Bei den drei Achsen des Phasenraums handelt es sich um Faktoren (Subskalen) des Therapieprozessbogens: »Beschwerden und Symptombelastung«, »Emotionales Klima auf der Therapiestation«, »Qualität der therapeutischen Beziehung/Offenheit/Vertrauen«. Die Daten beruhen auf täglichen Selbsteinschätzungen und wurden mit einem kubischen Spline geglättet. Dargestellt sind z-transformierte Werte.

oder mehrerer Trajektorien führen im weiteren Verlauf zu ganz unterschiedlichen Entwicklungen. Das ist der Grund für die Unvorhersehbarkeit chaotischer Prozesse (für eine Einführung in die Chaostheorie s. Strunk u. Schiepek 2006). Abbildung 3-2 illustriert das am Beispiel zweier psychotherapeutischer Verläufe, die mit sehr ähnlichen Ausgangswerten starten, dann aber schnell sehr unterschiedliche Dynamiken realisieren. Chaotische Systeme sind in ihrer Entwicklung übrigens nicht nur von den Ausgangsbedingungen sensitiv abhängig, sondern auch von kleinen Veränderungen der Systemparameter und von kleinen Abweichungen in der weiteren Systemdynamik (z. B. aufgrund von internen Fluktuationen oder von externen Einflüssen bzw. Interventionen). Also kann man nicht davon ausgehen, dass es in Psychotherapien Standard- oder Normverläufe gibt, und es wird verständlich, warum in chaotischen Systemen kleine Interventionen große Effekte haben können. Die Bemühungen der Genderforschung, Frauen und Männer in ihrer Psychologie, Physiologie und in ihrer

3 Genderperspektive und Prozessorientierung

Lebenswelt als dynamische Systeme zu begreifen, führen über Chaos und Komplexität zur Individualität.

Empirisch sollte in der genderorientierten Psychotherapieforschung von Interesse sein, ob Frauen und Männer in ihrem Veränderungsprozess unterschiedliche Komplexität aufweisen oder ob es einen Genderunterschied in der Ordnung dieser Dynamiken gibt. Die Antwort vorweg: Frauen sind in ihrem Veränderungsprozess komplexer als Männer und weisen zudem geringere Grade an Ordnung auf als diese.

Wie kommen wir zu dieser Aussage? Untersucht wurden die Therapieverläufe von 148 stationär und teilstationär (tagesklinisch) behandelten Patientinnen (N = 92) und Patienten (N = 56). Alle Patientinnen und Patienten wurden am Sonderauftrag für stationäre Psychotherapie der Christian-Doppler-Klinik (Universitätsklinikum der Paracelsus Medizinischen Privatuniversität Salzburg) behandelt. Täglich einmal füllten sie den Therapieprozessbogen (TPB; vgl. Haken u. Schiepek 2010) mithilfe des Synergetischen Navigationssystems (SNS; Schiepek 2009) im Internet aus. Die Zeitreihenlängen lagen zwischen 30 und 315 Messpunkten (Tagen) mit einem Durchschnitt von 97 (± 50,3). Berücksichtigt wurden hier die Verläufe von drei Subskalen (Faktoren) des TPB: »Therapeutische Fortschritte/Zuversicht/Selbstwirksamkeit«, »Perspektivenerweiterung/Innovation« und »Intensität der Problembearbeitung«. Als Maß für die Komplexität der Zeitreihen wurde die dynamische Komplexität (Schiepek u. Strunk 2010) verwendet; diese berechnet Amplitude und Frequenz der Schwankungen und mittelt die Verteilung der Werte über die Skala in einem Gleitfenster für die Zwecke der hier durchgeführten Analyse. Des Weiteren wurde die sogenannte Permutationsentropie mit einer Wortlänge von 3 benutzt. Es handelt sich um ein von Bandt und Pompe (2002) vorgeschlagenes Komplexitätsmaß, das nicht nur für Intervall-, sondern auch für ordinalskalierte Daten geeignet ist und ähnlich wie die dynamische Komplexität anwendbar ist auf natürliche empirische Zeitreihen ohne spezielle Annahmen zu Verteilung und Stationarität (für methodische Details sei auf die Literatur verwiesen). Der Grad der Ordnung, den die Verläufe aufweisen, wurde bestimmt über die Anpassung eines höhergradigen Polynoms an die vorliegenden Verläufe (in diesem Fall handelte es sich um ein Polynom 8. Grades). Je besser eine empirische Zeitreihe von einem Polynom repräsentiert wird, umso höher ist die Ordnung in der Zeitreihe. Weiterhin wurden zur Abschätzung des Ordnungsgrades zwei Kennwerte von sogenannten Recurrence-Plots verwendet. Recurrence-Plots machen wiederkehrende Muster von Zeitreihen in einem Zeit-x-Zeit-Diagramm erkennbar (Eckmann et al. 1987; Webber u. Zbilut 1994). Ihre Berechnung beruht auf der Einbettung von Zeitreihen in einem von Zeitverzögerungskoordinaten aufgespannten Ersatzphasenraum, wobei die euklidischen Abstände der Vektorpunkte oder nach Vorgabe eines Radius um jeden Vektorpunkt deren Nachbarschaften (Ähnlichkeit) binär markiert werden (Nachbarpunkt innerhalb oder außerhalb des wählbaren Radius) (für ein Beispiel s. Abb. 12-6, S. 118). Bei für den Vergleich konstant gehaltenen Parametern (Radius zu Bestimmung der Nachbarschaften, Zeitverzögerung und

Dimension des Ersatzphasenraums) gibt die Anzahl der Recurrence-Markierungen an, wie viele Abschnitte der gesamten Dynamik untereinander ähnlich sind, und die Anzahl und Länge der Diagonalschraffierungen in einem Recurrence-Plot charakterisiert den Grad des Determinismus in einem dynamischen System. Beide Kennwerte können somit als Hinweis auf die in einer Dynamik vorliegende Ordnung gelten.

Die Patienten und Patientinnen dieser Studie unterschieden sich nicht signifikant im Alter, und auch die durchschnittliche Ausprägung (Mittelwert) der untersuchten Variablen unterscheidet sich nicht zwischen Männern und Frauen. Auch die Diagnosen verteilen sich nicht signifikant unterschiedlich zwischen Männern und Frauen, lediglich bei den Persönlichkeitsstörungen gibt es einen Unterschied mit einem höheren Vorkommen bei den Frauen (s. Tab. 3-1). Dieses Ungleichgewicht beeinträchtigt allerdings das hier berichtete Ergebnis nicht, da das verwendete Regressionsmodell den Beitrag des Geschlechts zu Komplexitäts- und Ordnungsunterschieden unabhängig von bzw. zusätzlich zur Diagnose erkennbar macht.

Tab. 3-1 Patientenstichprobe zur Untersuchung der Komplexität und des Ordnungsgrades von Therapietrajektorien. Ein signifikanter Unterschied besteht lediglich im Bereich der Verteilung von Persönlichkeitsstörungen auf Frauen und Männer, wobei hier der Anteil von Patientinnen mit diesem Diagnosespektrum höher ist. Bei den angegebenen Diagnosen handelt es sich um Erstdiagnosen (bei fast allen Patienten und Patientinnen lagen Mehrfachdiagnosen vor). Die unteren drei Zeilen der Tabelle geben die Durchschnittswerte der drei untersuchten Variablen an.

	Frauen (N = 92)	Männer (N = 56)	p
Affektive Störungen (F3)	36 (39,1 %)	29 (51,8 %)	.172
Neurotische, Belastungs- und somatoforme Störungen (inkl. Angststörungen) (F4)	14 (15,2 %)	11 (19,6 %)	.504
Persönlichkeitsstörungen (F6)	37 (40,2 %)	12 (21,4 %)	.020
Schizophrenie, schizotype und wahnhafte Störungen (F2)	3 (3,3 %)	3 (5,4 %)	.673
Essstörungen	2 (2,2 %)	1 (1,8 %)	1.000
Alter	34,2 (±10,7)	34,7 (±11,2)	.820
TPB: Therapeutische Fortschritte/Zuversicht/ Selbstwirksamkeit (AM)	2,71 (±1,23)	2,75 (±1,1)	.875
TPB: Perspektivenerweiterung/Innovation (AM)	2,33 (±1,10)	2,45 (±1,16)	.617
TPB: Intensität der Problembearbeitung (AM)	3,29 (±1,03)	3,05 (±1,09)	.310

AM: arithmetisches Mittel ± Standardabweichung
p: Wahrscheinlichkeit/Signifikanz
TPB: Therapieprozessbogen

3 Genderperspektive und Prozessorientierung

In einem Regressionsmodell für drei Verlaufsindikatoren des TPB wurden Geschlecht, Alter und Dummyvariablen für die Diagnosehauptgruppen (s. Tab. 3-1) als Prädiktoren für die Vorhersage von Komplexität und Ordnung der Therapieprozesse verwendet. Das Geschlecht ist dabei ein signifikanter Prädiktor für Komplexität und Ordnung ($p < .05$) (Ausnahme: die Prädiktion von Ordnung in der Variable Perspektivenerweiterung/Innovation). Die Regressionsgewichte

Tab. 3-2 Beta-Gewichte für den Prädiktor »Geschlecht« in Regressionsmodellen zur Vorhersage von Komplexität und Ordnung in Therapieprozessen. Negative Werte der Beta-Gewichte sprechen für höhere Komplexität und höhere Ordnung bei Frauen. Bei den Komplexitätsmarkern »dynamische Komplexität« und »Permutationsentropie« sind die Werte durchweg negativ und im direkten Vergleich zu den Männern mit einer Ausnahme auch signifikant. Die Ordnungsmarker »Polynomanpassung (8. Grades)«, Anzahl der Recurrence-Markierungen und %-Determinismus (% Determ RecPlot; Diagonalschraffur im Recurrence-Plot) dagegen sind durchweg positiv und für die Variablen »Therapeutische Fortschritte/Zuversicht/Selbstwirksamkeit«, »Perspektivenerweiterung/Innovation« und »Intensität der Problembearbeitung« auch signifikant. Neben dem Geschlecht wurden auch Alter und Dummyvariablen für die Diagnosehauptgruppen (s. Tab. 3-1) als Prädiktoren verwendet.

		Beta	t	p
Therapeutische Fortschritte/Zuversicht/Selbstwirksamkeit	Dynamische Komplexität	−0,22	−2,02	.046*
	Permutationsentropie	−0,27	−2,47	.015*
	Polynomanpassung	0,27	2,45	.017*
	Recurrence-Rate	0,23	2,06	.043*
	% Determ RecPlot	0,25	2,26	.027*
Perspektivenerweiterung/Innovation	Dynamische Komplexität	−0,29	−2,62	.011*
	Permutationsentropie	−0,15	−1,37	.175
	Polynomanpassung	0,21	1,92	.058
	Recurrence-Rate	0,09	0,81	.420
	% Determ RecPlot	0,16	1,39	.168
Intensität der Problembearbeitung	Dynamische Komplexität	−0,25	−2,26	.027*
	Permutationsentropie	−0,22	−2,02	.046*
	Polynomanpassung	0,28	2,51	.014*
	Recurrence-Rate	0,23	2,10	.039*
	% Determ RecPlot	0,30	2,80	.006**

*: $p < .05$
**: $p < .01$
p: Wahrscheinlichkeit/Signifikanz
t: Prüfgröße t-Test

(Beta) für die Komplexität sind durchweg negativ, was hier anzeigt, dass Frauen eine höhere Komplexität im Therapieverlauf aufweisen, während die Regressionsgewichte für die Ordnung durchweg positiv sind, was auf einen geringeren Ordnungsgrad in weiblichen Therapieverläufen hinweist (s. Tab. 3-2). Die Entwicklungsdynamik speziell der Patientinnen ist also mehr noch als die der Patienten in hohem Grade komplex, weicht von normativen Ordnungsmustern (»Standard-Tracks«, s. Lambert et al. 2005) ab und ist damit weniger vorhersehbar, was die Notwendigkeit einer sehr am Einzelverlauf orientierten und sensiblen Arbeitsweise sowie einer psychotherapeutischen Prozessorientierung mit angemessener Komplexität unterstreicht. Der Beitrag zu Angststörungen (s. Kap. 12) enthält ein Fallbeispiel, welches die Individualität und Komplexität therapeutischer Prozesse illustriert.

3.4 Fazit

Die hier vorgetragenen Überlegungen machen deutlich, dass die Genderperspektive auf menschliche Entwicklungsprozesse sowie die Betrachtung von Geschlechtsunterschieden in ein biopsychosoziales Gesamtverständnis des Menschen integriert werden können und sollen. Zudem ist dabei eine konsequent prozessorientierte und auf den Einzelfall hin orientierte Betrachtung unumgänglich. Existierende Verfahren der Fallkonzeption mit idiografischen Methoden (z. B. die idiografische Systemmodellierung) und daraus abgeleitete individualisierte Fragebögen für ein internetbasiertes Monitoring von Therapieprozessen stellen die praktische Umsetzung dieser Betrachtung dar. Insofern Weiblichkeit und Männlichkeit für Klienten ein Thema sind, können sie in ihrer je spezifischen Bedeutung in Systemmodellen der individuellen Psycho- und Soziodynamik repräsentiert und im Veränderungsverlauf in Form von Zeitreihen dargestellt werden. Der Anspruch auf eine angemessene Komplexität psychotherapeutischer Praxis und der verwendeten Modelle kann damit eingelöst werden, was wiederum der genderbezogenen Arbeit zu einer praktischen Umsetzung und Realisierung verhilft.

Literatur

Bandt C, Pompe B (2002). Permutation entropy: a natural complexity measure for time series. Phys Rev Lett; 88: 174102 1–4.
Boothe B, Heigl-Evers A (1996). Psychoanalyse der frühen weiblichen Entwicklung. München: Reinhardt.
Eckmann JP, Oliffson Kamphorst S, Ruelle D (1987). Recurrence plots of dynamical systems. Europhys Lett; 4: 973–7.
Foucault M (1986). Die Sorge um sich. Sexualität und Wahrheit III. Frankfurt a. M.: Suhrkamp.

Gussone B, Schiepek G (2000). Die »Sorge um sich«. Burnout-Prävention und Lebenskunst in helfenden Berufen. Tübingen: dgvt.

Haken H, Schiepek G (2010). Synergetik in der Psychologie. Selbstorganisation verstehen und gestalten. 2. Aufl. Göttingen: Hogrefe.

Klumbies E (2011). Psychoneuroendokrinologie. In: Schiepek G (Hrsg). Neurobiologie der Psychotherapie. Stuttgart: Schattauer; 117–32.

Lambert MJ, Harmon C, Slade K et al. (2005). Providing feedback to psychotherapists on their patient's progress: clinical results and practice suggestions. J Clin Psychol; 61: 165–74.

Luhmann N (1984). Soziale Systeme. Frankfurt a. M.: Suhrkamp.

Riecher-Rössler A, Rohde A (Hrsg) (2001). Psychische Erkrankungen bei Frauen. Basel: Karger.

Rohde A, Marneros A (Hrsg) (2007). Geschlechtsspezifische Psychiatrie und Psychotherapie. Stuttgart: Kohlhammer.

Schiepek G (2009). Autonomie und Eigendynamik von Patienten und deren Entwicklungsprozessen. Psychotherapie im Dialog; 10: 296–301.

Schiepek G, Strunk G (2010). The identification of critical fluctuations and phase transitions in short term and coarse-grained time series – a method for the real-time monitoring of human change processes. Biol Cybern; 102: 197–207.

Schubert C (2011a). Neuroimmunologie der Psychotherapie. In: Schiepek G (Hrsg). Neurobiologie der Psychotherapie. Stuttgart: Schattauer; 95–116.

Schubert C (Hrsg) (2011b). Psychoneuroimmunologie und Psychotherapie. Stuttgart: Schattauer.

Strunk G, Hermann A (2009). Berufliche Chancengleichheit von Frauen und Männern. Eine empirische Untersuchung zum Gender Pay Gap. Z Personalforschung; 23: 237–57.

Strunk G, Schiepek G (2006). Systemische Psychologie. Heidelberg: Spektrum Akademischer Verlag.

Strunk G, Hermann A, Praschak S (2005). Eine Frau muss ein Mann sein, um Karriere zu machen. In: Mayrhofer W, Meyer M, Steyrer J (Hrsg). Macht? Erfolg? Reich? Glücklich? Einflussfaktoren auf Karrieren. Wien: Linde; 211–42.

Webber CL, Zbilut JP (1994). Dynamical assessment of physiological systems and states using recurrence plot strategies. J Appl Physiol; 76: 965–73.

Entwicklungsrisiken – Beziehungsrisiken – Milieugefährdungen

4 Psychische Vulnerabilitäten in Kindheit und Jugend

Margarete Bolten

Inhalt

4.1 Geschlechtsunterschiede bei psychischen Erkrankungen 41
4.2 Weibliche Entwicklungspfade 42
4.3 Spezifische Vulnerabilitäts- und Schutzfaktoren 43
4.4 Fazit 44

4.1 Geschlechtsunterschiede bei psychischen Erkrankungen

Das Geschlecht ist ein Beispiel für einen komplexen Faktor, der die Entwicklung oder den Verlauf psychischer Krankheiten beeinflussen kann. Geschlechtsunterschiede in Bezug auf psychische Erkrankungen des Erwachsenenalters sind seit langem bekannt. Aus der Mannheimer Längsschnittstudie (Esser et al. 2000) wissen wir, dass Mädchen vom Kleinkindalter bis zur Frühadoleszenz durchweg geringere Raten psychischer Störungen aufweisen, während im späten Jugendalter jedoch keine Unterschiede hinsichtlich der Gesamtprävalenz mehr zu erkennen sind. Jedoch treten auch im Kindes- und Jugendalter bestimmte Verhaltensauffälligkeiten in unterschiedlichem Ausmaß bei Mädchen und Jungen auf (Ihle u. Esser 2002). So zeigten die untersuchten Mädchen in der Mannheimer Längsschnittstudie häufiger Essstörungen und psychosomatische Störungen, während die Jungen durchgehend höhere Raten an hyperkinetischen Störungen, dissozial-aggressiven Störungen, Störungen durch Substanzgebrauch sowie monosymptomatischen Störungen wie Tics und Enkopresis aufwiesen. Ein heterogeneres Bild war bei den depressiven und Angststörungen zu beobachten. Während depressive Störungen doppelt so häufig bei weiblichen Jugendlichen und jungen Frauen diagnostiziert wurden, traten diese im Schulalter häufiger bei Jungen auf. Bei den Angststörungen wurden zwar 2- bis 3-fach höhere Raten bei jungen Frauen gefunden, im Grundschul- und im frühen Jugendalter war dieses Verhältnis jedoch umgekehrt (Ihle et al. 2000).

4.2 Weibliche Entwicklungspfade

Für die Ursache solcher Geschlechtsunterschiede im Erwachsenenalter finden sich in der Literatur verschiedene biologische, psychosoziale und soziokulturelle Erklärungsansätze (vgl. u. a. Kämmerer 2001; Riecher-Rössler u. Bitzer 2005). Dagegen ist die Datenlage zu geschlechtsspezifischen Entwicklungsverläufen psychischer Störungen im Kindes- und Jugendalter sehr überschaubar. Die bisherigen Befunde zeigen, dass neben dem Geschlecht vor allem dem Alter oder der Entwicklungsphase Beachtung geschenkt werden muss. So beobachteten beispielsweise Angold und Kollegen (1998), dass der Pubertätsstatus das erhöhte Risiko für Depressionen bei weiblichen Jugendlichen besser vorhersagte als das chronologische Alter allein. Erst beim Übergang zur mittleren Pubertät (Tanner-Stadium III und höher) treten Depressionen bei Mädchen häufiger auf als bei Jungen. Weiterhin scheint das Verhältnis zwischen chronologischem Alter und körperlicher Reife einen hohen prädiktiven Wert für die Entstehung von Depressionen bei Mädchen zu haben. Der Status der Pubertätsentwicklung im Vergleich zur Peergroup und hier besonders eine sehr frühe Reifung waren bei Mädchen mit einer erhöhten Vulnerabilität für psychische Probleme assoziiert (Reardon et al. 2009). Sehr früh entwickelte Mädchen leiden häufiger unter Angststörungen (Dorn et al. 1999), Panikattacken (Hayward et al. 1997), Essstörungen und Depressionen (Graber et al. 2004). Auch soziale Ängste waren bei Mädchen, die sehr früh entwickelt waren, deutlich erhöht (Blumenthal et al. 2011).

Die Adoleszenz, die von zunehmender Unabhängigkeit und Verantwortung in der sozialen Welt geprägt ist (Eccles et al. 2003), scheint also eine besonders sensible Phase für die Entwicklung von Mädchen zu sein. In dieser Phase des Übergangs zwischen Kindheit und Erwachsenenalter kommt es zu kulturellen und sozialen Verschiebungen. Mädchen erfahren erstmalig sozialen Druck, bestimmte Geschlechtsrollen oder -normen und die Erwartungen anderer zu erfüllen. Es wird erwartet, dass Jugendliche bestimmte Ziele, unter anderem in Hinblick auf schulische und akademische Leistungen oder auch romantische Beziehungen, verfolgen (Higgins et al. 1995). Treten bei der Zielerreichung Diskrepanzen auf, erleben Mädchen negative Affekte und sind motiviert, diese zu beheben. Da sich bei Moretti und Higgins deutliche Geschlechtsunterschiede hinsichtlich dieser Selbstevaluation und der jeweiligen emotionalen Reaktion darauf fanden, scheinen diese besonders bei pubertierenden Mädchen einen bedeutenden Vulnerabilitätsfaktor darzustellen.

Auch internalisierte Geschlechtsrollen und -normen beeinflussen die Reaktionen von Mädchen auf Stressoren, insbesondere interpersonaler Art, und machen sie damit besonders anfällig für depressive Symptome. Zudem neigen adoleszente Mädchen im Vergleich zu ihren gleichaltrigen Geschlechtsgenossen deutlich mehr zum Ruminieren, einem Prozess perseverierenden, selbstfokussierenden Denkens über die eigenen Gefühle sowie deren Ursachen und Konsequenzen (Muris et al. 2004). Dieser kognitive Copingstil ist umso stärker ausgeprägt, je mehr sich ein Mädchen mit einer traditionellen Geschlechtsrolle identifiziert (Broderick u. Korteland 2002). Rumination scheint also ebenfalls eine Schlüsselrolle beim Verständnis von Geschlechtsunterschieden einzunehmen, da sie vermutlich die Wirkung negativer Lebensereignisse verstärkt.

4.3 Spezifische Vulnerabilitäts- und Schutzfaktoren

Aus einer Vielzahl von Tier- und Humanstudien wissen wir, dass frühe Traumatisierungen oder chronische Stressbelastungen zu einer Reihe von neuroendokrinen Veränderungen führen können. Jedoch kann die Entwicklung je nach Geschlecht des Kindes sehr unterschiedlich verlaufen. So zeigte eine Metaanalyse von Keyes et al. (2012), dass Misshandlungen in der Kindheit mit verschiedenen psychischen Störungen im Erwachsenenalter assoziiert waren. Körperliche Misshandlungen führten bei Jungen eher zu externalisierenden Störungen wie Gewalt gegen andere, bei Mädchen eher zu internalisierenden Störungen wie Depressionen.

Dem Diathese-Stress-Modell folgend spielen kritische Lebensereignisse eine herausragende Rolle bei der Entwicklung psychischer Probleme. Rudolph und Hammen (1999) untersuchten alters- und geschlechtsspezifische Reaktionen von Kindern und Jugendlichen auf verschiedene Stressoren. Dabei zeigte sich, dass adoleszente Mädchen die höchsten Werte interpersonalen Stresses erlebten, insbesondere in der Beziehung zu Eltern und Peers. Präadoleszente Mädchen erlebten dagegen die größten Belastungen bei schicksalhaften Stressoren, die außerhalb ihrer eigenen Kontrolle lagen. Davies und Windle (1997) fanden in ihrer Studie, dass sich weibliche Jugendliche durch kritische Lebensereignisse stärker belastet fühlten als männliche Jugendliche. Ein bedeutender chronischer Stressor ist in diesem Zusammenhang eine psychische Erkrankung der Eltern. Billings und Moos (1983) berichten, dass Töchter sehr viel vulnerabler auf die Depression ihrer Mutter reagierten als deren Söhne. Auch gibt es Hinweise, dass sich eine Erkrankung der Mutter gravierender auf die kindliche Entwicklung auswirkt als eine entsprechende Erkrankung des Vaters (Keller et al. 1986), wobei hier kritisch angemerkt werden muss, dass es viel mehr Studien zu psychisch kranken Müttern als Vätern gibt.

Jedoch konnte auch gezeigt werden, dass bestimmte kognitive Verarbeitungsstile, vor allem bei Mädchen, die Entstehung oder den Ausbruch einer psychischen Erkrankung fördern. So fanden Abela und McGirr (2007), dass depressogene Grundannahmen (überzogene Leistungsansprüche, dauernde negative Bewertungen der eigenen Leistung) in Kombination mit Alltagsbelastungen bei Mädchen, nicht aber bei Jungen, zu mehr depressiven Symptomen führten. Ungünstige Bewältigungsstrategien, wie beispielsweise das dauernde Ruminieren von Problemen, mediierten zudem den Zusammenhang zwischen Temperamentsmerkmalen und Depressionen bei weiblichen Jugendlichen (Mezulis et al. 2011). Diese Befunde passen zur Studie von Papadakis et al. (2006). Dabei sagten ruminative Copingstile Depressionen bei weiblichen Jugendlichen vorher.

Auch das Auftreten einer Angsterkrankung im Laufe der Kindheitsentwicklung erhöht das Risiko für Depressionen bei jungen Frauen (Breslau et al. 1995). Das erhöhte Risiko für eine Major Depression bei Frauen konnte zum Teil durch bereits existierende Angststörungen erklärt werden. Nachdem die Autoren die Daten statistisch für Angsterkrankungen kontrolliert hatten, verminderte sich das Geschlecht-Depressions-Verhältnis. Dabei war das Risiko für das Auftreten einer Depression umso größer, je mehr zurückliegende Ängste berichtet wurden.

Auch ein Mangel an sozialer Unterstützung stellt für Mädchen einen wichtigen Risikofaktor dar. Kendler et al. (1991) beobachteten bei zweieiigen, gegengeschlechtlichen Zwillingen, dass die weiblichen Zwillinge sensitiver auf depressionsauslösende Faktoren reagierten, wenn sie eine geringe soziale Unterstützung erfuhren. Eine geringe soziale Unterstützung erklärte aber nicht ein häufigeres Auftreten von Depressionen. Die Depressionsrate war bei Mädchen erhöht, auch wenn die soziale Unterstützung statistisch kontrolliert wurde.

Ein weiterer geschlechtsspezifischer Vulnerabilitätsfaktor stellt die sogenannte Parentifizierung dar, die besonders häufig bei Töchtern depressiv erkrankter Eltern auftritt. Insbesondere zwischen Müttern und Töchtern scheint es zu einer Rollenumkehr zu kommen, die das Risiko, selbst psychisch zu erkranken, bei den betroffenen Mädchen langfristig erhöht (vgl. National Institute of Child Health and Development Early Child Care Research Network 1999).

4.4 Fazit

Zusammenfassend kann festgehalten werden, dass vor allem der Übergang zwischen Kindheit und Adoleszenz für Mädchen eine kritische Phase in der Entwicklung darstellt. Neben generellen Risikofaktoren, zu denen besonders frühe Stressbelastungen und Traumatisierungen zählen, scheinen in erster Linie bestimmte kognitive Verarbeitungsstile wichtige Vulnerabilitätsfaktoren für Mädchen darzustellen. Die genauen Mechanismen sind jedoch noch nicht abschließend geklärt. Zukünftige Forschung sollte diese in den Fokus nehmen. Denn ein besseres Verständnis solcher prädisponierender Muster erlaubt schließlich erst gezielte geschlechtsspezifische Interventionen und Prävention.

Literatur

Abela JR, McGirr.A (2007). Operationalizing cognitive vulnerability and stress from the perspective of the hopelessness theory: a multi-wave longitudinal study of children of affectively ill parents. Br J Clin Psychol; 46: 377–95.

Angold A, Costello EJ, Worthman CM (1998). Puberty and depression: the roles of age, pubertal status and pubertal timing. Psychol Med; 28: 51–61.

Billings AG, Moos RH (1983). Comparisons of children of depressed and nondepressed parents: a social-environmental perspective. J Abnorm Child Psychol: 11: 463–85.

Blumenthal H, Leen-Feldner EW, Babson KA et al. (2011). Elevated social anxiety among early maturing girls. Dev Psychol; 47: 1133–40.

Breslau N, Schultz L, Peterson E (1995). Sex differences in depression: a role for preexisting anxiety. Psychiatry Res; 58: 1–12.

Broderick PC, Korteland C (2002). Coping style and depression in early adolescence: relationships to gender, gender role, and implicit beliefs. Sex Roles; 46: 201–13.

Davies PT, Windle M (1997). Gender-specific pathways between maternal depressive symptoms, family discord, and adolescent adjustment. Dev Psychol; 33: 657–68.

Dorn LD, Hitt SF, Rotenstein D (1999). Biopsychological and cognitive differences in children with premature vs on-time adrenarche. Arch Pediatr Adolesc Med; 153: 137–46.

Eccles J, Barber B, Stone M, Hunt J (2003). Extracurricular activities and adolescent development. J Soc Issues; 59: 865–90.

Esser G, Ihle W, Schmidt MH, Blanz B (2000). Der Verlauf psychischer Störungen vom Kindes- zum Erwachsenenalter. Z Klin Psychol Psychother; 29: 276–83.

Graber JA, Seeley JR, Brooks-Gunn J, Lewinsohn PM (2004). Is pubertal timing associated with psychopathology in young adulthood? J Am Acad Child Adolesc Psychiatr; 43: 718–26.

Hayward C, Killen JD, Wilson DM et al. (1997). Psychiatric risk associated with early puberty in adolescent girls. J Am Acad Child Adolesc Psychiatr; 36: 255–62.

Higgins ET, Loeb I, Moretti MM (1995). Self-discrepancies and developmental shifts in vulnerability: Life transitions in the regulatory significance of others. In: Cicchetti D, Toth L (eds). Emotion, Cognition, and Representation. Rochester Symposium on Developmental Psychopathology (Vol. 6,). Rochester, NY: University of Rochester Press; pp. 191–230.

Ihle W, Esser G (2002). Epidemiologie psychischer Störungen im Kindes- und Jugendalter. Prävalenz, Verlauf, Komorbidität und Geschlechtsunterschiede. Psychol Rundsch; 53: 159–69.

Ihle W, Esser G, Schmidt MH, Blanz B (2000). Prävalenz, Komorbidität und Geschlechtsunterschiede psychischer Störungen vom Grundschul- bis ins frühe Erwachsenenalter. Z Klin Psychol Psychother; 29: 263–75.

Kämmerer A (2001). Weibliches Geschlecht und psychische Störungen – epidemiologische, diagnostische und ätiologische Überlegungen. In: Franke A, Kämmerer A (Hrsg). Klinische Psychologie der Frau – ein Lehrbuch. Göttingen: Hogrefe; 51–90.

Keller MB, Beardslee WR, Dorer DJ et al. (1986). Impact of severity and chronicity of parental affective illness on adaptive functioning and psychopathology in children. Arch Gen Psychiatry; 43: 930–7.

Kendler KS, Kessler RC, Heath AC et al. (1991). Coping: a genetic epidemiological investigation. Psychol Med: 21: 337–46.

Keyes KM, Eaton NR, Krueger RF et al. (2012). Childhood maltreatment and the structure of common psychiatric disorders. Br J Psychiatry; 200: 107–15.

Mezulis AH, Priess HA, Hyde JS (2011). Rumination mediates the relationship between infant temperament and adolescent depressive symptoms. Depress Res Treat; 487873.

Muris P, Roelofs J, Meesters C, Boomsma P (2004). Rumination and worry in nonclinical adolescents. Cogn Ther Res; 28: 539–54.

National Institute of Child Health and Development Early Child Care Research Network (1999). Chronicity of maternal depressive symptoms, maternal sensitivity, and child functioning at 36 months. Dev Psychol; 35, 1297–310.

Papadakis AA, Prince RP, Jones NP, Strauman TJ (2006). Self-regulation, rumination, and vulnerability to depression in adolescent girls. Dev Psychopathol; 18: 815–29.

Reardon LE, Leen-Feldner EW, Hayward C (2009). A critical review of the empirical literature on the relation between anxiety and puberty. Clin Psychol Rev; 29; 1–23.

Riecher-Rössler A, Bitzer J (2005). Frauengesundheit. Ein Leitfaden für die ärztliche und psychotherapeutische Praxis. München, Jena: Elsevier, Urban & Fischer.

Rudolph KD, Hammen C (1999). Age and gender as determinants of stress exposure, generation, and reactions in youngsters: a transactional perspective. Child Dev; 70: 660–77.

5 Belastungen durch Partnerschaftskrisen und Trennungen

Marcel Schär

Inhalt

5.1 Standortbestimmung 47
5.2 Genderorientierte Analysen der psychosozialen Situation 48
     Belastung durch Partnerschaftskrisen 48
     Belastung durch Trennungen und Scheidungen 49
5.3 Fazit 51

5.1 Standortbestimmung

Das Erleben von Beziehungsglück ist für das Wohlbefinden von zentraler Bedeutung. Die meisten Menschen geben an, dass eine funktionierende Beziehung eine wichtige Bedingung für ihre Lebenszufriedenheit und -qualität ist. Die hohen Scheidungsraten zeigen jedoch deutlich, dass es oftmals nicht einfach ist, das langfristige Glück in der Beziehung zu finden und/oder zu behalten. In vielen Partnerschaften sind schwere Konflikte und Partnerschaftskrisen alltäglich und können über kurz oder lang zu einer Trennung führen, je nach den scheidungserleichternden oder -erschwerenden Umgebungsbedingungen.

Historisch betrachtet ist die Zunahme an Scheidungen im 20. Jahrhundert wohl eine der dramatischsten und weitreichendsten Veränderungen im Bereich Familie. Während beispielsweise in den 1970er Jahren die Scheidungsrate noch bei ca. 17 % lag, hat sie sich in den letzten 40 Jahren verdreifacht (Statistisches Bundesamt 1972). Durch diese Zunahme ist das frühere Tabu »Scheidung« zu einem zentralen gesellschaftlichen, politischen, wissenschaftlichen und klinisch-praktischen Thema geworden, was unter anderem eine Zunahme der Akzeptanz von geschiedenen und alleinerziehenden Frauen zur Folge hatte. Allerdings haben Scheidungen und vorausgehende Partnerschaftskrisen auch heute noch negative Auswirkungen, die nachfolgend näher beleuchtet werden sollen.

5.2 Genderorientierte Analysen der psychosozialen Situation

Belastung durch Partnerschaftskrisen

In den letzten drei Jahrzehnten konnten viele Studien aufzeigen, dass sich wiederholende und heftige Konflikte einer der häufigsten Gründe für Beziehungsstress, Partnerschaftskrisen und für eine spätere Trennung sind. Partnerschaftskrisen zeichnen sich entweder durch häufige und eskalierende Streits und/oder durch große emotionale Distanz zwischen den Partnern aus.

Im Konflikt- und Streitverhalten konnten wichtige geschlechtsspezifische Unterschiede festgestellt werden (Woodin 2011): Frauen zeigen innerhalb eines Konflikts mehr Hostilität und Stress, aber auch mehr Intimität. Männer zeigen dagegen mehr Rückzug, Vermeidung und Problemlöseverhalten. Während sowohl Intimität als auch Problemlöseverhalten positiv mit der Zufriedenheit assoziiert sind, hängen Hostilität, Stress und Rückzug mit einer geringeren Partnerschaftszufriedenheit zusammen und können zu ernsthaften Partnerschaftskrisen führen.

■ **Psychische Folgen.** Konflikte und Krisen in der Partnerschaft erhöhen das Risiko, dass die Betroffenen psychisch destabilisiert werden (erhöhte Reizbarkeit, Ängstlichkeit u. a.). Eine im Zusammenhang mit Partnerschaftskrisen häufig untersuchte psychische Störung ist die Depression. Allerdings muss hier – wie bei den anderen psychischen Störungen – von einem bidirektionalen Zusammenhang ausgegangen werden, bei dem die Depressionen und die Konflikte in der Partnerschaft in Wechselwirkung stehen und sich gegenseitig negativ beeinflussen (z. B. Whisman u. Uebelacker 2009). Auch wenn die Forschungsergebnisse zu geschlechtsspezifischen Effekten nicht konsistent sind, so scheint es zumindest in der Tendenz, dass der Zusammenhang zwischen Beziehungskrisen und Depression für Frauen stärker ist als für Männer (z. B. Heene et al. 2007).

Im Zusammenhang mit Partnerschaftskrisen sind Frauen vor allem während und nach einer Schwangerschaft besonders vulnerabel für psychische Störungen. Auch hier hängen Beziehungsprobleme und Depression eng zusammen. Vor allem aber steigt in unsicheren und konflikthaften Beziehungen die Befürchtung der Frauen, dass sie von ihrem Partner verlassen werden respektive dass sie von ihnen nicht die benötigte emotionale und instrumentelle Unterstützung in dieser turbulenten Zeit erhalten werden. Dies führt zu einem erhöhten Risiko, an einer Angststörung zu erkranken (Whisman et al. 2011).

■ **Körperliche Folgen.** Neben psychischen Störungen konnte wiederholt aufgezeigt werden, dass Konflikte in der Partnerschaft einen direkten und massiven Einfluss auf verschiedene physiologische Parameter haben können (zur Übersicht s. Slatcher 2010). Auch hier sind Frauen in der Tendenz stärker betroffen als Männer (Kiecolt-Glaser u. Newton 2001). Kurzfristig führen Auseinandersetzungen und Konflikte in der Partnerschaft zu einer erhöhten kardiovaskulären Reaktion (z. B. höherer Puls; Robles u. Kiecolt-Glaser 2003). Langfristig zeigte sich, dass Beziehungsstress bei Frauen mit einer koronaren Herzkrankheit das Risiko eines Rückfalls um den Faktor 2,9 erhöhte (Orth-Gommer et al. 2000). Zudem konnte die Beziehungszufriedenheit die Überlebenswahrscheinlichkeit bei Krebspatienten genauso gut vorhersagen wie der Schweregrad der Krankheit. Auch hier konnte für die Frauen ein stärkerer Zusammenhang gemessen werden (Coyne et al. 2001). Und bei Frauen mit Dialyse zeigte sich, dass schwere Beziehungskrisen mit einem um 46 % erhöhten Sterberisiko zusammenhingen (Kimmel et al. 2000). Die negativen körperlichen Folgen von Beziehungskrisen sind somit vielfältig und vor allem sehr weitreichend.

Belastung durch Trennungen und Scheidungen

Starke Beziehungskrisen können wie bereits erwähnt massive psychische und körperliche Folgen haben und eine Trennung respektive eine Scheidung nach sich ziehen, wobei eine Auflösung der Partnerschaft ihrerseits eine große Herausforderung darstellt. Manche Forscher gehen sogar soweit, eine Scheidung weniger als temporäre Krise, sondern vielmehr als chronischen Stressor zu konzeptualisieren. Scheidung als Krise wäre ein zeitlich begrenztes, stresserzeugendes Ereignis, an das sich die meisten Menschen nach einiger Zeit anpassen können. Wird die Scheidung jedoch als ein chronischer Stressor aufgefasst, dauert die dadurch resultierende Belastung – mehr oder weniger stark – unbegrenzt lang an. So oder so ist eine Trennung ein Stressereignis mit weitreichenden finanziellen, gesundheitlichen und sozialen Folgen. Frauen sind dabei aus verschiedenen Gründen besonders belastet. Insbesondere definieren sich Frauen mehr über familiäre Beziehungen und weniger über berufliche Herausforderungen und übernehmen auch heute noch die hauptsächliche Erziehungsarbeit bei den gemeinsamen Kindern. Trotzdem (oder vielleicht gerade deswegen) werden Trennungen in fast allen westlichen Ländern öfters durch Frauen als durch Männer initiiert (Emmerling 2005).

■ **Psychische Folgen.** Eine Trennung hat fast immer einen starken Einfluss auf das psychische Wohlbefinden (Rhoades et al. 2011), die Stärke allerdings hängt unter anderem von der Partnerschaftszufriedenheit vor der Trennung ab. Stark gestresste Paare gaben nach der Trennung eine erhöhte Lebenszufriedenheit an, während bei den Paaren aus wenig gestressten Partnerschaften eine starke Abnahme festgestellt wurde (Amato u. Hohmann-Marriott 2007). Studienergebnisse zu Geschlechtsunterschieden sind uneinheitlich. Andress und Bröckel (2007) konnten aufzeigen, dass im Jahr der Scheidung bei Frauen eine geringere Reduktion der Lebenszufriedenheit gemessen wurde als bei den Männern. Diese Unterschiede blieben bis 2 Jahre danach bestehen. Andere Studien dagegen fanden für beide Geschlechter eine ähnlich starke psychische Belastung, allerdings scheinen die Symptome der psychischen Belastung unterschiedlich zu sein:

Während Männer einen erhöhten Alkoholkonsum aufweisen (Waite et al. 2009), zeigen Frauen eine Zunahme von depressiven Symptomen in den Jahren nach der Trennung (Lorenz et al. 2006).

■ **Körperliche Folgen.** Eine Trennung hat – ähnlich wie die Partnerschaftskrisen – nicht nur auf das psychische Wohlbefinden, sondern auch auf die Mortalität und die körperliche Gesundheit negative Folgen (z. B. Sbarra u. Nietert 2009). Im Gegensatz zu den meist unmittelbaren psychischen Folgen treten die körperlichen Konsequenzen allerdings zeitlich stark verzögert auf. Während sich unmittelbar nach der Scheidung verheiratete und geschiedene Frauen vor allem in Bezug auf den psychischen Gesundheitsstatus unterscheiden, sind geschiedene Frauen zehn Jahre nach der Trennung wesentlich häufiger körperlich krank als verheiratete Frauen (Lorenz et al. 2006). Zudem haben Geschiedene ein deutlich erhöhtes Risiko an kardiovaskulären Störungen wie der koronaren Herzkrankheit zu erkranken (Zhang u. Hayward 2006). Studien zu Geschlechtsunterschieden in Bezug auf die körperliche Gesundheit nach einer Scheidung sind selten und die Ergebnisse uneinheitlich. Einige Untersuchungen lassen aber die Vermutung zu, dass im Zusammenhang mit Trennungen und Scheidungen Frauen stärker von kardiovaskulären Erkrankungen betroffen sind als Männer (Zhang u. Hayward 2006).

■ **Finanzielle Folgen.** Eine Trennung ist für alle Beteiligten eine große finanzielle Belastung. Andress und Bröckel (2007) konnten zeigen, dass das Einkommen der Männer (pro Haushalt) in Deutschland nach einer Scheidung nahezu unverändert blieb, während die Frauen eine massive Reduktion angaben. Der finanzielle Tiefpunkt für die Frauen ist im Jahr der Trennung und erholt sich während der darauffolgenden 5 Jahre nur langsam. Selbst nach 5 Jahren ist der finanzielle Ausgangspunkt vor der Trennung nicht erreicht.

■ **Soziale Folgen.** Langfristig führen diese psychischen, körperlichen und finanziellen Belastungen zu einer Häufung und Kumulation von schwierigen und stressenden Lebensereignissen, die sich ihrerseits negativ auf die Umgebung auswirken und zu einer chronischen Belastung werden. Lorenz et al. (2006) konnten beispielsweise aufzeigen, dass geschiedene Mütter, im Gegensatz zu verheirateten, eine größere Akkumulation von stresserzeugenden Lebensereignissen und dadurch auch deutlich stärkere Erziehungsprobleme und schlechtere Arbeitsbedingungen angaben.

In Bezug auf die Erziehungsprobleme zeigte sich, dass eine Scheidung und der damit verbundene Stress vor und nach der Trennung bei den Kindern mit einem erhöhten Risiko für gesundheitliche Probleme, Verhaltensauffälligkeiten und emotionalen Schwierigkeiten, einem tieferen sozialen Funktionsniveau und geringeren Schulleistungen zusammenhängen (z. B. Amato 2010). Diese Schwierigkeiten aufseiten der Kinder führen auf der Elternebene zu mehr Erziehungsschwierigkeiten und verstärken den intrafamiliären Stress zusätzlich. Da Frauen nach einer Scheidung immer noch die hauptsächliche Erziehungsarbeit übernehmen, sind sie davon am stärksten betroffen. Somit sind Mütter nach der Scheidung deutlich stärker belastet als etwa die Väter oder Frauen ohne Kinder (Williams u. Dunne-Bryant 2006).

Als weitere Konsequenz auf der sozialen Ebene gehen mit der Trennung oftmals auch große Teile des sozialen Netzwerks verloren. Gerade für die Phase nach der Trennung sind funktionierende soziale Beziehungen äußerst wichtig, da durch die soziale Unterstützung viel Stress gepuffert werden kann und so eine schnellere und befriedigendere Anpassung an die neue Situation ermöglicht wird (Kramrei et al. 2007). Untersuchungen zur sozialen Unterstützung nach der Scheidung konnten aufzeigen, dass Frauen besser neue soziale Netzwerke aufbauen können (Hetherington u. Kelly 2002) sowie mehr soziale Unterstützung von ihren Familienangehörigen und Freunden (Burrell 2002) erhalten als ihre Männer. Für das Wohlbefinden der Frauen scheint dabei vor allem die emotionsbezogene Unterstützung (Zuhören, Verständnis, Gemeinschaft) zentral zu sein, wogegen sachbezogene Unterstützung (wie z. B. materielle Unterstützung, Informationsvermittlung) als deutlich weniger wichtig eingeschätzt wird (Smerglia et al. 1999).

Ein weiterer interessanter Befund ist, dass in den 1950er und 1960er Jahren Männer nach einer Scheidung häufiger ein zweites Mal geheiratet haben. In den 1970er Jahren hat sich dieser Unterschied allerdings aufgelöst und seit den 1990er Jahren kann sogar eine gegenläufige Tendenz beobachtet werden: Frauen heiraten im Gegensatz zu den Männern häufiger noch einmal (Cornelißen u. Wotha, 2007).

5.3 Fazit

Die Konsequenzen von Konflikten, Trennungen und Scheidungen sind massiv und vielfältig. Auch wenn die Forschungsbefunde dazu nicht einheitlich sind, kann in der Tendenz festgehalten werden, dass Frauen stärker von Konflikten betroffen sind. Diese Unterschiede lassen sich möglicherweise dadurch erklären, dass sich Frauen für die Pflege der Partnerschaft verantwortlicher fühlen, für Beziehungsprobleme sensibler sind und somit gestresster auf Beziehungsprobleme reagieren als die Männer (Du Rocher Schudlich et al. 2011).

Auch in Bezug auf eine Scheidung scheint die Belastung für Frauen anders zu sein als für Männer: Bei Frauen steigt kurzfristig gesehen die Gefahr einer Depression an und langfristig entsteht der Stress vor allem aufgrund der Alleinelternschaft und des niedrigeren Lebensstandards.

Diese massiven Folgen verdeutlichen den Nutzen und die Wichtigkeit von partnerschaftlichen Präventionsprogrammen zur Verminderung von dysfunktionalen Interaktionen innerhalb der Partnerschaft. Es konnte gezeigt werden, dass Programme wie »paarlife« (früher »Freiburger Stresspräventionstraining«) und EPL (»Ein partnerschaftliches Lernprogramm«) nachhaltig positive Effekte erzielen und das Risiko für schwere Partnerschaftskrisen und Scheidungen massiv reduzieren können (Heinrichs et al. 2008).

Allerdings ist auch zu beachten, dass bei den meisten Personen das soziale, psychische und physische Wohlbefinden nach der Trennung zwar kurzfristig abnimmt, aber viele die neue Herausforderung meistern und sich gut an das neue Leben adaptieren. Nur wenige bleiben auch langfristig stark beeinträchtigt (Amato 2010).

Literatur

Amato PR (2010). Research on divorce: continuing trends and new developments. J Marriage Fam; 72: 650–66.

Amato PR, Hohmann-Marriott B (2007). A comparison of high and low-distress marriages that end in divorce. J Marriage Fam; 69: 621–38.

Andress HJ, Bröckel M (2007). Income and life satisfaction after marital disruption in Germany. J Marriage Fam; 69: 500–12.

Burrell NA (2002). Divorce: how spouses seek social support. In: Allen M, Preiss R (eds). Interpersonal Communication Research: Advances through Metaanalysis. Mahwah, NJ: Erlbaum; 247–62.

Cornelißen W, Wotha B (Hrsg) (2007). Gender-Datenreport. Kommentierter Datenreport zur Gleichstellung von Frauen und Männern in der Bundesrepublik Deutschland. Aktualisierung März 2007. Berlin: Bundesministerium für Familie, Senioren, Frauen und Jugend.

Coyne JC, Rohrbaugh MJ, Shoham V et al. (2001). Prognostic importance of marital quality for survival of congestive heart failure. Am J Cardial; 88: 526–9.

Du Rocher Schudlich TD, Papp LM, Cummings EM (2011). Relations between spouses' depressive symptoms and marital conflict: a longitudinal investigation of the role of conflict resolution styles. J Fam Psychol; 13: 1–10.

Emmerling D (2005). Ehescheidungen 2003. Wirtschaft und Statistik, 2: 97–108.

Heene E, Buysse A, Van Oost P (2007). An interpersonal perspective on depression: the role of marital adjustment, conflict communication, attributions and attachment within a clinical sample. Fam Process; 46: 499–514.

Heinrichs N, Bodenmann G, Hahlweg K (2008). Prävention bei Paaren und Familien. Göttingen: Hogrefe.

Hetherington EM, Kelly J (2002). For better or worse. Divorce reconsidered. New York: Norton.

Kiecolt-Glaser JK, Newton T (2001). Marriage and health: his and hers. Psychol Bull; 127: 472–503.

Kimmel PL, Peterson RA, Weihs KL et al. (2000). Dyadic relationship conflict, gender, and mortality in urban hemodialysis patients. J Am Soc Nephrol; 11: 1518–25.

Kramrei E, Coit C, Martin S et al. (2007). Post-divorce adjustment and social relationships: a meta-analytic review. J Divorce Remarriage; 47: 145–66.

Lorenz FO, Wickrama KAS, Conger RD, Elder GH (2006). The short-term and decade long effects of divorce on women's midlife health. J Health Soc Behav; 47: 111–25.

Orth-Gomer K, Wamala SP, Horsten M et al. (2000). Marital stress worsens prognosis in women with coronary heart disease. JAMA; 284: 3008–14.

Rhoades GK, Kamp Dush CM, Atkins DC et al. (2011). Breaking up is hard to do: the impact of unmarried relationship dissolution on mental health and life satisfaction. J Fam Psychol; 25: 366–74.

Robles TF, Kiecolt-Glaser JK (2003). The physiology of marriage: pathways to health. Physiol Behav; 79, 409–16.

Sbarra N, Nietert PJ (2009). Divorce and death: forty years of the Charleston Heart Study. Psychol Sci; 20: 107–13.

Slatcher RB (2010). Marital functioning and physical health: implications for social and personality psychology. Soc Personal Psychol Compass; 3: 1–15.

Smerglia VL, Miller NB, Kort-Butler L (1999). The impact of social support on women's adjustment to divorce: a literature review and analysis. J Divorce Remarriage; 32: 63–89.

Statistisches Bundesamt (1972). Statistisches Jahrbuch der Bundesrepublik Deutschland 1972. Wiesbaden: Kohlhammer.

Waite LJ, Luo Y, Lewin AC (2009). Marital happiness and marital stability: consequences for psychological well-being. Social Sci Res; 38: 201–12.

Whisman MA, Uebelacker LA (2009). Prospective associations between marital discord and depressive symptoms in middle-aged and older adults. Psychol Aging; 24: 184–9.

Whisman MA, Davila J, Goodman SH (2011). Relationship adjustment, depression, and anxiety during pregnancy and the postpartum period. J Fam Psychol; 25: 375–83.

Williams K, Dunne-Bryant A (2006). Divorce and adult psychological well-being: clarifying the role of gender and child age. J Marriage Fam; 68: 1178–96.

Woodin E (2011). A two-dimensional approach to relationship conflict: meta-analytic findings. J Fam Psychol; 25: 325–35.

Zhang Z, Hayward M (2006). Gender, the marital life course, and cardiovascular disease in late midlife. J Marriage Fam; 68: 639–57.

6 Schwangerschaft und Postpartalzeit

Beate Wimmer-Puchinger

Inhalt

6.1 Mutterschaft und Elternschaft – Spiegelbilder gesellschaftlicher Umbrüche?..54
6.2 Schwangerschaft und Geburt als Übergangserfahrung............55
6.3 Vom Partner zum Vater 57
6.4 Fazit..58

Wenngleich Schwangerschaft und Geburt »klassische Themen« sind, die ausschließlich Frauen betreffen, zeigt sich mehr denn je ein biologisch-medizinischer Zugang zur Geburts- und Fertilitätsmedizin als ein gender- und gesellschaftsspezifischer. Dieser elementare Veränderungsprozess im Frauenleben wirft gesellschaftlich ungelöste Fragen zur Geschlechtergerechtigkeit und Benachteiligungen von Frauen auf. Für helfende Berufe ist zentral, die soziale und emotionale Herausforderung zu verstehen, die Schwangerschaft und Geburt als Meilenstein der Persönlichkeitsentwicklung an sozialer Veränderung bedeuten. Frauen mit unglücklich verlaufenden Schwangerschaften, gestresste oder verunsicherte Mütter müssen mehr im Zentrum psychosozialer Systeme stehen.

6.1 Mutterschaft und Elternschaft – Spiegelbilder gesellschaftlicher Umbrüche?

Der Umgang mit Mutterschaft war und ist ein sensibles Maß für Geschlechtergerechtigkeit. Die französische Philosophin Elisabeth Badinter konstatiert ein Revival maternalistischer Überidealisierungen, in denen sie einen der Gründe sinkender Geburtenzahlen ortet. »In einer Kultur, die das ›Ich zuerst‹ zum Prinzip erhoben hat, ist Mutterschaft eine Herausforderung« (Badinter 2010, S. 25). Mutterschaft verstärkt, so Badinter, die Ungleichheit innerhalb der Paarbeziehung. Die durchschnittliche Kinderzahl lag 2009 bei 2,0 Kinder in Frankreich und Norwegen, 1,9 in Dänemark und Schweden, 1,5 in der Schweiz, 1,4 in Österreich und 1,3 in Deutschland (Eurostat, zit. n. Badinter, S. 30). Diese Fertilitätsziffern machen deutlich, wie heterogene Rahmenbedingungen verschiedener europäischer Länder Erklärungsansätze für Kinderwunsch und Wirklichkeit liefern.

Die Beschäftigung mit der Frage »Kind(er) – jetzt, später oder nie?« ist aus familien-, frauen- und sozialpolitischer Sicht sowie aus individueller, psychosozialer Perspektive relevant. Es zeigt sich, dass jene Länder mit gerechteren Strukturen für Vereinbarung von Kinderbetreuung und Berufstätigkeit höhere Geburtenzahlen aufweisen. Die Anzahl von Frauen oder Paaren, die bewusst kinderlos bleiben, nimmt zu. Ein klares Indiz der ungelösten Aufgabenteilung zwischen Müttern und Vätern ist das Verbleiben nur der Mütter in Teilzeitarbeit, was die Einkommensschere zwischen Männern und Frauen verstärkt. Bereits bestehende Einkommensunterschiede liefern weitere Argumente gegen eine gerechte Karenzaufteilung zwischen Männern und Frauen. Diese sind Fallen für Frauen, in traditionellen Rollen verharren zu müssen (Beck-Gernsheim 2006).

6.2 Schwangerschaft und Geburt als Übergangserfahrung

Schwangerschaft und Geburt gelten zu Recht als kritische Lebensereignisse (Bibring et al. 1961). Mit der körperlichen Anpassung muss eine zweite Identität als Mutter entwickelt werden (Stern u. Bruschweiler-Stern 2002). Der Blick auf den Partner als zukünftiger Vater erweitert sich. Unterschiedliche Rollen- und Erziehungskonzepte bergen Konfliktpotenziale. Lange bevor eine konkrete Schwangerschaft eingetreten ist, tragen wir Wunschbilder, aber auch Negationen eines potenziellen Kindes, gefärbt durch die eigene Kindheit, in uns. Diese Projektionen eines imaginierten Kindes werden von einem mehr oder weniger positiven Selbst- und Körperbild sowie der Besetzung des Partners gelenkt. Die folgende Fallvignette soll dies illustrieren.

Fallbeispiel

Eine 34-jährige Ärztin ist nach zwei Frühaborten wieder schwanger und fällt der Gynäkologin als skeptisch, überängstlich, aber auch sehr kontrolliert auf. Aus ihrer Biografie wird deutlich, dass sie als 13-Jährige ihren todkranken Vater betreuen musste, da sich ihre Mutter als Alleinverdienerin voll auf das kleine Familienunternehmen konzentrieren musste. Durch diese Überforderung durch die Betreuung des sehr geschwächten Vaters lehnte sie ihre auch sonst sehr strenge und fordernde Mutter ab. Ihre Fantasien vom ungeborenen Kind sind morbid und bedrohlich (»Ein kleines, abgemagertes Skelett«). Auch ihr Mann kann diesen negativen inneren Dialog nicht auflösen, da auch er in ihrer Projektion abgewertet wird (»Überhaupt keine Hilfe, schwach, unfähig, ...«). In einer begleitenden Psychotherapie können die Projektionen und Ängste aufgearbeitet werden und sie bringt ein gesundes Mädchen zur Welt.

Krisenhafte Momente oder Ängste vor Überforderung sind neben Glücksgefühlen normale Reaktionen. Dies gilt auch für bewusst eingegangene Schwangerschaften sowie für Kinderwunschpatientinnen. Grundvoraussetzungen für eine gelungene Adaptierung an die »Herausforderung Schwangerschaft und Geburt« sind Zuversicht, Selbstvertrauen, die Erfahrung, schwierige Situationen im Leben meistern zu können, Liebes- und Bindungsfähigkeit sowie die Überzeugung, den Sexualpartner und werdenden Vater als gleichwertig respektieren zu können (*motherhood mindset*; Stern 2002). Die Zeit der guten Hoffnung setzt voraus, selbst Liebe, Zuwendung, Vertrauen und Fürsorge durch die primären Bezugspersonen erlebt zu haben. Frauen, die in ihrer Biografie diese positive Grundbasis nicht hatten, Gewalt oder Lebensbrüche erleben mussten, sind vulnerabler und gefährdeter, sich in den Krisenmomenten werdender Mutterschaft überfordert zu fühlen. Die eigene Biografie bildet die Voraussetzung für Bindungsfähigkeit. Die aktuelle Beziehungsqualität und die »soziale Hardware« sind weitere zentrale Voraussetzungen für Zukunftsperspektiven der Elternschaft. Übereinstimmend zeigen Metaanalysen eines ganz deutlich: Fehlen der soziale Rückhalt und Zuwendung, so besteht bei Stress das Risiko unglücklicher Verläufe, ja sogar die Tendenz zur Frühgeburtlichkeit und geringerem Geburtsgewicht (Littleton et al. 2010).

Es ist ein intrapsychischer, dynamischer Lernprozess, der Frauen in die Phase der antizipierten Mutterschaft gleiten lässt. Sehr gut hat Gloger-Tippelt (1988) das Erleben von Schwangerschaft und Mutterschaft als emotionalen Erfahrungsprozess beschrieben. Sie unterscheidet folgende Phasen dieses Übergangs:
- Verunsicherungsphase: bis etwa zur 12. Schwangerschaftswoche
- Anpassungsphase: von etwa der 12. bis zur 20. Schwangerschaftswoche
- Konkretisierungsphase: von etwa der 20. bis zur 32. Schwangerschaftswoche
- Antizipation und Vorbereitung: von etwa der 32. bis zur 40. Schwangerschaftswoche
- Geburt
- Erschöpfung und Überwältigung: 4 bis 8 Wochen nach Geburt
- Herausforderung und Umstellung: vom 2. bis zum 6. Lebensmonat des Kindes
- Gewöhnungsphase: in der 2. Hälfte des ersten Lebensjahres

Überhöhte Idealkonzepte von perfekter Mutterschaft nehmen zu. Erkenntnisse, dass sich Stress, negative Emotionen, Unglücklichsein pränatal negativ auf das Kind auswirken können, verstärken Schuldgefühle. Zynisch formuliert verwehren gesellschaftliche Erwartungen Frauen das »Recht auf Unglücklichsein«. Zusätzlich stellt die pränatale Diagnostik Frauen und ihre Partner oder Partnerinnen vor schwierige Entscheidungen. Das Zulassen früher Gefühlsbindungen wird als präventiver Schutz vor Enttäuschungen oder Verlust gehemmt (Strachota 2006). Rowe et al. (2009) ermittelten ein Aufschieben des emotionalen Bondings bis nach erfolgtem genetischen Screening.

Erwartungen an ein »perfektes Kind« bis zur Extremform der fertilitätsmedizinischen Möglichkeiten, Aussehen und Geschlecht aktiv zu beeinflussen (Designerbaby), haben zugenommen.

Dass parallel zum Geburtstermin auch die Angst vor der Geburt oder zumindest Verunsicherung steigt, ist zunächst keinesfalls pathologisch. Voraussetzung für ein gutes Coping damit ist eine unterstützende Umgebung, eine vertrauensvolle Beziehung zur gynäkologischen Fachperson oder zur Hebamme. Äußerungen über berechtigte Sorgen um Geburtsschmerz und -prozedere werden zunehmend mit einer Indikation für einen Kaiserschnitt beantwortet, weniger oft mit Ermunterung zur Geburtsvorbereitung oder Gespräch mit einer Familienhebamme oder psychologischen Fachperson (Lutz u. Kolip 2006; Tschudin et al. 2008).

Die Geburt eines Kindes ist ein physischer und psychischer Ausnahmezustand für die Gebärende. Vater und Mutter sind in einem Zustand emotionaler Überwältigung mit extremer Anspannung bis zur Mitteilung über das Befinden des Babys. Massive psychoendokrinologische Prozesse triggern Glücksgefühle sowie Wachsamkeit. Dieses Wechselbad der Gefühle nach der Geburt, ängstliche Gefühle einerseits und zärtliche andererseits, geht mit extremem hormonellem Abfall und Umstellung einher, die jedoch nicht monokausal verursachend sind (Riecher-Rössler 2006, 2012; Wimmer-Puchinger 2006). Es ist relevant, dem »Baby-Blues« seine pathologische Bedeutung zu nehmen, Mütter zu ermutigen, den Emotionen Raum zu geben. Das Zulassen und Ermöglichen der Regression ist wichtig, um die Identitätserweiterung als Mutter aufbauen zu können. Dies erfordert Zeit, die Möglichkeit, sich gehenlassen zu können, emotional genährt zu werden. Anfängliche Eigenschaftszuschreibungen und Projektionen stellen die ersten Weichen für die Beziehung. Fürsorge und Unterstützung zu geben, ist auch in Richtung Stillen eine Schlüsselaufgabe geburtshilflicher Einrichtungen. Mit Sorge ist festzustellen, dass diese immer mehr dazu tendieren, die Frau zu früh aus der behütenden Umgebung zu entlassen und somit Stress und Unsicherheit im Umgang mit dem neuen Lebensabschnitt zu verstärken, statt den Frauen und deren Partnern oder Partnerinnen eine sichere Startbasis für das Leben mit dem Kind zu ermöglichen.

6.3 Vom Partner zum Vater

Der egalitäre Kinderwunsch von Frauen und Männern bleibt ein Mythos. Die Entscheidung für ein Kind wird trotz positiver Veränderungen gelebter Vaterschaft nach wie vor eher von der Frau initiiert und aktiver aufgegriffen. Rille-Pfeiffer resümiert aus einer Studie mit Männern in stabilen Beziehungen: »… innerhalb eines Paares sind es die Frauen […] die das Thema zuerst einbringen und auch die Kommunikation darüber forcieren« (Rille-Pfeiffer 2010, S. 167).

Die Forschung hat sich in der letzten Dekade vermehrt psychologischen Aspekten werdender Vaterschaft gewidmet und widerspricht den biologistischen Konzepten, dass die Mutter die unersetzbare und ausschließliche Bezugsperson eines Babys sein muss. Dieses die Frau als Mutter einengende Konstrukt einer dyadischen Mutter-Kind-Beziehung interpretiert Rohde-Dachser (1990) als Ma-

nifestation im Unbewussten verinnerlichter patriarchalischer Bilder. Schorn (2003) geht den Prozessen werdender Vaterschaft nach und sieht Umbruchphasen auf vier Ebenen:
- Veränderung in der Partnerschaft
- Veränderung im intergenerativen Verhältnis
- Veränderungen der familiären und sozialen Bezugssysteme
- intrapsychische Veränderungen

Es gilt als gesichert, dass sich die frühe Einbindung der werdenden Väter in Schwangerschaft und Geburtsvorbereitung positiv auf die Entwicklung der Väterlichkeit, die Paarbeziehung und die Unterstützung und das Verständnis für die Mütter auswirkt (Burgess u. Fisher 2008). Die Anwesenheit von Männern im Kreißsaal ist fast geburtshilflicher Standard. Darin liegen ungenutzte Chancen der frühen Prävention zur Unterstützung des neuen Familiensystems und der Triangulierung (auch in Hinblick auf Gewaltprävention; Martin et al. 2004). David (2008) stellte in seiner Quer- und Längsschnittstudie mit türkeistämmigen Vätern fest, dass Geburtsteilnahme positive Effekte auf ihre soziokulturelle Rollenperzeption und intrafamiliäre Beziehungsmuster hat.

6.4 Fazit

Schwangerschaft, Geburt und die erste Zeit mit dem Baby bedeuten intrapsychisch ein Wiederaufleben des Tochterseins, eine Auseinandersetzung mit der eigenen Mutter und gleichzeitig eine Entwicklung eigener Mutterkonzepte und Fantasien, die den inneren Dialog mit dem imaginierten Kind gestalten. Auch beim werdenden Vater sind intrapsychische Prozesse der Auseinandersetzung mit Vaterkonzepten festzustellen. Die Zunahme gesellschaftlicher Öffnung in Richtung Vaterkarenz oder Vaterurlaub gibt Hoffnung auf geteilte Elternschaft und auf ungeahnte Chancen für künftige Vater-Kind-Beziehungen mit all ihren positiven Langzeitkonsequenzen. Verortet ist diese Lebensphase in medizinischen Institutionen, die noch immer männlich dominiert und historisch einem patriarchalen Vaterprinzip verpflichtet sind. Eine zunehmend technische Geburts- und Fertilitätsmedizin bedient sich deren Codes ohne Diskurs auf Subjektivität. Übereinstimmung herrscht jedoch in den Forschungsergebnissen: Mangelnde Ressourcen, fehlende Unterstützung, belastende Biografien, psychiatrische Vorgeschichten, Traumen, Angststörungen, Leiderfahrungen sind Risikofaktoren für medizinische und psychische Komplikationen und Krisen. Klinisch-psychologische und klinisch-therapeutische Unterstützung minimiert Stress und hilft dabei, weniger idealisierende und realistische Vorstellungen zu entwickeln. Dies erfordert von den helfenden Berufen Offenheit und Empathie, professionelle Kommunikation und Kooperation mit psychotherapeutischen und psychosozialen Angeboten.

In der geburtshilflichen Praxis nimmt das subjektive Befinden der Frau oder des Paares noch wenig Raum ein (Wimmer-Puchinger 2006). Viele bleiben angesichts der überfordernden und moralisierenden Idealbilder perfekter Mutterschaft mit Ängsten und Schuldgefühlen alleingelassen. Soziale Rahmenbedingungen und gestiegene Anforderungen der Leistungsgesellschaft in der Periode wirtschaftlicher Krisen und sozialer Einsparungen müssen beachtet werden.

Eine enge Anbindung der Schwangerenbetreuung und Geburtshilfe an psychosoziale Unterstützungssysteme und psychotherapeutisch Tätige ist Gebot der Stunde. Dass dies eher von Ärztinnen genützt wird, zeigt eine Metaanalyse von 29 Studien geschlechtsspezifischer Aspekte der Kommunikation mit Patienten oder Patientinnen. Ärztinnen engagieren sich signifikant mehr bei Beziehungsproblemen und psychosozialen Fragen. Angesichts der wachsenden Anzahl von niedergelassenen Gynäkologinnen ist dies ein wichtiges Signal (Roter et al. 2002).

Literatur

Badinter E (2010). Der Konflikt: Die Frau und die Mutter. München: C.H. Beck.

Beck-Gernsheim E (2006). Geburtenrückgang und Geschlechterverhältnisse – Eine Zwischenbilanz. In: Wimmer-Puchinger B, Riecher-Rössler A (Hrsg). Postpartale Depression. Von der Forschung zur Praxis. Wien, New York: Springer; 1–10.

Bibring GL, Dwyer F, Huntington DS, Valenstein AF (1961). A study of the psychological processes in pregnancy in and of the earliest mother-child-relationship. Psychoanal Study Child; 16: 9–24.

Burgess A, Fisher D (2008). Geburtshilfe und Väter: Ein Überblick über den Stand der Forschung. In: Schäfer E, Abdou-Dakn M, Wöckel A (Hrsg). Vater werden ist nicht schwer? Zur neuen Rolle des Vaters rund um die Geburt. Gießen: Psychosozial-Verlag; 13–48.

David M (2008). Ergebnisse aus Quer- und Längsschnittstudien zur Geburtsbegleitung durch türkeistämmige Väter in einem Berliner Kreißsaal. In: Schäfer E, Abdou-Dakn M, Wöckel A (Hrsg). Vater werden ist nicht schwer? Zur neuen Rolle des Vaters rund um die Geburt. Gießen: Psychosozial-Verlag; 111–8.

Gloger-Tippelt G (1988). Schwangerschaft und erste Geburt: Psychologische Veränderungen der Eltern. Stuttgart: Kohlhammer.

Littleton HL, Bye K, Buck K, Amacher A (2010). Psychosocial stress during pregnancy and perinatal outcomes: a meta-analytic review. J Psychosom Obstet Gynaecol; 31; 219–28.

Lutz U, Kolip P (2006). Die GEK-Kaiserschnittstudie. Schriftenreihe zur Gesundheitsanalyse, Band 42. St. Augustin: Asgard.

Martin SL, Harris-Britt A, Li Y et al. (2004). Changes in intimate partner violence during pregnancy. J Fam Violence; 19: 201–10.

Riecher-Rössler A (2006). Was ist postpartale Depression? In: Wimmer-Puchinger B, Riecher-Rössler A (Hrsg). Postpartale Depression. Von der Forschung zur Praxis. Wien, New York: Springer; 11–20.

Riecher-Rössler A (2012). Depressionen in der Postpartalzeit. In: Riecher-Rössler A (Hrsg). Psychische Erkrankungen in Schwangerschaft und Stillzeit. Freiburg, Basel: Karger; 52–61.

Rille-Pfeiffer Ch (2010). Kinder – jetzt, später oder nie? Familienforschung – Schriftenreihe des Österreichischen Instituts für Familienforschung, Band 21. Budrich Uni Press.

Rohde-Dachser Ch (1990). Weiblichkeitsparadigmen in der Psychoanalyse. Psyche; 44: 30–52.

Roter DL, Hall JA, Aoki Y (2002). Physician gender effects in medical communication. A meta-analytic review. J Am Med Assoc; 288: 756–64.

Rowe H, Fisher J, Quinlivan J (2009). Women who are well informed about prenatal genetic screening delay emotional attachment to their fetus. J Psychosom Obstet Gynaecol; 30: 34–41.

Schorn A (2003). Männer im Übergang zur Vaterschaft. Das Entstehen der Beziehung zum Kind. Gießen: Psychosozial-Verlag.

Stern N, Bruschweiler-Stern (2002). Die Geburt einer Mutter. München: Piper.

Strachota A (2006). Zwischen Hoffen und Bangen. Frauen und Männer berichten über ihre Erfahrungen mit pränataler Diagnostik. Frankfurt a. M.: Mabuse.

Tschudin S, Holzgreve W, Conde N et al. (2008).Wie beurteilen Schwangere die pränatale Beratung und was wissen sie im Anschluss daran? Ultraschall in der Medizin. http://cat.inist.fr/?aModele=afficheN&cpsidt=21215428 (Zugriff am 30. Juni 2012).

Wimmer-Puchinger B (2006). Prävention von postpartalen Depressionen. Ein Pilotprojekt des Wiener Programms für Frauengesundheit. In: Wimmer-Puchinger B, Riecher-Rössler A (Hrsg). Postpartale Depression. Von der Forschung zur Praxis. Wien, New York: Springer; 21–49.

7 Der Verlust eines Kindes durch Totgeburt*

Anette Kersting

Inhalt

7.1 Trauern Frauen anders als Männer?..........................61
   Bewältigung von Verlusten 62
   Geschlechtsspezifische Unterschiede 63
7.2 Psychotherapie für Eltern 64
7.3 Fazit 65

7.1 Trauern Frauen anders als Männer?

Laut Statistischem Bundesamt Wiesbaden kommen in jedem Jahr in Deutschland ca. 2 300 bis 2 400 Kinder tot zur Welt. Die psychischen Folgen, die eine Totgeburt für die betreffenden Frauen und ihre Familien hat, gerieten in den vergangenen 25 Jahren zunehmend in den Fokus des wissenschaftlichen Interesses. In einer repäsentativen Bevölkerungsstichprobe von Menschen, die einen nahestehenden Angehörigen verloren hatten, zeigte der Verlust eines Kindes die höchste Pävalenzrate für komplizierte Trauerverläufe (Kersting et al. 2011a).

Dabei zeigte sich, dass sich die Trauerreaktionen von Eltern nach einer Totgeburt nur unwesentlich von Trauerreaktionen nach anderen Verlusten unterscheiden. Pathologische Trauerreaktionen – definiert als ungewöhnlich intensive, verlängerte, verzögerte oder abwesende Trauer oder Trauerreaktionen mit psychischer Symptombildung – können nach dem Verlust eines Kindes durch Totgeburt jedoch spezifische Merkmale aufweisen und zu geschlechtsspezifisch unterschiedlichen Copingstrategien der betroffenen Frauen und Männer führen. Dabei kann sich die Bewältigung des Verlustes auch auf das Familienleben auswirken und eine zuvor schon vulnerable Partnerschaft durch ein unterschiedliches Trauerverhalten beider Partner gefährden. Insbesondere in den vergangenen Jahren wurden Behandlungskonzepte für die spezifische Situation von Eltern nach Totgeburt entwickelt.

---
* Aus dem Referat für Frauen und geschlechtsspezifische Fragen der DGPPN

Bewältigung von Verlusten

■ **Trauer nach Totgeburt.** Trauer ist die emotionale Antwort auf einen Verlust und eine menschliche Erfahrung, mit der die meisten Menschen zurechtkommen. Die Aufgaben des Trauerprozesses bestehen darin,
- die Realität des Verlustes zu akzeptieren,
- den Trauerschmerz zu erleben,
- mit einer Umwelt ohne das Kind, auf das man sich gefreut hatte, zurechtzukommen und
- sich wieder dem aktuellen Leben zuzuwenden.

Trauer besteht nicht aus einer einzelnen Emotion, sondern betrifft eine Reihe unterschiedlicher Gefühlsqualitäten, die positive und negative Aspekte beinhalten. Fast alle Trauernden erleben Angst, Schuld, Ärger und Scham als Antwort auf den Verlust. Viele Frauen, die ein Kind durch eine Totgeburt verloren haben, haben Angst vor der Zukunft. Sie fragen sich z. B. ob dieser Schmerz jemals nachlassen werde, und können sich kaum vorstellen, jemals wieder Glücksgefühle zu erleben. Nach dem Verlust eines Kindes beschreiben viele Frauen Schuldgefühle. Sie denken darüber nach, ob sie durch eigenes Verhalten zu dem Verlust des Kindes beigetragen haben könnten, z. B.:»Wenn ich nur etwas früher zum Arzt gegangen wäre, hätte mein Kind gerettet werden können«. Eine weitere Emotion, die zum Trauerprozess gehört, ist Ärger. Ärger kann sich in einem Gefühl, um die Freude am Kind betrogen worden zu sein, ausdrücken, aber auch mit dem Gedanken verbunden sein, dass es unfair ist, das so lange ersehnte Baby verloren zu haben, während andere Frauen nach ungewollter Schwangerschaft ein gesundes Kind zur Welt bringen. Der Ärger kann sich auch gegen die behandelnden Ärzte richten, die vermeintlich oder tatsächlich nicht alle medizinischen Möglichkeiten genutzt haben, um den Verlust des Kindes zu verhindern. Auch Scham ist ein wesentlicher emotionaler Aspekt menschlicher Trauer. Insbesondere Männer, die das Erleben von Gefühlen als Schwäche empfinden, schämen sich ihrer Trauergefühle. Zu den schmerzlichen Folgen des Trauerprozesses gehört auch die Enttäuschung, dass nun die schon erträumte gemeinsame Zukunft mit dem Kind nicht mehr möglich ist. Viele Eltern beschreiben eine intensive Sehnsucht nach ihrem Kind.

Es ist bedeutsam zu realisieren, dass Trauer positive und negative Gefühle einschließt. So erinnern sich die Eltern an die Diagnose der Schwangerschaft, die Vorfreude auf das Kind und die Zwiesprache, die sie mit dem Kind gehalten haben, oder das Erleben der Kindsbewegungen.

Intensive Trauer umfasst eine individuelle Mischung von Gedanken, Gefühlen und Verhaltensweisen. Sie beeinträchtigt das Alltagsleben, sodass letztlich mit dem Trauerprozess für viele Eltern eine Auszeit verbunden ist.

Einem Teil der Eltern gelingt es nicht, den Tod ihres Kindes zu akzeptieren. Schmerzliche Emotionen und Gedanken, die mit dem Verlust verbunden sind, können nicht bewältigt werden, und die Trauernden bleiben im Trauerprozess stecken. Eine prolongierte Trauersymptomatik, psychische oder körperliche Erkrankungen können die Folge sein.

■ **Psychische Folgen nach Totgeburten.** Anpassungsstörungen und akute Belastungsreaktionen sind häufige psychische Störungen, die in kurzem zeitlichen Abstand nach einer Totgeburt auftreten können. Im weiteren Verlauf können die posttraumatische Belastungsstörung, persistierende somatoforme Beschwerden oder andere psychische Symptome wie depressive Erkrankungen oder Angsterkrankungen vorherrschen (Boyle et al. 1996; Kersting et al. 2002, 2007, 2012). In einer eigenen Studie konnten wir zeigen, dass 22,4 % der untersuchten Frauen 14 Monate nach dem Verlust ihres Kindes durch einen Schwangerschaftsabbruch aus medizinischer Indikation in der Spätschwangerschaft, der mit der Geburt eines toten Kindes verbunden war, an einer manifesten psychischen Erkrankung litten. Es handelte sich hierbei ausschließlich um unipolare Depressionen und Angsterkrankungen (Kersting et al. 2007, 2009).

Geschlechtsspezifische Unterschiede

Empirische Untersuchungen zeigen, dass viele Frauen noch Jahre nach der Totgeburt von Trauergefühlen um ihr Kind berichten (Kersting et al. 2005). Diese lang anhaltende Trauer weist auf die Intensität der Beziehung hin, die schon vor der Geburt zwischen Mutter und Kind besteht.

Glaubte man früher, dass die Bindung der Väter an ihre ungeborenen Kinder weniger intensiv sei als die der Mütter zu ihrem Kind, zeigen neuere Untersuchungen, dass sich auch viele Väter eng mit ihrem ungeborenen Kind verbunden fühlen. Hierzu tragen auch die verbesserten medizinischen Möglichkeiten bei. Johnson und Puddifoot (1998) wiesen darauf hin, dass es einen engen Zusammenhang gibt zwischen der Tatsache, ob Männer ein Ultraschallbild ihres ungeborenen Kindes gesehen hatten, und der Lebendigkeit visueller Erinnerungen sowie der nachfolgenden Trauerreaktionen nach dem Verlust des Kindes. Männer, die ihr Kind stärker visualisierten, zeigten intensivere Trauerreaktionen.

Vance et al. (1995) untersuchten Frauen und Männer nach einem perinatalen Verlust. Insgesamt zeigten Frauen ein höheres Ausmaß an Angst und Depression, während Männer einen höheren Alkoholmissbrauch angaben. Diese Ergebnisse weisen auf die Manifestation geschlechtsspezifischer Copingmechanismen im Trauerprozess hin. Werden lediglich Parameter wie Angst und Depression erhoben, scheinen Frauen durch den Verlust ihres Kindes schwerer betroffen zu sein. Wird der exzessive Genuss von Alkohol einbezogen, verringern sich die Unterschiede zwischen den Geschlechtern.

Diskordante weibliche und männliche Copingstrategien können zu einer Belastung für die Partnerschaft werden. Während Frauen oft das Bedürfnis haben, über den Verlust ihres Kindes zu sprechen, fällt es vielen Männern schwer, ihre Gefühle zu äußern (Swanson et al. 2003). Dies kann zu Fehlinterpretationen aufseiten der Frauen führen, wenn sie die Zurückhaltung ihres Partners, über den

Verlust zu sprechen, als Ausdruck mangelnder Emotionalität und Empathie interpretieren. Viele Männer hingegen fühlen sich aufgrund der größeren Intensität und längeren Dauer der Trauerreaktionen ihrer Frauen verunsichert. Um ihre Partnerinnen nicht zusätzlich zu belasten, versuchen sie, ihre Gefühle zu kontrollieren. Sie vermeiden offene Kommunikation in dem Glauben, dem Partner damit keinen weiteren Schmerz zuzufügen. Unterschiedliche Copingstrategien zeigt folgendes Fallbeispiel.

Fallbeispiel

Herr und Frau F. suchen unsere Ambulanz für trauernde Eltern auf. Beide erklären, dass Frau F. auch jetzt, 6 Monate nach dem Verlust ihres zweiten Kindes durch eine Totgeburt, häufig bedrückt sei, viel an das verstorbene Kind denke und Mühe habe, ihren Alltag zu bewältigen. Herr F. habe 14 Tage nach der Totgeburt wieder seine Arbeit aufgenommen. Frau F. hingegen fühle sich immer noch nicht arbeitsfähig. In ihren Gedanken begleite das Kind sie. Sie schließe es in das Abendgebet mit dem 7-jährigen Sohn ein und habe das Babyzimmer, das sie kurz vor der Geburt des toten Kindes bereits eingerichtet hatte, noch nicht ausräumen können. Sie weine viel und stelle sich immer wieder die Frage, warum das Baby nicht habe leben können und was sie selbst zu diesem Verlauf beigetragen habe. Sie habe Angst, mit dem Verlust des Kindes für zwei frühere Abtreibungen, die sie hatte vornehmen lassen, bestraft worden zu sein. Frau F. fühle sich in ihrem Trauerschmerz isoliert, sie habe den Eindruck, dass sie mit Freunden und Verwandten hierüber nicht sprechen könne, da von ihr erwartet würde, dass sie nun, nach einem halben Jahr, den Trauerprozess abschließe. Auch mit ihrem Mann könne sie nicht über ihre Situation sprechen; sie fürchte, dass er ihre Gefühle nicht nachvollziehen könne. Sie spüre einen zunehmenden emotionalen Abstand zwischen sich und ihrem Partner. Herr F. hingegen hält sich im Gesprächsverlauf zurück, äußert jedoch seinen Wunsch, seine Frau unterstützen zu wollen. Er wisse jedoch nicht, was er tun solle. Wenn er vorschlage, dass sie, wie er, den Blick in die Zukunft richten solle, fühle sie sich nicht verstanden. Anderseites habe er das Gefühl, dass es beide nicht weiterbringe, immer wieder über das verstorbene Kind zu sprechen.

7.2 Psychotherapie für Eltern

Eine Aufgabe der therapeutischen Begleitung von Eltern, die ein Kind durch Totgeburt verloren haben, besteht darin, beide Partner zu einer offenen Kommunikation anzuregen und so die Voraussetzung zu schaffen, die Perspektive des anderen einnehmen und die Unterschiede im Erleben von Trauer akzeptieren zu können. So können Fehlinterpretationen korrigiert und das Paar darin unterstützt werden, gemeinsame Ziele und Werte nicht aus den Augen zu verlieren. Gemeinsam bewältigte Krisen können eine Partnerschaft festigen, aber auch eine zuvor bestehende konflikthafte Paarbeziehung weiter labilisieren.

Wenig bekannt sind die protektiven Faktoren, die einen Trauerprozess beeinflussen können. Eine angemessene emotionale Unterstützung und Begleitung nach der Totgeburt scheint hierbei von besonderer Bedeutung zu sein (Turton et al. 2001). So wurde auch in der Routinebehandlung von Frauen nach dem perinatalen Verlust ihres Kindes in den vergangenen 20 Jahren zunehmend Wert auf eine empathisch unterstützende Umgebung gelegt (Radestad et al. 1996).

Eine umfassende Übersicht über die bisher publizierten Studien zur Behandlung von Eltern nach Prä- und Perinatalverlust geben Scheidt et al. (2007). Insgesamt zeigt sich, dass nur wenige kontrollierte und randomisierte Interventionsstudien zur Bewältigung eines perinatalen Verlusts vorliegen. Die Evaluation der Wirksamkeit der beschriebenen Behandlungskonzepte ergibt ein heterogenes Bild, was auch in der methodischen Qualität der durchgeführten Studien begründet ist. Nicht immer wurden standardisierte Messinstrumente verwendet, katamnestische Untersuchungen fehlen oder weisen nur geringe Follow-up-Raten auf. Ein Therapiemanual der untersuchten Behandlungsprogramme war bei keiner der durchgeführten Studien verfügbar. Hohe Drop-out-Raten tragen ebenfalls zur begrenzten Generalisierbarkeit der Ergebnisse bei.

Trauerinterventionen zeigen hohe Wirksamkeit, wenn sie sich auf spezifische Risikogruppen beziehen (Currier et al. 2008). Präventive Trauerinterventionen zeigen jedoch eine inkonsistente Unterstützung (Wittouck et al. 2011).

Eine Studie, in der die Effektivität eines internetbasierten kognitiv-behavioralen Therapieprogramms für Mütter nach Schwangerschaftsverlust untersucht wurde, zeigte eine signifikante Reduktion der Trauersymptome, der posttraumatischen Belastung und der Depression der Interventionsgruppe im Vergleich zu einer Wartelistenkontrollgruppe (Kersting et al. 2011b, 2011c). Die Besserung war auch 3 Monate nach Ende der Behandlung weiterhin nachweisbar.

7.3 Fazit

Der Verlust eines Kindes bedeutet für Frauen ebenso wie für Männer ein traumatisches Verlusterlebnis, das in lang anhaltende Trauerprozesse und/oder psychische Erkrankung münden kann. Geschlechtsspezifisch unterschiedliche Copingstrategien können die gemeinsame Bewältigung des Verlusts erschweren und eine Partnerschaft belasten.

Auch wenn mittlerweile vielfach nachgewiesen wurde, dass Verluste in der Schwangerschaft zu psychischen Erkrankungen und komplizierten Trauerprozessen führen können, liegen nur wenige kontrollierte und randomisierte Interventionsstudien zur Bewältigung eines Perinatalverlustes vor.

Insgesamt zeigen Trauerinterventionen auf spezifische Risikogruppen eine hohe Wirksamkeit. Psychosoziale Interventionen und Beratungsangebote für Eltern nach Perinatalverlust, die ein erhöhtes Risiko für komplizierte Trauerverläufe aufweisen, sollten in die medizinische Routineversorgung integriert werden.

Literatur

Boyle FM, Vance JC, Najman JM, Thearle M (1996). The mental health impact of stillbirth, neonatal death or SIDS: prevalence and patterns of distress among mothers. Soc Sci Med; 43: 1273–82.

Currier JM, Neimeyer RA, Berman JS (2008). The effectiveness of psychotherapeutic interventions for bereaved persons: a comprehensive quantitative review. Psychol Bull; 134: 648–61.

Johnson MP, Puddifoot JE (1998). Miscarriage: is vividness of visual imagery a factor in the grief reaction of the partner? Br J Health Psychol; 3: 137–46.

Kersting A, Wagner B (2012). Complcated grief after perinatal loss. Dialogues Clin Neurosci; 14: 187–94.

Kersting A, Fisch S, Bäz E (2002). Psychosocial care of mothers after stillbirth. Lancet; 360: 1601.

Kersting A, Dorsch M, Kreulich C et al. (2005). Trauma and grief 2–7 years after termination of pregnancy because of fetal anomalies – a pilot study. J Psychosom Obstet Gynecol; 26: 9–14.

Kersting A, Kroker K, Steinhard J et al. (2007). Complicated grief after traumatic loss – A 14-month follow up study. Eur Arch Psychiatry Clin Neurosci; 257: 437–43.

Kersting A, Schlicht S, Kroker K (2009). Internettherapie: Möglichkeiten und Grenzen. Nervenarzt 80: 797–804.

Kersting A, Brahler E, Glaesmer H, Wagner B (2011a). Prevalence of complicated grief in a representative population-based sample. J Affec Disord; 131: 339–49.

Kersting A, Kroker K, Schlicht S, Wagner B (2011b). Internet-based treatment after pregnancy loss: concept and case study. J Psychosom Obstet Gynecol; 32: 72–8.

Kersting A, Kroker K, Schlicht S et al. (2011c). Efficacy of cognitive behavioral internet-based therapy in parents after the loss of a child during pregnancy: Pilot data from a randomized controlled trial. Arch Womens Ment Health; 14: 465–77.

Radestad I, Steineck G, Nordin C, Sjogren B (1996). Psychological complications after stillbirth – influence of meomories and immediate management: population based study. BMJ 312: 1505–8.

Scheidt CE, Wangler N, Waller A et al. (2007). Trauerverarbeitung nach Perinatalverlust: Prävalenz, klinisches Bild und Behandlung. Eine Übersicht über den aktuellen Forschungsstand. Psychother Psychosom Med Psychol; 57: 4–11.

Swanson KM, Karmali ZA, Powell SH, Pulvermakher F (2003). Miscarriage effects on couples interpersonal and sexual relationships during the first year after loss: women's perceptions. Psychosom Med; 65: 902–10.

Turton P, Hughes P, Evans CDH, Fainman D (2001). Incidence, correlates and predictors of post-traumatic stress disorder in the pregnancy after stillbirth. Br J Psychiatry; 178: 556–60.

Vance JC, Boyle FM, Najman JM, Thearle MJ (1995). Gender differences in parental psychological distress following perinatal death of sudden infant death syndrome. Br J Psychiatry; 167: 806–11.

Wittouck C, van Autreve S, de Jaegere E et al. (2011). The prevention and treatment of complicated grief: a meta-analysis. Clin Psychol Rev; 31: 69–78.

8 Psychotherapie mit Migrantinnen

Iris Tatjana Calliess und Katharina Behrens

Inhalt

8.1 Migration und seelische Gesundheit..........................67
8.2 Migrations- und kulturspezifische Aspekte in der Psychotherapie....68
8.3 Frauenspezifische Konflikte in der Migration..................71
8.4 Fazit..72

8.1 Migration und seelische Gesundheit

Die adäquate Versorgung von Menschen mit Migrationshintergrund über die gesamte Lebensspanne bedarf der professionellen interkulturellen Sensibilität und Kompetenz. Insbesondere bei der Inanspruchnahme von psychiatrisch-psychotherapeutischen Versorgungsangeboten spielt der kulturell-ethnische Hintergrund eine bedeutende Rolle: Nicht selten sind subjektive Entstehungsmodelle psychischer Störungen, Krankheitsverständnis und damit in entscheidendem Maße auch Behandlungserwartungen stark von kulturellen Prägungen und Einflüssen abhängig. Migrationserfahrung selbst kann insbesondere in kritischen Phasen individueller Entwicklung potenziell pathogen wirken und Behandlungsverläufe erheblich beeinflussen (Calliess et al. 2012). Nicht zuletzt wirken sich die häufig schwierigen psychosozialen Rahmenbedingungen von Migrantinnen erschwerend auf die erforderlichen adaptiven Prozesse im Gastland aus. Gleichzeitig ist bekannt, dass eine gelungene Akkulturation in Zusammenhang mit psychischer Stabilität und seelischer Gesundheit steht (DGPPN 2011).

Zur Inanspruchnahme psychiatrisch-psychotherapeutischer Angebote durch Migrantinnen und Migranten liegen derzeit für Deutschland noch keine ausreichend belastbaren Daten vor (Stock-Gissendanner et al. 2011; Koch u. Brähler 2008; Koch et al. 2008; Lindert et al. 2008). Tendenziell kann bezüglich stationärer Behandlungen von einer Annäherung von Migrantinnen an eine ihrem Anteil in der Bevölkerung entsprechende Größe ausgegangen werden, wobei jedoch zwischen akut psychiatrischen oder forensischen Behandlungen und psychosomatischen bzw. psychotherapeutischen Angeboten unterschieden werden muss. Aus der Gesundheitsforschung ist bekannt, dass viele Migrantinnen – unter anderem abhängig vom Sozialstatus und dem Bildungsniveau – in erheblich geringerem Umfang Vorsorgeuntersuchungen und Präventionsprogramme in Anspruch nehmen als Einheimische (Presse- und Informationsamt der Bundesregierung 2007; Assion 2005). Entsprechend sind Migrantinnen in stationären

Einrichtungen oft stärker belastet und im fortgeschrittenen Chronifizierungsstadium (Stock-Gissendanner et al. 2011).

Bezüglich der psychotherapeutischen Versorgung kann von einer ähnlichen Lage ausgegangen werden: Zum einen ist die Schwelle zur Inanspruchnahme einer Psychotherapie – im Vergleich zu der ohnehin bereits bestehenden Hürde – bei Migrantinnen zusätzlich erhöht (Machleidt et al. 2007). Das hat unter anderem folgende Gründe:

- generell das Fehlen einer psychologisierenden Weltsicht in der Kultur (diese fußt weitgehend auf einer westlichen Tradition) (Behrens et al. 2008);
- damit einhergehende Fremdheit des Konzepts Psychotherapie;
- Schuld und Scham vor dem Hintergrund anderer Wertedimensionen im familiären Kontext, z. B. ist bei polnischen Migrantinnen häufig zu beobachten, dass das Besprechen individueller Probleme außerhalb der Familie tabuisiert ist (Behrens u. Calliess 2011);
- Sprachprobleme und
- Grad der Akkulturiertheit, der unter anderem auch die Akzeptanz von Psychotherapie beeinflussen kann (Knipscheer u. Kleber 2005; Calliess et al. 2007a).

Zum anderen gibt es Charakteristika des psychotherapeutischen Versorgungssystems selbst, die potenzielle Hindernisse aufweisen:

- ungenügende Aus-, Fort- und Weiterbildung in interkultureller Psychiatrie und Psychotherapie;
- Mangel an einem muttersprachlichen Therapieangebot (neuere Befunde zeigen jedoch auch, dass Psychotherapie in der Zweitsprache nicht unbedingt einen schlechteren Behandlungserfolg aufweisen muss) (Behrens u. Calliess 2008b; Mösko et al. 2008);
- Skepsis und Zurückhaltung aufseiten der Psychotherapeuten und
- mangelnde Finanzierung von Dolmetschern (Kluge 2011).

8.2 Migrations- und kulturspezifische Aspekte in der Psychotherapie

Für eine Charakterisierung der Problemlagen, die Migrantinnen potenziell in Psychotherapie führen, ist eine Differenzierung zwischen migrations- und kulturspezifischen Aspekten sinnvoll und notwendig (Behrens u. Calliess 2008a). In der Literatur zum Thema Migration sind die Begriffe *kulturspezifisch* und *migrationsspezifisch* häufig nicht eindeutig voneinander unterschieden (Berry 1997). Dies liegt sicherlich auch daran, dass beide Aspekte in Krankheitsgenese und Behandlungssituation vielfältig miteinander verwoben sind (Calliess et al. 2007a).

Der Begriff *kulturspezifisch* bezieht sich auf Besonderheiten, die aufgrund eines bestimmten kulturellen Hintergrundes auftreten, d. h. aufgrund der Werte, Verhaltensnormen und Glaubenseinstellungen, die der sozialen Gemeinschaft zugehörig sind, aus der die betreffende Person stammt.

Für den Kontext psychotherapeutischer Behandlung von Frauen mit Migrationshintergrund ist es wichtig, sich zu vergegenwärtigen, dass häufig ein (innerer) Konflikt zwischen zwei Kulturen, der sich bei Migrantinnen insbesondere an unterschiedlichen weiblichen Rollenvorstellungen festmachen kann, zu einer Symptomentwicklung führt. Vor allem Migrantinnen zweiter Generation sind bei der Bewältigung von Schwellensituationen dadurch in hohem Maße belastet (Schouler-Ocak 2010).

Der Begriff *migrationsspezifisch* beschreibt Konsequenzen, die sich aus der Verlagerung des Wohnsitzes in ein anderes Land ergeben. Trennungs- und Verlusterfahrungen, Heimweh, Auflösung von Familienverbänden, Vereinsamung, Isolation und Rollenverlust bzw. -diffusion, aufenthaltsrechtliche und arbeitsrechtliche Bedingungen und unsichere Zukunftsperspektiven können mit der Migrationserfahrung einhergehen (Calliess u. Machleidt 2003).

Diese Probleme sind primär unabhängig vom jeweiligen kulturellen Hintergrund. Es ist zu vermuten, dass solche Aspekte sowohl als anhaltende Stressoren die Vulnerabilität für eine psychische Erkrankung erhöhen können als auch deren Verlauf und Behandlung beeinflussen (Breslau et al. 2006).

Folgen der Migrationserfahrung können als Auslöser oder erschwerende Rahmenbedingungen das Aufsuchen von Behandlung begründen. Im Migrationsprozess als generationsübergreifendem Anpassungsprozess kann es aufgrund der unterschiedlichen Haltungen zum Heimat- bzw. Gastland zu erheblichen familiären Konflikten kommen. Die Ambivalenz zwischen Neuorientierung in der Gastgesellschaft und Rückkehrwünschen kann auch als intrapsychische Spannung zur Vulnerabilität beitragen. Bei Frauen können diese Konfliktlagen in ungünstig verlaufenden Migrationsprozessen dann Ausdruck in der Entwicklung von psychischen oder psychosomatischen bzw. gynäkologischen Symptomen finden. Kommen eine traditionelle Rollenverteilung oder strukturell benachteiligende Rahmenbedingungen (Zwangsheirat, illegale Einwanderung etc.) hinzu, ist insbesondere für Frauen die Gefahr einer Marginalisierung in der Gastgesellschaft deutlich erhöht.

Grundsätzlich birgt die Thematik die Gefahr, dem Stereotyp der unterdrückten und emotional belasteten Frau in der Migration Vorschub zu leisten. Ein solches Bild kann unbewusst eine positive Diskriminierung befördern und außer Acht lassen, dass zum einen viele Migrationsprozesse bei Migrantinnen ohne klinisch bedeutsame Symptomentwicklung einhergehen (Boos-Nünning 2011); zum anderen wird unreflektiert angenommen, dass insbesondere bei Muslima keine im umfassenden Sinne emanzipatorische Entwicklung möglich sei (Rommelspacher 2009). Andererseits darf nicht aus dem Blick geraten, dass es auch nicht wenige Frauen gibt, die aufgrund kultureller Rahmenbedingungen (z. B.

Einschränkung der freien Partnerwahl) faktisch kaum Entwicklungsmöglichkeiten haben und entsprechend in erhebliche psychische Krisen geraten.

Ethnische Herkunft oder Ausprägung beziehungsweise Schweregrad der Symptomatik müssen also differenziert betrachtet werden.

Boos-Nünning (2011) hat in einer Zufallsstichprobe von 950 Mädchen und jungen Frauen (im Alter von 15 bis 21 Jahren) von Aussiedlern und griechischer, italienischer, exjugoslawischer und türkischer Herkunft gefunden, dass psychosomatische Beschwerden insgesamt zwar selten genannt werden, jedoch Konzentrations- und Schlafstörungen tendenziell häufiger bei jungen Frauen mit türkischem Migrationshintergrund vorkommen. In ähnlicher Weise stellen sich junge Frauen aus Aussiedlerfamilien gefolgt von denen mit türkischem Migrationshintergrund gemessen an den übrigen Herkunftsgruppen seltener als psychisch stark und ausgeglichen dar, während der größte Teil der untersuchten Frauen eine optimistische Lebenseinstellung aufwies. Entsprechend zeigen die Daten zu Kontrollüberzeugungen, dass die Mehrheit der jungen Frauen mit Migrationshintergrund eher eine internale Kontrollüberzeugung hat (Betonung eigener Verantwortung vs. Außenlenkung). Junge Frauen aus Aussiedlerfamilien und solche mit türkischem Migrationshintergrund sind hierbei im Vergleich weniger internal orientiert als junge Frauen aus den anderen genannten Herkunftsländern. Dieser Befund kann Implikationen haben für die Akzeptanz von Psychotherapie als hilfreiche Strategie im Gegensatz zu anderen Bewältigungsformen und Heilungswegen, da Psychotherapie mit der Vorstellung einhergeht, selbst aktiv Einfluss auf die persönliche Entwicklung nehmen zu können.

Montesinos et al. (2010) weisen auf die schwierige Situation türkischer junger Frauen hin, die unter besonderer Belastung in erster Linie ein erhöhtes Suizidalitätsrisiko aufweisen. Zudem weist die Studienlage auf eine erhöhte Neigung zu somatoformen Störungen bei türkischstämmigen Migranten und Migrantinnen hin (Erim 2009, S. 85 f.). Somatoformer Schmerz bei Frauen kann dabei manchmal symbolisch als Ausdruck des Wunsches verstanden werden, die Rolle der älteren Frau einzunehmen, die in der familiären Hierarchie an Ansehen und Einfluss gewinnt. Gleichzeitig kann im höheren Alter auch ein bilanzierender Rückblick auf die Migrationserfahrung und die damit verbundenen Verluste und Entbehrungen in somatoformen Symptomen zum Ausdruck kommen (Erim 2009, S. 87).

Die Frage, ob man hier von einem systematischen Zusammenhang zwischen Alter und Symptomausprägung sprechen kann, ist bisher allerdings nicht untersucht. Von der Frage des Lebensalters bezüglich einer symptomauslösenden Dynamik zu unterscheiden ist das Migrationsalter bzw. die Migrantengeneration (Migrant und Migrantin erster, zweiter oder dritter Generation). Es gibt Hinweise auf eine besondere Belastung der zweiten Migrantengeneration (Selten et al. 2007), die beispielsweise in komplexeren Identitätskonflikten, in unterschiedlichen Ziel- und Kompensationsmechanismen im Vergleich zur Elterngeneration oder in sozialem Diskriminierungserleben begründet sein könnte.

8.3 Frauenspezifische Konflikte in der Migration

In der interkulturellen Psychotherapie muss die psychostrukturelle Integration unterschiedlicher Kulturen als zusätzliche Entwicklungsdimension einbezogen werden. Individuelle Veränderung im Zuge der Migration in Richtung einer bikulturellen Identität, die Aspekte der Heimat- und der Aufnahmekultur beinhaltet, wird häufig als wünschenswerter Adaptationsprozess betrachtet (Calliess et al. 2012).

Durch den Migrationsprozess werden für Frauen in der Migration mitgebrachte Rollenverständnisse und Verhaltensnormen besonders stark infrage gestellt. Ausbildungs- und Erwerbsmöglichkeiten sowie ein freizügigerer Umgang mit Sexualität im Gastland spitzen diesen Konflikt zu, da in diesem Lebensbereich Autonomieentwicklung möglich wird, die sich im familiären Umfeld schwieriger gestalten kann. Dies führt intrapsychisch insbesondere bei muslimisch sozialisierten Frauen zu einer Erschütterung des Selbstbildes und konsekutiv zu Schwierigkeiten mit der Integration divergierender Affekte und widerstrebender Tendenzen, was zum Teil zu erheblichen Symptomen führen kann. In der psychotherapeutischen Situation zeigt sich dies insbesondere in Konversionsstörungen, somatoformen Störungen und affektiven Erkrankungen.

Diese Konfliktspannung bildet sich häufig auch in der therapeutischen Beziehung je nach Herkunft und Geschlecht des therapeutischen Gegenübers ab. Eigene autonome Bestrebungen werden in den Therapeuten projiziert; der Therapeut kann sich mit diesem Teil der Übertragungsbereitschaft überidentifizieren und vorschnell die konfligierende Seite mit dem kulturell andersartig ausgeprägten Bedürfnis nach Bezogenheit vernachlässigen. Dies kann zu einer Zunahme der intrapsychischen Spannung und im Extremfall zu einem Abbruch der Behandlung führen, sofern diese Dynamik unreflektiert und damit unaufgelöst bleibt (Calliess et al. 2007b).

Die beschriebenen intrapsychischen Spannungen und damit einhergehenden Notwendigkeiten einer Neuorientierung der Identität gehen in ihrer existenziellen Dimension weit über Fragen der reinen Körperlichkeit hinaus (Tragen eines Kopftuchs, vorehelicher Geschlechtsverkehr etc.). Andererseits kann gerade die Fokussierung auf die Aspekte von Sexualität und Körperlichkeit auch auf Klientinnenseite einen Versuch darstellen, die als überfordernd erlebte Konfliktdynamik zu bewältigen (indem – etwa durch die Rekonstruktion des Hymens – der Status der Jungfrau äußerlich wieder hergestellt wird). In der therapeutischen Situation besteht demgegenüber die Chance, die Verwobenheit gesellschaftlicher, kultureller und individueller Aspekte in dieser Konfliktsituation zu erkennen und im Weiteren zu bearbeiten. Zu beachten sind dabei auch unter Umständen reale Bedrohungen durch »Ehrenmorde« und Zwangsheiraten.

Es kann davon ausgegangen werden, dass der beschriebene Aspekt der Identitätsentwicklung mit je nach Alter salienten Entwicklungsaufgaben in spezifischer Weise verflochten ist (z. B. Adoleszenz, Mutterschaft, Partnerschaft, *empty nest*; Akhtar u. Choi 2004). Ebenfalls zu beachten ist der Generationenstatus, da es Hinweise auf eine besondere Belastung der zweiten Migrantinnengeneration gibt: Zwischen Eltern- und Kindergeneration kann es zu einer unterschiedlichen Besetzung der Werteorientierung hinsichtlich Herkunfts- versus Gastkultur kommen, was zu subjektiv unlösbaren Konfliktlagen mit erhöhtem Suizidalitätsrisiko führen kann. Auch eine Überidentifikation mit der Gastkultur kann als dauerhaft nur begrenzt funktionaler Regulationsversuch intrapsychischer Spannungen verstanden werden (Walsh u. Shulman 2007). Umgekehrt kann es bei Migrantinnen, insbesondere aus muslimischen Kulturkreisen, mangels alternativer Rollen- und Identitätsmodelle zu einem Festhalten an Altem kommen im Sinne eines »kulturellen Über-Ichs«.

Auf diesem Hintergrund gibt es zwei zentrale Fragen der interkulturellen Psychotherapie mit Migrantinnen:
- Welche Entwicklungsmöglichkeiten werden Frauen aus fremden Kulturkreisen zugestanden bzw. welche möchten sie sich auch selbst erschließen?
- Wie wird die Aufgabe der Integration unterschiedlicher Kulturen konkret gelöst?

Gelungene interkulturelle Psychotherapie ermöglicht, Bewusstheit über kulturelle Prägung und Identität, von wo aus eine Dynamisierung in viele individuelle Richtungen möglich ist. Frauenspezifische Konfliktlagen in der Migration beinhalten somit neben ihren Risiken und Gefahren auch erhebliche Ressourcen und Chancen.

8.4 Fazit

Für die interkulturelle Psychotherapie gilt es in besonderem Maße, sich unterschiedliche Krankheits- und Selbstkonzepte sowie Vorstellungen von Heilung vor Augen zu führen, um somit einen gelungenen Beziehungsaufbau zu ermöglichen. Für den Kontext psychotherapeutischer Behandlung von Frauen mit Migrationshintergrund ist es wichtig, sich zu vergegenwärtigen, dass häufig ein (innerer) Konflikt zwischen zwei Kulturen, der sich bei Migrantinnen insbesondere an unterschiedlichen weiblichen Rollenvorstellungen festmachen kann, zu einer Symptomentwicklung führt.

Die besondere Herausforderung in der interkulturellen Psychotherapie mit Migrantinnen besteht darin, frauen- und kulturspezifische Aspekte adäquat zu würdigen, ohne der Verführung positiver Diskriminierung oder negativer kultureller Stereotypisierung zu erliegen.

Literatur

Akhtar S, Choi L (2004). When evening falls: the immigrant's encounter with middle and old age. Am J Psychoanal; 64: 183–91.
Assion H (Hrsg.) (2005). Migration und seelische Gesundheit. Heidelberg: Springer.

Behrens K, Calliess IT (2008a). Migration biography and culture as determinants of diagnostic and therapeutic processes in mentally ill immigrants. A systematic differentiation based on a qualitative content analysis of treatment courses. Psychother Psychosom Med Psychol; 58: 162–8.

Behrens K, Calliess IT (2008b). Gleichbehandlung ohne gleiche Behandlung: Zur Notwendigkeit der Modifikation bestehender Versorgungsstrukturen für die Behandlung von Migranten. Fortschr Neurol Psychiatr; 76: 725–33.

Behrens K, Calliess IT (2011). Psychotherapeutischer Beziehungsaufbau im interkulturellen Erstkontakt. Psychotherapeutenjournal; 1: 13–21.

Behrens K, Machleidt W, Haltenhof H et al. (2008). Somatisierung und Kränkbarkeit bei Migranten im psychiatrisch-psychotherapeutischen Setting – Fakt oder Fiktion? Nervenheilkunde; 7: 639–43.

Berry JW (1997). Immigration, acculturation and adaptation. Appl Psychol; 46: 5–68.

Boos-Nünning U (2011). Geschlechtsspezifische Gesichtspunkte der Migration und die psychischen Dispositionen von jungen Frauen. In: Machleidt W, Heinz A (Hrsg). Praxis der interkulturellen Psychiatrie und Psychotherapie. Migration und psychische Gesundheit. München: Elsevier; 245–53.

Breslau J, Aguilar-Gaxiola S, Kendler KS et al. (2006). Specifying race-ethnic differences in risk for psychiatric disorder in a US national sample. Psychol Med; 36: 57–68.

Calliess IT, Machleidt W, Behrens K (2007a). Akkulturationsstile und migrationsspezifische Konfliktlagen bei suizidalen Krisen von Migranten: Ein Fallbericht zur Entwicklung von Behandlungsstrategien zwischen Autonomie und Bezogenheit. Suizidprophylaxe; 34: 12–7.

Calliess IT, Schmid-Ott G, Akguel G et al. (2007b). Einstellung zu Psychotherapie bei jungen türkischen Migranten in Deutschland. Psychiatr Prax; 34: 343–48.

Calliess IT, Bauer S, Behrens K (2012). Was sind hilfreiche Entwicklungskonzepte in der Psychotherapie mit Migranten? Vorstellung eines kulturdynamischen Modells der bikulturellen Identität unter Berücksichtigung der Struktur des Selbst. Psychotherapeut. 57: 36–41.

DGPPN – Deutsche Gesellschaft für Psychiatrie, Psychotherapie und Nervenheilkunde (2011). S3-Leitlinie Psychosoziale Therapien. Berlin: Eigenverlag.

Erim Y (2009). Klinische interkulturelle Psychotherapie. Stuttgart: Kohlhammer.

Kluge U (2011). Sprach- und Kulturmittler im interkulturellen psychotherapeutischen Setting. In: Machleidt W, Heinz A (Hrsg). Praxis der interkulturellen Psychiatrie und Psychotherapie. Migration und psychische Gesundheit. München: Elsevier; 145–54.

Knipscheer JW, Kleber RJ (2005). Help-seeking behaviour regarding mental health problems of mediterranean migrants in the netherlands: familiarity with care, consultation attitude and use of services. Int J Soc Psychiatry; 51: 372–82.

Koch U, Brähler E (2008). Migration and health – a subject of high priority. Psychother Psychosom Med Psychol; 58: 105–6.

Koch E, Hartkamp N, Siefen RG, Schouler-Ocak M (2008). Patienten mit Migrationshintergrund in stationär-psychiatrischen Einrichtungen. Nervenarzt; 79: 328–39.

Lindert J, Priebe S, Penka S et al. (2008). Mental health care for migrants. Psychother Psychosom Med Psychol; 58: 123–9.

Machleidt W, Calliess IT (2012). Behandlung von Migranten und transkulturelle Psychiatrie. In: Berger M (Hrsg) Psychische Erkrankungen: Klinik und Therapie. 4. Aufl. München, Jena: Urban & Fischer, 973–94.

Machleidt W, Behrens K, Calliess IT (2007). Integration von Migranten in die psychiatrisch-psychotherapeutische Versorgung in Deutschland. Psychiatr Prax; 34: 325–31.

Mösko M, Schneider J, Koch U, Schulz H (2008). Beeinflusst der türkische Migrationshintergrund das Behandlungsergebnis? Ergebnisse einer prospektiven Versorgungsstudie in der stationären Rehabilitation von Patienten mit psychischen/psychosomatischen Störungen. Psychother Psych Med; 58: 176–82.

Montesinos AH, Bromand Z, Aichberger MC et al. (2010). Suizid und suizidales Verhalten bei Frauen mit türkischem Migrationshintergrund. Z Psychiatr Psychol Psychother; 58: 173–9.

Presse- und Informationsamt der Bundesregierung (2007). Nationaler Integrationsplan. Neue Wege – Neue Chancen. Berlin: Eigenverlag.

Rommelspacher B (2009). Zur Emanzipation »der« muslimischen Frau. Aus Politik und Zeitgeschichte; 5: 34–8.

Schouler-Ocak M (2010). Suizide junger Migrantinnen verhindern. Dtsch Ärztebl; 107: A1121.

Selten JP, Cantor-Graae E, Kahn RS (2007). Migration and schizophrenia. Curr Opin Psychiatr 2007; 20: 111–5.

Stock-Gissendanner S, Ngassa Djomo K, Schmid-Ott G (2011). Ethnisch-kulturelle Vielfalt und psychosomatische Rehabilitation: Eine Sondierung. Dtsch Ärztebl; 108(50): A-2709/B-2259/C-2231.

Walsh SD, Shulman S (2007). Splits in the self following immigration. An adaptive defense or a pathological reaction? Psychoanal Psychol; 24: 355–72.

9 Gefährdungen durch körperliche Beeinträchtigungen oder Behinderungen

Marion Breiter

Inhalt

9.1 Einleitung 75
9.2 Armutsrisiko 76
9.3 Gewaltgefährdung 77
     Körperliche Beeinträchtigungen als Folge von Gewalt 77
     Gewalt gegen Frauen mit Behinderungen 78
9.4 Fazit 80

9.1 Einleitung

Die Weltgesundheitsorganisation WHO definiert Behinderungen und Beeinträchtigungen seit 1998 folgendermaßen:
- *impairment* (Schädigung) – Funktionsstörung bzw. Schädigung auf der organischen Ebene
- *activity* (Aktivitäten) – betrifft die Möglichkeiten auf personaler Ebene
- *participation* (Teilhabe) – gesellschaftlich und sozial

Trotz einer individuellen körperlichen Schädigung können Aktivitäten und soziale Teilhabe gewährleistet sein, wenn die entsprechenden gesellschaftlichen Bedingungen geschaffen werden. Benachteiligungen von Frauen in den Bereichen Ausbildung, Beruf, Arbeitsteilung und Gewaltgefährdung verstärken jedoch die Diskriminierung als Menschen mit Behinderung – besonders in Bezug auf Aktivitäten und Teilhabe.

> Frauen mit Behinderungen werden mehrfach diskriminiert – sie werden diskriminiert zum einen als Frau, zum anderen als Mensch mit Behinderungen.

9.2 Armutsrisiko

Die *Arbeitssituation* zeigt die potenzierte Diskriminierung von Frauen mit Behinderungen sehr deutlich (Angaben gelten für Österreich; Bundesministerium für Arbeit, Soziales und Konsumentenschutz 2009):
- Die Erwerbsquote von Menschen mit Behinderung ist sehr niedrig, besonders bei Frauen: 37 % der Männer, 31 % der Frauen sind erwerbstätig.
- Frauen sind weit häufiger »arbeitsmarktfern«: 17 % Frauen, 4 % Männer.
- Hinsichtlich Arbeitslosengeld oder Notstandshilfe zeigt sich, dass das Frausein sogar eine negativere Auswirkung auf den Leistungsbezug hat als eine körperliche Beeinträchtigung. Denn Männer mit Behinderung erhalten höhere Beträge als Frauen ohne Behinderung. Die Benachteiligung gilt ebenso für die Dauer der Arbeitslosigkeit.
- Aus diesen Benachteiligungen resultiert die besondere Armutsgefährdung: 16 % der Männer mit Behinderung und 23 % der Frauen mit Behinderung sind armutsgefährdet – im Vergleich zu 11 % der Bevölkerung.
- Des Weiteren beziehen Frauen mit Behinderung seltener krankheitsbedingte Pensionen als Männer mit Behinderung. Ihr durchschnittlicher Leistungsbezug aus diesen Pensionen ist nur etwa halb so hoch wie der von Männern.

Die deutsche LIVE-Studie (Eiermann et al. 2000) zur Situation von Frauen mit Behinderungen kommt zu einem ähnlichen Ergebnis: Diese Frauen verfügen über viel weniger Geld als der Durchschnitt der Bevölkerung. Haushalte, in denen Frauen mit Behinderungen leben, haben weniger als halb so viel Geld wie der durchschnittliche Haushalt mit Kindern in Deutschland und geraten häufiger in den Armutsbereich, zumal Behinderungen zusätzliche Kosten verursachen. Frauen mit Behinderungen sind demnach finanziell besonders schlecht gestellt und häufig abhängig von Familie und Lebenspartner. *Armutsrisiko und finanzielle Abhängigkeit* führen aber erfahrungsgemäß oft zu verstärkter Isolation und Gewaltgefährdung von Frauen durch Täter im sozialen Nahraum.

Trotz dieser ausgeprägten Genderdifferenzen werden Frauen mit Behinderungen mit ihren speziellen Problemen und Anliegen jedoch kaum wahrgenommen: Feministische Forschung und Fraueninitiativen ignorieren vielfach den Behinderungsaspekt, Interessenvertretungen von Menschen mit Behinderungen dagegen den Genderaspekt. Es gibt daher sehr wenige Forschungsergebnisse zu diesem Thema.

Auch der Mangel an differenzierten geschlechtsspezifischen Statistiken zur Situation von Menschen mit Behinderung wirkt sich zuungunsten von Frauen aus – damit wird die Ungleichheit zwischen den Geschlechtern verschleiert.

LUZIA (Witt-Löw u. Breiter 2006) – eine Studie zur Lebenssituation arbeitsmarktferner Wiener Frauen mit einem Behinderungsgrad von mindestens 50 % – wurde 2006 erstellt. 120 Frauen und 123 Männer nahmen an einer Fragebogenerhebung teil. Vertiefend wurden 30 strukturierte Interviews mit Frauen der Untersuchungsgruppe geführt. Die Ergebnisse zeigen sehr deutlich, dass die

Lebensumstände der Frauen noch wesentlich belastender sind als für Männer, neben der Gewaltgefährdung besonders hinsichtlich des Armutsrisikos:
- Häufig hatten die befragten Frauen kein Einkommen oder eines unterhalb der Armutsgrenze und sind finanziell stark von ihrem Partner abhängig – ein Nährboden für Gewalt.
- Jede zweite hatte Gewalterfahrungen gemacht, häufig durch ihren Lebenspartner.
- Sie bekamen nur halb so oft wie Männer Pflegegeld.
- Sie waren häufiger als die Männer langzeitarbeitslos und schätzten ihre Chance auf einen Arbeitsplatz sehr schlecht ein.
- Sie hatten intensivere und mehr gesundheitliche Beschwerden als die Männer. Der Gesundheitszustand von Alleinerzieherinnen mit Kindern unter 10 Jahren war besonders kritisch.
- Sie fühlten sich schlechter informiert als Männer, besonders über Schulungsmaßnahmen, Förderungen und Hilfsmittel.

Armut und Abhängigkeit fördern jedoch Gewalt, erzeugen Stress und Isolation.

Gehörlose Frauen sind in Österreich beruflich besonders benachteiligt – sowohl gegenüber hörenden Frauen und Männern als auch gegenüber gehörlosen Männern. Dies zeigt die Studie VITA (Breiter 2005), in der gehörlose Frauen zu ihrer Lebenssituation befragt wurden. Zwei Drittel der Befragten gaben an, dass sie weniger als ihr Partner verdienen, obwohl die meisten von ihnen eine höhere oder gleichwertige Ausbildung hatten. Da Gehörlose ohnehin meistens berufliche Positionen mit sehr schlechter Bezahlung und ohne Aufstiegsmöglichkeiten innehaben, bedeutet die zusätzliche Schlechterstellung von Frauen, dass die meisten sich nicht selbst finanziell erhalten können. Ebenfalls zwei Drittel der Frauen wünschten sich Unterstützung bei der Entwicklung ihres Selbstvertrauens.

9.3 Gewaltgefährdung

Körperliche Beeinträchtigungen als Folge von Gewalt

Die Weltgesundheitsorganisation (WHO) hat der Bekämpfung von Männergewalt gegen Frauen, besonders im sozialen Nahbereich, oberste Handlungspriorität eingeräumt, denn das hohe Ausmaß und die schwerwiegenden Auswirkungen auf Körper und Psyche machen Gewalt von Männern gegen Frauen zu einem sehr verbreiteten Gesundheitsrisiko für Frauen (WHO 1999). Eine Studie von Gloor u. Meier (2004) bestätigt diese Erkenntnisse. Sie zeigt auf, dass die gesundheitliche Situation von Frauen umso belasteter ist, je mehr Gewalt sie erlitten haben.

Gewalterfahrungen sind traumatische Erlebnisse, die in Seele und Körper gravierende Spuren hinterlassen – vor allem dann, wenn sie nicht aufgearbeitet wurden. Laut Joachim Bauer (2005; s. auch Springer-Kremser 2001) erkranken 45 bis 65 % der Betroffenen nach Gewaltverbrechen wie Vergewaltigung oder körperlicher Misshandlung an einer posttraumatischen Stresserkrankung, die sich sehr unterschiedlich auswirken kann: unter anderem in Form von verschiedenen körperlichen Beschwerden und Beeinträchtigungen, Depressionen, Suchterkrankungen und Panikattacken.

Die deutsche LIVE-Studie (Eiermann et al. 2000, S. 259) zeigt auf, dass Hör- und Sehbeeinträchtigungen besonders häufig eine direkte Folge von Gewalterlebnissen sind, »direkt als Auswirkung von Schlägen und indirekt über psychosomatische Manifestation der Traumatisierungsfolgen«.

Die deutsche Gehörlosenpädagogin Annika von Walter (2001, S. 153) schreibt über die Erfahrungen von Beratern und Beraterinnen: »... es wurde sehr deutlich, ...

- dass sexuelle Gewalt gegen Hörgeschädigte kein Einzelfall ist, sondern im Gegenteil ein Problem von erheblicher Bedeutung darstellt;
- dass die ›Fälle‹, die bei den Mitarbeitern und Mitarbeiterinnen ankommen, vermutlich nur die Spitze eines Eisberges darstellen und
- dass die Thematik unter Hörgeschädigten, aber auch in den Einrichtungen für Hörgeschädigte weitgehend tabuisiert wird«.

Gewalt gegen Frauen mit Behinderungen

Die in den 1970er Jahren erfolgte Auseinandersetzung von Initiativen der Frauenbewegung mit dem Thema »Gewalt gegen Frauen und Mädchen« bewirkten eine Enttabuisierung im öffentlichen Diskurs sowie die Verbesserung der nationalen und internationalen Rechtslage. Seit damals entstand eine große Anzahl von Studien zu Gewalt und sexuellem Missbrauch – zu Ausmaß, Ursachen und Folgen (s. Herman 1993).

Viele Frauen mit Behinderungen und Beeinträchtigungen erleben Gewalt und zwar sowohl körperliche als auch sexuelle und strukturelle. Finanzielle Abhängigkeit und prekäre Lebensverhältnisse erschweren eine Befreiung daraus. Aber das Tabu von Gewalt gegen Frauen mit Behinderungen oder körperlichen Beeinträchtigungen konnte bis heute nicht wirklich aufgelöst werden. Es gibt nur wenige Studien, die sich auch damit befassen.

Frauen, die in Institutionen leben, sind offenbar besonders ausgeliefert: In der Studie von Zemp und Pircher (1996) wurden österreichische Frauen mit körperlicher, geistiger und/oder psychischer Behinderung, die in betreuten Einrichtungen lebten, nach ihren Gewalterfahrungen befragt. Die Ergebnisse zeigen ein ungeheures Ausmaß an Gewalterfahrungen: 63 % der Befragten gaben an, einmal oder mehrmals in ihrem Leben sexuelle Gewalt erlebt zu haben – wobei die Dunkelziffer nach Vermutung der Autorinnen noch höher sein dürfte. Demnach sind *Frauen mit Behinderung noch in weit höherem Ausmaß von sexueller Gewalt betroffen als Frauen ohne Behinderung.* Dabei spielen laut Zemp und Pircher vor allem folgende vier Faktoren eine wichtige Rolle:

- Hilfsbedürftigkeit (Ressourcenmacht)
- Aufgeklärtsein über Körper und Sexualität (Artikulations- und Wissensmacht)
- Selbstbestimmungsrecht (Positionsmacht)
- Wohnstrukturen (Organisationsmacht)

Monika Becker (2001) beschreibt in ihrem Überblick über die internationale Forschungslage ähnliche Erkenntnisse.

In der Wiener VITA-Studie (Breiter 2005), in der gehörlose Frauen befragt wurden, gab jede zweite der befragten Frauen an, viel Unterdrückung erlebt zu haben und etwa jede vierte hat schon viel Gewalt erlebt. Es ist zu befürchten, dass gehörlose Mädchen besonders häufig Opfer von Gewalttätern und sexuellen Missbrauchern in der Familie werden, da sie noch mehr Hemmschwellen beim Mitteilen und Kommunizieren ihrer Erlebnisse haben als Hörende.

Für gehörlose Frauen gibt es jedoch in Österreich nur wenige Möglichkeiten, leistbare psychosoziale Beratung oder Psychotherapie zu bekommen. Hier besteht Handlungsbedarf.

Annika von Walter (2001) fasst die Faktoren zusammen, die das *Missbrauchsrisiko gehörloser Kinder* erhöhen:
- häufige Unterbringung in Heimen oder Internaten
- besondere Fremdbestimmung aufgrund der körperlichen Einschränkung
- Einschränkung des Erfahrungs- und Handlungsspielraums, besonders im Falle mehrfacher Behinderungen
- zu wenig Sexualkundeunterricht, fast keine Gewaltpräventionsarbeit
- Kommunikationsprobleme

> Das Hauptproblem gehörloser Menschen besteht in der Kommunikation mit Hörenden.

Inzwischen gibt es in Österreich auch einige *positive Ansätze, z. B. spezielle Broschüren zum Gewaltschutzgesetz:* in der Broschüre des Vereins AÖF (Autonome Österreichische Frauenhäuser) und WITAF (Gehörlosenbetreuung) werden gehörlose Frauen in speziell auf ihre sprachlichen Bedürfnisse zugeschnittener Form über das österreichische Gewaltschutzgesetz und über Unterstützungsmöglichkeiten im Falle von Gewalterfahrungen informiert (s. www.aoef.at/material/index.htm oder http://witaf.at/pdf/broschureSgG.pdf; Zugriff am 3. Mai 2012). Auf der AÖF-Homepage steht auch eine Broschüre zum Gewaltschutzgesetz für sehbehinderte Frauen in Brailleschrift zur Verfügung.

Aus der Wiener Studie PERSPEKTIVA geht hervor, dass blinde und hochgradig sehbehinderte Frauen zwar beruflich und finanziell besser dastehen, aber infolge von Mobilitätsproblemen spezieller Gefährdung ausgesetzt sind. Körperliche Übergriffe passieren auch beiläufig. Eine blinde Interviewpartnerin hat es so beschrieben: »Wenn ich um Hilfe bitte oder nach dem Weg frage, legen mir

Männer sofort den Arm um die Taille, um die Schulter, machen sofort Körperkontakt. Solche Erlebnisse haben fast alle Frauen. Männer nutzen die Situation aus, wenn sie Frauen für wehrlos halten« (Witt-Löw u. Breiter 2005). Wichtig ist es daher, Mädchen und Frauen für Übergriffe zu sensibilisieren und Strategien der Abwehr zu üben.

| Das Hauptproblem blinder Frauen ist die erschwerte Mobilität.

In der in Kapitel 9.2 genannten Studie LUZIA (Witt-Löw u. Breiter 2006) werden hinsichtlich der Gewaltgefährdung folgende Ergebnisse aufgeführt:
- Viele Frauen hatten bereits als Kind massive Gewalt erlebt, mehr als jede vierte Interviewpartnerin berichtete von solchen Erfahrungen: sexueller Missbrauch, schwere körperliche Misshandlungen, massive psychische Gewalt durch permanente Abwertung und Beschimpfung.
- Mehr als jede dritte Interviewpartnerin hatte im Erwachsenenalter Gewalt erfahren – meist erlitten die Frauen massive körperliche Misshandlungen, einige wurden von ihrem Lebenspartner krankenhausreif geschlagen.
- Die Gewalttäter waren Männer, fast ausnahmslos aus dem sozialen Nahraum der betroffenen Frauen. Meist handelte es sich um ihren Vater, Ehemann, Freund oder Lebensgefährten.

Es ist anzunehmen, dass die psychischen und physischen Erkrankungen und die körperlichen Beeinträchtigungen der betroffenen Frauen auch mit ihren traumatischen Erlebnissen zusammenhängen. Hinzu kommt oft eine entwürdigende Behandlung in Institutionen des Gesundheits- und Sozialwesens.

Die meisten Interviewpartnerinnen beschrieben die große psychische und organisatorische Belastung ihrer Odyssee zwischen den verschiedenen Institutionen, die für ihre Probleme als Menschen mit Behinderungen zuständig sind. Manche ihrer Erfahrungen, z. B. die Willkür von Entscheidungen oder besonders entwürdigende Behandlungen, waren psychisch und teils auch physisch so belastend, dass sie als *strukturell bedingte Gewalt* angesehen werden können. Zur strukturellen Gewalt gehört der von den interviewten Frauen beschriebene »Info-Dschungel« von Definitionen, Zuständigkeiten, Regulierungen und Förderungen. Es erfordert individuell viel Durchhaltevermögen und Kraft, sich die benötigte und zustehende Unterstützung zu organisieren.

9.4 Fazit

Frauen mit Behinderungen erfahren in unserer Gesellschaft doppelte Diskriminierung, zum einen werden sie diskriminiert aufgrund ihres Geschlechts, zum anderen aufgrund ihrer Behinderung. Deshalb befinden sie sich oft in einem sich wechselseitig verstärkenden Teufelskreis von Armut, finanzieller Abhängigkeit, Isolation und Gewalterfahrungen. Dies behindert Heilungsprozesse und kann bestehende Beeinträchtigungen verstärken.

Psychotherapie und Sozialberatung sind daher besonders wichtig (s. Hermes 2002; Hermes u. Faber 2001), ebenso die Änderung allgegenwärtiger Vorurteile, die eine politische und soziale Aufgabe sind. Strukturelle Verbesserungen der Situation von Frauen mit Behinderung sind unabdingbar, wenn diese einen gleichberechtigten Platz in der Gesellschaft erhalten sollen.

Literatur

Bauer J (2005). Das Gedächtnis des Körpers. Wie Beziehungen und Lebensstile unsere Gene steuern. München: Piper.
Becker M (2001). Sexuelle Gewalt gegen Mädchen mit geistiger Behinderung. Heidelberg: Winter.
Breiter M (2005). Muttersprache Gebärdensprache. Vita – Studie zur Lebens- und Berufssituation gehörloser Frauen in Wien. Wien, Mülheim a. d. Ruhr: Guthmann-Peterson.
Bundesministerium für Arbeit, Soziales und Konsumentenschutz (2009). Behindertenbericht 2008. Bericht der Bundesregierung über die Lage von Menschen mit Behinderungen in Österreich 2008. Wien: Eigenverlag.
Eiermann N, Häußler M, Helfferich C (2000). LIVE – Leben und Interessen vertreten. Frauen mit Behinderung. Stuttgart: Kohlhammer.
Gloor D, Meier H (2004). Frauen, Gesundheit und Gewalt im sozialen Nahraum. Repräsentativbefragung bei Patientinnen der Maternité Inselhof Triemli, Klinik für Geburtshilfe und Gynäkologie. Bern: Edition Soziothek.
Hermes G (2002). Mit Stock, Tick und Prothese. Das Arbeitsbuch zur Weiterbildung behinderter Beraterinnen. Bd. 2. Kassel: Bifos e. V.
Hermes G, Faber B (Hrsg) (2001). Mit Stock, Tick und Prothese. Das Grundlagenbuch zur Beratung behinderter Frauen. Bd. 1. Kassel: Bifos e. V.
Lewis HJ (1993). Die Narben der Gewalt. Traumatische Erfahrungen verstehen und überwinden. München: Kindler.
Springer-Kremser M (2001). Die Funktion individueller und institutioneller Gewalt bei der Entstehung und Aufrechterhaltung von Krankheit, Enquete: Gewalt macht krank. Wien: Bundesministerium für soziale Sicherheit und Generationen.
Von Walter A (2001). Hörschädigung und sexuelle Gewalt. Bonn: Mebes & Noack.
WHO (1999). Gesundheit 21. Das Rahmenkonzept »Gesundheit für alle« für die Europäische Region der WHO. Kopenhagen: Eigenverlag. www.euro.who.int/de/what-we-publish/abstracts/health21-the-health-for-all-policy-framework-for-the-who-european-region (Zugriff am 6. Mai 2012).
Wiitt-Löw K, Breiter M (2005). »… nicht Mitleid, sondern faire Chancen!« PERSPEKTIVA – Studie zur Lebens- und Berufssituation blinder und hochgradig sehbehinderter Frauen in Wien. Wien, Mülheim a. d. Ruhr: Guthmann-Peterson.
Witt-Löw K, Breiter M (2006). Luzia – Studie zur Lebens- und Berufssituation arbeitsmarktferner Frauen mit Behinderung in Wien. Wien: Bundessozialamt Wien. Unveröffentlichte Studie. Kurzfassung der Studie: www.institut-sofia.at/downloads/Kurzfassung_Luzia_Studie.pdf (Zugriff am 6. Juli 2012).

Zemp A, Pircher E (1996). Weil das alles weh tut mit Gewalt. Sexuelle Ausbeutung von Mädchen und Frauen mit Behinderung. Schriftenreihe der Frauenministerin Bd. 10. Wien: Bundesministerium für Frauenangelegenheiten. http://bidok.uibk.ac.at/library/zemp-ausbeutung.html (Zugriff am 6. Mai 2012).

10 Psychische Belastung durch häusliche Gewalt

Elisabeth Nyberg und Anita Riecher-Rössler

Inhalt

10.1 Zum Begriff der häuslichen Gewalt 83
10.2 Epidemiologie. 84
10.3 Risikofaktoren 85
10.4 Gesundheitliche Auswirkungen 86
10.5 Hilfesuche und Hilfsangebote. 87
10.6 Fazit 91

10.1 Zum Begriff der häuslichen Gewalt

Häusliche Gewalt ist ein gesellschaftliches Problem, das nach wie vor mit Unsicherheit und Tabus behaftet ist. Viele Frauen erleben in ihrer Partnerschaft oder im sozialen Umfeld psychische, physische und/oder sexuelle Gewalt, die zu ernsthaften Gesundheitsproblemen führen kann.

> Häusliche Gewalt wird definiert als Androhung oder Ausübung physischer, psychischer und/oder emotionaler Gewalt, d.h. jede Form von Zwangsanwendung gegenüber einer anderen Person mit der Absicht, dieser Schaden zuzufügen oder Macht und Kontrolle über sie auszuüben. Dabei stammt der Täter aus dem »häuslichen Umfeld« des Opfers: Partner, Ehemann, ehemaliger Partner, Familienangehöriger, Freund oder Bekannter.

Häusliche Gewalt wird in die folgenden zwei Hauptkategorien eingeteilt (Dutton 2002):

■ **Physische und sexuelle Gewalt.** Physischer Missbrauch bezeichnet jedes Verhalten, bei dem der Körper des Täters absichtlich auf den Körper eines anderen Menschen einwirkt, sodass dieser Gefahr läuft, körperlich verletzt zu werden (z.B. treten, Verbrennungen zufügen, mit Gegenständen werfen, mit einer Waffe bedrohen, kneifen oder an den Haaren ziehen). Sexuelle Gewalt wird als eine Unterform der physischen Gewaltanwendung betrachtet und bezieht sich auf jede unerwünschte sexuelle Handlung.

■ **Psychische (emotionale) Gewalt.** Psychischer Missbrauch in Intimbeziehungen ist bisher nicht eindeutig definiert. Beispiele hierfür sind Isolation, Herbeiführen von Handlungsunfähigkeit durch Schwächung oder Entmündigung (z. B. durch Schlaf- oder Nahrungsentzug) und Erniedrigung (z. B. durch Demütigung, Beschimpfung, Beraubung der Privatsphäre oder Verhinderung der persönlichen Hygiene).

10.2 Epidemiologie

Eine Reihe von Studien berichten mittlerweile über das Ausmaß von Gewalt in verschiedenen europäischen Ländern.

Im Jahre 2004 wurden in Deutschland über 10 000 Frauen nach körperlicher, sexueller und psychischer Gewalt befragt (Müller u. Schröttle 2004). 37 % der Frauen hatten seit dem 16. Lebensjahr mindestens einmal körperliche Gewalt erlebt, wobei zwei Drittel der Angriffe mittlere bis schwere Taten umfassten, bei denen die Opfer verletzt wurden, erheblich Angst hatten oder mit Waffen bedroht wurden.

In Zürich wurden im Jahre 2003 an der Maternité Inselhof Triemli, Klinik für Geburtshilfe und Gynäkologie, über 1 700 Patientinnen befragt (Gloor u. Meier 2004). Die 12-Monats-Prävalenz für körperliche Gewalt lag bei 10 %.

Im Jahre 2004 erhoben wir bei den Patientinnen (N = 112) unserer Kriseninterventionsstation die Häufigkeit verschiedener Formen häuslicher Gewalt anhand des Interviews »Screening Partnergewalt« (Nyberg et al. 2008). 47 (41 %) der Patientinnen gaben an, in den letzten 12 Monaten vor Eintritt von emotionaler (N = 32; 28 %), körperlicher (N = 21; 18 %) oder sexueller Gewalt (N = 8; 7 %) betroffen gewesen zu sein. Über die ganze Lebenszeit seit dem 18. Lebensjahr betrachtet, waren dies sogar 70 % der Patientinnen. 13 der Patientinnen (11,3 %) gaben an, dass die aktuelle Behandlung auf der Krisenintervenionsstation im Zusammenhang mit häuslicher Gewalt stehe. 22 Frauen (19,1 %) meinten, mindestens einmal in ihrem Leben aufgrund häuslicher Gewalt in stationärer Behandlung gewesen zu sein.

Häusliche Gewalt ist ein bedeutender psychosozialer Risikofaktor für psychische Störungen bei Frauen (Riecher-Rössler u. Bitzer 2005). Häufig stehen Frauen in einer Partnerschaft in einem Abhängigkeitsverhältnis, was Hilflosigkeit triggert und vor allem das Risiko einer depressiven Episode erhöht.

> Häusliche Gewalt gilt weltweit als eine der häufigsten Formen geschlechtsbezogener Gewalt (Krug u. Dahlberg 2002).

10.3 Risikofaktoren

Häusliche Gewalt kann jede Frau treffen, unabhängig von Alter, Bildungsstand, Einkommen, Religion und ethnischer Zugehörigkeit. Dabei können sowohl Opfer als auch Täter allen sozialen Schichten angehören (Überblick bei Flury et al. 2010).

Im Rahmen der bereits erwähnten Studie der Maternité wurden mögliche Risikofaktoren gesucht. Patientinnen, die geschieden, getrennt oder verwitwet waren, erlebten deutlich häufiger Gewalt im sozialen Nahraum als der Durchschnitt der Befragten. Auch waren Frauen mit über 4-jährigen Kindern signifikant häufiger von häuslicher Gewalt betroffen als Frauen mit jüngeren Kindern oder kinderlose Frauen.

In der oben erwähnten Untersuchung von Müller und Schröttle (2004) kristallisierten sich als Risikofaktoren für höhere Gewaltbetroffenheit Trennung aus Paarbeziehungen und Scheidung sowie früher erlebte Gewalt heraus. Frauen, die in Kindheit oder Jugend körperliche Auseinandersetzungen zwischen den Eltern erlebt hatten, erlitten später mehr als doppelt so häufig Gewalt durch Partner oder Expartner. Befragte, die als Kind selber häufig oder gelegentlich Gewalt durch Erziehungspersonen erfahren hatten, waren gar dreimal so häufig wie andere Frauen von Gewalt in Paarbeziehungen betroffen.

Häufig steht häusliche Gewalt sowohl beim Täter als auch beim Opfer in Zusammenhang mit Alkohol und Drogen (Flury et al. 2010). Auch die Schwangerschaft gilt als Risikofaktor für häusliche Gewalt (Lancaster Palladino et al. 2011).

Einzelne Studien zeigen auch ein erhöhtes Risiko körperlicher Gewalt für Frauen mit tiefem sozioökonomischem Status, geringerem Bildungsstand (Flury et al. 2010), Unverheiratete (Bachmann 1995) und Arbeitslose (Richardson et al. 2002).

Mögliche Risikofaktoren für häusliche Gewalt

- geschieden, getrennt oder verwitwet
- Kind über 4 Jahre
- Trennung oder Scheidung
- Gewalterleben in Kindheit und Jugend
- Alkohol- und Drogenmissbrauch der Frau
- Alkoholabhängigkeit des Partners oder Täters
- Schwangerschaft
- evtl. niedriger sozioökonomischer Status, Nicht-verheiratet-Sein oder Arbeitslosigkeit

10.4 Gesundheitliche Auswirkungen

Gewalt wirkt sich in vielfältiger Weise auf die Gesundheit, das Gesundheitshandeln und die Gesundheitschancen von Frauen aus.

> Die Auswirkungen häuslicher Gewalt können kurz-, mittel- oder langfristig auftreten, können sich direkt oder indirekt zeigen und reichen von körperlichen und psychischen Verletzungen, psychosomatischen und somatischen Beschwerden, psychischen Erkrankungen bis hin zu tödlichen Folgen.

Zu den typischen direkten *körperlichen Folgen* gehören Stich- und Hiebverletzungen, Frakturen, Verletzungen am Kopf (insbesondere im Gesicht, Kiefer- und Zahnbereich), Trommelfell- sowie Wirbelsäulenverletzungen. Häufiger manifestieren sich langfristig funktionelle Beeinträchtigungen durch diese Verletzungen, z. B. Seh-, Hör- und Bewegungsfähigkeit (Campbell 2002).

Als häufige *psychosomatische Auswirkungen* zeigen sich Unterleibsbeschwerden, Magen-Darm-Störungen, chronische Schmerzsyndrome wie Kopf- und Rückenschmerzen sowie Atembeschwerden und Essstörungen (Drossman et al. 1995; Campbell 2002; Schmuel et al. 1998).

Die *psychischen Folgen* von häuslicher Gewalt sind vielfältig. In der Literatur genannt werden vor allem chronische Anspannung und Verunsicherung, Schlafstörungen, Nervosität, Konzentrationsprobleme, Störungen des sexuellen Empfindens, Angst vor Nähe und Intimität, Verlust von Selbstachtung und Selbstwertgefühl, Depression, Angststörungen inklusive Panikstörung, posttraumatische Belastungsstörung (Campbell 2002) und Suizidalität (Wieners et al. 2012). Depressivität und Niedergeschlagenheit können zusammenhängen mit der sozialen Isolation und den eingeschränkten Möglichkeiten, mit dem gewalttätigen Partner ein zufriedenes Leben zu führen. Die betroffene Frau gibt häufig für sie befriedigende Tätigkeiten auf, weil sie damit versucht, die Wut des Täters zu beschwichtigen. Oft bezieht sich die Traurigkeit auch auf den Verlust der Hoffnung für die Zukunft, das verlorene Gefühl für die eigene Identität und den Selbstwert.

Auch entwickeln Betroffene häufig Überlebensstrategien, die die eigene Gesundheit zusätzlich schädigen. Der Konsum von beruhigenden, berauschenden oder realitätsverändernden Substanzen wie Nikotin, Alkohol, Medikamente oder Drogen dient der inneren Flucht, dem Verdrängen und Vergessen (Vogt 1999).

> **Psychische und psychosomatische Folgen häuslicher Gewalt**
> - Verlust der Selbstachtung und des Selbstwertgefühls
> - Konzentrationsstörung
> - Nervosität
> - Angst vor Nähe und Intimität
> - sexuelle Funktionsstörungen
> - Abusus von Nikotin, Alkohol und Drogen
> - Schlafstörungen
> - Angststörungen inklusive Panikstörung
> - posttraumatische Belastungsstörung
> - Suizidversuche
> - depressive Störungen
> - Reizdarmsyndrom, andere Magen-Darm-Störungen
> - Essstörungen
> - Atembeschwerden
> - chronische Schmerzsyndrome (Kopf- und Rückenschmerzen)
> - Unterleibsbeschwerden

Je stärker eine Frau von Gewalt betroffen ist, desto mehr körperliche, psychische und psychosomatische Folgen sind vorhanden. Die erwähnte Studie der Maternité Zürich zeigte bei stärker von Gewalt betroffenen Frauen in über 90 % Folgen wie Wut und Hass, Angst, geringes Selbstwertgefühl, Depressionen, Schuldgefühle, Gefühl der Machtlosigkeit und Lustlosigkeit sowie erhöhten Alkohol-, Drogen- und Medikamentenkonsum.

10.5 Hilfesuche und Hilfsangebote

Wie hoch der Anteil der Frauen ist, die aufgrund gewaltbedingter Beschwerden medizinische Hilfe in Anspruch nehmen, ist nicht klar. Eine kürzlich publizierte Studie aus Deutschland zeigt, dass medizinisches Personal häusliche Gewalt selten wahrnimmt (Epple et al. 2011). Auch wenn sie erkannt wird, wird sie aufgrund der Unsicherheit, wie damit umgegangen werden soll, häufig nicht thematisiert. Vorhandene Hilfsangebote sind dem medizinischen Personal selten bekannt.

Inzwischen ist außerhalb des medizinischen Versorgungssystems in den meisten Städten ein gutes professionelles Unterstützungsnetz für betroffene Frauen etabliert worden mit Beratungstelefonen, Nottelefonen und Frauenhäusern. In Basel z. B. ist darüber hinaus durch die Interventionsstelle »Halt Gewalt« ein spezielles, vielfältiges Hilfsangebot vorhanden. »Halt Gewalt« vernetzt die staatlichen und privaten Stellen, die mit häuslicher Gewalt konfrontiert sind, bietet

Screening Partnergewalt – 12-Monats-Version
(A. Riecher-Rössler 2001, modifiziert nach Feldhaus 1997)

1. Wurden Sie während der letzten 12 Monate von jemandem geschlagen, geohrfeigt, getreten oder sonst irgendwie körperlich verletzt?
   ❏ Ja   ❏ Nein

   Wenn ja, von wem? (Mehrfachnennungen sind möglich)
   ❏ Partner   ❏ Ex-Partner   ❏ Freund   ❏ Andere _____

2. Verspüren Sie in Ihrer jetzigen Beziehung/Ehe Angst oder fühlen Sie sich bedroht?
   ❏ Ja   ❏ Nein

3. Fürchten Sie im Moment einen ehemaligen Partner?
   ❏ Ja   ❏ Nein

4. Hat Ihr jetziger oder ein früherer Partner Sie in den letzten 12 Monaten je zu Geschlechtsverkehr gezwungen?
   ❏ Ja   ❏ Nein

5. Hängt Ihre jetzige Vorstellung bei uns mit Gewalt in Ihrer Partnerschaft zusammen?
   ❏ Ja   ❏ Nein

Befragung am: _____   durch _____

Name der Pat.: _____   Geb.dat. _____

Abb. 10-1   Screening Partnergewalt. a) 12-Monats-Version, b) Lebenszeitversion (aus Nyberg et al. 2008; Abdruck mit freundlicher Genehmigung des Georg Thieme Verlags)

Screening Partnergewalt – Lebenszeitversion
(A. Riecher-Rössler 2001, modifiziert nach Feldhaus 1997)

Die folgenden Fragen beziehen sich auf die Zeit seit Ihrem 18. Geburtstag, aber **nicht** auf die letzten 12 Monate (zu diesen wurden Sie separat befragt)

1. Wurden Sie, abgesehen von den letzten 12 Monaten, seit Ihrem 18. Geburtstag von jemandem geschlagen, geohrfeigt, getreten oder sonst irgendwie körperlich verletzt?
   ❏ Ja ❏ Nein

   Wenn ja, von wem? (Mehrfachnennungen sind möglich)
   ❏ Partner ❏ Ex-Partner ❏ Freund ❏ Andere _____

2. Haben Sie seit Ihrem 18. Geburtstag, abgesehen von den letzten 12 Monaten, in einer Beziehung/Ehe Angst verspürt oder fühlten Sie sich bedroht?
   ❏ Ja ❏ Nein

3. Gab es seit Ihrem 18. Geburtstag eine Zeit in Ihrem Leben, abgesehen von den letzten 12 Monaten, in der Sie einen ehemaligen Partner gefürchtet haben?
   ❏ Ja ❏ Nein

4. Hat Sie ein Partner, abgesehen von den letzten 12 Monaten, je zu Geschlechtsverkehr gezwungen?
   ❏ Ja ❏ Nein

5. Waren Sie seit Ihrem 18. Geburtstag, abgesehen von den letzten 12 Monaten, jemals wegen Gewalt in Ihrer Partnerschaft im Spital?
   ❏ Ja ❏ Nein

Befragung am: _____ durch _____

Name der Pat.: _____ Geb.dat. _____

Abb. 10-1 (Fortsetzung)

Weiterbildung für Fachpersonen an und auch ein soziales Trainingsprogramm für gewaltausübende Männer.

Sehr wichtig ist, medizinisches Personal für die Problematik zu sensibilisieren und im Erkennen zu schulen. Einfach zu handhabende Screening-Instrumente wie das »Screening Partnergewalt« (Nyberg et al. 2008) (s. Abb. 10-1) sollten in allen medizinischen Institutionen zur Verfügung stehen, um von häuslicher Gewalt Betroffene frühzeitig zu identifizieren. Ferner sollte das Personal Leitlinien erhalten und in Management und Betreuung von Betroffenen unterstützt werden, damit diese eine adäquate psychiatrisch-psychotherapeutische Behandlung erhalten. Information und Ausbildung der Mitarbeitenden von medizinischen Institutionen helfen, durch Unsicherheit bedingte Schwellen und Barrieren abzubauen und die Situation gewaltbetroffener Frauen zu verbessern.

Fallbeispiel

Frau L., 35-jährig, verheiratet, Mutter zweier Kinder, wird seit mehreren Jahren von ihrem Ehemann eingeschüchtert, emotional missbraucht und geschlagen.

Ihr Mann versucht z. B., sie durch das Zerstören von Gegenständen einzuschüchtern. Er beschimpft sie und macht abschätzige Bemerkungen über ihre Figur, zwingt sie zum Geschlechtsverkehr und dazu, primär für Kinder und Haushalt zuständig zu sein, die Hausarbeit auf seine Bedürfnisse abzustimmen und ihm den Rücken freizuhalten. Immer wieder ohrfeigt er sie, schubst sie und reißt sie an den Haaren.

Die Patientin reagiert sehr ängstlich, unruhig und schreckhaft, vor allem beim Nachhausekommen des Ehemannes. Sie ist niedergeschlagen, hat immer wieder Suizidgedanken und Alpträume. Wiederholt bagatellisiert sie sein Verhalten und ihre eigenen Reaktionen auf die Gewalt. Gleichzeitig schämt sie sich sehr, Opfer häuslicher Gewalt zu sein, und versucht, ihre Wut auf die häusliche Situation zu unterdrücken.

Bisherige Bewältigungsversuche: Frau L. hat wiederholt das Gespräch mit ihrem Mann gesucht. Sie hat ihre eigene und auch seine Mutter gebeten, auf ihn einzuwirken. Sie hat versucht, ihm aus dem Weg zu gehen. Sie hat sich ihm gefügt (v. a. sexuell). Und sie hat ihn mehrmals mit den Kindern verlassen und die Scheidung verlangt.

Prädisponierende und erschwerende Faktoren: Frau L. ist von ihrem Mann finanziell abhängig und hat Angst, für ihre Kinder allein nicht aufkommen zu können. Die erhoffte Unterstützung ihrer Mutter blieb aus. Diese betonte vielmehr, dass sie niemals allein zurechtkommen würde und er insgesamt doch kein schlechter Ehemann sei. Die Patientin verfügt über ein geringes Selbstwertgefühl. Als Kind sei sie in der Schule gemobbt worden und habe dabei wenig Unterstützung durch ihre Eltern und Lehrer erfahren. Insgesamt ist ihr Gefühl der Selbstwirksamkeit sehr gering.

10.6 Fazit

Häusliche Gewalt gilt als eine der häufigsten Formen geschlechtsbezogener Gewalt. Die *Lebenszeitprävalenz* von Gewalt in Paarbeziehungen liegt zwischen 10 und 37 %.

Grundsätzlich kann häusliche Gewalt jede Frau unabhängig von Alter, sozioökonomischem und soziokulturellem Status treffen. Es gibt bisher kein klares *Risikoprofil*. Frauen, die geschieden, getrennt oder verwitwet sind, scheinen aber häufiger betroffen zu sein. Auch Alkohol- und Drogenprobleme sowohl des Täters als auch des Opfers tragen offensichtlich dazu bei, dass es zu Gewalt kommt. Eine bestehende Schwangerschaft birgt ein weiteres Risiko.

Die *Auswirkungen* auf die Gesundheit der Gewaltbetroffenen sind enorm. Neben körperlichen Folgen und psychosomatischen Beschwerden entwickeln sich vor allem Depression, Angststörungen, Schlafstörungen, Angst vor Nähe und Intimität, Verlust von Selbstachtung und Selbstwertgefühl. Häufig entsteht so eine Situation unermesslichen Leids für die Frau und – wenn vorhanden – die Kinder sowie die ganze Familie, aus der sich die Betroffene aufgrund von Angst, Abhängigkeit und ihres psychischen Gesamtzustands kaum mehr aus eigener Kraft lösen kann.

Suchtverhalten kann nicht nur Auslöser, sondern auch Folge häuslicher Gewalt sein. Der Konsum von Substanzen wie Nikotin, Alkohol, Medikamenten oder anderen Drogen dient der Selbstberuhigung und dem Versuch, zu vergessen. Damit kann sich eine fatale Abwärtsspirale von Sucht und Gewalt entwickeln.

Literatur

Bachmann R (1995). Violence against woman: estimates from the redesigned survey Bureau of Justice Statistics special report. Washington DC: U.S. Department of Justice (publication no. NCJ-145325).

Campbell JC (2002). Health consequences of intimate partner violence. Lancet; 359: 1331–6.

Drossmann DA, Talley NJ, Leserman J et al. (1995). Sexual and physical abuse and gastrointestinal illness. Review and recommendations. Ann Intern Med; 123 (10): 782–94.

Dutton MA (2002). Gewalt gegen Frauen. Diagnostik und Intervention. Bern: Hans Huber.

Epple F, Croy I, Schellong J (2011). Häusliche Gewalt bei Patienten – durch medizinische Fachkräfte vermutlich unterschätzt. ZEFQ; 105: 452C8.

Feldhaus KM, Koziol-Mclain J, Amsbury HL, Norton IM, Lowenstein SR, Abbott JT (1997). Accuracy of 3 brief screening questions for detecting partner violence in the emergency department. JAMA; 277: 1357–61. Deutsche Übersetzung: Riecher-Rössler A, Aston J. Psychiatrische Poliklinik Basel 2001.

Flury M, Nyberg E, Riecher-Rössler A (2010). Domestic violence against women: definitions, epidemiology, risk factors and consequences. Swiss Med Wkly; 140: w13099. DOI: 10.4414/smw.2010.13099.

Gloor D, Meier H (2004). Frauen, Gesundheit und Gewalt im sozialen Nahraum. Repräsentativbefragung bei Patientinnen der Maternité Inselhof Treimli, Klinik für Geburtshilfe und Gynäkologie, Zürich: Büro für die Gleichstellung von Frau und Mann der Stadt Zürich und Maternité Inselhof Triemli (Hrsg).

Krug E, Dahlberg LL (2002). World report on violence and health. Lancet; 360: 1083–88.

Lancaster Palladino CL, Singh V, Campbell J et al. (2011). Homicide and suicide during the perinatal period: findings from the National Violent Death Reporting System. J Obstet Gynaecol; 118: 1056–63.

Müller U, Schröttle M (2004). Lebenssituationen, Sicherheit und Gesundheit von Frauen in Deutschland. Eine repräsentative Untersuchung zu Gewalt gegen Frauen in Deutschland. Zusammenfassung zentraler Studienergebnisse. Berlin: Bundesministerium für Familie, Senioren, Frauen und Jugend (BMFSFJ; Hrsg).

Nyberg E, Hartman P, Stieglitz RD, Riecher-Rössler A (2008). Screening Partnergewalt. Ein deutschsprachiges Screeninginstrument für häusliche Gewalt gegen Frauen. Fortschr Neurol Psychiatr; 76: 28–36.

Richardson J, Coid, J, Petruckevitch A et al. (2002). Identifying domestic violence: cross sectional study in primary care. BMJ; 324.

Riecher-Rössler A, Bitzer J (2005). Epidemiologie psychischer Störungen bei Frauen In: Riecher-Rössler A, Bitzer J (Hrsg). Frauengesundheit. Ein Leitfaden für die ärztliche und psychotherapeutische Praxis. München: Urban & Fischer; 21–9.

Schmuel E, Schenker JG (1998). Violence against women: the physician's role. Eur J Obstet Gynecol Reprod Biol; 80: 239–45.

Vogt I (1999). Prämissen einer frauenspezifischen Suchtarbeit. Ergebnisse aus der Forschung. Frauen-Sucht-Gesellschaft, Fachtagung. Katholische Akademie, Trier.

Wieners K, Hellbernd H, Jenner SC, Oesterhelweg L (2012). Häusliche Gewalt in Paarbeziehungen. Intervention und Prävention. Notfall und Rettungsmedizin; 15: 65–80.

II Psychotherapie für Frauen – Störungsbilder und psychotherapeutische Angebote

Störungsbilder

11 Depression

Ilka Quindeau

Inhalt

11.1 Begriff, Epidemiologie, Diagnose 95
11.2 Depression als Abwehr eines Verlusts 97
11.3 Depression und die Entwicklung der Geschlechtszugehörigkeit 99
11.4 Fazit 101

11.1 Begriff, Epidemiologie, Diagnose

Depressionen gelten gegenwärtig als die am meisten verbreitete psychische Erkrankung in modernen Gesellschaften; insbesondere Frauen sind davon betroffen. Es ist zu vermuten, dass sich hinter dieser Diagnose sehr unterschiedliche Krankheitsbilder und klinische Phänomene finden. Angesichts der Vielgestaltigkeit depressiver Zustände scheint es wenig sinnvoll, sie allein als Symptome einer Krankheit zu sehen. So ist die Perspektive zu erweitern und für eine Unterscheidung verschiedener depressiver Phänomene zu plädieren, deren Spektrum von Lebensgefühl und Stimmungslagen bis hin zur Krankheit reicht. Die Frage, ob oder inwieweit einer psychischen Ausdrucksform Krankheitswert zukommt, wird im Wesentlichen durch sich wandelnde kulturelle und historische Faktoren bestimmt. Diese fließende Grenze zwischen Krankheit und Gesundheit zeigt sich auch im psychoanalytischen Krankheitsverständnis, das psychische Erkrankungen nicht als Störungen auffasst, die beseitigt werden müssen, sondern als sinnhafte psychische Ausdrucksformen. Sie stellen scheiternde, leidvolle Versuche dar, psychische Konflikte und traumatische Erfahrungen zu verarbeiten und zu bewältigen. Symptome sind somit Bedeutungsträger, sie verweisen auf zugrunde liegende konflikthafte Prozesse.

Nach der Nationalen Versorgungsleitlinie Depression (DGPPN et al. 2011), einer schulenübergreifenden, evidenzbasierten Entscheidungshilfe zur Qualitätsförderung in der Medizin, handelt es sich bei Depressionen um Zustände deutlich gedrückter Stimmung, Interesselosigkeit und Antriebsminderung über einen längeren Zeitraum, die zusammen mit verschiedensten körperlichen Beschwerden auftreten können. Wie kaum eine andere Erkrankung gehen Depressionen mit einem hohen Leidensdruck einher, der das Wohlbefinden, die Bewältigung des Alltags und das Selbstwertgefühl in zentraler Weise einschränkt. Die Diagnose erfolgt deskriptiv nach dem Diagnosemanual der Weltgesundheitsorganisation ICD-10. Danach werden Depressionen als affektive Störungen gefasst und die unipolaren kategorial unterschieden von den bipolaren Depressionen, die im Wechsel mit manischen Zuständen auftreten. Erstere werden nach den verschiedenen Ausprägungsgraden der depressiven Episoden (leicht, mittelschwer, schwer) sowie im Hinblick auf rezidivierende Erkrankungsformen eingeteilt.

Während die bipolare Störung bei Männern und Frauen etwa gleich häufig vorkommt, betrifft die unipolare Depression doppelt so viele Frauen wie Männer. Jede vierte Frau und jeder achte Mann erkrankt einmal im Leben an einer Depression, in Deutschland werden gegenwärtig über drei Millionen Menschen als akut depressiv diagnostiziert, weltweit sind es bis zu 121 Millionen (DGPPN et al. 2011). Die doppelte Lebenszeitprävalenz von Frauen im Vergleich zu Männern erweckt den Eindruck, dass es sich um eine Frauenkrankheit handle (Quindeau 2005); Frauen leiden nicht nur häufiger unter Depressionen, sie sprechen auch offener über depressive Symptome und suchen eher therapeutische Hilfe (Nolen-Hoeksema et al. 1999; Teuber 2011). In der viel beachteten, integrativen Studie über »Frauen und Depression« der American Psychological Association (APA), die mögliche biologische, psychologische, soziale und ökonomische Faktoren zur Entstehung von Depression untersuchte, wurde der große Einfluss von psychosozialen Geschlechtsrollen und -normen auf das individuelle Depressionsrisiko von Frauen belegt (McGrath et al. 1993).

Im Folgenden wird auf die unipolare Depression eingegangen, die häufigste Diagnose stellt die Major Depression (Major Depressive Episode, MDE) dar. Gekennzeichnet ist sie durch zwei Leitsymptome:
- Erstens der totale Verlust an (fast) allen Tätigkeiten,
- zweitens eine traurige Verstimmung oder Niedergeschlagenheit, die sich über mindestens zwei Wochen hinzieht und die meiste Zeit vorherrscht (s. Teuber, 2011).

Neben den Hauptsymptomen leiden die Betroffenen unter anderem an
- Schlafstörungen wie Schwierigkeiten, ein- oder durchzuschlafen bzw. zu frühem morgendlichen Erwachen,

- Appetitstörungen und damit verbundener Gewichtszunahme oder -abnahme,
- motorischer Unruhe oder Verlangsamung sowie
- Suizidgedanken.

Von der Major Depression zu unterscheiden ist die Dysthymie, die über einen längeren Zeitraum, mindestens zwei Jahre, anhält, aber weniger Symptome und einen geringeren Schweregrad aufweist. Manchmal treten beide zusammen als Double Depression auf, einer fortdauernden depressiven Verstimmung, die phasenweise in Episoden der Major Depression kulminiert.

Zur Major Depression gibt es eine Reihe von Unterformen, wie beispielsweise die larvierte Depression, die sich weniger in Affektzuständen äußert als vielmehr in körperlichen Symptomen, oder die ängstliche Depression, bei der die Angst im Vordergrund steht. Die vielfältige und häufig diffuse Symptomatik erschwert die Diagnose der Depression und klare Abgrenzungen, z. B. von rezidivierenden Episoden oder einer Dysthymie (Will 2008). Depressionsforscher wie Sidney Blatt (2004) kritisieren die starre Einteilung und kategoriale Unterscheidung von Depressionen im ICD-10 und DSM-IV. Stattdessen schlägt er vor, Depressionen als Kontinuum von Affekten aufzufassen, das von milden, vorübergehenden Reaktionen auf ein belastendes Lebensereignis bis hin zu schweren, rezidivierenden und anhaltenden Störungen reicht. In diesem Sinne knüpft er an ein psychoanalytisches Krankheitsverständnis an, das Gesundheit und Krankheit auf einem Kontinuum ansiedelt und keine kategorialen Unterscheidungen trifft (s. Teuber 2011). Ähnlich der Angst kann Depression als menschliches Grundgefühl angesichts eines Verlusts betrachtet werden, das – wie die Signalangst – Abwehrkräfte mobilisiert und nicht notwendig in die Krise führen muss (Mentzos 2006).

11.2 Depression als Abwehr eines Verlusts

Gemeinsam ist den verschiedenen psychoanalytischen Bestimmungsversuchen der Depression ein Zustand, der sich als Reaktion auf einen Verlust, als eine Art von Trauer, kennzeichnen lässt. Nun ist dieser Verlust im Unterschied zur gewöhnlichen Trauer in der Depression selbst verlorengegangen, d. h. den Betroffenen ist es in der Regel nicht einmal bewusst, dass sie trauern bzw. dass sie überhaupt einen Verlust erlitten haben (Freud 1917).

Die Psychodynamik der Depression entfaltet sich in einem Beziehungsgeschehen. Von zentraler Bedeutung sind dabei Befriedigungsmöglichkeiten, die ihren Ort in der Beziehung zum Anderen haben. Der Verlust, der auf depressive Weise verarbeitet wird, lässt sich von daher inhaltlich näher charakterisieren als verlorene Befriedigungsmöglichkeiten sowie als Verlust des Anderen, von dem diese Befriedigung ausgeht. Diese Verlusterfahrung entsteht nun nicht notwendig durch den tatsächlichen Verlust einer Person, wesentlich ist vielmehr, dass eine Befriedigungsmodalität wegfällt, die bisher bedeutsam war, bzw. dass der Andere für diese Art von Befriedigung nicht mehr zur Verfügung steht. Als paradigmatische Szene in der frühen Entwicklung eines Kindes lässt sich in diesem Zusammenhang die Situation des Abgestilltwerdens anführen, bei der die Befriedigung der oralen Wünsche durch die Brust der Mutter endet. Selbst wenn man diese Situation nicht nur als traumatische konzipiert, in der etwa dem Kind die Brust abrupt entzogen wird, sondern als einvernehmliches Zusammenspiel von Mutter und Kind, handelt es sich bei dieser Szene um eine unvermeidbare, universelle Verlusterfahrung. Diese ergibt sich zwangsläufig aus der somatischen und psychischen Entwicklung des Kindes.

Da wir gewohnt sind, menschliche Entwicklung im Wesentlichen als ein Fortschreiten, als Ausdifferenzieren von Strukturen und Funktionen zu betrachten und mit einer positiven Konnotation zu versehen, mag es vielleicht befremdlich erscheinen, Entwicklung unter dem Aspekt von Verlusten zu fokussieren. Doch gerade für das Verständnis depressiver Phänomene erscheint es als hilfreich, auch die Kehrseite dieser Entwicklung zu beleuchten: Mit jedem Entwicklungsschritt in Richtung Individuation und Autonomie ist ein Verlust von Abhängigkeit verbunden. Die Beziehungsstrukturen verändern sich, es fallen Befriedigungsmöglichkeiten weg, die bis dahin wichtig waren. Dies gilt für das Abgestilltwerden des Säuglings ebenso wie für das Laufen- und Sprechenlernen oder die Ablösung in der Adoleszenz. Auch wenn die oralen Wünsche nach Passivität und Abhängigkeit im Laufe der Entwicklung im Wesentlichen dem Unbewussten verfallen, bleiben sie weiter wirksam und erfordern psychische Verarbeitung. Die beiden Modi der Trauer und der Depression stellen in dieser Sichtweise universelle Grundformen psychischer Verarbeitung von Verlusten dar, die bei weiteren, kontingenten Verlusterfahrungen im Verlauf des Lebens immer wieder aktualisiert werden und sich bei entsprechend ungünstigen Bedingungen auch zu Krankheiten entwickeln können.

Die Abhängigkeit vom Anderen, die der Verlusterfahrung zugrunde liegt, resultiert nun nicht nur aus dem unbewussten oralen Wunsch nach Passivität und Abhängigkeit. Sie stellt zugleich eine existenzielle Grundstruktur dar, die sich aus dem Primat des Anderen ergibt, von dem die Befriedigung ausgeht (s. Quindeau 2008). Dieses Angewiesensein auf den Anderen wird mithilfe der Trauer oder des depressiven Modus auf je spezifische Weise unterschiedlich verarbeitet:
- Die Depression verleugnet oder verwirft diese Abhängigkeit,
- die Trauer sucht die Abhängigkeit in Form der Sehnsucht zu bewahren.

Diese Differenzierung kann anhand klinischer Beobachtungen noch einmal verdeutlicht werden: So beschreiben depressive Patientinnen und Patienten häufig einen ausgeprägten, charakteristischen Zustand von Leere; atmosphärisch wird dies oft auch in der therapeutischen Beziehung spürbar. Paradox ließe sich formulieren, dass mit der Depression eine Leere dargestellt wird oder pointierter: im depressiven Modus wird Leere unbewusst inszeniert. Dementsprechend wird auch kein Gefühl spürbar. Das heißt im depressiven Modus geht es nicht – wie bei der Trauer – um ein Gefühl von Verlust, sondern um den Verlust des Gefühls. Der Verlust, der zu betrauern wäre, wird verleugnet: Es gibt nichts, was verloren wäre; etwas ehemals Wertvolles wird nachträglich als niemals existent dargestellt. Genau dies zeigt sich in der unbewussten Inszenierung der Leere. Depression wäre in dieser Weise zu verstehen als eine radikale Form der Abwehr von Verlust und darüber hinaus auch von Abhängigkeit. Denn die Verleugnung bezieht sich nicht nur auf den Verlust selbst, sondern weitergehend bereits auf die Beziehung zum Anderen bzw. auf die in ihr zunächst enthaltenen und dann verlorenen Befriedigungsmöglichkeiten. Diesen wird im depressiven Modus jegliche Bedeutung entzogen. Damit entfällt auch die Angewiesenheit auf Befriedigung durch den Anderen, welche die Abhängigkeit begründet. Indem der Verlust der befriedigenden Beziehung auf so grundlegende Weise abgewehrt wird, lässt sich in der Depression auch ein Versuch der Bewältigung von Abhängigkeit erkennen. Die Verleugnung des Verlusts ist zugleich eine Verleugnung von Abhängigkeit und Angewiesensein oder – in einer abstrakteren Formulierung: eine Verleugnung von Alterität.

11.3 Depression und die Entwicklung der Geschlechtszugehörigkeit

In meiner Argumentation wird die Entstehung der Depression erst allgemein im Zusammenhang der Geschlechtsentwicklung bei beiden Geschlechtern angesiedelt, um dann in einem weiteren Schritt die weibliche Entwicklung noch einmal gesondert zu fokussieren. Der Prozess der Geschlechtsentwicklung stellt eine paradigmatische, universelle Verlusterfahrung dar, für die keine Trauer möglich ist und die daher in einem depressiven Modus verarbeitet werden muss. Da es ungewöhnlich ist, die Geschlechtsentwicklung unter dem Aspekt eines Verlustes zu betrachten, soll dieser Gedanke kurz erläutert werden:

Die Geschlechtsentwicklung in der frühen Kindheit lässt sich als Prozess zunehmender Vereindeutigung beschreiben, an dessen Ende eine gefestigte Geschlechtsidentität steht, d. h. das sichere Bewusstsein, ein Mädchen oder ein Junge zu sein. Betrachtet man diesen Prozess nun nicht als das mehr oder weniger reibungslose Ablaufen eines biologischen Programms, sondern als Entwicklungsaufgabe einer aktiven psychischen Aneignung, öffnet dies den Blick für die psychischen Konflikte, die mit dem Erwerb der Geschlechtsidentität einhergehen.

Eine zentrale Rolle in diesem Konfliktgeschehen spielen die bisexuellen Identifizierungen: Da sich das Kind mit beiden Objekten, mit beiden Elternteilen, identifiziert, finden sich in seiner Ich-Struktur zugleich weibliche und männliche und damit sowohl gleich- als auch gegengeschlechtliche Identifizierungen. Empirisch zeigt sich dies an der Überzeugung kleiner Kinder, beide Geschlechter zu sein oder zumindest werden zu können. So sind Jungen in den ersten drei oder vier Lebensjahren in omnipotenter Illusion fest davon überzeugt, später einmal Kinder gebären zu können, oder gehen Mädchen davon aus, noch einen

Penis zu bekommen. Im Laufe der Entwicklung der Geschlechtszugehörigkeit verschwinden diese Überzeugungen; die gegengeschlechtlichen Identifizierungen werden unbewusst. Dies ermöglicht eine eindeutige Geschlechtsidentität, das sichere Gefühl, ein Junge *oder* ein Mädchen zu sein, und damit die Einsicht in die Begrenztheit des eigenen Geschlechts. Dem Gewinn an Identität steht jedoch der Verlust von Identifizierungen und d. h. von Verhaltens-, Erlebens- und Befriedigungsmöglichkeiten gegenüber.

Charakteristisch für diese Verluste ist nun, dass sie niemals bewusst werden. Darüber hinaus ist auch kein gesellschaftliches und wohl auch nur selten ein individuelles Bewusstsein vorhanden, dass es sich überhaupt um Verluste handelt. Das Kind kann somit nicht um seine verlorenen Identifizierungen trauern, sondern ist vielmehr genötigt, sie in einem depressiven Modus zu verarbeiten.

Aufgrund gesellschaftlicher Entwicklungen gestaltet sich zudem die Geschlechtsentwicklung zunehmend prekär: So nimmt einerseits die Bedeutung des Geschlechts als Ordnungskategorie in modernen Gesellschaften stetig zu und lässt das Geschlecht zum Kern personaler Identität werden. Dies vollzieht sich unter den Bedingungen einer fortbestehenden Geschlechterhierarchie, die eine eindeutige Zuordnung der Einzelnen zu einer der Kategorien, d. h. eine binäre Codierung des Geschlechts in Männlichkeit und Weiblichkeit, verlangt. Andererseits lösen sich traditionelle Geschlechtsrollen und fördern die Illusion von nahezu unbeschränkten Wahlmöglichkeiten. Es ist zu vermuten, dass diese ambivalente gesellschaftliche Situation mit dazu beiträgt, auch die psychischen Konflikte und Verlusterfahrungen im Zusammenhang der Geschlechtsentwicklung und damit depressive oder melancholische Modi zu aktualisieren.

In einem weiteren Argumentationsschritt fokussiere ich die Besonderheiten der weiblichen Entwicklung und gehe der Frage nach, ob sich darin Momente finden lassen, die das erhöhte Ausmaß depressiver Erkrankungen bei Frauen im Vergleich zu Männern verständlich werden lassen. Zur Erklärung dieser geschlechtsspezifischen Differenz wird zur oben skizzierten These einer depressiven Geschlechtsentwicklung unter der gesellschaftlichen Bedingung einer binären Codierung des Geschlechts eine weitere gesellschaftliche Ordnungsstruktur herangezogen: der Primat der Heterosexualität und die damit verbundene Verwerfung homosexueller Beziehungen.

Von diesem Primat ist die weibliche Entwicklung in besonderer Weise betroffen, da sich die primäre Liebe des Mädchens auf ein gleichgeschlechtliches Objekt, die Mutter, bezieht. Diese Liebe wird nun im Prozess der Geschlechtsentwicklung und der in der Regel damit verbundenen heterosexuellen Objektwahl verworfen. Das Mädchen wird Mädchen, indem es ihr Begehren der Mutter gegenüber aufgibt und sich mit ihr identifiziert; die Besetzung der Mutter als Liebesobjekt wird ersetzt durch Identifizierung, die wiederum zur Bildung des eigenen Ich, der eigenen Geschlechtsposition notwendig ist. Die Identifizierung erhält und konserviert damit sowohl das Verbot einer homosexuellen Bindung als auch das homosexuelle Begehren, zugleich wird der unbetrauerte Verlust inkorporiert (s. Butler 2001).

Psychoanalytische Geschlechtertheorien befassen sich seit Freud mit der Bedeutung und den Auswirkungen des sogenannten Objektwechsels. Ohne die Diskussion hier noch einmal im Einzelnen führen zu können, geht es dabei um die (umstrittene) Annahme, dass das Mädchen in der ödipalen Situation die primäre Liebe zur Mutter löst und ihr Begehren auf den Vater richtet. Betrachtet man diesen Objektwechsel unter der Bedingung des gesellschaftlichen Primats der Heterosexualität, wird deutlich, dass es sich auch hierbei um einen erzwungenen Verlust handelt, der nicht betrauert werden kann. Insofern ist die weibliche Entwicklung von einem doppelten Verlust betroffen, der psychisch verarbeitet werden muss:
- der Verlust der andersgeschlechtlichen Identifizierung, den die Entwicklung der Geschlechtsidentität verlangt, und
- der Verlust des primären, homosexuellen Liebesobjekts, den die heterosexuelle Objektwahl erfordert.

Dieser doppelte Verlust und die Notwendigkeit seiner Verarbeitung sind möglicherweise mit ein Grund, der zur höheren depressiven Erkrankungsrate bei Frauen beiträgt. Die Depression könnte so verstanden werden als nachträglicher psychischer Verarbeitungsversuch des unbetrauerten Verlusts der primären Liebe.

In dem Aufsatz »Melancholisches Geschlecht/Verweigerte Identifizierung« formuliert Judith Butler (2001) als zentrale These, dass die Geschlechtszugehörigkeit eine Art von Melancholie darstellt. Unser Selbstverständnis, männlich oder weiblich zu sein, d. h. die Geschlechts*identität* (wenn man diesen Begriff verwenden will), kann als Ergebnis eines melancholischen Prozesses verstanden werden. Butler beschreibt mit ihren Überlegungen keinen notwendigen, naturhaften Zusammenhang, sondern vielmehr einen sozialen Tatbestand (im durkheimschen Sinne eines *fait social*), der sich aus der kulturellen Vorherrschaft der Heterosexualität und der großen Bedeutung des Geschlechts als Ordnungsstruktur in modernen Gesellschaften ergibt.

In diesem Punkt liegt die Relevanz der Theorie von Judith Butler für die Psychoanalyse bzw. psychoanalytische Theoriebildung: Die binäre Codierung des Geschlechts erhält erst in der Moderne den immensen Stellenwert, den sie gegenwärtig in unserer Gesellschaft besitzt; interessant sind daher jene Ausschließungs- und Verwerfungsprozesse auf der psychischen Ebene, die von der binären Codierung erzwungen werden und die vermutlich eine Reihe unbewusster Konflikte und Symptombildungen nach sich ziehen. Die Depression sucht in der beschriebenen Weise eine Antwort auf diese Konflikte zu geben.

11.4 Fazit

Für das Verständnis von Depression scheinen neben den individuellen auch die universellen Verluste bedeutsam, die notwendig mit jedem menschlichen Entwicklungsverlauf einhergehen und nicht betrauert werden können. Die Konzeption der psychosexuellen Entwicklungsphasen impliziert ein Fortschreiten von einer früheren zu einer späteren Phase, von der Oralität über die Analität und Phallizität zur Genitalität. Wenngleich Freud in seiner Triebtheorie darauf verweist, dass die früheren Befriedigungsmodalitäten durch die späteren nicht ersetzt werden, sondern nebeneinander bestehen bleiben, verlieren sie doch an Bedeutsamkeit und verändern sich unter dem Primat des jeweils aktuellen Entwicklungsstandes. So ist davon auszugehen, dass mit jedem Entwicklungsschritt ein Verlust von bisher wichtigen Befriedigungsmodalitäten verbunden ist.

Relevant im Zusammenhang der Depression sind die oralen Wünsche nach Passivität und Abhängigkeit, die mit dem Wunsch nach Autonomie und Individuation konfligieren. Mit der Autonomieentwicklung verlieren die oralen Wünsche sowohl an Bedeutung als auch an (konkreten) Befriedigungsmöglichkeiten. Es handelt sich dabei im Wesentlichen um Verluste, die nicht betrauerbar sind und die daher in einem depressiven oder melancholischen Modus verarbeitet werden. Darüber hinaus lassen sich Passivität und Abhängigkeit nicht nur im Sinne oraler Wünsche verstehen, sondern bezeichnen zugleich eine universelle Grundstruktur menschlicher Existenz unter dem Primat des Anderen. Dieser Primat liegt im Konflikt mit den Autonomievorstellungen des modernen Subjekts und muss im Zuge der Individuationsentwicklung entsprechend psychisch bewältigt werden. Auch dazu scheinen depressive oder melancholische Modi geeignet.

Exemplarisch zeigen sich diese Modi an der Entwicklung der Geschlechtszugehörigkeit, die mit der Individuation einhergeht und eine ganze Reihe von Konfliktlagen umfasst. Der Verlustcharakter dieses Entwicklungsprozesses zeigt sich insbesondere am Konflikt im Gefolge der gleich- und gegengeschlechtlichen Identifizierungen, da letztere zugunsten einer eindeutigen Geschlechtsidentität aufgegeben werden müssen.

Vielleicht bietet diese Argumentation der melancholischen Geschlechtsentwicklung auch einen Baustein, um das steigende Ausmaß depressiver Erkrankungen in modernen Gesellschaften zu erklären. Während die gesellschaftliche Bedeutsamkeit der Geschlechtszugehörigkeit zunimmt, wird der Erwerb einer Geschlechtsidentität als psychische Entwicklungsaufgabe zugleich individualisiert und den Einzelnen aufgegeben. Mit der Auflösung festgelegter, traditioneller Geschlechtsrollen scheint sich dabei den Einzelnen größere Wahlfreiheit zu bieten, die sich jedoch vor dem Hintergrund der weiter bestehenden binären Codierung und der Geschlechterhierarchie als überaus spannungsvoll und konfliktreich erweist und die Einzelnen tendenziell überfordert. Die Vervielfältigung der Geschlechtsrollen einerseits und die hohe Bedeutsamkeit der Geschlechtszugehörigkeit als Ordnungsmoment moderner Gesellschaften andererseits stellen die Einzelnen vor eine paradoxe Situation, die Wahlfreiheit zugleich suggeriert und versagt. Für die psychische Verarbeitung der gleich- und gegengeschlechtlichen Identifizierungen lässt sich daraus folgern, dass letztere im Hinblick auf die Entwicklung einer eindeutigen Geschlechtsidentität aufgegeben werden müssen, zugleich aber im Hinblick auf die erweiterte Geschlechtsrolle wünschenswert erscheinen. Dieses kulturelle Paradox verändert vermutlich auch die psychischen Abwehrformationen und aktualisiert die unbewussten Konflikte zwischen den gleich- und den gegengeschlechtlichen Identifizierungen. Damit wird auch der Verlust durch die aufgegebene Identifizierung virulent und fordert eine psychische Verarbeitung, die in einem depressiven Modus erfolgen kann.

Die weibliche Entwicklung ist aufgrund des kulturellen Primats der Heterosexualität und der damit verbundenen Verwerfung des homosexuellen Begehrens von einem besonders gravierenden Verlust betroffen. Da sich die primäre Liebe des Mädchens – in der Regel – auf ein gleichgeschlechtliches Objekt bezieht, wird mit der Verwerfung des homosexuellen Begehrens zugleich das erste Liebesobjekt verworfen. Diese Verwerfung bezieht sich nun nicht auf die Mutter als ganze Person, sondern auf den Körper der Mutter, der entsexualisiert wird. Wenngleich diese Entsexualisierung des mütterlichen Körpers für beide Geschlechter gilt, sind Mädchen davon in besonderer Weise betroffen: Sie generalisieren die Verwerfung des Begehrens auf den weiblichen Körper. Liebe und körperliches Begehren werden somit voneinander getrennt, das Begehren darf sich unter dem Primat der Heterosexualität nur auf den gegengeschlechtlichen Körper beziehen. Die heterosexuelle Identität der Frau wird durch eine melancholische Einverleibung des Begehrens erreicht, das sie zugleich verleugnet. Die heterosexuelle Frau wird beispielsweise behaupten, nie eine andere Frau geliebt und dementsprechend auch nie eine Frau verloren zu haben. Es handelt sich dabei um eine doppelte Verleugnung: nie geliebt und nie verloren zu haben.

Literatur

Blatt SJ (2004). Experiences of Depression. Theoretical, Clinical and Research Perspectives. Washington: American Psychological Association.
Butler J (2001). Melancholisches Geschlecht/Verweigerte Identifizierung. In: Butler J (Hrsg). Psyche der Macht. Das Subjekt der Unterwerfung. Frankfurt a. M: Suhrkamp; 125–42.
DGPPN, BÄK, KBV et al. (Hrsg) (2011). S3-Leitlinie/Nationale VersorgungsLeitlinie: Unipolare Depression. Kurzfassung, 2. Aufl. Berlin, Düsseldorf: DGPPN, ÄZQ, AWWF.
Freud S (1917). Trauer und Melancholie. GW Bd. X. Frankfurt a. M.: Fischer.
McGrath E, Keita GP, Stickland BR, Russo NF (1993). Frauen und Depression: Risikofaktoren und Behandlungsfragen. Bergheim: Meckinger.
Mentzos S (2006). Depression und Manie: Psychodynamik und Therapie affektiver Störungen. Göttingen: Vandenhoeck & Ruprecht.
Nolen-Hoeksema S, Grayson C, Larson J (1999). Explaining the gender difference in depressive symptoms. J Pers Soc Psychol; 5: 1061–72.
Quindeau I (2005). Weiblichkeit und Depression – ein psychodynamischer Erklärungsversuch. In: Hau S, Busch HJ, Deserno H (Hrsg). Depression – zwischen Lebensgefühl und Krankheit. Göttingen: Vandenhoeck & Ruprecht; 125–43.
Quindeau I (2008). Verführung und Begehren. Die psychoanalytische Sexualtheorie nach Freud. Stuttgart: Klett-Cotta.

Teuber N (2011). Das Geschlecht der Depression. »Weiblichkeit« und »Männlichkeit« in der Konzeptualisierung depressiver Störungen. Bielefeld: Transcript.

Will H (2008). Diagnose und Differentialdiagnose. In: Will H, Grabenstedt Y, Völkl G, Banck G (Hsrg). Depression. Psychodynamik und Therapie. Stuttgart: Kohlhammer; 53–73.

12 Angststörungen

Günter Schiepek, Helmut Kronberger und Wolfgang Aichhorn

Inhalt

12.1 Einteilung und Phänomenologie 105
12.2 Epidemiologie. 107
12.3 Neurobiologische Korrelate 110
12.4 Fallbeispiel 113
12.5 Fazit 119

12.1 Einteilung und Phänomenologie

Angst gehört zu den existenziellen Grundlagen menschlichen Lebens und ist verbunden mit einer Reihe von vegetativen, motorischen und auch kognitiven Veränderungen. Diese sind einerseits der Situationsbewältigung dienlich, andererseits aber auch hinderlich (z. B. »vor Angst erstarren«). Unterschieden wird in der Regel zwischen
- der Ebene körperlicher Symptome (z. B. Schwitzen, Zittern, Herzrasen),
- der Ebene kognitiver Abläufe (z. B. Situations- und Selbstbewertungen: »Ich muss raus«, »Es wird etwas Schlimmes geschehen«) sowie
- der Ebene des Verhaltens (z. B. vermeiden, flüchten, erstarren).

Die vegetativen Symptome der Angst sind im Wesentlichen Adrenalineffekte, die primär der schnellen Bewältigung einer Gefahrensituation dienen, wie Umleitung des Blutes aus der Haut in die Skelettmuskeln (Vorbereitung der Kampf-Flucht-Reaktion), Erhöhung von Blutdruck und Blutzucker, verstärkte ACTH-Sekretion (ACTH: adrenocorticotropes Hormon), Erhöhung des Blutcortisolspiegels und vieles mehr. In der Qualität und in den emotionalen und physischen Reaktionen gibt es keinen Unterschied zwischen Realangst und pathologischer Angst.

Sigmund Freud fasste 1895 unter dem Begriff *Angstneurosen* die frei flottierenden Ängste und die Angsthysterie (Phobien) zusammen. Diesen entsprechen in der ICD-10-Diagnostik bis heute einerseits die »phobischen Störungen« (F40), andererseits die »anderen Angststörungen« (F41), also Panikstörung und generalisierte Angststörung. Die Diagnose ist nur klinisch zu erstellen. Befunde aus der Neurochemie und aus bildgebenden Verfahren (z. B. strukturelle und funktionelle Magnetresonanztomografie [MRT]) liefern Hinweise auf verschiedene mit Angst und Furcht korrelierte neuronale Auffälligkeiten, diagnostisch verwertbar sind sie zumindest derzeit in der Routine noch nicht.

Bei den *phobischen Störungen* (F40) lassen sich unter anderem folgende anlass- oder situationsgebundenen Störungsbilder unterscheiden:
- *Agoraphobie:* Die Angst, sich in Situationen oder an Orten zu befinden, von denen ein Rückzug als schwierig oder peinlich empfunden wird (z. B. Menschenmengen, öffentliche Plätze oder Reisen), wobei in Folge umfassende Vermeidungsstrategien auftreten können.
- *Soziale Phobien:* Gefürchtet wird die prüfende Betrachtung durch andere Menschen, z. B. beim Essen oder Sprechen in der Öffentlichkeit, bei Treffen mit Menschen des anderen Geschlechts oder in anderen sozialen Situationen außerhalb einer vertrauten Umgebung. Die Folge ist oft soziale Isolierung durch Vermeidungsverhalten.
- *Spezifische Phobien:* Die Angst bezieht sich auf spezifische Objekte oder Situationen, wie die (mögliche) Nähe bestimmter Tiere (z. B. Spinnenphobie, Schlangenphobie), hohe, exponierte Situationen (hohe Gebäude, Türme, Berge), Benutzung von Flugzeugen, geschlossene Räume wie z. B. Fahrstühle (Klaustrophobie), Besuch öffentlicher Toiletten, Zahnarztbesuche, Spritzen oder Injektionsnadeln, Blut, Prüfungen (Prüfungsangst). Auch hier treten zum Teil umfassende Vermeidungsstrategien mit entsprechenden sozialen und beruflichen Beeinträchtigungen oder gesundheitlichen Schäden (z. B. durch Vermeidung von Arztbesuchen) auf (s. Reinecker 2003).

Bei den *sonstigen Angststörungen*, die sich nicht auf bestimmte Situationen oder Objekte beziehen, unterscheidet man zwischen der Panikstörung (F41.0) und der generalisierten Angststörung (GAD; F41.1). Bei der Panikstörung handelt es sich um wiederkehrende, schwere Angstattacken, die unvorhersehbar auftreten, aber dann durchaus mit bestimmten Situationen oder Gegebenheiten assoziiert (konditioniert) sein können (Michael et al. 2003). Die Folge: Erwartungsangst, z. B. die Angst,»verrückt« zu werden, einen Herzanfall zu bekommen oder sterben zu müssen. Bei der generalisierten Angststörung (Siegel u. Reinecker 2003) handelt es sich um Befürchtungen und Ängste ohne konkreten Anlass oder konkreten Objekt- bzw. Situationsbezug. Ängste können sich auch auf möglichen Kontrollverlust in Alltagssituationen beziehen, und anstelle von oder zusätzlich zur Angst können körperliche Erschöpfung oder somatische Beeinträchtigung wahrgenommen werden.

Zu den auch in der Entwicklung von Kindern und Jugendlichen häufig auftretenden Angststörungen (z. B. Pavor nocturnus; Schul- und Trennungsängste) und ihrer Therapie gibt z. B. Blanz (2003) einen Überblick.

Hinsichtlich der Geschlechtsspezifität zeigt sich bei Frauen oft ein ausgeprägteres agoraphobes Vermeidungsverhalten als bei Männern. Personen, die als schwere Vermeider einzustufen sind, sind zu 75 % Frauen (Kessler et al. 1994; Wedekind u. Bandelow 2007). Frauen berichten über Ängste vermehrt infolge aversiver Lebensereignisse, die häufig mit Verlusten oder Gefahr zu tun haben (Flannery 1986; Finlay-Jones u. Brown 1981; vgl. auch das Fallbeispiel in Kap. 12.4). Insbesondere im zeitlichen Vorfeld der Entwicklung von Agoraphobien oder Panikstörungen treten häufig unkontrollierbare, unerwünschte Ereignisse auf.

Anders als Männer suchen Frauen bei Angststörungen häufiger und auch früher medizinische bzw. therapeutische Hilfe auf und begeben sich öfter in fachspezifische Behandlung (Dickstein 2000). Eine Ausnahme bildet offenbar die soziale Angststörung, bei der Männer häufiger professionelle Hilfe aufsuchen als Frauen (Weinstock 1999).

12.2 Epidemiologie

Angststörungen sind häufige Erkrankungen: Die Lebenszeitprävalenz liegt bei 15 bis 25 %, die Punktprävalenz bei 7 %. Die häufigste Untergruppe sind Phobien. Europäische epidemiologische Studien berichten mittlere 12-Monats-Prävalenzen (über beide Geschlechter) von
- ca. 1,3 % für die Agoraphobie,
- ca. 6,4 % für die spezifische Phobie und
- ca. 2,3 % für die soziale Phobie (Wittchen u. Jacobi 2005).

Die Lebenszeitprävalenzen verteilen sich unterschiedlich auf die verschiedenen Untergruppen von Angststörungen (wobei Zwangsstörungen [noch] zu den Angststörungen subsumiert werden):
- 3,5 % Panikstörung
- 5,3 % Agoraphobie
- 5,1 % generalisierte Angststörung
- 11,3 % spezifische Phobie
- 7,6 % soziale Phobie
- 2,1 % Zwangsstörung

Nach einer Studie der WHO (Linden et al. 1996) litten etwa 8,5 % der Patienten und Patientinnen in deutschen Allgemeinarztpraxen an einer generalisierten Angststörung und 2,5 % an einer Panikstörung. In ca. 20 % kommt es zu Spontanheilungen, 40 bis 50 % verlaufen chronisch. Die Diagnosestellung erfolgt meist erst viele Jahre nach Erkrankungsbeginn.

In einer repräsentativen Befragung von 2 948 Personen in Deutschland (Margraf u. Poldrack 2000) litten 8,8 % zum Befragungszeitpunkt an behandlungsrelevanten Angstsymptomen, davon 66 % Frauen und 34 % Männer. Angst- und Panikstörungen sind bei Frauen in mehreren Untersuchungen (z. B. Bijl et al. 1998; Kessler et al. 1994; Robins et al. 1985; Wittchen et al. 1992, 1998) die häufigste psychische Erkrankung, gefolgt von Depressionen, bei Männern nach Suchterkrankungen die zweithäufigste. Die Sex Ratios liegen bei 2,0 (Wittchen et al. 1992), 1,6 (Kessler et al. 1994), 1,9 (Bijl et al. 1998), 2,4 (Wittchen et al. 1998), 2,2 (Meyer et al. 2000). Wo sie angegeben sind, liegen die Sex Ratios für Phobien sogar noch darüber, mit entsprechend höheren Anteilen bei Frauen, z. B. für

Agoraphobien: 2,4 (Robins et al. 1985), 4,2 (Wittchen et al. 1998), 2,5 (Meyer et al. 2000). Angst und Sellaro (2001) machen für diese Unterschiede eine nicht näher beschriebene Interaktion aus allgemeinen psychosozialen Bedingungen und biologischen Faktoren verantwortlich.

Im Lebenslauf treten Angstsyndrome früher auf als z. B. depressive Syndrome, wobei sich erste Geschlechtsunterschiede bereits im Vorschul- und Schulalter finden (Breslau et al. 1995; Lewinsohn et al. 1998). Angstpatientinnen sind häufiger von komorbiden Störungen betroffen als Angstpatienten und weisen häufiger eine frühere psychiatrische oder psychotherapeutische Behandlung sowie auch eine positive Familienanamnese auf als diese (Rapaport et al. 1995a, 1995b). Obwohl bei Männern Suchterkrankungen häufiger anzutreffen sind als bei Frauen, ist bei Frauen die Komorbidität zwischen Angststörungen (Phobien, Panikstörungen) und Substanzabusus ausgeprägter als bei Männern (Andrade u. Eaton 1996; Marshall 1996). Auch bei nahen Verwandten von Panikaptientinnen zeigte sich ein vermehrtes Auftreten von Alkoholabhängigkeit (Kendler et al. 1995; Fyer et al. 1996). Für genetische Komponenten spricht dabei, dass auch gesunde Frauen mit einer positiven Familienanamnese von Angsterkrankungen durch Alkohol eine deutlich stärkere Dämpfung des autonomen Vegetativums zeigen als entsprechende Männer, die eine verstärkte vegetative Erregung auf Alkoholkonsum zeigten (Sinha et al. 1998).

Zu Erklärung der epidemiologischen Unterschiede (erhöhtes Auftreten von Angststörungen und erhöhte Komorbidität bei Frauen) könnten folgende Hypothesen herangezogen werden:

■ **Genetische Bedingungen der Geschlechtsunterschiede in der Angst-Vulnerabilität** (z. B. Kendler et al. 1995; Kendler 1996). Deutliche Belege gibt es insbesondere für die Erblichkeit von Tierphobien, die bei Frauen häufiger als bei Männern auftreten (Kendler et al. 1992). Erblich könnte auch ein allgemeiner Angst-Diathese-Faktor sein, der sich auf Temperamentsunterschiede sowie auf die Neigung zu negativer Affektivität und Neurotizismus bezieht und vor allem für spezifische Phobien einen Vulnerabilitätsfaktor darstellt. Jang et al. (1999) beschreiben die Vererblichkeit eines Angstsensitivitätsfaktors für Frauen, der zwischen 37 und 48 % Varianz manifester Angst aufklären sollte.

Zu der reinen genetischen Disposition hinzu kommen müssen jedoch immer Prozesse der Genexpression, die über das individuelle Verhalten und Erleben vermittelt werden, also z. B. durch Sozialisationserfahrungen, Vermeidung und Hilflosigkeit. So konnten Enoch et al. (2003) zeigen, dass ein Polymorphismus der Catechol-O-Methyltransferase mit einem intensiveren schadenvermeidenden Verhalten (harm-avoidance) speziell bei Frauen einhergeht, was einen spezifischen Befund in der Ätiologie von Angststörungen darstellen könnte.

■ **Unterschiedliche Hirnentwicklung.** Möglicherweise beruht die geschlechtsspezifisch unterschiedliche Disposition für Angsterkrankungen auch auf anatomischen und funktionellen Unterschieden weiblicher und männlicher Gehirne (vgl. Wedekind u. Bandelow 2007). So sind Bereiche des vorderen Hypothalamus bei Männern stärker ausgeprägt, während das Corpus callosum, das die beiden Hirnhälften verbindet, geringer ausgebildet ist. Frühe Vorgänge der Hirnorganisation finden bereits im zweiten Drittel der Schwangerschaft statt. Durch eine vermehrte Ausschüttung von Testosteron, das zu Östrogen umgewandelt wird, findet bei männlichen Feten eine Maskulinisierung des bisher feminin organisierten Gehirns statt, was bei weiblichen Feten aufgrund der protektiven Wirkung von Alphafetoprotein nicht geschieht. Diese neuronalen Organisationsprozesse vollziehen sich unabhängig von der geschlechtsspezifischen körperlichen Fetalentwicklung. Bei entsprechenden Defekten wäre es damit möglich, dass ein männlicher Körper ein eher weibliches Gehirn entwickelt und umgekehrt (Panksepp 2001).

Im letzten Schwangerschaftsdrittel werden die stresssensitiven neuronalen Systeme des Kindes entscheidend durch zirkulierende Glucocorticoide des mütterlichen Blutkreislaufs beeinflusst. Bei Belastungen und psychischem Stress der Mutter kommt es zu einer Aktivitätssteigerung des Hypothalamus-Hypophysen-Nebennierenrinden-Systems der endokrinen Stressregulation, was schon bei Neugeborenen zu einer stärkeren Reaktion auf negative und belastende Reize führen kann. Das Kind »lernt« bereits pränatal, dass es in eine Umwelt hineingeboren wird, die bedrohlich ist und/oder erhöhte Anpassungsflexibilität erfordert (Coplan et al. 1996; Liu et al. 1997). Frühe defizitäre oder bedrohliche Bindungserfahrungen haben eine ähnliche und verstärkende Wirkung auf die Stressbereitschaft und Cortisolausschüttung des Kindes (Buchheim 2011).

■ **Einflüsse des Endokrinsystems.** Ein Zusammenhang besteht möglicherweise mit weiblichen Geschlechtshormonen. So können Östrogene neuroprotektive Effekte haben, deren Verlauf durch Schwankungen weiblicher Sexualhormone moduliert wird (Seeman 1997). Panikattacken und andere Angstsymptome treten vermehrt prämenstruell auf, und auch postpartal sind Angststörungen vermehrt festzustellen. Während Schwangerschaften kommt es sowohl zu Verbesserungen als auch zu Verschlechterungen sowie zum Neuauftreten von Angststörungen (z. B. Levine et al. 2003). Eine Studie von van der Molen et al. (1988) verweist auf eine erleichterte prämenstruelle Furchtkonditionierung bei gesunden Frauen, was auf einen modulierenden Einfluss von Geschlechtshormonen hinweist. Hormone haben bei Frauen zudem einen Einfluss auf den Metabolismus psychotroper Substanzen und auf die hemmende GABA-A-Rezeptorfunktion im limbischen System. Die Rolle von Östrogen und Progesteron bei der Regulation monoaminerger Systeme im Gehirn hat Konsequenzen für die Vulnerabilität und für den Verlauf von Angsterkrankungen. Die Fähigkeit von Östrogenen, noradrenerge Alpha2-Rezeptoren zu modulieren und damit die Stressreaktion zu hemmen, kommt verstärkt ins Spiel, wenn Östrogene vermehrt oder vermindert zur Verfügung stehen (Seeman 1997; Shear u. Weiner 1997).

- **Unterschiedliches Sozialisationsverhalten und Rollenerwartungen** einschließlich eigener erhöhter Ängstlichkeit bei Müttern könnte auf die Entwicklung der Ängstlichkeit bei Mädchen einen differenziellen Einfluss ausüben (Modelllernen). So könnte ein überprotektives elterliches Verhalten zu einem inneren Arbeitsmodell von Inkompetenz und Angreifbarkeit führen. *Social referencing* bezeichnet den Vorgang, speziell in neuen Situationen die Reaktion relevanter Bezugspersonen zur Interpretation der Wichtigkeit und Bedrohlichkeit heranzuziehen. Bindungsunsicherheit von Kindern vermag die Ängstlichkeit zu verstärken, entweder durch vermeidenden Rückzug aus neuen Situationen oder durch Störungen im orientierten Aufbau eines sicheren Arbeits- und Copingmodells. Eltern phobischer Kinder fokussieren vermehrt auf negative Konsequenzen kindlichen Verhaltens (Barrett et al. 1996), und umgekehrt geht Ängstlichkeit bei Kindern mit negativer Resonanz und restriktivem Verhalten der Eltern einher (Krohne u. Hock 1991) – auch hier sind geschlechtsspezifische Szenarien hoch wahrscheinlich.

- **Unterschiedliches Explorationsverhalten** und Hemmungen, die Umwelt zu erkunden (behavioral inhibition) scheinen ätiologisch relevante Konsequenzen zu haben. Zurückhaltende 3- bis 5-jährige Mädchen zeigen später eher Angstsymptome. Es gibt aber auch Hinweise auf einen umgekehrten Zusammenhang: Caspi et al. (1988) berichten, dass schüchterne Jungen später deutlichere Einschränkungen in Partnersuche und Berufsleben zeigen als inhibierte, schüchterne Mädchen, da Schüchternheit möglicherweise eine geringere Diskrepanz zu weiblichen Rollenerwartungen bedeutet als dies bei Jungen der Fall ist.

12.3 Neurobiologische Korrelate

Die Ätiologie der Angsterkrankungen folgt je nach Sichtweise – psychodynamisch, lerntheoretisch oder biologisch – unterschiedlichen Modellen. Fortschritte in der Biologischen Psychiatrie, in der Humangenetik und in den Neurowissenschaften führten dazu, die Entstehung von Angststörungen multiplen Faktoren zuzuschreiben und integrative Modelle zu entwickeln. In den lerntheoretischen und kognitiven Modellen spielt die Konditionierung eine zentrale Rolle, die als mehrstufiger Prozess gesehen wird – z. B. klassisches Konditionieren bei der Entstehung einer an einen zunächst unbedingten Stimulus gebundenen Angstreaktion, operantes Konditionieren (negative Verstärkung) durch Vermeidung bei der Aufrechterhaltung und Generalisierung von Angststörungen. Prozesse des Modelllernens könnten (neben genetischen Aspekten) verständlich machen, warum Kinder ängstlicher Eltern entsprechende manifeste Ängste oder dispositionelle Ängstlichkeit übernehmen. Das Konzept der *preparedness* weist auf evolutionsbiologische Hintergründe der Angstthemen und -objekte hin, denn häufig richten sich Ängste nicht auf aktuell gefährliche Situationen (z. B. im Straßenverkehr), sondern auf phylogenetisch überlebensrelevante Situationen und Objekte (z. B. die Vermeidung der Begegnung mit Schlangen).

Im psychodynamischen Modell sind entwicklungsgeschichtliche Traumata mit konstitutionellen Faktoren und zwischenmenschliche Beziehungen bzw. deren Verlust die wesentlichen Faktoren für die Entstehung einer Angsterkrankung (s. das Fallbeispiel in Kap. 12.4) (Boothe u. Heigl-Evers 1996). Riemann (2011) assoziiert verschiedene menschliche Grundkonflikte mit unterschiedlichen Formen der Angst und mit unterschiedlichen klinischen Störungsbildern.

Auf der neurobiologischen oder neurochemischen Ebene spielen das limbische System (besonders die Amygdalae und die Hippocampi) und das GABAerge System (GABA: Gamma-Amino-Buttersäure) eine zentrale Rolle. Bekannt ist, dass Panikattacken bei Patienten und deren Verwandten durch bestimmte Substanzen (Laktat, CO_2, Noradrenalin) ausgelöst werden können. Die GABA ist der bedeutendste inhibitorische Neurotransmitter im Gehirn und wirkt hauptsächlich durch Hemmung der präsynaptischen Freisetzung exzitatorischer Neurotransmitter. Benzodiazepine und Barbiturate verstärken die GABA-Wirkung, Serotonin stimuliert die GABA-Synthese und erhöht die GABA-Rezeptoraffinität. Weitere GABA-Mimetika sind Theanin (in den Blättern des grünen und schwarzen Tees), Taurin (wird im menschlichen Körper aus Cystein hergestellt; auch enthalten in verschiedenen Energy Drinks) und Rhodiola (Rosenwurz; erhältlich in Tees und als Extrakt). GABA wirkt anxiolytisch, analgetisch, relaxierend, antikonvulsiv und den Blutdruck stabilisierend. Pregabalin ist ein Analogon von GABA und moduliert die Freisetzung von Glutamat, Noradrenalin und der Substanz P.

Die neurobiologischen Korrelate von Angststörungen wurden ausführlich untersucht. So konnten Dysfunktionen im Bereich der Amygdala, des Hippocampus, des insulären Kortex sowie des medialen und dorsolateralen präfrontalen Kortex (PFC) festgestellt werden. Bei Patienten mit generalisierter Angststörung (GAD) wurde eine gesteigerte Aktivierung des rechten PFC beim Betrachten von Bildern mit ärgerlichen Gesichtern beschrieben. Kinder mit generalisierter Angststörung sprechen offenbar besser auf Fluoxetin und kognitiv-behaviorale Therapie an, wenn die Aktivität der linken Amygdala bei der Betrachtung von ängstlichen Gesichtern vor der Behandlung erhöht ist.

Seit einigen Jahren liegen Befunde zu den neurobiologischen Effekten der Psychotherapie von Angststörungen vor allem auf der Basis bildgebender Verfahren vor. Ausführlich berichten hierüber Straube und Miltner (2011), an deren Ausführungen sich dieser Abschnitt eng orientiert. Schiepek et al. (2011a) geben einen tabellarischen Überblick über Studien zu Psychotherapieeffekten im Bereich der funktionellen Neuroanatomie.

Erfolgreiche Psychotherapie phobischer Störungen führt zu einer Normalisierung abnormer Gehirnaktivierung während der Präsentation phobogener Stimuli (z. B. Spinnen bei Spinnenphobikerinnen; Paquette et al. 2003). Effekte zeigen sich dabei in verschiedenen Gehirnregionen, z. B. der Amygdala, der Insula und dem anterioren cingulären Kortex (ACC). Die Amygdala scheint vor allem

Aufmerksamkeits- bzw. Vigilanzprozesse sowie die sensorische Reizverarbeitung zu steigern und zur automatischen, physiologischen und motorischen Mobilisierung des Körpers zu führen. Der Zusammenhang zwischen diesen Prozessen, ihrer therapeutischen Modifikation und verminderter Amygdalaaktivierung muss allerdings im Einzelnen noch gezeigt werden. Während phobischer Stimulation scheint die Aktivierung kortikaler Regionen wie der Insula und zum Teil des ACC und des medialen und dorsolateralen PFC eher eine nachfolgende Verarbeitungsstufe darzustellen. Diese Regionen sind an der detaillierten Evaluation der Stimuli bzw. der emotionalen Reaktion und an adaptiven Verhaltensaktivierungen beteiligt. Vor allem durch die Insula und den ACC könnte die Entstehung des Gefühls von Furcht bzw. Angst vermittelt werden. Eine therapieinduzierte Normalisierung der Aktivierung dieser Regionen ist ein Ausdruck für eine teilweise Normalisierung spezifischer Komponenten der Informationsverarbeitung bzw. des abnormen Verhaltens und Erlebens der Probanden. Eine Studie von Schienle et al. (2007) legt nahe, dass eine erfolgreiche Psychotherapie von Phobien mit einer verstärkten Aktivierung von ventromedialen präfrontalen Arealen einhergehen könnte. Dieser Befund würde die Idee einer kortikofrontalen Kontrolle von Angstreaktionen infolge von Psychotherapie unterstützen. Die Reduktion von Ängsten wäre also nicht die Folge einer Extinktion (Löschung) oder Gegenkonditionierung, sondern eines neuronalen Top-down-Prozesses von kortikalen auf limbische Strukturen.

Die vorliegenden Studien weisen bislang eine große Heterogenität der Befunde auf. Das betrifft sowohl die neuronalen Korrelate der Symptome als auch der Psychotherapie der Phobie. Zum einen liegt das an den jeweiligen experimentellen Paradigmen, die unterschiedliche Phasen der Informationsverarbeitung bzw. unterschiedliche Furchtreaktionen oder Furchtbewältigungsreaktionen abbilden. Zum anderen sind auch methodische Schwächen der Studien zu nennen, wie fehlende Kontrollgruppen (z. B. Wartegruppen) und unzureichende experimentelle Operationalisierungen, um die Zusammenhänge zwischen Gehirnaktivierung und spezifischen Angstreaktionen bzw. spezifischen Komponenten der Informationsverarbeitung und des Angstverhaltens abzubilden.

In Zukunft könnte die Untersuchung von Konnektivitätsmustern (s. Eickhoff u. Grefkes 2011) zwischen verschiedenen Hirnregionen zusätzliche Aussagemöglichkeiten zu neuronalen Korrelaten erfolgreicher Psychotherapie eröffnen. Ungeklärt ist nach wie vor, inwiefern auch automatisierte neuronale Verarbeitungsprozesse bei Phobien durch psychotherapeutische Methoden verändert werden können. Dieses Forschungsdefizit ist bemerkenswert im Hinblick auf einflussreiche Theorien der Angstentstehung, die in einer automatisierten neuronalen Hypersensitivität auf bedrohliche Reize eine wichtige Ursache für die Auslösung von Angstsymptomen sehen (z. B. LeDoux 1998; Öhman u. Mineka 2001). Auch ist zu klären, inwiefern das Ausmaß der Bewusstheit der Reizwahrnehmung bzw. das Ausmaß von verfügbaren Aufmerksamkeitsressourcen den Zusammenhang zwischen Gehirnaktivierung und phobierelevanten Reizen vor und nach einer Therapie moduliert. Von besonderer klinischer Bedeutung wären Forschungsergebnisse, die eine Aussage darüber gestatten, ob interindividuelle Unterschiede in einer weiterhin bestehenden automatischen neuronalen Hypersensitivität prädiktiv für den langfristigen Therapieerfolg sind. Eine therapieresistente Hyperaktivierung z. B. der Amygdala könnte eine Ursache dafür sein, dass es zu plötzlichen Rückfällen in die Angstsymptomatik insbesondere dann kommt, wenn die angstauslösenden Ereignisse in stark belastenden oder völlig neuen Kontexten auftreten und gelernte Kontrollprozesse versagen.

12.4   Fallbeispiel

Wir wählen als Beispiel Frau M., Mitte 30, die bei Aufnahme in eine Abteilung für stationäre Psychotherapie Ängste und Panikattacken aufwies, aber auch eine schwere depressive Episode durchmachte und sich in einer suizidalen Krise befand (Diagnosen: F 41.0 Panikstörung, F 32.2 schwere depressive Episode). Vor dieser Aufnahme hatte sie nach einem Suizidversuch bereits zwei Wochen auf einer Kriseninterventionsstation verbracht. Nach der Scheidung von ihrem Mann (Vater ihrer beiden Kinder) und einer erneuten Trennung von ihrem Lebensgefährten, den sie inzwischen kennengelernt hatte, kam sie mit ihrem Leben nicht mehr zurecht, litt an einem Gefühl von Aussichts- und Perspektivlosigkeit, extremer Unruhe, Angstzuständen mit Panikattacken sowie Schlafstörungen und Gewichtsabnahme. Für die beiden Kinder bestand gemeinsames Sorgerecht, wobei die Kinder in dieser Lebenskrise beim Vater untergebracht waren.

In der Anfangsphase des Klinikaufenthalts dominieren Angstzustände – die Angst, ihre Kinder zu verlieren, die Angst vor dem Alleinsein und Versagensängste. Frau M. sucht Zuwendung, Aufmerksamkeit und Beruhigung, kann entsprechende Zuwendungen des Pflegepersonals aber nur schwer annehmen. Für die Therapeutinnen und Therapeuten sind die Zustände von Angst und Einsamkeit deutlich wahrnehmbar, doch ist in ihrer Gegenübertragung auch Ohnmacht und das Gefühl spürbar, die Patientin nicht erreichen und beruhigen zu können. Alle beteiligten Therapeuten und Therapeutinnen versuchen auf der Station ein Containing und emotional stabile Rahmenbedingungen zu vermitteln (generisches Prinzip 1; Haken u. Schiepek 2010). Psychodynamisch werden Abhängigkeitswünsche deutlich, die histrionisch abgewehrt werden, eine Scham- und Schuldproblematik sowie Konflikte zwischen Abhängigkeit und Autonomie, zwischen Unterwerfung und Kontrolle. Als jüngstes von vier Kindern (zwei Brüder, eine Schwester) hatte sie in der Beziehung zu ihrer Mutter, die selbst an Angstzuständen und Panikattacken litt, sehr negative Erfahrungen gemacht: Die Brüder wurden gemäß ihrer Darstellung deutlich bevorzugt, die Mutter sei emotional kühl, distanziert und vorwurfsvoll gewesen und hätte gegenüber dem ausgeglichenen und akzeptierenden Vater einen harten Umgang gepflegt.

Der Therapieverlauf von Frau M. wurde mithilfe des internetbasierten Synergetischen Navigationssystem (SNS) dokumentiert, das mit regelmäßigen (täglichen) Selbsteinschätzungen der Patientinnen und Patienten arbeitet (s. Schiepek et al. 2011b). Erfragt werden in einem standardisierten Fragebogen (Therapieprozessbogen: TPB) Aspekte wie Emotionalität, Beeinträchtigungen, Veränderungsmotivation, die Qualität der therapeutischen Beziehung und Therapiefortschritte, wobei auch die Möglichkeit zum Schreiben eines Therapietagebuchs besteht, die Frau M. fast täglich nutzt. Nicht nur die wiederholte und regelmäßige Selbstbeurteilung des eigenen Entwicklungsprozesses, sondern auch die mehrmalige Reflexion des visualisierten Verlaufs mit ihrem Therapeuten katalysieren und unterstützen den Veränderungsprozess.

Nach einer anfänglichen Stabilisierung (etwa ab dem 14. Therapietag; s. Abb. 12-1) nimmt sie wieder Aktivitäten auf, trifft Freundinnen und beginnt, Sport zu treiben. Sie entwickelt langsam wieder Perspektiven für ihr Leben – auch ohne ihren Lebensgefährten – und denkt über eine Veränderung der Wohnung nach der Trennung nach. Doch bleiben die Änderungen eher im Bereich kurzfristiger Aktivitäten (Verhaltensebene) und Hoffnungen. Die Ängste, es nicht allein zu schaffen, und die Trauer um den entwertenden und unzuverlässigen Lebensgefährten reduzieren sich nur kurzfristig (ca. 15. bis 20. Therapietag), ebenso ihre Gefühle von Scham und Schuld (s. Abb. 12-1 u. 12-2).

In einer Therapiestunde kommt sie zu ihrem Grundgefühl von Trauer und Schmerz und nimmt auch Bezug zu Bildern der entwertenden und vorwurfs-

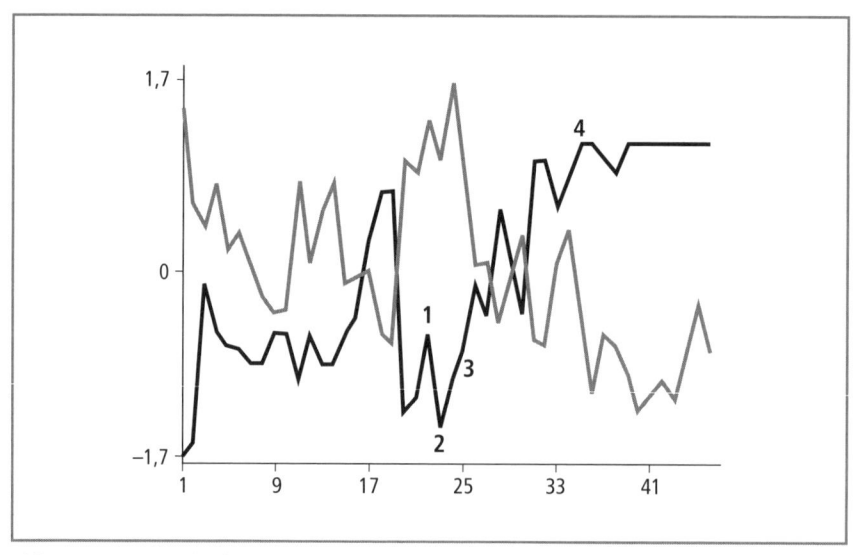

Abb. 12-1 Der Verlauf der Variablen »Therapeutische Fortschritte/Zuversicht/Selbstwirksamkeit« (schwarz) und »Beschwerden/Symptombelastung« (grau) (Subskalen im TPB). Es handelt sich hier um z-transformierte und gemittelte Verläufe der zu der jeweiligen Subskala gehörenden Items (Einheiten von Standardabweichungen um den Mittelwert 0 auf der Ordinate). Abszisse: Therapiedauer in Tagen. In der Mitte des Therapieverlaufs ist nach einer kurzfristigen Verbesserung eine krisenhafte Verschlechterung zu erkennen. Die Zahlen markieren die Zeitpunkte von Eintragungen im elektronischen Kommentarfeld des SNS, auf die im Text Bezug genommen wird.

12 Angststörungen

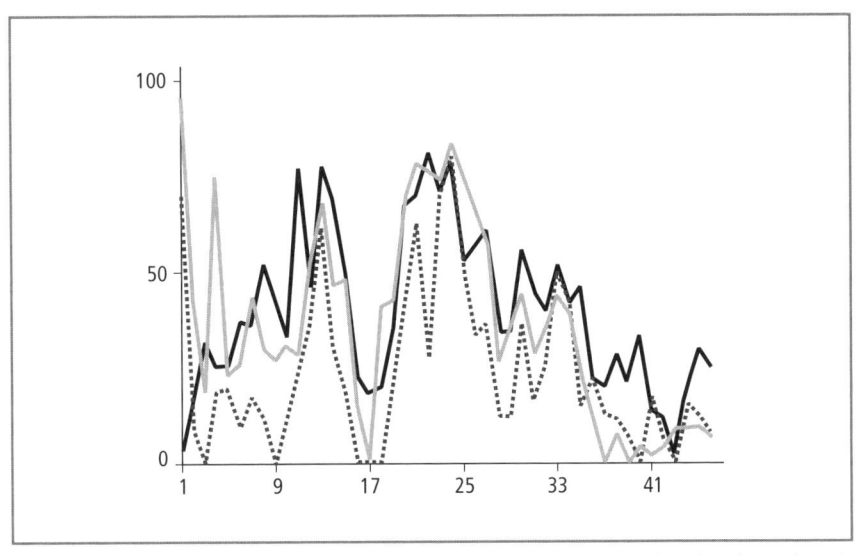

Abb. 12-2 Der Verlauf der Variablen »Trauer« (schwarz), »Schuld« (grau) und »Scham« (gestrichelte Linie) (Items im TPB). Es handelt sich hier um tägliche Einschätzungen auf visuellen Analogskalen, die auf der Ordinate in Einheiten von 0 bis 100 abgetragen sind. In der Mitte des Therapieverlaufs ist nach einer kurzfristigen Verbesserung die beschriebene krisenhafte Verschlechterung zu erkennen.

vollen Mutter auf. In ihren Tageskommentaren im SNS (die Zeitpunkte der Eintragungen sind in Abb. 12-1 mit Ziffern gekennzeichnet) macht sie dies deutlich:
- Kommentar 1: »Heute war kein guter Tag. Habe sehr viel geweint und war verzweifelt. […] Hatte heute ein gutes Gespräch mit meinem Therapeuten. Wir sind heute wirklich ganz tief hineingegangen und dabei hat sich, glaube ich, ein kleiner Kloß gelöst. In mir steckt sehr viel Schmerz. Ein sehr tiefer Schmerz. Ich hoffe, dass ich diesen Schmerz hier in der Klinik aufarbeiten und dann mit weniger Belastungen mein Leben weiterleben kann. Mein Herz ist noch immer total verschlossen, aber ich hoffe, dass ich es mithilfe meines Therapeuten wieder öffnen kann.«
- Kommentar 2: »Mir geht es im Moment ziemlich schlecht. Habe das Gefühl, dass mein Leben nie mehr sein wird, wie es war, als es mir noch gut gegangen ist. Habe schreckliche Angst vor der Zukunft und dass ich es nicht schaffe.«

Es entsteht ein regressiver Sog: zurück in die Heimat, an ihren Herkunftsort, dort wieder neu anfangen ohne Verpflichtungen für die Kinder.
- Kommentar 3: »Ich bin ziemlich verzweifelt. Habe solche Angst, dass ich aus diesem tiefen Loch nicht mehr herauskomme und nun für immer depressiv und allein nicht überlebensfähig bleibe. Habe solche Angst vor dem Alleinsein und davor, dass ich mit den Kindern total überfordert bin. Zweifle an mir als Mutter und an meinen Muttergefühlen. Denke immer wieder, dass es viel-

leicht besser für die Kinder ist, wenn sie bei B. (ihrem Vater) bleiben, ich hier meine Wohnung verkaufe und ein neues Leben beginne. Vielleicht wieder in K. (ihr Herkunftsort). Ich verliere dann zwar viel Materielles, aber vielleicht gewinne ich dadurch mich wieder zurück.«

Damit ist sowohl der Höhepunkt wie auch ein möglicher Ausweg aus der zentralen Krise der Therapie von Frau M. markiert, in der – etwa zwischen dem 20. und 30. Therapietag – Emotionen wie Trauer, Scham und Schuld (die ihre zentralen Konflikte sowohl in Bezug auf ihre Trennung als auch auf ihre Mutterrolle kennzeichnen) dominieren (Abb. 12-2), therapeutische Fortschritte und Gefühle von Zuversicht und Selbstwirksamkeit kaum mehr erkennbar sind und Beschwerden bzw. die Problembelastung maximal werden (Abb. 12-1).

Diese Krise ist durch ein lokales Maximum von Depression, Angst und Stresserleben gekennzeichnet, was unter anderem die wöchentlichen Eintragungen im DASS widerspiegeln (Abb. 12-3). Die Zeitreihen zahlreicher Items des TPB weisen in diesem Bereich ihre maximale Komplexität auf, wie im Komplexitäts-Resonanz-Diagramm des Therapieverlaufs erkennbar ist (Abb. 12-4). Bemerkenswert ist, dass sie in dieser Phase dominierender negativer Emotionen, Angst und Depressivität sowie geringer Zuversicht in die Chancen therapeutischer Veränderung trotzdem die Beziehung zu ihrem Therapeuten außerordentlich positiv beurteilt. Die Beziehungsqualität nimmt in dieser Phase sogar sprunghaft zu und stabilisiert sich dann auf einem höheren Niveau als vorher (Abb. 12-5, S. 118). Das wechselseitig als sehr stabil und vertrauensvoll erlebte therapeutische Ar-

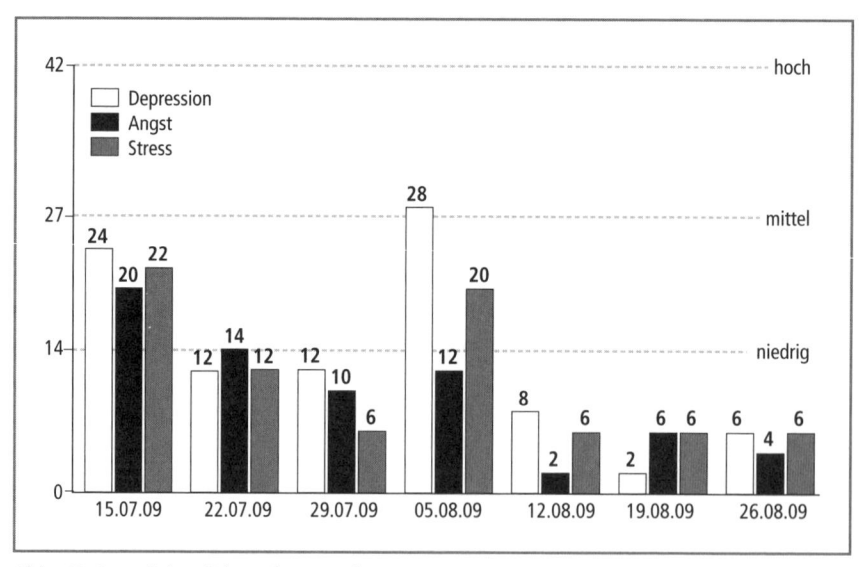

Abb. 12-3 Wöchentliche Erfassung der Dimensionen Depression, Angst und Stress mit Hilfe des im SNS implementierten DASS 21 (Lovibond 2003)

Abb. 12-4 Komplexitäts-Resonanz-Diagramm des Therapieverlaufs. Die dynamische Komplexität (Haken u. Schiepek 2010; Schiepek u. Strunk 2010) wurde für alle Items des TPB in einem Gleitfenster von 7 Tagen Breite berechnet. Dargestellt sind signifikante Ausprägungen der Komplexität (hellgrau: p < .05, mittelgrau: p < .035, schwarz: p < .01). Die höchsten Komplexitätswerte liegen in der Mitte der Therapie (grauer Balken am unteren Rand des Diagramms) vor und während der im Text beschriebenen »Heimfahrtskrise« der Patientin.

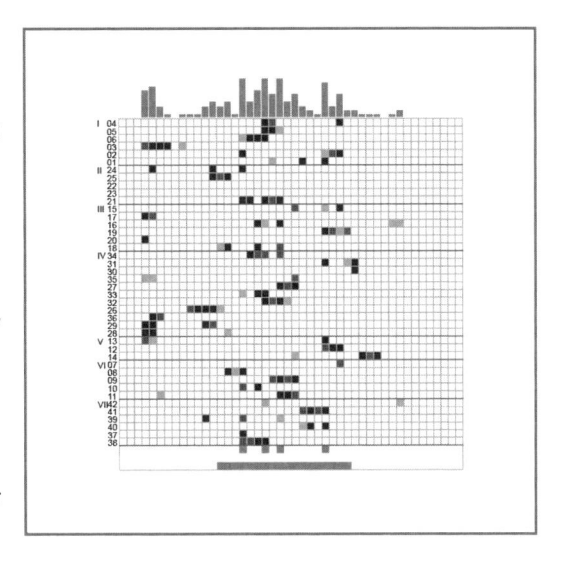

beitsbündnis ermöglicht es dem Therapeuten, eine riskante, aber im Nachhinein sehr sinnvolle Entscheidung zu treffen: Er gibt dem Wunsch der Patientin nach einer auf den ersten Blick regressiven und vermeidenden Problemlösung statt, über ein längeres Wochenende zurück in ihren Heimatort zu ihren Eltern und ihren Kindheitsfreundinnen zu fahren, um dort – so ihre Fantasie – ein neues Leben ohne die aktuellen Überforderungen ihres derzeitigen Lebens beginnen zu können. Nach diesem Wochenende kommt die Patientin wieder in die Klinik zurück, nach Durchlaufen einer Phase kritischer Instabilität (sie hatte das SNS auch während dieses Aufenthalts bei ihren Eltern ausgefüllt, s. die Tage 26 bis 33 in Abbildung 12-1 und 12-2 sowie das Komplexitäts-Resonanz-Diagramm in Abb. 12-4). Die Erfahrungen dort hatten eine komplette Neueinschätzung ihrer Lebenssituation möglich gemacht, was sie zu folgendem Eintrag zu Zeitpunkt 4 (s. Abb. 12-1) veranlasst:
- Kommentar 4: »Bin heute wieder zurück nach Salzburg gefahren und hatte das Gefühl, ich fahre nach Hause. Ich habe hier Freunde und meine Familie, meinen Job und eine schöne Wohnung – und das alles will ich auch behalten und mich nun wieder meinem Leben stellen. Ich bin zuversichtlich, dass ich es schaffe.«

Im Sinne der Control-Mastery-Theorie nach Weiss und Silberschatz (z. B. Albani et al. 1999; Brockmann u. Sammet 2003) hatte der Therapeut offenbar eine Pro-Plan-Intervention realisiert und damit eine Voraussetzung für eine innere Befreiung von einer problematischen Überzeugung (»Ich bin in meinem Leben überfordert und kann nur ohne Verpflichtungen im Schutz meiner Eltern überleben«) geschaffen. Nach dieser Instabilität erfolgt ein Ordnungsübergang (s. Haken u. Schiepek 2010) in eine neue Therapiephase, die von deutlich weniger

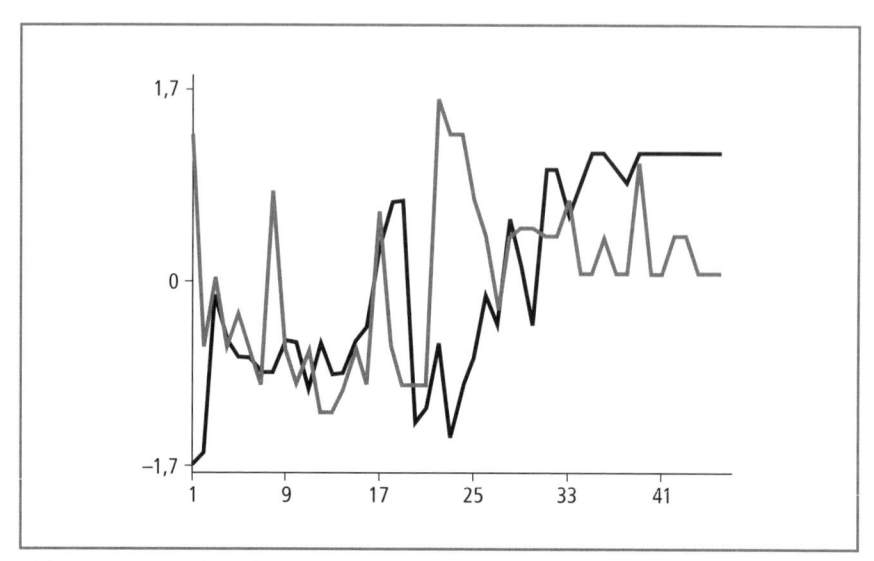

Abb. 12-5 Der Verlauf der Variablen »Therapeutische Fortschritte/Zuversicht/Selbstwirksamkeit« (Faktor I des TPB, schwarz) und »Beziehungsqualität/Offenheit/Vertrauen zu den Therapeuten« (Faktor III des TPB, grau) (z-transformierte Verläufe, Einheiten von Standardabweichungen um den Mittelwert 0 auf der Ordinate). Während des krisenhaften Einbruchs im Erleben von Zuversicht und Therapiefortschritten in der Mitte des Therapieverlaufs nimmt die Qualität der therapeutischen Beziehung und das dem Therapeuten entgegengebrachte Vertrauen offenbar deutlich zu und stabilisiert sich dann auf einem höheren Niveau als vor dieser Krise.

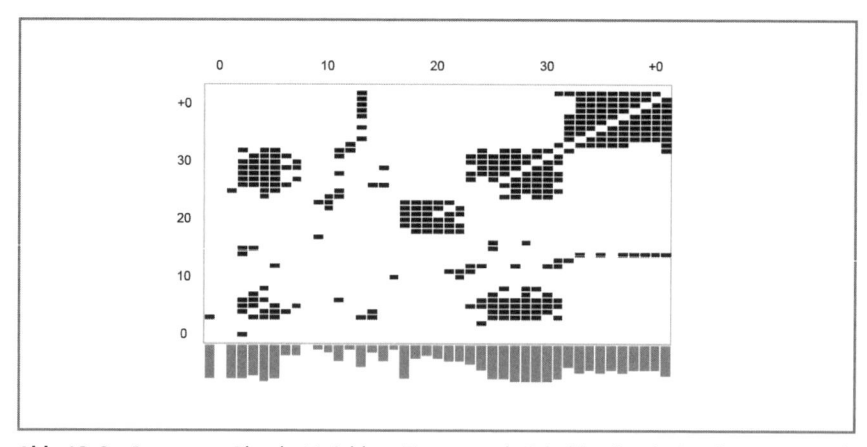

Abb. 12-6 Recurrence-Plot der Variablen »Trauer« und »Schuld«, die mit *time lag 1* mit jeweils drei Zeitverzögerungskoordinaten, also in einen 6-dimensionalen Ersatzphasenraum eingebettet wurden. Gut unterscheidbar sind in Form rechteckiger Blöcke ein dynamisches Muster relativ am Beginn der Therapie, die Phase der krisenhaften Verschlechterung in der Mitte, die Phase der kritischen Instabilität kurz vor und während des Aufenthalts im Elternhaus und die Phase der positiven Stabilisierung am Ende der Therapie.

negativen Emotionen (Abb. 12-2), von Hoffnung, Zuversicht, Eigeninitiative (Abb. 12-1) und vor allem von dem Wunsch getragen ist, ihr Leben wieder in die Hand zu nehmen und aktiv zu gestalten. Entsprechend bereitet sie dann schnell ihre Entlassung vor und beendet den Klinikaufenthalt. Der Recurrence-Plot (Abb. 12-6; zur Methode s. Eckamnn et al. 1987; Webber u. Zbilut 1994) macht die in dieser Therapie beobachtbaren Kaskaden von Ordnungsübergängen noch einmal visuell deutlich.

12.5 Fazit

Bei der Therapie von Angststörungen sollte berücksichtigt werden, dass es bei Frauen höhere Komorbiditäten, insbesondere mit Alkoholabusus, geben kann. Gamma und Angst (2001) berichten in einer Studie, dass Frauen die Lebensqualität mehr nach dem Vorliegen psychischer Probleme, nach Partnerschaft und Berufsstatus beurteilen als Männer. Auch dies kann bei der Therapieplanung eine Rolle spielen, wobei im Einzelfall zu klären ist, welche Kriterien von Lebensqualität bei einzelnen Klientinnen wirklich relevant sind.

Endokrine Einflüsse können die Wirkung von Psychopharmaka geschlechtsspezifisch beeinflussen. Östrogene beispielsweise sind neuroprotektiv, verbessern die serotonerge Transmission und sind stimmungsaufhellend (Wedekind u. Bandelow 2007). Bei Stressreaktionen können Östrogene die Aktivität des wichtigsten noradrenergen Kerngebiets, des Locus coeruleus, reduzieren. Progesteron dagegen hat eine entgegengesetzte und stimmungsdestabilisierende Wirkung. Östrogene verringern zudem die Aktivität der Monoaminooxidase und steigern die Aktivität der Serotonintransporter (Seeman 1997; Shear u. Weiner 1997). Adapatationsvorgänge an den Serotoninrezeptoren durch serotonerge Antidepressiva sind bei Frauen östrogenabhängig. Östrogene können die serotonerge Transmission verstärken und führen zu einer Sensitivierung bestimmter Serotoninrezeptoren sowie zu einer Hemmung von Monoamine abbauenden Enzymen (Kuhl 2002). Progesteron hat anxiolytische, aber auch dysphorisierende Effekte (Halbreich 1997), die durch modulierende Einflüsse auf GABA-Rezeptoren zustande kommt. Dosisanpassungen sind daher angebracht, wenn Patientinnen progesteronhaltige Kontrazeptiva benutzen und Benzodiazepine erhalten. Auch orale Kontrazeptiva verändern die Wirkung von Benzodiazepinen (im Sinne eines beschleunigten Abbaus), und eine Hormonersatztherapie kann höhere Plasmaspiegel bestimmter Antidepressiva zur Folge haben (Pigott 1999). Da Progesteron die Monoaminooxidase-Aktivität steigert, ist die Gabe von MAO-Hemmern bei gleichzeitiger Gabe von Progesteronpräparaten oder Östrogenen anzupassen (Kroboth u. McAuley 1997).

Das Fallbeispiel illustriert, dass eine von der Genderperspektive inspirierte therapeutische Arbeit in der Lage sein sollte, auf die Individualität und Komplexität menschlicher Entwicklungsprozesse einzugehen. Keineswegs geht es nur um die Mann-Frau-Differenz, obwohl der hier vorgestellte Fall auch interpretiert werden kann als Resultat unglücklicher weiblicher Sozialisationsbedingungen mit spezifisch weiblichen Lebensängsten (»Ich kann ohne Partner mein Leben nicht bewältigen«) und Schuldthemen (z. B. als Mutter versagt zu haben). Und es geht auch nicht nur um eine auf die Störung oder Diagnose fokussierte Betrachtung und ein darauf abgestimmtes therapeutisches Vorgehen (in diesem Fall zu generalisierten Ängsten, Panikzuständen, depressiven Episoden oder einer abhängigen Persönlichkeitsstruktur). Entsprechende Lebensängste, Lebensthemen und Störungsbilder kommen ja durchaus auch bei Männern vor. Vielmehr geht es darum, für die individuellen Lebenswege des einzelnen Menschen offen und verständnisbereit zu sein, um sie in angemessen komplexer Weise unterstützen und verstehen zu können.

Literatur

Albani C, Blaser G, Geyer M, Kächele H (1999). Die »Control-Mastery« Theorie – eine kognitiv orientierte psychoanalytische Behandlungstheorie von Joseph Weiss. Forum Psychoanal; 15: 224–36.

Andrade L, Eaton WW (1996). Lifetime comorbidity of panic attacks and major depression in a population-based study: age of onset. Psychol Med; 26: 991–6.

Angst J, Sellaro R (2001). Geschlecht und Angsterkrankungen, Phobien und Zwangsstörungen. In: Riecher-Rössler A, Rohde A (Hrsg). Psychische Erkrankungen bei Frauen. Für eine geschlechtersensible Psychiatrie und Psychotherapie. Basel: Karger; 62–72.

Barrett PM, Rapee RM, Dadds MM, Ryan SM (1996). Family enhancement of cognitive style in anxious and aggressive children. J Abnorm Child Psychol; 24: 187–203.

Bijl RV, Ravelli A, von Zerssen D (1998). Prevalence of psychiatric disorders in the general population. Results of the Netherlands Mental Health Survey and Incidence Study (NEMESIS). Soc Psychiatry Psychiatr Epidemiol; 33: 587–95.

Blanz B (2003). Angststörungen. In: Herpertz-Dahlmann B, Resch F, Schulte-Markwort M, Warnke A (Hrsg). Entwicklungspsychiatrie. Stuttgart: Schattauer; 592–608.

Boothe B, Heigl-Evers A (1996). Psychoanalyse der frühen weiblichen Entwicklung. München: Reinhardt.

Breslau N, Schultz L, Peterson E (1995). Sex differences in depression. A role for preexisting anxiety. Psychiatry Res; 58: 1–12.

Brockmann J, Sammet I (2003). Die Control Mastery Theorie von Weiss. In: Gerlach A, Schlösser AM, Springer A (Hrsg). Psychoanalyse mit und ohne Couch. Bonn: Psychosozial-Verlag; 280–93.

Buchheim A (2011). Sozio-emotionale Bindung. In: Schiepek G (Hrsg). Neurobiologie der Psychotherapie. 2. Aufl. Stuttgart: Schattauer; 339–46.

Caspi A, Elder GH, Bem DL (1988). Moving away from the world: life-course patterns of shy children. Develop Psychol; 24: 824–31.

Coplan JD, Andrews MW, Rosenblum LA et al. (1996). Persistent elevations of cerebrospinal fluid concentrations of corticotopin-releasing factor in adult nonhuman primates exposed to early-life stressors: implications for the pathophysiology of mood and anxiety disorders. Proc Natl Acad Sci USA; 93: 1619–23.

Dickstein L (2000). Gender differences in mood and anxiety disorders: from bench to bedside. Am J Psychiatry; 157: 1186–7.

Eickhoff SB, Grefkes C (2011). Systemtheorie und Dynamic Causal Modelling. In: Schiepek G (Hrsg). Neurobiologie der Psychotherapie. 2. Aufl. Stuttgart: Schattauer; 142–74.

Enoch MA, Xu K, Ferro E et al. (2003). Genetic origins of anxiety in women: a role for a further catechol-O-methyltransferase polymorphism. Psychiatr Gen; 13: 33–41.

Finlay-Jones R, Brown GW (1981). Types of stressful life events and the onset of anxiety and depressive disorders. Psychol Med; 11: 803–15.

Flannery RB (1986). Mayor life events and daily hassles in predicting health status: methodological inquiry. J Clin Psychol; 42: 485–7.

Fyer AJ, Manuzza S, Chapman TF et al. (1996). Panic disorder and social phobia: effects of comorbidity and familial transmission. Anxiety; 2: 173–8.

Gamma A, Angst J (2001). Concurrent psychitric comorbidity and multimorbidity in a community study: gender differences and quality of life. Eur Arch Psychiatry Clin Neurosci; 251: 43–6.

Haken H, Schiepek G (2010). Synergetik in der Psychologie. Selbstorganisation verstehen und gestalten. 2. Aufl. Göttingen: Hogrefe.

Halbreich U (1997). Premenstrual dysphoric disorders: a diversified cluster of vulnerability traits to depression. Acta Psychiatr Scand; 95: 69–76.

Jang KL, Stein MB, Taylor S, Livesley WJ (1999). Gender differences in the etiology of anxiety sensitivity: a twin study. J Gend Spec Med; 2: 39–44.

Kendler KS (1996). Major depression and generalized anxiety disorder: same genes, (partly) different environments – revisited. Br J Psychiatry; 168: 68–75.

Kendler KS, Neale MC, Kessler RC et al. (1992). The genetic epidemiology of phobias in women: the interrelationship of agoraphobia, social phobia, situational phobia, and simple phobia. Arch Gen Psychiatry; 49: 273–81.

Kendler KS, Walters EE, Neale MC et al. (1995). The structure of the genetic and environmental risk factors for six major psychiatric disorders in women: phobia, generalized anxiety disorder, panic disorder, bulimia, major depression, and alcoholism. Arch Gen Psychiatry; 52: 374–83.

Kessler RC, McGonagle KA, Zhao S et al. (1994). Lifetime and 12-month prevalence of DSM-III-R psychiatric disorders in the United States. Results from the National Comorbidity Survey. Arch Gen Psychiatry; 51: 8–19.

Kroboth PD, McAuley JW (1997). Progesterone: does it affect response to drug? Psychopharmacol Bull; 33: 297–301.

Krohne HW, Hock M (1991). Relationships between restrictive mother-child interactions and anxiety of the child. Anxiety Res; 4: 109–24.

Kuhl H (2002). Sexualhormone und Psyche. Stuttgart: Thieme.

LeDoux J (1998). Fear and the brain: where have we been, and where are we going? Biol Psychiatry; 44: 1229–38.

Levine RE, Oandasan AP, Primeau LA, Berenson AB (2003). Anxiety disorders during pregnancy and postpartum. Am J Perinatol; 20: 239–48.

Lewinsohn PM, Gotlib JH, Lewinsohn M et al. (1998). Gender differences in anxiety disorders and anxiety symptoms in adolescence. J Abnorm Psychol; 107: 109–17.

Linden M, Maier W, Achenberger M et al. (1996). Psychische Erkrankungen und ihre Behandlungen in Allgemeinarztpraxen in Deutschland. Nervenarzt; 67: 205–15.

Liu D, Diorio J, Tannenbaum B et al. (1997). Maternal care, hippocampal glucocorticoid receptors, and hypothalamic-pituitary-adrenal responses to stress. Science; 277: 1659–62.

Lovibond PF (2003). Depression Anxiety Stress Scales (DASS). In: Hoyer J, Margraf J (Hrsg). Angstdiagnostik – Grundlagen und Testverfahren. Berlin: Springer; 129–32.

Margraf J, Poldrack A (2000). Angstsyndrome in Ost- und Westdeutschland: Eine repräsentative Bevölkerungserhebung. Z Klin Psychol Psychother; 29: 157–69.

Marshall JR (1996). Comorbidity and its effects on panic disorder. Bull Menninger Clin; 60: 39–53.

Meyer C, Rumpf HJ, Hapke U et al. (2000). Lebenszeitprävalenz psychischer Störungen in der erwachsenen Allgemeinbevölkerung. Ergebnisse der TACOS-Studie. Nervenarzt; 71: 515–42.

Michael T, Ehlers A, Margraf J (2003). Agoraphobien und Panikanfälle. In: Reinecker H (Hrsg). Lehrbuch der Klinischen Psychologie und Psychotherapie. 4. Aufl. Göttingen: Hogrefe; 75–108.

Öhman A, Mineka S (2001). Fears, phobias, and preparedness: toward an evolved module of fear and fear learning. Psychol Rev; 108: 483–522.

Panksepp J (2001). Affective Neuroscience. New York: Oxford University Press.

Paquette V, Levesque J, Mensour B et al. (2003). «Change the mind and you change the brain": effects of cognitive-behavioral therapy on the neural correlates of spider phobia. Neuroimage; 18: 401–9.

Pigott TA (1999). Gender differences in the epidemiology and treatment of anxiety disorders. J Clin Psychiatry; 60: 4–15.

Rapaport MH, Frevert T, Babior S et al. (1995a). A comparison of demographic variables, symptom profiles, and measurements of functioning in symptomatic volunteers and an outpatient clinical population. Psychopharmacol Bull; 31: 111–4.

Rapaport MH, Thompson PM, Kelsoe JR et al. (1995b). Gender differences in outpatient research subjects with affective disorders: a comparison of descriptive variables. J Clin Psychiatry; 56: 67–72.

Reinecker H (2003). Soziale und spezifische Phobien. In: Reinecker H (Hrsg). Lehrbuch der Klinischen Psychologie und Psychotherapie. 4. Aufl. Göttingen: Hogrefe; 109–30.

Riemann F (2011). Grundformen der Angst. 39. Aufl. München: Reinhardt.

Robins LN, Orvaschel H, Antony J, Blazer D (1985). The Diagnostic Interview Schedule (DIS). In: Eaton WW, Kessler LG (eds). Epidemiological Methods in Psychiatry. Orlando: Academic Press: 143–71.

Schienle A, Schäfer A, Hermann A et al. (2007). Symptom provocation and reduction in patients suffering from spider phobia: an fMRI study on exposure therapy. Eur Arch Psychiatry Clin Neurosci; 257: 486–93.

Schiepek G, Strunk G (2010). The identification of critical fluctuations and phase transitions in short term and coarse-grained time series – a method for the real-time monitoring of human change processes. Biol Cybern; 102: 197–207.

Schiepek G, Heinzel S, Karch S (2011a). Die neurowissenschaftliche Erforschung der Psychotherapie. In: Schiepek G (Hrsg). Neurobiologie der Psychotherapie. Stuttgart: Schattauer; 1–34.

Schiepek G, Zellweger A, Kronberger H et al. (2011b). Psychotherapie. In: Schiepek G (Hrsg). Neurobiologie der Psychotherapie. 2. Aufl. Stuttgart: Schattauer; 567–92.

Seeman MV (1997). Psychopathology in women and men: focus on female hormones. Am J Psychiatry; 154: 1641–7.

Shear MK, Weiner K (1997). Psychotherapy for panic disorder. J Clin Psychiatry; 58: 38–43.

Siegel J, Reinecker H (2003). Generalisierte Angststörung. In: Reinecker H (Hrsg). Lehrbuch der Klinischen Psychologie und Psychotherapie. 4. Aufl. Göttingen: Hogrefe; 181–214.

Sinha R, Robinson J, O'Malley S (1998). Stress response dampening: effects of gender and family history of alcoholism and anxiety disorders. Psychopharmacology; 137: 311–20.

Straube T, Miltner WHR (2011). Ängste und Phobien. In: Schiepek G (Hrsg). Neurobiologie der Psychotherapie. 2. Aufl. Stuttgart: Schattauer; 385–97.

Van der Molen GM, Merckelbach H, van der Hout MA (1988). The possible relation of the menstrual cycle to susceptibility to fear acquisition. J Behav Ther Exp Psychiatry; 19: 127–33.

Webber CL, Zbilut JP (1994). Dynamical assessment of physiological systems and states using recurrence plot strategies. J Appl Physiol; 76: 965–73.

Wedekind D, Bandelow B (2007). Angststörungen. In: Rhode A, Marneros A (Hrsg). Geschlechtsspezifische Psychiatrie und Psychotherapie. Ein Handbuch. Stuttgart: Kohlhammer; 94–115.

Weinstock LS (1999). Gender differences in the presentation and management of social anxiety disorder. J Clin Psychiatry; 60: 9–13.

Wittchen HU, Jacobi F (2005). Size and burden of mental disorders in Europe – a critical review and appraisal of 27 studies. Eur Neuropsychopharmacol; 15: 357–76.

Wittchen HU, Essau CH, von Zerssen D et al. (1992). Life time and six month prevalence of mental disorders in the Munich Follow-Up Study. Eur Arch Psychiatry Clin Neurosci; 241: 247–58.

Wittchen HU, Nelson CB, Lachner G (1998). Prevalence of mental disorders and psychosocial impairments in adolescents and young adults. Psychol Med; 28: 109–26.

13 Zwangsstörungen

Günter Schiepek und Igor Tominschek

— Inhalt
13.1 Phänomenologie und Epidemiologie 124
13.2 Neuropsychologische Beeinträchtigungen 126
13.3 Neuronales Netzwerk des Zwangs 127
13.4 Therapeutische Ansätze 130
13.5 Fazit 131

13.1 Phänomenologie und Epidemiologie

Phänomenologisch lässt sich innerhalb der Zwangsstörungen (Obsessive Compulsive Disorder: OCD) eine grobe Unterscheidung zwischen Zwangshandlungen und Zwangsgedanken vornehmen. Eine Kombination aus beiden ist eher die Regel als die Ausnahme. Zwangshandlungen (*compulsions*) sind mehrfach wiederholte Handlungen oder Rituale, die die Person ausführt, um ihre Angst und Anspannung zu reduzieren, obwohl ihr dies übertrieben oder irrational erscheint. Den Zwangshandlungen gehen oft Zwangsgedanken (*obsessions*) voraus, d. h. unwillkürlich auftretende, als unkontrollierbar erlebte Bilder oder Vorstellungen, die meist quälend sind und Angst machen. Eine Sonderform der Zwangsgedanken ist das magische Denken. Betroffene befürchten, aufgrund ihrer Gedanken könnten schlimme Dinge passieren, an denen sie schuld wären, wenn sie sich nicht an bestimmte Rituale oder Regeln halten. Obwohl der Zusammenhang zwischen den Gedanken und den befürchteten Konsequenzen irrational erscheint, werden die Rituale dennoch ausgeführt, um die Angst zu reduzieren.

Tics, das Gilles-de-la-Tourette-Syndrom und Trichotillomanie werden nach ICD-10 zu den Zwangsspektrum-Störungen gerechnet. Nicht selten liegen phänomenologische Überschneidungen mit anderen psychischen Störungen vor, z. B. der Hypochondrie, Störungen aus dem schizophrenen Formenkreis, Essstörungen, depressiven Störungen, Impulskontrollstörungen sowie der zwanghaften Persönlichkeitsstörung (Achse-II-Störung nach DSM-IV). Vor allem mit depressiven Störungen findet sich häufige Komorbidität. Die Differenzialdiagnose ist therapierelevant, z. B. weil in manchen Fällen das in der Verhaltenstherapie übliche Expositionstraining kontraindiziert ist, etwa bei schizophrenen Psychosen, schweren Borderline-Störungen oder Suizidgefährdung (s. Fallbeispiel in Kap. 34).

Die Lebenszeitprävalenz von Zwangsstörungen liegt in der Größenordnung von 2 bis 2,5 % (Karno et al. 1988; Wittchen et al. 1989). Für die Gesamtbevölke-

rung geht man derzeit von einer Querschnittsprävalenz von 2 bis 3 % aus, wobei Karno et al. (1988) für Frauen eine Lebenszeitprävalenz von 3 %, für Männer eine von 2 % angeben. Zwangsstörungen gehören damit zu den häufigsten psychischen Störungen im Erwachsenenalter (Eaton et al. 1989). Die Geschlechterverteilung der Lebenszeitprävalenz wird von verschiedenen Studien unterschiedlich angegeben (s. Angst u. Sellaro 2001; Ernst 2001):
- Robins et al. (1985): Männer 2,3; Frauen 3,4; Sex Ratio 1,5
- Wittchen et al. (1992): Männer 1,8; Frauen 2,3; Sex Ratio 1,3
- Bijl et al. (1998): Männer 0,9; Frauen 0,8; Sex Ratio 0,9
- Wittchen et al. (1998): Männer 0,5; Frauen 0,9; Sex Ratio 1,8
- Meyer et al. (2000): Männer 0,1; Frauen 0,9; Sex Ratio 9,0

Auch scheint es Unterschiede bei den einzelnen Subtypen zu geben: Frauen entwickeln häufiger Waschzwänge, die aber im späteren Alter beginnen. Bei Männern findet man öfter reine Zwangsgedanken. Kontrollzwänge sind bei Männern und Frauen etwa gleich häufig (Reinecker u. Zaudig 1995; Weissman et al. 1994). Für das Alter des erstmaligen Auftretens wird meist eine bimodale Verteilung mit Gipfeln in der frühen Adoleszenz (12–14 Jahre) und im frühen Erwachsenenalter (20–22 Jahre) angegeben (Shafran 2001; Snider u. Swedo 2000). Da Zwangsstörungen von den Betroffenen aus Scham häufig lange verheimlicht werden, finden die ersten therapeutischen Kontakte im Durchschnitt erst 7 Jahre nach Krankheitsbeginn statt.

Ohne adäquate Behandlung entwickeln sich Zwangsstörungen prognostisch ungünstig mit chronisch stabilen, progredienten oder schwankenden Verläufen. Symptomfreiheit oder Spontanremission kommen unbehandelt nur selten vor (Zaudig 2002). Mit der Stellung der zutreffenden Diagnose und einer professionellen Vermittlung von krankheitsrelevanten Informationen wird sowohl für die Betroffenen wie auch für ihre Angehörigen ein entlastender Bezugsrahmen geschaffen. Die oft bizarr anmutenden Zwangshandlungen können als Krankheit gewertet und adäquat behandelt werden.

Zwangsstörungen scheinen trotz der phänomenologischen Ähnlichkeit mancher Symptome sehr heterogen zu sein, da sie hinsichtlich Erkrankungsbeginn, Verlauf, Art und Schwere der Symptomatik, Komorbiditäten und Prognose deutliche Unterschiede aufweisen (Eisen u. Rasmussen 2000). Die Arbeitsgruppe um Mataix-Cols (2005) hat den Versuch unternommen, aus faktorenanalytischen Studien syndromale Dimensionen zu extrahieren. Die konsistentesten Ergebnisse finden sich für vier Dimensionen:
- Symmetriezwänge mit Ritualen des Ordnens und Arrangierens (*symmetry, ordering*)
- Hort- und Sammelzwänge (*hoarding*)
- Wasch- und Reinigungszwänge, verbunden mit Infektions- und Kontaminationsängsten (*washing, cleaning, contamination fear*)
- Kontrollzwänge (*obsessions, checking*)

Zeitliche Veränderungen der Symptomatik sind offenbar vor allem auf eine Veränderung innerhalb der Dimensionen und weniger auf Übergänge zwischen den Klassen oder Achsen zurückzuführen.

Genetisch und psychologisch sind wie auch bei anderen psychischen Störungen vor allem multifaktoriell-dynamische Erklärungsmodelle erfolgversprechend. Bisher ließen sich keine einzelnen Gene identifizieren, die für die Entstehung von Zwangserkrankungen verantwortlich sein könnten. Als plausibel gilt ein gemischtes Transmissionsmodell, das nahelegt, dass neben einem Hauptgen verschiedene andere Gene die Ausprägung von Zwangsphänomenen beeinflussen (Pauls u. Alsobrook 1999). Prozesse der erfahrungs- und lernabhängigen Genexpression spielen vermutlich auch bei Zwangsstörungen eine Rolle. Zwillingsstudien ergaben bei eineiigen Zwillingen eine höhere Konkordanzrate (53–87 %) als bei zweieiigen Zwillingen (22–47 %). Nestadt et al. (2000a) fanden bei Verwandten ersten Grades von Zwangspatienten und -patientinnen eine deutlich höhere Lebenszeitprävalenz als bei einer Kontrollgruppe. Vor allem bei frühem Erkrankungsbeginn (*early-onset*) scheinen genetische Faktoren eine Rolle zu spielen (Hegerl et al. 2001; Piacentini u. Bergman 2000). Betroffene, die bei Erkrankungsbeginn jünger als 18 Jahre alt sind, haben eine doppelt so hohe familiäre Belastung als jene, deren Erkrankung im Erwachsenenalter beginnt (Nestadt et al. 2000b).

13.2 Neuropsychologische Beeinträchtigungen

Es liegen inzwischen zahlreiche Befunde zu neuropsychologischen Beeinträchtigungen bei Zwangsstörungen vor, die mehrere kognitive Funktionsbereiche betreffen (s. die Übersichten von Greisberg u. McKay 2003; Kathmann 2007; Kuelz et al. 2004). Unter anderem wurden Defizite bei Entscheidungsprozessen gefunden (z. B. in Studien mit dem Bechara Card Sorting Test; Cavallaro et al. 2003), was die bekannte Beteiligung orbitofrontaler und ventromedialer Kortexbereiche, des anterioren cingulären Kortex (ACC) sowie der funktionell damit verbundenen Basalganglien (z. B. Nucleus caudatus) bei Zwangsstörungen nachvollziehbar macht.

Speziell der orbitofrontale Kortex (OFC) reagiert auf Veränderungen im Belohnungswert von Stimuli und auf Kontingenzveränderungen (Rolls 2004), die von den Betroffenen offenbar nur unzureichend erkannt und verarbeitet werden können, sowie auf Unsicherheiten bezüglich möglicher Handlungsfolgen (Elliott et al. 1999). Beeinträchtigungen bei komplexen Problemlöseaufgaben weisen auf Defizite im Bereich des konzeptuellen Denkens und des strategischen Planens hin (z. B. Cavallaro et al. 2003; Fernandez et al. 2003; Kuelz et al. 2004). Defizite im Bereich von Gedächtnisfunktionen oder von visuell-räumlichen Leistungen scheinen nicht unbedingt mit basalen Gedächtnis- oder Wahrnehmungsschwächen zu tun zu haben, sondern mit impliziten Strategien der Informationsorganisation, was sich insbesondere in Problemen bei der Enkodierung unstrukturierten Materials manifestiert (Greisberg u. McKay 2003; Kuelz et al. 2004). Dies kann zu den für Zwänge typischen Zweifeln an kognitiven und motorischen Funktionen führen. Ein Wechsel zwischen motorisch-sensorischen Aufgaben scheint den Patienten und Patientinnen schwerer zu fallen als gesunden Kontrollpersonen. Defizite im *task-switching* gehen offenbar einher mit geringeren Aktivierungsleveln im frontostriären und im frontoparietalen Netzwerk.

Zusammenfassend scheinen vor allem folgende exekutive kognitive Funktionen betroffen (Kordon et al. 2006):
- strategische Kompetenz
- Generieren internaler Lösungsstrategien
- Unterdrücken irrelevanter Stimuli
- automatische Unterdrückung von Intrusionen
- Umschalten auf veränderte Kontingenzen
- Umschalten auf veränderte Stimuli und Reaktionserfordernisse (*attention shift, task switching*)
- Komplexitätsverarbeitung und Zeitabhängigkeit
- visuoräumliche Wahrnehmung, Erinnerung und Informationsverarbeitung
- Arbeitsgedächtnis

13.3   Neuronales Netzwerk des Zwangs

Friedlander und Desrocher (2006) unterscheiden zwischen einem *Executive Dysfunction Model* und einem *Modulatory Control Model*. Ersteres erkläre primär die bei Zwängen auftretenden Perseverationen und repetitiven Handlungsabläufe (z. B. Kontrollieren und Zählen), d. h. es bezieht sich auf Störungen der Ausführungskontrolle und der Verhaltensinhibition (*compulsions*) (Rauch et al. 1994). Das Modulatory Control Model dagegen bezieht sich primär auf irrationale und persistierende Gedanken, Vorstellungen und Verhaltensimpulse (*obsessions*), welche bei der betroffenen Person Angst und Distress erzeugen (Saxena et al. 1998).

An Perseverationstendenzen und Inhibitionsstörungen sind Strukturen beteiligt, die weitgehend dem fronto-striato-thalamo-frontalen Schaltkreis entsprechen (z. B. Saxena et al. 1998; Schiepek et al. 2011a) (Abb. 13-1, links; s. S. 128). Ausgehend von dorsolateralen Bereichen des präfrontalen Kortex (PFC) gibt es einen direkten Verbindungsweg zu den D1-Rezeptoren des Striatums und von dort zum Globus-pallidus/Substantia-nigra-Komplex (Pars reticulata im Inneren dieser Kerne), einer wichtigen Outputregion der Basalganglien. Der Globus-pallidus/Substantia-nigra-Komplex projiziert zum Thalamus, der wiederum direkte Verbindungen zum frontalen Kortex aufweist. In diese direkte Schleife sind zwei inhibitorische Verbindungen eingebaut, was bedeutet, dass die hemmende Wirkung des Globus pallidus internus auf den Thalamus reduziert wird. Ein Verlust dieser Hemmung führt zu einer Überaktivierung des Thalamus und triggert das System im Sinne eines selbstperpetuierenden, positiven Feedbacks. Ein erhöhter

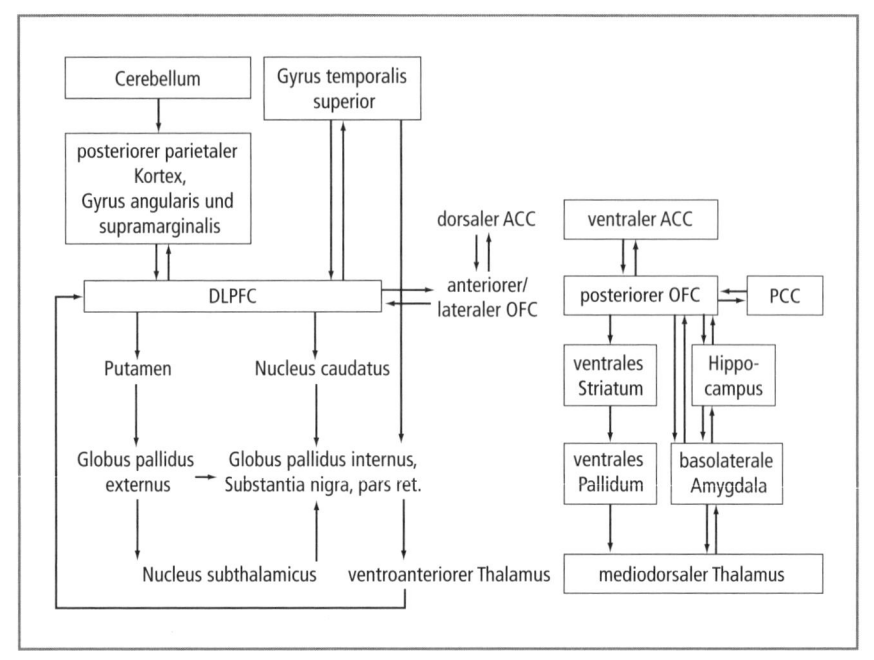

128 II Psychotherapie für Frauen – Störungsbilder und psychotherapeutische Angebote

```
                    ┌──────────────┐   ┌──────────────┐
                    │  Cerebellum  │   │Gyrus temporalis│
                    │              │   │   superior    │
                    └──────┬───────┘   └──────┬───────┘
    ┌──────────────────┐   │                  │
    │posteriorer parietaler│                  │
    │      Kortex,      │                  │
    │ Gyrus angularis und│     dorsaler ACC    ventraler ACC
    │  supramarginalis  │          ↑↓              ↑↓
    └─────────┬────────┘    ┌──────────────┐  ┌──────────────┐  ┌─────┐
              ↕              │   DLPFC      │←─│ anteriorer/  │  │posteriorer OFC│⇄│ PCC │
              └──────────────│              │  │ lateraler OFC│  └──────┬───────┘  └─────┘
                             └──┬──────┬────┘  └──────────────┘
                                │      │
                         ┌──────┴─┐  ┌─┴──────────┐   ┌──────────┐  ┌──────────┐
                         │Putamen │  │Nucleus     │   │ ventrales │  │  Hippo-  │
                         │        │  │caudatus    │   │ Striatum  │  │ campus   │
                         └────┬───┘  └─────┬──────┘   └─────┬────┘  └────┬─────┘
                              │            │                │            │
                         ┌────┴─────┐ ┌────┴────────────┐  ┌─┴────────┐ ┌┴─────────┐
                         │Globus    │ │Globus pallidus  │  │ ventrales│ │basolaterale│
                         │pallidus  │→│ internus,       │  │ Pallidum │ │ Amygdala  │
                         │externus  │ │Substantia nigra,│  └─────┬────┘ └───────────┘
                         └──────────┘ │  pars ret.      │        │
                                      └────────┬────────┘        │
                                               │                 │
                         ┌──────────────┐ ┌────┴──────────┐ ┌────┴──────────────┐
                         │   Nucleus    │ │ventroanteriorer│ │ mediodorsaler    │
                         │subthalamicus │ │   Thalamus    │ │    Thalamus      │
                         └──────────────┘ └───────────────┘ └──────────────────┘
```

Abb. 13-1 Modell der Pathophysiologie von Zwangsstörungen (modifiziert nach Kwon et al. 2009, S. 264, und Menzies et al. 2008, S. 541). Ein eher »kognitives« Netzwerk verbindet präfrontale und ventroanteriore Thalamusstrukturen über dorsale Striatum-Schleifen, ein eher »affektives« Netzwerk verbindet den posterioren orbitofrontalen Kortex (OFC) und ventrale Teile des anterioren cingulären Kortex (ACC) über ventrale Striatum-Schleifen und über limbische Strukturen mit dem mediodorsalen Thalamus. Der dorsolaterale präfrontale Kortex (DLPFC) bildet eine Schnittstelle zum parietalen Kortex und zum Cerebellum. (Vgl. ausführlich zur Neurobiologie von Zwangsstörungen unter Aspekten der Psychotherapie Schiepek et al. 2009, 2011a.)

Metabolismus im Bereich des Thalamus steht offenbar in direktem Zusammenhang mit der Symptomausprägung von Zwängen (Perani et al. 1995). Der indirekte Verbindungsweg geht vom präfrontalen Kortex über die D2-Rezeptoren des Striatums zum Basalganglien-Kontrollsystem (bestehend aus dem externen Teil des Globus pallidus und dem Nucleus subthalamicus). Ein Teil des Inputs in dieses System läuft nicht über das Striatum, sondern direkt vom PFC zum Nucleus subthalamicus. Das Basalganglien-Kontrollsystem projiziert dann zum Globus pallidus internus und zur Substantia nigra, von wo der Weg über den Thalamus wieder zurück zum PFC verläuft. Der Nucleus subthalamicus wirkt dabei aktivierend auf die den Thalamus inhibierende Struktur des Globus pallidus internus und trägt damit im Normalfall zur Dämpfung thalamischer Aktivität bei.

Dieser indirekte Weg verfügt also über mehrere inhibitorische Neurone bzw. Verschaltungen und übt folglich eine dämpfende Wirkung auf den Thalamus aus (negatives Feedback). Die im gesunden Funktionieren bestehende Balance zwischen den direkten und indirekten Schleifen, die eine Balance zwischen Aktivierung und Kontrolle motorischer Abläufe garantiert, scheint bei Zwangsstörungen zugunsten des direkten, positiven Feedbacks verschoben, mit der Folge perseverierender und unkontrollierter Verhaltensabläufe (Saxena et al. 1998). Der beschriebene Kreislauf hat auch Verbindungen zum limbischen System, d.h. zu Prozessen der Emotionskontrolle.

Das Modulatory Control Model thematisiert die engen funktionalen und anatomischen Zusammenhänge zwischen orbitofrotalem Kortex, medialem präfrontalen Kortex, cingulärem Kortex (insbesondere ACC) und limbischen Strukturen wie der Amygdala. Der cinguläre Kortex weist auch enge Verbindungen zu motorischen Kortexarealen und zu den Basalganglien auf. Verschiedene Studien konnten Hyperaktivierungen und gesteigerten Metabolismus in den genannten Bereichen nachweisen (insbesondere im OFC, im medialen PFC und im cingulären Kortex) (Friedlander u. Desrocher 2006). Daraus sollte eine übertriebene mentale Fokussierung auf Themen wie Gefahr und Bedrohung, Sexualität, Aggression oder Sauberkeit resultieren. Zwangsgedanken ziehen dann wiederum rituelle und perseverierende Schutzhandlungen und -gedanken nach sich, wobei die Strukturen des Modulatory Control Model und des Executive Dysfunction Model in engem Zusammenhang stehen.

Diese Befunde in einem aktuellen Modell zusammenfassend, ergänzen Menzies et al. (2008) und Kwon et al. (2009) das »klassische« fronto-striato-thalamo-frontale System, das über das dorsale Striatum läuft (s. Abb. 13-1, linker Teil), um ein zweites Netzwerk, das das ventrale Striatum und wesentliche Strukturen des limbischen Systems einbezieht (s. Abb. 13-1, rechter Teil; s. auch Schiepek et al. 2009, 2011a). Zentrale Schnittstellen zwischen den beiden ansonsten durchaus unabhängig funktinierenden Systemen sind der orbitofrontale und der cinguläre Kortex, wobei der anteriore OFC wechselseitige Verbindungen zum dorsolateralen PFC und zum dorsalen ACC sowie zum posterioren cingulären Kortex aufweist, der posteriore OFC dagegen zum ventralen Teil des ACC, zur Amygdala und zum Hippocampus. Das ventrale orbitostriäre Netzwerk scheint während emotionaler Prozesse verstärkt aktiviert zu sein und könnte – weitgehend deckungsgleich mit dem Modulatory Control Model nach Friedlander und Desrocher (2006) – die emotionalen Komponenten der Zwangsstörung wie Ängste und Befürchtungen abdecken. Die dorsalen frontostriären Verbindungen dagegen sind Teil eines Systems, das den kognitiven und exekutiven Defiziten der Zwangsstörung entsprechen könnte. Über den dorsolateralen PFC sind Regionen des parietalen Kortex (Gyrus angularis und supramarginalis), des Cerebellums und des superioren temporalen Kortex vernetzt, d.h. es liegt damit eine Schnittstelle zwischen frontostriären und frontoparietalen Kreisläufen vor. Aufgrund seiner Aktivierung bei Symptomprovokation und seinen Funktionen im Bereich von Aufmerksamkeitssteuerung und Reaktionsinhibierung dürfte der parietale Kortex an den Versuchen beteiligt sein, obsessiven Gedanken und compulsiven Impulsen zu widerstehen bzw. die Aufmerksamkeit in andere Richtungen zu orientieren (Kwon et al. 2009; Rotge et al. 2008).

13.4 Therapeutische Ansätze

Von Bedeutung sind vor allem psychotherapeutische und psychopharmakologische Ansätze, die häufig in Kombination angewendet werden. Nach wie vor trifft dabei die Feststellung von Grabe und Ettelt (2007) zu, dass bisher zur Therapie von Zwangsstörungen keine geschlechtsspezifischen Behandlungskonzepte entwickelt wurden.

- **Psychotherapie.** Im Mittelpunkt stehen meist verhaltenstherapeutische Maßnahmen, die primär mit Exposition und Reaktionsverhinderung (Exposure/Response Prevention [ERP]) arbeiten. Dabei wird die behaviorale und kognitive Vermeidung von angst- und damit zwangsauslösenden Stimuli unterbunden. Die Person lernt, dass die befürchteten negativen Folgen ausbleiben, auch wenn sie neutralisierende Zwangshandlungen und -gedanken unterlässt, und sie erhält damit ein Gefühl von Selbstwirksamkeit und Handlungskontrolle zurück (Lakatos u. Reinecker 2007; Reinecker 2009; Zaudig et al. 2002). Vor dem Flooding findet in der Regel eine ausführliche Analyse zwangsauslösender Situationen (funktionelle Bedingungsanalyse) und die Vermittlung therapierelevanter Informationen statt (Psychoedukation). Kognitive Therapieansätze (Cognitive Behavioral Therapy [CBT]) zielen darauf ab, irrationale Befürchtungen, Katastrophisierungen und Tendenzen zur Risikovermeidung sowie zur Übernahme von Verantwortung für alle möglichen bedrohlichen Ereignisse abzubauen (Lakatos u. Reinecker 2007). Deutliche und durchaus vergleichbare Effektstärken liegen für CBT wie für ERP sowohl für die Durchführung im Einzelsetting als auch in gruppentherapeutischen Anwendungen vor (Anholt et al. 2008; Aigner et al. 2004; Eddy et al. 2004; Jonsson u. Hougaard 2009; Rosa-Alcazar et al. 2008; van Balkom et al. 1994). In letzter Zeit wird zunehmend mehr auf integrative Zugänge gesetzt (z. B. Ambühl u. Meier 2003). Tominschek und Schiepek (2007) beschreiben ein Behandlungskonzept, welches kognitiv-behaviorale Therapie, Exposition mit Reaktionsverhinderung und systemische Methoden (z. B. Paar- und Familientherapie, idiografische Systemmodellierung) spezifisch auf die Patienten und Patientinnen und ihre Behandlungsziele abstimmt.

- **Medikamentöse Therapie.** Hier gilt als Methode der Wahl die Verabreichung von Selektiven Serotonin Reuptake-Inhibitoren (SSRI) wie Fluoxetin, Fluvoxamin oder Citalopram. Im Vergleich zu ihrem Einsatz bei der Depressionsbehandlung sind oftmals höhere Dosierungen anzusetzen und es ist mit längeren Wirkungslatenzen (bis zu 12 Wochen) zu rechnen (Kordon et al. 2006). Verschiedentlich wird auch eine ergänzende Behandlung mit dem Trizyklikum Clomipramin in zeitlicher Folge (vorausgehend oder nachfolgend) empfohlen (Mavrogiorgou u. Hegerl 2002). Eine völlige Symptomreduktion ist medikamentös jedoch kaum erreichbar, zudem scheint in nicht wenigen Fällen die medikamentöse Therapie ohne die gewünschten Effekte zu bleiben (Metaanalyse zu SSRI: Greist et al. 1995). Eine ergänzende Psychotherapie ist grundsätzlich sinnvoll, während umgekehrt fraglich erscheint, ob eine medikamentöse Behandlung die Effekte der Verhaltenstherapie steigern kann (Metaanalyse: Kobak et al. 1998). Indiziert erscheint eine Kombinationsbehandlung insbesondere bei Vorliegen komorbider Depressionen und einem primär von Zwangsgedanken geprägten Erscheinungsbild (Hohagen et al. 1998).

In der konkreten Praxis stationärer, teilstationärer (tagesklinischer) und/oder ambulanter Therapie müssen unterschiedliche Vorgehensweisen auf den einzelnen Patienten oder die einzelne Patientin in sinnvoller Weise abgestimmt werden. Entscheidungsrelevant sind hierbei der momentane Stand des Therapieprozesses, die soziale (z. B. partnerschaftliche und familiäre) Situation der Person, verfügbare Ressourcen und Kompetenzen sowie die aktuelle Veränderungsmotivation oder -angst der Person (s. das synergetische Konzept der generischen Prinzipien als Bedingungen für therapeutische Selbstorganisationsprozesse; Schiepek et al. 2011b). Methoden wie ein internetbasiertes Prozessmonitoring können sich dabei für die Steuerung und Gestaltung des Therapieprozesses als sehr sinnvoll und nützlich erweisen und erfüllen zudem die Anforderung an eine umfassende Prozess- und Outcomedokumentation.

13.5   Fazit

Geschlechtsspezifische Unterschiede sind weder für die Ätiologie noch für die Therapie von Zwangsstörungen systematisch dokumentiert (Grabe u. Ettelt 2007). Keine der bisher vorliegenden bildgebenden Studien (PET, fMRT) zu den Effekten von Psychotherapie bei Zwangsstörungen weist auf Geschlechtsunterschiede hin oder hat eine differenzielle Auswertung für Patienten und Patientinnen vorgenommen (Schiepek et al. 2011a) – was aufgrund der geringen Fallzahlen in diesen Studien auch nicht erstaunt. Obwohl in der Literatur von unterschiedlichen Symptomspektren berichtet wird – z. B. von vermehrten Waschzwängen bei Frauen und häufigeren Zwangsgedanken bei Männern (Reinecker 2009) – konnte ein empirischer Vergleich (36 Patientinnen, 33 Patienten) von unterschiedlichen Inhalten und Foki von Zwangshandlungen und Zwangsgedanken nur eine einzige Signifikanz ausweisen: Männer berichten über mehr Ordnungs- und Symmetrierituale.

Auch in ätiologischen Modellen zur familiären Transmission gibt es keine Hinweise auf Geschlechtsspezifika. In einer Studie von Grabe und Mitarbeitern (zit. n. Grabe u. Ettelt 2007) konnten keine unterschiedlichen familiären Belastungen bei Frauen und Männern gefunden werden. Allenfalls in der neuronalen Hormon- und Transmitterdynamik könnten Unterschiede zu finden sein, da Patientinnen auf die Gabe des Serotoninagonisten m-Chloropheylpiperazin (mCPP) mit einer höheren Prolaktinausschüttung reagierten als weibliche Kontrollpersonen (Hollander et al. 1992), was für Geschlechtsunterschiede bezüglich der Sensitivität von Serotoninrezeptoren bei Zwangsstörungen sprechen könnte. Beschrieben werden erhöhte Serotoninfunktionen im weiblichen Gehirn sowie von Östrogen über die Prolaktionausschüttung vermittelte Einflüsse des Menstruationszyklus auf die Serotoninfunktion (Hollander et al. 1992). Enoch et al (2001) fanden, dass der 5-HT2A-Promoter-Polymorphismus spezifisch mit Zwangssymptomen bei Frauen assoziiert ist, was auf Geschlechtsunterschiede in der genetischen Vulnerabilität hinweisen könnte. Allerdings konnten ursprüngliche Befunde zum Geschlechtsdimorphismus des COMT-Gens in einer Metaanalyse von Azzam et al. (2003) nicht bestätigt werden.

Möglicherweise liefert ein Blick in die Praxis und in die Einzelfallforschung mehr Aufschluss über genderspezifische Inhalte bei Zwangsstörungen (Tominschek u. Schiepek 2007; Tominschek et al. 2008; s. auch Kap. 34 dieses Bandes). Häufig finden sich Autonomiekonflikte, wobei Zwangsrituale zur Nähe-Distanz-Regulation (z. B. über die Vermeidung von Intimität und sexuellen Kontakten) eingesetzt werden. Die vor allem in der verhaltenstherapeutischen Literatur vielfach beschriebene funktionelle Einbindung von Zwangssymptomen in interpersonelle Bezugssysteme (in aktuelle Partnerschaften und Familieninteraktionen ebenso wie schon in die Herkunftsfamilien) verweist auf Macht- und Aggressionspotenziale, die mit einer Kontrolle des Verhaltens von Bezugspersonen einhergehen. Eine differenzierte Betrachtung von Menschen (beiderlei Geschlechts) mit Zwangsstörungen sollte allerdings weder störungsbildbezogene noch geschlechtsrollenspezifische Klischees bedienen, sondern den Einzelfall in den Blick nehmen (vgl. die Argumentation in Kap. 3). Sehr häufig sind in der Therapie von Zwangspatientinnen und -patienten Lebensthemen relevant, die trotz einer massiven Beeinträchtigung durch die Zwangssymptomatik andere als symptomspezifische Akzente setzen und eine Klärung von zum Teil langanhaltenden Lebenskonflikten und Inkongruenzen zwischen Bedürfnissen und erlebten Lebenslagen erfordern. Oft ist Männern wie Frauen am meisten gedient, wenn wir hier ansetzen und uns nicht den professionellen Blick durch störungsbild- oder genderspezifische Stereotypien verstellen lassen.

Literatur

Aigner M, Demal U, Zitterl W et al. (2004). Verhaltenstherapeutische Gruppentherapie für Zwangsstörungen. Verhaltenstherapie; 14: 7–14.

Ambühl H, Meier B (2003). Zwang verstehen und behandeln. Stuttgart: Pfeiffer bei Klett-Cotta.

Angst J, Sellaro R (2001). Geschlecht und Angsterkrankungen, Phobien und Zwangsstörungen. In: Riecher-Rössler A, Rohde A (Hrsg). Psychische Erkrankungen bei Frauen. Für eine geschlechtersensible Psychiatrie und Psychotherapie. Basel: Karger: 62–72.

Anholt GE, Kempe P, de Haan E et al. (2008). Cognitive versus behavior therapy: process of change in the treatment of obsessive-compulsive disorder. Psychother Psychosom; 77: 38–42.

Azzam A, Mathews CA (2003). Meta-analysis of the association between the catecholamine-O-methyl-transferase gene and obsessive-compulsive disorder. Am J Med Genet; 15: 64–9.

Bijl RV, Ravelli A, von Zerssen D (1998). Prevalence of psychiatric disorders in the general population. Results of the Netherlands Mental Health Survey and Incidence Study (NEMESIS). Soc Psychiatry Psychiatr Epidemiol; 33: 587–95.

Cavallaro R, Cavedini P, Mistretta P et al. (2003). Basal-cortical circuits in schizophrenia and obsessive-compulsive disorder: a controlled, double dissociation study. Biol Psychiatry; 54: 437–43.

Eaton WW, Kramer M, Anthony JC (1989). The incidence of specific DIS/DSM-III mental disorders: data from NIMH Epidemiologic Catchment Area Program. Acta Psychiatrica Scand; 79: 163–87.

Eddy KT, Dutra L, Bradley R, Westen D (2004). A multidimensional meta-analysis of psychotherapy and pharmacotherapy for obsessive-compulsive disorder. Clin Psychol Rev; 24: 1011–30.

Eisen J, Rasmussen S (2000). Clinical features of obsessive-compulsive disorder. Psych Clin North Am; 23: 469–91.

Elliott R, Rees G, Dolan RJ (1999). Ventromedial prefrontal cortex mediates guessing. Neuropsychologia; 37: 403–11.

Enoch MA, Greenberg BD, Murphy DL, Goldman D (2001). Sexually dismorphic relationship of a 5HT2A promotor polymorphism with obsessive-compulsive disorder. Biol Psychiatry; 49: 385–8.

Ernst C (2001). Die bessere und die schlechtere Hälfte? Geschlechtsunterschiede in der Prävalenz psychischer Krankheiten aus epidemiologischer Sicht. In: Riecher-Rössler A, Rohde A (Hrsg). Psychische Erkrankungen bei Frauen. Für eine geschlechtersensible Psychiatrie und Psychotherapie. Basel: Karger: 47–60.

Fernandez A, Pino Alonso M, Mataix-Cols D et al. (2003). Neuroactivation of the Tower of Hanoi in patients with obsessive-compulsive disorder and healthy volunteers. Rev Esp Med Nucl; 22: 376–85.

Friedlander L, Desrocher M (2006). Neuroimaging studies of obsessive-compulsive disorder in adults and children. Clin Psychol Rev; 26: 32–49.

Grabe HJ, Ettelt S (2007). Zwangsstörungen. In: Rhode A, Marneros A (Hrsg). Geschlechtsspezifische Psychiatrie und Psychotherapie. Ein Handbuch. Stuttgart: Kohlhammer: 116–27.

Greisberg S, McKay D (2003). Neuropsychology of obsessive-compulsive disorder: a review and treatment implications. Clin Psychol Rev; 23: 95–117.

Greist JH, Jefferson JW, Kobak KA et al. (1995). Efficacy and tolerability of serotonin transport inhibitors in obsessive-compulsive disorder. a meta-analysis. Arch Gen Psychiatry; 52: 53–60.

Hegerl U, Henkel V, Pogarell O (2001). Neurobiologische Erklärungsansätze bei Zwangsstörungen. Psychotherapie; 7: 228–33.

Hohagen F, Winkelmann G, Rasche-Ruchle H et al. (1998). Combination of behavioural therapy with fluvoxamine in comparison with behaviour therapy and placebo. Results of a multicentre study. Br J Psychiatry; 35(suppl): 71–88.

Hollander E, de Caria CM, Nitescu A et al. (1992). Serotonergic function in obsessive-compulsive disorder. Behavioral and neuroendocrine responses to oral m-chlorophenylpiperazine and fenfluramine in patients and healthy volunteers. Arch Gen Psychiatry; 49: 21–8.

Jonsson H, Hougaard E (2009). Group cognitive behavioural therapy for obsessive-compulsive disorder: a systematic review and meta-analysis. Acta Psychiatr Scand; 119: 98–106.

Karno M, Golding JN, Sorenson SB, Burmann MA (1988). The epidemiology of obsessive-compulsive disorders in five US-Communities. Arch Gen Psychiatry; 45: 1094–9.

Kathmann N (2007). Neuropsychologie der Zwangsstörung. Göttingen: Hogrefe.

Kobak KA, Greist JH, Jefferson JW et al. (1998). Behavioral versus pharmacological treatments of obsessive-compulsive disorder: a meta-analysis. Psychopharmacology; 136: 205–16.

Kordon A, Leplow B, Hohagen F (2006). Zwangsstörungen. In: Förstl H, Hautzinger M, Roth G (Hrsg). Neurobiologie psychischer Störungen. Heidelberg: Springer; 545–76.

Kuelz AK, Hohagen F, Voderholzer U (2004). Neuropsychological performance in obsessive-compulsive disorder: a critical review. Biol Psychology; 65: 185–236.

Kwon JS, Jang JH, Choi JS, Kang DH (2009). Neuroimaging in obsessive compulsive disorder. Expert Rev Neurother; 9: 255–69.

Lakatos A, Reinecker H (2007). Kognitive Verhaltenstherapie bei Zwangsstörungen. 3. Aufl. Göttingen: Hogrefe.

Mataix-Cols D, Conceicao do Rosario-Campos M, Leckman JF (2005). A multidimensional model of obsessive-compulsive disorder. Am J Psychiatry; 162: 228–38.

Mavrogiorgou P, Hegerl U (2002). Psychopharmakotherapie der Zwangsstörungen. In: Zaudig M, Hauke W, Hegerl U (Hrsg). Die Zwangsstörung. Diagnostik und Therapie. Stuttgart: Schattauer; 91–106.

Menzies L, Chamberlain SR, Laird AR et al. (2008). Integrating evidence from neuroimaging and neuropsychological studies of obsessive-compulsive disorder: the orbitofrontostriatal model revisited. Neurosci Biobehav Rev; 32: 525–49.

Meyer C, Rumpf HJ, Hapke U et al. (2000). Lebenszeitprävalenz psychischer Störungen in der erwachsenen Allgemeinbevölkerung. Ergebnisse der TACOS-Studie. Nervenarzt; 71: 515–42.

Nestadt G, Lan T, Samuels J et al. (2000a). Complex segregation analysis provides compelling evidence for a major gene underlying obsessive-compulsive disorder and for heterogenetics by sex. Am J Human Gen; 67: 1611–6.

Nestadt G, Samuels J, Riddle M et al. (2000b). A family study of obsessive-compulsive disorder. Arch Gen Psychiatry; 57: 358–63.

Pauls DL, Alsobrook JP (1999). The inheritance of obsessive-compulsive disorder. Child Adolesc Psychiatr Clin N Am; 8: 481–6.

Perani D, Colombo C, Bressi S et al. (1995). [^{18}F]FDG PET study in obsessive-compulsive disorder. A clinical/metabolic correlation study after treatment. Brit J Psychiatry; 166: 244–50.

Piacentini J, Bergman RL (2000). Obsessive-compulsive disorder in children. Psychiatr Clin North Am; 23: 519–33.

Rauch SL, Jenike MA, Alpert NM et al. (1994). Regional cerebral blood flow measured during symptom provocation in obsessive-compulsive disorder using oxygen 15-labeled carbon dioxide and positron emission tomography. Arch Gen Psychiatry; 51: 62–70.

Reinecker H (2009). Zwangshandlungen und Zwangsgedanken. Göttingen: Hogrefe.

Reinecker H, Zaudig M (1995). Langzeiteffekte bei der Behandlung von Zwangsstörungen. Lengerich: Pabst.

Robins LN, Orvaschel H, Antony J, Blazer D (1985). The Diagnostic Interview Schedule (DIS). In: Eaton WW, Kessler LG (eds). Epidemiological methods in Psychiatry. Orlando: Academic Press: 143–71.

Rolls ET (2004). The functions of the orbitofrontal cortex. Brain Cog; 55: 11–29.

Rosa-Alcazar AI, Sanchez-Meca J, Gomez-Conesa A, Marin-Martinez F (2008). Psychological treatment of obsessive-compulsive disorder: a meta-analysis. Clin Psychol Rev; 28: 1310–25.

Rotge JY, Guehl D, Dilharreguy B et al. (2008). Provocation of obsessive-compulsive symptoms: a quantitative voxel-based meta-analysis of functional neuroimaging studies. J Psychiatry Neurosci; 33: 405–12.

Saxena S, Brody AL, Schwartz JM, Baxter LR (1998). Neuroimaging and frontal-subcortical circuitry in obsessive-compulsive disorder. Brit J Psychiatry; 173(suppl): 26–37.

Schiepek G, Tominschek I, Karch S et al. (2009). A controlled single case study with repeated fMRI measures during the treatment of a patient with obsessive-compulsive disorder: testing the nonlinear dynamics approach to psychotherapy. World J Biol Psychiatry; 10: 658–68.

Schiepek G, Karch S, Tominschek I, Pogarell O (2011a). Zwangsstörungen. In: Schiepek G (Hrsg). Neurobiologie der Psychotherapie. 2. Aufl. Stuttgart: Schattauer: 405–32.

Schiepek G, Zellweger A, Kronberger H et al. (2011b). Psychotherapie. In: Schiepek G (Hrsg). Neurobiologie der Psychotherapie. 2. Aufl. Stuttgart: Schattauer: 567–92.

Shafran R (2001). Obsessive-compulsive disorder in children and adolescents. Child Psychol Psychiatry Rev; 6: 50–8.

Snider LA, Swedo SE (2000). Pediatric obsessive-compulsive disorder. J Am Med Ass; 284: 3104–6.

Tominschek I, Schiepek G (2007). Zwangsstörungen. Ein systemisch-integratives Behandlungskonzept. Göttingen: Hogrefe.

Tominschek I, Schiepek G, Mehl C et al. (2008). Real-Time Monitoring in der Behandlung von Zwangsstörungen: Technologie und Fallbeispiel. Verhaltenstherapie; 18: 146–2.

Van Balkom AJLM, van Oppen P, Vermeulen AWA et al. (1994). A meta-analysis on the treatment of obsessive-compulsive disorder: a comparison of antidepressants, behavior, and cognitive therapy. Clin Psychol Rev; 14: 359–81.

Weissman MM, Bland RC, Canino GJ et al. (1994). The cross national epidemiology of obsessive-compulsive disorder. J Clin Psychiatry; 55(suppl): 5–10.

Wittchen HU, Saß H, Zaudig M, Koehler K (1989). Diagnostisches und Statistisches Manual psychischer Störungen (DSM-II-R). Deutsche Bearbeitung und Einführung. Weinheim: Beltz.

Wittchen HU, Essau CH, von Zerssen D et al. (1992). Life time and six month prevalence of mental disorders in the Munich Follow-Up Study. Eur Arch Psychiatry Clin Neurosci; 241: 247–58.

Wittchen HU, Nelson CB, Lachner G (1998). Prevalence of mental disorders and psychosocial impairments in adolescents and young adults. Psychol Med; 28: 109–26.

Zaudig M (2002). Epidemiologie, Komorbidität und Verlauf der Zwangsstörung. In: Zaudig M, Hauke W, Hegerl U (Hrsg). Die Zwangsstörung. Diagnostik und Therapie. Stuttgart: Schattauer; 33–42.

14 Essstörungen

Barbara Rost und Frank Köhnlein

— Inhalt

14.1 Was sind Essstörungen? 136
14.2 Die einzelnen Krankheitsbilder 140
       Anorexia nervosa 140
       Bulimia nervosa 143
       Atypische bzw. nicht näher bezeichnete Essstörungen 144
14.3 Ursachen und Hintergründe 144
14.4 Behandlung 147
14.5 Fazit 149

»Ich kann doch nicht einfach aufhören ... dann wäre das Hungern umsonst gewesen ...«
K., 18 Jahre, 4 Monate nach Behandlungsbeginn

14.1 Was sind Essstörungen?

Unter dem Oberbegriff Essstörungen werden – entsprechend den derzeit geltenden diagnostischen Kriterien – verschiedene Erscheinungsformen psychosomatischer Erkrankungen zusammengefasst, die gekennzeichnet sind durch
- ein gestörtes Essverhalten,
- eine übertriebene Besorgnis um Körperform und -gewicht sowie
- die Abhängigkeit des Selbstgefühls von der Fähigkeit, Nahrungsaufnahme und Körpergewicht zu kontrollieren.

Sie erfassen vorwiegend junge Menschen, sehr viel häufiger Frauen als Männer – etwa im Verhältnis 10 zu 1 –, und führen zu schweren Beeinträchtigungen der körperlichen und seelischen Gesundheit. Die ausgeprägten *echten Geschlechtsunterschiede* in der Erkrankungshäufigkeit werden weltweit repliziert (Riecher-Rössler 2005). Bis heute wissen wir nicht mit Sicherheit, ob hierfür eher biologischen oder psychosozialen Einflussfaktoren die höchste Relevanz zukommt.

In den international gebräuchlichen Klassifikationssystemen ICD-10 (International Classification of Diseases) und DSM-IV (Diagnostic and Statistical Manual of Mental Disorders) werden im Wesentlichen drei diagnostische Kategorien unterschieden:
- die Anorexia nervosa (AN)
- die Bulimia nervosa (BN)
- die atypischen Essstörungen (ICD-10) bzw. die nicht näher bezeichneten Essstörungen (Eating Disorders Not Otherwise Specified, EDNOS) (DSM-IV)

Die letzte Kategorie dient unter anderem der Einordnung von subsyndromalen Essstörungen, d. h. Essstörungen von klinischer Relevanz, die nicht alle Kriterien der beiden erstgenannten Formen erfüllen. Sie stellen bei exakter Diagnosestellung die häufigste Essstörungskategorie dar (De Zwaan u. Mühlhans 2008).

Entsprechend dem DSM-IV gelten für die Anorexia nervosa und die Bulimia nervosa die folgenden diagnostischen Kriterien (APA 2000; deutsche Übersetzung: Saß et al. 2003).

Diagnostische Kriterien für 307.1 (F50.00; F50.01) Anorexia Nervosa

A. Weigerung, das Minimum des für Alter und Körpergröße normalen Körpergewichts zu halten (z. B. der Gewichtsverlust führt dauerhaft zu einem Körpergewicht von weniger als 85 % des zu erwartenden Gewichts; oder das Ausbleiben einer während der Wachstumsperiode zu erwartenden Gewichtszunahme führt zu einem Körpergewicht von weniger als 85 % des zu erwartenden Gewichts).

B. Ausgeprägte Ängste vor einer Gewichtszunahme oder davor, dick zu werden, trotz bestehenden Untergewichts.

C. Störung in der Wahrnehmung der eigenen Figur und des Körpergewichts, übertriebener Einfluß des Körpergewichts oder der Figur auf die Selbstbewertung, oder Leugnen des Schweregrades des gegenwärtigen geringen Körpergewichts.

D. Bei postmenarchalen Frauen das Vorliegen einer Amenorrhoe, d. h. das Ausbleiben von mindestens drei aufeinanderfolgenden Menstruationszyklen (Amenorrhoe wird auch dann angenommen, wenn bei einer Frau die Periode nur nach Verabreichung von Hormonen, z. B. Östrogen, eintritt).

Bestimme den Typus:

Restriktiver Typus (F50.00): Während der aktuellen Episode der Anorexia Nervosa hat die Person keine regelmäßigen »Freßanfälle« gehabt oder hat kein »Purging«-Verhalten (das heißt selbstinduziertes Erbrechen oder Mißbrauch von Laxantien, Diuretika oder Klistieren) gezeigt.

»Binge-Eating/Purging«-Typus (F50.01): Während der aktuellen Episode der Anorexia Nervosa hat die Person regelmäßig Freßanfälle gehabt und hat Purgingverhalten (das heißt selbstinduziertes Erbrechen oder Mißbrauch von Laxantien, Diuretika oder Klistieren) gezeigt.

(aus Saß et al. 2003, S. 651f., Abdruck mit freundlicher Genehmigung des Hogrefe Verlags)

> **Diagnostische Kriterien für 307.51 (F50.2) Bulimia Nervosa**
> A. Wiederholte Episoden von »Freßattacken«. Eine »Freßattacken«-Episode ist gekennzeichnet durch beide der folgenden Merkmale:
> (1) Verzehr einer Nahrungsmenge in einem bestimmten Zeitraum (z. B. innerhalb eines Zeitraums von 2 Stunden), wobei diese Nahrungsmenge erheblich größer ist, als die Menge, die die meisten Menschen in einem vergleichbaren Zeitraum und unter vergleichbaren Bedingungen essen würden.
> (2) Das Gefühl, während der Episode die Kontrolle über das Eßverhalten zu verlieren (z. B. das Gefühl, weder mit dem Essen aufhören zu können, noch Kontrolle über Art und Menge der Nahrung zu haben).
> B. Wiederholte Anwendung von unangemessenen, einer Gewichtszunahme gegensteuernden Maßnahmen, wie z. B. selbstinduziertes Erbrechen, Mißbrauch von Laxantien, Diuretika, Klistieren oder anderen Arzneimitteln, Fasten oder übermäßige körperliche Betätigung.
> C. Die »Freßattacken« und das unangemessene Kompensationsverhalten kommen drei Monate lang im Durchschnitt mindestens zweimal pro Woche vor.
> D. Figur und Körpergewicht haben einen übermäßigen Einfluß auf die Selbstbewertung.
> E. Die Störung tritt nicht ausschließlich im Verlauf von Episoden einer Anorexia Nervosa auf.
>
> *Bestimme* den Typus:
> **»Purging«-Typus:** Die Person induziert während der aktuellen Episode der Bulimia Nervosa regelmäßig Erbrechen oder mißbraucht Laxantien, Diuretika oder Klistiere.
> **»Nicht-Purging«-Typus:** Die Person hat während der aktuellen Episode der Bulimia Nervosa andere unangemessene, einer Gewichtszunahme gegensteuernde Maßnahmen gezeigt wie beispielsweise Fasten oder übermäßige körperliche Bestätigung, hat aber nicht regelmäßig Erbrechen induziert oder Laxantien, Diuretika oder Klistiere mißbraucht.
> (aus Saß et al. 2003, S. 657, Abdruck mit freundlicher Genehmigung des Hogrefe Verlags)

Die Binge-Eating-Störung (BES), gekennzeichnet durch wiederholte Episoden von Essanfällen ohne die für die BN charakteristischen, einer Gewichtszunahme gegensteuernden Maßnahmen, ist in der Regel mit Übergewicht assoziiert. Als ein Beispiel für EDNOS fand sie unter ihren Forschungskriterien Eingang in das DSM-IV und wird voraussichtlich als zusätzliche, eigenständige diagnostische Kategorie in das DSM-5 aufgenommen. Die BES unterscheidet sich von den klassischen Essstörungen deutlich, unter anderem in Bezug auf das Ersterkrankungsalter sowie den Geschlechtsunterschied in der Erkrankungshäufigkeit – fast ebenso viele Männer wie Frauen sind von dieser Essstörung betroffen. Über die Krankheitsverläufe liegt wenig gesichertes Wissen vor; im Vergleich zur AN

Tab. 14-1 Diagnostische Kriterien für die Anorexia nervosa – ein Vergleich zwischen DSM-IV und DSM-5 im Entwurf (nach Hebebrand u. Bulik 2011)

DSM-IV Criteria	DSM-5 Criteria, Update May 2010
A. *Refusal* to maintain body weight at or above a minimally normal weight for age and height.	A. *Restriction* of energy intake relative to requirements leading to a markedly low body weight.
B. *Intense fear of gaining weight or becoming fat*, even though underweight.	B. Intense fear of gaining weight or becoming fat, *or persistent behavior to avoid weight gain*, even though at a markedly low weight.
C. Disturbance in the way in which one's body weight or shape is experienced, undue influence of body weight or shape on self-evaluation, or *denial* of the seriousness of the current low body weight.	C. Disturbance in the way in which one's body weight or shape is experienced, undue influence of body weight or shape on self-evaluation, or *persistent lack of recognition* of the seriousness of the current low body weight.
D. In postmenarcheal females, amenorrhea, i. e., the absence of at least three consecutive menstrual cycles.	D. Omitted

und BN stellt sich die Prognose günstiger dar. In diesem Beitrag wird auf die Behandlung der BES und die Folgen der Adipositas, insbesondere auf deren gesellschaftliche Stigmatisierung, nicht näher eingegangen.

Für die umfassende Orientierung über die einzelnen Krankheitsbilder sowie die evidenz- und konsensusbasierten Empfehlungen zu deren Diagnostik und Behandlung sei auf die uns vorliegenden internationalen Leitlinien hingewiesen, zum einen aus dem englischen Sprachraum auf die Leitlinien des National Institute for Health and Clinical Excellence (NICE 2004) und die Leitlinien der American Psychiatric Association (APA 2006), zum anderen auf die gemeinsame S3-Leitlinie verschiedener deutscher Fachgesellschaften (AWMF online 2010).

Die diesen klinischen Leitlinien zugrunde liegenden Klassifikationssysteme werden derzeit überarbeitet (für einen auszugsweisen Vergleich der Kriterien für die AN zwischen DSM-IV und DSM-5 s. Tab. 14-1). Zentrale Klassifikationsprobleme sollen dabei überwunden werden. Beispielsweise macht die notwendige Zuordnung der subsyndromalen Essstörungen zur diagnostischen Kategorie der EDNOS diese zur größten Gruppe der Essstörungsdiagnosen. Parzielle Remissionen im Krankheitsverlauf erfordern einen Wechsel von Diagnosen und tragen so zur Instabilität der Essstörungsdiagnosen über die Zeit bei. Bei aller Vorläufigkeit der Entwürfe (s. Tab. 14-1) seien – mit dem Fokus unserer Aufmerksamkeit auf genderbezogene Krankheitskonzepte – aus der noch andauernden Diskussion über sich aufdrängende Veränderungen *zwei Aspekte* hervorgehoben und im Verlauf dieses Beitrags diskutiert:

■ **Kriterien A und C.** Die Begriffe »refusal« und »denial« sollen ersetzt werden durch »restriction« und »persistent lack of recognition«, d. h. eine paternalistische Perspektive, aus der Aspekte des Krankheitsausdrucks als willentlich gesteuertes, oppositionelles Fehlverhalten beurteilt werden, soll entfallen.

■ **Kriterium B.** Die Formulierung »intensive fear of gaining weight or becoming fat« soll durch »persistent behavior to avoid weight gain« ergänzt werden. Mit einem eigenen alternativen Vorschlag der beiden Autoren – »presence of one or more behaviors, which likely will result in, maintain, or exacerbate underweight and/or which indicate disordered eating behavior«– wären demgegenüber weder der Nachweis einer intensiven Angst vor Gewichtszunahme noch der eines auf die Gewichtskontrolle fixierten, zielorientierten Handelns zwingend notwendig und somit *die Gewichtsphobie nicht länger eine conditio sine qua non für die Diagnose einer Anorexia nervosa* (Hebebrand u. Bulik 2011).

»Ich ahnte ja, dass es mit der kaum noch aushaltbaren Situation irgendwie zu tun hatte, aber ich konnte zu der Zeit niemals darüber sprechen. Und wie hätte ich Andeutungen machen können, wenn die Verwandten und Bekannten und auch einzelne Mitarbeiterinnen in der Klinik so sicher waren, dass es wegen des Schönheitswahns sei, dass ich so krank wurde ...«
C., 35 Jahre, im Rückblick auf die erste Behandlungsepisode 23 Jahre zuvor in der Kinderklinik ihrer Heimatstadt

Welche Veränderungen der Krankheitskonzeption und -perzeption spiegeln diese im Entwurf vorliegenden Anpassungen diagnostischer Kriterien wider? Und welche Relevanz könnte ihnen im Hinblick auf eine gendersensible Beziehungskompetenz der Therapeutinnen und Therapeuten zukommen?

14.2 Die einzelnen Krankheitsbilder

Anorexia nervosa

Das Krankheitsbild wurde in der medizinischen Literatur erstmals 1873 von Ch. Lasègue als Anorexie hystérique und 1874 von W. Gull als Anorexia nervosa beschrieben. Darstellungen des Syndroms finden sich aber bereits vorher, z. B. 1689 bei R. Morton unter dem Begriff der Phthisis nervosa. Die AN ist gekennzeichnet durch Verhaltensweisen der Erkrankten, die einen fortschreitenden Gewichtsverlust induzieren, unter Umständen bis hin zu einem kachektischen Ernährungszustand. Mit einer Lebenszeitprävalenz bei Frauen von 0,5 bis 1 % ist die AN zwar innerhalb des Essstörungsspektrums die seltenste Form der Essstörungen, jedoch mit einer Mortalitätsrate von 5 bis 15 % und noch immer begrenzten Heilungschancen (40 % guter, jeweils 25 bis 30 % mittelmäßiger oder schlechter Heilungserfolg) die gravierendste Form mit erheblich schädigenden, nicht selten invalidisierenden Auswirkungen auf die körperliche und seelische Entwicklung vorwiegend junger Menschen.

> »AN still constitutes a very serious illness in a rather young population and shows the highest mortality rates of all psychiatric disorders.« (Fichter et al. 2006, S. 87)
> »AN had a considerably worse long-term outcome than either BN or BED.« (Fichter u. Quadflieg 2007, S. 61)

Einzelne Autoren stellen vor diesem Hintergrund infrage, ob die Konzeption der AN als Teil eines Essstörungsspektrums berechtigt sei: Die Annahme, die AN teile eine gemeinsame Psychopathologie mit der BN, sei irreführend, trivialisiere die Ernsthaftigkeit der AN und trage der medizinischen und psychiatrischen Spezifität der AN – insbesondere den formalen, nicht nur inhaltlichen Veränderungen des Denkens – ungenügend Rechnung. In frühen Krankheitsstadien könnten zwar die Befürchtungen um Figur und Gewicht, die von Betroffenen mit verschiedenen Formen von Essstörungen geäußert werden, inhaltlich ähnlich sein. Wenn nicht schon zu Beginn, dann spätestens mit fortschreitendem Krankheitsprozess dominierten aber bei den an AN-Erkrankten zwanghaft sich aufdrängende Vorstellungen von Selbstunwert und Schuld, wie z.B. es nicht wert, nicht berechtigt zu sein, zu essen, keine Erleichterung zu verdienen, sich strafen zu müssen nach jeder Aufnahme kleinster Nahrungsmengen. Ausgezehrt zu sein, sei ein Ziel in sich selbst, eine unentrinnbare Notwendigkeit, nicht ein Mittel, um Schönheit und Attraktivität zu gewinnen (Beumont u. Touyz 2003).

Nicht selten eindringlich vorgetragene Sichtweisen von Patientinnen, die sich durch unzutreffende Vorannahmen im Umfeld missverstanden fühlen, eher rückblickend als im akuten Krankheitsstadium in Worte gefasst, scheinen diese Überlegungen zu unterstützen:
- »Am Anfang war nicht das Essen – es ging nicht ums Essen; es ging darum, ich wollte meinen Körper nicht, ich hasste ihn.«
- »Ich bin nichts wert, ich gönne mir nichts; ich habe das Essen nicht verdient.«
- »Es stimmt nicht, dass man hungert, weil man Models sieht – es ist viel mehr und anderes dahinter als das Streben nach diesem Ideal!«

Ihre Stimmen zu hören und ernsthaft zu gewichten, ist für Fachleute deshalb so wichtig, weil die jungen Menschen, die in der Akutphase in unsere Sprechstunden gebracht werden, von diesem »anderen« nicht sprechen können. Ihr Denken ist zu diesem Zeitpunkt – das ist bei guter Versorgungslage in der Regel 3 bis 6 Monate nach Beginn der Symptomentwicklung – beherrscht von der Auseinandersetzung mit Nahrungsmengen und -bestandteilen, ihr Handeln bestimmt von Praktiken, um Nahrungsaufnahme zu verhindern, aufgenommene Nahrung zu eliminieren und/oder den Körper bis zum Extrem zu trainieren, zu erschöpfen, zu kasteien. Wenn auch häufig nicht bewusst zugänglich und schon gar nicht in Worten mitteilbar, gibt es aber eine Ahnung, ein »Wissen« der Erkrankten, dass bei einer allfälligen Behandlung etwas Bedeutsames, Zentrales nicht übersehen werden und unbehandelt bleiben darf. »… sonst wäre das Hungern umsonst gewesen …«, heißt es bei einer Patientin.

Auf die Frage, wann alles begonnen hat, welche körperlichen Veränderungen sie seither wahrgenommen haben und welche allenfalls im Denken, Empfinden und Verhalten, können die Jugendlichen den Zeitpunkt des Beginns der Symptomentwicklung genau bezeichnen und die immer deutlicheren somatischen Zeichen der Kreislauf- und Stoffwechselumstellung beschreiben. Der Bericht der Eltern benennt die Veränderungen in ähnlichen Worten und identischer Abfolge. Die Jugendlichen nehmen parallel dazu ihre zunehmende Ernsthaftigkeit wahr, den gesteigerten Leistungsehrgeiz, den Rückzug von den Peers, ihre Empfindlichkeit und Verletzlichkeit. Wenn sie dann andeuten, dass das Denken ans Essen »immer mehr Platz im Kopf einnimmt« und das Rechnen und Berechnen von Kalorien und Nahrungsmengen von früh bis spät kaum noch anzuhalten ist, ergänzen sie in der Regel selbst, dass sich da ein Prozess entwickelt, der sich verselbstständigt hat.

Sie sind erleichtert, wenn die Untersuchenden anerkennen, dass sie »nichts Verrücktes« beschreiben, sondern eine progrediente psychosomatische Symptomentwicklung, die nach bestens bekannten, erklärbaren, pathophysiologischen Gesetzmäßigkeiten abläuft. Wenn an dieser Stelle die Frage aufgeworfen wird, ob in den letzten Monaten schon in einzelnen Augenblicken eine Todessehnsucht aufstieg – beispielsweise Vorstellungen von Erlösung, wenn einfach alles vorbei wäre –, wird das nicht selten mit vorsichtiger Geste bejaht. Auch für die Angehörigen ist in diesem Augenblick klar, dass es hier um eine sehr ernste Krankheitsentwicklung geht, letztlich aus zu diesem Zeitpunkt noch völlig unfassbaren Gründen um Fragen von Leben und Tod. Damit ist der Boden bereitet für die unumgänglich notwendigen nächsten diagnostisch-therapeutischen Maßnahmen. Fast ausnahmslos sind jetzt Erkrankte und Angehörige mit einer umfassenden somatischen Abklärung zur Sicherung der Diagnose und zum Ausschluss von Differenzialdiagnosen einverstanden.

Bei den jungen Patientinnen und Patienten (8 bis 16 Jahre) mit häufig rasch progredienter Symptomentwicklung empfiehlt es sich, die Abklärungen im Rahmen einer Kurzhospitalisation durchzuführen. Das setzt eine klare Zäsur für Eltern und Kinder, mit der noch einmal die Ernsthaftigkeit der Situation unterstrichen und ermöglicht wird, gemeinsam, noch während der Hospitalisation, den genauen Behandlungsplan zu erarbeiten.

14 Essstörungen

> **Empfehlungen zum Vorgehen bei Verdacht auf Anorexia nervosa**
> - erste Evaluation, z. B. in der hausärztlichen Praxis
> - Unterstützung des Kontaktes zur diagnostischen Mitbeurteilung im Rahmen eines ersten Gesprächs in der psychiatrischen Sprechstunde (Einzel- oder Familienerstinterview)
> - umfassende körperliche Abklärung
> - Erarbeiten des Behandlungsvertrages zwischen den Erkrankten und den Fachpersonen aus Psychiatrie und Hausarztmedizin – der entscheidende Fokus liegt dabei auf dem Ringen um das »Ja« zur Behandlung

Diese Anfangssequenz des diagnostisch-therapeutischen Prozesses ist deswegen so ausführlich dargestellt, weil es in der ersten Begegnung, wenn immer möglich, gelingen muss, die erkrankten jungen Menschen auf der kognitiven Ebene und gleichzeitig nachhaltig emotional zu erreichen. Daraus kann sich das »Ja« zur Behandlung entwickeln, die Behandlung eingeleitet und die durch die medizinischen, psychischen und psychosozialen Folgen der Starvation zunehmend destruktive Kraft des fortschreitenden Krankheitsprozesses begrenzt werden.

> »Skilled early intervention has a profound beneficial effect on the course of AN.« (Treasure et al. 2005, S. 399)
> »In AN a young age at onset and short duration of illness was associated with a good outcome.« (Treasure et al. 2010, S. 590)

Bulimia nervosa

1979 von Russel ursprünglich als Variante der AN beschrieben, wird die Bulimia nervosa (BN) 1980 als eigenständige Kategorie in das DSM-III aufgenommen. Mit einer Lebenszeitprävalenz bei Frauen von 1 bis 3 % ist die BN deutlich häufiger als die AN. Der Gipfel des Ersterkrankungsalters liegt durchschnittlich 2 bis 3 Jahre später als bei der AN. Die BN ist gekennzeichnet durch wiederkehrende Heißhungerattacken, gefolgt von Kompensationsverhalten, um die aufgenommene Nahrung zu eliminieren und einer Gewichtszunahme entgegenzusteuern. In der Regel liegen zwischen den Essattacken Phasen restriktiven Essverhaltens, häufig wird bis in die Mittagsstunden, manchmal bis gegen Abend auf jegliche Nahrungsaufnahme verzichtet, bis dann Essen und Erbrechen aufeinanderfolgen. »Bei Maximalausprägungen der Symptomatik kann die gesamte Tageszeit aus Zyklen von Essen und Erbrechen bestehen« (Teufel u. Zipfel 2008, S. 16). Wegen der mit der Symptomatik verbundenen Scham- und Schuldprobleme, »geschützt« durch das Normalgewicht, bleiben die bulimischen Essstörungen manchmal jahrelang im Verborgenen, nicht nur gegenüber nächsten Familienangehörigen, sondern auch gegenüber Hausärztinnen und Hausärzten. Hier liegt eine große Verantwortung für Früherkennung und frühe erste Interventionen bei den Primärversorgern. Therapieverlaufsstudien verweisen auf eine Remissionsrate – vollständige Remission heißt in der Regel Abwesenheit von Essanfällen und kompensatorischem Verhalten – von ca. 50 % im kurz- bis mittelfristigen, von ca. 70 % im längerfristigen Verlauf.

Die Autorinnen und Autoren, die eine gemeinsame Kernpsychopathologie bei der AN und BN hervorheben, beschreiben sie im Sinne der für beide Krankheitsbilder charakteristischen, übertriebenen Sorge der Erkrankten um Körperform und Gewicht. Sie verweisen in diesem Zusammenhang auch auf die häufigen diagnostischen Wechsel im Verlauf anorektischer und bulimischer Erkrankungen (Hepp u. Milos 2010). Übergänge vom restriktiven zum bulimischen Subtyp der AN, aber auch vom bulimischen Subtyp der AN zur BN sind häufig, Übergänge von der BN zur AN sind hingegen selten (Eddy et al. 2008).

Atypische bzw. nicht näher bezeichnete Essstörungen

Die nicht näher bezeichneten Essstörungen (Eating Disorders not otherwise specified, EDNOS) umfassen neben der Binge-Eating-Störung, der Purging-Disorder, dem Kauen und Ausspucken von Nahrung, auch diejenigen Störungen, die nicht alle Kriterien der AN oder BN erfüllen oder bei denen alle Symptome in leichterer Ausprägung vorhanden sind. Letztere werden im ICD-10 unter dem Begriff der atypischen Essstörungen klassifiziert. Das Wissen über diese heterogene Gruppe ist begrenzt, zumal in der Forschung überwiegend Personen mit dem Vollbild der AN und BN untersucht werden. Würden die diagnostischen Kriterien für die AN und BN weniger eng gefasst, könnte ein großer Teil der Patientinnen, die an einer atypischen Essstörung leiden, der einen oder anderen diagnostischen Kategorie zugeordnet werden (de Zwaan u. Mühlhans 2008). Die Prävalenz von Essstörungen inklusive EDNOS bei jungen Frauen liegt heute bei ca. 5 % (Hepp u. Milos 2010).

14.3 Ursachen und Hintergründe

Die Ursachen der Essstörungen sind multifaktoriell und komplex. Neben einer nachgewiesenen genetischen Prädisposition ist von einem Zusammenwirken biologischer, psychosozialer und soziokultureller Einflussfaktoren auszugehen. Folgende Aspekte dieses Ursachengefüges seien näher beleuchtet.

Wie viel »Weigerung, das Minimum eines für Alter und Körpergröße normalen Körpergewichts zu halten«, ist möglich und, wenn überhaupt, über welchen Zeitraum (s. Tab. 14-1, Kriterium A)?

Es gilt weitgehend als gesichert, dass der Perfektionismus bei gleichzeitig ausgeprägten Befürchtungen, Fehler zu machen und zu versagen, ein häufiger, hervorstechender Charakterzug bei Frauen mit AN wie auch BN ist, sowohl während der akuten Erkrankung als auch nach Symptomrückgang und Erholung. Retrospektiv finden sich gehäuft zwanghafte Persönlichkeitszüge in der Kindheit im Vergleich zu gesunden Personen sowie ein hoher Leistungs- bzw. umfassender Perfektionsanspruch im Verlauf der Entwicklung, der somit als Risikofaktor für die Entstehung von Essstörungen anzusehen ist (Anderluh et al. 2003).

Aus der Klinik wissen wir, dass der Weg in die anorektische Erkrankung in der Regel mit einer Reduktion der Energiezufuhr beginnt, häufig zunächst beabsichtigt, dann zunehmend einem inneren Drang, schließlich imperativen Zwang folgend.

»Ich habe es nicht bewusst beschlossen. Vielmehr bin ich einem Gefühl gefolgt, so handeln zu müssen.«
F., 19 Jahre, 3 Jahre nach Behandlungsbeginn

Neuropsychologische Untersuchungen zeigen subtile Funktionsbeeinträchtigungen, insbesondere eine im Vergleich zu Gesunden reduzierte kognitive Flexibilität sowie eine detailfokussierte Informationsverarbeitung auf Kosten der Wahrnehmung des Ganzen (*weak central coherence*). Diese bleiben zum Teil auch nach Ernährungs- und Gewichtsrehabilitation nachweisbar, sodass sie im Sinne von Trait-Merkmalen als wahrscheinlich prämorbide Vulnerabilitätsfaktoren beurteilt werden. Infolge der unzureichenden Energiezufuhr nehmen Rigidität und Inflexibilität in Denk- und Handlungsabläufen zu, der Aufmerksamkeitsfokus wird eng und starr, prämorbide zwanghafte Persönlichkeitszüge treten deutlicher hervor und prägen in zunehmender Intensität das Vermeidungsverhalten (Treasure et al. 2010).

Während im Erleben der Erkrankten zunächst die Einschätzung vorherrscht, jederzeit »umstellen« und mit dem Hungern aufhören, d. h. wählen zu können, folgt im Verlauf dieser Prozesse die Wahrnehmung und Anerkennung, dass die willentliche Steuerung der Nahrungsaufnahme entglitten ist. Das heißt wir wissen nicht wirklich, wie viel Wahl- und Steuerungsmöglichkeit bei Entstehung und Progression anorektischer Erkrankungen gegeben ist. Vor diesem Hintergrund wird eine Perspektive, aus der in Klassifikationssystemen Verhaltensäußerungen als »Weigerung« bezeichnet und in vergangenen Jahrzehnten einseitig als »oppositionell« und »non compliant« disqualifiziert wurden, endgültig überwunden. Auf diese Weise wächst die Chance, dass sich erkrankte junge Menschen innerhalb des medizinischen Systems als mündige Partnerinnen und Partner in den für sie immer schwierigen und belastenden Behandlungsabläufen ernsthaft wahrgenommen und gehört fühlen.

Der Einfluss soziokultureller Faktoren auf den Beginn und die Aufrechterhaltung der Krankheitsprozesse ist unbestritten. Die in Laien- und Fachwelt immer wieder hervorgehobene Bedeutung des vorherrschenden Schönheitsideals für das Diätverhalten vieler, oft schon sehr junger Frauen und für deren weit verbreitete Sorge um ihr Körpergewicht förderte die plausibel erscheinende, direkt kausale Verknüpfung von Wirkung des Schlankheitsideals und Erkrankung junger

Frauen an Mager-, Ess-Brech-Sucht oder Varianten der beiden klassischen Essstörungen (s. Tab. 14-1, Kriterium B).

Der Zusammenhang zwischen dem Einfluss eines im westlichen Kulturkreis verbreiteten Schönheitsideals und der Unzufriedenheit vieler junger Frauen mit ihrer körperlichen Erscheinung und ihrem oft gestörten Essverhalten wurde wiederholt überprüft und empirisch bestätigt, wie auch der Zusammenhang zwischen dem schlanken Körperideal und der Entstehung bulimischer Erkrankungen. Die BN, die in unserem Kulturkreis erst Mitte des letzten Jahrhunderts in nennenswerter Häufigkeit aufgetreten zu sein scheint, war bis vor einigen Jahrzehnten in nicht westlich geprägten Ländern unbekannt (Jäger 2008).

> »Die kausale Verknüpfung zwischen der Rezeption überschlanker Models und der Ausbildung bulimischer Symptomatik kann als gesichert angenommen werden.« (Jäger 2008, S. 77)

Bei der AN hingegen ist diese kausale Verknüpfung nicht zulässig. In den frühen Falldarstellungen und klinischen Beschreibungen fehlen Hinweise auf einen übertriebenen Schlankheitswunsch und vor 1930 wurde keine Gewichtsphobie beschrieben. Autoren aus asiatischen Ländern mahnten schon Mitte des letzten Jahrhunderts zur Revision diagnostischer Kriterien, weil sie bei vielen ihrer Patientinnen, die offensichtlich an einer AN litten, keine Gewichtsphobie nachweisen und somit keine angemessene Diagnose stellen konnten. Auch in unserem Kulturkreis gibt es junge Menschen, die erkranken, ohne ein Gefühl der Unzufriedenheit mit ihrem Körper. Kinder, die im Alter von 8 oder 9 Jahren erkranken, begründen ihre Einschränkung der Nahrungsaufnahme nicht selten mit »inneren Stimmen«, die ihnen verbieten zu essen. Patientinnen sagen uns in Psychotherapien, in den Medien, in autobiografischen Rückblenden auf die eigenen Krankheits- und Behandlungserfahrungen immer und immer wieder:

»Es geht gar nicht ums Dünnsein, es geht nicht ums Essen bei der Anorexie – wegen all dieser schrecklichen Vorurteile schämt man sich so, wenn man diese Krankheit hat!«
M., 16 Jahre, 6 Monate nach Behandlungsbeginn

Dennoch halten Laien und manche Fachleute hartnäckig an der These fest – und Druck- und Filmmedien unterstützen sie darin –, dass so viele junge Frauen magersüchtig würden, weil sie dem auf ihnen lastenden gesellschaftlichen Druck, Schlankheitsidealen zu entsprechen, erliegen. Ganz offenkundig ist es schwer vorstellbar, dass im jeweils aktuellen biografischen Kontext der jungen Frau, im Verlauf einer Entwicklungskrise, in der unter anderem Orientierung, Sinn und Selbstverständlichkeit in den Lebensbezügen verlorengehen, der Verzicht auf Nahrung mit konsekutivem Gewichtsverlust ein Gefühl von Halt, Sicherheit und Schutz geben kann.

> »Der Wunsch, dem gängigen Schönheitsideal zu entsprechen, steht bei der anorektischen Erkrankung nicht im Vordergrund; der Krankheitswert liegt auf einer intrapsychischen oder interpersonellen Ebene und ist nicht mit einem Konformitätswunsch verbunden.« (Jäger 2008, S. 76)

Und diese jungen Frauen sind auf die gendersensible Beziehungskompetenz der Behandelnden angewiesen, damit sie die eigentlichen Quellen ihrer tiefen Selbstwertkrise, ihres Empfindens von Ungenügen, Schuld und Ohnmacht in der intrapsychischen und/oder interpersonellen Realität erkennen, langsam in Worte fassen und lebensnotwendige Veränderungen in Gang setzen können. Nicht selten geht es dabei gerade um das Wagnis, nicht mehr wie bisher den Erwartungen bedeutungsvoller anderer zu entsprechen und einen eigenen Lebensentwurf zu entwickeln.

14.4 Behandlung

»Die Widersprüchlichkeit zwischen meinem Bedürfnis, gesund zu sein, und meinem Zwang, mich dennoch an der Krankheit festzuklammern, ist so grotesk, dass ich sie manchmal selbst nicht verstehen kann.«
F., 19 Jahre, 3 Jahre nach Behandlungsbeginn

Die Behandlung der Essstörungen ist immer eine multimodale und interdisziplinäre. Sie umfasst
- die Ernährungsrehabilitation (bei AN: mit Restitution des Körpergewichts),
- die individuelle Psychotherapie,
- den Einbezug der Familie,
- gegebenenfalls die psychopharmakologische Behandlung und
- gegebenenfalls die Behandlung somatischer und psychiatrischer komorbider Erkrankungen.

Die Essstörungen werden wenn immer möglich ambulant behandelt. Eine stationäre Behandlungsphase in einer spezialisierten medizinischen oder psychiatrischen Behandlungseinheit muss dann einsetzen,
- wenn im ambulanten Behandlungssetting die Vereinbarungen z. B. bezüglich Gewichtszunahme nicht eingehalten werden können;
- wenn medizinische Komplikationen sie dringend erfordern, z. B. Kreislaufregulationsstörungen, schwere Bradykardie und andere;
- wenn eine schwere psychiatrische Komorbidität eine psychiatrische Hospitalisation unumgänglich macht;
- wenn aus besonderen lebenskontextuellen Gründen Distanz zur bisherigen Lebens- und Wohnsituation notwendig ist, unter anderem bei einer früheren

oder anhaltenden körperlichen oder sexuellen Misshandlung, die als Möglichkeit im Ursachengefüge niemals außer Acht gelassen werden darf.

Für die AN zeigen Behandlungsgrundlagen bis heute mangels randomisierter, kontrollierter Studien eine geringe Evidenz (NICE guidelines: no Grade A recommendations). In klinischen Studien geprüft und bestätigt ist aber
- auf der einen Seite, dass bei frühem Erkrankungsbeginn der Einbezug der Familie in den therapeutischen Prozess die Heilungschancen deutlich verbessert (Grade B recommendation), und
- auf der anderen Seite, dass ein möglichst kurzes Intervall zwischen Symptomentwicklung und Behandlungsbeginn mit Gewichtsrehabilitation entscheidend ist für Prognose und Heilungschancen (Treasure et al. 2005).

Bei einem frühen Krankheitsbeginn ist eine multimodale Behandlung unter Einbezug der Familien mit guten Heilungschancen assoziiert, wenn sie innerhalb der ersten 3 Jahre nach Erkrankungsbeginn durchgeführt werden kann. Kann eine solche Behandlungsgrundlage erst nach 3 Jahren Krankheitsdauer geschaffen werden, sind die Heilungschancen massiv reduziert (Treasure et al. 2005). ZNS-Veränderungen infolge Starvation scheinen hierfür wesentlich verantwortlich. Und hier konzentriert sich das intensive Bemühen, neue Therapieansätze zu entwickeln, um die Heilungschancen der AN endlich entscheidend verbessern zu können. Die *Cognitive Remediation Therapy* (CRT), die als ergänzende Intervention in der Behandlung erwachsener Anorexie-Kranker entwickelt wurde, wird aktuell auch in Therapieprogrammen für jugendliche Patientinnen und Patienten geprüft. Sie zielt insbesondere auf die Verbesserung kognitiver Flexibilität (Easter u. Tchanturia 2011).

Vorläufig aber bleiben Früherkennung, früh einsetzende Diagnostik und Behandlung sowie teilstationäre und stationäre Behandlungseinheiten, die eine sichere Behandlungskette vom Kindes- und Jugendalter bis ins junge Erwachsenenalter kontinuierlich gewährleisten, die einzige Chance, die Krankheitsphasen mit ausgeprägter Symptomatik und damit die körperlichen und seelischen Folgeschäden zu begrenzen. *Psychopharmakologische Behandlungen* haben sich bei der AN als unwirksam erwiesen, auch als Rückfallprophylaxe. Die Indikation für eine Pharmakotherapie ist bei Vorliegen psychiatrischer Komorbiditäten selbstverständlich zu prüfen, und gleichzeitig ist zu bedenken, dass sich deren Symptomatik mit der Gewichtsrestitution parziell, manchmal vollständig zurückbildet.

Für die BN ist die Therapie der Wahl (Grade A evidence) die ambulant durchzuführende kognitiv-behaviorale Therapie (CBT) ergänzt durch die psychopharmakologische Behandlung, in erster Linie mit dem selektiven Serotonin-Wiederaufnahme-Hemmer (SSRI) Fluoxetin. Im Falle psychiatrischer Komorbidität wie auch bei Maximalausprägungen der Symptomatik mit erheblichen psychosozialen Funktionseinschränkungen (z.B. Schulbesuch unmöglich, Verschuldung oder Gesetzeskonflikte infolge Nahrungsmittelbeschaffung) ist auch bei der BN die Indikation für stationäre Behandlungsphasen zu prüfen.

Für die Erkrankungen der diagnostischen Kategorie der EDNOS gelten Behandlungsempfehlungen analog denjenigen für AN und BN, je nach Symptomatik, die im gesamten klinischen Bild im Vordergrund steht.

14.5 Fazit

Ob AN, BN oder EDNOS – unabhängig von der diagnostischen Kategorie, der wir die aktuelle Erscheinungsform der Essstörung unserer Patientinnen und Patienten zuordnen und unabhängig von der Vertiefung unseres Wissens über Hintergründe der Essstörungen: Im therapeutischen Kontext wird das Ringen um eine *tragende therapeutische Allianz* zwischen Behandelnden und Erkrankten wohl immer im Zentrum stehen. Die verbindliche, emotional unterstützende, Angst und Selbstentwertung mildernde therapeutische Beziehung ist das zentrale Element des therapeutischen Dialogs, in dem Reifungsprozesse möglich werden, nicht selten bis hin zu einer Selbstwahrnehmung, wie eine junge Autorin sie in ihrem »illustrierten Erfahrungsbericht« beschreibt: »… auf diesem Weg bin ich gewachsen, ich bin mir selbst begegnet, bin mich selbst geworden« (Wigger 2011, S. 9).

Grundsätzlich gilt für alle Essstörungen: Ein kurzes Intervall zwischen Symptomentwicklung und Behandlungsbeginn scheint die Krankheitsverläufe günstig zu beeinflussen. Bei der AN ist dieses Intervall entscheidend dafür, wie groß die Chance für die erkrankten jungen Menschen bleibt, im Verlauf ihrer Reifung, Entwicklung und Behandlung Auswege aus dem fortschreitenden Krankheitsprozess zu finden.

Die Bedeutung des vorherrschenden *Schönheitsideals* für die Genese der Essstörungen ist in Bezug auf die anorektischen Erkrankungen kritisch zu reflektieren. Die gerade auch mediale Interpretation soziokultureller Einflüsse dahingehend, dass junge Menschen eine Magersucht entwickeln, weil sie dem Druck des Schlankheitswahns erliegen, kann zu groben Missverständnissen führen. Es geht bei den anorektischen Erkrankungen gerade nicht um die Folgen eines Konformitätswunsches, ganz im Gegenteil! Viele, allerdings in keinster Weise alle Patientinnen in unserem Kulturkreis erklären, dass sie sich dick fühlen, und begründen ein Geschehen, das von ihnen selbst kaum zu fassen und zu verstehen ist, mit einer ihr Erleben und Verhalten bestimmenden Angst vor Gewichtszunahme. Zeit- und kulturabhängige Färbungen seelischen Erlebens führen zu Begründungen, die in früheren Jahrhunderten und in anderen Kulturen andere waren und zum Teil heute noch sind. *Ist die Gewichtsphobie eine conditio sine qua non für die Diagnose einer AN?* In dieser Frage verdichtet sich die große Bedeutung kultureller Einflüsse auf das Krankheitserleben wie auch auf die Krankheitskonzeption und -perzeption.

Dank internationaler Forschungsaktivität zeichnet sich zunehmend deutlich ab, welche neurobiologischen und psychischen krankheitsbedingten Veränderungen zur Aufrechterhaltung der Krankheitsprozesse beitragen. Eine vordringliche Aufgabe wird weiterhin darin liegen, die Einflussfaktoren, die die Entstehung und Chronifizierung von Essstörungen begünstigen, deutlicher zu erkennen, um sie frühzeitiger und nachhaltiger beeinflussen zu können als es uns heute möglich ist. Durch die angemessene Gewichtung der biologischen Determinanten könnte die Stigmatisierung der Erkrankten, nicht selten auch ihrer Familien, gemildert werden, vielleicht sogar das schuldhafte Erleben der erkrankten jungen Menschen selbst.

Literatur

Anderluh MB, Tchanturia K, Rabe-Hesketh S, Treasure J (2003). Childhood obsessive-compulsive personality traits in adult women with eating disorders: defining a broader eating disorder phenotype. Am J Psychiatry; 160: 242–7.

Beumont PJ, Touyz SW (2003). What kind of illness is anorexia nervosa? Eur Child Adolesc Psychiatry; 12: 20–4.

De Zwaan M, Mühlhans B (2008). Atypische Essstörungen und Binge-Eating-Störung. In: Herpertz S, de Zwaan M, Zipfel S (Hrsg). Handbuch Essstörungen und Adipositas. Heidelberg: Springer; 24–8.

Easter A, Tchanturia K (2011). Therapists› experiences of cognitive remediation therapy for anorexia nervosa: implications for working with adolescents. J Child Clin Psychiatry; 16: 233–46.

Eddy KT, Dorer DJ, Franko DL et al. (2008). Diagnostic crossover in anorexia nervosa and bulimia nervosa: implications for DSM-V. Am J Psychiatry; 165: 245–50.

Fichter MM, Quadflieg N (2007). Long-term stability of eating disorder diagnoses. Int J Eat Disord; 40: S61–6.

Fichter MM, Quadflieg N, Hedlund S (2006). Twelve-year course and outcome predictors of anorexia nervosa. Int J Eat Disord; 39: 87–100.

Hebebrand J, Bulik CM (2011). Critical appraisal of the provisional DSM-5 criteria for anorexia nervosa and an alternative proposal. Int J Eat Disord; 44: 665–78.

Hepp U, Milos G (2010). Essstörungen. Eine Einführung. Schweiz Med Forum; 10: 834–40.

Jäger B (2008). Soziokulturelle Aspekte der Essstörungen. In: Herpertz S, de Zwaan M, Zipfel S (Hrsg). Handbuch Essstörungen und Adipositas. Heidelberg: Springer; 75–81.

Riecher-Rössler A (2005). Epidemiologie psychischer Störungen bei Frauen. In: Riecher-Rössler A, Bitzer J (Hrsg). Frauengesundheit – Ein Leitfaden für die ärztliche und psychotherapeutische Praxis. München: Urban & Fischer; 21–9.

Russell GFM (1979). Bulimia nervosa: an ominous variant of anorexia nervosa. Psychol Med; 9: 429–48.

Saß H, Wittchen HU, Zaudig M, Houben I (2003). Diagnostisches und Statistisches Manual Psychischer Störungen – Textvervision – DSM-IV-TR (Übersetzt nach der Textrevision der vierten Auflage des Diagnostic and Statistical Manual of Mental Disorders der American Psychiatric Association). Göttingen: Hogrefe.

Teufel M, Zipfel S (2008). Anorexia nervosa und Bulimia nervosa im Erwachsenenalter. In: Herpertz S, de Zwaan M, Zipfel S (Hrsg). Handbuch Essstörungen und Adipositas. Heidelberg: Springer; 14–8.

Treasure J, Schmidt U, Hugo P (2005). Mind the gap: service transition and interface problems for patients with eating disorders. Br J Psychiatry; 187: 398–400.
Treasure J, Claudino AM, Zucker N (2010). Eating disorders. Lancet; 375: 583–93.
Wigger MC (2011). Der Weg meiner Magersucht. Hinein, Darin, Hinaus. Solothurn: Rothus.

15 Abhängigkeitserkrankungen

Hana Gerber und Marc Walter

Inhalt

15.1 Einleitung 152
15.2 Abhängigkeitserkrankungen allgemein 152
    Diagnostische Kriterien 152
    Epidemiologie 153
    Ätiopathogenese 153
15.3 Spezifische Abhängigkeitserkrankungen 154
    Alkohol 154
    Illegale Drogen 156
15.4 Fazit 159

15.1 Einleitung

Abhängigkeitserkrankungen sind chronisch rezidivierende Erkrankungen, die durch eine Art Zwang, die Substanz trotz negativer Konsequenzen zu konsumieren, gekennzeichnet sind. Neben genetischen Faktoren spielen insbesondere auch Traumaerfahrungen und Stressfaktoren für die Entwicklung und Aufrechterhaltung von Abhängigkeitserkrankungen eine ausschlaggebende Rolle. Dieser Befund wurde in zahlreichen Forschungsarbeiten der vergangenen Jahrzehnte für beide Geschlechter empirisch bestätigt. Es gibt jedoch auch individuelle Aspekte bei Patientinnen und Patienten mit Abhängigkeitserkrankungen und auch solche, die speziell bei betroffenen Frauen zu berücksichtigen sind.

Das folgende Kapitel wird der Beschreibung des Störungsbildes, seiner Ätiopathogenese und den epidemiologischen Ergebnissen gewidmet, wobei den frauenspezifischen Faktoren bei Abhängigkeitserkrankungen eine besondere Aufmerksamkeit geschenkt wird.

15.2 Abhängigkeitserkrankungen allgemein

Diagnostische Kriterien

Die diagnostischen Kriterien der Klassifikationssysteme ICD-10, Kapitel V (F), und DSM-IV beschreiben ein unangepasstes Muster von Substanzkonsum, das zu klinisch bedeutsamen Beeinträchtigungen oder Leiden der betroffenen Person führt, wobei zwischen einem Substanzmissbrauch und einer -abhängigkeit unterschieden wird (Dilling et al. 2000; Saß et al. 2003). Während ersteres ein Konsumverhalten darstellt, das mit körperlicher Gefährdung, Konflikten mit dem Gesetz und zahlreichen Schwierigkeiten im Beruf, Schule oder zuhause verbunden ist, haben sich bei einer Abhängigkeit zusätzlich bereits eine Toleranz (Steigerung der Dosis, um den erwünschten Effekt herbeizuführen), Entzugssymptome (aversive körperliche und psychische Phänomene nach Absetzen der Substanz) sowie ein Kontrollverlust über den Konsum entwickelt. In beiden Fällen wird auf Kosten wichtiger beruflicher und privater Aktivitäten viel Zeit in die konsumgebundenen Aktivitäten investiert, nämlich die Substanz beschaffen und konsumieren, sich von den Substanzwirkungen wieder erholen. Charakteristisch für die Erkrankung ist ein übermächtiges Verlangen nach der Substanz (*craving*). Dieses kann durch diverse Faktoren wie konditionierte Drogenreize, Stressfaktoren oder negative Stimmung ausgelöst werden und macht es den Betroffenen schwer, den Konsum einzuschränken oder einzustellen, obwohl sie dessen negative gesundheitliche und psychosoziale Konsequenzen in der Regel erkannt haben.

Epidemiologie

Störungen im Zusammenhang mit dem Substanzkonsum sind in der Allgemeinbevölkerung ein häufiges Phänomen. Zusammen mit affektiven Störungen und Angststörungen gehören sie zu den häufigsten psychischen Erkrankungen. Dabei ist das gleichzeitige Auftreten dieser Störungsbilder besonders bei Frauen eher die Regel als die Ausnahme (Greenfield et al. 2010; Kessler et al. 2005).

Für Störungen durch den Substanzkonsum allgemein beträgt die Lebenszeitprävalenz 14,6 %. Allein der Alkoholmissbrauch liegt bei 13,2 %, die Alkohol- und Drogenabhängigkeit stehen mit 5,4 % bzw. 3,0 % immer noch bei den meist verbreiteten Störungsbildern. Allerdings besteht für Männer ein mehr als doppelt so hohes Risiko, an einer substanzinduzierten Störung zu erkranken als für Frauen, die grundsätzlich eher durch die Entwicklung affektiver Störungen und Angststörungen gefährdet sind (Kessler et al. 2005).

Obwohl Männer höhere Prävalenzraten für den Substanzkonsum und Abhängigkeitserkrankungen aufweisen, ist die Anzahl betroffener Frauen in den letzten Jahren gestiegen. Neuere epidemiologische Studien zeigen, dass der Geschlechtsunterschied im Substanzmissbrauch und -abhängigkeit zunehmend kleiner wurde. Unter Jugendlichen (12–17 Jahre) können sogar vergleichbare Raten an Drogenkonsum festgestellt werden (Greenfield et al. 2003; Hasin et al. 2007).

Ätiopathogenese

Der Entwicklung und Aufrechterhaltung von Abhängigkeitserkrankungen liegen *mehrdimensionale biopsychosoziale Determinanten* zugrunde. Neben Lernprozessen, Persönlichkeitsmerkmalen, genetischen und umweltbezogenen Faktoren spielen vor allem Stress und dessen Bewältigung eine Schlüsselrolle. Auf der neurobiologischen Ebene weisen substanzabhängige Personen unter anderem eine Dysfunktion des stressresponsiven hormonellen Systems (Hypothalamus-Hypophysen-Nebennierenrinden-Achse) sowie eine Störung der Aktivität des für die Belohnungseffekte zuständigen Neurotransmitters Dopamin auf (Gerber et al. 2011). Studien mit bildgebenden Verfahren konnten weitere Korrelate von Abhängigkeitserkrankungen zeigen und stellten pathologische Veränderungen in den neuronalen Strukturen fest, die der Entwicklung der Erkrankung und der Rückfälligkeit vermutlich zugrunde liegen (Volkow et al. 2003).

Die Erfahrungen, die ein Mensch im Laufe seines Lebens macht, sorgen dafür, dass sich sein Gehirn fortlaufend verändert. Es passt sich den Umweltanforderungen an und versucht somit, das aus der Bahn geratene Gleichgewicht wiederherzustellen. Diese Fähigkeit zur neuronalen Plastizität spiegelt Lernprozesse aufgrund der Lebenserfahrungen wider. Wiederholte Erfahrungen von körperlichem, sexuellem und/oder emotionalem Missbrauch und Vernachlässigung in der Kindheit gehören zu denjenigen traumatisierenden Erlebnissen, die bei Abhängigkeitserkrankungen besonders häufig vorkommen und einen bedeutsamen Faktor bei der Entwicklung und Verlauf der Störung darstellen. Vor allem substanzabhängige Frauen sind von solchen Traumata betroffen (Covington 2008).

Depression, Angststörungen, insbesondere die Posttraumatische Belastungsstörung (PTBS) und Persönlichkeitsstörungen sind bei Frauen mit einem erhöhten Risiko, an einer Substanzabhängigkeit zu erkranken, verbunden (Schäfer 2006). Diese entwickelt sich dann bei ihnen oft als eine sekundäre Störung. Bei Männern hingegen ist die Suchtproblematik häufiger die primäre Störung, d. h. ihr Beginn geht anderen komorbiden Störungen zeitlich voraus. Obwohl beide Geschlechter den Substanzkonsum als eine Bewältigungsstrategie zur Stressminderung einsetzen, scheint bei Frauen die »Selbstmedikation« aufgrund der belastenden PTBS-Symptomatik oder bei interpersonellen Problemen aufgrund einer Persönlichkeitsstörung häufiger der Fall zu sein.

Im Folgenden wird auf einzelne psychotrope Substanzen eingegangen, die von den Betroffenen besonders häufig konsumiert werden und zu schweren Abhängigkeitserkrankungen führen können. Sie stellen eine Herausforderung bei der Behandlung suchtkranker Menschen dar und sind im klinischen Alltag dementsprechend besonders relevant.

15.3 Spezifische Abhängigkeitserkrankungen

Alkohol

■ **Epidemiologie.** Das Verhältnis alkoholkranker Männer zu alkoholkranken Frauen betrug in den 1980er Jahren noch 5 zu 1. Laut der Epidemiology Catchment Area (ECA) Studie, die in den USA mit nahezu 20 000 Befragten durchgeführt wurde, lag die Lebenszeitprävalenz damals bei 13,6 %, davon 23,8 % für

Männer und 4,8 % für Frauen. Die Kluft zwischen schweren Trinkern und Trinkerinnen war allerdings nicht so groß – hier betrug das Verhältnis Männer zu Frauen lediglich 1,5 zu 1. Bei Frauen manifestierte sich die Erkrankung jedoch später als bei Männern (Regier et al. 1990). In den 1990er Jahren fand die National Comorbidity Study (NCS) eine Lebenszeitprävalenz für Alkoholmissbrauch und -abhängigkeit von 14,1 %, davon 20,1 % bei Männern und 8,2 % bei Frauen (Kessler et al. 1994). Den aktuellen Daten zufolge beträgt dieser Quotient 3 zu 1 (Hasin et al. 2007).

In der Schweiz leben ca. 250 000 alkoholabhängige oder stark gefährdete Personen, was einer Prävalenz von 3,9 % entspricht (Kuendig 2010). Nach Angaben des Bundesamtes für Gesundheit (BAG) machten im Jahre 2011 die Männer zwei Drittel der Betroffenen aus.

■ **Erscheinungsbild und Besonderheiten bei Frauen.** Als Genuss- und Rauschmittel wurde Alkohol bereits im Altertum bekannt. Seine entspannende, angstlösende und euphorisierende Wirkung macht ihn zu einer beliebten, gesellschaftlich anerkannten Droge. In größeren Mengen jedoch wirkt Alkohol sedierend und enthemmend, und kann aufdringliches oder aggressives Verhalten oder aber sozialen Rückzug verursachen. Aufgrund seines hohen Abhängigkeitspotenzials und der schwerwiegenden körperlichen und psychosozialen Folgen des exzessiven Konsums gehört Alkohol zu den gefährlichsten psychoaktiven Substanzen.

Wird Alkohol abgesetzt, treten bei alkoholabhängigen Menschen Entzugserscheinungen auf. Ein Entzugssyndrom manifestiert sich in Schlafstörungen, innerer Unruhe, Zittern, Erhöhung von Puls- und Blutdruck, Angstzuständen, depressiver Stimmungslage, vermehrtem Schwitzen und Magen-Darm-Beschwerden. Es können Krampfanfälle auftreten und bei zusätzlichen Orientierungsstörungen und optischen Halluzinationen leiden die Betroffenen unter dem Delirium tremens. Die gesundheitlichen und sozialen Langzeitfolgen reichen von Leberschäden (bis zur Zirrhose) über psychische, neurologische und kognitive Beeinträchtigungen (Gedächtnisstörungen bis zur Demenz und Persönlichkeitsveränderung), sozialen Abstieg und zwischenmenschliche Konflikte bis zum Tod durch eine akute Alkoholvergiftung, durch die Folgen des chronischen Alkoholkonsums oder durch Unfälle (Kuntz 2011; Thomasius 2000).

Frauen trinken im Unterschied zu Männern eher allein. Sie konsumieren auch kleinere Mengen Alkohol und trinken weniger häufig bis zu einem Rauschzustand als Männer. Dennoch sind Frauen aufgrund verschiedener biologischer Faktoren (wie z. B. ein niedrigerer Wasseranteil im Körper oder ein niedrigerer Spiegel an alkoholabbauendem Enzym Dehydrogenase) gefährdeter als Männer, negative Konsequenzen des Alkoholkonsums zu erleben. Da bei ihnen der Metabolismus von Alkohol reduziert ist, erreichen sie – wenn sie die gleiche Menge trinken – höhere Werte an Alkoholkonzentrationen im Blut als Männer und sind somit anfälliger für seine physiologischen Effekte. Sie erfahren auch mehr gesundheitliche Schäden, und ihr Weg vom initialen Konsum bis zur schweren Abhängigkeit verläuft bei ihnen deutlich schneller als bei Männern.

Frauen sind ebenfalls einem höheren Risiko, Opfer von Gewalttaten oder sexuellen Übergriffen zu werden, ausgesetzt. Auch das Risiko eines tödlichen Verkehrsunfalls ist bei Frauen unter Alkoholeinfluss größer als bei Männern. Weiterhin besteht ein geschlechtsspezifisches Risiko, infolge exzessiven Substanzkonsums an Krebs zu erkranken (erhöhtes Brustkrebsrisiko bei pre- und postmenopausalen Frauen) sowie Störungen des Menstruationszyklus, beeinträchtigte Fruchtbarkeit und erhöhtes Risiko an Fehlgeburten. Alkoholkranke Frauen weisen allgemein eine erhöhte Mortalität und Morbidität als männliche Alkoholabhängige auf (Greenfield et al. 2003, 2010).

Der Alkoholkonsum jugendlicher Konsumentinnen ist vergleichbar mit demjenigen junger Männer. Während bei Studenten ein höherer Alkoholkonsum mit aggressivem Verhalten und sexueller Belästigung verbunden zu sein scheint, konnten bei Studentinnen, die Alkohol missbrauchten, häufige Viktimisierungen, ungewollte Schwangerschaften und sexuell übertragbare Krankheiten beobachtet werden. Nicht zu vernachlässigen ist auch das zusätzliche Risiko für Neugeborene, deren Mütter in der Schwangerschaft ihren Alkoholkonsum nicht eingestellt haben. Bereits kleine Mengen an Alkohol, der während der Schwangerschaft konsumiert wird, haben einen negativen Einfluss auf den Fötus. Fehlbildungen innerer Organe sowie Sinnesorgane, irreversible Gehirnschäden und Verzögerung des Wachstums können die Folgen sein. Trotz zunehmender Informationsvermittlung trinken 14 bis 22 % der schwangeren Frauen Alkohol (Greenfield et al. 2003).

Illegale Drogen

■ **Epidemiologie.** Da der Konsum von illegalen Drogen häufig mit Kriminalität und Stigmatisierung einhergeht, ist die Prävalenzschätzung von Störungen aufgrund dieser Substanzen schwierig. Die National Comorbidity Study (NCS) gibt eine Lebenszeitprävalenz der Drogenabhängigkeit allgemein von 7,5 % an, davon 9,2 % bei Konsumenten und 5,9 % bei Konsumentinnen (Kessler et al. 1994).

Die *Heroinabhängigkeit* liegt bei ca. 0,1 %, wobei auch hier die Mehrheit der Population Männer ausmachen (Greenfield et al. 2003; Thomasius 2000). In der Schweiz werden ca. 25 000 Heroinabhängige geschätzt, 60 % von ihnen befinden sich in einer Behandlung. Nach den Angaben des Bundesamtes für Gesundheit (BAG) sind über zwei Drittel (77 % im Jahre 2010) der Personen einer heroingestützten Behandlung männlich.

Der Konsum von *stimulierenden Substanzen* (Kokain, Amphetamine) ist in den letzten Jahren angestiegen. Die aktuellen Angaben für die Lebenszeitprävalenz betragen in den meisten Ländern in Europa sowie in den USA ca. 0,5 %. Männer machen den größeren Anteil der Konsumenten und Konsumentinnen aus. In den USA zeigt sich unter Jugendlichen (12–17 Jahre) jedoch ein umgekehrter Trend im Kokainkonsum (Greenfield et al. 2003; Thomasius 2000). Der Konsumanstieg wurde auch in der Schweiz beobachtet, wobei hier doppelt so viele Männer als Frauen Kokain konsumieren (BAG).

Cannabis (v. a. Marihuana) ist die am häufigsten konsumierte illegale Droge in den USA und in Europa. Die NSC fand, dass ca. die Hälfte der amerikanischen Bevölkerung irgendwann im Laufe ihres Lebens Cannabis konsumiert. Dabei betrug die Lebenszeitprävalenz für Männer in den 1990er Jahren über 50 %, die Angaben für Frauen beliefen sich auf ca. 43 %. Der tägliche Cannabiskonsum war unter Männern häufiger als unter Frauen, und Männer begannen mit dem Cannabiskonsum auch früher in ihrem Leben. In der jüngsten Betroffenengruppe (10–14 Jahre) konnte jedoch ein doppelt so großer Zuwachs an Cannabiskonsum bei den Mädchen als bei den Jungen beobachtet werden (Greenfield et al. 2003). Nach den aktuellen Angaben des BAG ist der Cannabiskonsum in der Schweiz nach einem beträchtlichen Anstieg am Anfang des 21. Jahrhunderts (2002 gaben 5 % der Bevölkerung einen regelmäßigen Cannabiskonsum an) wieder leicht gesunken. Im Jahre 2006 wurden in der Schüler- und Schülerinnenbefragung mehr männliche als weibliche 15-Jährige identifiziert, die bereits Cannabis probierten (34 % vs. 27 %).

▪ **Erscheinungsbild und Besonderheiten bei Frauen: Heroin.** Heroin (Diacetylmorphin) wurde 1896 als Schmerz- und Hustenmittel durch die Firma Bayer eingeführt. Bereits um die Jahrhundertwende war Heroin eine populäre, intravenös applizierte Droge, die in den 1960er Jahren zur häufigsten Todesursache junger Erwachsener in New York wurde. In Deutschland wurde Heroin erst 1971 verboten.

Seine euphorisierende, beruhigende (dämpfende) Wirkung geht bei einer akuten Heroinintoxikation in veränderte (dösige bis komatöse) Bewusstseinslage mit flachem Atem (Atemdepression) über und wird begleitet von blasser Haut, verengten Pupillen, Kreislaufstörungen, verlangsamtem Denken und herabgesetztem Stoffwechsel. Die typischen Entzugssymptome reichen von Reizbarkeit, Schlafstörungen, Tränen- und Nasenfluss, Gähnen, Schweißausbrüchen und Frösteln über Bauchkrämpfe, Übelkeit, Durchfall, motorische Unruhe bis zu Entzugspsychosen. Bei einer Überdosierung ist die Gefahr des Atem- oder Herzstillstands hoch, was den Tod bedeuten kann. Die Langzeitfolgen dieser Substanz mit einem starken Abhängigkeitspotenzial manifestieren sich anderseits in schweren gesundheitlichen Einbußen (Hepatitis- und HIV-Risiko, Abszesse, körperliche Auszehrung aufgrund mangelnder Ernährung etc.) sowie in der Beschaffungskriminalität, Prostitution, Depressivität und einer allgemein schlechten psychosozialen Anpassung der Konsumenten und Konsumentinnen. Die Heroinabhängigkeit ist mit hohen Morbiditäts- und Mortalitätsraten verbunden (Kuntz 2011; Thomasius 2000).

Verglichen mit Männern konsumieren Frauen meistens kleinere Mengen Heroin und bevorzugen das Inhalieren der Droge. Frauen, die Heroin intravenös konsumieren, haben häufiger einen Partner, der ebenfalls Heroin injiziert. Sie kommen auch häufiger als Männer durch ihren Partner überhaupt erst dazu, Heroin zu konsumieren. Sie scheinen jedoch schneller als Männer eine Abhängigkeit zu entwickeln. Heroinkonsumentinnen leiden auch unter zusätzlichen psychischen Störungen wie Depression und Angststörungen und berichten häufiger als Männer über entsprechende Symptome bereits in ihrer Kindheit. Sexueller und körperlicher Missbrauch ist unter heroinabhängigen Frauen ebenfalls weitaus häufiger als bei Männern. Nicht zuletzt hat Heroin – wie andere Drogen auch – schwerwiegende negative Konsequenzen für schwangere Frauen und ihre Kinder. Es können Blutungen, vorzeitige Geburten, niedriges Geburtsgewicht und perinatale Sterblichkeit auftreten. Neugeborene heroinabhängiger Frauen leiden unter Entzugssymptomen und etwa die Hälfte von ihnen ist opioidabhängig (Greenfield et al. 2003).

- **Erscheinungsbild und Besonderheiten bei Frauen: Kokain.** Die Kokapflanze sowie der Konsum von Kokablättern (gekaut oder als Tee zubereitet) haben in Südamerika eine Tradition von mehreren Jahrtausenden. Isoliert wurde Kokain 1859 und erstmals als Analgetikum vermarktet. Nach dem Entdecken seines Suchtpotenzials wurde die Verwendung von Kokain illegalisiert. Kokain vermittelt der Person ein Gefühl, unschlagbar und enorm leistungsfähig zu sein, ihr Antrieb und Konzentration werden gesteigert. Zudem wirkt Kokain sexuell stimulierend, enthemmend und euphorisierend. Kreislaufstörungen, erhöhter Pulsschlag, Körperhalluzinationen, Krämpfe und paranoide Reaktionen werden allerdings ebenfalls zu den Wirkungen von Kokain gezählt. Die Substanz wurde lange Zeit als »Droge der Reichen« bekannt, inzwischen ist Kokain allerdings in allen sozialen Schichten verbreitet. Sein Missbrauch kann zu schweren Schädigungen innerer Organe, der Nasenschleimhaut und -scheidewand (infolge des »Sniefens« von Kokainpulver), aggressivem Verhalten, maßloser Selbstüberschätzung oder aber Selbstwertverlust und Depressionen führen. Besonders gefährlich ist der Konsum des sogenannten Cocktails – eine injizierbare Mischung von Kokain und Heroin. Der gleichzeitige Konsum dieser beiden Substanzen kommt bei schwer abhängigen Personen häufig vor. Erschöpfungszustände und eine sehr hohe psychische Abhängigkeit sind die Folgen eines langfristigen Konsums von Kokain (Kuntz 2011; Thomasius 2000).

Bei Konsumenten und Konsumentinnen kann Kokain zusätzlich Störungen des Menstruationszyklus und Unfruchtbarkeit verursachen. Auch scheinen Frauen sensibler als Männer auf die kardiovaskulären Effekte von Kokain zu reagieren. Neugeborene kokainabhängiger Mütter können von neurobiologischen Auffälligkeiten wie z. B. abnormale Reflexe, niedrigeres Intelligenzniveau oder eine verlangsamte motorische Entwicklung betroffen sein. Auch ein niedriges Geburtsgewicht und Fehlbildungen wurden als Folgen des Kokainkonsums in der Schwangerschaft beobachtet (Greenfield et al. 2003).

- **Erscheinungsbild und Besonderheiten bei Frauen: Cannabis.** Cannabis war als Nahrungs- und Heilmittel bereits 4 000 Jahre v. Chr. bekannt. Seine psychoaktive Wirkung äußert sich in Euphorie, Heiterkeit, Unbeschwertheit und Entspannung, die von traumähnlichen Zuständen, Glücksgefühlen und einer intensiveren Sinneswahrnehmung begleitet werden. Als unerwünschte Nebenwirkungen können allerdings auch erhöhter Herzschlag und Puls, Mundtrockenheit, Übelkeit, Hustenreiz, aversive Körperwahrnehmungen und Heißhungerattacken auftreten, als Langzeitfolgen sind dann Schädigungen der Atemwege und der Lunge, depressive Grundstimmung und körperliche sowie psychische Abhängigkeit zu verzeichnen. Cannabis wird in der Form von Marihuana – getrocknete Blüten und Blattspitzen der weiblichen Cannabispflanze – oder als Haschisch (gepresster Harz) konsumiert. Geraucht als Joint (oder mittels spezieller Geräte) oder oral eingenommen in Kuchen, Keksen und Getränken ist Cannabis die meist gebrauchte illegale Droge (Kuntz 2011).

Bei Frauen, die unter einem belastenden prämenstruellen Syndrom und Dysphorie leiden, wurde eine Verbindung zwischen dem Marihuanakonsum und ihrem Menstruationszyklus festgestellt. Ebenfalls ein geschlechtsspezifisches Krebsrisiko sowie eine Beeinträchtigung des visuo-räumlichen Gedächtnisses werden diskutiert. Der Konsum von Marihuana während der Schwangerschaft kann sich in einer verkürzten Gestationszeit, vorzeitigen Plazentalösung und Geburt eines unreifen Kindes mit neurologischen Störungen auswirken (Greenfield et al. 2003, 2010).

15.4 Fazit

Störungen durch den Konsum psychotroper Substanzen sind schwere Erkrankungen, die häufig vorkommen, hohe Kosten verursachen und erhebliche Konsequenzen nach sich ziehen. Ihre Entwicklung und Aufrechterhaltung sind mit mehrdimensionalen biopsychosozialen Ursachen zu erklären, wobei Stressfaktoren und eine hohe Komorbidität mit anderen psychischen Erkrankungen eine große Rolle spielen. Besonders Frauen sind von weiteren Störungen wie Depression und Angststörungen betroffen und leiden zusätzlich an geschlechtsspezifischen körperlichen Langzeitfolgen des übermäßigen Substanzkonsums. Diese müssen bei der Prävention von Abhängigkeitserkrankungen und ihrer Behandlung berücksichtigt werden. Ein therapeutisches Angebot mit individuellen, frauenspezifischen Behandlungselementen ist unverzichtbar und kann den Geschlechtsunterschieden Rechnung tragen.

Literatur

Covington S (2008). Frauen und Sucht: ein traumasensibler Ansatz. In: Gahleitner SB, Gunderson CL (Hrsg). Frauen – Trauma – Sucht. Neue Forschungsergebnisse und Praxiserfahrungen. Kröning: Asanger; 21–43.

Dilling H, Mombour W, Schmidt MH (Hrsg) (2000). Internationale Klassifikation psychischer Störungen ICD-10, Kapitel V (F). Klinisch-diagnostische Leitlinien. Weltgesundheitsorganisation. 4. Aufl. Bern: Huber.

Gerber H, Borgwardt SJ, Gerhard U et al. (2011). Stress und Stressreaktivität bei der Opioidabhängigkeit. Ein Überblick. Schweiz Arch Neurol; 162: 239–45.

Greenfield SF, Manwani SG, Nargiso JE (2003). Epidemiology of substance use disorders in women. Obstet Gynecol Clin North Am; 30: 413–46.

Greenfield SF, Back SE, Lawson K, Brady KT (2010). Substance abuse in women. Psychiatr Clin North Am; 33: 339–55.

Hasin DS, Stinson FS, Ogburn E, Grant BF (2007). Prevalence, correlates, disability, and comorbidity of DSM-IV alcohol abuse and dependence in the United States. Results from the National Epidemiologic Survey on Alcohol and Related Conditions. Arch Gen Psychiatry; 64: 830–42.

Kessler RC, McGonagle KA, Zhao S et al. (1994). Lifetime and 12-month prevalence of DSM-III-R psychiatric disorders in the United States. Results from the National Comorbidity Survey. Arch Gen Psychiatry; 51: 8–19.

Kessler RC, Berglund P, Demler O et al. (2005). Lifetime prevalence and age-of-onset distributions of DSM-IV disorders in the National Comorbidity Survey Replication. Arch Gen Psychiatry; 62: 593–602.

Kuendig H (2010). Alcohol dependence figures in the swiss general population: a sisyphean challenge for epidemiologists. Eur Addict Res; 16: 185–92.

Kuntz H (2011). Drogen & Sucht. Ein Handbuch über alles, was Sie wissen müssen. 2. Aufl. Weinheim: Beltz.

Regier DA, Farmer ME, Rae DS et al. (1990). Comorbidity of mental disorders with alcohol and other drug abuse: results from the Epidemiologic Catchment Area (ECA) study. JAMA; 264: 2511–18.

Saß H, Wittchen HU, Zaudig M, Houben I (2003). Diagnostisches und statistisches Manual psychischer Störungen DSM-IV-TR. Textrevision. Übersetzt nach der Textrevision der 4. Auflage des »Diagnostic and statistical manual of mental disorders« der American Psychiatric Association. Göttingen: Hogrefe.

Schäfer I (2006). Die Bedeutung von Traumatisierungen für die Entwicklung und den Verlauf von Suchterkrankungen. In: Schäfer I, Krausz M (Hrsg). Trauma und Sucht. Konzepte – Diagnostik – Behandlung. Stuttgart: Schattauer; 11–32.

Thomasius R (Hrsg) (2000). Psychotherapie der Suchterkrankungen. Krankheitsmodelle und Therapiepraxis – störungsspezifisch und schulenübergreifend. Stuttgart, New York: Thieme.

Volkow ND, Fowler JS, Wang GJ (2003). The addicted human brain: insights from imaging studies. J Clin Invest; 111: 1444–51.

16 Psychische Auffälligkeiten bei der Internetnutzung

Bert te Wildt und Valentina Albertini

Inhalt

- 16.1 Einleitung 161
- 16.2 Internetnutzungsverhalten 162
- 16.3 Pathologische Internetnutzung 163
  - Epidemiologie 163
  - Arten 163
  - Phänotypen 164
  - Komorbidität 166
- 16.4 Therapie 167
- 16.5 Fazit 169

»Gleichgültig, ob ich Mann, Weib oder Neutrum bin – das Geschlecht ist Privatsache.
Vor allem bin ich Ich, eine bestimmte Individualität,
und ein bestimmter Wert beruht auf dieser Individualität.«
Hedwig Dohm

16.1 Einleitung

Im Eingangszitat formuliert eine der ersten feministischen Theoretikerinnen, Hedwig Dohm (geb. 1831, gest. 1919), ihre bis heute nicht realisierte Utopie der Individualität des Menschen. Ihrer Zeit weit voraus, sah sie Geschlecht als Resultat sozialer Prägung (*gender*) entgegen dessen biologischer Determination (*sex*). Die von ihr in den Vordergrund gestellte Individualität eines Menschen ist im Sinne einer ihr zugrunde liegenden spezifischen Individuation ja nichts ursprünglich Vorhandenes, sondern ein innerhalb sozialer Interaktionen Gewordenes mit einem spezifischen Wert, der ebenfalls Resultat sozialer Interaktion ist. Hier liegt der eigentliche emanzipatorische Gedanke. Im Internet können Repräsentation und Rolle der Frau durch sie aktiv mitbestimmt und gestaltet werden. Wo Freiheit ist, ist auch Gefahr.

Ob die digitale Revolution grundsätzlich auch eine emanzipatorische Funktion hat, ist eine ebenso heftig umstrittene wie unbeantwortete Frage. Ähnlich uneindeutig ist die Rolle des Internets im Hinblick auf weibliche Identität und Selbstbestimmung. Frauen werden auch im Internet ausgebeutet und unterdrückt (Halder u. Jaishankar 2009). Ebenso können Frauen im Internet vortrefflich ihre Kräfte bündeln und für ihre Gleichberechtigung kämpfen (Kennedy

2000). Insofern bleibt zunächst festzuhalten, dass der interaktive Cyberspace weder prinzipiell gut noch schlecht ist. Er ist einfach da. Und weil er existiert, spiegelt sich in ihm dieselbe Ambivalenz, dasselbe Kräfteverhältnis von Konstruktivität und Destruktivität wie in allen zwischenmenschlichen Beziehungen. Nur so viel lässt sich sagen: Er ist ein virtueller Lebensraum geworden, in dem auch Geschlechtsunterschiede eine Rolle spielen. Frauen nutzen das Internet anders als Männer, und auch die Bedingungen, unter denen sich eine pathologische Internetnutzung ausbildet, unterscheiden sich bei Frauen.

Internetabhängigkeit tritt bisher zumeist als suchtartige Nutzung von Online-Computerspielen in Erscheinung und betrifft insbesondere junge Männer. Über spezifische Medienabhängigkeitsmuster von Frauen ist noch wenig bekannt. Im Folgenden wird das Wissen über die Besonderheiten der Internetnutzung von Frauen zusammengefasst und im Hinblick auf die Frage diskutiert, was bei der Diagnostik und Behandlung von weiblichen Internetabhängigen besonders zu beachten ist.

16.2 Internetnutzungsverhalten

Frauen haben das Internet und vor allem auch Computerspiele zunächst etwas weniger häufig als Männer genutzt (Morahan-Martin 1998). Warum Mädchen und Frauen lieber chatten als spielen, scheint unterschiedliche Motive zu haben. Virtuelle Beziehungen bieten die Möglichkeit, soziale Kontrollen zu umgehen, indem bei textbasierter Kommunikation der Gesprächspartner wenig über den psychosozialen Hintergrund des anderen erfährt. Gleichzeitig besteht ein hohes Maß an Kontrolle, welche Informationen weitergegeben werden (Döring 2003). Mädchen und Frauen können sich im Internet über ihre Gefühle und Fantasien austauschen, wobei auch hier die vorhandene Anonymität im Netz von hohem Reiz ist. Eine jeweils detaillierte Betrachtung unterschiedlicher sozialer Räume im Netz, mit der es möglich ist, die besonderen Qualitäten weiblicher Erlebens- und Verhaltensweisen nachvollziehen zu können, zeigt, dass es keine Eindeutigkeit gibt. Im Jahr 2000 wurde »LizzyNet« als eine nichtkommerzielle, geschützte, deutschsprachige Online-Community und als Kommunikations-, Informations- und Lernplattform ausschließlich für Mädchen im Alter von 12 bis 22 Jahren gegründet. Die Identitätsrelevanz der Internetnutzung für Mädchen und Frauen betont die Wichtigkeit solcher geschützter Identitätsräume. Das Internet ist zu einem »Identitätsspielraum« für heranwachsende junge Frauen geworden (Tillmann 2008), innerhalb dessen Gefühle von Zugehörigkeit entwickelt werden können. In diesem Sinne titelt die feministische Frauenzeitschrift »Emma« im Sommer 2011: »Das Netz ist ihr letzter Freiraum« und weist dabei auf die Situation zweier im Bonner Exil lebender junger iranischer Bloggerinnen hin, die im Iran das erste Online-Magazin »Her Land« gründeten, womit sie ihren Wunsch nach Selbstbestimmtheit ausdrückten und ihren Blog als politische Plattform nutzten. Junge Frauen schaffen mithilfe des Internets Identifikationsräume innerhalb ihrer Peergroup und finden im Internet Austauschpartner für Reifungs- und Ablösungsprozesse. Dabei sind Reflexionen und Narrationen des eigenen Selbst im virtuellen Raum einer Homepage oder eines Chatrooms wichtige Bestandteile des interaktiven Kommunikationsprozesses und der Bildung eigener Identität. Mädchen und Frauen nutzen das Internet tatsächlich stärker für soziale Kommunikation. Und wenn sie spielen, dann eher gewaltfreie Spiele mit sozialem Charakter wie die »Sims« (Lin 2010). Die höhere Affinität zu sozialen Netzwerken wird sogar als ein wichtiger Grund dafür angenommen, dass Frauen weniger häufig eine Medienabhängigkeit entwickeln.

16.3 Pathologische Internetnutzung

Epidemiologie

In den letzten zehn Jahren hat die Internetnutzung stetig zugenommen. Laut der Statistik der International Telecommunications Union (ITU 2010) nutzten in den Jahren 2008 bis 2010 in Deutschland mehr Männer (83,2 %) als Frauen (75,3 %) das Internet, in anderen europäischen Ländern (Irland, Frankreich) überwog der Frauenanteil. Männer nutzten alle Anwendungen häufiger als Frauen. 91 % der Mädchen und 89 % der Jungen waren täglich oder mehrmals wöchentlich im Netz (Medienpädagogischer Forschungsverband Südwest 2010). Mädchen (54 %) verbringen mehr Zeit mit sozialen Netzwerken, in Chats oder mit E-Mails als Jungen (39 %), die viermal so viel Zeit mit Spielen verbrachten. Für Mädchen waren solche Online-Spiele, die allein gespielt werden, am bedeutsamsten. Die mehrheitlich auf kompetitive Interaktionen setzenden Online-Spiele scheinen für weibliche Nutzer weniger attraktiv zu sein. Anhand der Kriterien für Abhängigkeit der Internationalen Klassifikation psychischer Störungen (ICD-10) werden 3 % der Jungen und 0,3 % der Mädchen (9. Klasse) als computerspielabhängig und 4,7 % der Jungen sowie 0,5 % der Mädchen als abhängigkeitsgefährdet diagnostiziert (Rehbein et al. 2009). In einer Studie des Bundesverbands stationäre Suchtkrankenhilfe e. V. (buss 2011), die an 20 Kliniken der deutschen Suchtrehabilitation durchgeführt wurde, zeigte sich eine hohe Prävalenzrate von 4,1 % für Internetabhängigkeit (2,8 % Frauen, 97,2 % Männer). Der Anteil an Frauen mit exzessiver Mediennutzung im Suchthilfesystem nimmt jedoch zu. In diesem Zusammenhang verdichten sich Hinweise darauf, dass auch soziale Netzwerke ein Abhängigkeitspotenzial aufweisen (Rumpf et al. 2011), wobei hier die zunehmend integrierten Spiele in den sozialen Netzwerken eine Rolle spielen dürften.

Arten

Unter pathologischer Internetnutzung im engeren Sinne wird die suchtartige Abhängigkeit von der Nutzung aller mit dem Internet verbundenen Medien verstanden (Kratzer 2006). Hierbei bleiben psychopathologische Phänomene unberücksichtigt, die sich ins Internet übersetzen und damit einer besonderen dynamischen Veränderung unterliegen. Im Hinblick auf Frauen ist in diesem Zusammenhang vor allem die Nutzung von Internetforen zu beachten, die selbstschädigende oder gar suizidale Verhaltensweisen propagieren. Hierzu zählen vor allem Pro-Anorexie-Foren, Selbstverletzungs- und Suizidforen. Allerdings gibt es bisher keine sicheren Hinweise dafür, dass durch diese Foren die entsprechenden pathologischen Verhaltensweisen zunehmen. Das liegt vermutlich daran, dass in den meisten Foren auch Hinweise für professionelle Unterstützung und Hilfe zur Selbsthilfe angeboten werden. Vermutlich ist es aber vielmehr das sich gegenseitige Verstehen der Forennutzerinnen, das durch die Interaktivität des Mediums vermittelt wird, sodass hier auch protektive Wirkungen anzunehmen sind (te Wildt 2007). Dies scheint insbesondere für Frauen mit posttraumatischen Belastungsstörungen und komplexen dissoziativen Erkrankungen der Fall zu sein.

Selbstverständlich kann sich auch im Zuge einer Überidentifikation mit der entsprechenden Opfer- oder Krankenrolle sekundär eine Abhängigkeitsentwicklung im Hinblick auf die Mediennutzung ergeben. Primär Internetabhängige haben aber in der Regel ein etwas anderes psychisches Profil. Dies sind vor allem junge Männer, die auf dem Weg zu einem selbstbestimmten Erwachsenenleben aufgrund negativer sozialer Erfahrungen scheitern und sich in die virtuelle Welt des Cyberspace zurückziehen, um dort in Online-Spielen diejenigen Helden zu *verkörpern*, die sie im konkret-realen Leben nicht sein können (te Wildt 2010). Anders als bei Männern scheint es bislang kein typisches Profil von weiblicher Internetabhängigkeit zu geben.

Phänotypen

Für die Anerkennung nichtstoffgebundener Abhängigkeitserkrankungen im Allgemeinen und der Medienabhängigkeit im Besonderen als sogenannte *Verhaltenssüchte* hat sich im deutschsprachigen Raum vor allem die verstorbene Sabine Grüsser-Sinopoli frühzeitig eingesetzt (Grüsser u. Thalemann 2006). Nichtstoffgebundene Abhängigkeitserkrankungen werden in den psychiatrischen Klassifikationssystemen bisher als Störungen der Impulskontrolle klassifiziert, wobei darin lediglich das pathologische Glücksspiel explizit geführt wird. Internetabhängigkeit wird aber – insbesondere wenn man die internationale Perspektive berücksichtigt – zunehmend als Suchterkrankung im engeren Sinne verstanden und behandelt, wenngleich diese Zuordnung im deutschsprachigen Raum nicht zuletzt unter Berücksichtigung abrechnungstechnischer Gesichtspunkte noch etwas umstritten ist (te Wildt u. Fischer 2011). Die Zuordnung geht auf die Pionierin dieses noch jungen Forschungsgebiets, Kimberly Young, zurück, die nun auch das erste Handbuch über »Internet Addiction« (Young u. Nabuco de Abreu 2011) herausgebracht hat. Sie beschreibt fünf Phänotypen von Internetabhängigkeit:

- **Net Compulsions.** Die am häufigsten auftretenden sogenannten Net Compulsions beziehen sich vor allem auf die Abhängigkeit von Online-Computerspielen und Online-Glücksspielen (Griffiths et al. 2009) sowie das impulskontrollgestörte Konsumieren im Rahmen von Internetauktionshäusern und -shops. Während die virtuelle Spiel(e)sucht eher Männer betrifft, findet sich Kaufsucht – ob *online* oder *offline* – eher bei Frauen (Müller et al. 2011).

- **Cybersexual Addiction.** Hierbei sind die zumeist männlichen Betroffenen in der Regel abhängig von pornografischen Inhalten, wobei es nicht nur um pornografisches Material, sondern auch um voyeuristische Livedienste und um die Anbahnung realer sexueller Kontakte geht, womit eine Nähe zur Sexsucht besteht (Griffiths 2004).

- **Cyber-Affair und Relational Addiction.** Bei der Cyber-Affair handelt es sich um eine Abhängigkeit von einer oder mehreren Internetbeziehungen, die reale Partnerschaften gefährden. Männer und Frauen sind hier gleichermaßen betroffen, wobei es durchaus fraglich ist, ob hier von einer genuinen psychischen Erkrankung ausgegangen werden kann (Atwood 2005). Diese Variante erscheint eher als ein Ausdruck gravierender Beziehungsprobleme und weniger als eine individuelle psychische Erkrankung der einzelnen Partner. Mit Relational Addiction ist die Abhängigkeit von sozialen Netzwerken gemeint. Wenngleich es noch umstritten ist, ob es überhaupt die sozialen Netzwerke selbst sind und nicht vielmehr die darin zunehmend integrierten Spiele, die eine Abhängigkeit erzeugen, lässt sich zumindest sagen, dass von dieser Variante besonders häufig Frauen betroffen zu sein scheinen (Rumpf et. al. 2011).

- **Informationssucht (Information Overload).** Damit ist schließlich das exzessive Suchen und Horten von Informationen im Internet gemeint. Dies tritt eher bei Männern auf, wobei es wie das Sammeln von Gegenständen am ehesten vor dem Hintergrund zwanghafter Persönlichkeitsmerkmale auftreten dürfte (Wu u. Watson 2005). Auch hier stellt sich die Frage, inwieweit sich eine Zwangsstörung eher auf eine virtuelle Art und Weise manifestiert, was im Rahmen diagnostischer Klassifikationen sogar als Ausschlusskriterium für das Vorliegen einer Internetabhängigkeit gewertet wird (Mücken et al. 2010).

Youngs Kategorisierung ist durchaus umstritten, einerseits weil es sich bei einigen Unterformen um bekannte psychische Störungen handelt, die einem virtuellen Gestaltwandel unterliegen, andererseits weil wir heute noch gar nicht abschätzen können, welche Formate und Inhalte sich in der sich rasant weiterentwickelnden digitalen Revolution noch als abhängigkeitsfördernd erweisen werden. Mit etwas Distanz lassen sich diejenigen psychopathologischen Syndrome, die sich schlicht auf eine virtuelle Ebene verlagert haben, einigermaßen trennscharf von denjenigen unterscheiden, die sich aus den wirklich neuartigen Eigenschaften des Internets ergeben. Zu den ersteren gehören vor allem nichtstoffgebundene Abhängigkeitserkrankungen wie beispielsweise Glücksspiel-, Sex- und Kaufsucht. Zu letzteren zählen vor allem die Online-Computerspiel-Abhängigkeit und die bisher seltene Abhängigkeit von sozialen Netzwerken. Wenngleich ähnlich wie beim pathologischen Glücksspiel die Abhängigkeit von Computerspielen vor allem bei Jungen und Männern auftritt, lässt sie sich auch bei Frauen finden, dies allerdings mit etwas anderen Mediennutzungsprofilen, insbesondere im Hinblick auf die genutzten Medieninhalte.

Komorbidität

Unabhängig vom Geschlecht lassen sich als zur Internetabhängigkeit komorbide Störungen vor allem Depressionen und Angsterkrankungen finden. Darüber hinaus finden sich etwas seltener auch das Aufmerksamkeitsdefizit- und Hyperaktivitätssyndrom (ADHS) sowie Persönlichkeitsstörungen (te Wildt u. Vukicevic 2011). Die wenigen Studien, die Geschlechtsunterschiede berücksichtigen, sehen auch bei Frauen ein Überwiegen von depressiven Syndromen und Angsterkrankungen, wobei letztere bei Frauen eventuell etwas häufiger komorbid auftreten (Kratzer 2006). In der Mediensprechstunde der Medizinischen Hochschule Hannover zeigte sich bei 12 untersuchten Frauen mit Medienabhängigkeit eine hundertprozentige Komorbiditätsrate, wobei depressive Syndrome bei 75 % auftraten, Angststörungen bei 33 %, die emotional-instabile Persönlichkeitsstörung bei 25 % und Alkoholabhängigkeit bei 20 %. Der Zusammenhang mit stoffgebundenen Abhängigkeiten ist auch bei Frauen vergleichsweise gering, wenn man die allgemeine Prävalenz der Suchterkrankungen berücksichtigt. Gerade bei erwachsenen Patientinnen und Patienten mit ADHS oder einer Persönlichkeitsstörung vom dramatischen Cluster B, die mit einer Störung der Impulskontrolle einhergehen, kann es jedoch auch zu Suchtverschiebungen, sowohl zu stoffgebundenen als auch zu nichtstoffgebundenen Abhängigkeitsarten kommen.

Neben den narzisstischen und emotional-instabilen Persönlichkeitsmerkmalen finden sich bei einer anderen Patientengruppe auch Menschen mit einer abhängigen, selbstunsicheren und ängstlichen Persönlichkeitsstörung vom Cluster C unter den Medienabhängigen (te Wildt 2010). Grundsätzlich ist zu vermuten, dass gerade diese noch weniger den Weg in eine Spezialsprechstunde für Medienabhängige finden, was eventuell auch erklären mag, warum Frauen dort unterrepräsentiert sind.

In diesem Zusammenhang gilt es allerdings zu bedenken, dass Depressionen, Angsterkrankungen, Persönlichkeitsstörungen und ADHS überhaupt zu den häufigsten komorbiden Erkrankungen bei Abhängigkeitserkrankungen zählen. Insofern spricht vieles dafür, dass sich die Komorbidität von Frauen und Männern bei Medienabhängigkeit ähnlich wie die bei stoffgebundenen Abhängigkeitserkrankungen nicht wesentlich unterscheidet, wenn man sie in Relation zu den allgemeinen geschlechtsbezogenen Krankheitsraten setzt. Auch dies spricht dafür, Medienabhängigkeit als eigenständiges Störungsbild zu verstehen, wenngleich es sicherlich gerade für die psychotherapeutische Diagnostik und Behandlung wichtig ist, die komorbiden Erkrankungen im Sinne einer ganzheitlichen Betrachtung zu berücksichtigen.

16.4 Therapie

Bestätigt sich ein pathologischer Internetgebrauch, sollten mögliche komorbide Störungen diagnostisch abgeklärt werden. Im Rahmen einer Internetkonsum-Anamnese schließen sich folgende Fragen an: Welche Internetangebote werden genutzt, seit wann und wie lange? Welche Funktionalität hat der Internetkonsum? Wann und in welcher Situation hat dieser begonnen? In welcher Intensität wird das Internet genutzt? Im Gegensatz zur Therapie stoffgebundener Abhängigkeiten kann eine vollständige Abstinenz vom heute allgegenwärtigen Internet nicht als langfristiges Ziel gesehen werden. Deshalb sollte deutlich werden, welche Internetformate oder -inhalte das abhängigmachende Agens darstellen und in welcher Konsequenz diese zu meiden sind. Eine entsprechende Abstinenzregel ist dann mit den Betroffenen zu vereinbaren. Ein kontrollierter, nicht schädlicher Medienkonsum sollte Ziel der Behandlung sein, sodass Medien zweckgebunden und nicht zur Stimmungsregulation oder im Sinne einer Selbstmedikation genutzt werden. Eine längere Motivationsphase ist für die Betroffenen aufgrund häufig fehlender Krankheitseinsicht meist ebenso notwendig wie ein gezieltes Rückfallpräventionstraining.

Evidenzbasierte Therapieempfehlungen sind derzeit aufgrund der geringen Anzahl vorhandener Therapiestudien kaum möglich. Eine Übersicht des aktuellen internationalen Forschungsstandes kann aber erste Hinweise geben, welche Verfahren erfolgreich sind, wobei insbesondere die Arbeiten von Forschungsgruppen aus Asien erste Ergebnisse liefern (z. B. Cao et al. 2007; Kim 2008; Shek et al. 2009). In der klinischen und ambulanten Behandlungspraxis haben sich bisher auf der Grundlage vorhandener Therapiemethoden vor allem psycho- und soziotherapeutische Verfahren etabliert. Während die bekannten tiefenpsychologischen und kognitiv-behavioralen Behandlungsverfahren, die sich schon bei der Behandlung stoffgebundener Abhängigkeiten bewährten, im gesamten klinischen und ambulanten Bereich angewendet werden, finden systemische Verfahren primär in der Beratungsstelle, der Kinder- und Jugendpsychiatrie und in der Angehörigenarbeit Anwendung.

Wenn komorbide psychische Störungen bestehen und mit einem entsprechend hohen Leidensdruck einhergehen, können zusätzlich psychopharmakotherapeutische Herangehensweisen indiziert sein. Da Depressionen und Angsterkrankungen als die häufigsten komorbiden psychischen Störungen gelten, werden vor allem neuere Antidepressiva gegeben.

Zusätzliche Hilfe leisten kann die Nutzung von Selbsthilfeforen wie »Aktiv gegen Mediensucht e. V.« (www.rollenspielsucht.de) oder »HSO e. V.« von Gabriele Farke (www.onlinesucht.de) oder der Besuch einer Selbsthilfe- oder Angehörigengruppe. Der weitere Aufbau von Selbsthilfegruppen wäre ein wichtiger Schritt in der Behandlung der Internetabhängigkeit, da es davon bislang nur wenige für Betroffene und ihre Angehörigen gibt. Weitere Beratungs- und Kontaktstellen bei Internetabhängigkeit finden sich auf der Homepage des Fachverbands Medienabhängigkeit e. V. (www.fv-medienabhaengigkeit.de).

Im Hinblick auf die psychotherapeutische Herangehensweise spielt es aus psychodynamischer Sicht eine besondere Rolle, dass Internetabhängigkeit zumeist mit einem Rückzug aus realen zwischenmenschlichen Beziehungen einhergeht. Das Internet kann zum Objektersatz werden. Wurmser (1997) versteht Süchtigkeit als zwanghafte Abhängigkeit von einem äußeren Faktor und sieht die psychodynamischen Zusammenhänge durch eine künstlich verstärkte Affektabwehr begründet. Er spricht in diesem Zusammenhang von einer »phobischen Kernstruktur« des Süchtigen, der nach narzisstisch überhöhten Schutzobjekten sucht, von denen und von deren Wirkung er sich zunehmend abhängig macht. Fantasien bestehen zu einem Objekt, das z. B. in Angstsituationen als Schutzsystem dient. Dabei handelt es sich im psychodynamischen Sinne um eine narzisstische Objektwahl. Dieses Schutzobjekt oder -system ist allmächtig, was vor allem ein Thema bei Online-Rollenspielen zu sein scheint. Ein tiefer Rückzug von Gefühlen und von der Außenwelt, wie er bei Internetabhängigen typisch ist, deutet auf eine narzisstische Abwehr hin. Reale Beziehungen werden entweder Teil dieses Schutzsystems, z. B. innerhalb einer Gilde oder in einem Chatroom, oder sie verlieren im Verlauf der Suchtentwicklung ihre Bedeutung. Solange die Verbindung zum Suchtmittel, z. B. dem Online-Spiel, existiert, partizipiert der Abhängige an dessen Allmacht (Wurmser 2000). Verliert es an Macht oder ist es nicht mehr vorhanden, wird eine schwere narzisstische Krise ausgelöst, die den Wunsch nach erneuter Partizipation an dessen Allmacht hervorruft und die ursprüngliche Symptomatik verstärkt. Für die therapeutische Beziehung bedeutet dies, dass der Abschied von der süchtigen Internetnutzung mit einem tiefen Verlusterleben und Gefühlen der Trauer einhergehen kann. Dieses Verlusterleben ist besonders dann vorhanden, wenn es um die endgültige Löschung eines Accounts für ein Online-Rollenspiel geht und den damit verbundenen Abschied von der Identifikationsfigur eines Avatars.

Die unterschiedlichen Aspekte der süchtigen Beziehung zur Welt des Internets müssen in der therapeutischen Beziehung durchgearbeitet werden. Der Internetsüchtige richtet seine Aufmerksamkeit auf ein Objekt, das ständig verfügbar ist und eine unmittelbare Bedürfnisbefriedigung verspricht (Heigl-Evers u. Ott 2002). Innerhalb der therapeutischen Beziehungskontinuität mit ihren realen Regeln von Ort und Zeit sowie feste Absprachen bezüglich des Internetkonsums, die äußere Realität verkörpern, kann eine fassbare Barriere gegen die illusionären Autarkiewünsche des Suchtkranken errichtet werden (Dieckmann u. Albertini 2008). Gleichzeitig sollten individuell auslösende und suchtverstärkende Faktoren gemeinsam thematisiert und erarbeitet werden. Dabei können mögliche frauenspezifische Ursachen einer Suchtentwicklung thematisiert werden, wie (Lackinger-Karger 2008)

- der Umgang mit der eigenen Aggressivität,
- die Frage nach der Entstehung des Selbstwertes,
- die Rollenerwartungen durch die widersprüchlichen Mehrfachbelastungen sowie
- das höhere Maß psychischer Abhängigkeit, in der sie sich in Beziehungen befinden.

Weibliches Selbstwertgefühl ist stärker durch den Blick des anderen verursacht. Bei Frauen finden wir hohe Rollenerwartungen an sich selbst, deren Nichterfüllen zu Ambivalenzspannungen führt. Der exzessive Internetgebrauch kann Ambivalenzspannungen mildern. Langfristig aber führt er nicht zur Konfliktlösung, sondern zum Verlust von Eigenständigkeit und verstärkt somit selbstdestruktiv die ungelösten Spannungen, die dann zu erneutem Internetgebrauch führen. Diese aufzulösen und anderen Lösungsmöglichkeiten zuzuführen dürfte für eine erfolgreiche Behandlung von Internetabhängigkeit entscheidend sein.

16.5   Fazit

Der Widerspruch, dass Frauen einerseits vermutlich wegen ihrer erhöhten sozialen Kompetenz und ihres erhöhten sozialen Interesses weniger gefährdet sind, dass aber auch bei ihnen durchaus die interaktiven Aspekte bei der Entstehung von Internetabhängigkeit eine Rolle spielen, lässt sich nicht auflösen, zumal betont werden muss, dass das Netz ungeschlechtlich ist. Stoffgebundene wie nichtstoffgebundene Abhängigkeitserkrankungen bei Frauen, gerade auch bei Alkohol- und Tablettensucht, spielen sich häufiger im Verborgenen ab, werden schamhaft versteckt. Nicht zuletzt deshalb bleibt abzuwarten, wie es sich mittel- und langfristig bei den heranwachsenden Generationen der *digital natives* verhalten wird.

Abhängige Verhaltensweisen sind bei Frauen bislang seltener als bei Männern zu beobachten. Es scheint so zu sein, dass Frauen ihre Selbstbestätigung kaum aus Kämpfen und Eroberungen virtueller Welten erfahren. Sie suchen Glücksempfindungen in sozialen Welten, die sie aus ihrer einengenden und enttäuschenden Alltagsrealität befreien. Studien zu diesem Thema gibt es bislang nicht. Hier könnte ein Zusammenhang zu dem unterschiedlichen Umgang mit Aggressivität bei Männern und Frauen vermutet werden. Während Männer eher ein expansives Verhalten zeigen, neigen Frauen dazu, ihre Aggressivität in Identifikation mit dem Aggressor destruktiv gegen sich selber zu richten (Lackinger-Karger 2008). Diese Differenz scheint auch für das Internet eine Gültigkeit zu haben. Während dort Männer Belohnungen eher im Wettstreit und quantifizierbaren Einheiten suchen, scheinen Frauen diese in der Beziehungserfahrung selbst zu finden.

Der Weg aus der Sucht kann in beiden Fällen jedoch nur innerhalb schützender Grenzen geschehen, die aktiv im Rahmen einer therapeutischen Beziehung erarbeitet werden. Entwicklung und Annahme der eigenen Individualität und ihre Wertschätzung kann einen Kristallisationspunkt innerhalb der Persönlichkeit bilden, um Süchten gegenüber weniger anfällig zu sein.

Literatur

Atwood JD (2005). Cyber-Affairs: »What's the big deal?« Therapeutic considerations. J Couple Relationship Ther; 4: 117–34.
buss (Bundesverband für stationäre Suchtkrankenhilfe e. V.) (2011). Abschlussbericht zum Projekt: Erhebung zur Problematik exzessiver Medien-Nutzung bei Patienten in der stationären Sucht-Rehabilitation. Herunterzuladen unter www.suchthilfe.de/themen/aktuelles.php (Zugriff am 2. Juli 2012).
Cao FL, Su LY, Gao XP et al. (2007). Control study of group psychotherapy on middle school students with Internet overuse. Chin Ment Health J; 21: 346–58.
Dieckmann A, Albertini V (2008). Psychoanalytisch-interaktionelle Suchttherapie in der Klinik. Erfahrungen mit einer einheitlichen therapeutischen Haltung. In: Bilitza K (Hrsg). Psychotherapie der Sucht. Psychoanalytische Beiträge zur Praxis. Vandenhoeck & Ruprecht; 160–79.
Döring N (2003). Sozialpsychologie des Internet: Die Bedeutung des Internet für Kommunikationsprozesse, Identitäten, soziale Beziehungen und Gruppen. Göttingen: Hogrefe.
Dohm H (1902/2011). Die Antifeministen. Hamburg: tredition.
Griffiths E (2004). Sex Addiction on the Internet. Janus Head; 7: 188–217.
Griffiths M, Wardle H, Orford J et al. (2009). Sociodemographic correlates of Internet gambling: findings from the 2007 British Gambling Prevalence Survey. Cyberpsychol Behav; 12: 199–202.
Grüsser S, Thalemann C (2006). Verhaltenssucht. Göttingen: Huber.
Halder D, Jaishankar K (2009). Cyber socializing and victimization of women. Temida – The journal on victimization, human rights and gender; 12: 5–26.
Heigl-Evers A, Ott J (Hrsg) (2002). Die psychoanalytisch-intraktionelle Methode. Theorie und Praxis. Göttingen: Vandenhoeck & Ruprecht.
ITU (International Telecommunications Union) (2010). Internet indicators: Hosts, Users and Number of PCs. www.itu.int/ITU-D/ict/statistics/ (Zugriff am 2. Juli 2012).
Kennedy TLM (2000). An exloratory study of feminist experiences in Cyberspace. Cyberpsycho Behav; 3: 707–19.
Kim J (2008). The effect of an R/T group counselling program on the Internet addiction level and self-esteem of Internet addiction university students. Int J Reality Ther; 17: 4–12.
Kratzer S (2006). Pathologische Internetnutzung. Eine Pilotstudie zum Störungsbild. Lengerich: Pabst.
Lackinger-Karger I (2008). Perspektiven der weiblichen Suchtentwicklung. In: Bilitza KW (Hrsg). Psychodynamik der Sucht. Psychoanalytische Beiträge zur Theorie. Göttingen: Vandenhoeck & Ruprecht; 171–88.
Lin SF (2010). Gender differences and the effect of contextual features on game enjoyment and responses. Cyberpsychol Behav Soc Network; 13: 533–8.

Medienpädagogischer Forschungsverband Südwest (Hrsg) (2010). JIM-Studie 10: Jugend, Information, (Multi-)Media. Stuttgart: Landesanstalt für Kommunikation Baden-Württemberg (LFK).

Morahan-Martin J (1998). The gender gap in Internet use: why men use the Internet more than woman – a literature review. Cyberpsycho Behav; 1: 3–10.

Mücken D, Teske, A, Rehbein F, te Wildt B (2010). Prävention, Diagnostik und Therapie von Computerspielabhängigkeit. Lengerich: Pabst Science Publishers.

Mueller A, Claes L, Mitchell JE et al. (2011). Does compulsive buying differ between male and female students? Personal Individual Diff; 50: 1309–12.

Rehbein F, Kleimann M, Mößle T (2009). Computerspielabhängigkeit im Kindes- und Jugendalter. Empirische Befunde zu Ursachen, Diagnostik und Komorbidität unter besonderer Berücksichtigung spielimmanenter Abhängigkeitsmerkmale. Forschungsbericht Nr. 108. Hannover: Kriminologisches Forschungsinstitut Niedersachsen e.V. (KFN). www.kfn.de/versions/kfn/assets/fb108.pdf (Zugriff am 2. Juli 2012).

Rumpf HJ, Meyer C, Kreuzer A et al. (2011). Prävalenz der Internetabhängigkeit (PINTA). Forschungsbericht an das Bundesministerium für Gesundheit, Berlin.

Shek DTL, Tang VMY, Lo CY (2009). Evaluation of an Internet addiction treatment program for Chinese adolescents in Hong Kong. Adolescence; 44: 359–73.

Te Wildt BT (2007). Suizidalität im Cyberspace. In: Schlimme JE (Hrsg). Unentschiedenheit und Selbsttötung – Vergewisserungen der Suizidalität. Göttingen: Vandenhoeck & Ruprecht; 137–59.

Te Wildt BT (2010). Von Avataren und Archetypen im Cyberspace. Jung-Journal; 22: 39–43.

Te Wildt BT, Fischer T (2011). Ist die pathologische Internetnutzung als eigenständige Erkrankung im Sinne einer stoffungebundenen Suchterkrankung zu diagnostizieren? Pro & Contra. Suchttherapie; 12: 80–4.

Te Wildt BT, Vukicevic A (2011). Komorbidität bei Internet- und Computerspielabhängigkeit. In: Möller C (Hrsg). Internet- und Computersucht. Stuttgart: Kohlhammer; 115–28.

Tillmann A (2008). Identitätsspielraum Internet. Lernprozesse und Selbstbildungspraktiken von Mädchen und jungen Frauen in der virtuellen Welt. Weinheim: Juventa.

Wu KD, Watson D (2005). Hoarding and its relation to obsessive-compulsive disorder. Behav Res Ther; 7: 897–921.

Wurmser L (1997). Die verborgene Dimension. Psychodynamik des Drogenzwangs. Göttingen: Vandenhoeck & Ruprecht. Orig. (1978): The Hidden Dimension. New York: Aronson.

Wurmser L (2000). Psychodynamische Aspekte der Suchterkrankungen. In: Thomasius R (Hrsg). Psychotherapie der Suchterkrankungen. Stuttgart, New York: Thieme; 40–54.

Young K, Nabuco de Abreu C (2011). Internet Addiction. A Handbook and Guide to Evaluation and Treatment. New Jersey: Wiley.

17 Körperdysmorphe Störungen und kosmetische Chirurgie

Ada Borkenhagen

Inhalt

17.1 Weltweiter Trend zur ästhetischen Behandlung 172
   Zahlen und Geschlechtsverteilung ästhetischer Eingriffe
   in den USA 172
   Zahlen und Geschlechtsverteilung ästhetischer Eingriffe
   in Deutschland 173
17.2 Klinisch-praktische Standortbestimmung 173
   Bisherige wissenschaftliche Erkenntnisse zur Schönheitschirurgie .. 175
17.3 Fazit 177

17.1 Weltweiter Trend zur ästhetischen Behandlung

Weltweit nehmen immer mehr Frauen und Männer eine ästhetische Behandlung in Anspruch. Insgesamt wurden, so die jüngste Studie der International Society of Aesthetic Plastic Surgery (ISAPS), im Jahr 2010 in 25 Ländern 18,5 Millionen Schönheitseingriffe durchgeführt. Neben den klassischen Operationen wie Fettabsaugungen, Augenlidstraffungen und Nasenkorrekturen erfreuen sich insbesondere die nichtchirurgischen Verfahren einer ständig wachsenden Beliebtheit. Mit 9 Millionen Eingriffen liegen sie fast gleichauf mit den chirurgischen Maßnahmen. Experten und Expertinnen sehen eine generelle Trendwende zu kleineren, minimal-invasiven Behandlungen. Allen Maßnahmen voran steht die Glättung der Haut. Mit rund 33 % gehört eine Injektion mit Botulin zu den mit Abstand populärsten Eingriffen. Die meisten Schönheitsbehandlungen werden weiterhin in den USA getätigt, gefolgt von Brasilien und China. Deutschland liegt mit dem elften Platz an der Spitze der europäischen Länder.

Zahlen und Geschlechtsverteilung ästhetischer Eingriffe in den USA

Trotz Wirtschaftskrise wurden in den USA 2011 10,4 Milliarden US-Dollar für schönheitschirurgische Maßnahmen ausgegeben, was einem Anstieg von 2,95 % gegenüber 2010 entspricht (ASPS 2011). Nach Angaben der American Society of Plastic Surgeons (ASPS) wurden 2011 in den USA 13,8 Millionen ästhetische Eingriffe durchgeführt, was einem Anstieg von 5 % gegenüber 2010 entspricht.

13,8 Millionen waren als kosmetische (Anstieg von 5 % gegenüber 2010), 1,6 Millionen chirurgische (Anstieg von 2 % gegenüber 2010) und 12,2 Millionen minimal-invasive Eingriffe kodiert (Anstieg von 6 % gegenüber dem Vorjahr). 91 % der Eingriffe werden an Frauen durchgeführt. Von denjenigen, die einen schönheitschirurgischen Eingriff vornehmen lassen, sind 2 % im Alter von 13 bis 19 Jahren.

Brustvergrößerungen sind seit 2006 die häufigsten kosmetisch-chirurgischen Eingriffe in den USA gefolgt von Nasenkorrekturen, Lidstraffungen, Fettabsaugungen und Bauchstraffungen.

Zahlen und Geschlechtsverteilung ästhetischer Eingriffe in Deutschland

Nach Angaben der Deutschen Gesellschaft der Plastischen, Rekonstruktiven und Ästhetischen Chirurgen liegt die Zahl der schönheitschirurgischen Eingriffe seit 2004 relativ konstant jährlich bei 700 000. Auch hier liegt der Anteil der Eingriffe, die an Frauen durchgeführt werden, bei über 80 %. Mehrere zehntausend Brustvergrößerungen werden schätzungsweise pro Jahr in Deutschland durchgeführt, allein die Mitglieder der Deutschen Gesellschaft für Ästhetisch-Plastische Chirurgie (DGÄPC) haben in Deutschland im Jahr 2008 ca. 5 200 Brustvergrößerungen durchgeführt (Stiftung Warentest 2008).

17.2 Klinisch-praktische Standortbestimmung

In den letzten Jahrzehnten hat die Bedeutung des körperlichen Aussehens rasant zugenommen. Die kulturellen Grenzen dessen, was an körperlichen Mängeln als tolerabel gilt, haben sich verschärft. Im Zuge dieser kulturellen Entwicklung ist die Wahrscheinlichkeit, ein problematisches Körperbild zu entwickeln, in den letzten Jahren stark angestiegen. Neuere Publikationen betonen eine Zunahme von Problemen mit dem eigenen Körperbild in der Bevölkerung. Damit wird die bisher vorrangig klinische Sicht auf Körperbildstörungen im Sinne einer psychiatrischen Klassifikation relativiert.

Entsprechend schlägt Thompson (1990) eine Brücke zwischen klinischen und subklinischen Körperbildstörungen und plädiert für die Ersetzung des pathologischen Begriffs *body image disorder* (Körperbild*krankheit*) durch *body image disturbance* (Körperbild*störung*), was auf die Herauslösung der Körperbildstörungen aus dem psychiatrischen Kontext hinweist. 1990 untersuchte Thompson denn auch dezidiert die Prävalenz von *physical appearance-related body image disturbance(s)* (auf äußere Attraktivität bezogene Körperbildstörungen), die in verschiedenen (nichtklinischen) Bevölkerungsgruppen auftreten. Auch Bordo stellt 1993 eine pathologisierende klinische Sicht auf Körperbildstörungen generell infrage und betont, dass Probleme mit dem Körper gerade bei Frauen Ausdruck kollektiver kulturgebundener Lösungsstrategien sind, um gesellschaft-

lichen Forderungen gerecht zu werden. Nach Sarwer et al. (1998) handelt es sich bei der körperbildbezogenen Unzufriedenheit um ein Kontinuum, das
- von der *body image satisfaction* (Körperbildzufriedenheit)
- über die *body image dissatisfaction* (Körperbildunzufriedenheit)
- und die *body image disturbance* (Körperbildstörung)
- bis hin zur *body dysmorphic disorder* (körperdysmorphe Krankheit, im deutschen Sprachgebrauch: körperdysmorphe Störung) reicht.

Unter diesen Gesichtspunkten lassen sich die das Körperbild betreffenden Störungsbilder grob in zwei Kategorien einteilen: in klinische und subklinische Körperbildstörungen.

Unter die *klinischen Körperbildstörungen* fallen Störungen, die mit einem hohen Leidensdruck einhergehen und in den internationalen Diagnosemanualen ICD-10 und DSM-IV aufgeführt sind. Dazu zählen neben den Essstörungen (Anorexie und Bulimie) vor allem die körperdysmorphe Störung (bezeichnet auch als Dysmorphophobie, »Missgestaltungsfurcht«), bei der die Betroffenen überzeugt sind, stark entstellt zu sein.

Als *subklinische Körperbildstörungen* (*body image disturbance*) werden Beeinträchtigungen des Körpererlebens gefasst, die das Alltagserleben lediglich geringgradig behindern, aber mit einer erhöhten Sorge um das eigene körperliche Erscheinungsbild verbunden sind und spezifische Praktiken zur Veränderung und Optimierung des Körpers nach sich ziehen, wie z. B. plastisch-chirurgische Maßnahmen. Dabei sind die subklinischen Körperbildstörungen nicht selten mit einer allgemeinen Selbstwertproblematik verbunden. So verweist Nuber (1994) auf den Zusammenhang von Störungen des Körperbildes und Depressionen und spricht in diesem Zusammenhang von der insbesondere bei Frauen verbreiteten *body image depression*. Diese spezifisch weibliche Form des negativen Körperbildes verweist auf den Zusammenhang zwischen kulturellen Forderungen und individueller Befindlichkeit: Nach Nuber (1994, S. 72) entwickeln viele Frauen »depressive Gefühle, wenn sie erkennen, daß ihr Körper den öffentlichen Standard von Schönheit, Schlankheit, Sex-Appeal, Jugend nicht erfüllt«. Das gängige weibliche Körperideal führt zu einer spezifischen Verschränkung von Körperbild und Selbsterleben. Antony und Swinson (1998) betonen ebenfalls die Verbindung zwischen körperbildbezogenen Problemen und Körperidealen. Eckhardt (1994) weist darauf hin, dass ein gestörtes Körperbild bei Frauen häufig Ausdruck einer Störung der weiblichen Identität ist. Die massenmediale Verbreitung unrealistischer, normierter Körperideale scheint maßgeblich für die zunehmende Unzufriedenheit mit dem eigenen Körper und negativer Körperbilder verantwortlich zu sein, da weite Teile der Bevölkerung diesen Idealnormen nicht entsprechen. Dabei weisen die vergleichsweise niedrigschwelligen Störungen[1] des Körperbildes

---

[1] Subklinische Körperbildstörungen können die Vorstufe einer klinischen Körperbildstörung darstellen. Ihre klinische Relevanz ist jedoch mitunter schwer erkennbar.

eine besondere Relevanz für die Körperbildforschung auf, da sie die Schnittstelle zwischen subklinischen und klinischen Körperbildstörungen bilden. Als Kipp-Phänomene (Fiedler 1995) markieren sie den Übergang zwischen einer sozial erwünschten Beschäftigung mit dem eigenen Körper und einem obsessiven Streben nach unrealistischer Körperoptimierung.

Bisherige wissenschaftliche Erkenntnisse zur Schönheitschirurgie

Die in allen westlichen Gesellschaften zu verzeichnende Zunahme kosmetisch-chirurgischer Eingriffe wirft die Frage auf, ob und inwiefern Klienten und Klientinnen von kosmetischer Chirurgie spezifische medizinpsychologische oder psychopathologische Charakteristika aufweisen, die sie besonders bereit machen, plastisch-chirurgische Maßnahmen in Anspruch zu nehmen.

Während die schönheitschirurgische Patientin, besonders wenn sie um eine Brustvergrößerung nachsucht, in den Massenmedien oft stereotyp als »unverheiratete Frau Anfang Zwanzig« dargestellt wird, die mittels der Brustvergrößerung ihre Chancen auf dem Heiratsmarkt zu vergrößern trachtet (Sarwer et al. 2000; 2006), zeigt die Studienlage ein sehr viel differenzierteres Bild.

Danach können die Gründe, aus denen Menschen – in der Mehrzahl immer noch Frauen – eine plastisch-chirurgische Körperkorrektur durchführen, in zwei Kategorien eingeteilt werden: in internale und externale Motive, wobei diese Zuordnung idealtypisch ist, da in der Praxis meist beide Aspekte als Grund für den Eingriff genannt werden. So versprechen sich beispielsweise Frauen, die sich einer Brustvergrößerung unterziehen, von dem Eingriff vorrangig eine Verbesserung ihrer psychischen Verfassung, insbesondere mehr Lebensqualität und ein besseres Selbstwerterleben wie auch eine Verbesserung ihrer Partnerbeziehung (Crerand et al. 2009). Die Unzufriedenheit mit dem eigenen Körperbild wird übereinstimmend als zentrales Motiv für den Wunsch nach einem schönheitschirurgischen Eingriff beschrieben (Sarwer u. Crerand 2004; Sarwer et al. 1998, 2005).

Markey und Markey untersuchten 2009 die Motive junger US-amerikanischer Frauen, die sich einem kosmetisch chirurgischen Eingriff unterzogen. Sie fanden folgende vier Faktoren, die maßgeblich den Wunsch nach einem schönheitschirurgischen Eingriff motivieren:
- Körperunzufriedenheit
- Körperaussehen
- soziale Stigmatisierung (Hänseln)
- Medieneinfluss

Die Unzufriedenheit mit dem eigenen Körper stellt dabei den stärksten Prädiktor für den Wunsch nach einem plastisch-chirurgischen Eingriff dar. Während die Mehrzahl der Studien die Motivation zu einem schönheitschirurgischen Eingriff an Patientenkollektiven untersuchte, liegen bisher kaum Untersuchungen an Nichtpatientenkollektiven vor.

Weiterhin stellt sich die Frage nach dem Nutzen plastisch-ästhetischer Eingriffe, d. h. wie verändert sich die psychische Befindlichkeit und das Funktionsniveau durch eine plastisch-chirurgische Veränderung? In einem Review von 37 Studien zum psychosozialen Outcome nach einem ästhetisch motivierten plastisch-chirurgischen Eingriff kommen Honigmann et al. (2004) zu dem Schluss, dass ein Großteil der Studien eine signifikante Verbesserung der psychischen Befindlichkeit im Verlauf einer schönheitschirurgischen Maßnahme verzeichnet. Nur wenige Patienten und Patientinnen profitieren nicht oder zeigen eine Verschlechterung ihres psychischen Funktionsniveaus. Dabei sind nach Honigmann et al. (2004) folgende Faktoren mit einem schlechten psychosozialen Outcome nach einem schönheitschirurgischen Eingriff assoziiert:
- niedriges Alter (Eingriff im jungen Erwachsenenalter)
- männliches Geschlecht
- unrealistische Operationserwartungen
- Unzufriedenheit bei vorausgegangenen plastisch-chirurgischen Eingriffen
- minimale körperliche Mängel
- ein auf Beziehungsverbesserung gerichtetes Operationsmotiv
- depressive Episoden, Angst oder Persönlichkeitsstörungen

Wie aus zahlreichen psychiatrischen Studien bekannt, stellt auch das Vorliegen einer körperdysmorphen Störung (*body dismorphic disorder*) einen Prädiktor für ein negatives psychosoziales Outcome dar und gilt als Kontraindikation für einen plastisch-chirurgischen Eingriff.

An der Studienlage zur Brustvergrößerung soll nun exemplarisch der Frage nachgegangen werden, ob Patientinnen, die um eine Brustvergrößerung nachsuchen, besondere Persönlichkeitsmerkmale oder gegebenenfalls psychiatrische Auffälligkeiten aufweisen, da diese Patientinnengruppe hinsichtlich der Prävalenz psychopathologischer Auffälligkeiten besonders gut untersucht wurde. Während klinische Interviewstudien noch bis in die 1980er Jahre hinein erhebliche psychopathologische Auffälligkeiten bei Brustaufbaupatientinnen verzeichneten (Beale et al. 1980; Edgerton u. McClary 1958; Edgerton et al. 1961), zeigen neuere mit standardisierten Fragebögen durchgeführte Studien deutlich geringere Hinweise auf eine erhöhte psychopathologische Auffälligkeit von Brustaufbaupatientinnen (Baker et al. 1974; Kjoller et al. 2003; Sarwer et al. 2003; Young et al. 1994). Einige neuere Studien haben untersucht, ob Brustaufbaupatientinnen in erhöhtem Maß psychotherapeutische Maßnahmen in Anspruch nehmen. Die Inanspruchnahme psychotherapeutischer oder psychopharmakologischer Behandlungen wurde dabei als potenzieller Indikator für eine mögliche Psychopathologie angesehen. 2003 fanden Sarwer et al. eine erhöhte Inanspruchnahme von ambulanter Psychotherapie, 2004 eine erhöhte Einnahme von Psychopharmaka und Jacobsen et al. fanden ebenfalls 2004 häufigere stationäre psychiatrische Behandlungen bei Frauen mit Brustimplantaten im Vergleich zu Klientinnen, die einen anderen plastisch-chirurgischen Eingriff vornehmen ließen, und im Vergleich zur Allgemeinbevölkerung. Aufgrund der methodischen

Schwächen der bisher vorliegenden Studien ist es aber kaum möglich, ein wissenschaftlich begründetes Urteil hinsichtlich einer erhöhten psychopathologischen Prävalenz bei Brustaufbaupatientinnen zu treffen. Als gesichert kann gelten, dass es im Verlauf einer chirurgischen Brustvergrößerung in der Mehrzahl der Fälle zu einer Verbesserung des Körperbildes kommt, zumindest innerhalb der ersten 2 Jahre, wobei längere Katamnesestudien fehlen (Banbury et al. 2004; Cash et al. 2002).

Zusammenfassend kann nach dem aktuellen Wissensstand lediglich von einer erhöhten Prävalenz körperdysmorpher Störungen bei plastisch-chirurgischen Klienten und Klientinnen ausgegangen werden (Crerand et al. 2006). Sarwer et al. (2003) und auch Honigman et al. (2004) beschreiben Prävalenzen körperdysmorpher Störungen von 6 bis 15 % in plastisch-chirurgischen Patientinnen- und Patientengruppen. Koran et al. (2008) fanden in einer nationalen Prävalenzstudie, bei der 2 513 US-Bürger befragt wurden, eine Prävalenz der körperdysmorphen Störung von 2,4 % (bei einer Prävalenzrate der Frauen von 2,5 % und der Männer von 2,2 %). Die Zahl derjenigen mit einer körperdysmorphen Störung lag damit über der Zahl der an Schizophrenie, einer bipolare Störung Typ I und der an einer generalisierte Angststörung Erkrankten.

Für den deutschen Sprachraum liegen nur vereinzelt Studien zur Erkrankungsrate der körperdysmorphen Störung vor. Nach Rief et al. (2006) liegt die Prävalenz der körperdysmorphen Störungen in der deutschen Bevölkerung bei 1,7 %, bei Patienten- und Patientinnengruppen ist sie deutlich höher (Harth et al. 2003). In der Gruppe der dermatologischen Patienten liegt die Punktprävalenz der körperdysmorphen Störung bei 11,9 bis 15,6 % (Phillips 1997) und kann nach Harth et al. (2001) in einer dermatologischen Kosmetologie-Sprechstunde in Abhängigkeit von der Patienten- und Patientinnenklientel 23,1 % und mehr betragen.

Dies macht deutlich, dass die körperdysmorphe Störung bei einem bestimmten Prozentsatz schönheitschirurgischer Patienten (5–15 %) eine Rolle spielt, dass aber bei der Mehrzahl der Klienten und Klientinnen, die sich zu einem schönheitschirurgischen Eingriff entschließen, keine erhöhte psychische Auffälligkeit zu finden ist, sondern dass die Inanspruchnahme eines plastisch-chirurgischen Eingriffs zunehmend eine normale Alltagspraxis wird, vergleichbar mit einer kieferorthopädischen Zahnkorrektur.

17.3 Fazit

Wie immer man die stetig steigenden Zahlen ästhetischer Eingriffe interpretiert, eines scheint sicher: Invasive und minimal-invasive ästhetische Eingriffe sind zu einem Alltagsphänomen geworden und stellen ein zunehmend akzeptiertes Mittel der Körperselbstverbesserung dar. Klienten und Klientinnen plastisch-chirurgischer Maßnahmen erleben ihre beständige Arbeit am Körper als einen Akt der Selbstbestimmung und Selbstermächtigung. Die Inanspruchnahme der

Schönheitschirurgie wird als aktives Handeln erlebt, bei dem das eigene Schicksal in die Hand genommen werden kann. Die am eigenen Körperbild erlebte Mangelhaftigkeit wird mittels Schönheitschirurgie in einen aktiven Optimierungsprozess transformiert, der die Überwindung der körperlichen und seelischen Mangelhaftigkeit verheißt. Der Körper wird in diesem Prozess zu einem Objekt für die optimierende Arbeit am eigenen Selbst. Ästhetische Eingriffe werden zu einem Vehikel, das eigene Idealbild zu verkörpern. Es ist dieses Versprechen der kosmetischen Chirurgie, über die Gestaltung des Körpers zum eigenen Ideal(-bild) zu werden, das ihre zunehmende Attraktivität ausmacht.

Literatur

Antony MM, Swinson RP (1998). When perfect isn't enough. Strategies for coping with perfectionisme. Oakland: New Harbinger Publications.

ASPS (2011). 2010 Plastic Surgery Procedural Statistics. www.plasticsurgery.org/News-and-Resources/2010-Statistics.html (Zugriff am 20. Juni 2012).

Baker JL, Kolin IS, Bartlett ES (1974). Psychosexual dynamics of patients undergoing mammary augmentation. Plast Reconstr Surg; 53: 652–9.

Banbury J, Yetman R, Lucas A et al. (2004). Prospective analysis of the outcome of subpectoral breast augmentation: sensory changes, muscle function, and body image. Plast Reconstr Surg; 113: 701–7.

Beale S, Lisper H, Palm B (1980). A psychological study of patients seeking augmentation mammaplasty. Br J Psychiatry; 136: 133–8.

Bordo S (1993). Unbearable weight. Feminism, western culture, and the body. Berkeley: University of California Press.

Cash TF, Duel LA, Perkins LL (2002). Women's psychosocial outcomes of breast augmentation with silicone gel-filled implants: a 2-year prospective study. Plast Reconstr Surg; 109: 2112–21.

Crerand CE, Franklin ME, Sarwer DB (2006). Body dysmorphic disorder and cosmetic surgery. Plast Reconstr Surg; 118, 167–80.

Crerand CE, Infield AL, David BA, Sarwer B (2009). Psychological Considerations in Cosmetic Breast Augmentation. Plast Surg Nurs; 29, 49–57.

Eckhardt A (1994). Im Krieg mit dem Körper. Autoaggression als Krankheit. Reinbek: Rowohlt.

Edgerton MT, McClary AR (1958). Augmentation mammaplasty: psychiatric implications and surgical indications. Plast Reconstr Surg; 21: 279–305.

Edgerton MT, Meyer E, Jacobson WE (1961). Augmentation mammaplasty II: further surgical and psychiatric evaluation. Plast Reconstr Surg; 27: 279–302.

Fiedler P (1995). Persönlichkeitsstörungen. Weinheim: Beltz.

Harth W, Linse R (2001). Botulinophilia: contraindication for therapy with botulinum toxin. Int J Clin Pharmacol Ther; 39: 460–63.

Harth W, Wendler M, Linse R (2003). Lifestyle-Medikamente und körperdysmorphe Störungen. Dtsch Ärztebl; 100: A128–31.

Honigman RJ, Phillips KA, Castle DJ (2004). A review of psychosocial outcomes for patients seeking cosmetic surgery. Plast Reconstr Surg; 113: 1229–37.

ISAPS – International Society of Aesthetic Plastic Surgery (2009). Verfügbar unter www.isaps.org/isaps-global-statistics-2011.html (Zugriff am 20. Juni 2012).

Jacobsen PM, Holmich LR, McLaughlin JK et al. (2004). Mortality and suicide among Danish women with cosmetic breast implants. Arch Int Med, 164, 2450–5.

Kjoller K, Holmich LR, Fryzek JP et al. (2003). Characteristics of women with cosmetic breast implants compared with women with other types of cosmetic surgery and population-based controls in Denmark. Ann Plast Surg; 50: 6–12.

Koran LM, Abujaoude E, Large MD, Serpe RT (2008). The prevalence of body dysmorphic disorder in the United States adult population. CNS Spectr; 13: 316–22.

Markey C, Markey P (2009). Correlates of young women's interest in obtaining cosmetic surgery. Sex Roles; 61: 158–66.

Nuber U (1994). Bin ich denn verrückt? Was Psychotherapie für Frauen leistet – und was nicht. Zürich: Kreuz.

Phillips KA, Diaz SF (1997). Gender differences in body dysmorphic disorder. J Nerv Ment Dis; 185: 570–7.

Rief W, Buhlmann U, Wilhelm S et al. (2006). The prevalence of body dysmorphic disorder: a population-based survey. Psychol Med; 36: 877–85.

Sarwer DB, Wadden TA, Pertschuk MJ, Whitaker LA (1998). The psychology of cosmetic surgery: a review and reconceptualization. Clin Psychol Rev; 18: 1–22.

Sarwer DB, Nordmann JE, Herbert JD (2000). Cosmetic breast augmentation surgery: a critical overview. J Womens Health Gender-Based Med; 9: 843–856.

Sarwer DB, LaRossa D, Bartlett SP (2003). Body image concerns of breast augmentation patients. Plast Reconstr Surg; 112: 83–90.

Sarwer DB, Crerand CE (2004). Body image and cosmetic medical treatments. Body Image Int J Res; 1: 99–111.

Sarwer DB, Crerand CE, Gibbons LM (2005). Body dysmorphic disorder. In: Nahai F (ed). The Art of Aesthetic Surgery. St. Louis: Quality Medical Publishing; 33–57.

Sarwer DB, Didie ER, Gibbons LM (2006). Cosmetic surgery of the body. In: Sarwer DB, Pruzinsky T, Cash TF et al. (eds). The Psychology of Reconstructive and Cosmetic Plastic Surgery: Clinical, Empirical, and Ethical Perspectives. Philadelphia: Lippincott Williams & Wilkins; 251–66.

Stiftung Warentest (2008). Schöne Bescherung. Test Journal Gesundheit; 2: 93–5.

Thompson JK (1990). Body Image Disturbance: Assessment and Treatment. New York: Pergamon Press.

Young VL, Nemecek JR, Nemecek DA (1994). The efficacy of breast augmentation: breast size increase, patient satisfaction, and psychological effects. Plast Reconstr Surg; 94: 958–69.

18 Somatoforme Störungen

Sibil Tschudin

Inhalt

- 18.1 Einleitung 180
- 18.2 Definition und Klassifikation 180
- 18.3 Ätiologie und Pathogenese 182
- 18.4 Epidemiologie, Prävalenz und Komorbidität 185
- 18.5 Störungsbild 186
    - Symptomatik 186
    - Diagnostik 188
- 18.6 Therapeutische Herangehensweise 189
- 18.7 Fazit 190

18.1 Einleitung

Somatoforme Störungen zeichnen sich dadurch aus, dass sie somatisch weder begründet noch therapierbar, gleichzeitig psychotherapeutisch schwer zugänglich sind. Betroffene neigen zum »doctor shopping«, aber auch ärztlicherseits besteht eine Tendenz, sich diese Personen weiterzureichen. Bei somatischem Erscheinungsbild ohne organisches Korrelat und Hinweisen für eine psychische Ursache stellt sich die Frage, wer denn nun für diese Patientinnen und Patienten zuständig und am ehesten für deren Betreuung geeignet ist. Sind es psychotherapeutisch, hausärztlich und spezialärztlich Tätige, oder ist nicht viel mehr ein interdisziplinärer Ansatz der richtige?

In diesem Kapitel werden – ohne Anspruch auf Vollständigkeit – Überlegungen zur Ätiologie und Pathogenese dargelegt und Diagnostik sowie Behandlungsansätze vorgestellt, die darauf ausgerichtet sein sollen, eine für alle Beteiligten möglichst befriedigende Betreuung der Betroffenen zu erzielen.

18.2 Definition und Klassifikation

Als historische Vorläufer der somatoformen Störungen könnten die Hysterie, Hypochondrie, aber auch die Konversionsneurose genannt werden – alles Krankheitsbilder, denen entweder eine körperliche Ursache oder der körperliche Ausdruck psychischer Phänomene zugeschrieben wurde und wird. Sie fanden zum Teil Eingang in das Diagnostic Manual of Mental Disorders (DSM), so die

18 Somatoforme Störungen

Konversionsreaktion im DSM-I, die hysterische und hypochondrische Neurose im DSM-II und im DSM-III schließlich die Somatisierungsstörung oder die somatoforme Störung. Essenziell im DSM-III war dabei das Vorhandensein von körperlichen Symptomen, die an eine körperliche Ursache denken lassen, denen aber keine organische Störung zugrunde liegt, wohl aber psychische Faktoren. Neben den bereits erwähnten Vorläufern wurde den somatoformen Störungen auch der chronische psychogene Schmerz zugeordnet. Im DSM-IIIR und DSM-IV wurden dann Erweiterungen und Präzisierungen, aber auch Vereinfachungen vorgenommen (Saß et al. 2003). Insbesondere wurden Kriterien bezüglich der Mindestdauer der Symptomatik und der Abgrenzung von anderen psychiatrischen Krankheitsbildern wie Angst-, phobischen und depressiven Störungen eingeführt. Zwischen dem DSM-IV und der International Classification of Diseases 10 (ICD-10), die im deutschsprachigen Raum in der Regel verwendet wird, bestehen gewisse Unterschiede (s. Tab. 18-1 u. Tab. 18-2) (WHO 2011). Die ICD-10 kennt zusätzlich eine somatoforme autonome Störung, und die Kriterien für die Somatisierungsstörung sind weniger restriktiv. Bei der Schmerzstörung wird in der ICD-10 auf die Mindestdauer Wert gelegt, im DSM-IV die wichtige Rolle der psychischen Faktoren herausgestrichen.

Insgesamt war und ist die Klassifikation der somatoformen Störungen weiterhin kontrovers, indem – wie Noyes et al. (2008) darlegen – die Einteilung sowohl im DSM als auch in der ICD dem »Mind-body«-Dualismus Vorschub leistet, von einer reinen Psychogenese ausgeht und eine Ansammlung sehr heterogener Störungsbilder in sich vereinigt.

Generell müssen für das Vorliegen einer *somatoformen Störung* folgende Charakteristika vorhanden sein (Langewitz 2011):
- Körperliche Symptome werden wiederholt dargeboten und eine medizinische Untersuchung wird hartnäckig gefordert, obwohl Ergebnisse wiederholt negativ sind und ärztlicherseits versichert wird, dass die Symptome nicht körperlich begründbar sind.

Tab. 18-1 Klassifikation der somatoformen Störungen nach DSM-IV

300.81	Somatisierungsstörung
307.80	Schmerzstörung in Verbindung mit psychischen Faktoren
307.89	Schmerzstörung in Verbindung mit psychischen Faktoren und einem medizinischen Krankheitsfaktor
300.11	Konversionsstörung (Hysterie)
300.81	Undifferenzierte somatoforme Störung
300.7	Hypochondrische Störung
300.7	Körperdysmorphe Störung
300.81	Nicht näher bezeichnete somatoforme Störung

Tab. 18-2 Klassifikation der somatoformen Störungen nach ICD-10

F45.-	Somatoforme Störungen
F45.0	Somatisierungsstörung
F45.1	Undifferenzierte Somatisierungsstörung
F45.2	Hypochondrische Störung
F45.3-	**Somatoforme autonome Funktionsstörung**
F45.30	Herz und Kreislaufsystem
F45.31	Oberes Verdauungssystem
F45.32	Unteres Verdauungssystem
F45.33	Atmungssystem
F45.34	Urogenitalsystem
F45.37	Mehrere Organe und Systeme
F45.38	Sonstige Organe und Systeme
F45.39	Nicht näher bezeichnetes Organ oder System
F45.4-	**Anhaltende Schmerzstörung**
F45.40	Anhaltende somatoforme Schmerzstörung
F45.41	Chronische Schmerzstörung mit somatischen und psychischen Faktoren
F45.8	Sonstige somatoforme Störungen
F45.9	Somatoforme Störung, nicht näher bezeichnet

- Sind körperliche Ursachen eruierbar, dann erklären sie nicht die Art und das Ausmaß der Symptome oder das Leiden und die innerliche Beteiligung der Betroffenen.
- Das zu erlangende Verständnis für die körperliche und psychische Verursachung der Symptome ist häufig für Betroffene und Arzt oder Ärztin unbefriedigend.

18.3 Ätiologie und Pathogenese

So heterogen die Erscheinungsformen der somatoformen Störungen sind, so vielfältig sind auch die Theorien zu deren Ätiologie. Vieles spricht dafür, dass es sich um ein multifaktorielles Geschehen handelt, bei dem biologische und psychosoziale Risikofaktoren mitbeteiligt sind. Was die psychischen Faktoren anbelangt, so ergibt sich zunehmend Evidenz dafür, dass bestimmte Persönlichkeitsmerkmale und -störungen prädisponierend zu sein scheinen, wobei die Af-

18 Somatoforme Störungen

Tab. 18-3   Modelle zum Verständnis der Somatisierungsstörungen (nach Bitzer 2003)

Biologisch	biologische Vulnerabilität oder Veranlagung, die auf einer neuronalen Übererregbarkeit basiert
Psychodynamisch	Ausdruck eines unbewussten, in der Regel in der Kindheit entstandenen Motivationskonflikts, der über Abwehrmechanismen zur Symptombildung führt
Kognitiv-behavioral	Resultat eines erlernten Krankheitsverhaltens, basierend z. B. auf Konditionierung und verinnerlichten Körperschemata
Systemisch	Diskordanz zwischen der Person und deren Umgebung; chronische Unvereinbarkeit von Bedürfnissen und Erwartungen des Individuums und den äußeren Umständen (Umfeld, Lebensumstände)
Bindungstheoretisch	Fehlendes Bindungsvermögen und unsicheres Bindungsverhalten mit daraus resultierender insuffizienter Affektregulierung
Biografisch-humanistisch	menschliche Existenz als konstanter, krisenhafter Entwicklungsprozess; Somatisierung ist Resultat einer Mischung aus progressiven und regressiven Tendenzen

fektregulation und die Beziehungsgestaltung im Zusammenhang mit der Symptompräsentation und dem hilfesuchenden Verhalten eine maßgebende Rolle zu spielen scheinen (Waller u. Scheidt 2006).

Aus psychodynamischer Sicht kann die Somatisierung als Akt der Abwehr betrachtet werden, indem negative Affekte, die durch innerpsychische Konflikte bedingt sind, unbewusst gehalten werden können. Der fehlende emotionale Ausdruck manifestiert sich auf der körperlichen Ebene. Gemäß Waller und Scheidt (2006) haben Studien unter Anwendung der Toronto Alexithymia Scale (TAS-20) ergeben, dass der Faktor »Schwierigkeiten bei der Identifikation von Gefühlen« mit somatoformen Störungen assoziiert war. Die untersuchten Patienten und Patientinnen nahmen sich in ihrer Fähigkeit, ihre Gefühle zu identifizieren und von körperlichen Wahrnehmungen abzugrenzen, als beschränkt wahr. Zudem haben die Autoren ein hohes Maß an unsicherem Bindungsverhalten bei Personen mit einer somatoformen Störung nachweisen können.

Darüber hinaus sind verschiedenste Erklärungsmodelle herangezogen und überprüft worden, sei es auf der neurobiologischen, psychophysiologischen oder kognitiv-behavioralen Ebene. Tabelle 18-3 zeigt eine Aufstellung der wichtigsten Modelle, die zum Verständnis der Somatisierungsstörungen herangezogen werden. Aus den verschiedenen Modellen lassen sich folgende gemeinsame Perspektiven identifizieren:
- eine *biografisch-entwicklungsorientierte*, in der alle Modelle eine Zeitachse der Symptomentstehung und -entwicklung aufweisen, die prädisponierende, auslösende und aufrechterhaltende Faktoren aufweist;

biologische Faktoren		psychosoziale Faktoren
• genetische Faktoren • angeborene Reaktionsmuster, Hyperarousal	**prädisponierende Faktoren**	• frühe Mangel-/Gewalterfahrungen • Störung der Ausbildung von Körperbild und Selbst
• akute Krankheit • Medikamente • körperliche Veränderungen	**auslösende Faktoren**	• externe Belastungen • innere Konflikte • Beziehungsprobleme
• Nebenwirkungen von Medikamenten • Körpergedächtnis?	**erhaltende, verstärkende Faktoren (Teufelskreis)**	• Rollenmodelle • Reaktionen der Umgebung

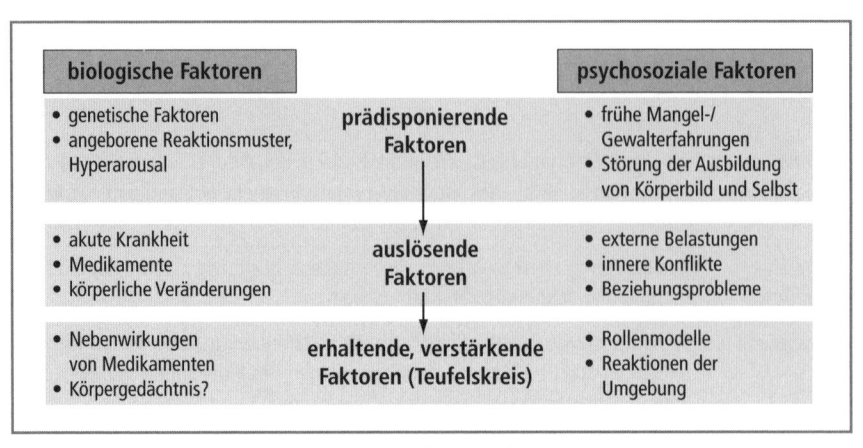

Abb. 18-1 Biopsychosoziales Modell somatoformer Schmerzen

- eine *multifaktorielle*, die das Individuum als eine Einheit aus biologischen, psychischen und sozial-interaktiven Anteilen sieht und
- eine *zirkulär-interaktive*, die die Symptombildung mehr als zirkulären denn als linear-kausalen Prozess versteht.

Gerade in Bezug auf die klinische Anwendung spricht demzufolge vieles dafür, sich für das Verständnis der somatoformen Störungen an einem *integrativen biopsychosozialen Modell* zu orientieren (s. auch Abb. 18-1).

Die Symptomatik somatoformer Störungen ist in erster Linie geprägt durch Schmerzen. Diese sind zwar je nach Art der Störung unterschiedlich lokalisiert, aber der Entstehungsmechanismus folgt meist dem gleichen Prinzip. Eine gewisse Prädisposition vorausgesetzt, ist ein auslösender Faktor wie z.B. eine Gewebeschädigung verantwortlich für die Entstehung des Schmerzes, der sich im Laufe der Zeit und im Rahmen der Chronifizierung dann verselbständigt. Dies erfolgt über

```
Gewebeschaden/entzündlicher Prozess
            ↓
Absinken der Schmerzschwelle in den Nozizeptoren
            ↓
    zentrale Sensibilisierung
```

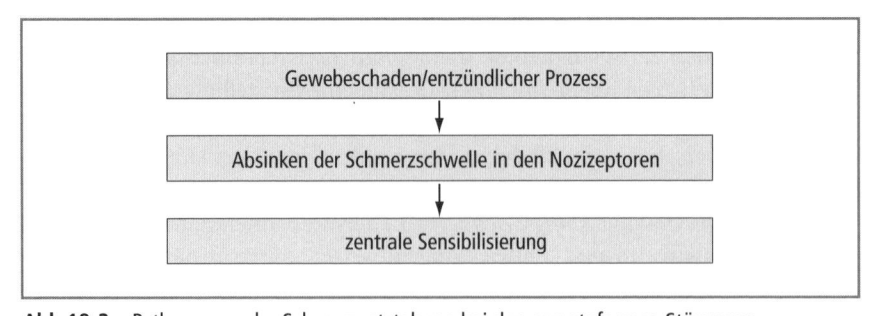

Abb.18-2 Pathogenese der Schmerzentstehung bei den somatoformen Störungen

18 Somatoforme Störungen

Schmerz als Signal

für Gewebeschaden (traumatisch, infektiös, neoplastisch)

a

verselbständigter Schmerz

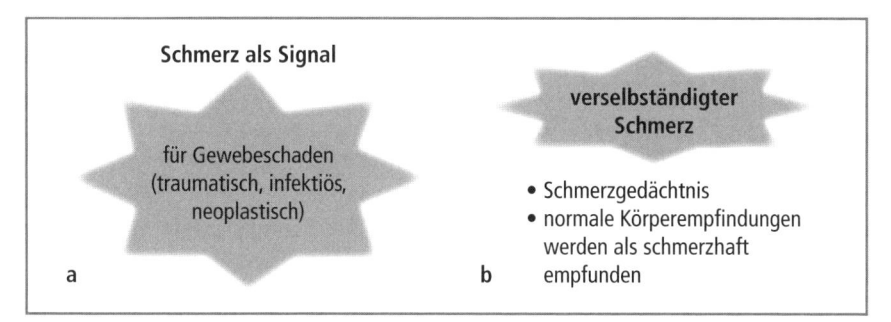

- Schmerzgedächtnis
- normale Körperempfindungen werden als schmerzhaft empfunden

b

Abb. 18-3 Schmerztypen. a) Nozizeptiver Schmerz, b) funktioneller, somatoformer (psychogener) Schmerz

ein Absinken der Schmerzschwelle in den Nozizeptoren und eine zentrale Sensibilisierung (s. Abb. 18-2). Aus einem primär *nozizeptiven Schmerz* mit sogenanntem Signalcharakter wird ein *funktioneller, psychogener Schmerz* (s. Abb. 18-3).

18.4 Epidemiologie, Prävalenz und Komorbidität

In der psychiatrischen Praxis und im psychotherapeutischen Alltag stehen eher Angst- und depressive Störungen im Zentrum des Interesses. Die Prävalenz lag in der gesamten Schweizer Bevölkerung 2004 bei 9,6 % für die Angst- und 5,0 % für die depressiven Störungen, wobei die Häufigkeit bei Frauen je annähernd doppelt so hoch war als bei Männern (Jäger et al. 2008). Es spricht einiges dafür, dass die Prävalenz somatoformer Störungen insgesamt deutlich höher ist. Typischerweise sind die Betroffenen aber nicht in psychotherapeutischer Betreuung zu finden, sondern in erster Linie in der hausärztlichen oder spezialärztlichen Praxis. Gemäß einer dänischen Studie lag die Prävalenz somatoformer Störungen bei Grundversorgern bei gut 30 % (Fink et al. 1990). In verschiedenen Studien konnte gezeigt werden, dass medizinisch nicht erklärbare Symptome häufiger bei Frauen, bei Personen in jüngeren Altersgruppen, bei Menschen mit einem niedrigeren sozioökonomischen Status und bei Menschen mit Migrationshintergrund vorkommen (Nimnuan et al. 2001; Steinbrecher et al. 2011). Häufig werden somatoforme Störungen lange nicht als solche identifiziert. Die durch sie verursachte Krankheitslast ist beträchtlich (Kroenke et al. 1997), und es besteht eine hohe Komorbidität mit Angst- und depressiven Störungen. In einer niederländischen Zwei-Phasen-Prävalenzstudie war die Komorbidität somatoformer Störungen mit Angst- und depressiven Störungen 3,3-mal höher als zufällig zu erwarten gewesen wäre (de Waal 2004). Zu ähnlichen Ergebnissen für somatoforme und auch für Schmerzstörungen kamen zahlreiche andere epidemiologische Studien. Diese Resultate können auf einem kausalen Zusammenhang zwischen diesen Krankheitsbildern beruhen oder aber auf einem gemeinsamen ätiologischen Faktor (Lieb et al. 2007).

18.5 Störungsbild

In jedem Fachbereich gibt es mindestens ein Beschwerdebild, das als somatoforme Störung bezeichnet werden kann, so z. B. das »Irritable Bowel Syndrome« (Reizdarm) in der Gastroenterologie oder die Fibromyalgie (Syndrom mit v. a. generalisierten Muskel- und Sehnenschmerzen) in der Rheumatologie. Die Herangehensweise, was Diagnostik, Therapie und Betreuung anbelangt, ist immer ähnlich und soll anhand der zwei im Fachbereich Gynäkologie bekanntesten Erscheinungsformen – dem chronischen Unterbauchschmerz und der Vulvodynie, dem chronischen Schmerz im Bereich des äußeren Genitale – exemplarisch dargestellt werden.

Somatoforme Störungen unterscheiden sich durch gewisse Charakteristika von anderen Krankheitsbildern. Für die Herangehensweise sind folgende *Grundannahmen* hilfreich:

- Das Symptom ist die Krankheit.
- Das Konzept der Schmerzabklärung muss breit angelegt sein.
- Der Fokus liegt mehr auf dem Wie als auf dem Warum.
- Es geht mehr um »Care« als um »Cure« (mehr um Betreuung als um Heilung).

Symptomatik

Somatoforme Störungen zeichnen sich dadurch aus, dass sie in der Regel *multifaktoriell* bedingt sind, so auch die chronischen Unterbauchschmerzen und die Vulvodynie, die sich meist in Form eines unerträglichen vulvären Brennens äußert. Die Fallbeispiele 1 und 2 veranschaulichen das.

Fallbeispiel 1

Die 38-jährige Frau L. stammt aus dem Kosovo und kommt im Alter von 23 Jahren kurz vor der Heirat mit dem ebenfalls aus dem Kosovo stammenden Ehemann in die Schweiz. Der Ehemann arbeitet als Lagerist, ist aber zuvor phasenweise arbeitslos gewesen. Die Patientin hatte die Grundschule besucht und keine Berufsausbildung gemacht. Kurz vor ihrer zweiten Schwangerschaft beginnt sie, in einer Fabrik zu arbeiten, ist dann aber bereits ab der Frühschwangerschaft teilweise arbeitsunfähig. Bei der Geburt des zweiten Sohnes muss wegen eines plötzlichen Herztonabfalles ein Notfallkaiserschnitt durchgeführt werden. Von diesem Eingriff erholt sich die Patientin schlecht und entwickelte in der Folge chronische Unterbauchschmerzen. Ein Jahr später wird deswegen eine Laparoskopie durchgeführt und dabei ein Verwachsungsstrang von der Gebärmutter zur Bauchwand gelöst. Die Schmerzen gehen im Anschluss daran aber nicht zurück. Weil die Geburt des zweiten Sohnes mit dem Notfallkaiserschnitt eine für die Patientin nicht nachvollziehbare, plötzliche dramatische Wende genommen hat, sind sie und auch ihr Ehemann der festen Überzeugung, dass damals etwas schief gelaufen und dies der Grund für die Schmerzen sei. Es kommt zu unzähligen Notfallkonsultationen, bei denen die Patientin jeweils einen extrem leidenden, schmerzgeplagten Eindruck macht. Sämtliche Labor- und Ultraschalluntersuchungen fallen aber jeweils unauffällig aus. Es erfolgt eine psychiatrische Exploration, die Patientin erhält ein Antidepressivum und wird einer Schmerzgruppe, dann dem »Pain Service« der Anästhesie zugeführt. Sie nimmt durchgehend Novalgin und Dafalgan ein. Alle anderen empfohlenen Maßnahmen nützen nichts, und Frau L. zeigt keinerlei Bereitschaft, eine psychogene Komponente ihrer Beschwerden anzuerkennen.

--- Fallbeispiel 2 ---

Die 69-jährige Frau S. stammt aus Moldawien, ist Chemieingenieurin in Rente, ist seit 48 Jahren mit ihrem 71-jährigen Ehemann verheiratet und mehrfache Urgroßmutter. Ein Jahr zuvor ergibt die Abklärung von Magenbeschwerden eine Besiedelung mit Helicobacter pylori. Fünf Tage nach Beginn der antibiotischen Eradikation kommt es zu einem Brennen genital, perianal und in den Mundwinkeln. Nachdem mehrere topische Behandlungsversuche nicht zur Beschwerdebesserung führen, wird eine Candida vulvovaginitis (Pilzinfektion der Scheide) diagnostiziert und systemisch mit einem Antimykotikum therapiert. Nach kurzfristiger Besserung intensiviert sich das Brennen wieder. Bei altersbedingter Genitalatrophie lässt die Rötung auf eine Vestibulitis schließen, gemäß einer im Verlauf vorgenommenen Biopsie liegt allenfalls ein Anfangsstadium eines Lichen sclerosus et atrophicans (Weißfleckenkrankheit) vor. Eine bei den gegebenen Befunden angezeigte Therapie mit einer steroidhaltigen Salbe wird eingeleitet, bringt aber keine Besserung. Im Gegenteil werden die Konsultationen wegen unerträglichen Brennens bei nunmehr weitgehend unauffälligem Lokalbefund immer häufiger. Die Patientin macht einen zunehmend depressiven, verängstigten und zwanghaften Eindruck. Sie überprüft ein- bis mehrmals täglich die ihrer Ansicht nach weiterhin gerötete Stelle unterhalb der Klitoris und äußert größte Sorge, dass dort eine Blutung auftreten könnte. Anlässlich der zwei-, dann vierwöchentlichen Konsultationen in der psychosomatisch ausgerichteten gynäkologischen Sprechstunde verlangt sie regelmäßig nach einer Untersuchung und Überprüfung des Befundes und genauesten Instruktionen betreffend die Lokalbehandlung. Erst seit ein tragendes Vertrauensverhältnis in der Ärztin-Patientin-Beziehung aufgebaut ist, kann die Patientin den Erklärungen, dass den Veränderungen physiologische Alterungsprozesse zugrunde liegen und Untersuchungen in 6- bis 12-monatlichen Intervallen ausreichend sind, Glauben schenken und äußert ihrerseits, dass das Brennen nachgelassen habe, weil sie weniger darauf achte.

Es können dem chronischen Unterbauchschmerz durchaus Verwachsungen oder eine Endometriose (Vorkommen von Gebärmutterschleimhaut außerhalb der Gebärmutterhöhle), der Vulvodynie (Schmerzen im Bereich des äußeren Genitale) ein – z. B. durch einen Infekt bedingter – Gewebeschaden zugrunde liegen. Das Entscheidende ist, dass das Ausmaß der organisch nachweisbaren Veränderung und die Beschwerden nicht übereinstimmen. Dies zeigt sich in den beiden Fallbeispielen. Neben einem *auslösenden Moment*, zu dem dann eventuell ein Kausalzusammenhang hergestellt wird, kommen bei beiden Krankheitsbildnern gehäuft eine depressive Stimmungslage und erhöhte Ängstlichkeit vor

(Walker et al. 1995). Bei der Vulvodynie haben Studien zudem ein hohes Stressniveau und einen niedrigen Selbstwert gezeigt und eine nicht nur auf die Genitalregion beschränkte, sondern generell erhöhte Schmerzsensibilität (Giesecke et al. 2004). Bei den chronischen Unterbauchschmerzen findet sich auch gehäuft eine sexuelle Traumatisierung in der Anamnese, und sie kommen häufiger vor bei Menschen mit niedrigerem Bildungsniveau (Bodden-Heidrich 2001). Solchen Aspekten ist bei der Anamneseerhebung Rechnung zu tragen.

Diagnostik

Bei der Diagnostik ist – wie das folgende Fallbeispiel 3 zeigt – eine *interdisziplinäre Herangehensweise* oft unabdingbar. Gleichzeitig gilt es aber, die Möglichkeiten und Grenzen der diagnostischen Maßnahmen im Vorfeld darzulegen, weil dies sonst unguten Verläufen Vorschub leisten kann, indem ein Befund zu einer Fixierung (Fallbeispiele 1 u. 2) oder das Fehlen einer organischen Auffälligkeit zu Enttäuschung führen kann.

Fallbeispiel 3

Die 54-jährige Frau C. wird mit akuten Unterbauchschmerzen von der sie betreuenden Frauenärztin als Notfall eingewiesen. Wegen eines genitalen Pruritus (Juckreiz), chronischen Unterbauchschmerzen und rezidivierenden Harnwegsinfekten hatte die Patientin ihre Frauenärztin in den vergangenen zwei Jahren wiederholt aufgesucht. Die diversen Therapieversuche hatten keinen ausreichenden Erfolg gebracht, die Beschwerden hatten sich im Gegenteil akzentuiert. Frau C. leidet unter einer seit 20 Jahren bekannten Fibromyalgie, die schwierig zu behandeln ist, unter anderem weil sie eine Unverträglichkeit für zahlreiche Schmerzmittel hat. Frau C. lebt zusammen mit ihrem Ehemann, der Geschäftsmann ist. Sie blieb ungewollt kinderlos. Sie ist Hausfrau, aber wegen der Fibromyalgie seit Jahren eingeschränkt einsatzfähig. Dem betreuenden Team in der Klinik fällt die theatralische Art auf, mit der die Patientin ihre Schmerzen schildert. Um die Patientin nicht noch zusätzlich zu traumatisieren, wird die geplante Blasenspiegelung in Vollnarkose durchgeführt. Sie ergibt die Verdachtsdiagnose einer interstitiellen Zystitis, einer Form der Blasenentzündung. Diese ist therapeutisch schwierig anzugehen, weswegen ein Medikament (Pentosanpolysulfat-Natrium) eigens für die Patientin aus den USA importiert wird, weil es nur dort zu beziehen ist. Die ambulante Nachbetreuung in der Klinik erfolgt durch eine psychosomatisch geschulte Gynäkologin. Der Erfolg des importierten Medikamentes ist mäßig. Die Patientin schildert weiterhin eindrücklich ihre Schmerzen und Beschwerden, wirkt dabei sehr selbstbezogen und absorbiert von der Auseinandersetzung mit der eigenen Befindlichkeit, ist gleichzeitig aber auch sehr sensibel dafür, wie es den Menschen in ihrem Umfeld ergeht. Zwar nimmt sie die Gesprächsangebote bereitwillig wahr, weiß aber gleichzeitig genau, was ihr eigentlich hilft, nämlich jederzeit das Beruhigungsmittel Lorazepam (ein kurz wirkendes Benzodiazepin mit hohem Abhängigkeitspotenzial) zur Hand zu haben, ihre Shiatsu-Therapeutin und die zahlreichen Ärztinnen und Ärzte, die sich ihrer und ihrer diversen Beschwerden annehmen.

18.6 Therapeutische Herangehensweise

Die Betreuung von Patientinnen mit einer somatoformen Störung stellt eine große Herausforderung dar, und die Gestaltung der Beziehung zwischen behandelter und behandelnder Person erweist sich häufig als schwierig und anspruchsvoll. Patientinnen mit chronischen Unterbauchschmerzen fühlen sich oft mit ihren Schmerzen nicht ernst genommen und haben den Eindruck, dass ihnen Fachleute nicht zuhören (Selfe et al. 1998). Gleichzeitig haben Selfe et al. zeigen können, dass der Verlauf der Erkrankung häufig wesentlich von der Qualität der Erstkonsultation abhängt. Ganz entscheidend ist es deshalb, eine Vertrauensbasis zu schaffen und der Patientin Verständnis entgegenzubringen, gleichzeitig aber auch an deren Eigenverantwortung zu appellieren.

Wie ein Zugang zur Patientin geschaffen werden kann, lässt sich wie folgt zusammenfassen:
- initiale Botschaft zulassen (Schmerz, Ohnmacht, Einschränkung)
- Vorgeschichte beleuchten
- Wiederspiegeln der Emotionen und/oder Antworten mit emotionalem Gehalt
- Bestätigung, Ermutigung
- genaue Schmerzanamnese
- Empowerment

Um die Voraussetzungen für eine *gemeinsame Therapiegrundlage* zu schaffen, ist es wichtig, die Patientin zu fragen, was sie hinter ihrer Erkrankung vermutet (Laienhypothese). Erst wenn uns die Vorstellungen der Patientin bekannt sind, können wir – darauf aufbauend – versuchen, sie mit dem *Konzept des funktionellen Schmerzes* und den entsprechenden *Störungsmodellen* vertraut zu machen. Konkret bedeutet dies, zu vermitteln, dass *Stress* und *Lebensführung* Kofaktoren sind und dass – trotz einer möglicherweise bestehenden *Disposition* – auch *Eigenverantwortung* entscheidend ist.

Was die Wahl psychotherapeutischer Herangehensweisen anbelangt, so eignen sich in erster Linie *kognitiv-verhaltenstherapeutische* wie auch *lösungsorientierte Ansätze*. Allerdings ist die Bereitschaft und Fähigkeit von Patientinnen mit einer somatoformen Störung insgesamt gering, eine Psychogenese ihrer Störung zu akzeptieren und sich auf eine Psychotherapie im eigentlichen Sinne einzulassen. So konnten Aiarzaguena et al. (2007) zeigen, dass sich die Lebensqualität (gemessen mittels des Fragebogens zum Gesundheitszustand SF-36) bei Patienten, die eine körperliche Erklärung für ihre somatoformen Beschwerden erhielten, signifikant stärker verbesserte als bei solchen, bei denen die etablierte Standardtherapie der Reattribution nach Goldberg angewendet wurde.

Folgende Betreuungsgrundsätze erweisen sich als hilfreich:
- Definition realisierbarer Ziele
- strukturierte Kontrolle

– regelmäßige Termine
– Schmerzskala
– Schmerztagebuch
* Geduld!
* Bewusstsein um Grenzen des Möglichen!

18.7 Fazit

Somatoforme Störungen zeichnen sich dadurch aus, dass eine Diskrepanz zwischen organischen Veränderungen und dem Ausmaß oder der Chronizität der Beschwerden besteht, dass die Betroffenen auf der körperlichen Ursache beharren und dass sich häufig Probleme in der therapeutischen Beziehung ergeben. Verschiedene Studien haben gezeigt, dass funktionelle oder somatoforme Störungen bei Frauen häufiger vorkommen als bei Männern. In nahezu jedem medizinischen Fachgebiet gibt es mindestens ein Erscheinungsbild der somatoformen Störung, besonders häufig sind sie in der Gynäkologie. Die typischen Mechanismen wurden am Beispiel des chronischen Unterbauchschmerzes und der Vulvodynie exemplarisch dargelegt. Es wird von einer multifaktoriellen Genese ausgegangen und von einem Zusammenspiel von prädisponierenden, auslösenden und erhaltenden oder verstärkenden Faktoren. Nicht selten liegt eine Kombination mit einer anderen psychiatrischen Diagnose wie Depression, Angst, Zwangsstörung oder Substanzmissbrauch vor.

Die Betreuung von Patientinnen mit einer somatoformen Störung ist anspruchsvoll. Als psychotherapeutische Herangehensweisen haben sich der kognitiv-verhaltenstherapeutische und der lösungsorientierte Ansatz am ehesten bewährt. Die Bereitschaft und Fähigkeit von Patientinnen mit einer somatoformen Störung, sich auf eine Psychotherapie im eigentlichen Sinne einzulassen, ist aber insgesamt eher gering. Bewährt hat sich ein strukturiertes Vorgehen im Bewusstsein um die Grenzen des Machbaren und Möglichen.

Literatur

Aiarzaguena JM, Grandes G, Gaminde I et al. (2007). A randomized controlled clinical trial of a psychosocial and communication intervention carried out by GPs for patients with medically unexplained symptoms. Psychol Med; 37: 283–94.

Bitzer J (2003). Somatization disorders in obstetrics and gynecology. Arch Womens Ment Health; 6: 99–107.

Bodden-Heidrich R (2001). Chronische Unterbauchschmerzen. Chronic Pelvic Pain Syndrome – ein multifaktorielles Krankheitsbild. Zentralbl Gynakol; 123: 10–7.

De Waal MWM, Arnold IA, Eekhof JAH, van Hemert AM (2004). Somatoform disorders in general practice: prevalence, functional impairment and comorbidity with anxiety and depressive disorders. Br J Psychiatry; 184: 470–6.

Fink P, Sorensen L, Engberg M et al. (1999). Somatization in primary care. Prevalence, health care utilization, and general practitioner recognition. Psychosomatics; 40: 330–8.

Giesecke J, Reed BD, Haefner HK et al. (2004). Quantitative sensory testing in vulvodynia patients and increased peripheral pressure pain sensitivity. Obstet Gynecol; 104: 126–33.

Jäger M, Sobocki P, Rössler W (2008). Cost of disorders of the brain in Switzerland with a focus on mental disorders. Swiss Med Wkly; 138: 4–11.

Kroenke K, Spitzer RL, de Gruy FV et al. (1997). Multisomatoform disorder. An alternative to undifferentiated somatoform disorder for the somatizing patient in primary care. Arch Gen Psychiatry; 54: 352–8.

Langewitz W (2011). Funktionelle Störungen – somatoforme Störungen. In: Adler RH, Herzog W, Joraschky P et al. (Hrsg). Psychosomatische Medizin. 7. Aufl. München: Elsevier, Urban & Fischer; 739–75.

Lieb R, Meinlschmidt G, Araya R (2007). Epidemiology of the association between somatoform disorders and anxiety and depressive disorders: an update. Psychosom Med; 69: 860–3.

Nimnuan C, Hotopf M, Wessely S (2001). Medically unexplained symptoms: an epidemiological study in seven specialities. J Psychosom Res; 51: 361–7.

Noyes R Jr., Stuart SP, Watson DB (2008). A reconceptualization of the somatoform disorders. Psychosomatics; 49: 14–22.

Saß H, Wittchen H-U, Zaudig M, Houben I (2003). Diagnostisches und Statistisches Manual Psychischer Störungen – Textrevision. DSM-IV-TR. Göttingen: Hogrefe.

Selfe SA, Matthews Z, Stones RW (1998). Factors influencing outcome in consultations for chronic pelvic pain. J Womens Health; 7: 1041–8.

Steinbrecher N, Koerber S, Frieser D, Hiller W (2011). The prevalence of medically unexplained symptoms in primary care. Psychosomatics; 52: 263–71.

Walker EA, Katon WJ, Hansom J et al. (1995). Psychiatric diagnoses and sexual victimization in women with chronic pelvic pain. Psychosomatics; 36: 531–40.

Waller E, Scheidt CE (2006). Somatoform disorders as disorders of affect regulation: a development perspective. Int Rev Psychiatry; 18: 13–24.

WHO (2011). ICD-10-GM Version 2011. www.dimdi.de/static/de/klassi/diagnosen/icd10/htmlgm2011/index.htm (Zugriff am 3. Juli 2012).

19 Weibliche Sexualität und ihre Störungen heute

Hertha Richter-Appelt

--- Inhalt ---

19.1 Einleitung 192
19.2 Psychoanalytische Grundannahmen der psychosexuellen
     Entwicklung 194
19.3 Sexuelle Funktionsstörungen 196
     Begriffsbestimmung 197
     Klassifikation der sexuellen Funktionsstörungen der Frau ... 199
19.4 Perversionen und Störungen der Geschlechtsidentität 201
     Perversionen 202
     Störungen der Geschlechtsidentität 203
19.5 Fazit 207

19.1 Einleitung

Probleme im Bereich der Sexualität können viele verschiedene Formen annehmen. Sexuelle Verhaltens- und Erlebensweisen oder Beeinträchtigungen sollten nur dann als Störung bezeichnet werden, wenn entweder der oder die Betroffene selbst darunter leidet oder andere, die in unmittelbarem Kontakt mit der betroffenen Person stehen, in Mitleidenschaft gezogen werden.

Zu wenig Beachtung bei der Diagnostik von sexuellen Störungen findet die Tatsache, dass sexuelles Funktionieren für sich betrachtet noch kein Zeichen von sexueller Gesundheit und das Auftreten einer sexuellen Funktionsstörung kein Zeichen von psychischer Erkrankung sein muss. Die Weltgesundheitsorganisation hat daher in Abgrenzung zur Definition sexueller Funktionsstörungen »sexuelle Gesundheit« wie folgt definiert:

> »Sexuelle Gesundheit ist der Zustand körperlichen, emotionalen, geistigen und sozialen Wohlbefindens bezogen auf die Sexualität. Sie ist nicht primär das nicht Vorhandensein einer Krankheit, Dysfunktion oder Behinderung. Sexuelle Gesundheit erfordert sowohl eine positive, respektvolle Herangehensweise an Sexualität und sexuelle Beziehungen als auch die Möglichkeit für lustvolle und sichere sexuelle Erfahrungen

> frei von Unterdrückung, Diskriminierung und Gewalt. Um sexuelle Gesundheit zu erreichen und aufrechtzuerhalten, müssen die sexuellen Rechte aller Personen respektiert, bewahrt und erfüllt werden«. (WHO 2002; Übers. durch die Autorin)

Die Betrachtung der weiblichen Sexualität hat sich in den letzten Jahrzehnten grundlegend verändert, und dabei spielten verschiedene gesellschaftliche Entwicklungen eine Rolle. Während Freud und die frühen Arbeiten der Psychoanalyse sich hinsichtlich der weiblichen Sexualität vor allem mit der sogenannten Organminderwertigkeit der Frau, der Bedeutung der Reproduktion für die Sexualität und daraus resultierenden Problemen beschäftigten, legte die im letzten Drittel des letzten Jahrhunderts in der Folge von Masters und Johnson entwickelte Sexualtherapie das Schwergewicht auf Störungen der sexuellen Funktion. Dabei wurde weitgehend eine Gleichsetzung des männlichen und weiblichen sogenannten sexuellen Reaktionszyklus – bis auf die multiplen Orgasmen der Frau – zugrunde gelegt. Während die sogenannte sexuelle Befreiung eine Liberalisierung sexueller Beziehungen favorisierte, basiert die Sexualtherapie Masters und Johnsons und deren Weiterentwicklung auf einer heteronormen Betrachtung sexueller Interaktionen. Sexualverkehr war in abnehmendem Ausmaß an die Ehe gebunden. Die Güte einer Beziehung nahm an Bedeutung zu. Es kam jedoch zu einer Zunahme von Trennungen und Scheidungen. Die Ansprüche an eine Partnerbeziehung stiegen bei gleichzeitiger Abnahme der Konflikttoleranz. Für die sexuelle Liberalisierung war die Einführung von weitgehend sicheren Verhütungsmethoden für die Frau von ganz entscheidender Bedeutung. Es kam zu einer weitgehenden Trennung von Sexualität und Reproduktion, und davon haben vor allem die Frauen profitiert.

Gleichzeitig mit der sexuellen Liberalisierung fand eine Zunahme der Bedeutung von Autoerotik vor allem unter den Frauen statt. Verschiedene Studien konnten zeigen, dass das Interesse von Frauen an ihrem eigenen Körper zugenommen hatte und junge Frauen die ersten sexuellen Erfahrungen nicht mehr fast ausschließlich mit einem (meist männlichen) Partner machten, sondern zunehmend die Lust am eigenen Körper entdeckten, bevor sie (meist hetero-)sexuelle Erfahrungen machten. Masturbation wurde auch für Frauen eine eigenständige Form von Sexualität und nicht eine Ersatzbefriedigung bei fehlender partnerschaftlicher Sexualität. Es folgte die Entblößung des meist weiblichen Körpers in der Öffentlichkeit, an die man sich bald gewöhnt hatte, und die kaum noch sexuelle Fantasien auslöst oder gar zu sexueller Erregung führt.

Schließlich fand die vielleicht gravierendste Veränderung der Intimität in unserer Gesellschaft durch die Einführung des Internets statt. Bekanntschaften können nun schnell, unkompliziert und anonym gemacht werden. Sexuelle Fantasien und Wünsche, aber auch perverse Handlungen können in der Internetöffentlichkeit geäußert und teilweise auch befriedigt werden. Die sogenannte »Pornografisierung der jungen Gesellschaft« fand statt. Es gibt heute kaum mehr

Jugendliche, die nicht bereits mit pornografischem Material in Berührung gekommen sind. Allerdings besteht hier ein großer Geschlechtsunterschied. Mädchen verlieren ganz schnell das Interesse an Internetpornografie, Jungen benutzen sie in erster Linie als Masturbationsvorlage anstelle von pornografischem Bildmaterial. Pornografie wurde zu einem Bestandteil sexueller Sozialisation.

All diese Veränderungen haben dazu geführt, dass Frauen heute seltener über eine Beeinträchtigung der sexuellen Funktion klagen, sondern vielmehr über eine sexuelle Lustlosigkeit trotz der Fähigkeit, sexuell zu funktionieren (Bancroft 2008).

19.2 Psychoanalytische Grundannahmen der psychosexuellen Entwicklung

Oft wird in letzter Zeit gerade von Psychotherapeuten anderer Schulen die Frage gestellt, inwiefern Annahmen Freuds über die psychosexuelle Entwicklung heute immer noch Gültigkeit haben. Auch wenn Freud die weibliche Sexualität in einem anderen – seiner Zeit entsprechenden – Licht sah, gibt es dennoch eine Reihe von Annahmen, die auch heute noch in der psychoanalytischen Literatur und Behandlung eine Rolle spielen. Bezugnehmend auf Freud (1905/1972) wird Sexualität in den psychodynamischen Theorien nicht gleichgesetzt mit sexuell genitalem Verhalten (Richter-Appelt 2000b). Vielmehr findet das viel umfassendere Konstrukt der »Psychosexualität« Verwendung, um den somatischen Aspekt der Sexualität nicht zu sehr in den Vordergrund zu rücken. Gerade diese Betrachtung von Sexualität hat in den letzten Jahren hinsichtlich der weiblichen Sexualität unter Sexualwissenschaftlern an Bedeutung gewonnen.

Weiters wurde postuliert, dass »abnorme« und »normale« Äußerungen sexueller Triebregungen sich nicht qualitativ, sondern quantitativ unterscheiden. »Abnorme« Äußerungen werden

- als *Perversionen* bezeichnet, wenn die innerpsychischen Widerstände zu schwach sind, und
- als *neurotische Sexualentwicklungen*, wenn die Widerstände stark ausgeprägt sind, die Sexualtriebe verdrängt werden, um sich in einem neurotischen Symptom zu manifestieren.

Dieses Symptom kann im Bereich der Sexualität liegen und äußert sich dann meist in einer Störung der *sexuellen Funktion* und *der sexuellen Beziehungsgestaltung*. In der weiblichen Sexualität spielt die Sexualhemmung auch heute noch eine größere Rolle als die sogenannten Perversionen. Die Perversion wurde lange als »Privileg des Mannes« angesehen (Becker 2002). Perversionen wurde Frauen – wenn überhaupt – nur in der Fantasie »zugestanden«, die jedoch nicht der Externalisierung fähig seien (Reiche 1986).

Ferner hat Freud darauf hingewiesen, dass sexuelles Erleben und Verhalten bereits beim Kind angenommen werden müssen und nicht erst mit der Pubertät einsetzen. In den drei Abhandlungen zur Sexualtheorie (Freud 1905/1972) beschreibt er das Kind als »polymorph pervers« veranlagt. Die Sexualität des Kindes stehe nicht im Zeichen der Fortpflanzung, man könne beim Kind Verhaltensweisen beobachten, die beim Erwachsenen als pervers bezeichnet werden, z. B. Exhibitionismus, Voyeurismus. Durch die Erziehung, in der Moral, Scham und Ekel eine wichtige Rolle spielen, werden »seelische Dämme« errichtet, die einerseits eine restriktive Bedeutung haben, aber auch dazu beitragen, die Psychosexualität des Erwachsenen vorzubereiten.

Eine wichtige Erfahrung der frühen Kindheit ist die Entdeckung der *Zweigeschlechtlichkeit* und die Zugehörigkeit zu nur einem Geschlecht. Wenngleich Kinder schon früh erkennen, dass es zwei Geschlechter gibt, bringen sie diese Kategorisierung zunächst noch nicht mit dem anatomischen Geschlechtsunterschied der Genitalien in Verbindung. Nach der *Entdeckung des anatomischen Geschlechtsunterschiedes*, d. h. der Zweigeschlechtlichkeit in der präödipalen Phase müssen Kinder sich mit der eigenen Monosexualität abfinden, die eigene Unvollkommenheit akzeptieren – und das gilt für beide Geschlechter in gleichem Maße. Dabei findet eine Kränkung der kindlichen Größenfantasie statt, nicht gleichzeitig Mädchen und Junge sein zu können (s. McDougall 1997). Kinder mit einer *Störung der Geschlechtsidentität* können bereits in diesem Alter auffällig sein, wobei bis heute nicht bekannt ist, inwiefern und welche biologischen Faktoren zu dieser Unsicherheit im Geschlechtserleben beitragen.

Bei Kindern beider Geschlechts entstehen infolge der Entdeckung des anatomischen Geschlechtsunterschieds spezifische *Ängste* vor Verletzungen und *Neid* auf das andere Geschlecht. Auch wenn in der Vergangenheit in der psychoanalytischen Theorie häufig auf die (anatomische) Überlegenheit des männlichen Geschlechts hingewiesen wurde (Penisneid), gehen moderne psychoanalytische Ansätze davon aus, dass Ängste und Neid bei beiden Geschlechtern in diesem Alter zu beobachten sind (Neid auf Andersartigkeit des anderen Geschlechts; Angst, die für das eigene Geschlecht spezifischen Charakteristika zu verlieren, verletzt zu werden) – d. h. bei beiden Geschlechtern sind Gefühle der Über- und Unterlegenheit zu beobachten. Diese können für die Ausbildung sexueller Störungen im Erwachsenenalter von zentraler Bedeutung sein.

In der ödipalen Phase wird ein weiterer Grundstein gelegt für die Fähigkeit, ein zufriedenstellendes Sexualleben in einer länger dauernden Beziehung zu führen. Voraussetzung dafür ist einerseits die Fähigkeit, sich zu verlieben und zu identifizieren oder entidentifizieren. Beim Mädchen kommt es zu einem Wechsel des primären Liebesobjekts von der Mutter auf den Vater. Es erlebt eine Enttäuschung dieser Liebe zum Vater, als es erkennt, dass die Partnerbeziehung der Eltern Vorrang hat vor der Vater-Tochter-Beziehung. Es muss im Laufe der Entwicklung aber auch lernen, die damit einhergehende Idealisierung des Vaters in eine realistische Betrachtung des eigenen Partners überführen zu können, d. h. beim Partner positive und negative Seiten gleichzeitig akzeptieren zu können

(Aufhebung der Spaltung und Integration von positiven und negativen Anteilen im anderen). Dies gilt sowohl für den sexuellen wie den nicht sexuellen Bereich. Im sexuellen Bereich bedeutet dies, sowohl liebevolle wie auch aggressive Anteile in die gelebte Sexualität in produktiver Weise einfließen zu lassen, wie es Kernberg (1992) ausgeführt hatte.

Die Ursachen psychischer Störungen wurden innerhalb der psychoanalytischen Theorie in immer frühere Entwicklungsphasen zurückverlegt, an die Stelle des ödipalen trat der präödipale Konflikt. Nicht die Hinwendung zum Vater, sondern die Loslösung von der Mutter wird als wichtigster Entwicklungsschritt des Mädchens angesehen. Für die Theorie der weiblichen Entwicklung bedeutet dies die Gefahr, dass Frauen als Opfer der allmächtigen Mutter und des abwesenden Vaters dargestellt werden. An die Stelle des Penismangels tritt dann ein anderer Defekt. Was als ein progressiver Schritt in der psychoanalytischen Theoriebildung gewertet wird, könnte sich als eine neue Form reduktionistischen Denkens entpuppen. Umso entscheidender ist der Einbezug adoleszenter Entwicklungsanforderungen und -prozesse.

Galten die psychoanalytischen Auffassungen über die Sexualität und ihre Störungen zu Beginn des letzten Jahrhunderts als besonders fortschrittlich, so muss man feststellen, dass die Auffassungen über Sexualität, vor allem über sexuelle Funktionsstörungen, aber auch über Perversionen, in psychoanalytischen Theorien in den letzten Jahrzehnten oft als überholt und eher weltfremd angesehen werden müssen. Die Erkenntnisse der Sexualforschung, aber auch gesellschaftliche Veränderungen der letzten Jahrzehnte wurden von psychoanalytisch orientierten Autoren lange Zeit kaum zur Kenntnis genommen. Die Vorstellungen der frühen Psychoanalyse über die Sexualität der Frau und deren Störungen mussten allerdings grundlegend revidiert werden. Feministisch orientierte Psychoanalytikerinnen haben hier einen wichtigen Beitrag geleistet (s. M. Mitscherlich u. Rohde-Dachser 1996).

19.3 Sexuelle Funktionsstörungen

In den frühen psychoanalytischen Arbeiten spielten sexuelle Funktionsstörungen, allerdings vor allem des Mannes, eine nicht unbedeutende Rolle (Richter-Appelt 2001). In der modernen Psychoanalyse fehlt dagegen eine Auseinandersetzung mit diesen sexuellen Problemen fast völlig. Gerechtfertigt wird dies oft damit, dass es sich bei sexuellen Funktionsstörungen um Symptome handle, in der psychoanalytischen Behandlung hingegen gehe es um Übertragung, Widerstand, die Bearbeitung unbewusster Konflikte, die Bedeutung von Objektbeziehungen etc. Diese Rechtfertigung kann man nicht gelten lassen, da zu allen möglichen Symptomen (Essstörungen, Zwangserkrankungen, Alkoholmissbrauch etc.) Veröffentlichungen aus psychoanalytischer Sicht vorliegen. Auch findet man über Störungen der sexuellen Präferenz und der Geschlechtsidentität umfangreiche neuere Arbeiten vor. Parin (1996) meinte dazu, dass Analytiker sich in den letzten Jahren nur für unbewusste libidinöse Prozesse von Angst, Zwang und Hysterie interessierten, nicht jedoch für manifeste Sexualität. So findet etwa in dem Buch von McDougall zur Psychoanalyse der menschlichen Sexualität (1997) der Begriff der sexuellen Funktionsstörung, interessanterweise aber auch der Orgasmus, praktisch keine Erwähnung.

Im letzten Drittel des 20. Jahrhunderts konzentrierte sich die Sexualwissenschaft seit den Arbeiten von Masters und Johnson (1970) auf die sexuellen Funktionsstörungen. Aufbauend auf den Erkenntnissen von Masters und Johnson erfolgte die Klassifikation sexueller Funktionsstörungen in den gängigen Klassifikationssystemen DSM-IV und ICD-10, die beide gegenwärtig überarbeitet werden.

Eine Beeinträchtigung der Reproduktionsfähigkeit fällt in den Klassifikationssystemen psychischer Störungen nicht unter die Störungen der sexuellen Funktion und Geschlechtsidentität. In letzter Zeit werden oft auch Störungen infolge sexueller Traumatisierungen vor allem bei Frauen zu den sexuellen Störungen gerechnet; sexueller Missbrauch stellt jedoch keine Diagnose dar (Richter-Appelt 1997). Sexuelle Übergriffe können zu sexuellen Traumatisierungen führen, die sich als Störungen der sexuellen Funktion, der Präferenz oder Geschlechtsidentität, d. h. als Traumatisierungen der Sexualität manifestieren. Häufig beobachtet man als Folge negativer sexueller Erlebnisse (z. B. nach sexuellem Missbrauch) aber auch andere Symptome (z. B. Depressionen, dissoziative Symptome, Schlafstörungen u. a.), die nicht unmittelbar die Sexualität betreffen (s. Richter-Appelt u. Moldzio 2004).

Begriffe wie Impotenz, Frigidität und Perversion kommen in den Klassifikationssystemen nicht vor. Sie beschreiben umfassend Beeinträchtigungen oder Varianten der Sexualität, sagen aber nichts über spezifische Störungsbilder aus wie etwa eine Orgasmusstörung oder einen Fetischismus. Gerade diese Begriffe finden aber in tiefenpsychologischen, vor allem psychoanalytischen Texten Verwendung (z. B. Kernberg 1992). Es besteht somit eine deutliche Diskrepanz zwischen den internationalen Klassifikationskriterien psychischer Störungen im Bereich der Sexualität und der Diagnostik in tiefenpsychologischen Therapien. Hier werden primär Konflikte und Strukturniveaus beschrieben und erst in einem nächsten Schritt die Symptomdiagnostik. Dies hat allerdings dazu geführt, dass vor allem sexuelle Funktionsstörungen im Rahmen psychodynamischer Therapien oft gar nicht diagnostiziert werden und wenn überhaupt nur indirekt behandelt werden.

Begriffsbestimmung

Unter sexuellen Funktionsstörungen versteht man eine Beeinträchtigung der sexuellen Funktionsfähigkeit beim (heterosexuellen) Geschlechtsverkehr (Koitus). Sie beschreiben einen Mangel oder eine Verminderung des sexuellen Verlangens, eine Behinderung des Durchführens eines Koitus mit Penetration (Eindringen), ein Ausbleiben oder eine fehlende Kontrolle über das Auftreten des

Orgasmus, organisch nicht bedingte Schmerzen beim Koitus sowie eine mangelnde Befriedigung bei ungestörtem Ablauf des Koitus. In der Symptomgruppe F52 des ICD-10 werden nur diejenigen sexuellen Funktionsstörungen beschrieben, die nicht mit einer organischen Störung oder Erkrankung zusammenhängen.

Die Klassifikation der sexuellen Funktionsstörung sagt nichts über die Partnerbeziehung der betreffenden Person aus. Die Diagnose kann sowohl bei gelegentlich stattfindendem Geschlechtsverkehr in Zufallsbekanntschaften wie auch in einer lang anhaltenden Partnerbeziehung, in manchen Fällen auch ohne Vorhandensein von Partnerbeziehungen oder Kontakten gestellt werden.

Sexuelle Funktionsstörungen können primär organisch oder seelisch bedingt sein. Man kann jedoch davon ausgehen, dass eine Beeinträchtigung der Sexualität immer auch seelische Auswirkungen hat. Während in den 1970er und 1980er Jahren davon ausgegangen wurde, dass um die 80 % der sexuellen Funktionsstörungen vor allem beim Mann psychogen seien, wurde in letzter Zeit dem organischen Faktor wieder eine größere Bedeutung beigemessen. Weder eine Überschätzung des psychischen Faktors noch eine Überbetonung des organischen Faktors wird dem Phänomen der sexuellen Funktionsstörungen gerecht.

Es sei ferner erwähnt, dass sexuelle Funktionsstörungen bei den verschiedensten Formen der Persönlichkeitsstruktur auftreten können und immer in Beziehung zu diesen gesehen werden müssen. Vor allem aber muss hervorgehoben werden, dass eine funktionierende Sexualität kein Zeichen von zufriedenstellender Sexualität, aber auch nicht von einer gesunden Persönlichkeit ist. (Bei einer Vergewaltigung z. B. ist die sexuelle Funktion in der Regel nicht beeinträchtigt.) Eine Beeinträchtigung der sexuellen Funktion kann eine adäquate Reaktion auf eine Situation sein und hat nicht in jedem Fall Krankheitswert. Es ist daher sinnvoll, zwischen physiologischen und psychischen Aspekten sexueller Erregung zu unterscheiden. Für alle Funktionsstörungen gilt, dass die oder der Betroffene oder in manchen Fällen andere Personen unter Leidensdruck stehen müssen, damit das Phänomen als Störung klassifiziert werden kann. In jedem Fall sollte jedoch die Einnahme von Medikamenten wie blutdrucksenkende Mittel erfragt und eventuelle Nebenwirkungen bedacht werden.

Die Einteilung der sexuellen Funktionsstörungen erfolgt in Anlehnung an den sexuellen Reaktionszyklus nach Masters und Johnson (1970), den zeitlichen Ablauf des Geschlechtsverkehrs. Es wird dabei auf den heterosexuellen Geschlechtsverkehr Bezug genommen. Sie können aber auch in einer homosexuellen Beziehung auftreten. Die Störungen werden beim Mann und bei der Frau zeitlich analog differenziert und kommen bei Personen beiden Geschlechts vor. Nur der Vaginismus (Scheidenkrampf) der Frau und Störungen im Zusammenhang mit dem Samenerguss sind geschlechtsspezifisch. Beim Mann müsste zwischen Orgasmus und Ejakulation (Samenerguss) unterschieden werden, da es einen Orgasmus ohne Ejakulation und eine Ejakulation ohne Orgasmus (v. a. auch unter Psychopharmaka) geben kann. In den Klassifikationssystemen werden diese Phänomene jedoch synonym verwendet.

Klassifikation der sexuellen Funktionsstörungen der Frau

- **Verminderte sexuelle Appetenz (F52.0).** Hauptmerkmal der sexuellen Appetenzstörung ist ein Mangel oder Fehlen sexueller Fantasien und sexuellen Verlangens. Diese Symptomatik wird häufig auch als sexuelle Lustlosigkeit bezeichnet. Die Diagnose sollte nur gestellt werden, wenn sie nicht Folge einer anderen sexuellen Funktionsstörung ist. Eine Störung der sexuellen Appetenz schließt sexuelle Befriedigung oder Erregung bei sexuellen Aktivitäten nicht aus.

Der Annahme, dass diese Störung eine typisch weibliche Störung sei, muss widersprochen werden, wenngleich sie bei Frauen häufiger zu beobachten ist als bei Männern.

Die Beeinträchtigung der Appetenz kann organisch bedingt sein, vor allem wenn sie von Anfang an besteht oder plötzlich oder schleichend ohne ersichtlichen Grund auftritt. Häufig tritt sie nach einschneidenden Lebensereignissen wie etwa nach der Geburt eines Kindes, dem Verlust einer bedeutsamen Bezugsperson oder dem Auftreten einer Krankheit auf, die jedoch in keinem unmittelbaren Zusammenhang mit der Sexualität stehen muss. Sie kann auch als Nebenwirkung einer Medikation beobachtet werden.

- **Sexuelle Aversion (F52.10).** Unter sexueller Aversion versteht man eine Abneigung gegenüber genitalen Kontakten mit einem Sexualpartner und eine damit einhergehende Vermeidung solcher Situationen bei bestehendem Leidensdruck des Betroffenen oder dessen Lebenspartners. Von der sexuellen Aversion kann eine Sexualphobie unterschieden werden. Hier löst nicht die Annäherung oder Berührung unangenehme Gefühle aus, sondern es bestehen im klassischen Sinn phobische Ängste, berührt oder sexuell stimuliert zu werden. Diese Differenzierung fehlt jedoch in den Klassifikationssystemen.

- **Mangelnde sexuelle Befriedigung (F52.11).** Bei einer Störung der sexuellen Befriedigung führen sexuelle Aktivitäten trotz ungestörter sexueller Reaktionsfähigkeit und der Fähigkeit der Durchführung des Geschlechtsverkehrs nicht zu einer Befriedigung.

- **Versagen genitaler Reaktionen.** Die Erregungsstörung der Frau und die Erektionsstörung beim Mann werden im ICD-10 unter F52.2 zusammengefasst.

- **Störung der sexuellen Erregung bei der Frau (F52.2).** Als Erregungsstörung der Frau wird eine anhaltende und wiederkehrende Unfähigkeit verstanden, eine adäquate Lubrikation (Feuchtwerden der Scheide) und ein Anschwellen der äußeren Genitalien bei sexueller Erregung zu erlangen. Häufig handelt es sich hier um eine psychisch bedingte Hemmung sexueller Erregbarkeit, die biografisch erklärt werden kann. Sie kann aber auch hormonelle Ursachen haben, etwa in Zusammenhang mit zyklusbedingten Hormonstörungen, einer Veränderung des Hormonstatus im Klimakterium oder infolge der Einnahme bestimmter

Hormonpräparate. Die Annahme, die Einnahme hormoneller Kontrazeptiva führe zu einer Beeinträchtigung der sexuellen Erregbarkeit, gilt in dieser allgemeinen Form nicht, wenngleich in Einzelfällen derartige negative Nebenwirkungen beobachtet werden können.

- **Weibliche Orgasmusstörung (F52.3).** Unter der weiblichen Orgasmusstörung versteht man eine anhaltende oder wiederkehrende Verzögerung oder ein Fehlen des Orgasmus nach einer normalen sexuellen Erregungsphase. Das Störungsbild muss deutliches Leiden oder zwischenmenschliche Schwierigkeiten verursachen.

Das wichtigste Sexualorgan der Frau für das Erleben sexueller Erregung ist die Klitoris. In Anlehnung an Freuds Ausführungen wurde lange Zeit unterschieden zwischen einem »unreifen« Orgasmus, ausgelöst durch Reizung der Klitoris, und einem »reifen« Orgasmus bei vollzogenem Geschlechtsverkehr und Stimulierung der Vagina durch die Penetration. Damit wurde dem wichtigsten Erregungsorgan der Frau eine minderwertige Bedeutung beigemessen. Ein Orgasmus, der nur durch Reizung der Klitoris zustande kommt, sollte auf keinen Fall als Orgasmusstörung klassifiziert werden. Nicht selten steckt hinter einer derartigen Problematik eine unrealistische Vorstellung weiblicher Sexualität – zum einen vonseiten der Frau, die sich minderwertig fühlen könnte, zum anderen vonseiten des Partners, der es als narzisstische Kränkung erlebt, nicht durch das Einführen des Penis in die Vagina, sondern durch Reizung der Klitoris beim Geschlechtsverkehr die Frau zum Höhepunkt zu bringen. Wichtig ist zu unterscheiden, ob eine Frau Schwierigkeiten hat, bis zum Höhepunkt erregt zu werden, obwohl sie es möchte, oder ob unrealistische Vorstellungen über weibliche Sexualität bestehen.

Eine organisch bedingte Orgasmusstörung bei der Frau ist extrem selten. Sie tritt viel mehr als Zeichen sexueller Hemmung oder als Folge sexuell traumatisierender Erfahrungen auf.

- **Dyspareunie (nicht aufgrund eines medizinischen Krankheitsfaktors; F52.6).** Als Dyspareunie werden genitale Schmerzen, die mit dem Geschlechtsverkehr einhergehen, verstanden. Hier handelt es sich um Schmerzen, die unmittelbar beim Einführen des Penis auftreten, nicht um diffuse Schmerzen im Unterleib und nicht um Schmerzen im Zusammenhang mit einer Verkrampfung. Bei diesem Krankheitsbild sollte auf jeden Fall eine medizinische Untersuchung angeordnet werden, um Pilzinfektionen oder andere Erkrankungen, wie etwa das Vorhandensein eines HP-Virus (humanes Papillomavirus; bilden meist gutartige Tumore) auszuschließen, das auch ansteckend sein kann. Nicht selten sind die Schmerzen beim Geschlechtsverkehr die Folge von zu geringer Erregung und daraus resultierender mangelnder Lubrikation.

- **Vaginismus (nicht aufgrund eines medizinischen Krankheitsfaktors; F52.5).** Unter einem Scheidenkrampf (Vaginismus) versteht man wiederkehrende oder anhaltende unwillkürliche Kontraktionen der perinealen Muskulatur im äußeren Drittel der Vagina, wenn eine vaginale Penetration mit dem Penis, dem Finger, einem Tampon oder einem Spekulum versucht wird. In diesem Fall handelt es sich nicht um Schmerzen durch Berührung oder Reizung der Haut, sondern durch eine Verengung der Scheide.

Besonders wichtig ist zu berücksichtigen, dass Frauen mit einer vaginistischen Symptomatik in der Regel nicht unter Lustlosigkeit leiden, sie meist in länger andauernden Partnerbeziehungen leben und ein aktives Sexualleben mit anderen Formen der Sexualität (Petting) leben. Oft suchen Paare mit einer derartigen Problematik erst dann um therapeutische Hilfe an, wenn ein Kinderwunsch vorliegt.

■ **Gesteigertes sexuelles Verlangen (F52.7).** Hierunter versteht man eine Zunahme des sexuellen Verlangens, das psychisch bedingt ist und nicht als Folge einer anderen (psychischen) Erkrankung auftritt. Differenzialdiagnostisch ist es wichtig zu prüfen, ob es sich um ein suchtartiges Verhalten handelt, d. h. im Falle des nicht Auslebens sexueller Aktivitäten es zu Impulsdurchbrüchen, Angstzuständen oder Aggressivität gegen andere kommt. Tritt ein gesteigertes sexuelles Verlangen plötzlich auf, ist immer an eine organisch (z. B. durch einen Tumor der Nebennierenrinde) bedingte Veränderung des Verlangens zu denken. Wenngleich derartige Verhaltensweisen häufiger bei Männern zu beobachten sind, findet man sie auch bei Frauen.

Seit der erfolgreichen Behandlung sexueller Funktionsstörungen des Mannes mit Viagra hat die Suche nach entsprechenden Behandlungsmöglichkeiten auch für Frauen eingesetzt, die aber bisher keine entsprechenden Erfolge aufweisen konnte. Psychophysiologische Studien haben in den letzten Jahren einen wesentlichen Unterschied zwischen Männern und Frauen hinsichtlich der Zusammenhänge zwischen physiologischen Veränderungen von Erregungszuständen und dem subjektiven Erleben eben dieser Erregung deutlich gemacht (Richter-Appelt 2000a). Während Männer sexuelle genitale Erregung meist auch als solche erleben, dürfte dieser Zusammenhang bei Frauen deutlich geringer sein, vor allem da das sexuelle Erleben von Frauen entschieden vielfältiger ist. Während für Männer das sexuelle Funktionieren im Vordergrund steht, spricht man bei der Frau von sexuellem Wohlbefinden als dem entscheidenden Aspekt (s. Bancroft 2008).

19.4 Perversionen und Störungen der Geschlechtsidentität

Neben Beeinträchtigungen der sexuellen Funktion fallen unter die Störungen der Sexualität in den Klassifikationssystemen noch die Paraphilien (die früher und zum Teil auch heute in der psychodynamischen Terminologie auch Perversionen genannt werden) sowie die Störungen der Geschlechtsidentität (auch als Transsexualität bezeichnet) (s. Richter-Appelt 2004, 2009).

Perversionen

Ob generell weibliche Perversionen seltener sind als männliche, mag dahingestellt sein, jedenfalls sind sie anders (s. Moldzio u. Richter-Appelt 2009). Auch Frauen erleben, interpretieren und agieren ihre Ängste, Konflikte, Traumatisierungen und Aggressionen im Zusammenhang mit ihrer sexuellen Identität aus – nur sozusagen körpernäher. Nicht nur die Geschlechtsteile, sondern der ganze Körper oder dessen Erweiterung durch Schwangerschaft und Geburt mit nachfolgender Fetischisierung und Pervertierung des Kindes zum allzeit verfügbaren Selbstobjekt, sind prädestinierte Bühnen weiblicher Perversion: »Die Sexualität ist bei der Frau nicht derart auf ein Organ fokussiert wie beim Mann. Bei ihr ist vielmehr der ganze Körper (mehr oder weniger) ein Geschlechtsorgan. Sexuelle Lust und die Möglichkeit der Fortpflanzung sind im Körperselbst und in den Phantasien der Frau enger verknüpft als beim Mann« (Becker 2002, S. 282).

Ohne Anspruch auf Vollständigkeit für den Bereich der weiblichen Perversionen zu erheben, sollen dennoch zwei grundsätzliche Perversionsarten bei Frauen voneinander abgegrenzt werden:
- der eigene Körper als Objekt weiblicher Perversion und
- das eigene Kind als perverses Selbstobjekt.

Der weibliche Körper bietet zahlreiche Möglichkeiten, die eigene Perversion zu kultivieren und zu zeigen. Dies kann ein weites Spektrum umfassen von relativ harmlosen »Verschönerungen« des weiblichen Körpers durch Tattoos oder Piercing – besonders Brust- und Genitalpiercing können als Manifestationen weiblicher Perversion gesehen werden, ohne gleich alle Formen dieser Körpermodifikationen zu pathologisieren – bis hin zu weniger harmlosen Destruktionen des ganzen Körpers oder seiner Teile durch Selbstverletzungen, artifizieller Krankheit, plastischen und gynäkologischen Operationen einschließlich pervers motivierte Geschlechtsumwandlungen von Frau zu Mann sowie Anorexie oder Bulimie. Reiche (2001) etwa beschreibt die Anorexie und Bulimie aufgrund der manipulativen Funktionalisierung des Körpers als Partialobjekt, als Perversion oder »Perversionsäquivalent«.

Vor allem der selbstverursachte oder an fremde Personen delegierte destruktive Eingriff am oder im Körper, oft durch pseudomedizinische Motive legitimiert, ist häufiger Austragungsort weiblicher Perversionen.

Viele Borderline-Patientinnen verletzen sich selbst, um den seelischen Druck körperlich abführen zu können, ihre Dissoziationen oder seelischen Schmerz zu beenden oder sich einfach mal wieder lebendig zu fühlen (s. Moldzio u. Richter-Appelt 2009). Einige wenige fügen sich dabei auch heftigste Verletzungen an oder in den Geschlechtsorganen oder Brust zu, die häufig Verwachsungen und chronische Schmerzzustände zufolge haben. Diese perversen Inszenierungen haben zum Teil Verweisungscharakter auf die Art der früheren erlittenen Traumatisierungen.

Störungen der Geschlechtsidentität

Weibliche Sexualität spielt bei Störungen der Geschlechtsidentität unter verschiedenen Aspekten eine Rolle. Entweder lehnt eine biologische Frau ihren weiblichen Körper ab und strebt möglichst durch eine Geschlechtsanpassung eine männliche Sexualität an. Oder ein biologischer Mann erlebt sich als Frau und stellt sich zunächst in der Fantasie vor, bereits eine Frau zu sein, um dann nach einer geschlechtsangleichenden Operation eine Sexualität als Frau auch zu leben.

In den Klassifikationsschemata psychischer Störungen DSM-IV (Saß et al. 2003) und ICD-10 (Dilling et al. 2005) werden die Geschlechtsidentitätsstörung und die Transsexualität als eigenständige psychische Störungen aufgeführt.

Die ICD-10 beschreibt den Transsexualismus (F64.0) als eine Persönlichkeitsstörung mit folgenden Merkmalen: dem »Wunsch, als Angehöriger des anderen Geschlechts zu leben und anerkannt zu werden«, meist einhergehend mit »Unbehagen oder dem Gefühl der Nichtzugehörigkeit zum eigenen anatomischen Geschlecht«. Zusätzlich besteht der »Wunsch nach chirurgischer und hormoneller Behandlung, um den eigenen Körper dem bevorzugten Geschlecht so weit wie möglich anzugleichen«. Ferner gilt, dass die transsexuelle Identität durchgehend seit mindestens 2 Jahren besteht. Sie »darf nicht Symptom einer anderen psychischen Störung sein und darf ebenso wenig mit intersexuellen, genetischen oder geschlechtschromosomalen Anomalien einhergehen« (modifiziert nach Dilling et al. 2005).

Eine Person kann mittels der Diagnosekriterien der ICD-10 nicht dem »Transsexualismus« (F64.0) zugeordnet werden, wenn Folgendes zutrifft: Die Person empfindet einerseits den seit mindestens 2 Jahren durchgehend vorherrschenden Wunsch, als Angehörige des anderen Geschlechtes zu leben und anerkannt zu werden, und sie beschreibt auch das Gefühl des Unbehagens oder der Nichtzugehörigkeit zum eigenen Geschlecht. Anderseits verfolgt sie nicht das Ziel einer Operation, weil sich eine integrative Identität entwickelt hat und weil der chirurgische Eingriff Risiken birgt. Für diese Fälle gibt es die Restkategorien »Sonstige« (F68.4) oder »nicht näher bezeichnete Störungen der Geschlechtsidentität« (F64.9). Somit besteht hier eine enge Verknüpfung der Diagnose mit dem Wunsch nach chirurgischen Maßnahmen.

Das DSM-IV-TR verzichtet gänzlich auf den Begriff der Transsexualität und spricht ausschließlich von Geschlechtsidentitätsstörungen (302.85). Hier gibt es 4 verschiedene Kriterien (modifiziert nach Saß et al. 2003):
- Kriterium A: »starkes, andauerndes Zugehörigkeitsgefühl zum anderen Geschlecht (nicht lediglich das Verlangen nach kulturellen Vorteilen, die als mit der Zugehörigkeit zum anderen Geschlecht verbunden empfunden werden)«. Symptomatisch zeigt sich »geäußertes Verlangen nach Zugehörigkeit zum an-

deren Geschlecht, häufiges Auftreten als Angehöriger des anderen Geschlechts, das Verlangen, wie ein Angehöriger des anderen Geschlechts zu leben oder behandelt zu werden, oder die Überzeugung, die typischen Gefühle und Reaktionsweisen des anderen Geschlechts aufzuweisen«.
- Kriterium B: »andauerndes Unbehagen im Geburtsgeschlecht« oder das »Gefühl, dass die eigene Geschlechtsrolle nicht die richtige ist«. Symptomatisch zeigt sich hier ein »Eingenommensein von Gedanken darüber, die primären und sekundären Geschlechtsmerkmale loszuwerden (hormonell, chirurgisch), oder der Glaube, im falschen Geschlecht geboren zu sein«.
- Kriterium C, Ausschlussdiagnose: Störungen der Geschlechtsentwicklung (DSD: Disorders of Sex Development).
- Kriterium D: klinisch relevantes Leiden oder Beeinträchtigungen in sozialen, beruflichen oder anderen wichtigen Funktionsbereichen.

Im Gegensatz zur ICD-10 findet sich somit in den Kriterien des DSM-IV nicht der Zirkelschluss zwischen Diagnose und Interventionen. Die Diagnose kann nur gestellt werden, wenn die Kriterien A und B gegeben sind. Differenzialdiagnostisch besteht im Gegensatz zur ICD-10 kein grundsätzlicher Ausschluss bei Bestehen anderer psychischer Störungen. Nach den Kriterien des DSM-IV-TR ist die sexuelle Orientierung von Personen mit Störungen der Geschlechtsidentität zu spezifizieren.

Auch das DSM-IV-TR hat eine Restkategorie: »nicht näher bezeichnete Geschlechtsidentitätsstörung« (302.6). Dort können Personen bei Vorliegen einer Form von Intersexualität (Störung der Geschlechtsentwicklung) zugeordnet werden, die sich geschlechtsdysphorisch erleben. Des Weiteren erfasst diese Kategorie Menschen mit temporärer, stresskorrelierter Neigung zum »Cross-Dressing« und Individuen, die sich zwar in ihrem Kerngeschlecht unwohl fühlen (einhergehend mit dem Wunsch nach Kastration oder Penektomie), nicht aber das Verlangen haben, im Gegengeschlecht zu leben.

Hinsichtlich der Störungen der Geschlechtsidentität (transsexuelle Entwicklungen) findet in den letzten Jahren ein Paradigmenwechsel statt: Störungen der Geschlechtsidentität für sich genommen werden immer seltener als psychiatrische oder psychische Erkrankungen angesehen, sondern vielmehr wird das mit einer Dysphorie des Geschlechtserlebens einhergehende Leiden als durch Psychotherapie behandlungsbedürftig angesehen. Leidet eine Person unter dem Geschlecht ihres Körpers, wird zunehmend von einer körperlichen Störung und nicht von einer psychischen Störung gesprochen. Dem entspricht auch die neue Terminologie,
- bei einer transsexuellen Entwicklung Frau-zu-Mann von einem transsexuellen Mann und nicht wie früher von einer transsexuellen Frau zu sprechen und
- bei einer transsexuellen Entwicklung Mann-zu-Frau von einer transsexuellen Frau.

Hinsichtlich der Bedeutung der sexuellen Orientierung hat sich ebenfalls eine Wandlung ergeben. Die klinische Erfahrung der letzten Jahrzehnte hat gezeigt, dass es unter Personen mit transsexueller Entwicklung Personen gibt, die sich zu Männern oder Frauen, aber auch trans- oder intersexuellen Personen hingezogen fühlen, und daher die heteronorme Betrachtung sexueller Orientierung nicht mehr anwendbar ist (s. Nieder u. Richter-Appelt 2011). Während man früher angenommen hatte, dass es deutlich mehr transsexuelle Frauen als Männer gebe, hat sich das Geschlechterverhältnis der Personen, die eine Behandlung aufsuchen, weitgehend ausgeglichen. Neueste Fragestellungen beschäftigen sich vor allem mit der Bedeutung des Zeitpunkts, an dem die transsexuelle Entwicklung begann (*age of onset*); diesbezüglich bestehen signifikante Unterschiede zwischen den Geschlechtern in dem Sinn, dass Personen mit einem biologisch weiblichen Geschlecht sehr viel häufiger bereits vor Einsetzen der Pubertät die Geschlechtszugehörigkeit zum anderen Geschlecht erleben (Nieder et al. 2011).

Geplante Neukonzeptionalisierung im DSM-5
Die 5. Ausgabe des DSM soll 2013 erscheinen (Drescher 2010). Bisher vorgeschlagen wurde eine Terminologie, die auf die Vielfalt transgeschlechtlicher Existenzweisen angewendet werden kann. Dabei wurde das Konzept der »Gender Dysphoria« mit folgenden Kriterien entwickelt (s. www.dsm5.org):
- Kriterium A: Unvereinbarkeit zwischen geschlechtlichem Erleben bzw. Ausdruck und zugewiesenem Geschlecht von mindestens 6 Monaten Dauer, die sich durch zwei oder mehr der folgenden Indikatoren manifestiert:
    - keine Passung des Erlebens mit den primären und/oder sekundären Geschlechtsmerkmalen (bei Jungadoleszenten die antizipierte Entwicklung der sekundären Geschlechtsmerkmale)
    - starker Wunsch, die primären und/oder sekundären Geschlechtsmerkmale »loszuwerden« (bei Jungadoleszenten der Wunsch, die antizipierte Entwicklung zu vermeiden)
    - starker Wunsch nach den primären und/oder sekundären Geschlechtsmerkmalen des anderen Geschlechts
    - starker Wunsch, in der Rolle eines alternativen Geschlechts zu leben (alternative Geschlechtsrolle kann sich außerhalb des binären Systems verorten)
    - starker Wunsch, in der Rolle eines alternativen Geschlechts anerkannt und behandelt zu werden (alternative Geschlechtsrolle kann sich außerhalb des binären Systems verorten)
    - Überzeugung, typische Gefühle und Reaktionsweisen einer alternativen Geschlechtsform aufzuweisen (alternative Geschlechtsrolle kann sich außerhalb des binären Systems verorten)
- Kriterium B: klinisch relevantes Leiden oder Beeinträchtigungen in sozialen, beruflichen oder anderen wichtigen Funktionsbereichen

Des Weiteren muss für die Zeit nach der Geschlechtsanpassung gegeben sein, dass die transsexuelle Person vollständig in der Geschlechtsrolle, die kongruent mit Geschlechtsidentitätserleben ist, lebt. Mindestens eine körpermedizinische Maßnahme zur Angleichung des Körpers an die gewünschte Geschlechtsrolle wird oder wurde durchlaufen (z. B. Hormonbehandlung, chirurgische Eingriffe) (s. www.dsm5.org; Nieder u. Richter-Appelt 2012).

Gemäß den genannten Kriterien erfolgt die diagnostische Erfassung ausschließlich darüber, ob ein geschlechtsdysphorischer Zustand in mindestens einer Lebensphase vorhanden ist. Demnach wird die vom Geburtsgeschlecht abweichende Geschlechtsidentität als natürliche oder gesellschaftlich akzeptierte Variation begriffen. Wichtig ist zu betonen, dass sowohl transgeschlechtliches Erleben als auch transgeschlechtlicher Ausdruck im Rahmen des gegenwärtigen DSM-5-Entwurfs nicht per se als pathologisch betrachtet werden. Durch die explizite Nennung, dass sich die alternative Geschlechtsrolle außerhalb des binären Systems von Geschlecht als entweder männlich oder weiblich verorten kann, soll Geschlecht nicht (re-)normiert werden. Indem das geschlechtsdysphorische Erleben als krankheitswertiges Symptom gefasst wird, sollen Versorgungsleistungen durch das Gesundheitssystem gedeckt bleiben.

Die 7. Version der »Standards of Care« der World Professional Association for Transgender Health

Es wurde von der World Professional Organisation für Transgender Health (WPATH) kritisiert, dass die bisherigen Behandlungsrichtlinien hauptsächlich der Auswahl geeigneter Personen für die entsprechenden körpermedizinischen Maßnahmen im Rahmen einer transsexuellen Entwicklung und damit den Behandelnden selbst gedient haben (s. Meyerowitz 2002). Die im September 2011 veröffentlichte 7. Version der internationalen »Standards of Care« (SoC 7) der WPATH verfolgt hingegen das Ziel, die Versorgung der Bedürfnisse von Personen, die sich geschlechtsdysphorisch erleben, effizienter zu gestalten. Es wird somit ein Paradigmenwechsel verfolgt weg von der Begutachtung und damit Auswahl transsexueller Personen hin zu einer bestmöglichen Behandlung der Geschlechtsdysphorie und (Trans-)Identität, um eine gute psychische und sexuelle Gesundheit zu ermöglichen. Weiters sollen die SoC 7 dazu beitragen, dass Personen mit Geschlechtsdysphorie der Zugang zum Gesundheitssystem erleichtert wird. Im Vergleich zu früheren Behandlungsrichtlinien wurden dabei folgende Aspekte verändert:

- Behandelt wird das Symptom der Geschlechtsdysphorie, nicht die Transsexualität.
- Im Vordergrund steht die Serviceorientierung anstelle der Begutachtung.
- Die Geschlechtsrollen-Nonkonformität ist nicht pathologisch.
- Individuelle Entwicklungen erfordern individualisierte und flexible Lösungen.
- »Reparative Therapien« sind unethisch.

- Es handelt sich um eine klinische Leitlinie, die über hormonelle und chirurgische Maßnahmen hinausgeht.
- Psychotherapie ist keine absolute Voraussetzung zur Indikation körpermedizinischer Maßnahmen zur Veränderung der geschlechtstypischen Erscheinung.
- Es bestehen keine absoluten Kontraindikationen (z. B. Intersexualität, Psychosen), vielmehr ist der langfristig tragfähige Gesamtbehandlungsplan entscheidend.
- Ergänzende Bereiche, unter anderem Telemedizin, Stimmbehandlung werden berücksichtigt.

Im Rahmen der Indikationsstellungen werden weiterhin Mindestvoraussetzungen festgelegt. Sexualmedizinisch weitergebildete Psychotherapeutinnen und Psychotherapeuten fordern die Indikation sowohl für die Behandlung mit Sexualhormonen als auch für Mastektomie und Brustaufbau. Alltagserfahrungen in der gewünschten oder identifizierten Geschlechtsrolle sind als Voraussetzungen nicht zwingend erforderlich. Für genitalchirurgische Eingriffe sind zwei Indikationsstellungen von unabhängigen sexualmedizinisch weitergebildeten Psychotherapeutinnen bzw. Psychotherapeuten notwendig. Wenngleich auch hier die Alltagserfahrungen in der identifizierten Geschlechtsrolle nicht explizit gefordert werden, bleibt empfohlen, für 12 Monate kontinuierlich in einer Rolle zu leben, die am ehesten dem Geschlechtsidentitätserleben entspricht. Betont wird ausdrücklich, dass Abweichungen von den geforderten Mindestvoraussetzungen für sämtliche Indikationsstellungen möglich sind. So können in solchen Fällen, in denen eine Hormonbehandlung aus endokrinologischer Sicht kontraindiziert ist, alternativ nichthormonelle Maßnahmen zur Veränderung der geschlechtstypischen Erscheinung eingesetzt werden.

19.5 Fazit

Einerseits hat sich der Umgang mit dem Körper grundlegend geändert. Der nackte Körper wurde in zunehmendem Maße in die Mode einbezogen. Nicht mehr das Muster auf einem Stoff, sondern auf der Haut (Piercing) soll Schönheit zum Ausdruck bringen. Ästhetische Dimensionen haben sich auch auf das Aussehen der Geschlechtsteile ausgedehnt. Nicht mehr die sexuelle Lust allein steht im Vordergrund, sondern die Ästhetik der Genitalien und sekundären Geschlechtsmerkmale, was sich äußert in der Entfernung von Körperhaaren, in operativen Eingriffen wie Brustvergrößerung etc.

Während Personen mit nichteindeutigem Genitale darum kämpfen, in ihrer Andersartigkeit anerkannt und akzeptiert zu werden, streben immer mehr junge Mädchen und Frauen ein einer Norm entsprechendes Äußeres an.

Man kann andererseits sagen, dass gerade im Umgang mit Varianten der Geschlechtsidentität grundlegende Änderungen in den nächsten Jahren zu erwarten sind. In dieser Entwicklung wird auch deutlich, dass Sexualität nicht mehr nur unter heteronormen Gesichtspunkten betrachtet wird und sowohl, was das Identitätserleben betrifft, das körperliche Erscheinungsbild, aber auch sexuelle Praktiken und Erfahrungen vielfältiger betrachtet werden als dies bisher der Fall war (s. auch Cerwenka et al. 2012).

Literatur

Bancroft J (2008). Human sexuality and its problems. Edinburgh, London: Churchill Livingston.
Becker S (2002). Weibliche Perversion. Zeitschrift für Sexualforschung; 15: 281–301.
Cerwenka S, Nieder TO, Richter-Appelt H (2012). Sexuelle Orientierung und Partnerwahl transsexueller Frauen und Männer vor körpermedizinischen geschlechtsanpassenden Maßnahmen. Psychother Psych Med; 62: 214–22.
Dilling H, Mombour W, Schmidt M H (2005). Internationale Klassifikation psychischer Störungen (Vol. 5). Bern: Hans Huber.
Drescher J (2010). Queer diagnoses: parallels and contrasts in the history of homosexuality, gender variance, and the Diagnostic and Statistical Manual. Arch Sexual Behav; 39: 427–60.
Freud S (1905/1972). Drei Abhandlungen zur Sexualtheorie. Studienausgabe. Bd. 5. Frankfurt a. M.: S. Fischer.
Kernberg O (1992). Liebe und Aggression in der Zweierbeziehung. Psyche; 46: 797–820.
Masters WH, Johnson VE (1970). Die sexuelle Reaktion. Reinbek: Rowohlt.
McDougall J (1997). Die Couch ist kein Prokrustesbett. Zur Psychoanalyse der menschlichen Sexualität. Stuttgart: Verlag Internationale Psychoanalyse.
Meyerowitz, J (2002). How Sex Changed – A History of Transsexuality in the United States. Cambridge: Harvard University Press.
Mitscherlich M, Rohde-Dachser C (1996). Die Entwicklung des psychoanalytischen Diskurses über die Weiblichkeit von Freud bis heute. In: Mitscherlich M, Rohde-Dachser C (Hrsg). Psychoanalytische Diskurse über Weiblichkeit von Freud bis heute. Stuttgart: Verlag Internationale Psychoanalyse; 7–30.
Moldzio A, Richter-Appelt H (2009). Formen weiblicher Perversion. In: Dulz B, Benecke C, Richter-Appelt H (Hrsg). Borderline-Störungen und Sexualität. Stuttgart: Schattauer; 175–80.
Nieder TO, Richter-Appelt H (2011). Tertium non datur – either/or reactions to transsexualism amongst health care professionals: the situation past and present and its relevance to the future. Psychol Sex; 2: 224–43.
Nieder TO, Richter-Appelt H (2012). Transsexualität und Geschlechtsdysphorie. CME Praktische Fortbildung Gynäkologie, Geburtsmedizin und Gynäkologische Endokrinologie, 8: 60–71.
Nieder TO, Herff M, Cerwenka S et al. (2011). Age of onset and sexual orientation in transsexual males and females. J Sex Med; 8: 783–91.
Parin P (1996). Die Verflüchtigung des Sexuellen in der Psychoanalyse. In: Psychoanalytisches Seminar Zürich (Hrsg). Sexualität. Frankfurt a. M.: Syndikat; 11–22.

Reiche R (1986). Das Geheimnis in der Zündholzschachtel. Gedanken zur latenten Perversion bei der Frau. In: Psychoanalytisches Seminar Zürich (Hrsg). Sexualität. Frankfurt a. M.: Syndikat; 89–113.

Reiche R (2001). Psychoanalytische Therapie sexueller Perversionen. In: Sigusch V (Hrsg). Sexuelle Störungen und ihre Behandlung. 3. Aufl. Stuttgart: Thieme; 276–91.

Richter-Appelt H (1997). Sexueller Missbrauch ist keine Diagnose. Eine kritische Auseinandersetzung mit der aktuellen Diskussion. In: Buchheim P, Cierpka M, Seifert T (Hrsg). Sexualität – zwischen Phantasie und Realität. Heidelberg: Springer; 77–89.

Richter-Appelt H (2000a). Frühkindliche Körpererfahrungen und Erwachsenensexualität. In: Dannecker M, Reiche R (Hrsg). Sexualität und Gesellschaft. Frankfurt a. M.: Campus; 383–95.

Richter-Appelt H (2000b). Sexuelle Funktionsstörungen und weibliche Sexualität. Anmerkungen zur aktuellen Debatte. Zeitschrift für Sexualforschung; 13: 243–51.

Richter-Appelt H (2001). Psychoanalyse und sexuelle Funktionsstörungen. In: Sigusch V (Hrsg). Sexuelle Störungen und ihre Behandlung. 3. Aufl. Stuttgart: Thieme; 261–79.

Richter-Appelt H (2004). Sexuelle Funktionsstörungen, Paraphilien und Störungen der Geschlechtsidentität. In: Hiller W, Leibing E, Leichsenring F, Sulz SKD (Hrsg). Lehrbuch der Psychotherapie (Vol. 2: Psychoanalytische und tiefenpsychologisch fundierte Therapie). München: CiP-Medien; 201–11.

Richter-Appelt H (2009). Borderline-Störungen und Sexualität. In: Dulz B, Herpertz SC, Kernberg O F, Sachsse U (Hrsg). Handbuch der Borderline-Störungen. Stuttgart: Schattauer; 492–8.

Richter-Appelt H, Moldzio A (2004). Sexuelle Traumatisierungen: Sexueller Missbrauch. Folgen von sexueller Gewalt. In: Kockott G, Fahrner EM (Hrsg). Sexualstörungen. Stuttgart: Thieme; 77–106.

Saß H, Wittchen HU, Zaudig M, Houben I (2003). Diagnostische Kriterien des Statistischen Manuals Psychischer Störungen DSM-IV-TR. Göttingen: Hogrefe.

WHO (2002). Gender and human rights. www.who.int/reproductivehealth/topics/gender_rights/sexual_health/en/ (Zugriff am 27. Juli 2012).

20 Persönlichkeitsstörungen

Anna Buchheim

— Inhalt
- 20.1 Diagnostik und Klassifikation.............................210
- 20.2 Epidemiologie, Prävalenz und Komorbidität 211
- 20.3 Ätiologie und Risikofaktoren am Beispiel der Borderline-Persönlichkeitsstörung....................................213
- 20.4 Psychotherapeutische Verfahren 216
  - Anwendung von manualisierten Therapieverfahren am Beispiel der Borderline-Persönlichkeitsstörung.......................216
  - Behandlungstechnische Empfehlungen am Beispiel der Borderline-Persönlichkeitsstörung.........................216
- 20.5 Fazit 218

20.1 Diagnostik und Klassifikation

Der Franzose Philippe Pinel hat mit seiner Beschreibung der »*manie sans delire*« (1809) die erste nosologische Einordnung gestörter Persönlichkeiten vorgenommen. Als entscheidendes Merkmal sah er eine Beeinträchtigung der affektiven Funktionen bei »ungestörten Verstandeskräften« an. Die problematische Vermischung von Persönlichkeitsabweichungen mit sozialgesellschaftlichen Wertungen nahm hier ihren Anfang. Der Begriff Borderline wurde erstmals 1884 von Hughes damals als »*borderland*« erwähnt, noch bevor Kraepelin (1896) »krankhafte Persönlichkeiten« und bestimmte Persönlichkeitszüge seiner Patienten und Patientinnen als »impulsives Irresein« und »erregbare und instabile krankhafte Züge« beschrieb. Erst mit Einführung der DSM-III-Klassifikation (1980) wurde die Borderline-Persönlichkeitsstörung klinisch eindeutig konzeptualisiert.

Die heutigen *Klassifikationssysteme DSM-IV und ICD-10* sprechen von einer Persönlichkeitsstörung, wenn bei einer Person bestimmte Verhaltens-, Gefühls- und Denkmuster vorhanden sind, die merklich von den Erwartungen der soziokulturellen Umgebung abweichen und sich in einem breiten Spektrum sozialer und persönlicher Situationen bemerkbar machen. Dabei sind die Persönlichkeitszüge *überdauernd vorhanden*, *unflexibel* und *wenig angepasst* und führen in klinisch bedeutsamer Weise zu *Leiden* oder *Beeinträchtigungen in sozialen, beruflichen oder anderen wichtigen Funktionsbereichen*. Andere Konzeptionen von Persönlichkeitsstörungen umgehen den auch heute noch zum Teil pejorativ erlebten Störungsbegriff und sprechen von dysfunktionalen Persönlichkeits- und Verhaltensstilen (s. auch Herpertz et al. 2008).

Die charakteristischen und dauerhaften Abweichungen von inneren Erfahrungs- und Verhaltensmustern äußern sich in mehr als einem der folgenden Bereiche:
- Kognition (Wahrnehmung und Interpretation, Einstellungen und Vorstellungen von sich und anderen)
- Affektivität (Variationsbreite, Intensität und Angemessenheit der emotionalen Ansprechbarkeit und Reaktion)
- Impulskontrolle
- Bedürfnisbefriedigung
- Art des Umgangs mit anderen

Auf der Basis der allgemeinen diagnostischen Merkmale einer Persönlichkeitsstörung ermöglichen spezifische Symptomkonstellationen eine differenzierte Einteilung in verschiedene *Cluster*. Im DSM-IV werden aufgrund bestimmter gemeinsamer klinischer Charakteristika folgende Cluster unterschieden:
- Cluster A (sonderbar/exzentrisch): paranoide, schizoide und schizotypische Persönlichkeitsstörung
- Cluster B (dramatisch/launisch): antisoziale, Borderline- und histrionische Persönlichkeitsstörung
- Cluster C (ängstlich-vermeidend): vermeidende, dependente und zwanghafte Persönlichkeitsstörung

Bei der Zuordnung und Unterscheidung der Cluster ist zu beachten, dass Überschneidungen der unterschiedlichen Persönlichkeitsstörungen in und zwischen den Clustern möglich sind.

Die Bewertung von Persönlichkeitsmerkmalen als maladaptiv unterliegt gesellschaftlichen und kulturellen Einflüssen und Veränderungen; so können beispielsweise narzisstische Persönlichkeitszüge in einem hochkompetitiven gesellschaftlichen Kontext von der sozialen Gruppe als wenig störend erlebt oder histrionische Persönlichkeitszüge bei Künstlern und Künstlerinnen geradezu als Ausdruck von Kreativität aufgefasst werden.

20.2 Epidemiologie, Prävalenz und Komorbidität

Epidemiologische Studien zur Häufigkeit von Persönlichkeitsstörungen in der Allgemeinbevölkerung zeigen Prävalenzen zwischen 6,7 und 14,6 % in den Vereinigten Staaten, 13 % in Norwegen und 4,4 % in einer neueren britischen Untersuchung (s. Herpertz 2008). Eine in Deutschland durchgeführte epidemiologische Studie weist auf eine Prävalenz von 9,4 % hin. Eine groß angelegte internationale Studie der WHO erbrachte folgende Verteilungen: Die ängstliche (vermeidende) Persönlichkeitsstörung wurde am häufigsten diagnostiziert

(15,2 %), ihr folgte die emotional-instabile Borderline-Persönlichkeitsstörung (14,9 %) und die impulsive Persönlichkeitsstörung (4,6 %), während die anderen Persönlichkeitsstörungen in der Gesamtstichprobe (N = 716) eher selten nachgewiesen wurden (Loranger et al. 1994).

Bei Persönlichkeitsstörungen sind die epidemiologischen Daten über das *Geschlechterverhältnis* insgesamt noch lückenhaft und es bedarf noch weiterer Forschung. Einerseits deuten epidemiologische Untersuchungen auf eine ausgeglichene Verteilung zwischen den Geschlechtern hin, andererseits wird von einer empirischen »Evidenz« für ein signifikant häufigeres Vorkommen der Persönlichkeitsstörungen bei Männern berichtet (Samuels et al. 2002). Dieser Befund könnte allerdings dadurch erklärt werden, dass in der untersuchten Normalpopulation eine mit 3 % recht hohe Rate an antisozialer Persönlichkeitsstörung gefunden wurde, von denen 80 % Männer sind. Bei Betrachtung der einzelnen Persönlichkeitsstörungen zeigen sich deutliche Unterschiede im Bezug auf die Geschlechterverteilung. Im klinischen Bereich sind bis zu 80 % der Personen mit *Borderline-Persönlichkeitsstörung* weiblich (z. B. Sansone et al. 2011), wobei nach ICD-10 vorzugsweise die *emotional-instabile* Persönlichkeitsstörung diagnostiziert wird, während bei männlichen Patienten häufig die *impulsive Unterform* vorliegt. Hier besteht weiterhin Klärungsbedarf, da diese in forensischen Kliniken bei den zumeist männlichen Gefängnisinsassen als zweithäufigste Persönlichkeitsstörungsdiagnose gestellt wird. Die Befunde aus Studien zur *dissozialen Persönlichkeitsstörung* zeigen übereinstimmend, dass 80 % der Untersuchten männlich waren. Die *zwanghafte* Persönlichkeitsstörung wurde in einer epidemiologischen Studie überwiegend bei Männern gefunden. Bei der *narzisstischen* Persönlichkeitsstörung gibt es widersprüchliche Daten, die einerseits auf ein Überwiegen des männlichen Geschlechts und andererseits auf eine ausgeglichene Verteilung hinweisen. Geschlechtsdifferenzen bei der *histrionischen* und *dependenten* Persönlichkeitsstörung sind empirisch noch nicht hinreichend belegt (s. Zusammenfassung bei Herpertz et al. 2008).

Nach Lenzenweger und Depue (2011) lassen die im Rahmen mancher Persönlichkeitsstörungen beobachteten Geschlechtsunterschiede auf unterschiedliche *neurobiologische und/oder umweltbedingte geschlechterabhängige Risiken* schließen. Bei der *Borderline-Persönlichkeitsstörung* geht es dabei um die erhöhte Prävalenzrate bei Frauen, die stationär und/oder ambulant behandelt werden. Diese Realität höherer Behandlungszahlen bei Frauen ist nach Ansicht der Autoren durch eine Mischung folgender Faktoren bedingt:

- einen höheren Durchschnittswert der Trait-Angst,
- einen höheren Durchschnittswert im Bereich sozialer Nähe, wodurch das erhöhte Bedürfnis nach sozialen Beziehungen, deren Verlust gefürchtet wird, erklärt wird,
- eine durchschnittlich größere Angst vor Zurückweisung, was das typische Oszillieren zwischen Abhängigkeit- und Zurückweisungstendenzen erklären würde, und

- eine durchschnittlich geringer ausgeprägte Extraversion, was wiederum die erhöhten Werte der Trait-Angst erklären würde.

Zu den *genetischen Einflüssen* bezüglich Alter und Geschlecht berichten Maier und Hawellek (2011), dass die Stärke der genetischen Einflüsse bei männlichen und weiblichen Personen in Bezug auf den Phänotyp Borderline-Persönlichkeitsstörung (dimensional) gleich groß ist. Es komme jedoch zu einer niedrigeren Ausprägung bei Männern im Vergleich zu Frauen, ohne dass für Letzteres ein genetischer Faktor verantwortlich gemacht werden kann.

Komorbidität hat große Bedeutung für die Diagnostik, Behandlung und Prognose von Personen mit einer Persönlichkeitsstörung und steht in enger Beziehung zum Hilfesuchverhalten. Viele Betroffene suchen erst aufgrund von komorbid hinzutretenden Störungen professionelle Hilfe auf. Es besteht ein hoher Zusammenhang zwischen allen Formen von Persönlichkeitsstörungen und Abhängigkeitserkrankungen, depressiven Störungen, Angststörungen, Zwangsstörungen, somatoformen Störungen, Essstörungen, Schlafstörungen und sexuellen Störungen. Wenn die Diagnose einer Persönlichkeitsstörung gestellt wurde, erhöht sich die Wahrscheinlichkeit einer weiteren Diagnose um etwa 50 %. Zusätzlich an einer *Essstörung* leiden 30 bis 60 % aller Personen mit einer *Borderline-Persönlichkeitsstörung*, wobei die Komorbidität mit Essstörungen bei Frauen deutlich ausgeprägter ist als bei Männern (s. auch Zlotnik et al. 2002). Für die individuelle Therapieplanung bei Persönlichkeitsstörungen erscheint eine systematische und vollständige Erfassung von Komorbiditäten unverzichtbar. Spezifische Therapieprogramme für die Behandlung von Borderline-Patientinnen mit einer Essstörung befinden sich noch in Entwicklung (Schweiger u. Sipos 2011).

20.3 Ätiologie und Risikofaktoren am Beispiel der Borderline-Persönlichkeitsstörung

Wie bereits erwähnt sind 80 % der Personen mit einer Borderline-Persönlichkeitsstörung weiblichen Geschlechts (Sansone 2011). Daher werden hier potenzielle Risikofaktoren am Beispiel der Borderline-Persönlichkeitsstörung beschrieben.

Heute geht man von einem multifaktoriellen ätiopathogenetischen Modell der Borderline-Störung aus, das genetische Faktoren, Traumata während der Kindheit sowie neurologische und biochemische Dysfunktionen berücksichtigt (Buchheim 2011). Epidemiologische Studien weisen nach, dass sexueller Missbrauch und/oder emotionale Vernachlässigung bei über 90 % der Borderline-Patientinnen vorliegen. Die meisten dieser Studien beziehen sich auf retrospektive Befragungen. Zusammenfassend lassen sich als biografisch relevante psychosoziale Belastungsfaktoren sexuelle Gewalterfahrung (etwa 65 %), körperliche Gewalterfahrungen (etwa 60 %) und schwere Vernachlässigung (etwa

40 %) belegen. Bei der sexuellen Gewalt handelt es sich zum Teil um sehr frühe, langanhaltende Traumatisierungen, meist bei Frauen. Sexuelle Traumatisierung ist jedoch weder eine notwendige noch hinreichende Voraussetzung für die Entwicklung einer Borderline-Persönlichkeitsstörung (Doering 2009).

Für die Annahme der Entwicklung einer Borderline-Persönlichkeitsstörung sind drei Aspekte hervorzuheben (Buchheim 2011):
- Bindungsdesorganisation als Risikofaktor
- die Unfähigkeit, allein zu sein
- eingeschränkte Fähigkeit zur Mentalisierung

Die Bindungstheorie postuliert, dass ein Kind, das sich fürchtet, bei einer Bindungsperson Sicherheit sucht. Stellt diese Bindungsperson nun gleichzeitig die Quelle der Bedrohung dar, steht das Kind vor einem unlösbaren Problem – häufig entwickelt sich in der Folge ein *desorganisiertes Bindungsmuster*. Besonders für klinische Populationen und für die Borderline-Persönlichkeitsstörung wird modellhaft ein desorganisiertes Bindungsmuster als *Risikofaktor* angenommen (Lyons-Ruth u. Jacobvitz 2008). Die meisten Bindungsstudien fanden bei Frauen mit einer Borderline-Persönlichkeitsstörung durch Anwendung des Adult Attachment Interviews (AAI) eine Kombination aus »unverarbeiteten Traumata« (desorganisierter Bindungsstatus) in Bezug auf sexuelle Missbrauchserfahrungen und verstrickter Bindungsrepräsentation (Buchheim 2011).

Die *Unfähigkeit, allein zu sein* ist eines der zentralen diagnostischen Kriterien des DSM-IV für die Borderline-Persönlichkeitsstörung. Auch wenn chaotische Beziehungsstörungen und -abbrüche wichtige diagnostische Merkmale sind, wird in den geschilderten Befunden deutlich, dass die Angst vor dem Verlassenwerden insbesondere dann aktiviert wird, wenn Betroffene sich vorstellen sollen, eine Konfliktsituation allein zu lösen, in der keine Bezugsperson direkt zur Verfügung steht.

In einer eigenen bildgebenden Studie mit 13 Patientinnen mit einer Borderline-Persönlichkeitsstörung setzten wir das Adult Attachment Projective Picture System (AAP) in einer fMRT-Umgebung ein (fMRT: funktionelle Magnetresonanztomographie) (Buchheim et al. 2008). Ein unverarbeitetes Trauma (*unresolved trauma*) wird im AAP dann klassifiziert, wenn die in der Geschichte beschriebenen Charaktere nicht in der Lage sind, bedrohliche Inhalte wie Gefahr, Hilflosigkeit oder Misshandlung zu integrieren und konstruktiv zu lösen: In unserer Studie zeigten die Patientinnen bei den monadischen Bildern, die Alleinsein repräsentierten, signifikant häufiger spezifische Traumawörter in ihren Narrativen als die Kontrollprobandinnen. Neuronal zeigten die Patientinnen dabei eine Aktivierung in einer Region des anterioren cingulären Kortex (ACC), die mit Furcht und Schmerz assoziiert ist. Dieses Ergebnis war konsistent mit unserer Hypothese, dass Borderline-Patientinnen besonders auf Trigger emotional reagieren werden, die Alleinsein repräsentieren (Buchheim et al. 2008).

Eine Vielzahl von Studien zur Mentalisierungsfähigkeit belegt, dass Borderline-Patientinnen aufgrund ihrer traumatischen Bindungserfahrungen eine eingeschränkte reflexive Kompetenz im Adult Atttachment Interview (gemessen mit der Reflective Functioning Scale) mitbringen, die sie hindert, über sich und andere in Bezug auf bindungsrelevante Situationen nachdenken zu können (Fonagy et al. 2003).

> **Fallbeispiel**
>
> Die 21-jährige Studentin Ulla sucht mit einer depressiv-suizidalen Problematik eine psychotherapeutische Universitätsambulanz auf. Als Auslöser gibt sie einen Konflikt mit ihrem »Lieblings-Dozenten« an. Bei der weiteren Diagnostik finden sich bei ihr deutliche Hinweise auf Impulsdurchbrüche mit aggressivem Verhalten, Selbstverletzungen, widersprüchliches Beziehungsverhalten, häufige Gefühle der Leere, Schwierigkeiten mit ihrem Körpererleben, Körperbild und in der Sexualität.
> Die Patientin wird zwischen dem 6. und 11. Lebensjahr von ihrem Vater regelmäßig missbraucht. Der Vater habe sein sexuelles Verhalten mit ihr als eine Selbstverständlichkeit hingestellt. Die Mutter habe die Versuche der Tochter, ihr davon zu berichten, stets abgewiesen. Sie warte bis heute auf eine Anerkennung der Realität und Entschuldigung der Mutter. Im Bindungsinterview zeigt die Patientin einen desorganisierten Bindungsstatus (unverarbeitetes Trauma) in Bezug auf ihre vernachlässigenden Bindungserfahrungen mit der Mutter und die schwere sexuelle Traumatisierung durch den Vater. Zum AAP-Bild »Kind am Fenster«, das Alleinsein suggeriert, findet sie die folgenden Worte: »Oh je, äh, da steht ein Mädchen am Fenster, *schutzlos* in einem großen Raum *total ausgeliefert*. Es hat einen Rock an. Sehr weiblich, sehr klein, *sehr ausgeliefert*. Deswegen sieht sich das Kind auch als *Waise*. Es will lieber ein Junge sein. Das Kind weiß, dass es auf sich selbst aufpassen muss.«
> Wie in dem Narrativ deutlich wird, bleibt das Mädchen in der Erzählung dem Vater und den Eltern ausgeliefert und zeigt keine inneren Ressourcen (Denkprozesse, Handlungsfähigkeit, eine Bindungsperson aufsuchen), der Bedrohung zu entkommen. In den weiteren AAP-Geschichten wird immer wieder deutlich, dass die Patientin »Weiblichkeit« mit Gefahr, Schwäche und Hilflosigkeit verknüpft. In keiner Geschichte kommt eine fürsorgliche mütterliche Figur vor. Ihre verunsicherte Geschlechtsidentität und Schamgefühle, eine Frau zu sein, kommen in allen Geschichten zu den Bindungsbildern zum Vorschein. Die Patientin wird in einem störungsspezifischen Setting mit der Übertragungsfokussierten Psychotherapie (TFP) mit gutem Erfolg behandelt. Fokus der Übertragung sind hier insbesondere die idealisierten Gefühle in Bezug auf den männlichen Therapeuten und die Bearbeitung von massiv abgespaltenen Schamgefühlen sowie ihre massive Angst und eine mangelnde Fähigkeit, sich als Frau zu identifizieren. Die anfangs stark ausgeprägte Symptomatik und Suizidalität, einschließlich der Dissoziationen, bilden sich zurück. Ein Gespräch mit der Mutter führt zu einer deutlichen Verbesserung der Beziehung, nachdem die Mutter die Realität hat anerkennen und ihrem Bedauern und ihrer Scham über das Vorgefallene Ausdruck verleihen können. Die Patientin kann ihr Studium wieder aufnehmen und beginnt eine ambulante Behandlung bei einer erfahrenen Psychotherapeutin, die dann insbesondere ihre Bindungs- und Beziehungsstörung fokussiert.

20.4 Psychotherapeutische Verfahren

Psychotherapeutische Verfahren gelten derzeit als Methode der Wahl zur Behandlung von Persönlichkeitsstörungen. Die Behandlungsplanung berücksichtigt jenseits der spezifischen psychotherapeutischen Methode eine *Hierarchisierung der Behandlungsziele* sowie eine detaillierte *Problemanalyse* unter Berücksichtigung der
- Erhebung externer Bedingungen und Außenbeziehungen,
- Wahrnehmungen und Interpretationen,
- Denk-, Erlebens- und Beziehungsmuster,
- Identität,
- Handlungstendenzen,
- manifesten Verhaltens- und Interaktionsmuster und
- Analyse spezifischer Reaktionen des sozialen Umfeldes.

Für die dissoziale, ängstlich-vermeidende und Borderline-Persönlichkeitsstörung wurden manualisierte störungsspezifische Psychotherapiekonzepte entwickelt, die gegenüber unspezifischen Verfahren empirisch überlegen sind (s. auch Renneberg et al. 2010).

Anwendung von manualisierten Therapieverfahren am Beispiel der Borderline-Persönlichkeitsstörung

Gemeinsamkeiten dieser störungsspezifischen Behandlungsformen beziehen sich auf eine *Festlegung von Diagnostik, zeitlichem Rahmen, Therapievereinbarungen, Hierarchisierung der Behandlungsziele, multimodale Therapieansätze* und *obligate Supervision*. Für die *Borderline-Persönlichkeitsstörung* liegen derzeit vier störungsspezifische Verfahren mit empirisch belegten Hinweisen auf Wirksamkeit vor:
- Dialektisch-behaviorale Therapie (DBT; Linehan 1993)
- Mentalisierungsbasierte Therapie (MBT; Bateman u. Fonagy 2004)
- Schemafokussierte Therapie (SFT; Young et al. 2003)
- Übertragungsfokussierte Psychotherapie (TFP; Clarkin et al. 2008)

Behandlungstechnische Empfehlungen am Beispiel der Borderline-Persönlichkeitsstörung

Wie Studien zu Bindungserfahrungen bei Patientinnen mit einer Borderline-Persönlichkeitsstörung sowie das Fallbeispiel zeigen, stellt die innere Repräsentanz vom *Alleinsein* und die damit zusammenhängende Desorganisation und Dysregulation des Bindungssystems ein klinisch relevantes Merkmal dar, das persistent bestehen bleibt und im therapeutischen Fokus eine besondere Aufmerksamkeit verdienen sollte (Bateman u. Fonagy 2004). Besonders bei Frauen mit Erfahrungen sexuellen Missbrauchs und Gewalterfahrungen scheint dieses Muster häufig aufzutauchen.

Auf der *kognitiven* Ebene zeigen Studien, dass Borderline-Patientinnen aufgrund ihrer traumatischen Bindungserfahrungen eine eingeschränkte Mentalisierungsfähigkeit mitbringen, die sie hindert, in bedrohlichen bindungsrelevanten Situationen nachdenken zu können (Fonagy et al. 2003). Die Autoren schlagen als behandlungstechnisches Ziel vor, dass sich der Therapeut oder die Therapeutin mit einer kohärenten Identität, d. h. mit der steten Aufrechterhaltung eines klaren Bildes über den eigenen mentalen Zustand als Modell zur Verfügung stellen sollte. Die Patientin sollte in die Lage versetzt werden, das Gegenüber als denkendes und fühlendes Wesen wahrzunehmen und Selbst- und Objektrepräsentanzen zu integrieren, die sie in der Kindheit nicht ausreichend entwickeln konnte (s. hierzu die Literatur zur Mentalisierungsbasierten Therapie).

Auf der *affektiven* Ebene werden *Schuld* und *Scham* als zentrale Emotionen in der Borderline-Persönlichkeitsstörung angesehen, diese stehen nach klinischer Erfahrung in Beziehung zu Selbstverletzungen, chronischer Suizidalität und Feindseligkeit. Da Scham außerdem zu Problemen in der psychotherapeutischen Beziehung führen kann, beschäftigte sich eine Studie mit Schamneigung, momentaner Scham, Schuld und Angst bei Frauen mit einer Borderline-Persönlichkeitsstörung (Rüsch et al. 2007). Die Borderline-Patientinnen zeigten im Vergleich zu Frauen mit sozialer Phobie und zu gesunden Frauen signifikant höhere Werte für Scham- und Schuldneigung, momentane Scham und Ängstlichkeit. Die Autoren schlagen vor, dass Scham in Psychotherapien stärker berücksichtigt werden sollte, insbesondere da Scham auch mit niedrigerer Lebensqualität, niedrigerem Selbstwert und höherer Feindseligkeit assoziiert war.

Die von Clarkin et al. (2008) entwickelte und als Manual konzipierte Methode der Übertragungsfokussierten Psychotherapie (TFP) wurde als eine psychoanalytische Psychotherapie von Patienten mit einer schweren Persönlichkeitsstörung entwickelt, bei denen eine Standardanalyse nicht indiziert ist. Diese Behandlungsmethode zielt besonders auf Patienten ab, die eine ausgeprägte Identitätsstörung in Form einer Identitätsdiffusion aufweisen. In die Übertragungsfokussierte Psychotherapie sind Elemente eingeflossen, die den klinischen Erfahrungen mit Borderline-Patienten entsprechen.

Die Behandlungstechnik konzentriert sich auf die Analyse der dominanten Objektbeziehungsdyaden und der Übertragung in der therapeutischen Beziehung, da sich die innere Welt der Objektbeziehungen, die Identitätsstörung, die unreifen Abwehrmechanismen und die verzerrten, oft chaotischen Beziehungsmuster in den Übertragungs- und Gegenübertragungsphänomenen manifestieren, die zwischen Therapeut oder Therapeutin und Patient oder Patientin in den Therapiesitzungen aktiviert werden (Clarkin et al. 2008).

Nach Sellschopp (2009) kann eine starke impulsive Instabilität in Kombination mit negativen Affekten zum Agierfeld weiblicher Attacken besonders gegenüber männlichen Therapeuten werden. Der Anteil manifester oder latenter narzisstischer Anteile an der Borderline-Störung ist in der Therapie besonders zu berücksichtigen. Traumatische Kindheitserlebnisse, körperliche Misshandlung oder sexueller Missbrauch liegen hier oft zugrunde. Die Entwicklung einer positiven idealisierenden Übertragung zum Therapeuten oder zur Therapeutin und günstigenfalls auch zu Menschen außerhalb der Behandlung kann die libidinöse Entwicklung fördern und damit die emotionale Besetzungs- und Bindungsfähigkeit. Es wird empfohlen, dass Therapeuten und Therapeutinnen ihre Gegenübertragung dem Patienten oder der Patientin nicht direkt zum Ausdruck bringen, sondern dass sie sie in die Übertragungsdeutungen einbinden.

20.5 Fazit

Mit Einführung von DSM-III im Jahr 1980 und der Hervorhebung der Persönlichkeitsstörungen auf einer eigenen diagnostischen Achse zusammen mit den Entwicklungsstörungen kam es zu einem beträchtlichen Aufschwung in der Forschung der Epidemiologie, Diagnostik und Therapie von Persönlichkeitsstörungen und Umsetzung dieser Ergebnisse in die Praxis insbesondere durch Entwicklung von störungsorientierten Therapiekonzepten. Dabei ist jedoch die überwiegende Anzahl von Befunden und Therapiemethoden jeweils auf Männer und Frauen bezogen. Es finden sich bisher noch relativ wenige auf die Situation und Bedürfnisse von Frauen ausgerichtete geschlechtsspezifisch relevante Untersuchungs- und Behandlungsansätze, sodass hier erheblicher Forschungsbedarf besteht.

Literatur

Bateman A, Fonagy P (2004). Psychotherapy for Borderline Personality Disorder: Mentalization-based treatment. Oxford: Oxford University Press.

Buchheim A (2011). Borderline-Persönlichkeitsstörung und Bindungserfahrung. In: Dulz B, Herpertz S, Kernberg O, Sachsse U (Hrsg). Handbuch der Borderline-Störungen. 2. Aufl. Stuttgart: Schattauer; 158–67.

Buchheim A, Erk S, George C et al. (2008). Neural correlates of attachment trauma in borderline personality disorder: a functional magnetic resonance imaging study. Psychiatr Res Neuroimaging 163: 223–35.

Clarkin JF, Yeomans FE, Kernberg OF (2008). Psychotherapie der Borderline-Persönlichkeit. Stuttgart: Schattauer.

Doering S (2009). Sexueller Missbrauch: Nur eine von vielen ätiologischen Faktoren der Borderline-Persönlichkeitsstörung. In: Dulz B, Benecke C, Richter-Appelt H (Hrsg). Borderline-Störungen und Sexualität. Stuttgart: Schattauer; 96–109.

Fonagy P, Gergely G, Jurist EL, Target M (2003). Affect regulation, mentalization, and the development of the self. New York: Other Press.

Herpertz SC (2008). S2-Leitlinien Persönlichkeitsstörungen. Federführung. Heidelberg: Steinkopff.

Hughes CH (1884). Borderland psychiatric records – pro-dromal symptoms of psychical impairment. Alienist Neurologist; 5: 85–91.
Kraepelin E (1896). Psychiatrie. Ein Lehrbuch für Studirende und Aerzte. Leipzig: Verlag von Johann Ambrosius Barth.
Lenzenweger MF, Depue RA (2011). Neue Überlegungen zur Borderline-Persönlichkeitsstörung aus epidemiologischer, longitudinaler und neurobehavioraler Sicht. In: Dulz B, Herpertz S, Kernberg O, Sachsse U (Hrsg). Handbuch der Borderline-Störungen. 2. Aufl. Stuttgart: Schattauer; 93–106.
Linehan MM (1993). Cognitive-Behavioral Treatment of Borderline Personality Disorder. New York: Guilford.
Loranger AW, Sartorius N, Andreoli A et al (1994). The international personality disorder examination. The World Health Organization. Alcohol, drug abuse, and mental health administration international pilot study of personality disorders. Arch Gen Psychiatry; 51: 215–24.
Lyons-Ruth K, Jacobvitz D (2008). Attachment disorganization: unresolved loss, relational violence, and lapses in behavioral and attentional processes. In Cassidy J, Shaver P (eds). Handbook of Attachment. New York: Guilford; 520–44.
Maier W, Hawellek B (2011). Genetik. In: Dulz B, Herpertz S, Kernberg O, Sachsse U (Hrsg). Handbuch der Borderline-Störungen. Stuttgart: Schattauer; 69–74.
Pinel F (1809). Traité Medico-Philosophique sur l'aliénation mentale. Paris: Brosson.
Renneberg B, Schmitz B, Doering S et al. (2010). Leitlinienkommission Persönlichkeitsstörungen: Behandlungsleitlinie Persönlichkeitsstörungen. Psychotherapeut 55: 339–54.
Rüsch N, Lieb K, Göttler I et al. (2007). Shame and implicit self-concept in women with borderline personality disorder. Am J Psychiatry 164: 500–8.
Samuels J, Eaton WW, Bienvenu J (2002). Prevalence and correlates of personality disorders in a community sample. Br J Psychiatry 180: 536–42.
Sansone RA, Sansone LA (2011). Gender patterns in borderline personality disorder. Innov Clin Neurosci 8: 16–20.
Schweiger U, Sipos V (2011). Komorbidität von Borderline-Persönlichkeitsstörung und Essstörung. In: Dulz B, Herpertz S, Kernberg O, Sachsse U (Hrsg). Handbuch der Borderline-Störungen. Stuttgart: Schattauer; 482–91.
Sellschopp A (2009). Geschlechtsspezifische Aspekte der Übertragung und Gegenübertragung bei Borderline-Patienten und deren Bearbeitung. In: Dulz B, Benecke C, Richter-Appelt H (Hrsg). Borderline-Störungen und Sexualität. Stuttgart: Schattauer; 319–29.
Young JE, Klosko J, Weishaar ME (2003). Schema Therapy: A Practitioner's Guide. New York: Guilford.
Zlotnick C, Rothschild L, Zimmerman M (2002). The role of gender in the clinical presentation of patients with borderline personality disorder. J Personal Disord; 16: 277–82.

21 Aspekte forensischer Psychotherapie

Franziska Lamott

— **Inhalt** ————————————————————————————

21.1 Weibliche Gewaltdelinquenz und Psychopathologie 220
  Pathologische Schwangerschaftsverarbeitung und Neonatizid 221
  Rechtliche Rahmenbedingungen 222
21.2 Weibliche Idealbilder 223
  Mythos von der aggressionslosen Frau 223
  Mythos von der Mutterliebe..................................224
21.3 Abweichungen vom Weiblichkeitsideal 224
  Weibliche Perversion 225
  Fetischisierung der Gebärmutter 227
21.4 Psychotherapeutische Überlegungen.........................228
21.5 Fazit 229

21.1 Weibliche Gewaltdelinquenz und Psychopathologie

Wenn über Delinquenz und Psychopathologie geschrieben wird, wird meist unausgesprochen über die Gewalt von Männern geschrieben. So stellen Erklärungsversuche mithilfe gängiger Konstrukte wie Dissozialität, Psychopathie, Soziopathie oder sexuelle Perversion meist theoretische Annäherungen an männliche Gewalt und Sexualität dar, sind also kaum anwendbar auf weibliche Gewaltdelikte, die sich in den Motiven, den Tatumständen und der Psychodynamik grundlegend von männlicher Delinquenz unterscheiden. Nicht nur quantitativ (nur etwa 20 % der Tötungsdelikte werden von Frauen begangen), sondern auch qualitativ unterscheiden sich Tötungsdelikte von Frauen von jenen der Männer. Es sind *überwiegend Beziehungsdelikte* an nahestehenden Personen, an Ehemännern, Geliebten oder eigenen Kindern.

Mütter, die ihre Kinder töten, sind besonderen Belastungssituationen ausgesetzt – das zeigen empirische Übersichtsarbeiten (Laubacher et al. 2011) zum Neonatizid (Tötung innerhalb der ersten 24 Stunden nach der Geburt), Infantizid (Tötung innerhalb des ersten Lebensjahres) oder Filizid (Tötung nach dem ersten Lebensjahr). Sie leben meist sozial isoliert, tragen überwiegend die alleinige Erziehungsverantwortung für ihre Kinder, erfahren keine soziale Unterstützung, sind häufig in Konflikte mit anderen Familienmitgliedern involviert und haben vor allem massive Probleme in der Partnerschaft (Laubacher et al. 2011, S. 650). Darüber hinaus leiden sie nicht selten an einer schweren psychischen Erkrankung wie wahnhafter Depression oder Psychose (Riecher-Rössler 2012).

In bindungstheoretischen Untersuchungen konnten wir zeigen, dass Frauen, die wegen Tötungsdelikten verurteilt wurden, in ihrem Leben vermehrt Gewalt erfahren und schwere Traumatisierungen erlitten haben. Diese *lebensgeschichtlichen Belastungen* finden ihren Niederschlag in unsicheren Bindungsmustern, die oft in konflikthaften Beziehungskonstellationen sowie in Delinquenz münden (Lamott 2009; Lamott u. Pfäfflin 2008).

Während sich in den Lebensgeschichten von Frauen, die ihren Geliebten oder Ehemann getötet haben, gewalttätige Väter und schwache Mütter fanden, entdeckten wir bei Frauen, die ihr Kind töteten, meist (psychisch) abwesende Väter und depressive Mütter, die der Tochter wenig Halt geben konnten (Lamott u. Pfäfflin 2001; Wiese 1993). Da kein triangulierender Dritter sie schützen konnte, waren die Frauen in ihrer Kindheit den Bezugspersonen schutzlos ausgeliefert, mit fatalen Folgen für ihre psychosexuelle Entwicklung und ihr Selbstverständnis als Frau und Mutter.

Die Häufigkeit des Neonatizids hat seit den 1950er Jahren abgenommen (Schöne et al. 2011). Saimeh (2007) geht in ihrer Untersuchung von rund 30 Fällen pro Jahr aus. Über die Dunkelziffer lässt sich allerdings nichts sagen.

Pathologische Schwangerschaftsverarbeitung und Neonatizid

Eine Studie von Schöne et al. (2011) über 67 Neonatizid-Fälle ergab, dass die Frauen, die ihr neugeborenes Kind töteten oder durch Unterlassen der Versorgung sterben ließen, pathologische Züge in der Schwangerschaftsverarbeitung aufwiesen: Dabei reicht das Kontinuum der abgewehrten Schwangerschaft »von der subjektiven Gewissheit der Schwangeren, nicht schwanger zu sein, über die diffuse Ahnung, schwanger sein zu können, bis zur bewussten Verheimlichung der bestehenden Gravidität« (Schöne et al. 2011, S. 637; s. Abb. 21-1, S. 222).

Die Mehrheit der Frauen in der Studie war bislang nicht strafrechtlich in Erscheinung getreten und befand sich zum Zeitpunkt der Tat in einer Partnerschaft mit dem Kindsvater, in der sie sich allerdings unglücklich fühlten. Ein Risikofaktor für Neonatizid, so Schöne et al., könnte das Fehlen oder Ablehnen einer Familienplanung sein. Dabei waren mehr als 50 % der Studienteilnehmerinnen bereits Mütter, d. h. sie waren keine Primiparen (Erstgebärende), sondern hatten bereits Geburtserfahrungen. Als ausschlaggebendes Motiv für die Tötung des Kindes wurden die ungewollte Schwangerschaft und die Ablehnung des Kindes genannt. Die von den Frauen genannten Motive zeigen, »dass die Täterinnen keine Beziehung zu ihrem Kind während der Schwangerschaft aufbauen konnten und sie es nach der Geburt eher als ›Fremdkörper‹ ansahen, was die Hemmung zur Tötung abschwächte« (Schöne et al. 2011, S. 639).

Über die Hälfte der in dieser Studie aufgenommenen Frauen wurden als schuldunfähig oder als vermindert schuldfähig eingestuft und kamen statt in den Strafvollzug in die forensische Psychiatrie.

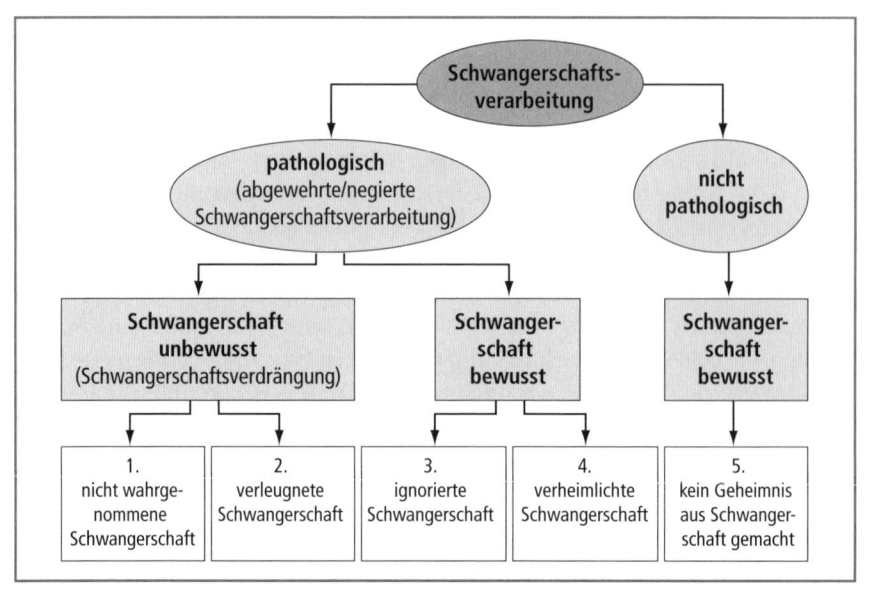

Abb. 21-1 Klassifizierung der Schwangerschaftsverarbeitung (nach Schöne et al. 2011, S. 637)

Rechtliche Rahmenbedingungen

Die Möglichkeit der De- oder Exkulpation (Verminderung oder Aufhebung der Schuldfähigkeit z. B. wegen psychischer Störung) verdankt sich dem deutschen Rechtssystem, dass neben Freiheitsstrafen auch Maßregeln der Sicherung und Besserung vorsieht. In strafrechtlichen Verfahren kommt der forensischen Psy-

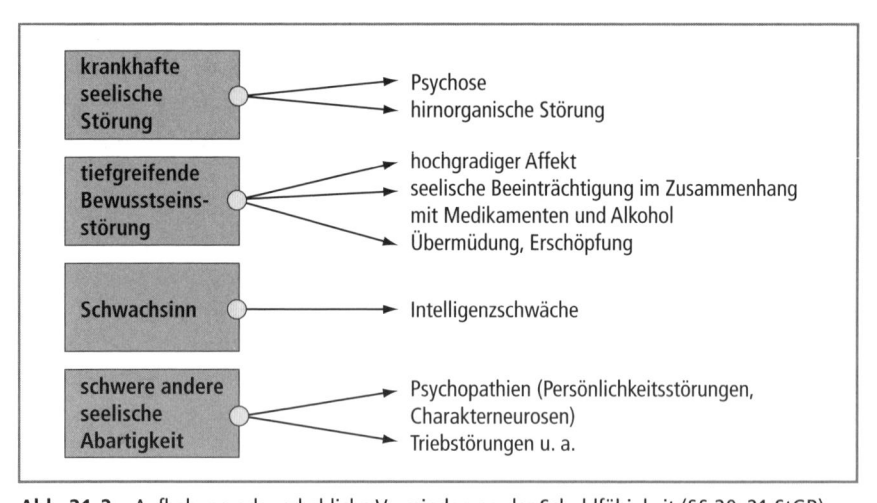

Abb. 21-2 Aufhebung oder erhebliche Verminderung der Schuldfähigkeit (§§ 20, 21 StGB)

chiatrie die Aufgabe zu, zwischen psychisch gesunden und psychisch kranken Straftäterinnen zu differenzieren. Ist die Straffälligkeit auf eine krankheitswertige Störung (s. Abb. 21-2) zurückzuführen, kann dies nach den §§ 20 und 21 des Strafgesetzbuches auch zur Verminderung oder Aufhebung der Schuldfähigkeit führen. Vor Gericht nimmt der Gutachter Stellung zur Frage, inwieweit die *Schuld- oder Steuerungsfähigkeit zum Zeitpunkt der Tat* eingeschränkt war. Danach entscheidet der Richter, ob die Täterin nur beschränkt oder gar nicht strafrechtlich verfolgt werden kann. In einem solchen Fall würde sie als krank beurteilt und der forensischen Psychiatrie im Maßregelvollzug überstellt werden. Diese Entscheidung ist wichtig für die Möglichkeit der therapeutischen Bearbeitung der Tat.

Bis zum 6. Strafrechtsreformgesetz galt die Kindstötung als Sondertatbestand des § 217 a. F. StGB, in dem die Tötung eines nichtehelichen Kindes durch die Mutter *während* oder *gleich nach der Geburt* im Verhältnis zu anderen Tötungsdelikten privilegiert wurde. Diese Privilegierung wurde 1998 aufgehoben. Seither hat sich die Spannbreite der Urteile vergrößert; die Taten können als Totschlag oder Unterlassung mit mehreren Jahren Haft bestraft oder bei Schuldunfähigkeit mit einer Maßregel belegt werden. Frauen, die ihr Kind getötet haben, werden im Vergleich zu Frauen, die ihren Partner getötet haben, häufiger als schuldunfähig oder vermindert schuldfähig befunden und auf unbestimmte Zeit in die forensische Psychiatrie eingewiesen.

21.2 Weibliche Idealbilder

Mythos von der aggressionslosen Frau

Der Mythos von der aggressionslosen Frau bildet in Medienberichten häufig die Folie, auf der Abweichungen vom Weiblichkeitsideal diffamierende Formen (wie »Rabenmutter« oder »Sex-Hexe«) annehmen. Beziehungen zwischen Männern und Frauen sind durch kollektive Vorstellungen geprägt. Die damit verbundenen Fantasien und Idealbilder divergieren geschlechtsspezifisch: Sie zeigen sich in kulturellen Mustern von männlicher Eroberung und weiblicher Hingabe, von Bemächtigung und Unterwerfung. Wie sehr auch diese Vorstellungen die psychosexuelle und affektive Entwicklung beeinflussen und wie sehr sie unsere Wahrnehmung von dem, was weiblich und männlich ist, bestimmen, zeigt sich in der Ausblendung weiblicher Aggressivität. Das hat jedoch Folgen für die Autonomieentwicklung von Frauen, denn Aggressivität umfasst ja nicht nur Destruktion und Hass, sondern auch die Fähigkeit zur Selbstbehauptung und zur Verteidigung eigener Interessen (Benjamin 1990). Mit der Betonung geschlechtsspezifisch komplementärer Charakterstrukturen, von *weiblichen Bindungswünschen und männlichem Autonomiestreben*, werden weibliche Sozialcharaktere idealisiert, in denen Aggressionshemmung zur Rücksichtnahme stilisiert und aggressive, zur Differenzierung notwendige Abgrenzung dem

Männlichen zugeschrieben werden. Weibliche Aggression bleibt also eine Leerstelle. Als Aggressionslosigkeit treibt die unbewusste Herstellung und Inszenierung eigener Handlungseinschränkung unter dem Zeichen von Liebe Beziehungsmuster hervor, die der männlichen Eroberung die weibliche Hingabe an die Seite stellen. Die »Gegenbesetzungen« von Anlehnung, Verzicht und Bescheidenheit wenden sich als Wut, Neid und Hass gegen das Selbst, gegen den eigenen Körper. Die abgewehrte Aggression wird unkenntlich gemacht und erscheint als die Verkehrung in ihr Gegenteil, als Reaktionsbildung oder als Wendung gegen die eigene Person.

Mythos von der Mutterliebe

Eine spezifische Variante des Mythos von der aggressionslosen Frau findet sich in dem Konstrukt der Mutterliebe, die in ihrer Reinheit verklärt und als naturgegeben festgeschrieben wird (Badinter 1981). Bis heute wird sie nicht hinterfragt, gilt als essenzielle Beziehungsformation, *angeboren und instinkthaft*. Dieses Konstrukt dient schließlich als normative Richtschnur bei der Beurteilung mütterlichen Fehlverhaltens:

Mütterliche Gewalttätigkeiten, narzisstischer oder sexueller Missbrauch der eigenen Kinder, Misshandlungen, wie im Fall des *Münchhausen-by-proxy*-Syndroms, werden so lange wie möglich unter dem Mantel der Mutterliebe verborgen. Dort – beim Münchhausen-by-proxy-Syndrom – manipulieren Mütter am Körper der Kinder, täuschen die Ärzte über angebliche Krankheiten oder erfinden Symptome im Bereich lebenswichtiger Organsysteme. Dabei sehen sie sich selbst im Bündnis mit den Ärzten als lebensrettende Engel, denen nichts in der Welt mehr am Herzen liegt als das Wohl ihres Kindes, das nur durch ihr grenzenloses Bemühen noch am Leben sei (Plassmann 2005). Es scheint, als seien die Mütter süchtig nach der Existenz eines von ihnen auf Leben und Tod abhängigen Kindes. Gerade diese artifizielle Störung zeigt deutlich, wie Mütter ihre Kontrollwut und ihren Sadismus gegenüber ihrem hilflosen Kind ausleben und sich hinter übergroßer Besorgnis verstecken können. Dabei greifen sie auf jenes Idealbild verklärter Mütterlichkeit zurück, das ihnen unsere Kultur zur kollektiven Beschwichtigung zur Verfügung stellt. Denn die mütterliche Macht über Leben und Tod muss mit der Idealisierung der Aufopferungsbereitschaft besänftigt werden. Die Verpflichtung auf ein solch hehres Ideal zieht bei Abweichung folgerichtig eine der Abwehr dienende Dämonisierung der Frau nach sich.

21.3 Abweichungen vom Weiblichkeitsideal

Der folgende Fall (Bejarano Alomia 2008) eines mütterlichen Neonatizids dient der Illustration eines spezifisch weiblichen Delikts, anhand dessen sich neuere Erklärungstheorien zur Psychopathologie der Frau skizzieren lassen.

21 Aspekte forensischer Psychotherapie

Fallbeispiel

Vor einigen Jahren wurde in den Medien von einem spektakulären Fall berichtet, der die Republik erschütterte. In diversen Blumenkübeln wurden insgesamt neun Leichen von Neugeborenen gefunden. Die 40-jährige Sabine H., Mutter von drei Kindern, hat im Laufe von zehn Jahren – unbemerkt von ihrem Ehemann und ihrer näheren Umgebung – neun Kinder ausgetragen und sie unmittelbar nach der Entbindung in der eigenen Wohnung durch Unterlassen getötet und auf ihrem Balkon in großen Behältnissen, in denen sie Gemüse und Kräuter züchtete, vergraben. Der Fall beschäftigte die Öffentlichkeit: Was für eine monströse Frau ist die Täterin? Wie kann es zu wiederholten Schwangerschaften, Geburten und Tötungen unbemerkt vom Ehemann und der übrigen Familie kommen?

Sabine H. wächst in der DDR auf. Sie ist eine gute Schülerin, interessiert an Literatur und Mathematik. Sie will studieren, als sie mit 17 Jahren einen zwei Jahre älteren Soldaten der Volksarmee kennenlernt. Drei Monate später ist sie schwanger, den Traum vom Studium gibt sie auf und heiratet den jungen Unteroffizier. Dem ersten Kind folgen in kurzen Abständen ein zweites und ein drittes Kind. Ihr Mann, der schon beim zweiten auf Verhütung drängt und keine weiteren Kinder will, ist verärgert und macht ihr heftige Vorwürfe. Die Paarbeziehung ist längst schon zerrüttet, man spricht nicht miteinander, aber Sabine H. verlässt diese lieblose Verbindung nicht, fängt stattdessen an zu trinken. Er verwaltet das Geld, geht fremd, während sie sich um die drei Kinder kümmert. Trotz alledem wird sie immer wieder schwanger von ihrem Ehemann, dem ihr Zustand zu entgehen scheint. Sie geht nicht zum Arzt und leugnet, angesprochen auf ihre Leibesfülle, immer wieder nachdrücklich die Schwangerschaft, spricht von anderweitigen körperlichen Beschwerden.

Erst mit dem Fund der in den Töpfen vergrabenen Skelette wird das Ausmaß des Dramas deutlich. Es kommt zum Prozess. Im Juni 2006 verurteilt das Landgericht Frankfurt an der Oder Sabine H. wegen Totschlags in acht Fällen (der erste Fall war bereits verjährt) durch Unterlassen einer Versorgung unmittelbar nach der Geburt zu einer Gesamtfreiheitsstrafe von 15 Jahren. Die Verteidigung geht in die Revision, in der Absicht, eine Verminderung der Schuldfähigkeit der Angeklagten, mithin eine Psychotherapie im Maßregelvollzug zu bewirken. Das Gericht erkennt keine Schuldminderungsgründe an und bestätigt am Ende des Revisionsprozesses die Verurteilung zu einer 15-jährigen Haftstrafe (LG Frankfurt/Oder, Urt. v. 07.04.2008 – 23 Ks 1/07. Juraportal 24.de).

Weibliche Perversion

Unter strafrechtlichen Gesichtspunkten hat dieser Fall – ganz *lege artis* – sein Ende gefunden. Unter psychologischen und psychoanalytischen Gesichtspunkten bleibt er rätselhaft und regt zu theoretischen Überlegungen über weibliche Psychopathologie und Delinquenz an. In den öffentlichen Darstellungen wird das schwierige Eheleben von Sabine H. fokussiert und das Tatmotiv aus der Perspektive eines Opfers konstruiert. Sie sei durch ungewollte Schwangerschaften und unerwünschte Kinder in eine Notlage geraten, aus der sie nur diesen einen Ausweg gefunden habe. Wenn die Schwangerschaften und die Kinder aber ungewollt waren, dann hätte ein Schwangerschaftsabbruch für eine Frau, die noch dazu jahrelang als Sprechstundenhilfe bei einem Arzt gearbeitet hatte, doch nahegelegen. Was aber, wenn die Schwangerschaften gewollt, die Kinder hingegen nicht erwünscht waren? Ist eine solch »perverse« Konstellation überhaupt denkbar?

Beim Versuch, diese Zusammenhänge zu verstehen, stellt man zunächst fest, dass weibliche Perversion in der Psychoanalyse Freuds nicht vorgesehen ist, da Perversion als Produkt eines ungelösten Ödipuskomplexes an die Kastrationsangst des Mannes gebunden ist. So wurden Prozesse der als zentral für die Perversion angesehenen Fetischisierung bis in die 1990er Jahre ausschließlich als männliche Form der Perversion theoretisch gefasst, hatte Freud doch den Fetischismus nur beim Manne als spezifische Form der Angstabwehr und den Fetisch als Mittel zur Besänftigung der Kastrationsangst verstanden. »Keine Perversion ohne Penis?«, fragte Joyce McDougall (1997, S. 80) daher noch Ende der 1990er Jahre.

Doch mittlerweile gibt es eine ganze Reihe fruchtbarer Ansätze zu einer Theorie weiblicher Perversion, die die Besonderheiten der psychosexuellen Entwicklung der Frau berücksichtigt. Estela Welldon (1988, 1992) war eine der ersten Psychoanalytikerinnen, die aufgrund ihrer Erfahrungen an der Portman-Klinik in London eine Theorie weiblicher Perversion konzeptualisierte. Mit ihr betonten andere Sexualwissenschaftlerinnen und Psychoanalytikerinnen wie Sophinette Becker (2002, 2005), Constance Borens (1998), Anna Motz (2008) oder Ilka Quindeau (2008), dass die *Perversion der Frau an ihre geschlechtlichen und reproduktiven Funktionen* zu *binden* sei, statt die Theoriebildung durch Ableitung von den auf den Mann bezogenen Perversionskonzepten ins Nichts laufen zu lassen. Sie konnten zeigen, »dass Frauen ihre Ängste, Konflikte, Traumatisierungen, Aggressionen nicht weniger, sondern anders als Männer im Zusammenhang mit ihrer sexuellen Identität und ihrer Geschlechtsidentität erleben, interpretieren, verarbeiten, agieren und […] externalisieren« (Becker 2002, S. 15). Es wurde deutlich, dass weibliche Perversionen nicht erkannt wurden, weil sie am falschen Ort gesucht und so lange als nicht existent betrachtet wurden, solange die spezifische Körpererfahrung und psychosexuelle Entwicklung der Frau nicht berücksichtigt wurde. Das mit der reproduktiven Sphäre verbundene Körperselbst gibt jedoch die Richtung weiblicher Psychopathologie an: Das perverse Verhalten richtet sich bei ihr anders als beim Mann weniger auf ein äußeres als auf ein inneres (Teil-)Objekt, das heißt gegen sich selbst. Estela Welldon hebt daher als wesentlichen Unterschied zwischen männlicher und weiblicher Perversion das Objekt des perversen Aktes hervor: Während der Mann seine Aktivität gegen ein externes Objekt richtet, wendet die Frau sie gegen sich selbst, gegen ihren eigenen Körper oder das von ihr »erschaffene Produkt«, das Kind.

Weibliche Perversionsformen zielen also auf die Fortpflanzung und die Fortpflanzungsorgane. Sie finden darüber hinaus ihren Ausdruck in Selbstverstümmelungen durch chirurgische Eingriffe, durch Schönheitsoperationen, zunehmend auch im Genitalbereich (Borkenhagen u. Brähler 2010). In diesem Zusammenhang ist die Frau nun nicht mehr ausschließlich Opfer, sondern auch Täterin und genießt in dem perversen Szenario die Verkehrung von der passiven zur aktiven Seite. Doch darüber schweigen die Frauen, da – wie Constance Borens es auf den Punkt bringt – »ihr Begehren ein anderes ist, als sich dem Mann als Fetisch anzubieten, wo sie im Gegenteil zum Erreichen ihres Genießens den Mann ausschalten, um sich genau wie er an einem Fetisch zu ›ergötzen‹« (Borens 1998, S. 156), und das in aller Heimlichkeit.

Fetischisierung der Gebärmutter

Bezogen auf den eingangs skizzierten rätselhaften Fall lenkt Estela Welldons »Körper-Kriterium« zum Verständnis weiblicher Perversion die Aufmerksamkeit auf die dem Mann entgegengesetzte Fetischisierung, da Frauen ihren ganzen Körper, den Uterus und auch das Kind als Teil ihres Körpers fetischisieren. So kann die Frau also einen *intrakorporalen Fetisch* ausbilden, indem sie Teile des eigenen Körpers, wie den Uterus, zum Fetisch macht, den sie allein beherrscht und der an die Stelle lebendiger Psychosexualität gesetzt wird. Im Geheimen kann sie so mithilfe dieses Fetisch über den Mann triumphieren, sich des Produktes seiner Zeugung bemächtigen und sich gegen ihn, der ihr keine Kinder schenken will, durchsetzen oder sich gar an ihm rächen. Darüber hinaus beraubt sie ihn durch die verheimlichte Schwangerschaft seiner Potenz, die sie sich nun auf diese Weise zu eigen macht. Die Schwangerschaften können also durchaus perverse Ziele haben und feindseligen Impulsen gegen den Mann oder auch gegen die eigene Mutter dienen.

Welldon betont in diesem Zusammenhang die transgenerationelle Perspektive zum Verständnis weiblicher Perversion, vor allem im Hinblick auf die Folgen einer destruktiven Mutter-Tochter-Beziehung. In zerstörerischen Selbstverletzungen, Gewalttätigkeiten gegen eigene Kinder, in Abtreibungen oder narzisstisch besetzten Schwangerschaften die Weitergabe des durch die missbräuchliche Mutter erlittenen Traumas. Mit der Fetischisierung des eigenen Körpers kann die Angst vor dem Zusammenbruch des eigenen Selbst abgewehrt und vorübergehend Kohärenz hergestellt werden.

Reiche (2005, S. 146) weist in diesem Zusammenhang auf einen wichtigen Aspekt des Fetisch hin, indem er ihn in Analogie zu dem von Winnicott konzeptualisierten Übergangsobjekt setzt. Das mit Bedeutung ausgestattete Übergangsobjekt schafft ebenso wie der Fetisch eine Zeit lang eine Brücke von der subjektiven zur objektiven Welt. Ebenso wie das unbelebte Übergangsobjekt kann auch der *Fetisch der Abwehr der Angst vor Fragmentierung und Selbstverlust* dienen. Mit der Metapher von der »Lücke im Selbst« hat Fritz Morgenthaler (1974) sein psychoanalytisches Perversionskonzept knapp auf den Punkt gebracht, wenn er betont, dass sich die Perversion als eine Plombe beschreiben lässt, die die narzisstische Lücke in der Selbstentwicklung schließt und dadurch dem Betroffenen ermöglicht, in seinen Sozialbeziehungen eine innere und äußere Homöostase aufrechtzuerhalten (Pfäfflin et al. 2006).

Diese theoretischen Überlegungen erlauben einen Brückenschlag zu dem rätselhaften Fall, in dem die *Schwangerschaften und die dehumanisierten Föten* zum einen *als Plombe fungieren*, um eine Lücke im Selbst zu schließen, und zum anderen die Funktion einer Depressionsabwehr haben könnten. Dass die physiologischen und hormonellen Begleiterscheinungen der Schwangerschaft darüber hinaus auch eine Form der Selbstmedikation gegen die innere Leere und Depression darstellen können, ist nicht von der Hand zu weisen. Die plazentaren Hormone (HCG = humanes Choriongonadotropin, Prolactin, Oxytocin u. Opioide) haben – indem sie den Blutdruck und Cortisolspiegel senken – eine sedierende Wirkung und sind damit in der Lage, die Auswirkungen von Stress (durch die Einwirkung auf die sog. Hypothalamus-Hypophysen-Nebennierenrinden-Achse) zu verringern. Dadurch kann der während der Schwangerschaft extrem erhöhte Östrogenspiegel psychisch stabilisierend wirken (Riecher-Rössler 2012).

21.4 Psychotherapeutische Überlegungen

Wie in unserem rätselhaften Fall dürften weibliche Perversionen häufig auf einer *narzisstischen oder einer Borderline-Persönlichkeitsstörung* aufruhen. In beiden Störungsbildern ist die Identitätsdiffusion ein wesentliches Strukturmerkmal. Es liegt eine mangelhafte Integration von Selbst- und Objektrepräsentanzen vor. Wie sonst ließe sich verstehen, dass die Neugeborenen ausschließlich als Selbstobjekte, als eigene »Produkte« fungieren, die dann – eingepflanzt in uterusähnlichen Behältnissen – die Funktion eines nunmehr exkorporalen Fetisches annehmen können? In der Gewissheit, diesen allein für sich immer um sich zu haben, repräsentiert er den im Dienste der Rache stehenden Triumph über den Mann, der sich seiner Vaterschaft so vehement verweigert.

Als vorherrschende Abwehrmechanismen finden sich neben der Omnipotenz und Entwertung auch Verleugnung und Spaltung. Die psychotherapeutischen Behandlungstechniken sind abhängig von der Orientierung an diversen Schulen, die wiederum störungsspezifische Interventionsstrategien nahelegen. So wäre für Goldberg (1998), der sich vor allem auf selbstpsychologische analytische Konzepte stützt, das primäre Ziel der Behandlung, die Überwindung der »*vertikalen Spaltung« zwischen perversen und realitätsbezogenen Selbstanteilen*, um zu einer Integration des Selbst zu kommen. Die wesentlichen therapeutischen Schritte lägen dementsprechend in der Deutung der vertikalen Spaltung. Versteht man im Sinne der oben skizzierten Perversionstheorien die Fetischisierung des eigenen Körpers als eine spezifische Abwehrleistung, die einer *fragilen Persönlichkeitsstruktur Kohärenz* verleihen soll, würde man vorsichtig von der Oberfläche der Abwehr deutend vorgehen, anstatt diese zu durchbrechen (Pfäfflin et al. 2006). Deutungen in diesem Zusammenhang sollten immer beide Seiten der Spaltung ansprechen, die pathologische ebenso wie die gesunde, um letztere zu stärken. Erst dann kann es gelingen, die Spaltung zu überbrücken. Mit anderen Worten: Nicht Defekte, Strukturmängel, Pathologien und Defizite sollten fokussiert werden, sondern der Blick sollte sich erweitern auf die ihnen innewohnenden Lösungsversuche, um die darin verborgenen Ressourcen zur Entfaltung zu bringen.

21.5 Fazit

In der forensischen Psychotherapie ist man nicht selten mit verstörenden, auf den ersten Blick unverständlichen Gewalttaten konfrontiert. Erst die Biografie, die oft traumatischen Bindungserfahrungen und die Reinszenierungen in der aktuellen Lebenssituation können Hinweise auf die unbewussten Motive tödlicher Beziehungstaten geben. Für ein tieferes Verständnis der zugrunde liegenden Psychodynamik wie der Psychopathologie ist es jedoch wichtig, die Besonderheit weiblicher psychosexueller Entwicklung zu berücksichtigen und auf entsprechende Konzepte zurückzugreifen. Bezieht man die Psychosexualität und die Körpererfahrungen der Frau mit ein, dann lassen sich auch perverse Handlungen wie im beschriebenen Fall als Versuche einer Selbststabilisierung interpretieren. Ins Zentrum der Betrachtung können dann Abwehrfunktionen der Perversion als narzisstische Plombe rücken, die das Selbst vor Überflutung durch Vernichtungsängste und Desintegration schützt sowie der perverse Gebrauch, d. h. die Funktionalisierung des Objekts. Wenn es im therapeutischen Prozess gelingt, die Traumatisierungen als schmerzhafte Erfahrungen ins Bewusstsein zu heben, die unbewussten und bewussten Motive für die Tat zu verstehen, und die Täterin zur Anerkennung ihrer Verantwortung zu bewegen, dann lassen sich Beziehungsformen, wie jene tödlich verlaufenden Taten, vielleicht vermeiden und neue Wege der Selbstverwirklichung finden.

Literatur

Badinter E (1981). Die Mutterliebe. Geschichte eines Gefühls vom 17. Jahrhundert bis heute. München, Zürich: Piper.
Becker S (2002). Weibliche Perversion. Z Sexualforsch; 15: 281–300.
Becker S (2005). Das weibliche Körperselbst und die Perversion. Forum der Psychoanalyse; 43: 242–54.
Bejarano Alomia P (2008). Kindstötung. Kriminologische und rechtsvergleichende Überlegungen nach Abschaffung des § 217 StGB, a. F. Jur. Dissertation an der Freien Universität Berlin. www.slideshare.net/bejalde/dr-iurpedro-bejarano-alomia-llm-neonaticide-doctoral-thesis-2536177 (Zugriff am 5. Juli 2012).
Benjamin J (1990). Die Fesseln der Liebe. Psychoanalyse, Feminismus und das Problem der Macht. Frankfurt a. M.: Stroemfeld/Roter Stern.
Borens C (1998). Fetisch sein oder Fetisch haben. Überlegungen zur weiblichen Perversion. In: Jahrbuch für Klinische Psychologie 1. Tübingen: Frommann & Holzboog; 153–66.

Borkenhagen A, Brähler E (2010) (Hrsg). Intimmodifikationen. Spielarten und ihre psychosozialen Bedeutungen. Gießen: Psychosozial.

Goldberg A (1998). Perversion aus der Sicht psychoanalytischer Selbstpsychologie. Psyche – Z Psychoanal; 52: 709–30.

Lamott F (2009). Die Tötung des Geliebten. In: Elz J (Hrsg). Täterinnen. Befunde, Analysen, Perspektiven. Kriminologie und Praxis, Band 58. Wiesbaden: KrimZ: 145–60.

Lamott F, Pfäfflin F (2001). Bindungsrepräsentationen und Beziehungsmuster von Frauen, die getötet haben. Monatschrift für Kriminologie und Strafrechtsreform; 84: 10–24.

Lamott F, Pfäfflin F (2008). Bindung, Psychopathologie und Delinquenz. In: Strauß B (Hrsg). Bindung und Psychopathologie. Stuttgart: Klett-Cotta; 305–31.

Laubacher A, Lau S, Stutz S, Moskvitin K (2011). Mütter, die ihre Kinder töten. Übersichtsarbeit zu mütterlichem Pädizid/Filizid. Kriminalistik 10: 648–52.

McDougall J (1997). Die Couch ist kein Prokrustesbett. Stuttgart: Internationale Psychoanalyse.

Morgenthaler F (1974). Die Stellung der Perversionen in Metapsychologie und Technik. Psyche 28: 1077–89.

Motz A (2008). The Psychology of Female Violence: Crimes against the Body. Hove: Brunner-Routledge.

Pfäfflin F, Lamott F, Ross T (2006). Narzisstische Persönlichkeitsstörung und Perversion. In: Kernberg OF, Hartmann HP (Hrsg). Narzissmus. Grundlagen – Störungsbilder – Therapie. Stuttgart: Schattauer; 465–86.

Plassmann R (2005). Der Arzt als Detektiv: Das Münchhausen-by-proxy-Syndrom. Artikel als PDF veröffentlicht auf der Internetseite des Psychotherapeutischen Zentrums Kitzberg-Klinik Bad Mergentheim. www.ptz.de/fileadmin/media/pdf_19.08.05/M_nchhausen-by-proxy-Syndrom.pdf (Zugriff am 5. Juli 2012).

Quindeau I (2008). Verführung und Begehren. Die psychoanalytische Sexualtheorie nach Freud. Stuttgart: Klett-Cotta.

Reiche R (2005). Das Rätsel der Sexualisierung. In: Quindeau I, Sigusch V (Hrsg). Freud und das Sexuelle. Neue psychoanalytische und sexualwissenschaftliche Perspektiven. Frankfurt a. M.: Campus; 135–53.

Riecher-Rössler A (2012) (Hrsg). Psychische Erkrankungen in Schwangerschaft und Stillzeit. Freiburg, Basel: Karger.

Saimeh N (2007). »Mein eigenes Fleisch und Blut« – Mütter, die töten. In: Greuel L, Petermann A (Hrsg). Macht – Nähe – Gewalt: (Sexuelle) Gewalt- und Tötungsdelikte im sozialen Nahraum. Lengerich: Papst Science Publishers; 55–69.

Schöne M, Peter E, Bogerts B (2011). Neonatizid. Eine Analyse der psychischen, sozialen und biografischen Charakteristika der Täterinnen. Kriminalistik; 10: 635–40.

Welldon E (1988). Mother, madonna, whore. London: Free Association Books. Dt. (1992) Mutter, Madonna, Hure. Stuttgart: Bonz.

Welldon E (2003). Perversionen der Frau. Gießen: Psychosozial-Verlag.

Wiese A (1993). Mütter, die töten. Psychoanalytische Erkenntnis und forensische Wahrheit. München: Wilhelm Fink.

22 Pathogene Milieus – belastende Lebensumstände

Astrid Lampe und Luise Reddemann

Inhalt

22.1 Selektive Abtreibung und Tötung von Mädchen 233
22.2 Gewalt gegen Frauen im Lebenszyklus 233
    Kindheit 233
    Adoleszenz und Erwachsenenalter 234
    Schwangerschaft 236
22.3 Fazit 237

Pathogene Milieus, verstanden als Lebensumstände, in denen es Menschen nicht gelingt, gesund zu bleiben, und sie Krankheiten entwickeln, stehen bei weiblichen Betroffenen fast durchgängig mit dem Thema Gewalt in engster Verbindung. Einerseits in Form unmittelbar traumatischer Gewalt wie Missbrauch und Misshandlung oder in weniger direkten Gewaltformen wie beispielsweise Bedrohung durch Armut und Segregation im Arbeitsleben. Nach wie vor sind Frauen wegen ihres Geschlechts Demütigungen ausgesetzt und müssen Ungleichheit ertragen. Lange hatten Frauen nicht den gleichen Zugang zur Bildung wie Männer, und sie verdienen immer noch weniger Geld für die gleiche Arbeit. Frauen und Mädchen sind Opfer von Prostitution, Verschleppung und Sexsklaverei. Wir behandeln Frauen, die in Zwangsehen im 14. Lebensjahr verheiratet wurden oder deren Klitoris beschnitten wurde. Bei der 5. *Weltkonferenz von Frauen in Bejing* wurde festgestellt, dass Gewalt gegen Frauen weltweit als Verstoß gegen Frieden und Gleichheit angesehen werden muss und in allen Gesellschaften Frauen sexueller, körperlicher und psychischer Gewalt ausgesetzt sind, die über alle Grenzen von Einkommen, Klasse und Kultur hinweggeht. Die *WHO* hält fest, dass es die ungleichen gesellschaftlichen Bedingungen und die Verleugnung der Menschenrechte sind, die zur Gewalt gegen Frauen führen.

Es ist nicht einfach, sich mit der Gewalt gegen Frauen zu beschäftigen. Häufig lösen diese Tatsachen auch Abwehr aus, oft in Form der Argumentation, dass Frauen auch aggressiv und Täterinnen seien. Vielleicht ist es für uns alle schwer zu akzeptieren, dass wir in unserer Gesellschaft mit massiver Ungleichheit und Ungerechtigkeit konfrontiert sind, die nach wie vor die Hälfte der Menschen betreffen. Bei der WHO (1997) heißt es: »In fast allen Gesellschaften ist das Thema Gewalt gegen Frauen präsent. Dennoch wird es oft nicht zur Kenntnis genommen oder nicht benannt und wird als zur Natur der Dinge gehörend akzeptiert. Das führt dazu, dass auch viele Professionelle im Bereich der Gesundheitssysteme es schwierig finden, häusliche Gewalt als ein wichtiges Problem der öffentlichen Gesundheitsvorsorge anzusehen. Viele von ihnen finden es sogar noch schwieriger sich vorzustellen, dass dieses Problem bei ihren Patientinnen auftaucht und vermutlich auch innerhalb ihres eigenen Freundes- und Bekanntenkreises.«

Im Folgenden werden einige Punkte der Gewalt gegen Frauen aufgezählt (s. Tab. 22-1), auf manches wird detaillierter eingegangen. Nicht alles gilt in der ausgeprägten Form für westliche Kulturen, dennoch sollten wir uns nicht all zu

Tab. 22-1 Gewalt gegen Frauen im Lebenszyklus

Vorgeburtliche Gewalt
• selektive Abtreibung von Mädchen • Auswirkungen von Gewalt und sexueller Gewalt auf Schwangerschaft und Geburtsergebnisse
Gewalt in der Kindheit
• Tötung wegen des Geschlechts als Säugling • traditionsbedingte Gewalt an Mädchen: Kinderheirat, genitale Verstümmelung • körperliche, sexualisierte und psychische Gewalt
Adoleszenz und Erwachsenenalter

• Vergewaltigung, Inzest
• Sex, der aus ökonomischen Gründen erzwungen wird
  – erzwungene Prostitution und Pornografie
  – Handel mit Frauen zum Zweck der Prostitution
• Gewalt in der Partnerschaft, eheliche Vergewaltigung, erzwungene Schwangerschaft
• Mitgiftmissbrauch und Mord
• Ermordung durch den Partner
• psychischer Missbrauch
• Missbrauch von behinderten Frauen

Alter
• erzwungener Suizid oder Ermordung von Witwen • sexualisierte, körperliche und psychische Gewalt
Weitere potenziell traumatische Ereignisse und Lebensumstände in Adoleszenz und Erwachsenenalter
• sexuelle Belästigung • Segregation im Arbeitsumfeld • Stalking • Traumatisierung durch reproduktives Verhalten (In-vitro-Fertilisation, Pränataldiagnostik, Fetozid) • Traumatisierung durch Geburtserleben • Traumatisierung durch Erkrankungen der Brust und der Genitalien

sehr in Sicherheit wiegen – sehr viele der hier genannten Formen von Gewalt gibt es auch bei uns.

22.1 Selektive Abtreibung und Tötung von Mädchen

In Ländern wie China und Indien, in denen Frauen traditionell weniger Wert haben, wird pränatale Diagnostik auch zur vorgeburtlichen Selektion von Mädchen verwendet. In China gehört die Gewalt gegen Frauen und die Diskriminierung von Frauen zum Alltag (höchste Suizidrate von Frauen weltweit). Erst aufgrund des Überhangs von Jungen gegenüber Mädchen wurde die Tötung eines Ungeborenen sowohl in China als auch in Indien verboten. Die Illegalisierung konnte jedoch der gängigen Praxis nicht Einhalt gebieten. Mithilfe mobiler Ultraschallgeräte, sogenannter *back street hospitals,* wird das Geschlecht des ungeborenen Kindes für umgerechnet 50 US-Dollar bestimmt, um Eltern die Möglichkeit zu bieten, ein ungewünschtes Mädchen abzutreiben.

Im United Nations Population Fund (UNFPA) 2003 wird das Beispiel zweier Frauen aus Indien zitiert, die ihre Mädchen abhängig von der sozialen Schicht und dem Einkommen entweder vor der Geburt durch pränatale Diagnostik und anschließendem Schwangerschaftsabbruch oder als Neugeborenes töten (Nippert 2005). Wenngleich in Europa bislang pränatale Diagnostik zur Geschlechtsselektion noch keine Rolle spielt, geben doch 7 % der Humangenetiker in Europa an, dass Eltern das Recht haben sollten, das Geschlecht ihres Kindes zu bestimmen, und 30 % würden dafür Eltern zu einem erfahrenen Kollegen überweisen (Savulescu u. Dahl 2000).

22.2 Gewalt gegen Frauen im Lebenszyklus

Kindheit

- **Ungleichheit zwischen Mädchen und Jungen**. In den meisten Gesellschaften wird in Familien den Söhnen der Vorzug gegeben. Dies führt zu einer stärkeren Vernachlässigung von Mädchen, wenn sie krank sind. Es gibt unterschiedliche Ernährung für Jungen und Mädchen, ein Ungleichgewicht in der Verteilung der Hausarbeit zuungunsten der Mädchen von frühester Kindheit an und weniger Zugang zu Schulbildung für Mädchen als für Jungen. Zumindest bei älteren Patientinnen hören wir sehr häufig davon, dass sie gegenüber ihren Brüdern massiv benachteiligt wurden. »Nur ein Mädchen« gewesen zu sein, mag für unsere jüngeren Patientinnen kein Problem mehr sein. Selbstverständlich ist der erschwerte Zugang zu einer entsprechenden Schulbildung noch nicht unbedingt als Trauma anzusehen, jedoch spiegelt sich hier das eingangs erwähnte Problem der Ungleichheit wider und gehört zum Themenkomplex der strukturellen Gewalt (vgl. Reddemann 2002).

■ **Sexualisierte Gewalt gegen Mädchen.** Die WHO berichtet, dass 7 bis 36 % der Mädchen sexuellem Missbrauch in der Kindheit ausgesetzt sind. Ähnliche Zahlen liegen für Europa (1,6–6 %) vor, dabei liegen die aktuellen Zahlen für Deutschland bei 1,6 % (Häuser et al. 2011). Metaanalysen zeigen, dass die sexualisierte Gewalt an Mädchen zumeist innerhalb der Familie stattfindet, die Mädchen zwischen 9 und 16 Jahre alt sind und durchschnittlich 6 Jahre lang missbraucht werden, bis sie sich aus der missbrauchenden Beziehung befreien können. In nur 9 % der Fälle werden die Behörden informiert, die meisten Mädchen sprechen nie über diese Erlebnisse (Lampe 2002).

Offiziellen Schätzungen zufolge werden jährlich 1 bis 2 Millionen Kinder und Frauen zur Zwangsarbeit oder zum Zweck sexueller Ausbeutung verkauft.

Nicht unerwähnt soll das Thema der *genitalen Verstümmelung* von Mädchen und Frauen bleiben, da wir in helfenden Berufen im Migrationskontext zunehmend damit konfrontiert sind. Weltweit werden über 130 Millionen Frauen und Mädchen genitaler Verstümmelung (Female Genital Mutilation: FGM) unterzogen, in Europa sind ungefähr 500 000 Frauen davon betroffen. In der Regel werden Mädchen zwischen dem 4. und 12. Lebensjahr beschnitten. Es kommt aber auch vor, dass Säuglinge und erwachsene Frauen dieser Prozedur ausgesetzt werden. Mädchen werden entweder in ihre Heimatländer gebracht oder vor Ort von »Beschneiderinnen«, zumeist ältere Frauen, verstümmelt (Lightfoot-Klein 2003).

Laut UNICEF (o. J.) stellt die *Kinderheirat* die am weitesten verbreitete Form der sexuellen Ausbeutung von Kindern dar. 64 Millionen Frauen sind vor ihrem 18. Lebensjahr verheiratet worden, mehr als die Hälfte der Betroffenen leben in Südostasien. Eine aktuelle vom deutschen Bundesfamilienministerium in Auftrag gegebene Studie berichtet über eine hohe Zahl von vollzogenen Zwangsehen in Deutschland, in der Regel bei Personen mit Migrationshintergrund: 44 % der 3 800 Befragten sind minderjährige Mädchen; die Dunkelziffer wird deutlich höher geschätzt, da die Befragungen in psychosozialen Einrichtungen und Schulen und damit bei denjenigen stattfanden, die Deutsch sprechen und bereits Zugang zu Hilfsangeboten hatten (Strobel u. Lobermeier 2011).

Adoleszenz und Erwachsenenalter

■ **Geschlechtsspezifische Segregation.** Die Tatsache der geschlechtsspezifischen Segregation auf vielen, wenn nicht allen Gebieten des Arbeitslebens ist für Frauen stark belastend. So sind z. B. 69 % der in der Sozialarbeit auf der unteren Hierarchieebene Tätigen Frauen; auf der mittleren Leitungsebene stehen zwei Drittel Männer einem Drittel Frauen gegenüber. Frauen sind in den höheren und hohen Führungspositionen der deutschen Wirtschaft eklatant unterrepräsentiert. Die durch geringfügige Beschäftigungsverhältnisse gekennzeichnete Gebäudereinigung ist überwiegend Frauenarbeit. Die Denkmal- und Industriereinigung, in der die Entlohnung höher ist und in der Regel auch Ganztagsbeschäftigungsverhältnisse angeboten werden, ist männlich dominiert. »Hinzu kommt, dass trotz gleicher Qualifikation und vergleichbarer Leistungen das Einkommen von Frauen auf allen Hierarchie-Ebenen bis zu einem Drittel niedriger ausfällt als das von Männern (Holst und Busch 2010). Das ungerechte Lohngefälle und spezifische Karriereblockaden, die vor allem Frauen zu überwinden haben, werden u. a. mit dem Begriff ›Glass ceiling‹ beschrieben« (Funke 2011).

■ **Sexuelle Belästigung am Arbeitsplatz.** Zum überwiegenden Teil sind Frauen sexueller Belästigung am Arbeitsplatz ausgesetzt. Frauen werden mit anzüglichen Witzen, Bemerkungen über Figur und sexuelles Verhalten im Privatleben konfrontiert, 33 % sind pornografischen Bildern am Arbeitsplatz ausgesetzt und 15 % geben an, Küsse aufgedrängt bekommen zu haben. Zwei Drittel der Frauen geben an, am Arbeitsplatz belästigt worden zu sein. Wenn sexuelle Belästigung gemeldet wird, wird es für die Opfer oft zum Spießrutenlauf. Um sich zu schützen, neigen die Institutionen eher dazu, das Geschehen zu verleugnen, herunterzuspielen oder als Missverständnis zu deuten. Den Betroffenen wird nicht geglaubt oder vorgeworfen, die Vorfälle zu erfinden. Dieses Verhalten führt zur Stigmatisierung der Betroffenen, fehlende Unterstützung von Seiten der Kollegen und zu Isolierung am Arbeitsplatz.

■ **Alleinerziehende** waren 2003 zu 91 % Frauen. Alleinerziehende leben häufiger unter der Armutsgrenze als verheiratete Paare und klagen über einen schlechteren Gesundheitszustand als verheiratete Frauen, vor allem fällt die hohe psychische Belastung auf. Sie fühlen sich matt und abgeschlagen, sind oft gereizt, grübeln viel über ihre Probleme, leiden unter innerer Unruhe und schlafen schlecht. Darüber hinaus leiden sie unter wesentlich mehr Schmerzen. Das sind allesamt Symptome, die auch im Rahmen von Traumatisierungen genannt werden.

Belastungen, die nicht direkt traumatisch sind, summieren sich möglicherweise im Sinne kumulativer Traumatisierungen, insbesondere dann, wenn Traumata im engeren Sinn dazukommen. Die vielen Demütigungen, kleinen und großen Ungerechtigkeiten, denen Frauen ausgesetzt sind, können sich so verstärkend auswirken.

Bezüglich Ursachen und Folgen häuslicher Gewalt verweisen wir auf Kapitel 10 in diesem Buch.

■ **Gender-Based-Violence (GBV) und Folgen.** Eine große australische Studie (Rees et al. 2011) untersuchte an fast 4 500 Frauen die Konsequenzen sogenannter *Gender-Based-Violence,* also die Folgen typischer Gewalt gegen Mädchen und Frauen auf die psychische Gesundheit der Betroffenen. Unter Gender-Based-Violence fassten die Autorinnen der Studie folgende Faktoren zusammen:
- Vergewaltigung
- andere Formen sexueller Übergriffe
- Stalking
- körperliche Gewalt in einer Partnerschaft

Die Lebenszeitprävalenz der geschlechtsspezifischen Gewalt war am höchsten bei Frauen zwischen 35 und 49 Jahren, unter den Frauen über 65 Jahre berichteten 14% von solchen Gewalterfahrungen. Alleinstehende Frauen berichteten signifikant häufiger von Gewalterfahrungen als verheiratete Frauen (hier muss auch an die Alleinerziehenden gedacht werden), unter den Opfern waren häufiger Frauen aus sozial benachteiligten Verhältnissen. Die Analyse zeigte einen kontinuierlichen Zuwachs psychischer Erkrankungen, je mehr die Betroffenen der geschlechtsspezifischen Gewalt ausgesetzt waren. Nach nur einer Gewalterfahrung hatten bereits 57% der Frauen eine psychische Erkrankung, wohingegen nach drei oder vier dieser geschlechtsspezifischen Erfahrungen fast 90% an einer psychischen Erkrankung litten. Das Risiko eines Suizidversuchs war dabei 15-fach erhöht. Darüber hinaus berichten Frauen mit geschlechtsspezifischer Gewalt über mehr körperliche Erkrankungen, eine höhere Zahl an Krankschreibungen und eine insgesamt schlechtere Lebensqualität.

Gewalt in der Kindheit hat eine Vielzahl psychischer Erkrankungen im Erwachsenenalter zur Folge, Depression, Angst und geringes Selbstwertgefühl mit eingeschlossen. Opfer sexualisierter Gewalt in der Kindheit werden häufiger Opfer von Überfällen und Vergewaltigung im Erwachsenenalter, zeigen ein sexuelles Hochrisikoverhalten, häufig mit wechselnden Partnern, werden oft im Teenager-Alter schwanger und geraten häufiger in die Prostitution. Sie werden auch im Rahmen von Therapien häufig wieder Opfer sexueller Ausbeutung.

51% der in der Ehe misshandelten Frauen berichten über Gewalt in der Herkunftsfamilie. Frauen, die in ihrer Herkunftsfamilie Zeugen familiärer Gewalt waren, haben eine um 600% höhere Wahrscheinlichkeit, später durch ihren Ehemann misshandelt zu werden. Dabei erweisen sich die Gewaltbeziehungen als äußerst stabil. Das Risiko, an einer manifesten Depression zu erkranken, steigt, wenn eine Trennung vom misshandelnden Partner bevorsteht. Gelingt eine Trennung, kehrt fast die Hälfte der Frauen in die Beziehung zurück.

Mit anderen Worten: Die als Kind erfahrene Gewalt setzt sich ins Erwachsenenalter der Frauen fort, und sie haben es schwer, diese Gewaltmuster zu unterbrechen. Die Summe von erfahrenem, oft nicht benanntem Unrecht, erlittener Demütigung, Abwertung und Ungleichbehandlung verringern das Gefühl von Selbstachtung, Würde und Selbstwirksamkeit, sie schwächen die Betroffenen, machen sie für neue Gewalterfahrungen verletzlicher und für Erkrankungen vulnerabler.

Schwangerschaft

Nach einem WHO-Bericht stellen Gewalterfahrungen in der Schwangerschaft stärkere Risikofaktoren als EPH-Gestose (eine aus Ödemen, übermäßiger Proteinausscheidung und Bluthochdruck bestehende Schwangerschaftskomplikation), Schwangerschaftsdiabetes und Plazenta praevia dar, dennoch wird nicht routinemäßig danach gefragt (Schei 1997, zit. n. Reddemann 2002). Gewalterfahrungen der Mutter erhöhen das Risiko einer Fehl- oder Frühgeburt, es gibt

Schwangerschaftskomplikationen, und häufig führen die Gewalthandlungen zu Verletzungen des Fötus. Auch das Geburtsgewicht von Neugeborenen ist niedriger bei Müttern, die in ihrer Schwangerschaft wiederholt körperlicher und sexueller Gewalt ausgesetzt waren (Cokkinides 1999; Schmuel u. Schenker 1998).

22.3 Fazit

Wir sollten uns als Helfer und Helferinnen bewusst sein, dass Frauen in der Regel nicht spontan über die erlebten Abwertungen, Demütigungen oder Misshandlungen sprechen. Der Großteil der Frauen neigt dazu, sich für das erfahrene Unrecht selbst zu beschuldigen, sich für die erlebte Gewalt zu schämen. Wir müssten danach fragen und dazu unsere Scheu und unsere Angst, die Erlebnisse zu erfahren, überwinden. Wir müssten bereit sein, zuzuhören, und auf Warnzeichen achten: auf andauernde, vage Klagen, die keine körperliche Ursache haben, auf Verletzungen, die mit den gegebenen Erklärungen nicht übereinstimmen. Wir müssen ungeheuerliche Dinge für möglich halten und uns dessen immer bewusst sein. Es ist hilfreich, wenn eine Außenstehende oder ein Außenstehender (z. B Therapeutin oder Berater) wahrnimmt, benennt, Stellung bezieht und Worte und Erklärungen für das scheinbar Unsagbare und Unerklärbare anbietet. Wir möchten mit einer klaren Stellungnahme der WHO (1997) schließen: »Gewalt, wie auch immer, ist vermeidbar – sie ist kein unbehandelbares soziales Problem oder ein unvermeidbarer Teil der menschlichen Natur. Die große Bandbreite der Gewalt innerhalb und zwischen den Nationen über die Zeit hinweg zeigt, dass Gewalt das Produkt von komplexen, aber veränderbaren sozialen und Umgebungsfaktoren ist« (Übers. v. Autorin.). Gewalt ist eine Wahl, wir können auch anders wählen. Der erste Schritt ist, sie nicht zu verleugnen.

Literatur

Cokkinides VE, Coker AL, Sanderson M et al. (1999). Physical violence during pregnancy: maternal complications and birth outcomes. Obstet Gynecol; 93 (5): 661–6.
Funke C (2011). Managerinnen 50 Plus – Karrierekorrekturen beruflich erfolgreicher Frauen in der Lebensmitte. Beauftragte Institution: EWMD Deutschland e. V., Berlin. www.bmfsfj.de/RedaktionBMFSFJ/Broschuerenstelle/Pdf-Anlagen/Managerinnen-50-plus,property=pdf,bereich=bmfsfj,sprache=de,rwb=true.pdf (Zugriff am 6. Juni 2012).
Häuser W, Schmutzer G, Brähler M, Glaesmer H (2011). Misshandlung in Kindheit und Jugend. Ergebnisse einer Umfrage in einer repräsentativen Stichprobe der deutschen Bevölkerung. Dtsch Ärztebl 2011; 108: 278–94.
Holst E, Busch A (2010). Führungskräfte-Monitor 2010, Bd. 56. Berlin: Deutsches Institut für Wirtschaftsforschung.
Lampe A (2002). Die Prävalenz von sexuellem Missbrauch, körperlicher Gewalt und emotionaler Vernachlässigung in der Kindheit in Europa. Z Psychosom Med Psychother; 48: 370–80.

Lightfoot-Klein H (2003). Der Beschneidungsskandal. Berlin: Orlanda.

Nippert I (2005). Perspektiven der Geschlechtsselektion. In: Van den Daelen W (Hrsg.). Biopolitik. Leviathan Sonderheft Nr. 23. Wiesbaden: VS Verlag für Sozialwissenschaften; 201–33.

Reddemann L (2002). Traumatisierung von Frauen im Lebenszyklus: Konsequenzen für eine Frauengerechte Versorgung. Psychotraumatologie; 3: 43–56.

Rees S, Silove D, Chey T et al. (2011). Lifetime prevalence of gender-based violence in women and the relationship with mental disorders and psychosocial function. JAMA; 306(5): 513–21.

Savulescu J, Dahl E (2000). Junge oder Mädchen: Sollten sich Eltern das Geschlecht ihrer Kinder aussuchen dürfen? Reproduktionsmedizin; 16: 274–8.

Schmuel E, Schenker JG (1998): Violence against women. The physicians role. Eur J Obstet Gynecol Reprod Biol; 80: 239–45.

Strobel R, Lobermeier M (2011). Zwangsverheiratung: Risikofaktoren und Ansatzpunkte zur Intervention. Bundesministerium für Familie, Senioren, Frauen und Jugend (Hrsg.). Berlin: Eigenverlag.

Unicef (o. J.). Kinderheirat. Broschüre. www.unicef.at/fileadmin/medien/pdf/Fact_Sheets/Kinderheirat_fact_sheet.pdf (Zugriff am 21. Mai 2012).

WHO (1997). Violence against women. www.who.int/gender/violence/prioreng/en/ (Zugriff am 6. Juni 2012).

WHO (2002). World Report on violence and health. www.who.int/violence_injury_prevention/violence/world_report/en/ (Zugriff am 6. Juni 2012).

23 Psychische Störungen im Zusammenhang mit Schwangerschaft und Geburt

Beate Wimmer-Puchinger

Inhalt

23.1 Von der »normativen Krise« zu Belastungen der psychischen Gesundheit 239
23.2 »Unglückliche Schwangerschaften« – wenn aus der Schwangerschaft ein Risiko wird 240
23.3 Psychische Belastungen vor der Schwangerschaft 242
23.4 Auswirkungen von Gewalt auf die Schwangerschaft 243
 Substanzabhängigkeit und Schwangerschaft 244
 Essstörungen und Schwangerschaft 245
 Innere Konflikte und Depressionen 246
23.5 Geburt und Postpartalzeit – vom Traum zum Trauma? 246
23.6 Chancen der Intervention und Prävention 248
23.7 Fazit 249

23.1 Von der »normativen Krise« zu Belastungen der psychischen Gesundheit

In der Zeitspanne der Schwangerschaft durchläuft eine Frau selbst unter optimalen Bedingungen Höhen und Tiefen. Insbesondere im 1. Trimenon stehen intrapsychische Momente wie Aktivierung von Objektbeziehungen, Bereitschaft und Vermögen, sich auf lebensentscheidende Bindungen einlassen zu können oder nicht (Überlegungen zum Schwangerschaftsabbruch) im Mittelpunkt, im Fokus stehen aber auch Veränderungen im Außen, nämlich die der sozialen Lebenssituation. Eine gute körperliche und psychische Adaptierung an die verschiedenen Phasen der Schwangerschaft erfordert entsprechend protektive Voraussetzungen. Dies ist jedoch bei sehr vielen Frauen nicht gegeben. Sie können nicht auf stabile Objektbeziehungen, Liebe, Fürsorge und Förderung aufbauen, vielmehr ist ihr Leben bis zum Eintritt der Schwangerschaft von Brüchen, Enttäuschungen, psychischen Belastungen und Traumen gezeichnet. Insofern sind die Ausgangsbedingungen für das Verständnis psychischer Störungen in der Schwangerschaft und der Postpartalzeit von Relevanz.

Die psychische Gesundheit in der Bevölkerung scheint abzunehmen, Depressionen sind weltweit auf dem Vormarsch. Eine routinemäßige, vertiefte psychische oder psychiatrische Anamnese am Beginn einer Schwangerschaft ist jedoch die Ausnahme. Einmal ist es, so wird argumentiert, ein Zeitproblem. Zum anderen wird die Bedeutung psychischen Erlebens unterschätzt, bagatellisiert, nicht erkannt. Leitlinien geburtshilflicher Betreuung sind auf medizinische Sicherheit abgestimmt. Das bedeutet somatische Risikofrüherkennung, Risikoschwangerschaftsambulanzen und Etikettierung der Frauen als »Risikofälle«. Dies verstärkt unter Umständen iatrogen die Verunsicherung und angstmachende Fantasien. »Die Risikoorientierung in der Schwangerenvorsorge fördert nicht nur die defizitäre Sichtweise von Schwangerschaft und Geburt als einen potenziell von Komplikationen bedrohten Prozess, sie ist darüber hinaus als Vorgangsweise nicht unproblematisch [...]« (Baumgärtner u. Stahl 2005, S. 160). Dies führe zu einer Kaskade von unnötigen Interventionen sowie deren unerwünschten Nebenwirkungen. »Beide Aspekte zusammen tragen zu einer vorzeitigen Medikalisierung, Pathologisierung von Schwangerschaft und Geburt bei.« In einer Interviewstudie zu Erwartungen von Frauen an eine optimale Betreuung kristallisierten sich die folgenden Bedürfnisse heraus (Baumgärtner u. Stahl 2005, S. 89):

- ein vertrauensvolles Verhältnis zur Betreuungsperson und ein partnerschaftlicher Umgang
- das Bedürfnis, ernst genommen zu werden, und die Bestätigung der Normalität und Beruhigung
- eine gute Gesprächsbasis und eine Kontinuität der Betreuungsperson; ein individueller Zugang, Information, Aufklärung und Beratung und vor allem Zeitlassen
- beruhigende Berührung und natürlich maximale Kontaktmöglichkeit mit dem Kind

23.2 »Unglückliche Schwangerschaften« – wenn aus der Schwangerschaft ein Risiko wird

Sind die äußeren sozialen Bedingungen bei vorhandenem Kinderwunsch für glückliche Zukunftsvorstellungen mit dem Kind gegeben, so durchlebt eine Frau ein starkes Glücksgefühl, das sie auch als Bestätigung ihrer Weiblichkeit, körperlichen Potenz und Gesundheit erlebt. Kommt es jedoch zu einer plötzlichen Schwangerschaftskomplikation, kann dieses positive Grundgefühl kippen in eine starke Kränkung und Verunsicherung – aus der positiven Zuversicht wird Angst und misstrauisches Beobachten aller körperlichen Signale.

Diese somatopsychische Reaktion trifft an sich für jede bedrohliche Erkrankung zu. In der Schwangerschaft bedeutet es aber in zweifacher Hinsicht eine Belastung: zum einen Angst vor der realen gesundheitlichen Bedrohung für das Baby, zum anderen Angst vor den etwaigen lebenslangen Konsequenzen für die werdende Mutter, die Paarbeziehung etc. Wesentlich ist aus der Frauenperspektive dabei, dass Gedanken und Gefühle der Frauen um Suche nach »Schuld und Sühne« kreisen. Häufig wird die Ursache für die plötzliche Schwangerschaftskomplikation in einem tabuisierten Koitus, verbotenen Lusterlebnissen oder aber zu viel Stress gesehen. Aber auch Momente von ambivalenten Gefühlen dem Kind gegenüber können die Komplikation als Strafe erleben lassen.

Die deutsche Gesellschaft für Perinatale Medizin hat 14 Risikofaktoren aufgelistet (Dudenhausen u. Pschyrembel 1991, S. 68 ff.):
- schwangerschaftsinduzierte Hypertonie, mit Blutdruck > 140/90 mmHg und Proteinurie ≥ 0,5g%
- Übertragung, d. h. Terminüberschreitung ≥ 7 Tage
- Morbus haemolyticus fetalis
- Diabetes mellitus
- Frühgeburt, einschließlich Zervixinsuffizienz
- anamnestische Faktoren wie vorausgehende Fehl-, Früh- oder Totgeburten, Sektion, schwierige vaginale operative Entbindungen
- Alter: späte Erstgebärende (ab 30. Lebensjahr) oder Mehrgebärende (ab 40. Lebensjahr), junge Erstgebärende (< 20. Lebensjahr)
- Organerkrankungen: Herz, Kreislauf, Lungen, Leber, Nieren, Schilddrüse
- Schwangerschaftsanämie
- Lageanomalie (Querlage, Beckenendlage), Missverhältnis kindlicher Kopf zu mütterlichem Becken, Mehrlingsschwangerschaft, Beckenanomalie
- Gewicht: Adipositas ≥ 15 kg Übergewicht
- Infektionskrankheiten
- Missverhältnis von Uterusgröße und Schwangerschaftsdauer
- Blutungen

Nach Dudenhausen und Pschyrembel (1991) muss jedoch betont werden, »dass das Feststellen eines Risikofaktors nicht gleichbedeutend mit der Diagnose einer Gefährdung ist (S. 68 ff.). Es ist nicht der Sinn der Risikoselektion, der Schwangeren mit dem Etikett ›Risikoschwangere‹ Angst und Schrecken einzujagen.« Auch wird davor gewarnt, die Bezeichnung »Risikoschwangerenbetreuung« oder »Sie sind eine Risikoschwangere« zu verwenden. Die Folgen sind engmaschige Kontrollen, Zusatzuntersuchungen und Identifizierung als Risikoschwangerschaft. Die Aufmerksamkeit wird sowohl auf kindliche als auch eigene körperliche Signale gelenkt und ängstlich beobachtet. Es kann zu unterbrochenem Dialog mit dem Kind führen (»Ich will mich nicht zu sehr einlassen, um dann nicht enttäuscht zu sein«), auch zu Ärgergefühlen (»Du machst mir Sorgen!«). Schwierig für Frauen ist auch, wenn die Lebensqualität und Freiräume sehr eingeengt werden und der Mutter präventiv z. B. Krankenstand und lange Bettruhe verordnet werden müssen, d. h. Schwangerschaft krankheitswertig wird. Es kann aber auch Fantasien von präsumptiven »überbeschützende Mutter« auslösen – Attributionen, die die zukünftige Mutter-Kind-Beziehung bereits in bestimmte Bahnen lenkt. Risikoambulanzen können Ängste und Unsicherheit der Mutter und der sozialen Umgebung verstärken. In der klinischen Praxis gilt es,

- diese Frauen psychologisch zu begleiten, um ihnen Sicherheit und Halt zu geben,
- alle medizinischen Schritte genau zu strukturieren,
- wie bei jeder negativen Diagnose die Informationen empathisch zu dosieren und
- sich rückzuversichern, wie die Informationen erlebt und verstanden werden.

Immer gilt es, Zuversicht zu verstärken. Sich zum Wohle des Kindes zu schonen, auf lustvolle und befriedigende Aktivitäten verzichten zu müssen, kann konflikthaft erlebt werden. Die überwältigende Belohnung dafür, nämlich ein gesundes Baby in den Armen zu halten, ist noch ungewiss und macht den präventiven Einsatz »psychischer Energien« schwieriger.

Umgekehrt sind im Sinne der somatopsychischen Ebene und der psychosomatischen Wechselwirkungen auch Befinden, Erleben und Verhalten (Mit-)Auslöser für oben angeführte Komplikationen.

23.3 Psychische Belastungen vor der Schwangerschaft

Die Etablierung von positiver Identität und Körperbild ist eine zentrale Schlüsselaufgabe für ein gutes weibliches Selbstverständnis. Das Körperbild entwickelt sich von der Geburt an durch jede körperliche Zuwendung, taktile und motorische Erfahrungen und deren Rückkoppelungsprozesse, emotionale Interaktion mit den ersten Bezugspersonen, der Wahrnehmung des Körpers durch die Eltern sowie durch Beobachtungen und Erfahrungen des Kindes, wie Eltern mit dem eigenen Körper agieren (Angespanntheit vs. Entspanntheit, Scham, Ablehnung etc.) und Erfahrungen mit Schmerz und Krankheit. Zahlreiche innere und äußere Bedingungen erschweren ein positives Körperbild, wie
- fehlende empathische Zuwendung,
- Missdeutung kindlicher Signale,
- Mutter oder andere Bezugsperson, die den eigenen Körper ablehnt, bis hin zu pathologischen Störungen (Essstörungen, körperdysmorphe Störung),
- körperliche Gewalt, Vernachlässigung und
- erotisierende Berührungen bis hin zu sexuellem Missbrauch.

Eine Herausforderung der Integration des Körperbildes und seiner primären und sekundären Geschlechtsmerkmale besteht besonders für Mädchen, hier in Bezug auf verfrühte oder verzögerte körperliche Entwicklung. Im Zeitalter des Schlankheits- und Schönheitskultes wird das Mädchen schon sehr früh sexualisiertes Objekt des Konsums, der Werbung, aber auch der Übergriffe. Es gehört daher zu einem zentralen Erleben in der Schwangerschaft, in sich ein gutes Körperimago zu haben, denn Schwangerschaft und Geburt sind auch zentrale körperliche Erlebnisse.

Psychische Störungen gehören weltweit zu den wichtigsten Gesundheitsproblemen, wie der WHO-Report über Mental Health alarmiert; besonders Depressionen zählen dazu (WHO 2001). Frauen erkranken doppelt so häufig an affektiven Störungen als Männer. Dieses Ergebnis findet sich in allen Studien (Nolen-Hoeksema 2006; Riecher-Rössler u. Bitzer 2005). Als Faktoren finden sich geschlechtsspezifische Aspekte, z. B. ausgeprägte Aggressionshemmungen und -verbote für Frauen, Kränkungen über soziale Benachteiligungen, geringeren Status. Hinzu kommen die massiven psychischen Folgen von körperlicher und sexueller Gewalt. Andererseits kommunizieren Frauen psychisches Leid direkter und suchen eher Hilfe auf. Tritt eine Schwangerschaft ein, so ist dieser »andere Umstand« in der Regel zunächst nicht dazu angetan, Stabilität zu vergrößern und Vulnerabilität zu minimieren. Schwangerschaft ist in den meisten Fällen keine »Therapie«, die vorhandene Krisen neutralisiert. Im Gegenteil: Schwangerschaft als ein zentrales Lebensereignis kann innere Konflikte auslösen oder psychische Krankheiten reaktivieren, die als geheilt betrachtet wurden. Psychische Vulnerabilität und ihre Bedeutung für Schwangerschaft können unter folgenden Gesichtspunkten betrachtet werden:
- psychische Reaktion auf äußere belastende Erlebnisse: Gewalt und andere traumatische Erlebnisse
- bestehende psychische Erkrankungen wie Alkoholerkrankungen, Drogen, Essstörungen, Angststörungen, Depressionen

23.4 Auswirkungen von Gewalt auf die Schwangerschaft

Gewalt gegen Frauen ist eine wichtige Herausforderung für erfolgreiche Volksgesundheits-Strategien. Wir verfügen über genügend wissenschaftliche Evidenz, dass physische, psychische und sexuelle Gewalt massive psychische, aber auch körperliche Langzeitwirkungen verursacht. Geschlechtergewalt wird in allen Ländern und allen Lebensphasen ausgeübt (weiblicher Genozid, Mädchen- und Frauenhandel, Zwangsheirat, Genitalverstümmelung etc.) (Krug et al. 2002). Tabelle 23-1 (S. 244) gibt Häufigkeiten der Gewalt gegen Frauen in Deutschland wieder.

Für Österreich wurde in einer Multi-Center-Studie in elf gynäkologischen Abteilungen an 1 378 Frauen ermittelt, dass rund 4 % der Frauen sexuelle Gewalt mit Penetration erlebt hatten, in einem Durchschnittsalter beim ersten Übergriff von 12 Jahren. Insgesamt wurden von rund 12 % der Frauen sexuelle Übergriffe in der Kindheit angegeben. Für diese Gruppe zeigte sich, dass die gynäkologischen Langzeitfolgen Unterbauchschmerzen, Eierstockentzündungen, Blasenentzündungen, vaginale Infektionen sich signifikant von Frauen ohne sexuelle Gewalterlebnisse unterschieden (Wimmer-Puchinger u. Lackner 1997). Die psychischen Langzeitfolgen sind Depression, Panikattacken, Angststörungen, Schlafstörungen, dissoziative Symptome, Suizidalität, Selbstverletzung, posttraumatische Belastungsstörung und Essstörungen. In einer Gewaltbeziehung erlei-

Tab. 23-1 Gewalt gegen Frauen laut einer Studie des Bundesministeriums für Familie, Senioren, Frauen und Jugend (2004) mit 10 000 Frauen im Zeitraum Februar bis Oktober 2003

	Hauptstudie Deutschland n = 10 000	Türkische Migrantinnen n = 397	Prostituierte n = 110	Flüchtlingsfrauen n = 65
Sexuelle Belästigung	58 %	52 %	92 %	69 %
Psychische Gewalt	42 %	45 %	82 %	79 %
Körperliche Gewalt	37 %	46 %	87 %	52 %
Sexuelle Gewalt	13 %	13 %	59 %	28 %
Körperliche und/oder sexuelle Gewalt durch (Ex-)Partner	25 %	38 %	62 %	54 %

den Frauen signifikant häufiger Schwangerschaftsverlust, aber auch ungewollte Schwangerschaften (Stöckl et al. 2012).

Als Folge muss daher für erhöhte Aufmerksamkeit und Sensibilität für die Gewaltthematik in der Schwangerenbetreuung plädiert werden. In der Frauenklinik Zürich (Bass 2010) sind Schulungen für die gynäkologischen und geburtshilflichen Teams bereits Routine. Dies ermöglicht den Ärztinnen und Ärzten, etwaige Gewalterfahrungen in der Anamnese anzusprechen. Die Stadt Wien hat im Rahmen des Frauengesundheitsprogramms 880 Mitarbeitende der öffentlichen Wiener Krankenanstalten (medizinisches und Pflegepersonal) in 2-tägigen Workshops zur Früherkennung von Gewaltopfern geschult. An der Universitätsfrauenklinik Kopenhagen gaben von 2 638 schwangeren Frauen an, in ihrem Leben rund 10 % körperliche und rund 9 % sexuelle Gewalt erfahren zu haben. Die langfristigen Folgen können Depressionen in Schwangerschaft und Postpartalzeit sein (Schroll et al. 2011). An der Universitätsfrauenklinik München wurde eine Prävalenz von rund 7 % psychischer, physischer und sexueller Gewalt in der Schwangerschaft ermittelt. Überrepräsentiert ist dies bei werdenden Müttern und Vätern mit geringer Bildung, kurzer Beziehungsdauer, ungeplanter Schwangerschaft, starkem finanziellen Druck durch die Schwangerschaft, fehlender sozialer Unterstützung und insgesamt einem schlechten mütterlichen Gesundheitszustand (Stöckl et al. 2010).

Substanzabhängigkeit und Schwangerschaft

Suchterkrankungen sind zwar nach wie vor bei Frauen wesentlich geringer verbreitet als bei Männern, ihre Biografie ist jedoch durch Gewalterfahrungen, Vernachlässigung oder frühe Brüche in den Objektbeziehungen gekennzeichnet. Diese Frauen erleiden frühe Traumatisierungen und sind vulnerabel. Alkoholabhängige Frauen leben häufiger allein oder mit ihren Kindern als alkoholabhängige Männer, gehören andererseits häufig einer höheren Bildungsschicht an als Männer, sind angepasster. Die Alkoholerkrankung wird verheimlicht. Alkoholkranke Frauen sind häufig mit Diskriminierungen konfrontiert. Tritt eine Schwangerschaft ein, so führt diese in der Regel zu einer neuerlichen Traumatisierung, Schuldgefühlen und Angst, den Anforderungen als Mutter nicht gerecht werden zu können. In der Regel ist die Schwangerschaft nicht gewollt. Frauen mit Alkohol- und Substanzabhängigkeit vernachlässigen ihren Körper, auch was die Beachtung der Fruchtbarkeit anbelangt. Die Menstruation bleibt oft monatelang aus, dies führt oft erst zur Diagnose einer Schwangerschaft, wenn diese schon weit fortgeschritten ist. Infolgedessen suchen sie auch sehr viel später als gesunde Frauen eine Schwangerenambulanz oder gynäkologische Fachperson auf (Skagerström et al. 2011). Während Frauen mit Substanzabhängigkeit, besonders wenn sie bereits in einem Entwöhnungsprogramm sind, bessere Chancen auf professionelle Schwangerenbetreuung haben, bleiben Frauen mit latenter oder manifester Alkoholerkrankung oft unerkannt, d.h. Chancen auf soziale Unterstützung oder Anbahnung der Entwöhnung bleiben aus. Ohne soziale Unterstützung sind diese Frauen durch die Mutterschaft überfordert. Es kommt zu einem Teufelskreis, da in der Folge das Sucht- als Fluchtverhalten verstärkt wird.

Essstörungen und Schwangerschaft

Schwangerschaft bedeutet auf mehreren Ebenen grundlegende Veränderungen und Reaktivierungen frühkindlicher Objektbeziehungen. Die Wahrnehmung der Körperveränderungen muss in das bisherige Körperbild integriert werden. Dem Erleben der Schwangerschaft von Frauen mit Essstörungen wurde erst in den letzten Jahren mehr Bedeutung beigemessen. Die krankmachende Propagierung von extremer Schlankheit als Schönheitsnorm hat einerseits das Diätverhalten der jungen Mädchen und Frauen massiv verstärkt. Langfristige Folgen von Essstörungen sind unter anderem Zyklusanomalien und Amenorrhoe. Dies erschwert die Möglichkeit, schwanger zu werden. Des Weiteren ist durch ein negativ besetztes Körperbild, geringes Selbstbewusstsein und Depressivität die Sexualität und Partnerbeziehung schwierig. Frauen mit einer Essstörung finden sich unerkannterweise häufig in fertilitätsmedizinischer Behandlung (Athey 2003). Bei Frauen mit Anorexie ist Gewichtszunahme in der Schwangerschaft schwierig und bleibt signifikant geringer als im Durchschnitt. Die Schwangerschaft verstärkt die Symptome. Für Frauen, die an Bulimie leiden, kann eine Schwangerschaft vorübergehend eine Besserung bedeuten. In der Zeit nach der Geburt kommt es jedoch häufig zu Rückfällen und Verschlechterung. Schwangerschaftserbrechen (Hyperemesis gravidarum) kommt ebenfalls gehäuft vor. Das Institut für Public Health in Norwegen ermittelte in einer prospektiven Kohortenstudie von 45 644 schwangeren Frauen eine Prävalenz von 4,1 % Frauen mit Binge-Eating-Symptomen. Davon wurde jede zweite Symptomatik durch die Schwangerschaft ausgelöst. Zusammenhänge ergaben sich mit Angststörungen, Depressionen, geringem Selbstwertgefühl, geringer Lebens- und Partnerzufriedenheit und vor allem mangelnder sozialer Unterstützung. Auch hier zeigt sich, dass aus Scham nicht kommunizierte Essstörungen vom geburtshilflichen Team verkannt oder unterschätzt werden (Berg et al. 2011). Alarmierend sind Beobachtungen von zu geringer Gewichtszunahme mit dem Risiko von Frühgeburten und Babys mit geringem Geburtsgewicht.

Innere Konflikte und Depressionen

»Depression ist weiblich.« Selbst wenn dies nicht bedeutet, dass Frauen per se vulnerabler wären, so ist dieser Befund doch klassisch für den Geschlechterdiskurs, an dem sich die Macht der soziologischen Rollenfixierung festmachen lässt. Fakt ist, dass Frauen doppelt so häufig wie Männer an Depressionen erkranken (Riecher-Rössler u. Bitzer 2005; Riecher-Rössler u. Rohde 2001). Auch ist ein rapider Anstieg und zwei- bis dreimal so häufiger Psychopharmaka-Konsum zu verzeichnen. Depressive Störungen sind die häufigste psychische Diagnose in westlichen Ländern. Für Frauen gilt, dass die psychosozialen Geschlechternormen und Anforderungen an weibliche Biografien, Gewalterfahrungen und geringe Autonomie das Depressionsrisiko erhöhen. Des Weiteren reagieren Frauen mit Aggressionsverleugnung und -unterdrückung.

Die an sich schon erhöhte Inzidenz von Depressionen bei Frauen bedeutet, auf diese im Zusammenhang mit Schwangerschaft besonders zu achten. Anforderungen an Mütter als Objekte kindlicher Bedürfnisse sind mit dem verinnerlichten Diskurs um Mutterschaft, Weiblichkeit und Depressionen verknüpft. Dieses Thema ist besonders aus der Sicht der feministischen Frauenforschung brisant (Badinter 2010; McGrath et al. 1990). Es ist davon auszugehen, dass 5 bis 10 % der Frauen während der Schwangerschaft an einer Depression leiden (Riecher-Rössler 2012). Eine prospektive, randomisierte Interventionsstudie (1. und 3. Trimenon sowie 3 und 6 Monate postpartum) an 3 036 schwangeren Frauen ergab bei 10 % der Frauen eine psychiatrische Vorgeschichte (Wimmer-Puchinger 2006). Dies wiederum ist ein Prädiktor für postpartale Depressionen. Dagegen sind psychosoziale Ressourcen, soziale Stabilität und Antizipation sowie ein emotional unterstützendes Umfeld als protektive Faktoren und Puffer gegen Stress ausgewiesen (Glazier et al. 2004). Für die klinische Praxis zeigt sich auch, dass Früherkennung, psychosoziale Interventionen und sogar regelmäßige Telefonanrufe durch Familie, Hebamme oder Fachleute der Sozialarbeit wirkungsvoll sind (Caramlau et al. 2011; Rowe u. Fisher 2010).

23.5 Geburt und Postpartalzeit – vom Traum zum Trauma?

Geburt als Endpunkt der Schwangerschaft und Beginn eines neuen Lebensabschnitts zählt bei komplikationslosem Verlauf und Geburt eines gesunden Babys zu den beglückendsten Lebensereignissen. Es ist ein kontinuierlicher Lernprozess des Verstehens und Interagierens auf Signale des Kindes, aber auch des Aufbaus der Triangulierung zwischen Vater, Mutter und Kind. Rückschläge erleiden Frauen und ihre Partner jedoch durch unrealistische Vorstellungen von einer beglückenden, neuen Familienkonstellation. Dieses Wunschbild scheitert an den konkreten Herausforderungen dieser Umstellung. Dramatisch sind die Ergebnisse einer repräsentativen Studie mit Müttern und Vätern ein Jahr nach der Geburt eines Kindes: In einer Kohorte von 630 373 Müttern und 547 431 Vätern wurden die stationären Aufnahmen einer psychiatrischen Klinik in Dänemark erfasst. Junge Mütter mussten signifikant häufiger stationär aufgenommen werden als kinderlose Frauen der gleichen Altersgruppe (Munk-Olsen et al. 2006). In der Bewältigung der posttraumatischen Belastungsstörung nimmt der Partner eine Schlüsselrolle ein. Enttäuschung und geringe emotionale Beteiligung des Partners erhöhen die Wahrscheinlichkeit einer postpartalen Depression und von posttraumatischem Stress (Beck et al. 2011; Iles et al. 2011).

Inwieweit Geburt frühe Traumen reaktivieren kann und zu postpartalen, passageren psychotischen Episoden führen kann, soll die folgende Fallvignette nachvollziehbar machen.

> **Fallbeispiel**
>
> Zwei Tage nach einer komplikationslosen Geburt eines gesunden Mädchens gerät die 25-jährige Mutter in Panik und ist agitiert; es manifestiert sich ein psychotisches Zustandsbild. Nach der ersten psychologischen Intervention einer vorübergehenden Beruhigung, des Zuhörens, Eingehens und Verstehens wird deutlich, dass diese junge Mutter in Angstvorstellungen und Bildern dramatischer Szenen gefangen ist. Worte wie »Pass auf!«, »Achtung, Mama!« können entschlüsselt werden. Ein Anruf beim zuweisenden Arzt in ihrem Heimatdorf ergibt, dass sie als 6-jähriges Kind miterleben musste, wie ihr Vater ihre Mutter und ihre drei Geschwister mit einem Beil erschlug. Sie hat als einzige das Familiendrama überlebt. Immer wieder musste sie bei kritischen Situationen in einer psychiatrischen Klinik aufgenommen werden. Durch die Geburt einer Tochter kam es offensichtlich zu einer Wiederbelebung dieser kindlichen Ängste, die sie einerseits als Mutter, die sie nun war, beschützend für ihr Kind, andererseits als Kind erlebte.

Es kann und muss als gesichert gelten, dass eine psychiatrische Vorgeschichte die Wahrscheinlichkeit einer postpartalen Depression oder Psychose erhöht (Riecher-Rössler 2006). Dies bestätigte auch eine prospektive Studie an rund 3 036 Frauen, die einen hohen Zusammenhang zwischen erhöhten Werten des EPDS (Edinburgh Postpartal Depression Scale) und einer psychiatrischen Vorgeschichte aufwies. Eindeutig bestätigt wurde auch ein Zusammenhang mit geringer sozialer Unterstützung, insbesondere durch den Partner, und mit sozialer Isolation. In der randomisierten Interventionsgruppe von 233 schwangeren Frauen ergab eine Unterstützung der depressiven Frauen durch eine Familienhebamme, Sozialarbeiterin oder Psychotherapeutin geringere postpartale Depressionswerte 3 und 6 Monate nach der Geburt als in der gleich großen nicht betreuten Gruppe (Wimmer-Puchinger 2006).

Postpartale Depressionen erleiden je nach Zeitpunkt und Messinstrument zwischen 6 und 22 % der Frauen (Riecher-Rössler 2006; Wimmer-Puchinger 2006). Als Symptome gelten (Riecher-Rössler 2006, S. 12):
- depressive Verstimmung
- Antriebsmangel, Energielosigkeit
- Freudlosigkeit, Interessenverlust
- Müdigkeit
- Schlaf- und Appetitstörungen
- Konzentrationsstörung
- Ängste, Sorgen
- Zwangsgedanken (z. B. dem Kind schaden)
- Schuldgefühle
- Gefühl der Gefühllosigkeit (Differenzialdiagnose bonding-disorder)
- Suizidgedanken und zum Teil Suizidhandlungen
- emotionale Labilität

Prädiktoren sind, basierend auf Metaanalysen (Beck 1996):
- pränatale Depression
- depressive Erkrankung in der Vorgeschichte
- Stress mit der Versorgung des Kindes
- allgemeiner Stress
- wenig soziale Unterstützung
- pränatale Angst
- Babyblues
- geringe Zufriedenheit in der Partnerbeziehung

Weitere Risikofaktoren sind Gewalterlebnisse, Essstörungen und Angststörungen.

23.6 Chancen der Intervention und Prävention

Schwangerschaft und Postpartalzeit bedeuten für rund ein Drittel der Frauen eine Reaktivierung vorhandener psychischer Vulnerabilität und Störungen wie Depressionen, die aus frühen Traumata resultieren können. Diese müssen möglichst früh erkannt werden. Dies gilt ebenso für latente oder manifeste Alkoholerkrankungen und Substanzabhängigkeit vor dem Eintritt der Schwangerschaft. Geburtshilfliche Abteilungen oder Schwangerenbetreuung im niedergelassenen Bereich sind Torhüter der Prävention, psychosozialen Unterstützung und Begleitung. Sie bilden die wichtigste Drehscheibe, rechtzeitig psychotherapeutische Hilfe anzubieten und soziale Unterstützungssysteme zu organisieren. Dies setzt interdisziplinäre Teamstrukturen, Teambesprechungen und ein Mindestmaß eines psychosomatischen und psychosozialen Verständnisses dieser Phase der Mutter- oder Elternwerdung voraus, und nicht nur einen »anderen körperlichen

Zustand«. Fehlende soziale Unterstützung, idealisierende Erwartungen bei wenig konkreten Lebensentwürfen als Eltern sind das kritische Element, um aus »guter Hoffnung« und einem guten Start für Mutter, Vater und Kind ein Drama oder Trauma werden zu lassen. Interventionen in verschiedenen Settings, je nach Schweregrad und Ressourcen, wirken! Regelmäßige Telefonkontakte, Hausbesuche bis zu Gruppentherapie sind Zauberformeln – nicht wissen, nicht erkennen, nicht handeln hingegen toxisch für die Zukunft der Frau als Mutter, aber auch für die wichtige Vater-Kind-Beziehung. Das Anwendungsfeld für »sprechende Medizin«, Psychotherapie und Sozialarbeit ist breit, die Problematik ernst und prognostisch relevant.

Als wichtigen Schlüssel zum Verständnis müssen wir die gesellschaftlichen Rahmenbedingungen und gestiegenen Anforderungen einer Leistungsgesellschaft in einer Periode der zunehmenden wirtschaftlichen Krisenbedingungen und des Abbaus sozialer Unterstützungssysteme betrachten. Es ist mir ein Anliegen, nach 20-jähriger Tätigkeit als klinische Psychologin in einer Frauenklinik die wichtigen Chancen früher Interventionen in der Schwangerschaft aufzuzeigen.

23.7 Fazit

Um Frauen in ihrer meist nicht kommunizierten, doch belasteten psychischen Verarbeitung der Schwangerschaft und Geburt zu verstehen, ist ein Einblick in die Biografie, mögliche traumatisierende Erlebnisse und das Selbstkonzept einer »guten Mutter« ein unverzichtbarer Schlüssel. Die komplexe und dichte Psychodynamik der Adaptierung an ein »Mutter-Ich« sowie das Geburtserlebnis mit all seiner emotionalen Tiefe reaktiviert frühere Erlebnisse. Frauen, die keine Unterstützung erwarten dürfen und eine wenig empathische Umgebung haben, bedürfen besonderer Zuwendung. Diese Chance ist im Rahmen klinisch oder psychotherapeutischer Tätigkeit im Kontext der Geburtshilfe hervorragend gegeben. So sind Frauen mit Gewalterfahrungen vielfach traumatisiert, eine vertrauensvolle Sexualität und Paarbeziehung sind aus vielen Gründen erschwert. Erlebt wird dies meist schuldhaft und mit Scham besetzt. Gewalterfahrungen korrelieren mit Depressionen, Angststörungen, Essstörungen, die (re-)aktiviert werden können. Folgen können häufigere stationäre Aufnahmen aufgrund von Schwangerschaftskomplikationen, vorzeitige Wehen sowie postpartale Depressionen sein (Leeners 2010). In der Regel wird Gewaltbetroffenheit in der Schwangerenbetreuung nicht erkannt. Betroffene maskieren ihre Erfahrungen aus Schamgefühlen. Guidelines und Schulungen für die ersten Schwangerschaftskontrolluntersuchungen sind deshalb zu empfehlen (Silverman u. Loudon 2010). Für eine möglichst frühe Unterstützung, Stärkung und vor allem eine gute Basis für die Mutter- oder Eltern-Kind-Beziehung bedarf es sensibilisierter und geschulter geburtshilflicher Teams.

Frauen mit Alkoholerkrankung und Substanzabhängigkeit sind in der Schwangerschaft durch das negative Zusammenspiel an traumatisierenden Ereignissen äußerst gefordert; Gewalterfahrungen sind im Vergleich zur weiblichen Normalpopulation um ein Drei- bis Vierfaches erhöht. Haben sie keine Hilfe, ihren Suchtmechanismus zu durchbrechen, so ist das Kind durch eine Alkoholembryopathie in seiner Entwicklung extrem benachteiligt. Entwicklung von Beratungs- und Weiterbildungskonzepten für Hebammen und gynäkologisch und ärztlich Tätige sind für die Früherkennung von zentraler Bedeutung. Auch hier gilt, dass die Schwangerenambulanzen ein Torhüter der Prävention sind. In Wien hat sich das Modell der Betreuung drogenabhängiger Schwangerer (»Comprehensive Care Projekt«) äußerst bewährt. Geburtshilfe, Neonatalogie und Kinderneuropsychiatrie, Sozialarbeit und Psychiatrie bilden ein enges Betreuungsnetzwerk.

Frauen mit Essstörungen und Körperbildstörungen fällt die psychische Adaptierung an den wachsenden Bauch schwer. Überwertig und Angst machend sind bereits Fantasien, dass ihr Baby zu dick werden könnte. Kinderärzte und -ärztinnen schlagen Alarm, dass das Fütterungsverhalten von Frauen mit Essstörungen den kindlichen Bedürfnissen zuwiderläuft, die Kinder oral und emotional nicht gesättigt werden (können). Bedauerlicherweise führt der starke mediale Schönheits- und Schlankheitsdruck schon bereits bei Frauen in den ersten Monaten mit dem Baby zu einem Fitness- und Bewegungszwang, um abzunehmen, anstatt sich, dem Körper und dem Baby Zeit zu geben. Für die geburtshilflich-gynäkologische Praxis sind folgende Orientierungsfragen zum Einstieg hilfreich (Bülchmann et al. 2001):

- Wie oft wiegen Sie sich selbst?
- Wie oft fasten Sie pro Woche?
- Wie zufrieden sind Sie mit Ihrem Gewicht?
- Essen Sie heimlich?
- Nehmen Sie Diuretika oder Laxantien ein?
- Wie viele Stunden Sport treiben Sie pro Woche?
- Verletzen Sie sich selbst (z. B. durch Haareausreißen, Ritzen an den Armen)?

Abschließend lässt sich festhalten, dass es zu den elementaren Lebensereignissen zählt, ein Kind zu erwarten und zu gebären. In der Regel ist dies beglückend und bereichernd. Unsere psychologische und psychotherapeutische Aufmerksamkeit muss jedoch dem rund einen Viertel der Frauen gelten, die Depressionen, Angststörungen, postpartale Traumen entwickeln. Psychologische Aus- und Fortbildung für geburtshilfliche Teams sowie Kinderärzte und -ärztinnen müssen Standard werden, um Früherkennung und professionelle Zuweisungen zu gewährleisten.

Literatur

Athey J (2003). Medical Complications of anorexia nervosa. Prim Care Update OB/Gyns; 10: 110–5.

Badinter E (2010). Der Konflikt: Die Frau und die Mutter. München: Beck.

Bänziger V, Bass B, Fleischli M et al. (2010). Ein Spital wird aktiv. Das Projekt »Häusliche Gewalt – wahrnehmen – intervenieren« in der Frauenklinik Maternité, Stadtspital Triemli Zürich. In: Fachstelle für Gleichstellung Stadt Zürich, Frauenklinik Maternité, Stadtspital Triemli Zürich, Verein Inselhof Triemli, Zürich (Hrsg). Häusliche Gewalt erkennen und richtig reagieren. Handbuch für Medizin, Pflege und Beratung. 2. Aufl. Bern: Hans Huber; 243–69.

Baumgärtner B, Stahl K (2005). Einfach schwanger? Wie erleben Frauen die Risikoorientierung in der ärztlichen Schwangerenvorsorge? Frankfurt a. M.: Mabuse.

Beck CT (1996). A meta-analysis of predictors of postpartum depression. Nurs Res; 45: 297–303.

Beck CT, Gable RK, Sakal C, Declercq ER (2011). Posttraumatic stress disorder in new mothers: results from a two-stage U.S. national survey. Birth; 38: 216–27.

Berg CK, Torgersen L, von Holle A (2011). Factors associated with binge eating disorder in pregnancy. Int J Eat Disord; 44: 124–33.

Bülchmann G, Seifert-Klauss V, Backmund H, Gerlinghoff M (2001). Die Bedeutung von Ess-Störungen in der gynäkologischen Praxis. Geburtsh Frauenheilk; 61: 569–77.

Bundesministerium für Familie, Senioren, Frauen und Jugend (2004). Lebenssituation, Sicherheit und Gesundheit von Frauen in Deutschland. Ergebnisse der repräsentativen Untersuchung zu Gewalt gegen Frauen in Deutschland. Berlin: Eigenverlag.

Caramlau I, Barlow J, Sembi S et al. (2011). Mums 4 mums: structured telephone peer-support for women experiencing postnatal depression. Pilot and exploratory RCT of its clinical and cost effectiveness. Trials; 12: 88.

Dudenhausen JW, Pschyrembel W (1991). Praktische Geburtshilfe mit geburtshilflichen Operationen. 17. Aufl. Berlin, New York: de Gruyter.

Glazier RH, Elgar FJ, Goes V, Holzapfel S (2004). Stress, social support and emotional distress in a communicty sample of pregnant women. J Psychosom Obstet Gynaecol: 25: 247–55.

Iles J, Slade P, Spiby H (2011). Posttraumatic stress symptoms and postpartum depression in couples after childbirth: the role of partner support and attachment. J Anxiety Disord; 25: 520–30.

Krug EG, Dahlberg LL, Mercy JA et al. (eds) (2002). World Report on Violence and Health. Geneva: World Health Organization.

Leeners B, Stiller R, Block E et al. (2010). Pregnancy complications in women with childhood sexual abuse experiences. J Psychosom Res; 69: 503–10.

McGrath E, Keita GP, Stickland BR, Russo NF (1990). Women and Depression: Risk Factors and Treatment Issues. Washington, DC: American Psychological Association.

Munk-Olsen T, Laursen TM, Pedersen CB et al. (2006). New parents and mental disorders: a population-based register study. JAMA; 296: 2582–9.

Nolen-Hoeksema S (2006). Warum Frauen zu viel denken. Wege aus der Grübelfalle. München: Heyne.

Riecher-Rössler A (2006). Was ist postpartale Depression? In: Wimmer-Puchinger B, Riecher-Rössler A (Hrsg). Postpartale Depression. Von der Forschung zur Praxis. Wien, New York: Springer; 11-20.

Riecher-Rössler A (Hrsg) (2012). Psychische Erkrankungen in Schwangerschaft und Stillzeit. Freiburg, Basel: Karger.

Riecher-Rössler A, Rohde A (Hrsg) (2001). Psychische Erkrankungen bei Frauen. Für eine geschlechtersensible Psychiatrie und Psychotherapie. Freiburg, Basel: Karger.

Riecher-Rössler A, Bitzer J (Hrsg) (2005). Frauengesundheit. Ein Leitfaden für die ärztliche und psychotherapeutische Praxis. München, Jena: Elsevier, Urban & Fischer.

Rowe HJ, Fisher JR (2010). Development of a universal psycho-educational intervention to prevent common postpartum mental disorders in primiparous women: a multiple method approach. BMC Public Health; 10: 499.

Schroll AM, Tabor A, Kjaergaard H (2011). Physical and sexual lifetime violence: prevalence and influence on fear of childbirth before, during and after delivery. J Psychosom Obstet Gynaecol; 32: 19-26.

Silverman ME, Loudon H (2010). Antenatal reports of pre-pregnancy abuse is associated with symptoms of depression in the postpartum period. Arch Womens Ment Health; 13: 411-5.

Skagerstróm J, Chang G, Nilsen P (2011). Predictors of drinking during pregnancy: a systematic review. J Womens Health; 20: 901-13.

Stöckl H, Hertlein L, Friese K, Stöckl D (2010). Partner, workplace, and stranger abuse during pregnancy in Germany. Int J Gynaecol Obstet; 111: 136-9.

Stöckl H, Hertlein L, Himsl I et al. (2012). Intimate partner violence and its association with pregnancy loss and pregnancy planning. Acta Obstest Gynecol Scand; 91: 128-33.

Wimmer-Puchinger B (2006). Prävention von postpartalen Depressionen. Ein Pilotprojekt des Wiener Programms für Frauengesundheit. In: Wimmer-Puchinger B, Riecher-Rössler A (Hrsg). Postpartale Depression. Von der Forschung zur Praxis. Wien, New York: Springer; 21-51.

Wimmer-Puchinger B, Lackner R (1997). Sexueller Missbrauch in Kindheit und Jugend und seine gynäkologischen und sexuellen Kurz- und Langzeitfolgen. Forschungsbericht des Bundesministeriums für Jugend und Familie, unveröffentlichtes Manuskript.

World Health Organization (2001). The World Health Report 2001 - Mental Health: New Understanding, New Hope. Geneva: World Health Organization.

24 Psychische Störungen in der Perimenopause

Judith Alder und Johannes Bitzer

Inhalt

- 24.1 Einleitung 253
- 24.2 Epidemiologie psychischer Störungen 254
  - Formen der psychischen Störungen 254
  - Prävalenz und Inzidenz 255
  - Ätiologie 257
- 24.3 Therapie 259
  - Psychotherapeutische Interventionen 259
  - Alternativ- und komplementärmedizinische Interventionen 260
  - Hormontherapie 260
- 24.4 Fazit 261

24.1 Einleitung

Die Menopause stellt einen normalen physiologischen Alterungsprozess dar, der keinen Krankheitswert hat. Dennoch stammt der größte Teil unseres Wissens zu den körperlichen und psychischen Symptomen, den endokrinen Veränderungen und medikamentösen sowie psychotherapeutischen Interventionen aus *klinischen* Studien – und zwar mit Frauen aus Europa, Nordamerika und Australien. Dies ist beim Versuch, für diese Lebensphase und die damit einhergehenden psychosozialen Herausforderungen ein Verständnis aufzubauen, zu berücksichtigen.

Die Menopause kennzeichnet das Ende der reproduktiven Phase einer Frau und wird retrospektiv nach einem blutungsfreien Jahr festgelegt; das Durchschnittsalter liegt bei 50 bis 51 Jahren. Die größten hormonellen Veränderungen stellen sich jedoch in der Zeitspanne von 3 bis 5 Jahren vor und nach der Menopause ein. Diese Phase wird als Perimenopause, Klimakterium oder Wechseljahre bezeichnet. Das klimakterische Syndrom (oder »psychische und vegetative Menopausensyndrom«) bezeichnet einen Symptomkomplex bestehend aus vasomotorischen und psychischen Symptomen, urogenitaler Atrophie, Haut- und Skelettveränderungen und wird durch den kombinierten Abfall zunächst von Progesteron, dann von Östrogenen und in geringerem Ausmaß von Androgenen ausgelöst. Die pathophysiologischen Mechanismen, die bei der Auslösung des klimakterischen Syndroms wirksam sind, sind teilweise unbekannt, eine Hauptrolle spielen aber die erniedrigten Östrogenspiegel, die bestimmte Zentren der

Hirnfunktion maßgeblich beeinflussen. Auch Lebensstilfaktoren spielen eine Rolle, so kommen beispielsweise starke Raucherinnen früher in die Menopause.

In der ICD-10 werden die mit der Menopause möglicherweise einhergehenden somatischen Beschwerden und psychischen Symptome im Kapitel N95 erfasst; psychische Störungen mit Beginn in der Perimenopause werden mit der dazugehörigen F-Diagnose oder mit dem Code 95.8 »Sonstige näher bezeichnete klimakterische Störung« beschrieben.

24.2 Epidemiologie psychischer Störungen

Wie bereits beschrieben, kann die Perimenopause auch mit einer Vielzahl von psychischen Symptomen einhergehen. Am besten untersucht ist das Auftreten von Stimmungsschwankungen bis zu depressiven Störungen und sexuellen Störungen, aber auch Psychosen (Riecher-Rössler 2009a, 2009b; Riecher-Rossler u. de Geyter 2007; Riecher-Rössler et al. 2006), während die menopausenspezifische Prävalenz und Symptomatik von Schlafstörungen und Angststörungen weniger untersucht wurde und es vor allem für das Auftreten von Substanzstörungen, Essstörungen und somatoformen Störungen in der Perimenopause praktisch keine Daten gibt.

Formen der psychischen Störungen

Depressive Störungen in der Menopause unterscheiden sich in der Symptomatik wenig von depressiven Störungen außerhalb der Perimenopause; die Themen, um die sich depressive Kognitionen drehen, sind allerdings immer auch bezogen auf die Lebensphase und im Klimakterium typischerweise auf das Altern, die erlebte oder befürchtete verminderte Attraktivität, das Ende der reproduktiven Fähigkeit, die eingeschränkten beruflichen und sozialen Möglichkeiten etc. Neben den mit einer Depression einhergehenden, diese verstärkenden und eventuell auch mit aufrechterhaltenden klimakterischen Symptomen, vorwiegend Hitzewallungen, bekommt mit zunehmendem Alter auch eine allgemeine somatische Komorbidität ein größeres Gewicht, die sich auf das Bild und die Schwere der Depression auswirken kann.

In der Perimenopause wird über eine Zunahme von sexuellen Problemen, insbesondere von Appetenzstörungen und Erregungsstörungen (Lubrikationsmangel) sowie Dyspareunie (Schmerzen bei Geschlechtsverkehr) berichtet. Ebenso scheint sich die Veränderung der Sexualhormone auf eine geringere sexuelle Responsivität auszuwirken. Orgasmusstörungen treten in der Perimenopause nicht häufiger auf als bei jungen Frauen, allerdings sind es bei letzteren eher die primär vorhandenen Störungen, während bei Frauen in der Perimenopause ein sekundäres Auftreten beobachtet wird. Die Zunahme an sexuellen Symptomen wird in diesem Lebensalter aber von einer Abnahme des Leidensdrucks durch sexuelle Probleme begleitet.

Schlafstörungen manifestieren sich in der Perimenopause vorwiegend als Ein- und Durchschlafstörungen; insbesondere in der ersten Hälfte der Nacht scheinen sie durch die vasomotorischen Symptome mitbedingt zu sein (Freedman u. Roehrs 2006). Bisher liegen keine aussagekräftigen Untersuchungen zur klimakterischen Spezifität von Angststörungen vor. Dies ist vor allem dadurch bedingt, dass die Mehrzahl der Untersuchungen keine diagnostischen Instrumente verwendet, sondern auf der Basis einzelner Items Aussagen z. B. zur Ängstlichkeit von perimenopausalen Frauen macht. Auch hier besteht wiederum ein Zusammenhang zwischen dem Vorliegen von vasomotorischen Symptomen und der Manifestation von vermehrter Ängstlichkeit (Freeman et al. 2005).

Während sich bei Männern eine Psychose am häufigsten erstmals vor dem 25. Altersjahr manifestiert, ist dies bei Frauen rund 5 Jahre später der Fall. Nach einem kontinuierlichen Rückgang der Erstmanifestation bis in die erste Hälfte des 5. Lebensjahrzehnts kommt es bei über 45-jährigen Frauen zu einer erneuten Zunahme von Psychose-Ersterkrankungen (Riecher-Rössler et al. 1997). Diese Patientinnen weisen zudem häufig schwerere Verläufe auf als Männer mit später Ersterkrankung.

Prävalenz und Inzidenz

Depressive Störungen

Die Lebenszeitprävalenz einer Major Depression ist mit 18,2 versus 9,2 % nach europäischen Daten für Frauen doppelt so hoch wie für Männer (Alonso et al. 2004). Verschiedene Untersuchungen zur Prävalenz depressiver Störungen in der Perimenopause weisen darauf hin, dass diese bei 9,1 bis 26 % der Frauen gefunden werden (Llaneza et al. 2012).

Freeman und Kollegen (2006) haben 231 Frauen im Alter von 35 bis 47 prospektiv verfolgt über einen Zeitraum von 8 Jahren. Diese Frauen hatten keine vorangegangene Depression. Der Menopausenstatus wurde nach Straw definiert: Die Prämenopause ist charakterisiert durch die Unregelmäßigkeit der Zyklen mit wechselnden FSH-Werten (FSH: follikelstimulierendes Hormon); die Menopause ist der Zeitpunkt der letzten Menstruation. Depressive Symptome wurden mit dem Prime-MD (Primary Care Evaluation of Mental Disorders Screening Questionaire for Depressive Symptoms) erfragt und mithilfe eines Gesundheitsfragebogens quantifiziert. Depressive Störungen nahmen in dieser Zeit um das 2,5-fache zu. Zudem korrelierten die depressiven Symptome mit einem Anstieg von FSH und LH (luteinisierendes Hormon), Inhibin B (Proteohormon für die frühzeitige Bestimmung des perimenopausalen Übergangs); die deutlichste Korrelation zeigte sich bei den Patientinnen mit den ausgeprägtesten Schwankungen von Östradiol und FSH.

In der *Harvard Study of Moods and Cycles* (Cohen et al. 2006) wurden 643 Frauen im Alter von 36 bis 45 ohne vorangegangene Depression über 36 Monate nachverfolgt. Die Perimenopause wurde definiert mit dem Beginn unregelmäßiger Zyklen. Die Depression wurde mithilfe des SCID (Structured Clinical Interview for DSM Disorders) telefonisch diagnostiziert. Es zeigte sich, dass nach Kontrolle bezüglich Alter und kurz zurückliegenden bedeutsamen Lebensereignissen die depressiven Symptome wie auch die depressiven Erkrankungen in dieser Zeitspanne um das Zweifache zunahmen. Dies traf nicht zu für Frauen mit Hormonersatztherapie. Es war eine deutliche Korrelation der depressiven Symptomatik mit Hitzewallungen zu beobachten, und die Symptome waren ausgeprägter bei den Frauen mit einem zurückliegenden belastenden Lebensereignis. Die Vermutung, dass Hitzewallungen und Schlafstörungen in gewissen Fällen einen Trigger für depressive Symptome darstellen, wird auch als *Domino-Effekt* bezeichnet.

Aus dieser Studie ist aber nicht klar zu erkennen, ob die Lebensereignisse, die vasomotorischen Symptome und die Hormonersatztherapie voneinander unabhängige Variablen sind.

In der *Swan Study* (Bromberger et al. 2010, 2011) wurde auf Populationsbasis eine Kohorte von 2021 Frauen im Alter von 42 bis 52 über 10 Jahre hinweg verfolgt. Hier zeigte sich ein signifikanter Anstieg um das Zwei- bis Vierfache von Major Depressionen in der Perimenopause und in der frühen Postmenopause.

Andere psychische Störungen
Die Ergebnisse zur Häufigkeit anderer psychischer Störungen in der Perimenopause lassen sich folgendermaßen zusammenfassen:
- Ein *Libidoverlust* wird von 40 bis 50 % der Frauen in der Perimenopause berichtet, während dieser in der Prämenopause bei 15 bis 25 % vorliegt.
- *Probleme mit der Lubrikation* nehmen von 10 bis 15 % in der Prämenopause auf 25 bis 30 % in der Postmenopause zu.
- Nur rund 5 % der jungen Frauen sind von einer *Dyspareunie* betroffen; hier kommt es in der Perimenopause zu einer Zunahme auf 12 bis 45 % (Castelo-Branco et al. 2003).
- Während rund 31 % der prämenopausalen Frauen unter *Schlafstörungen* leiden, sind es in der Perimenopause 45 %, dabei scheinen vor allem diejenigen Frauen, die bei Eintritt in die Menopause jünger sind, stärker davon betroffen zu sein (Kravitz et al. 2003).
- Eine Zunahme von 20 % in der Prämenopause auf 36,3 % in der Perimenopause zeigt sich auch für das *Restless-legs-Syndrom* (Syndrom der unruhigen Beine) (Freedman u. Roehrs 2007).
- Wie bereits erwähnt, ist es aufgrund methodischer Mängel der Studien schwieriger, Angaben zur Häufigkeit von *Angststörungen* in der Perimenopause zu machen. Die *Penn Ovarian Aging Study* (POA-Studie) begleitete 300 Frauen im Alter von 35 bis 47 Jahren über 9 Jahre hinweg. Während in der Prämenopause rund 19 % über Ängste berichteten, waren es in der frühen Perimenopause 24 %; im weiteren Verlauf ging die Häufigkeit wieder auf ein prämenopausales Niveau zurück (Freeman et al. 2008).

Ätiologie

Die Menopause mit den durch den hormonellen Einfluss geprägten physiologischen Veränderungen stellt für die Mehrzahl der Frauen eine normale Phase des Übergangs dar. Die Zuschreibungen und Attributionen bezüglich ihrer Bedeutung sowie das Erleben weisen aber eine hohe interindividuelle Variabilität auf, denn die Menopause findet in einem jeweiligen soziokulturellen Kontext statt, in den die Frau eingebunden ist. Zudem bewegt sich die Betroffene in einer Lebensphase, die von beruflichen und familiären Veränderungen und Herausforderungen geprägt sein kann.

Die perimenopausalen psychischen Störungen stellen damit ein typisches biopsychosoziales Krankheitsbild dar, indem hormonelle auf lebensphasenspezifische psychosoziale Veränderungen treffen. Bei der einzelnen Patientin wirken verschiedene biologische und psychosoziale Faktoren (inklusive aktuelle und vergangene Stressoren) zusammen und bedingen damit ein jeweils individuell unterschiedlich verursachtes Krankheitsbild. In diesem Sinne wurde für die Entwicklung insbesondere von depressiven und Angststörungen der Begriff *Window of Vulnerability* geprägt (Soares 2008).

> Der Begriff *Window of Vulnerability* beschreibt das höhere Risiko, in der Perimenopause erstmals – oder nach einer bereits vergangenen Episode erneut – eine depressive Störung zu entwickeln. Zu diesem Window of Vulnerability tragen nichthormonelle psychosoziale und allgemein-gesundheitliche Faktoren auf dem Hintergrund der menopausenbedingten hormonellen Schwankungen bei.

Endokrine Faktoren

Östrogene, insbesondere das 17-Beta-Estradiol, haben zahlreiche neuro- und psychoprotektive Effekte. Zu diesen gehören eine Erhöhung des zerebralen Blutflusses und des Glucose-Metabolismus als direkte, an der Zellmembran wirksame Effekte. Weitere genomische Wirkungen beziehen sich auf das neuronale Wachstum und die Myelinisierung sowie die Erhöhung der Synapsendichte und die Zunahme neuronaler Plastizität (Riecher-Rössler 2011). Daneben werden zahlreiche zentralnervöse Effekte wirksam durch die Aktivität des 17-Beta-Estradiols auf das serotonerge, das dopaminerge, das glutanerge, das noradrenerge und das cholinerge System. Diese zentralnervösen Wirkungen werden vor allem über den Östrogenrezeptor Beta vermittelt.

Klinisch gibt es inzwischen Hinweise auf die verschiedensten positiven Effekte, die von einer antipsychotischen Wirkung über eine Verbesserung affektiver Symptome bis hin zu stressprotektiven Effekten und sogar einer Verbesserung der kognitiven Funktionen reichen (Riecher-Rössler u. Kulkarni 2011).

Die im perimenopausalen Übergang auftretenden Östrogenschwankungen können individuelle, insbesondere negative Wirkungen auf die affektive Regulation haben (Soares et al. 2001).

Daneben wird die nachlassende Verfügbarkeit von Sexualsteroiden in der Perimenopause als potenzieller Einflussfaktor auf die Hypothalamus-Hypophysen-Nebennierenrinden-Achse (HHNA) diskutiert, die für die Stresssensitivität, aber auch in der Ätiologie von Depressionen und Angststörungen diskutiert wird. Während die zirkadianen Cortisolschwankungen größtenteils unverändert bleiben, weisen Untersuchungen auf eine höhere HHNA-Reaktion in der Postmenopause im Vergleich zur Prämenopause hin. Interessanterweise fällt diese stärker ausgeprägte hormonelle Stressreaktion nach 2-wöchiger Östradiolbehandlung der postmenopausalen Frauen oder bei Langzeitbenutzerinnen einer Hormonersatztherapie weg (Kudielka et al 2009; Patacchioli et al. 2006). Zudem zeigt sich, dass im Alter die HHNA-Feedbacksensitivität nachlässt.

Ein weiterer altersassoziierter Befund mit möglicher Relevanz für das Verständnis von Symptomen in der Perimenopause ist die kontinuierliche Abnahme des Dehydroepiandrosterons (DHEA) nach dem 30. Lebensjahr. DHEA wird ein kardioprotektiver, immunfördernder, aber auch antidepressiver Effekt zugeschrieben. Die Swan-Studie fand einen besseren funktionellen Status und selbstberichtete Gesundheit bei Frauen mit höheren DHEA-Sulfat-Werten (Santoro et al. 2005). Neue Analysen dieser Daten weisen darauf hin, dass es in der Perimenopause bei rund 85 % der Frauen vorübergehend zu einer erneuten Zunahme von DHEA-S kommt, was als kompensatorische Aktivität diskutiert wird. Diese könnte zur peripheren Konversion von bioaktiven Sexualsteroiden mit beitragen, den Östrogenabfall abschwächen und Unterschiede in der Ausprägung und dem Erleben von Menopausensymptomen erklären (Crawford et al. 2009).

Psychosoziale Faktoren
Der menopausale Übergang ist von zahlreichen psychosozialen Veränderungen begleitet. Diese beziehen sich auf verschiedene Bereiche des Lebens einer Frau und haben als gemeinsamen Nenner die Auseinandersetzung mit dem Älterwerden, familiäre Veränderungen und Veränderungen in der Beziehungsstruktur sowie Veränderungen in der Sexualität. Höherer Alltagsstress vor der Menopause, ein Mangel an körperlicher Tätigkeit und eine Neigung zu hypochondrischen Beschwerden scheinen mit einer höheren Inzidenz von Depressionen in der Peri- und Postmenopause einherzugehen. Ebenso spielt die Psychopathologie vor der Menopause eine Rolle für die Entwicklung und Schwere von Symptomen.

Ein weiterer wichtiger psychosozialer Faktor sind eine negative Einstellung und negative Erwartungen bezüglich der Wechseljahre, wobei sich selbsterfüllende Prophezeiungen einstellen können. So zeigt sich beispielsweise, dass eine negative Attribution von Hitzewallungen (z. B. »Das halte ich nicht aus«, »Das ist peinlich«) mit einer verstärkten Symptomwahrnehmung einhergeht. Die Symptome korrelierten mit den Einstellungen der Frauen oder mit der Erwartungshaltung, dass die Menopause zu Beschwerden führen würde. Eine Vermeidungshaltung und ein Bewältigungsstil im Sinne eines Rückzugs und einer Passivität korrelieren positiv mit der Schwere der Symptome.

Wichtige psychosoziale Faktoren in dieser Lebensphase waren der sozioökonomische Status und belastende Lebensereignisse wie Verluste. Der Zivilstatus und die Berufstätigkeit sowie soziale Unterstützung scheinen den Effekt von Belastungen zu modulieren, wie dies auch in anderen Lebensphasen der Fall ist.

> **Risikofaktoren einer Depression in der Perimenopause**
> - Depression in der Vorgeschichte
> - negative Einstellung gegenüber der Menopause und dem Altern
> - vorhandener chronischer Stress und Alltagsstress
> - Menopausensymptome, v. a. Hitzewallungen und Schlafstörungen (Domino-Effekt)
> - negative Attribution der erlebten Menopausensymptome
> - körperliche Inaktivität
> - Rauchen
> - Partnerschaftsunzufriedenheit oder kein Partner
> - Mangel an sozialer Unterstützung
> - keine Beschäftigung oder Arbeitslosigkeit
> - niedriger sozioökonomischer Status
> - gesundheitliche Probleme

24.3 Therapie

Psychotherapeutische Interventionen

Bis heute wurden nur wenige psychotherapeutische Interventionen für die Behandlung des klimakterischen Syndroms auf ihre Wirksamkeit überprüft. In einer eigenen Studie wurde ein kognitiv-behaviorales 7-wöchiges Gruppenprogramm mit Frauen in der Perimenopause durchgeführt. Die Studienteilnehmerinnen wurden zu Studienbeginn mithilfe eines diagnostischen Kurzinterviews erfasst, und die Menopausensymptomatik wurde mittels Fragebogen erhoben. Eingeschlossen wurden Frauen mit einer N95-Diagnose. Das Therapieprogramm bestand aus Psychoedukation, progressiver Muskelentspannung, kognitiven Interventionen und Interventionen zur Verbesserung der Sexualität und des Körperbildes. Progressive Muskelentspannung wurde als Hilfsmittel zum Umgang mit Hitzewallungen, Stress und Ängsten ins Programm mit eingebaut. Bei den kognitiven Interventionen ging es in erster Linie darum, dysfunktionale Gedanken bezüglich der Menopause und Sexualität zu erkennen und zu verändern. Damit konnte eine Reduktion der angegebenen klimakterischen Beschwerden, ein verbesserter Umgang mit den Symptomen und eine Erhöhung der Akzeptanz sowie Verbesserung der Stimmung erzielt werden (Alder et al. 2006).

Die Kombination von Psychoedukation, Vermittlung von Stressmanagement-Strategien, kognitiven Interventionen und Entspannungsübungen ist nach neueren Untersuchungen auch für die Verbesserung von Hitzewallungen und nächtlichem Schwitzen wirksam (Ayers et al. 2012). Die Psychoedukation sollte dabei gut vermittelbare Modelle für die Förderung eines Verständnisses von hormonbedingten körperlichen Wechseljahresbeschwerden und deren Zusammenhang zu psychischen und Verhaltensfaktoren beinhalten und die Ansatzpunkte einer Veränderung aufrechterhaltender oder symptomverstärkender Faktoren für die Patientin herausarbeiten.

Auch die randomisiert-kontrollierte Gruppenintervention von von Bültzlingslöwen und Kollegen (2006) beinhaltete Psychoedukation, in der die Teilnehmerinnen über Veränderungen während der Menopause (körperlich, sozial, symptomatisch) informiert wurden. Es wurden Copingstrategien für den Umgang mit Hitzewallungen erarbeitet und anhand kognitiver Interventionen dysfunktionale Gedanken, Katastrophisierungen und negative Bewertungen des Klimakteriums herausgearbeitet und verändert. Zudem beinhaltete die Intervention eine Ressourcenstärkung und Selbstbeobachtung mit einem Tagebuch. Die Autoren fanden signifikante Verbesserungen der Lebenszufriedenheit der Teilnehmerinnen sowie eine Reduktion depressiver Stimmung.

In der Gruppenintervention von Hunter et al. (2009) sowie auch bei der Studie von Mann et al. (2012) ging es zusätzlich zu den häufig angewendeten Interventionsinhalten um das Lernen von Verhaltensstrategien. Betroffene Frauen sollten lernen, wie sie mit Hitzewallungen in einer sozialen Situation umgehen können. Auch wurde dort eine Sitzung für die Aufrechterhaltung der Veränderungen und Rückfallprävention angesetzt.

Alternativ- und komplementärmedizinische Interventionen

Es gibt komplementär- und alternativmedizinische Ansätze wie Akupunktur, Traubensilberkerze oder Ginseng. Die klinische Evidenz für ihre Wirksamkeit bei klimakterischen Beschwerden ist allerdings nach wie vor nicht vollständig gegeben und erfordert mehr randomisiert kontrollierte Studien (Borrelli u. Ernst 2010).

Hormontherapie

Alleinige Östrogentherapie bei perimenopausalen Depressionen hat sich in einigen Studien als wirksam, d.h. dem Placebo überlegen erwiesen (Campbell u. Whitehead 1977; Ditkoff et al. 1991; Gregoire et al. 1996; Schmidt et al. 1997; Smith et al. 1995; Soares u. Cohen 2001). Andere Studien konnten keinen eindeutigen Unterschied zu Placebo zeigen (Schneider et al. 1977; Thomson 1976).

Soares und Cohen (2001) empfehlen basierend auf der Mehrzahl der Studien, dass bei milden bis mittelschweren depressiven Symptomen, begleitet von erhöhter Irritabilität und somatischen Symptomen wie Hitzewallungen, als First-Line-Therapie mit Östrogenen behandelt werden sollte.

Diese Therapie sollte heute vorzugsweise mit transdermalen Östrogenen durchgeführt werden, weil diese die Leber beim Abbau nicht belasten, und bei Frauen mit einem Uterus müssen die Östrogene durch ein geeignetes Gestagen ergänzt werden. Hier bieten sich vor allem progesteronähnliche Präparate wie Uterogestan oder Dydrogesteron an. Diese Gestagene antagonisieren teilweise die psychotrope Wirkung der Östrogene, aber sie haben den Vorteil einer eher sedierenden und schlaffördernden Wirkung (letzteres gilt für Uterogestan).

Außerdem gibt es Untersuchungen, die zeigen, dass Östrogene auch als Augmentationstherapie bei Frauen mit einer mit Antidepressiva behandelten perimenopausalen Depression zum Einsatz kommen können, und zwar einerseits bei therapierefraktären Patientinnen und anderseits bei Frauen mit Nebenwirkungen der Antidepressiva, bei denen eine Dosisreduktion erwünscht ist (Schneider et al. 1997).

Die Addition von Antidepressiva zur Östrogentherapie bei erfolgloser Hormonbehandlung einer perimenopausalen Depression hat sich ebenfalls als wirksam erwiesen (Joffe u. Cohen 1998; Soares et al. 2001).

24.4 Fazit

Die Menopause bezeichnet den Zeitpunkt der letzten Menstruation. Für die psychische Gesundheit der Frauen ist aber der sogenannte menopausale Übergang, also die 2 bis 3 Jahre vor der Menopause und rund 1 Jahr danach, ein Zeitraum erhöhter Vulnerabilität für psychische Erkrankungen. Dabei spielen wohl endokrine und psychosoziale Veränderungen eine Rolle. Auf der endokrinen Ebene sind dies vor allem Östrogenschwankungen und Schwankungen der Gonadotropine. Auf der psychosozialen Ebene spielen kulturell mitbedingte Einstellungen und Erwartungen, die Auseinandersetzung mit dem Älterwerden, verschiedene familiäre und partnerschaftliche Stressoren, Veränderungen der Sexualität und Paardynamik, Abnahme der Leistungsfähigkeit etc. eine kontribuierende Rolle.

Eine ganzheitliche Therapie psychischer Störungen in dieser Lebensphase sollte also dieser multifaktoriellen Bedingtheit Rechnung tragen und auf das Individuum zugeschnitten werden. Dabei stehen neben somatischen Therapien (Hormone, Medikamente) insbesondere auch Beratung, Psychoedukation, kognitiv-behaviorale Therapie und andere psychotherapeutische Verfahren zur Verfügung.

Literatur

Alder J, Eymann Besken K, Armbruster U et al. (2006). Cognitive-behavioural group intervention for climacteric syndrome. Psychother Psychosom; 75: 298–303.

Alonso J, Angermeyer MC, Bernert S et al. (2004). Prevalence of mental disorders in Europe: results from the European Study of the Epidemiology of Mental Disorders (ESEMeD) project. Acta Psychiatr Scand; Suppl: 21–7.

Ayers B, Smith M, Hellier J et al. (2012). Effectiveness of group and self-help cognitive behavior therapy in reducing problematic menopausal hot flushes and night sweats (MENOS 2): a randomized controlled trial. Menopause; 19: 749–59.

Borrelli F, Ernst E (2010). Alternative and complementary therapies for the menopause. Maturitas; 66: 333–43.

Bromberger JT, Schott LL, Kravitz HM et al. (2010). Longitudinal change in reproductive hormones and depressive symptoms across the menopausal transition: results from the Study of Women's Health Across the Nation (SWAN). Arch Gen Psychiatry; 67: 598–607.

Bromberger JT, Kravitz HM, Chang YF et al. (2011). Major depression during and after the menopausal transition: Study of Women‹s Health Across the Nation (SWAN). Psychol Med; 41: 1879–88.

Campbell S, Whitehead M (1977). Oestrogen therapy and the menopausal syndrome. Clin Obstet Gynecol; 4: 31–47.

Castelo-Branco C, Blumel JE, Araya H et al. (2003). Prevalence of sexual dysfunction in a cohort of middle-aged women: influences of menopause and hormone replacement therapy. J Obstet Gynecol; 23: 426–30.

Cohen LS, Soares CN, Vitonis et al. (2006). Risk for new onset of depression during the menopausal transition: the Harvard study of moods and cycles. Arch Gen Psychiatry; 63: 385–90.

Crawford S, Santoro N, Laughlin GA et al. (2009). Circulating dehydroepiandrosterone sulfate concentrations during the menopausal transition. J Clin Endocrinol Metab; 94: 2945–51.

Ditkoff EC, Crary WG, Cristo M, Lobo RA (1991). Estrogen improves psychological function in asymptomatic postmenopausal women. Obstet Gynecol; 78: 991–5.

Freedman RR, Roehrs TA (2006). Effects of REM sleep and ambient temperature on hot flash-induced sleep disturbance. Menopause; 13: 576–83.

Freedman RR, Roehrs TA (2007). Sleep disturbance in menopause. Menopause; 14: 826–9.

Freeman EW, Sammel MD, Lin H et al. (2005). The role of anxiety and hormonal changes in menopausal hot flashes. Menopause; 12: 258–66.

Freeman EW, Sammel MD, Lin H et al. (2008). Symptoms in the menopausal transition: hormone and behavioral correlates. Obstet Gynecol; 111: 127–36.

Freeman EW, Sammel MD, Lin H, Nelson DB (2006). Associations of hormones and menopausal status with depressed mood in women with no history of depression. Arch Gen Psychiatry; 63: 375–82.

Gregoire AJ, Kumar R, Everitt B et al. (1996). Transdermal oestrogen for treatment of severe postnatal depression. Lancet; 347: 930–3.

Hunter MS, Coventry S, Hamed H et al. (2009). Evaluation of a group cognitive behavioural intervention for women suffering from menopausal symptoms following breast cancer treatment. Psychooncology; 18: 560–3.

Joffe H, Cohen LS (1998). Estrogen, serotonin, and mood disturbance: where is the therapeutic bridge? Biol Psychiatry; 44: 798–811.

Kravitz HM, Ganz PA, Bromberger J et al. (2003). Sleep difficulty in women at midlife: a community survey of sleep and the menopausal transition. Menopause; 10: 19–28.

Kudielka BM, Hellhammer DH, Wust S (2009). Why do we respond so differently? Reviewing determinants of human salivary cortisol responses to challenge. Psychoneuroendocrinology; 34: 2–18.

Llaneza P, Garcia-Portilla MP, Llaneza-Suarez D et al. (2012). Depressive disorders and the menopause transition. Maturitas; 71: 120–30.

Mann E, Smith MJ, Hellier J et al. (2012). Cognitive behavioural treatment for women who have menopausal symptoms after breast cancer treatment (MENOS 1): a randomised controlled trial. Lancet Oncol; 13: 309–18.

Patacchioli FR, Simeoni S, Monnazzi P et al. (2006). Menopause, mild psychological stress and salivary cortisol: influence of long-term hormone replacement therapy (HRT). Maturitas; 55: 150–5.

Riecher-Rössler A (2009a). Psychische Erkrankungen in der Menopause. Depressive Störungen und Psychosen. Gynäkologie; 1: 15–9.

Riecher-Rössler A (2009b). Psychotic disorders and menopause: the untold story. In: Soares CN, Warren M (eds). The Menopausal Transition. Interface between Psychiatry & Gynecology. Freiburg, Basel: Karger; 115–26.

Riecher-Rössler A (2011). Psychoprotektive Effekte von Östrogenen. Journal für Neurologie, Neurochirurgie und Psychiatrie; 12: 152–6.

Riecher-Rössler A, de Geyter C (2007). The forthcoming role of treatment with oestrogens in mental health. Swiss Med Wkly; 137: 565–72.

Riecher-Rössler A, Kulkarni J (2011). Estrogens and gonadal function in schizophrenia and related psychoses. In: Neill JC, Kulkarni J (eds). Biological Basis of Sex Differences in Psychopharmacology. Heidelberg: Springer; 155–71.

Riecher-Rössler A, Löffler W, Munk-Jorgensen P (1997). What do we really know about late-onset schizophrenia? Eur Arch Psychiatry Clin Neurosci; 247; 195–208.

Riecher-Rössler A, Kuhl H, Bitzer J (2006). Psychische Störungen in Zeiten hormoneller Umstellungen – eine selektive Übersicht. Neuropsychiatr; 20: 155–65.

Santoro N, Torrens J, Crawford S et al. (2005). Correlates of circulating androgens in midlife women: the study of women‹s health across the nation. J Clin Endocrinol Metab; 90: 4836–45.

Schmidt PJ, Roca CA, Bloch M, Rubinow DR (1997). The perimenopause and affective disorders. Semin Reprod Endocrinol; 15: 91–100.

Schneider LS, Small GW, Hamilton SH et al. (1997). Estrogen replacement and response to fluoxetine in a multicenter geriatric depression trial. Fluoxetine Collaborative Study Group. Am J Geriatr Psychiatry; 5: 97–106.

Schneider MA, Brotherton PL, Hailes J (1977). The effect of exogenous oestrogens on depression in menopausal women. Med J Aust; 2: 162–3.

Smith HO, Anderson PS, Kuo DY et al. (1995). The role of colony-stimulating factor 1 and its receptor in the etiopathogenesis of endometrial adenocarcinoma. Clin Cancer Res; 1: 313–25.

Soares CN (2008). Depression during the menopausal transition: window of vulnerability or continuum of risk? Menopause; 15: 207–9.

Soares CN, Cohen LS (2001). The perimenopause, depressive disorders, and hormonal variability. Sao Paulo Med J; 119: 78–83.

Soares CN, Almeida OP, Joffe H, Cohen LS (2001). Efficacy of estradiol for the treatment of depressive disorders in perimenopausal women: a double-blind, randomized, placebo-controlled trial. Arch Gen Psychiatry; 58: 529–34.

Thomson J (1976). Double blind study on the effect of estrogen on sleep, anxiety and depression in perimenopausal women: preliminary results. Proc R Soc Med; 69: 829–30.

Von Bültzingslöwen K, Pfeifer M, Kröner-Herwig B (2006). Ein kognitiv-verhaltenstherapeutisches Gruppentraining für Frauen mit Wechseljahresbeschwerden. Ergebnisse einer kontrollierten Gruppenstudie. Verhaltenstherapie; 16: 184–92.

25 Psychische Störungen im Alter

Eva Marie Krebs-Roubicek

Inhalt

25.1 Einleitung 265
25.2 Genderunterschiede allgemein 266
25.3 Genderunterschiede in psychiatrischer Hinsicht 268
25.4 Ältere psychisch Erkrankte in der Psychotherapie 270
25.5 Psychotherapeut oder Psychotherapeutin sein und älter werden ... 272
25.6 Fazit 272

25.1 Einleitung

Wir werden alle älter, aber fühlen wir uns deswegen auch alt? Gewiss gibt es Krisen, Krankheiten, Verlustgefühle, Angst vor dem Abschiednehmen. Aber es gibt auch ein lebenswertes *late-life* dank mehr Zeit und weniger Stress. Die gewonnene Zeit bedarf der Sinngebung und Wahrnehmung der Möglichkeiten. Die mit ihr verbundenen neuen Fragen verlangen neue Antworten. Innerhalb eines Jahrhunderts sind die Menschen durchschnittlich drei Jahrzehnte älter geworden. Heute können zwei Drittel der Frauen damit rechnen, 80 Jahre alt zu werden, bei Männern sind es etwa 50 %. Männer führen häufiger ein risikoreiches und aggressives Leben, was sich in höheren Selbsttötungsraten, höherer Unfallhäufigkeit und häufigerem Suchtverhalten ausdrückt (Höpflinger 2008). Männer haben in allen Altersgruppen ein höheres Sterberisiko als Frauen. Frauen fühlen sich häufiger krank, konsultieren Ärzte früher und häufiger, leben aber länger. Viele ältere Frauen leben allein, oft, weil sie verwitwet sind. Nur ein Drittel der älteren Frauen ist verheiratet, bei den Männern sind es doppelt so viele (Schreiter Gasser u. Künig 2005). Zum Älterwerden gehört aber auch, dass wir Verantwortung abgeben und uns damit entlasten. Gleichzeitig gibt es die Möglichkeit, neue Aufgaben zu übernehmen, z. B. als Großeltern oder im ehrenamtlichen Bereich. Zum Älterwerden gehören auch Verlusterlebnisse wie der Verlust nahestehender Menschen, der beruflichen Tätigkeit, der Attraktivität, und zum Älterwerden gehören Einschränkungen wie die der körperlichen und geistigen Möglichkeiten und der zeitlichen Perspektive (Schreiter Gasser 2011).

Folgende Kriterien betrachtet Stoffels (2001) als wesentlich für die Bewältigung von seelischen Lebenskrisen im Alter:
- seelische Ich-Stärke
- aktuelle biografische Situation

- innere Einstellung (Wertewelt)
- Vorbereitungs- und Übungsphase
- Einstellung der Umgebung (Wertschätzung)

Als Ich-Stärke bezeichnet Stoffels einen gesunden Narzissmus, eine relative Unabhängigkeit der Selbsteinschätzung und der Selbstliebe. Auch in Situationen der Hilflosigkeit und Ohnmacht wird nach verbliebenen Möglichkeiten von Gestaltung und Veränderung gesucht. Bedeutsam ist die aktuelle Lebenssituation, die ökonomische Sicherheit, wichtig sind Partnerschaften und die Abwesenheit von schweren Erkrankungen. Entscheidend sind auch die innere Wertewelt und der Einfluss der Umgebung auf den Verlauf des Alterns.

25 bis 30 % der über 65-Jährigen leiden an psychischen Störungen, davon sind etwa 15 % behandlungsbedürftig. Von ärztlicher Seite werden die psychischen Probleme von Männern öfters unterschätzt oder nicht erkannt. Die Statistiken müssen jedoch in die richtige Relation gestellt werden, da es – bedingt durch die höhere Lebenserwartung – mehr ältere Frauen als Männer gibt.

Die Suche nach dem neuen Gleichgewicht wird von Frauen und Männern höchst unterschiedlich gestaltet. Mit der Pensionierung fallen Männer typischerweise in eine Leere, während Frauen eher in diese neue Phase hinübergleiten. Männer erfahren im Alter einen abrupten Rollenwechsel, den die Frauen in ihren Doppelbelastungen längstens vollzogen haben. So kehrt sich vor allem bei langjährigen Beziehungen das Bild der Frau im Schlepptau des Mannes allmählich um. Nun ist er derjenige, der seine Frau beim Einkaufen, bei der Enkelbetreuung, beim Besuch von Freunden begleitet.

Frauen erleben meist um die 30 mit der Geburt der Kinder so etwas wie einen Pensionsschock, nämlich wenn sie ihre Berufstätigkeit aufgeben oder drastisch reduzieren: Sie bekommen erste Falten (ihre Haut ist dünner als die der Männer und wird deshalb früher faltig), ihre Fruchtbarkeit nimmt ab. Hingegen nehmen Männer erst nach 60 das Altern regelrecht wahr. Der alternde Körper gerät erst langsam – dafür manchmal hypochondrisch – in ihren Blickfokus, wenn er nicht mehr reibungslos funktioniert. Aber nicht nur physiologisch altern Männer anders als Frauen. Weil Frauen anders als Männer leben, altern sie auch anders.

25.2 Genderunterschiede allgemein

Im Durchschnitt sterben Männer 5 bis 6 Jahre früher als Frauen. Die markant längere Lebenserwartung ist ein Phänomen des 20. Jahrhunderts. In einigen Gebieten Europas (Schweiz, Schweden) begann der Trend schon gegen Ende des 18. Jahrhunderts, aber die deutliche Ausweitung der geschlechtsspezifischen Unterschiede begann vor allem im 20. Jahrhundert. Die ungleichen Überlebenschancen zeigen sich schon vor Geburt: Fehlgeburten kommen wesentlich häufiger bei männlichen Föten vor, männliche Frühgeborene haben deutlich schlechtere

Überlebenschancen. Männer weisen bei allen Todesursachen – sofern sie nicht geschlechtsspezifisch sind, wie z. B. Brustkrebs – höhere Risiken auf. Das gilt für Unfälle, Selbsttötungen, Krebskrankheiten und Kreislaufstörungen. Eventuell spielen genetische Gründe eine Rolle. Aber auch die hormonelle und immunbiologische Ausstattung kann einen Einfluss haben, Frauen haben vor den Wechseljahren, bedingt durch Östrogen, ein besseres Verhältnis zwischen HDL- und LDL-Cholesterin. Herzinfarkte treffen Frauen im Schnitt 10 bis 15 Jahre später als Männer. Sie sind weniger durch Diabetes und koronare Herzkrankheit gefährdet gemäß der Verteilung des Körperfetts (Höpflinger 2007). Frauen haben zweifelsohne eine höhere Lebenserwartung, aber sie sind insgesamt häufiger krank. Sie klagen öfter über körperliche Beschwerden, über Ängste und Depression. Sie reagieren eher als Männer auf Belastung mit physischer und psychischer Dekompensation. Männer sind leistungsorientierter, Frauen schauen mehr nach ihrem Befinden und berichten offener über Probleme. Ärzte haben die Tendenz, die gleichen Symptome bei Männern als somatisch, bei Frauen aber als psychisch zu diagnostizieren.

Die Bonner Gerontologische Längsschnittstudie (Lehr u. Thomae 1989) zeigt, dass ältere Männer häufiger als Frauen Vorstellungen und Gefühle, die den eigenen Tod betreffen, verdrängen und sich nur ungern mit dem Thema der Pflegebedürftigkeit beschäftigen. Auf der anderen Seite planen sie weiter in die Zukunft als ältere Frauen.

In allen Industrieländern steigt die Suizidrate für Männer ab 65 Jahre deutlich an, sie ist mehr als doppelt so hoch als bei Frauen. Zur Erklärung werden Faktoren herangezogen, die mit dem männlichen Geschlechtsrollenverständnis in Verbindung stehen: die Unfähigkeit, Gefühle von Schwäche und Hilflosigkeit zuzulassen sowie Hilfe zu suchen und anzunehmen; die von vielen empfundene Sinnlosigkeit des Lebens; Vereinsamung; Unfähigkeit, Nähe und Vertrautheit aufzubauen und in Beziehungen zu erleben (Kasten 2003).

Tab. 25-1 Voraussichtliche zahlenmäßige Entwicklung der 65-Jährigen und älteren Menschen in der Schweiz 2010–2030 in 1 000 (Bundesamt für Statistik 2011)

Alter	2010	2015	2020	2030	Anteil Frauen 2030 (in %)
65–69	400,0	439,9	448,7	569,2	50,4
70–74	394,6	374,2	412,1	476,0	51,1
75–79	256,9	273,9	338,9	384,3	52,7
80–84	195,6	213,4	230,2	321,1	55,0
85–89	122,3	137,3	153,7	216,4	58,0
90–94	47,3	62,7	74,6	99,4	63,2
95+	16,5	20,2	28,9	48,5	68,5

Frauen verkraften den Tod des Lebenspartners besser, wie durch internationale Studien belegt wurde (Belsky u. Kelly 1995). Frauen können dem tragischen Ereignis sogar positive Seiten abgewinnen und die sich neu eröffnenden Möglichkeiten zur Selbstentfaltung nutzen. Andererseits kann aber auch von der Annäherung der Geschlechter gesprochen werden. Frauen werden energischer, selbstbewusster und durchsetzungsfähiger, viele Männer werden mit zunehmendem Alter umgänglicher, verständnisvoller und einfühlsamer.

Tabelle 25-1 gibt die voraussichtliche Entwicklung der Anzahl älterer Menschen in der Schweizer Bevölkerung für die Zeit bis 2030 wieder. Im Jahr 2030 werden 50,4 % der 65- bis 69-Jährigen Frauen sein, hingegen verschiebt sich der Anteil der Frauen unter den über 95-Jährigen auf 68,5 %.

25.3 Genderunterschiede in psychiatrischer Hinsicht

Unter einer oder mehreren psychischen Störungen leiden 25 bis 32 % der über 65-jährigen Menschen (Lyness et al. 1999). Von den Störungen sind Frauen und Männer unterschiedlich häufig betroffen (s. Tab. 25-2). Die erste Diagnose wird in der hausärztlichen Praxis erstellt. Die Hausärzte müssen insbesondere die Symptome einer Depression wegen der Häufigkeit und der medizinischen und psychischen Komorbidität wahrnehmen können. Dies hauptsächlich, da depres-

Tab. 25-2 Psychische Störungen im Alter (nach Lyness et al. 1999)

Diagnosen	Häufigkeit	Anteil Frauen/Männer
Major Depression	4–12 %	Frauen zweimal so häufig wie Männer
Minor Depression, subsyndromal	3–30 %	Frauen zweimal so häufig wie Männer
hirnorganische Störungen	4–12 %	keine Angabe
Schlafstörungen	20 %	Frauen zweimal so häufig wie Männer
Suizidalität	10 %	höher für Männer, besonders bei über 70-Jährigen
Angststörungen	5–10 %	keine Angabe
Abhängigkeitserkrankungen (Alkohol)	2–10 %, im Heim 12–40 %	häufiger bei Männern
Abhängigkeitserkrankungen (Medikamente)	1–9 %	hauptsächlich bei Frauen
psychotische Störungen	2–4 %	Frauen häufiger
bipolare Störungen	1–4 %	Männer häufiger
somatoforme Störungen	1,5–3 %	keine Angabe

sive Menschen von einer adäquaten psychologischen und medikamentösen Behandlung profitieren. Hausärzte müssen vor allem die subsyndromalen Symptome einer atypischen Depression, im Alter sehr häufig, diagnostizieren können. Ein systematisches Screening ist notwendig, um die Diagnose rechtzeitig zu erfassen. Frauen leiden häufiger unter Major Depression, aber auch unter depressiven Symptomen, die nicht die Stärke der Major Depression erreichen. Auch die somatisierende und die atypische Depression kommen bei Frauen häufiger vor. Die Genderunterschiede in den Symptomen kann durch Unterschiede in der Wahrnehmung und Erscheinung erklärt werden (Kockler u. Heun 2002). Da Depressionen bei Frauen häufiger vorkommen, erscheinen Schutzfaktoren, die das Depressionsrisiko bei Frauen mildern, besonders wichtig.

Ein täglicher Alkoholkonsum ist bei Männern im Alter häufiger als bei Frauen. Dies zeigt sich überdurchschnittlich häufig bei sozialer Isolation und Vereinsamung. Alleinlebende Frauen und Männer, die gute soziale Kontakte aufweisen, haben dagegen keinen überdurchschnittlichen Alkoholkonsum. Medikamente im Alter können sowohl die Lösung eines Problems als auch ein Problem selbst darstellen. Problematisch ist die gleichzeitige Einnahme verschiedener Medikamente. Davon sind Frauen häufiger betroffen (Höpflinger 2009).

Frauen haben häufiger hirnorganische Probleme als Männer, weil sie länger leben und nicht, weil sie ein höheres Risiko für Demenz aufweisen. Die Ergebnisse der Berliner Altersstudie lassen erkennen, dass viele geschlechtsspezifische Unterschiede wie psychische Gesundheit, soziale Integration oder Persönlichkeit verschwinden, wenn Alter und soziodemografische Faktoren (wie Zivilstand, Lebensform) kontrolliert wurden (Höpflinger 2007). Während Männer in jungen Jahren häufiger an Schizophrenie erkranken als Frauen, haben Frauen im Alter häufiger paranoide Symptome, vor allem Verfolgungswahn (Weyerer u. Bickel 2007).

Ältere Menschen, die nicht im Heim untergebracht sind, werden zu einem Großteil entweder von ihren Kindern oder von ihrem Partner gepflegt. Pflegende Partner sind im Vergleich zu pflegenden Kindern stärker psychisch belastet, weil sie zum einen selbst älter sind, zum anderen viel mehr Zeit für die Pflege aufbringen, da sie mit dem zu Pflegenden zusammenleben (Kinder arbeiten in der Regel und organisieren Pflegehilfe). Hauptstressoren sind die große Verantwortung, die chronische Belastung sowie die soziale Isolation (Perrig-Chiello et al. 2010). Dabei zeigen Frauen ein höheres Risiko für psychische Morbidität (Yee u. Schulz 1999).

Frauen scheinen die Bürde eines kranken und versorgungsbedürftigen Partners schwerer zu ertragen als Männer. Vermutlich fühlen sich viele Frauen, die traditionsgemäß in der Pflege und Versorgung der Familienangehörigen ganzheitlich in die Pflicht genommen werden, überfordert, während Männer bei der Versorgung nur mit Sekundäraufgaben organisatorischer und finanzieller Art befasst sind. Ganzheitlich, mit Gefühl und Verstand, erleben Frauen den Stress, der im Verlauf der Versorgungspflichten entsteht. Männer gehen möglicherweise mit aufkommendem Stress effizienter um, indem sie sich nicht total mit den anstehenden Pflichten identifizieren. Sie beweisen organisatorisches Geschick und entlasten sich auch innerlich und äußerlich dadurch, dass sie einen Teil der Pflichten an andere Personen delegieren. Vielleicht verdrängen sie aber auch alle negativen Belastungsgefühle (Kasten 2003).

Das Streben nach ewiger Jugend kann ältere Frauen in schwere Essstörungen stürzen. Probleme mit dem Älterwerden und hormonelle Veränderungen sind mögliche Auslöser. Viele der betroffenen Frauen haben oft schon als Jugendliche unter Essstörungen gelitten. Erschwerend kommt hinzu, dass solche Erkrankungen bei älteren Frauen nicht diagnostiziert werden, weil die behandelnden Ärzte diese Möglichkeit gar nicht in Betracht ziehen. Neben der Angst vor dem Älterwerden und hormonellen Einflüssen können auch Ehekrisen oder Identitätskrisen dazu führen, dass die eigene Attraktivität infrage gestellt wird. Frauen haben das Gefühl, dass ihr Leben außer Kontrolle geraten ist. Über das Essverhalten versuchen sie dann, innere Konflikte zu bewältigen. Die Folgen sind schwerwiegend: Bei Magersucht droht eine lebensgefährliche Unterernährung, die Bulimie ist häufig von schweren Depressionen und suizidalem Verhalten begleitet (Mauler 2004).

25.4 Ältere psychisch Erkrankte in der Psychotherapie

In der psychotherapeutischen Arbeit gibt es unterschiedliche Schwerpunkte.

Wie Teising (2007) berichtet, kann eine fehlende Auseinandersetzung zwischen den Geschlechtern die Identitätsfindung erschweren. Bei einem Mann, bei dem sich in seiner frühen Kindheit eine narzisstische Beziehung zu seiner Mutter entwickelt, kann es zu einer spezifisch maskulinen narzisstischen Verletzlichkeit kommen, die bei einem alternden Mann kritische Ausmaße annehmen kann. Eine starke Mutterbindung kann die Beziehungsfähigkeit zu Männern stark beeinflussen.

Folgende zwei Fallbeispiele sind zwar – statistisch gesehen – nicht relevant, zeigen aber mögliche Unterschiede zwischen Mann und Frau in der Akzeptanz von Therapie: Männer sind eher ablehnend, Frauen nehmen Hilfe eher an.

Fallbeispiel 1

Herr B., heute 73 Jahre alt, verliert früh den Vater und hat eine starke Bindung an die Mutter. Die erste Ehe wird bald geschieden wegen Differenzen in der Erziehung des Sohnes. Er heiratet das zweite Mal. Vor 10 Jahren erleidet er ein Burnout und zieht sich von seiner Arbeit als erfolgreicher Architekt vollständig zurück. Dieser Rückzug wird verstärkt dadurch, dass die zweite Ehefrau eine Beziehung zu einem anderen Mann eingeht. Er kann die Kränkung nicht überwinden, dass seine Frau, mit der er vier Kinder hat, ihn verlassen konnte. Er äußert zwar immer die Bereitschaft für eine intensivere Psychotherapie, behauptet, er möchte seine Situation ändern, sagt jedoch die Termine sehr häufig kurzfristig ab.

25 Psychische Störungen im Alter

> **Fallbeispiel 2**
>
> Eine 74-jährige Frau, Frau O., die eine deutliche Beziehungsstörung zu ihrer Mutter hat, sucht zeitlebens nach einer tragfähigen Beziehung. Frau O. wird ursprünglich wegen Übergewicht zur Therapie überwiesen. Nach dem Unfalltod der Tochter wird die Ehe von Frau O. geschieden. Die anderen Kinder (zwei Söhne) werden ihrem Mann, der bald wieder heiratet, zugesprochen. Frau O. lebt in verschiedenen Beziehungen, trauert zugleich immer wieder ihrer verstorbenen Tochter nach. Der Eintritt ins Heim ist eine erneute Kränkung, auf die Frau O. mit massiver Gewichtszunahme reagiert.
>
> Als ich Frau O. kennenlernte, zeigt sie Zukunftsängste, emotionale Schwankungen, mit deutlichen manischen und depressiven Phasen. In den manischen Phasen ist sie enthemmt, hyperaktiv und verliert an Gewicht, in den depressiven Phasen ist sie apathisch, zurückgezogen, einmal sogar suizidal. Die letzte depressive Phase entwickelt sich nach einer Zurückweisung durch die frühere Heimleiterin. Heute lebt Frau O. ziemlich isoliert von anderen Mitbewohnern, der Hauptkontakt besteht zum Fachpflegepersonal, zum Hausarzt und eher seltenen Kontakten zu mir (ca. alle 2 Monate), früher hatten wir alle 1 bis 2 Wochen einen Termin.
>
> Vor einigen Wochen erlebt Frau O. die Wiederholung einer massiven Kränkung. Als junge Frau muss sie miterleben, wie ihre Tochter durch ein Auto angefahren wird. Sie wird nach dem Tod der Tochter beschuldigt, dass sie sich nicht genügend um das Kind gekümmert habe. Jetzt – Jahre später – wird sie durch eine Frau im Rollstuhl angefahren. Die Reaktion ist durch die erfolgte minimale Verletzung nicht einsehbar, aber in Kenntnis ihrer Lebensgeschichte völlig verständlich und bearbeitbar in der Psychotherapie.

Unabhängig vom Geschlecht ist die Psychotherapie Älterer von einer Vielzahl von Rahmenbedingungen und/oder Widerständen abhängig. Hausärzte und -ärztinnen überweisen Ältere meist aus Unkenntnis der Behandlungsmöglichkeiten nicht zu einem Psychotherapeuten oder einer Psychotherapeutin. Psychotherapeuten und Psychotherapeutinnen vermeiden häufig, Ältere zu behandeln. Für einen Therapeuten oder eine Therapeutin ist es erheblich leichter, sich in einen Menschen einzufühlen, der jünger ist als sie selbst. Ist die Person älter als der Therapeut oder die Therapeutin, bedarf es einer besonders sensiblen Umgangsweise, um ihre Wünsche, Erwartungen, Bedürfnisse und Gesundungspotenziale wahrzunehmen und zu erfassen. Ältere Menschen haben auch Vorurteile gegenüber einer Psychotherapie: »Ich bin doch nicht verrückt!«, »Meine Sorgen gehen einen anderen nichts an«, »Gespräche helfen mir nicht« (Hirsch et al 2009). Das Alter bietet andererseits auch Vorteile für eine Psychotherapie: Lebenserfahrung, Reichtum an Erinnerungen, Humor und Distanz. Nicht das Lebensalter an sich ist entscheidend für den Therapieerfolg, sondern die Dauer der Symptome. Frauen nützen die therapeutischen Angebote häufiger als Männer, bei über 75-Jährigen werden Medikamente besser akzeptiert als bei jungen Alten (Maercker 2010; Woodall et al 2010).

25.5 Psychotherapeut oder Psychotherapeutin sein und älter werden

Auch wir Psychotherapeuten und Psychotherapeutinnen werden älter. In der Arbeit mit psychisch Erkrankten haben wir nicht nur ein Alter, sondern auch mehrere fantasierte Lebensalter, die die Erkrankten in uns hineinprojizieren, abhängig davon, welche Rollen sie uns zuschreiben. Neben unserem realen Alter müssen wir auch dieses fantasierte Alter berücksichtigen. Die Vielzahl der Altersstufen, mit denen wir während eines einzigen Tages besetzt werden, verleiht unserer Haltung gegenüber dem Altern und dem Näherrücken des Todes einen besonderen Charakter (Quinodoz 2010).

Wir sollten jedoch auch unserem realen Alter Rechnung tragen. Die Patienten und Patientinnen sind darauf angewiesen, dass wir unser Alter akzeptieren und uns der eigenen Vergänglichkeit bewusst sind. Damit Patienten und Patientinnen es wagen können, die eigene Todesangst uns gegenüber zum Ausdruck zu bringen, sind sie darauf angewiesen, dass wir mit dem Tod hinreichend umgehen können und genügend innere Freiheit haben, um ihnen zuzuhören und mit ihnen darüber zu sprechen (Quinodoz 2010). Die langjährige Erfahrung der älteren Psychotherapeuten könnte ein Vorteil gegenüber den jüngeren Kollegen sein, da der ältere feststellen kann, dass die psychische Realität eine Tatsache ist und die praktische Arbeit die theoretischen Grundlagen bestätigen kann.

25.6 Fazit

Altern ist nicht nur ein Abbau-, sondern auch ein Umbauprozess, der von vielfältigen Faktoren geprägt wird. Im Alter werden zwischenmenschliche Beziehungen komplexer. Beziehungen in ambulanten Pflegesituationen, im Heim, zum unterschiedlich alten Partner werden neu thematisiert. Deutliche Geschlechtsunterschiede bezüglich des Alters, die in früheren Untersuchungen nachgewiesen wurden, können heute nicht mehr festgestellt werden. Der Übergang ins Rentenalter scheint für beide Geschlechter positive Aspekte zu gewinnen. Trotzdem scheint diese Phase – ähnlich der Pubertät – eine kritische Lebensphase zu sein. Der Wegfall der beruflichen Beschäftigung kann sich besonders bei Männern destabilisierend auswirken. Es gibt sehr viele Wege des Alterns. Genauso wenig, wie es zwei gleiche Personen gibt, gibt es auch keine zwei identischen Formen des Alterns. Eine Psychotherapie kann helfen, psychische Störungen auch bei älteren Menschen zu lindern. Es wird oft aufgrund eines rigiden Autonomieideals zu lange gewartet. Die Erfahrung einer früheren Psychotherapie kann die Entscheidung positiv beeinflussen. Zur Entscheidung, ob eine Psychotherapie für einen alten Menschen indiziert ist, ist nicht das kalendarische Alter von Bedeutung, sondern Krankheitsbeginn, Möglichkeiten der

Verarbeitung, Gesundheitszustand und soziales Umfeld. Diese Einschätzung wird sich auch in Zukunft nicht ändern.

Literatur

Belsky J, Kelly J (1995). Und dann waren wir plötzlich zu dritt. Wie das erste Kind die Beziehung verändert. München: Goldmann.

Bundesamt für Statistik (2011). Szenarien zur Bevölkerungsentwicklung der Schweiz, 2005–2050.

Hirsch RD, Bronisch T, Sulz SKD (2009). Psychotherapie im Alter. Psychotherapie; 14: 195–7.

Höpflinger F (2007). Frauen im Alter – Alter der Frauen. Zürich: Seismo.

Höpflinger F (2008, August). Zur Entwicklung der Lebenserwartung in der Schweiz – Studientext und historisches Datendossier. www.hoepflinger.com/fhtop/Lebenserwartunghistorisch1.pdf (Zugriff am 26. Juni 2012).

Höpflinger F (2009). Der Wandel des Alters. Suchtmagazin; 3: 4–8.

Kasten H (2003). Weiblich – Männlich. Geschlechterrollen durchschauen. München, Basel: Reinhardt.

Kockler M, Heun R (2002). Gender differences of depressive symptoms in depressed and nondepressed elderly persons. Int J Geriatr Psychiatry; 17: 65–72.

Lehr U, Thomae H (1989). Formen seelischen Alterns. Ergebnisse der Bonner Gerontologischen Längsschnittstudie (BOLSA). Stuttgart: Enke.

Lyness JM, Caine ED, King DA et al. (1999). Psychiatric diagnosis in older primary care patients. J Gen Int Med; 14: 249–54.

Maercker A (2010). Psychotherapie im Alter. Was kann man erreichen. Vortrag vom 6. Juni 2010 am Psychologischen Institut und Psychotherapeutischen Zentrum Zürich.

Mauler B (2004). Ältere Frauen gelten als neue Risikogruppe für Magersucht. Verein zur ganzheitlichen Gesundheitsförderung. Vortrag im März 2004 in der Christoph-Dornier-Klinik für Psychotherapie in Münster.

Perrig-Chiello P, Höpflinger F, Schnegg B (2010). Wer pflegt und betreut ältere Menschen daheim? Die Situation der Angehörigen und ihre Ansprüche an die Spitex. SwissAgeCare (Hrsg). www.sagw.ch/de/sagw/searchresult.html?query=SwissAgeCare (Zugriff am 26. Juni 2012).

Quinodoz D (2010). Älterwerden: Eine Entdeckungsreise, Erfahrungen einer Psychoanalytikerin. Giessen: Psychosozial-Verlag.

Schreiter Gasser U (2011). Verletzte Seelen in gebrechlichen Körpern. Curaviva; 5/11: 6–10.

Schreiter Gasser U, Künig G (2005). Die Frau mit Demenz. In: Riecher-Rössler A, Bitzer J. (Hrsg). Frauengesundheit. Ein Leitfaden für die ärztliche und psychotherapeutische Praxis. München, Jena: Urban & Fischer; 269–80.

Stoffels H (2001). Über das Altern des Mannes. In: Jacobi RME, Claussen PC (Hrsg). Die Wahrheit der Begegnung anthropologischer Perspektiven der Neurologie. Würzburg: Königshausen & Neumann, 283–92.

Teising M (2007). Narcisstic mortification of ageing men. Int J Psychoanal; 88: 1329–44.

Weyerer S, Bickel H (2007). Epidemiologie psychischer Erkrankungen im höheren Lebensalter. Stuttgart: Kohlhammer.

Woodall A, Morgan C, Sloan C, Howard L (2010). Barriers to participation in mental health research: are there specific gender, ethnicity and age related barriers? BMC Psychiatry; 10: 103.

Yee J, Schulz R (1999). Gender differences in psychiatric morbidity among family caregivers. Gerontologist; 40: 147–64.

Psychotherapieverfahren und psychotherapeutische Begleitung

26 Psychoanalytische Psychotherapie

Brigitte Boothe

Inhalt

26.1 Weiblichkeit prägt das Bild heutiger Psychotherapie 276
26.2 Psychoanalyse – eine etablierte Dienstleistung. 276
26.3 Psychoanalytischer Behandlungsraum als Rückzugsort. 277
26.4 Psychoanalytische Professionalität als Habitus 278
26.5 Professionalisierung und Therapeutisierung des Alltags 279
26.6 Psychoanalyse als Beziehungshandeln. 280
26.7 Körper, Persönlichkeit, Beziehung 281
26.8 Hilfreiche therapeutische Beziehung 282
26.9 Zuwendung zum dritten Objekt. 283
26.10 Kreditierung, Historisierung und die Genderperspektive 284
26.11 Denken in dynamischen Konfigurationen 285
26.12 Fazit 285

»Unser Glaube an andere verrät,
worin wir gerne an uns selber
glauben möchten.«
Friedrich Nietzsche

26.1 Weiblichkeit prägt das Bild heutiger Psychotherapie

Im Jahr 1900 erschien Sigmund Freuds Opus Magnum »Die Traumdeutung«. Im gleichen Jahr wurden Frauen zum Medizinstudium in Wien zugelassen. Heute sind rund 60 % der Wiener Medizinstudierenden weiblich, ebenso rund 80 % der Psychologiestudierenden in den deutschsprachigen Ländern. Zu den Weggefährten Freuds gehörten von früh an wissenschaftlich und therapeutisch engagierte Frauen, die bedeutende Beiträge für die Entwicklung und Verzweigung psychoanalytischen Denkens und Handelns schufen (Bauer 2011; Boothe 2011; Deimel 2011; Fulde 2011; Mühlleitner 2011; Volkmann-Raue 2011). Die psychoanalytische Weiterbildung steht heute in einer Vielfalt konkurrierender Angebote. Unter anderem gibt es deutschlandweit über 70 psychoanalytische Weiterbildungsstätten gegenüber rund 90 verhaltenstherapeutischen Weiterbildungsinstitutionen. Der Frauenanteil der therapeutisch Tätigen und der Personen in Weiterbildung liegt gemäß Forschungsgutachten der Bundesärztekammer Deutschland 2009 bei über 80 %.

Alte Fotografien zeigen Freuds Ehefrau und die wissenschaftlichen Weggefährtinnen im langen bauschigen taillenengen Gewand. Gehemmter Schritt, beschränkte Bewegung, Aufwand an Stoff und üppigem Dekor, das den Körper gleichsam in eine voluminöse Skulptur einschloss. Die weibliche und die männliche Tracht – hier: Anzug, Weste, steifer Kragen, kein Dekor – des Bürgertums machte Differenz folgenreich geltend.

Differenz- und Trennungsnormen sind heute nivelliert

Beide Geschlechter erwerben und lehren gemeinsam in den gleichen institutionellen Räumen und nach gleichen Regeln psychoanalytisches Wissen und Können. Eine Beziehungskultur wechselseitiger Achtung und Anerkennung reziprok lernbereiter Intersubjektivität (Benjamin 2002) sind Leitwerte demokratischer Erziehung, Bildung und Professionalität.

26.2 Psychoanalyse – eine etablierte Dienstleistung

Psychotherapie im 21. Jahrhundert ist, anders als im ausgehenden 19. Jahrhundert, ein gesellschaftlich und gesundheitspolitisch etabliertes Dienstleistungsangebot. Die psychoanalytische Profession entstand als therapeutische Kultur in Anlehnung an die organmedizinische und psychiatrische Praxis und wurde zu einem Soziotop, das Elemente der ärztlichen Untersuchung mit solchen der Beichtpraxis wie auch Gepflogenheiten des Sich-Anvertrauens im privaten Raum zu einer innovativen Form integrierte (Hahn u. Willems 1995). Psychoanalytische Praxis ist kuratives Handeln in der Intimität einer dyadischen – oder als Gruppe organisierten – Gesprächssituation, die im Rahmen des professionellen Settings als emotionale Beziehung wirksam wird und die psychische Verfassung der Patienten und Patientinnen zum Gegenstand hat. Die psychoanalytische Weiterbildung vermittelt bestimmte Haltungen und Kompetenzen, die einem Menschenbild der Selbstverfehlung – »*dass das Ich nicht Herr sei in seinem eigenen Haus*« (Freud 1999/1917, S. 11) – verpflichtet sind. Was die Haltung angeht, so werden unzensierte Selbstaufmerksamkeit, sensible Rezeptivität in der Beziehung zum Gegenüber, Konflikt- und Ambivalenztoleranz sowie angemessene Achtungs- und Nähe-Distanz-Regulierung in der Spannung von Intimisierung und Berufsbeziehung kultiviert. Was Kompetenzen betrifft, so erwerben psychoanalytische Therapeuten und Therapeutinnen Modellannahmen über ein psychodynamisches Regulierungssystem, das in der Latenz funktioniert und wirksam ist. Sie entwickeln Konflikt- und Ambivalenzfähigkeit, und sie gelangen zu spezifischen Fähigkeiten des Zuhörens, Kommunizierens und Interpretierens (Will 2010).

> **Patienten und Patientinnen als *Patiens***
>
> Psychoanalytisch Tätige sehen die Patienten und Patientinnen als *Patiens*: Im Fokus der Aufmerksamkeit stehen die Grenzen ihrer Selbstverfügung, ihre basale Abhängigkeit, die notorische Schwäche ihrer mentalen Ressourcen als durch psychische Abwehr, latente Motive, psychodynamische Kompromissbildungen, Defizite der psychischen und der Beziehungsorganisation bestimmt.

Psychoanalytikerinnen und Psychoanalytiker stellen an ihre Patientinnen und Patienten einen dreifachen Anspruch:
- Patientinnen und Patienten sollen sich als Patiens artikulieren und zum Ausdruck bringen.
- Die eigene Patiensverfassung soll in Kooperation mit der Therapeutin oder dem Therapeuten zum Gegenstand des Explorierens und Reflektierens werden.
- Patientinnen und Patienten erhalten Kredit, sich der Lebens- und Beziehungswirklichkeit couragiert zu stellen.

26.3 Psychoanalytischer Behandlungsraum als Rückzugsort

Freuds Behandlungsraum war mit dem privaten Arbeits- und Wohnbereich verbunden und durch seine Persönlichkeit und seine Präferenzen geprägt. Viele Jahrzehnte später schickt die Autorin Marie Cardinal in ihrem Roman »Schattenmund« ihre Protagonistin anfangs auf den Weg zu ihrem künftigen Psychoanalytiker: »Die Sackgasse ist schlecht gepflastert, voller Löcher und Buckel, die schmalen Trottoirs sind verwahrlost. Wie ein riesiger Finger zwängt sie sich durch dicht gedrängte, ein- bis zweistöckige Häuser. Am Ende stößt sie gegen einen Maschendrahtzaun, mit schäbigem Grün überwuchert« (Cardinal 2001; Anfang des Romans). Die Praxis befindet sich an marginalem Ort, jenseits urbaner Zentren, jenseits von Chic und Wohnlichkeit. Zugleich spiegelt die äußere Misere die psychische Verfassung der Patientin, deren Analytiker sich als kleiner, schweigsamer Mann herausstellt, der Abstinenz und Triebverzicht als stumme Kargheit praktiziert.

Eremitage und innere Einkehr gehören bis heute zum psychoanalytischen und psychodynamischen Habitus. Milieu, Raum, Körper, Ausstattung, Stil, Geschmack, Organisation der Kommunikation machen mit Bourdieu (1982) den Habitus aus: Das Behandlungsambiente verweist auf Rückzug aus öffentlichen Bezügen und Einladung zu einer nach außen verschlossenen Intimisierungskommunikation, besonders sinnfällig, wenn der Patient oder die Patientin auf die Behandlungscouch gebeten wird. Doch befinden sich private Praxisräume heute in städtischen Wohn- und Geschäftsbezirken, gelegentlich in ländlicher Abgeschiedenheit. Karg muss es nicht sein. Moderne Behandlungszimmer unterscheiden sich meist von Büros und Arztpraxen; sie pflegen ein dezent persönliches, im Aufwand bescheidenes Ambiente und sind, ohne Ansehen des Geschlechts, meist mit diskretem Komfort und unaufdringlichem Kunsthandwerk gestaltet. Die Therapeuten und Therapeutinnen begegnen den Ratsuchenden tendenziell in ausgebeulter Haustracht; weiblicherseits bieder oder modebewusst dekorativ.

26.4 Psychoanalytische Professionalität als Habitus

Es geht um »selbstreflexive Deutungsarbeit des eigenen Selbst« (Schroer 2006, S. 63), vor einem professionellen Gegenüber, das – dezidiert im Couchsetting – die Rede der Patientin im Gestus bedeutsamen Schweigens aufnehmen mag, wie die Figur des Analytikers im Roman »Schattenmund«, und sie von Zeit zu Zeit als Manifestationen bedeutsamen Beziehungsgeschehens oder psychischer Dynamik kommentiert.

- Ratsuchende erwerben im Behandlungszimmer einen *Habitus der Selbstthematisierung*. Sie übernehmen Formen der Artikulation, Expression und Reflexion, die dazu führen, dass sie ihr Denken, Fühlen und Handeln als Ausdruck oder Ergebnis von Vorgängen ansehen, die sich an ihnen vollziehen und wirksam werden, und zwar überwiegend in der Latenz.
- Die *selbstreflexive Deutungsarbeit* gilt beiden Personen in der Beziehung. Die professionelle Person hat ihre eigene biografische Existenz in den Blick zu nehmen; sie verfügt über ausgeprägte Expertise nicht, wenn sie perfekt und tadellos ist, sondern wenn sie sich eigenen Konflikten und Defiziten stellt.

Bloch ist ein Fernsehtherapeut, der bei aller Eigenwilligkeit mit psychoanalytischem Flair ausgestattet wird. Höchst augenfällig ist die ausgeprägte Adipositas; er leidet also selbst unter einem schwergewichtigen Symptom. Als Therapeut mit ausgeprägtem Spürsinn und rückhaltlosem Beziehungsengagement gelingt es ihm, beispielsweise in »Die Geisel« (Bloch 2010) in kämpferischer Empathie und mit hoher sozialer Intelligenz das psychische und persönliche Leben einer couragierten, disziplinierten Frau, einer Politikerin, zu verwandeln – einer Frau, die Opfer einer Entführung geworden war und nach ihrer Befreiung die psychischen Folgen der Belastung zu ignorieren versucht.

Psychotherapie konfrontiert mit persönlicher Selbstverfehlung; das Leben wird dadurch nicht leichter, aber substanzieller, so mag man die Botschaft des Films verstehen. Und: Therapeuten sind nicht männliche Helden, Patientinnen nicht klagsame Weibchen. Deutlich wird auch, »dass von jedem Einzelnen in der postmodernen Gesellschaft verlangt wird, eine autonome, in sich reflektierte Persönlichkeit zu sein« (Schroer 2006, S. 59); oder, aufgrund der Unerreichbarkeit von Autonomie: eine Persönlichkeit in kultivierten Abhängigkeitsbeziehungen.

26.5 Professionalisierung und Therapeutisierung des Alltags

Professionalisierung bestimmt den Alltag industrialisierter Informations- und Wissensgesellschaften. Professionalisierte Weiblichkeit dient dem Berufserfolg; der Marktwert lässt sich durch gezielte Beratung und Training, z. B. für weibliche Führungskompetenz, gute Mütterlichkeit oder erotische Expertise steigern. Büros und Produktionsstätten gewinnen eine Tendenz zur Wohnlichkeit; umgekehrt sind im privaten Heim Büros und Internetzugänge eingerichtet. Weiblichkeit als Attraktivitätsprogramm wird durch Kosmetik, Kleidung, nackte Perfektion verkauft und chirurgisch in Form gebracht. Weiblichkeit ist käuflich. Die allgegenwärtige Bild- und Filmwerbung wie auch der sexuelle Bestellservice machen Weiblichkeitsmodelle, von der Kindfrau bis zum Seniorenvamp, zum – bei Menschenhandel widerrechtlich – verfügbaren Konsumgut. Vorübergehendes Engagement im sexuellen und erotischen Service wird für junge Frauen zur gelegentlichen Erwerbsquelle. Die »selbstreflexive Deutungsarbeit« in der professionellen Dyade muss im Zusammenhang mit der Therapeutisierung des Alltags gesehen werden (Hausendorf 2011).

> Was psychoanalytische und psychotherapeutische Expertise und Expertensprache war, durchzieht die alltägliche Verständigung, als diskursive Praxis, als Deutungshorizont und als Entschuldigungs- oder Rechtfertigungsvokabular.

26.6 Psychoanalyse als Beziehungshandeln

Anders als in den Pionierzeiten der Psychoanalyse stehen heute eine wachsende Zahl programmatischer Denkrichtungen, psychotherapeutischer Orientierungen und Weiterbildungen im Wettbewerb. Neben den wissenschaftlich anerkannten Therapieverfahren expandieren Beratungs-, Trainings-, Selbsthilfe- und Selbsterfahrungsangebote unterschiedlicher Qualität wie auch Offerten aus dem esoterischen Bereich. Psychoanalytische Behandlungsangebote unterliegen der Qualitätskontrolle und wissenschaftlicher Prüfung. Der traditionellen Psychoanalyse stehen viele psychodynamische Behandlungsverfahren zur Seite, die auf spezifische Störungen und Störungsbilder zugeschnitten sind, z. B. Strukturbezogene Psychotherapie (Rudolf 2006), Tiefenpsychologisch fundierte Psychotherapie (Woeller u. Kruse 2010), Übertragungsfokussierte psychodynamische Therapie für Borderlinepatienten (Clarkin et al. 2008) und im besonderen Zuschnitt für Patienten und Patientinnen, denen eine neurotische Persönlichkeitsstruktur attribuiert wird (Caligor et al. 2010). Mentalisierungsbasierte psychodynamische Therapie nach Fonagy und Bateman (2008; Fonagy u. Allen 2009; Taubner et al. 2010) steht aktuell im Zentrum der Aufmerksamkeit. Psychodynamische Kurz- und Fokaltherapie hat bereits eine lange Tradition (Küchenhoff u. Olshausen 2005) wie auch psychodynamische Therapie für delinquente Personen (Lackinger et al. 2008). Sehr bekannt ist die Psychodynamisch-imaginative Traumatherapie nach Reddemann (2004).

> Psychoanalytische Therapeuten und Therapeutinnen verstehen sich als Experten und Expertinnen der Beziehungs- und Psychodynamik, psychischer und psychophysiologischer Regulierungsprozesse, von Latenz und Aufklärung, Regression und Progression in vielfältigen Formen kurativer Kommunikation.

Psychische Beeinträchtigungen bilden sich als Symptome und als fremd- wie selbstschädigendes Verhalten aus, sabotieren Vitalität und Lebensfreude und beeinträchtigen das soziale Leben und die Arbeitsfähigkeit. Beschwerden und Symptome sollen überwunden werden durch gezielte und kontrollierte Einwirkung auf die Erscheinungsformen, Umstände und Ursachen der malignen Prozesse. Nach wissenschaftlicher Befundlage ist die Basis psychotherapeutischen Erfolgs eine günstige Beziehung zwischen Therapeut bzw. Therapeutin und Patient bzw. Patientin, eine Beziehung, die beide Parteien als hilfreich und tragfähig empfinden.

26.7 Körper, Persönlichkeit, Beziehung

Familiärer Rückhalt

Familiärer Rückhalt und ein bekömmliches, friedfertiges Lebensmilieu in der Kindheit fördern die Ausbildung innerer Beziehungsmodelle, die vorwiegend libidinösen Charakter haben und als Ressourcen psychophysischer und psychischer Regulierung verfügbar sind.

Selbstgefühl und Selbstakzeptanz

Die eigene weibliche Geschlechtszugehörigkeit vermittelt positives Selbstgefühl und Selbstakzeptanz, wenn der eigene Körper als intakt erscheint, wenn die eigene Erscheinung freundliche, dezente und liebevolle Resonanz erfährt und zugleich das Beziehungsspiel von Nähe und Distanz, Enthüllung und Verhüllung kontinuierlich und differenziert erprobt werden kann.

Courage und Risikobereitschaft

Zur Entwicklung der weiblichen Persönlichkeit gehören Courage und Risikobereitschaft, d.h. die Verfügung über ein breites Repertoire der offensiven Selbstbehauptung, der aggressiven Herausforderung und klugen Abgrenzung.

Erotische Ressourcen

Andererseits betont die Psychoanalyse traditionsgemäß die frühen und vielfältigen Erfahrungen erotischen Vergnügens, die den Körper zur Landschaft der Lust werden lassen (Heigl-Evers u. Weidenhammer 1997). Erotische Ausstrahlung, Charme und Verführungskompetenz beginnen ihre Erfolgsgeschichte in der frühen Kindheit.

Finanzielle Unabhängigkeit und professionelle Positionierung gehören heute zur weiblichen Erwerbsbiografie. Gleichzeitig wird in psychoanalytischer Behandlung von Frauen klar, dass die privaten und professionsgebundenen Unsicherheits- und Diskontinuitätsrisiken eine ungünstige Selbstwertregulierung und eine maligne regressive psychische Entwicklung begünstigen. Wenn überdies die soziale Integration prekär ist, Übergefügigkeit erworben wurde oder Parentifizierung entstand, im Lebensumfeld sexuelles und geschlechterorientiertes Ressentiment vorherrschen, kommt es zu depressiven Erkrankungen und pathologischen Bildern mit vielfältiger selbstschädigender Symptomatik.

Die besondere Gefährdung von Frauen, was Depression, Angst- und Essstörungen angeht, sei an dieser Stelle schlagwortartig und ausschnitthaft erwähnt. Die Lebenszeitprävalenz für Major Depression ist nach DSM-IV-TR bei Frauen 10 bis 25 %, bei Männern 5 bis 12 %; die höchste Erkrankungsrate liegt in der Altersgruppe des jungen und mittleren Erwachsenenalters (25–44 Jahre; Saß et al.

2003). Auch unter der generalisierten Angststörung leiden Frauen bei einer Lebenszeitprävalenz von 6,6 % gegenüber 3,6 % bei den Männern besonders häufig (Wittchen 2002). 75 % der Personen mit einer Borderline-Diagnose, Lebenszeitprävalenz 1,1 bis 4,6 % in der Adoleszenz, sind weiblich und haben ein hohes suizidales Risiko (Bronisch 2000). Die bulimischen Essstörungen mit der Lebenszeitprävalenz von 1 bis 3 % gehören wie die anorektischen zu denen, die zu über 90 % Mädchen und Frauen betreffen (Saß et al. 2003). Essstörungen mit dem Ziel der Gewichtskontrolle und Gewichtsreduktion beeinträchtigen in Pubertät, Jugend und jungem Erwachsenenalter die psychische Verfassung, das soziale Leben und die sexuelle Erfahrung gravierend. Die kosmetische oder chirurgisch scheinbare Perfektionierung der körperlichen Erscheinung, Schlankheits- und Fitnesspropaganda dienen nicht der Optimierung, sondern der Fragilisierung eines positiven Körperbewusstseins. Das gilt erst recht für die kosmetische Intimchirurgie (Borkenhagen u. Kentenich 2009).

Was Störungen im Zusammenhang mit Schwangerschaft, Geburt und Eltern-Kind-Beziehung angeht, so bieten die Forschungen zur Beziehungs- und Psychodynamik der Triade (Boothe u. Heigl-Evers 1996; von Klitzing 2002) reichen praktischen Ertrag für psychodynamische Einzel- und Familientherapie und die Einzel- und Familienberatung. Zunehmend wichtig werden Biografiearbeit und psychoanalytische Psychotherapie als konfliktbezogene Retrospektion im fortgeschrittenen und hohen Lebensalter (Radebold 2009; Ugolini et al. 2009). Die psychoanalytische Beziehungskompetenz und das Wissen über genderspezifische Konflikt- und Beziehungsdynamik haben auch großen Nutzen für die Behandlung von Persönlichkeitsstörungen und für die im interkulturellen Bereich etablierte Traumaforschung. Somatoforme Störungen überwiegen bei Frauen, insbesondere bei Migrantinnen (Ermann 2007; Erim 2009).

26.8 Hilfreiche therapeutische Beziehung

Patientinnen *suchen psychotherapeutische Behandlung* in einer Verfassung psychischer Beeinträchtigung, der sie sich ausgeliefert und in der sie sich auf eine Helferinstanz angewiesen fühlen. Das schafft eine regressionsfördernde Initialbeziehung der inneren Abhängigkeit. Patientinnen *entscheiden sich zur Aufnahme einer längerfristigen therapeutischen Kooperation* auf der Basis einer Beziehung mit Vertrauens- und Zukunftskredit. Patientinnen werden initiativ und rezeptiv in einer Beziehungsdynamik von Anlehnung und Abgrenzung, die zu kreativer Verinnerlichung der gelebten Beziehung, zum hilfreichen inneren Dialog führt.

Individuelles und soziales Leben organisiert sich in Konfigurationen (Boothe u. Heigl-Evers 1996): Dazugehören Position beziehen, Wirkung haben. Dabei geht es um
- Integration,
- Positionierung, d. h. darum, sich als Person geltend zu machen,
- Selbstwirksamkeit, Einfluss und Macht.

Integration, Positionierung und Wirkung: Ein Mädchen, eine Frau kann gut oder schlecht, stark oder gering integriert, klar oder unklar positioniert sein, viel oder wenig Wirkung, Einfluss, Macht haben. Sie kann in unterschiedlichen Bereichen stark oder schwach integriert, positioniert oder wirkungsmächtig sein. Sie kann sich mit viel oder wenig Wirkungsmacht, Positionierung und Integration gut oder schlecht fühlen. Die elterliche Bereitschaft, sich mit Feinfühligkeit und Achtsamkeit in den Dienst des Säuglings zu stellen, verschafft dem Kind ein basales Sicherheits- und Vertrauensgefühl, wie die inzwischen breit etablierte Bindungsforschung wie auch die Mentalisierungsforschung (Fonagy u. Allen 2009; Taubner et al. 2010) zeigt. So lernt das Kind, in Situationen der Spannung und Not mit Zuversicht auf Hilfe und Auswege zu reagieren, Artikulation für seine Lebensregungen und Resonanz für seine Gemütsverfassung zu finden. Eltern und andere parentale Agenten nehmen die Regungen des Kindes liebevoll auf und geben ihnen Kontur und Bedeutung. Sie tun das auf Kredit (Boothe u. Heigl-Evers 1996). Elterliche Akteure gehen mit dem Kind nach seinen späteren Möglichkeiten um, sind ihm Schritte voraus und bleiben zugleich in direktem Kontakt, bereit, auf Zuwendung und Abwendung, Verlangen und Überdruss, Vergnügen und Missbehagen wohlabgestimmt zu antworten.

Die Fähigkeit, in diesem Sinne Kredit zu geben und Kredit in Beziehungen einzusetzen, ist ein Kernelement psychoanalytischer Behandlung in ihrem gesamten Variantenspektrum und bei strukturellen Störungen wie Mentalisierungsdefiziten von ausschlaggebender Bedeutung. Die Psychoanalytikerin zeigt hier die emotionale Intelligenz des Anerkennunggebens und des Zutrauens. Anerkennung und Zutrauen sind aber nur glaubhaft und nützlich, wenn sich diese Haltungen mit Zumutung und Konfrontation verbinden. Es geht um die Zumutung der Übernahme von Verantwortung für sich selbst und die Konfrontation mit Konflikt und Abwehr (Grimmer 2006).

> Frauen in Psychotherapie profitieren in besonderer Weise von wohlabgestimmter Kreditierung als Zutrauen und Zumutung, da ihre Selbstwertregulierung häufig selbstschädigenden Charakter hat, mit mangelnder Verfügung über Behauptungsressourcen zusammenhängt und depressive Verstimmung, Rückzug, Antriebslosigkeit und maligne Entwicklungen im Partnerschaftsbereich zur Folge hat.

26.9 Zuwendung zum dritten Objekt

Patienten und Patientinnen brauchen in der Psychoanalyse sowohl ein Milieu der Geborgenheit als auch die Öffnung nach außen. Sie brauchen eine Basis des Dazugehörens, die Chance zur Selbstpositionierung als auch die Erfahrung eigener Wirksamkeit. Die Psychoanalytikerin und erst recht die psychodynamische Psychotherapeutin vermittelt ausreichend Sicherheit und Akzeptanz und gibt andererseits Kredit für die couragierte und interessierte Öffnung nach außen, die interessierte Zuwendung zum dritten Objekt. Psychoanalytisch Tätige machen sich zu vermittelnden Begleitern oder Begleiterinnen, um die Patienten und Patientinnen in verstehenden und einflussmächtigen Kontakt zu ihrer Lebens- und Beziehungswelt zu bringen. Das ist für weibliche Hilfesuchende umso wichtiger, als diese häufig in ungelösten inneren Abhängigkeitsbeziehungen zur Mutterfigur der frühen Kindheit verstrickt bleiben und die Freiheit zur Orientierung zum erregenden Dritten nicht besteht. Boothe et al. (1993) kennzeichneten dies mit dem Bild einer malignen Demeter-Persephone-Konstellation.

26.10 Kreditierung, Historisierung und die Genderperspektive

Das Kreditgeben verdient besondere Beachtung, weil produktive menschliche Interaktion, gerade auch im Erwachsenenleben (Hermann 2009) und in der Therapiesituation (Grimmer 2006), stark durch Kreditierung bestimmt ist.

> **Kreditierung**
>
> Den Lebensregungen des Kindes wird eine Entwicklungsperspektive zugeschrieben. Was das Kind jetzt tut, das gilt den Angehörigen als Versprechen einer Kompetenz, die sich einstweilen nur in ersten, noch einfachen Realisationsformen produziert. Die Zuschreibungshandlungen der Kreditierung stellen eine Selbstverständlichkeit des Alltags im Umgang zwischen Erwachsenen in Elternfunktion und Kindern dar und sind bekanntlich nicht allein auf die Eltern-Kind-Beziehung beschränkt. Kreditierung ist als Etablierung einer Hoffnungsperspektive in der Kommunikation generell wirksam. Sie ist in der psychoanalytischen Beziehung Grundlage ermutigter Selbstexploration, unvoreingenommener Selbstkonfrontation und der Risikobereitschaft, im Beziehungsleben innovativ wirksam zu werden.

Die Personwerdung des Kindes wie auch die Entwicklung der Person im psychoanalytischen Prozess hat eine wichtige geschichtliche Perspektive. Psychoanalyse betonte von Beginn an die autobiografische Perspektive der Person, ihr lebensgeschichtliches Erinnern und die Reflexion auf die eigene Geschichtlichkeit, auch in der historisch-gesellschaftlichen Genderzugehörigkeit. Die Patientin steht in einer spezifischen familien- und individualgeschichtlichen Reihe; ihr wird ein kulturell und individuell vorinterpretierter Ort als national, regional, familiär bestimmtes Geschlechtswesen zugewiesen. Die soziale Produktion von Familiarität entspricht der Herstellung eines Ich-in-Beziehung-zum-antwortenden-Gegenüber, eines Ich-als-Teil-eines-Wir, eines Ich, das zwischen Du und Wir und Ihr unterscheidet. Es geht um die Herstellung spezifischer Abgrenzungen sowie Herstellung spezifischer Verbindung innerhalb einer geschichtlich bestimmten, füreinander engagierten Gemeinschaft.

26.11 Denken in dynamischen Konfigurationen

Psychoanalyse, als variantenreiche therapeutische Praxis entwickelt, konturiert oder stärkt das Ich, stärkt damit weibliche Selbstbestimmung und Selbstermächtigung. Psychoanalyse sensibilisiert für Abwehroperationen: Regression, Vermeidung, Wendung gegen das eigene Selbst sind häufig im Kontext weiblicher Konflikt- und Störungsdynamik anzutreffen. Wichtig für Patientinnen ist auch, dass Psychoanalyse über Kreditierung und Öffnung für die Bedingungen der Lebens- und Beziehungswelt zur Verbesserung der emotionalen und sozialen Urteilskompetenz und der Selbstwirksamkeit in Bezug auf Lebensherausforderungen führt.
- Wenn es sich um ödipale Konflikte handelt, geschieht das auf dem Weg deutender Übertragungs- und Beziehungsanalyse.
- Wenn es sich um Störungen handelt, in deren Zentrum eine aggressive und destruktive Dynamik oder gravierende Milieuschädigungen stehen, kommen interaktionelle psychodynamische Angebote (z. B. Heigl-Evers u. Ott 1998; Heigl-Evers et al. 1991; 1997; Streeck u. Leichsenring 2009) oder die Übertragungsfokussierte Therapie (TFP; Clarkin, Yeomans u. Kernberg 2008) zum Tragen.

> Das Denken in dynamischen Konfigurationen, die Orientierung an und in Beziehungen, das Erschließen und Mitgestalten von Inszenierungen ist für die psychoanalytische Praxis auch dann charakteristisch, wenn es um schwere Persönlichkeitsstörungen, Psychosomatosen, Traumatisierungen oder Psychosen geht.

26.12 Fazit

Das Handwerk der Psychoanalyse ist heute durch die psychoanalytische Eltern-Kind-Interaktions-Forschung informierte und inspirierte Praxis. Am Anfang des psychischen Lebens sieht man heute die Expressivität des weiblichen und des männlichen Kindes und den wirksamen Anderen mit seiner individuellen Genderorientierung, der die Ausdrucks- und Darstellungsformen des kulturellen Milieus in den Dienst der psychischen und interaktiven Regulierung stellt. Die innere Welt des kleinen Mädchens entsteht in enger Gemeinschaft mit elterlichen Begleitern und Begleiterinnen, die den Lebensregungen des Säuglings von Beginn an Sinn und Bedeutung verleihen, mit ihnen als beseelten Wesen umgehen, ihnen – auf Kredit – Verstand und Gemüt zuschreiben und ihnen personale Anerkennung schenken. Sie statten das Kind mit Geschichte und Zukunft aus, geben ihm Heimat in der familiären Welt und vermitteln ihm zeigend, erzählend und im gemeinsamen Blick nach draußen das Nahe und das Ferne. Die Beziehungsorganisation in der psychoanalytischen Zusammenarbeit formt und reflektiert Figuren der Übertragung und Gegenübertragung, die biografische Konfliktfiguren modellieren und im Hier und Jetzt des Behandlungszimmers auf die Erweiterung und Bereicherung des inneren und äußeren Lebens zielen.

Der Selbstbezug in Genderperspektive entwickelt sich im Spiegel des Anderen, entfaltet sich in Beziehung zum Anderen.

> Pathogene Aspekte der Genderidentität werden wirksam im Kontext früher Beziehungen. Sie resultieren aus Genderzuschreibungen, die
> - Ressourcen und Möglichkeiten der Betroffenen verkümmern lassen,
> - Formen malignen Machtgefälles begünstigen,
> - scheinbar Entwertungsprozesse legitimieren,
> - Zugang zu Ressourcen persönlicher Bildung und couragierten Engagements verwehren.

Genderidentität hat das bedeutendste Potenzial in der Kreativität des Charmes, der Liebeswerbung, der erotischen Intimität und der Dynamik von Paaretablierung und Familiarität.

Literatur

Bauer G (2011). Karen Horney. Der neurotische Mensch in unserer Zeit. In: Volkmann-Raue S, Lück HE (Hrsg). Bedeutende Psychologinnen des 20. Jahrhunderts. 2. Aufl. Wiesbaden: VS Verlag für Sozialwissenschaften; 57–70.

Benjamin J (2002). Der Schatten des Anderen. Intersubjektivität, Gender, Psychoanalyse. Frankfurt a. M.: Stroemfeld.

Bloch (2010). Die Geisel. Fernsehfilm Deutschland 2010. Mit Pfaff D und Michelsen C; Regie: Fischer E. Erstausstrahlung 20. Oktober 2010.

Boothe B (2011). Helene Deutsch: Mütterlichkeit als Lebensentwurf. In: Volkmann-Raue S, Lück HE (Hrsg). Bedeutende Psychologinnen des 20. Jahrhunderts. 2. Aufl. Wiesbaden: VS Verlag für Sozialwissenschaften; 27–38.

Boothe B, Heigl-Evers A (1996). Psychoanalyse der frühen weiblichen Entwicklung. München: Reinhardt.

Boothe B, Becker-Fischer M, Fischer G (1993). Die »ewige Tochter«: Ein neuer Ansatz zur Konfliktpathologie der magersüchtigen Frau. In: Seidler GH (Hrsg). Magersucht. Öffentliches Geheimnis. Göttingen: Vandenhoeck & Ruprecht; 87–133.

Borkenhagen A, Kentenich H (2009). Labienreduktion – Neuester Trend der kosmetischen Genitalkorrektur. Übersichtsarbeit. Geburtshilfe Frauenheilkd; 69; 1–5.

Bourdieu P (1982). Der Sozialraum und seine Transformationen. In: Bourdieu P (Hrsg). Die feinen Unterschiede – Kritik der gesellschaftlichen Urteilskraft. Frankfurt a. M.: Suhrkamp; 171–210.

Bronisch T (2000). Persönlichkeitsstörungen. In: Möller HJ, Laux G, Kapfhammer HP (Hrsg). Psychiatrie und Psychotherapie. Springer: Berlin, 1523–58.

Caligor E, Clarkin J, Kernberg O (2010). Übertragungsfokussierte Psychotherapie bei neurotischer Persönlichkeitsstruktur. Stuttgart: Schattauer.

Cardinal M (2001). Schattenmund. Roman. Reinbek: Rowohlt.

Clarkin J, Yeomans F, Kernberg O (2008). Psychotherapie der Borderline-Persönlichkeit. Manual zur psychodynamischen Therapie. 2. Aufl. Stuttgart: Schattauer.

Deimel C (2011). Lou Andreas-Salomé. Die Dichterin der Psychoanalyse. In: Volkmann-Raue S, Lück HE (Hrsg). Bedeutende Psychologinnen des 20. Jahrhunderts. 2. Aufl. Wiesbaden: VS Verlag für Sozialwissenschaften; 15–26.

Erim Y (2009). Klinische interkulturelle Psychotherapie. Ein Lehr- und Praxisbuch. Stuttgart: Kohlhammer.

Ermann M (2007). Psychosomatische Medizin und Psychotherapie. Ein Lehrbuch auf psychoanalytischer Grundlage. 5. Aufl. Stuttgart: Kohlhammer.

Fonagy P, Bateman AW (2008). Psychotherapie der Borderline-Persönlichkeitsstörung: Ein mentalisierungsgestütztes Behandlungskonzept. Gießen: Psychosozial-Verlag.

Fonagy P, Allen JG (Hrsg) (2009). Mentalisierungsgestützte Therapie. Das MBT-Handbuch – Konzepte und Praxis. Stuttgart: Klett-Cotta.

Freud S (1900). Die Traumdeutung. GW Bd. II/III. Frankfurt a. M.: Fischer.

Freud S (1999/1917). Eine Schwierigkeit der Psychoanalyse. GW Bd. XII. Frankfurt a. M.: Fischer.

Fulde I (2011). Marie Langer: Psychoanalyse und Revolution. In: Volkmann-Raue S, Lück HE (Hrsg). Bedeutende Psychologinnen des 20. Jahrhunderts. 2. Aufl. Wiesbaden: VS Verlag für Sozialwissenschaften; 85–100.

Grimmer B (2006). Psychotherapeutisches Handeln zwischen Zumuten und Mut machen. Das Beziehungs- und Kommunikationskonzept der Kreditierung. Stuttgart: Kohlhammer.

Hahn A, Willems H (1995). Religiöse und therapeutische Sinngebung. Experimenta. Psychoanalyse und Kultur; 58–75.

Hausendorf H (2011). Therapeutisierung im Gespräch. Editorial des Themenheftes Therapeutisierung durch Sprache. Psychoth Soz; 13/1.

Heigl-Evers A, Weidenhammer B (1997). Die unbewusste Organisation der weiblichen Geschlechtsidentität: Der Körper als Bedeutungslandschaft. Bern: Huber.

Heigl-Evers A, Ott J (1998). Die psychoanalytisch-interaktionelle Methode. Theorie und Praxis. 3. Aufl. Göttingen: Vandenhoeck & Ruprecht.

Heigl-Evers A, Helas I, Vollmer I, Vollmer HC (1991). Suchtkranke in ihrer inneren und äußeren Realität. Praxis der Suchttherapie im Methodenvergleich, Göttingen: Vandenhoeck & Ruprecht.

Heigl-Evers A, Heigl F, Ott J, Rüger U (1997). Lehrbuch der Psychotherapie, 3. Aufl. Stuttgart: Gustav Fischer.

Hermann ML (2009). Was im Leben zählt. Kreditierung und Selbstkreditierung alter Menschen im lebensgeschichtlichen Interview. Bern: Lang.

Küchenhoff J, Olshausen C (2005). Psychodynamische Kurz- und Fokaltherapie. Theorie und Praxis. Stuttgart: Schattauer.
Lackinger F, Dammann G, Wittmann B (Hrsg) (2008). Psychodynamische Therapie bei Delinquenz. Stuttgart: Schattauer.
Mühlleitner E (2011). Anna Freud: Gel(i)ebte Psychoanalyse. In: Volkmann-Raue S, Lück HE (Hrsg). Bedeutende Psychologinnen des 20. Jahrhunderts. 2. Aufl. Wiesbaden: VS Verlag für Sozialwissenschaften; 71–84.
Radebold, H (2009). Die dunklen Schatten unserer Vergangenheit. Hilfen für Kriegskinder im Alter. Stuttgart: Klett-Cotta.
Reddemann L (2004). Psychodynamisch imaginative Traumatherapie – Das Manual. Stuttgart: Pfeiffer bei Klett-Cotta.
Rudolf G (2006). Strukturbezogene Psychotherapie. Leitfaden zur psychodynamischen Therapie struktureller Störungen. 2. Aufl. Stuttgart: Schattauer.
Saß H, Wittchen HU, Zaudig M, Houben I (2003). Diagnostisches und Statistisches Manual Psychischer Störungen – Textrevision – DSM-IV-TR. Deutsche Bearbeitung und Einführung der APA, American Psychiatric Association. Göttingen: Hogrefe.
Schroer M (2006). Selbstthematisierung. Von der (Er-)Findung des Selbst und der Suche nach Aufmerksamkeit. In: Burkart G (Hrsg). Die Ausweitung der Bekenntniskultur – neue Formen der Selbstthematisierung? Wiesbaden: VS Verlag für Sozialwissenschaften; 41–72.
Streeck U, Leichsenring F (2009). Handbuch psychoanalytisch-interaktioneller Therapie. Zur Behandlung von Patienten mit strukturellen Störungen und schweren Persönlichkeitsstörungen. Göttingen: Vandenhoeck & Ruprecht.
Taubner S, Nolte T, Luyten P, Fonagy P (2010). Mentalisierung und das Selbst. PTT – Persönlichkeitsstörungen Theorie Therapie; 14/4:; 243–58.
Ugolini B, Hermann ML, Boothe B (2009). Leidvolle Treue – Die therapeutische Beziehung im Trauerprozess und der Weg ins Freie. Psychotherapie im Alter; 21/1: 31–40.
Volkmann-Raue S (2011). Sabine Spielrein: Die Destruktion als Ursache des Werdens. In: Volkmann-Raue S, Lück HE (Hrsg). Bedeutende Psychologinnen des 20. Jahrhunderts. 2. Aufl. Wiesbaden: VS Verlag für Sozialwissenschaften; 39–56.
Von Klitzing K (Hrsg) (2002). Psychotherapie in der frühen Kindheit. Göttingen: Vandenhoeck & Ruprecht.
Will H (2010). Psychoanalytische Kompetenzen. Standards und Ziele für die psychotherapeutische Ausbildung und Praxis. 2. Aufl. Stuttgart: Kohlhammer.
Wittchen HU (2002). Generalized anxiety disorder: prevalence, burden and cost to society. Depress Anxiety, 16; 162–71.
Woeller W, Kruse J (Hrsg) (2010). Tiefenpsychologisch fundierte Psychotherapie. Basisbuch und Praxisleitfaden. 3. Aufl. Stuttgart: Schattauer.

27 Kognitive Verhaltenstherapie

Christine Kühner

Inhalt

27.1 Einleitung 289
27.2 Störungsmodell 290
27.3 Das Verfahren 291
　　　Typischer Ablauf 291
　　　Therapeutische Beziehung 292
　　　Interventionen 293
　　　Vielfalt der Anwendungsgebiete 297
　　　Themenspezifische Ansätze für Frauen. 298
27.4 Wirksamkeit und Nachhaltigkeit 298
27.5 Fazit 299

27.1 Einleitung

Die Verhaltenstherapie beinhaltet eine Vielzahl von Verfahren, die auf Modellen der *Psychologie als wissenschaftliche Disziplin* begründet sind. Grundlagenpsychologische Erkenntnisse werden auf die Diagnostik und Therapie klinischer Probleme übertragen. Die Verhaltenstherapie nahm ihren Ausgang in den 1950er Jahren. In dieser Frühphase orientierte sie sich ausschließlich an den Lerntheorien der experimentellen Grundlagenforschung zur klassischen und operanten Konditionierung. Sie hat sich seither kontinuierlich weiterentwickelt, insbesondere durch die Einbeziehung kognitiver Modelle und Techniken (kognitive Verhaltenstherapie, KVT). In jüngerer Zeit findet zudem eine Integration *emotions- und achtsamkeitsbasierter Ansätze* statt. Wie keine andere Psychotherapieform hat die KVT ihre Wirksamkeit bei zahlreichen Störungsbildern unter Beweis gestellt. Sie macht jedoch keine expliziten Aussagen zu geschlechtsspezifischen Risiko- und Schutzfaktoren, und geschlechtsbezogene Wirksamkeitsvergleiche sind rar. Frauenspezifische Therapien finden sich bei einzelnen thematischen Problembereichen.

27.2 Störungsmodell

Im verhaltenstheoretischen Modell werden psychische Störungen als *klinisch auffälliges Problemverhalten* mit Leiden und Funktionseinschränkungen auf der Ebene des subjektiven Erlebens, des offenen Verhaltens und der körperlich-physiologischen Ebene aufgefasst. Es wird verstanden als *gelerntes Fehlverhalten*, das in Interaktion mit dem individuellen biologischen und sozialen Hintergrund entsteht und aufrechterhalten wird. Die Therapie setzt an der aktuellen Problematik der Patientin oder des Patienten an.

> KVT-Modelle diskutieren das Geschlecht als mögliche Moderatorvariable im Erleben und Verhalten oder mögliche geschlechtsspezifische Kontextbedingungen nicht explizit. Diese Aspekte sind jedoch bei der individuellen Bedingungsanalyse zu berücksichtigen.

Als *Bedingungsfaktoren psychischer Störungen* werden folgende Faktoren als wichtig erachtet. Sie sind von Person zu Person unterschiedlich ausgeprägt oder kombiniert und werden in einer *individuellen Bedingungsanalyse* erhoben:

- **Prädisponierende Faktoren.** Dies sind vorexistierende Risikofaktoren, die das Auftreten einer Störung wahrscheinlicher machen (z. B. biologische Risiken, Persönlichkeitsstruktur, dysfunktionale Schemata, ungünstiger Erziehungsstil, Trennung von den Eltern, sexueller Missbrauch).

- **Auslösende Bedingungen.** Diese kennzeichnen psychische, körperliche oder soziale Belastungen, die das erstmalige Auftreten der psychischen Erkrankung oder der gegenwärtigen Krankheitsphase vor dem Hintergrund individueller Vulnerabilität auslösen (z. B. aktueller Verlust, sonstige aktuelle und chronische Lebensstressoren).

- **Aufrechterhaltende Bedingungen.** Hierunter fallen ungünstige Reaktionen der betroffenen Person oder der Umwelt sowie anhaltende Belastungen, die das rasche Abklingen der Beschwerden verhindern (z. B. Vermeidungsverhalten, ungünstige Überzeugungen).

Aus diesem Modell werden Entstehungsbedingungen für eine vorliegende psychische Störung und Ansatzpunkte für die Behandlung abgeleitet. In der Behandlung selbst liegt der Schwerpunkt vor allem auf der *Veränderung ungünstiger aufrechterhaltender Bedingungen,* da Prädispositionen und auslösende Stressoren häufig nicht mehr veränderbar sind. Sind diese jedoch für die gegenwärtige Problematik relevant und beeinflussbar, werden sie ebenfalls in die Behandlung einbezogen (z. B. Bearbeitung negativer Grundannahmen).

> Eine *gendersensible Diagnostik* in der Verhaltenstherapie muss mögliche geschlechtsspezifische Einflussfaktoren auf die Erkrankung berücksichtigen. So sind Frauen häufiger als Männer *sozialen Belastungen* wie Armut, fehlende Anerkennung, Abhängigkeit von anderen, multiplen Rollenbelastungen und Gewalterfahrungen ausgesetzt. Im Hinblick auf *innerpsychische Verarbeitungsprozesse* ist zu beachten, dass Frauen – im Durchschnitt – eine ausgeprägtere negative Affektivität, Angstsensitivität, Sorgen- und Grübelneigung, Schuldgefühle und vermeidendes Coping aufweisen sowie sensibler auf interpersonelle Stressoren reagieren, auch solche, die ihr soziales Netzwerk betreffen. Zudem sind mögliche *Geschlechtsrollenstereotype* zu beachten, die zur aktuellen Problematik der Patientin beitragen, wie Erwartungen des sozialen Umfelds und eigene internalisierte Ansprüche. Eine sorgfältige Diagnostik ist auch bezüglich *komorbider Erkrankungen* zu stellen. Empirisch findet sich z. B. eine häufigere Komorbidität von Depressionen mit Angst- und Essstörungen bei Frauen und von Depressionen mit Substanzerkrankungen bei Männern. Schließlich sind *frauenspezifische Stressoren* im Zusammenhang mit Pubertät, Schwangerschaft und Geburt sowie Abtreibung und Fehlgeburten zu berücksichtigen (Zusammenfassung bei Kühner 2007; McLean u. Anderson 2009).

27.3 Das Verfahren

Typischer Ablauf

Der typische Ablauf einer KVT entspricht dem von Frederick H. Kanfer formulierten Prozessmodell mit folgenden Phasen (nach Kanfer et al. 2011):
- Schaffung günstiger Ausgangsbedingungen
- Aufbau von Änderungsmotivation und vorläufige Auswahl von Änderungsbereichen
- Verhaltensanalyse und funktionales Bedingungsmodell
- Vereinbaren therapeutischer Ziele
- Auswahl und Durchführung spezieller Methoden
- Evaluation therapeutischer Fortschritte und Erfolgsoptimierung
- Therapieabschluss

Dabei handelt es sich um ein rekursives Problemlösemodell: Werden bestimmte Phasenziele nicht erreicht, kann zu Bereichen früherer Therapiephasen zurückgekehrt werden.

Therapeutische Beziehung

In der KVT wird eine gute therapeutische Beziehung als notwendige Bedingung für die erfolgreiche Durchführung von Therapien betrachtet. Als wichtige Maßnahmen werden unter anderem folgende Punkte erachtet (Margraf u. Schneider 2009a, S. 478):
- komplementäre Beziehungsgestaltung
- soziale Verstärkung
- kognitive Vorbereitung
- häufige Zusammenfassungen und Rückmeldungen
- eine verständliche Einführung und Anleitung konkreter therapeutischer Übungen

In der *kognitiven Vorbereitung* entwickelt die therapeutisch tätige Person zusammen mit der Patientin oder dem Patienten ein *Erklärungsmodell*, das basierend auf wissenschaftlichen Erkenntnissen Lernprozesse und deren individuelle lebensgeschichtliche und aufrechterhaltende Bedingungen berücksichtigt. Aus diesem Störungsmodell wird ein *Veränderungsmodell* abgeleitet, das die Auswahl spezifischer therapeutischer Verfahren begründet. Die therapeutisch Tätigen müssen dabei ihr wissenschaftliches Veränderungswissen mit der subjektiven Perspektive der Betroffenen in Einklang bringen, damit diese motiviert werden, sich auf neue, eventuell schwierige Erfahrungen und Übungen in der Therapie einzulassen.

> Die Verhaltenstherapie hat die Frage, inwieweit mögliche *Genderaspekte in der therapeutischen Beziehung* eine Rolle spielen, bislang kaum berücksichtigt. Therapeutisch Tätige sollten jedoch für entsprechende Risikofaktoren, Konflikte, Ausdrucks- und Bewältigungsformen sensibilisiert sein, um die subjektive Perspektive der Erkrankten nachvollziehen zu können. Zudem finden auch in der KVT Übertragungs- und Gegenübertragungsprozesse statt! So mag eine Patientin unbewusste Erfahrungen aus wichtigen Beziehungen in die Therapie einbringen und damit auch geschlechtsbezogene Erwartungen auf die Therapeutin übertragen, die hier aktiv bearbeitet werden können. Auch sollten die Professionellen eigene geschlechtsbezogene Wertvorstellungen, die in die therapeutische Beziehungsgestaltung einfließen, kritisch reflektieren. Schließlich kann die Therapeutin oder der Therapeut geeignete weibliche *und* männliche Rollenideale verkörpern und dadurch auch Hilfesuchende in der Entwicklung eines flexibleren Selbstbilds unterstützen.
>
> Eine Sensibilisierung für genderbezogene Aspekte wird bislang auch in der Verhaltenstherapie-Ausbildung und Ausbildung in Supervision vernachlässigt. Walker et al. (2007) zeigten z. B., dass fehlendes Eingehen auf angesprochene geschlechtsrelevante Aspekte bei der Fallkonzeption sowie geschlechtsstereotype und sexistische Äußerungen von Supervidierenden sich klar negativ auf die Selbstöffnung und Supervisionsallianz von Auszubildenden auswirkte.

Interventionen

Im Folgenden wird eine Auswahl wichtiger KVT-Verfahren kurz vorgestellt. Eine ausführlichere Darstellung einzelner Methoden, die im Rahmen multimodaler Therapien auch kombiniert werden, ist an dieser Stelle nicht möglich. Hier kann auf entsprechende exzellente Beiträge in verschiedenen Lehrbüchern verwiesen werden (z.B. Arold u. Kersting 2011; Herpertz et al. 2008; Margraf u. Schneider 2009a, 2009b).

- **Methoden der Reizkonfrontation.** Ziel dieser Verfahren ist es, konditioniertes subjektives Unbehagen und daran gekoppelte autonome Erregungsprozesse durch Konfrontation mit der als subjektiv bedrohlich erlebten, aber objektiv sicheren Situation zu reduzieren. Konfrontation kann hier gestuft in Kombination mit Entspannung (systematische Desensibilisierung) oder aber ohne letztere gestuft oder massiert erfolgen (Reizüberflutungsverfahren). Hier suchen Betroffene gezielt und wiederholt Situationen auf, die starkes Unbehagen auslösen (z.B. Angst, Ekel, Zwangsgedanken). Bei der Reizüberflutung erleben sie, dass sie die bislang vermiedenen unangenehmen Gefühle bis zu deren Abklingen erleben und aushalten können, ohne ihr bisheriges Vermeidungsverhalten einzusetzen. Reizüberflutungsverfahren stellen für verschiedene Störungen einen zentralen Behandlungsaspekt dar (z.B. Angststörungen, Zwangsstörungen).

- **Operante Verfahren.** Diese Verfahren zielen auf eine Verhaltenssteuerung durch die Konsequenzen (Konsequenzkontrolle), die auf ein Problemverhalten folgen. Diese sollen so gesetzt werden, dass die zukünftige Auftretenswahrscheinlichkeit erwünschten Zielverhaltens durch *positive Verstärkung* zunimmt, während unerwünschtes Problemverhalten durch *operante Löschung* (Nichtbeachtung etc.) abnimmt. Um problematisches Verhalten abzubauen, kann auch *indirekte Bestrafung* (Entzug angenehmer Konsequenzen nach Problemverhalten, z.B. selbstgesetztes Fernseh- oder Ausgehverbot) eingesetzt werden bei gleichzeitiger positiver Verstärkung des Zielverhaltens. Bei der *Stimuluskontrolle* werden situative Bedingungen reduziert, unter denen ein Problemverhalten auftritt und solche erhöht, unter denen sich erwünschtes Zielverhalten gut aufbauen lässt. Operante Verfahren sind wichtig als Bestandteile multimodaler kognitiver Verhaltenstherapien bei verschiedenen Störungen sowie bei *Selbstkontroll-Ansätzen*, in denen die Patientin oder der Patient lernt, selbständig Methoden der Stimulus- und Konsequenzkontrolle einzusetzen, um erwünschtes Zielverhalten aufzubauen.

- **Aktivitätsaufbau.** Der Aktivitätsaufbau spielt bei vielen psychischen Erkrankungen eine Rolle, die durch geringes Aktivitätsniveau und Rückzug gekennzeichnet sind. Er ist z.B. zentraler Bestandteil in der KVT der Depression. Hier lernen Betroffene, Aktivitäten zu identifizieren und in ihren Alltag systematisch einzubauen, die mit Freude oder Erfolgserleben gekoppelt sind. Folgende Phasen werden unterschieden:

- Selbstbeobachtung: Betroffene protokollieren über eine bestimmte Zeit Aktivitäten und Stimmung und lernen so, dass zwischen beiden ein Zusammenhang besteht.
- Stufenweise Erhöhung des Aktivitätsniveaus: Hier wird eine behutsame Auswahl solcher Aktivitäten vorgenommen, die positiv verstärkend sind und mit einer Belastungsreduzierung einhergehen.
- Ausweitung auf komplexere Aktivitäten, die sich regelmäßig in den Alltag integrieren lassen.

■ **Modelllernen.** Die Beobachtung eines Modells kann eine Verhaltensänderung erleichtern. Beobachtet eine Patientin z. B. wie die Therapeutin mit einer angstauslösenden Situation umgeht und dabei keine negativen Konsequenzen erfährt, so wird sie dies eher nachahmen – dabei handelt es sich um das *Modelllernen in vivo*. Beim verdeckten Modelllernen – *Modelllernen in sensu* –stellt sich die Patientin z. B. ein Modell vor, das ihr selbst nicht zu unähnlich ist und in einer schwierigen Situation eine angemessene Reaktion zeigt (z. B. eine Forderung mit geeigneter Lautstärke, Gestik und Mimik wiederholt). Im *sozialen Kompetenztraining* kann das angestrebte Verhalten durch ein anderes Gruppenmitglied oder durch die Therapeutin demonstriert werden.

■ **Kognitive Verfahren.** Kognitive Modelle gehen davon aus, dass ungünstige Einstellungs- und Bewertungsmuster für die Entwicklung und den Verlauf von psychischen Störungen relevant sind. Der Ansatz von *Aaron T. Beck* postuliert relativ stabile situationsübergreifende störungsspezifische *Schemata* oder *Grundannahmen* über sich selbst und die Umwelt, die im Lauf der Sozialisation erworben wurden. Ungünstige Schemata (z. B. »Ich bin unfähig«) beeinflussen wiederum die Bewertung konkreter Situationen, die sich in negativen automatischen Gedanken widerspiegelt. Negative automatische Gedanken sind unwillkürlich auftretende plausibel erscheinende Kognitionen, die durch logische Fehler gekennzeichnet sind (z. B. Über- oder Unterschätzung: »Was ich geschafft habe, ist völlig bedeutungslos«). In der kognitiven Therapie nach Beck lernen Betroffene zunächst typische automatische Gedanken zu identifizieren und ihre Auswirkungen auf ihre Gefühle einzuschätzen. Die Therapeutin oder der Therapeut hilft ihnen dabei, solche Gedanken zu hinterfragen und gegebenenfalls zu korrigieren, wobei sie die Methode des geleiteten Entdeckens einsetzt. In einer späteren Phase der Therapie werden die zugrunde liegenden zentralen kognitiven Grundannahmen mit ähnlichen kognitiven Techniken bearbeitet.

> **Beispiele zum Hinterfragen automatischer Gedanken (nach Beck 1999)**
> - Welche Anhaltspunkte sprechen für diesen Gedanken?
> - Welche Anhaltspunkte sprechen gegen diesen Gedanken?
> - Gibt es eine alternative Erklärung?
> - Was ist das Schlimmste, was passieren könnte?
> - Könnte ich das überleben?
> - Was ist das Günstigste, was passieren könnte?
> - Was ist realistisch?
> - Welche Folgen hat es, wenn ich an diesen Gedanken glaube?
> - Welche Folgen hat es, wenn ich mein Denken ändere?
> - Was würde ich einer guten Freundin in dieser Situation raten?

Im *Selbstverbalisationsansatz von Donald Meichenbaum* werden funktionale Selbstinstruktionen eingeübt. So lernen Betroffene im Stressimpfungstraining konstruktive Selbstinstruktionen für Stresssituationen, die in Vorstellungsübungen oder im Rollenspiel eingeübt und anschließend in Realsituationen eingesetzt werden.

> Aus feministischer Perspektive wurde am kognitiven Ansatz kritisiert, dass das subjektive Erleben von Frauen häufig nur im Kontext möglicher dysfunktionaler Kognitionen betrachtet wird und damit die Gefahr besteht, real bestehende aversive Bedingungen von Frauen zu vernachlässigen. Jedoch lässt sich die KVT mit der Grundhaltung feministischer Therapie gut vereinbaren, da bei gegebener Gendersensibilität bereits viele Überschneidungen existieren, z.B. Berücksichtigung akuter und chronischer Stressoren im Rahmen der individuellen Bedingungsanalyse, Identifizierung geschlechtsrollenspezifischer Erwartungen, Einsatz von Empowerment-Strategien, z.B. im Selbstsicherheitstraining.

In den neueren Ansätzen der KVT wird das Verfahren erweitert um Achtsamkeit und Akzeptanz im eigenen Erleben. Die wichtigsten Ansätze werden im Folgenden kurz skizziert (Übersichten finden sich z.B. bei Heidenreich et al. 2007; Kahl et al. 2011; Kühner u. Hautzinger 2012):

- **Dialektisch-behaviorale Therapie (DBT)**. Die DBT von Marsha M. Linehan ist ein komplexes Behandlungsprogramm für die Borderline-Störung, bei der eine Störung der Emotionsregulierung angenommen wird. Idealerweise handelt es sich um eine kombinierte Einzel- und Gruppentherapie im ambulanten und/oder stationären Rahmen. Im Einzelsetting werden klinisch bedeutsame Probleme, wie (Para-)Suizidalität und selbstschädigendes Verhalten, Umgang mit akuten Krisen und Traumata im individuellen Kontext bearbeitet. In der Gruppe lernen Betroffene Fertigkeiten (*skills*) aus den Bereichen Stresstoleranz, Emotionsregulierung, zwischenmenschliche Fertigkeiten und innere Achtsamkeit. Inzwischen erfolgte auch eine Indikationserweiterung der DBT auf andere Störungsbilder (Essstörungen, posttraumatische Belastungsstörung, Aufmerksamkeitsdefizit- und Hyperaktivitätsstörung).

- **Achtsamkeitsbasierte kognitive Therapie der Depression (MBCT).** Statt einer inhaltlichen Veränderung depressiver Kognitionen steht im Zentrum der MBCT (von Zindel V. Segal, J. Mark G. Williams u. John D. Teasdale) ein anderer Umgang mit dem eigenen Erleben, insbesondere mit depressivem Grübeln. Patientinnen und Patienten sollen lernen, Gedanken als *mentale Ereignisse* wahrzunehmen, statt sich damit zu identifizieren. In einem 8-wöchigen Gruppentraining werden achtsamkeitsbasierte Übungen kombiniert mit Elementen der kognitiven Therapie. Erstere umfassen Body Scan, Atem-Meditation und andere Übungen aus dem Hatha-Yoga sowie Anleitungen zur Praktizierung von Achtsamkeit im Alltag.

- **Akzeptanz- und Commitmenttherapie (ACT).** Die ACT von Steven C. Hayes nimmt an, dass psychisches Leid entsteht, wenn Menschen versuchen, negatives inneres Erleben wie quälende Gedanken oder belastende Erinnerungen rigide zu kontrollieren oder zu vermeiden. Sie ist konzipiert als transdiagnostischer Ansatz, der zum Ziel hat, Betroffenen zu helfen, dysfunktionale Vermeidungsstrategien abzubauen. Elemente der ACT beinhalten
  - das Lernen von Akzeptanz gegenüber unangenehmen Empfindungen,
  - die Beobachtung dysfunktionaler Kognitionen und deren verhaltenssteuernder Wirkung (kognitive Defusion),
  - das Erlernen von Achtsamkeit sowie
  - die Formulierung wichtiger Lebensziele, die mithilfe verhaltensaktivierender Verfahren umgesetzt werden sollen.

- **Schematherapie.** Die Schematherapie von Jeffrey E. Young wurde als Ergänzung zur KVT bei chronischen Störungen mit frühem Krankheitsbeginn konzipiert. Frühe maladaptive Schemata sind *dysfunktionale Muster* aus *Erinnerungen, Kognitionen* und *Körperempfindungen*, die aufgrund schädlicher Sozialisationsbedingungen entstanden sind. Sie beziehen sich auf die Person und ihre sozialen Beziehungen (z. B. Misstrauen oder Missbrauch, emotionale Entbehrung; Abhängigkeit oder Inkompetenz) und gehen mit maladaptiven Bewältigungsstilen einher (z. B. Überkompensation, Vermeidung). In der Schematherapie werden folgende Strategien eingesetzt:
  - kognitive (z. B. das Zutreffen des Schemas prüfen, Dialog zwischen Schema und gesunder Seite anstoßen)
  - erlebnisorientierte (z. B. Imaginationsübungen)
  - verhaltensbezogene (z. B. Rollenspiele)
  - interpersonelle (z. B. empathische Konfrontation, Reparenting)

- **CBASP.** Das Kognitiv-behaviorale Analyse-System für Psychotherapie (amerikanisch: Cognitive Behavioral Analysis System for Psychotherapy, CBASP) von James McCullough ist ein spezielles Behandlungsverfahren für von chronischer Depression Betroffene. McCullough nimmt an, dass diese keine Wahrnehmung für die Funktionalität ihres Verhaltens haben, d. h. sich nicht über die Konsequenzen ihres Verhaltens, insbesondere für ihre soziale Umwelt, bewusst sind (»Egal was ich tue, es wird mir immer schlecht gehen«). In der Therapie werden sie dazu angeleitet, verhaltenssteuerndes Feedback aus ihrer Umgebung wieder wahrzunehmen. Gearbeitet wird unter anderem mit *Situationsanalysen*, in denen Problemsituationen identifiziert, situationsbezogene Interpretationen und Verhalten auf ihre Zielführung hin analysiert und alternative Lösungsmöglichkeiten erarbeitet werden. Interpersonelle Strategien beinhalten die Bearbeitung proaktiv formulierter *Übertragungshypothesen* (»Wenn ich meiner Therapeutin gegenüber Schwäche zeige, dann wird sie mich zurückweisen«) und *interpersonelle Diskriminationsübungen*, in denen Betroffene lernen, Erfahrungen in der therapeutischen Interaktion von solchen mit zentralen Bezugspersonen ihrer Lebensgeschichte zu unterscheiden.

Vielfalt der Anwendungsgebiete

Die KVT enthält eine große Auswahl gut evaluierter störungsspezifischer und störungsübergreifender Methoden, für die meist auch Therapiemanuale vorliegen. Der Einsatz manualisierter Therapien wird teilweise kontrovers diskutiert. Zum einen bietet sich dadurch die Möglichkeit, Therapieelemente in strukturierter Form aufzugreifen, zum anderen muss jedoch gewährleistet sein, dass sich die jeweiligen Methoden an den individuellen Bedürfnissen der Patientin oder des Patienten orientieren und damit nicht schematisch eingesetzt werden sollten.

Für verschiedene Störungen (z. B. Depression) liegen darüber hinaus Varianten vor für unterschiedliche *Altersgruppen* (Kinder und Jugendliche, Erwachsene, ältere Menschen), *Interventionssettings* (Einzel-, Paar-, Gruppentherapie, computergestützte und Bibliotherapie) und *Erkrankungsstadien* (Primär-, Sekundär- und Tertiärprophylaxe).

> In der Gruppentherapie besteht die Möglichkeit, reine Frauen- und Männergruppen zu bilden. Vor allem für Frauen, die in gemischten Gruppen weniger aktiv sind, kann eine reine Frauengruppe die Selbstöffnung fördern und gute Möglichkeiten bieten, neue Denk- und Verhaltensweisen einzuüben.

Themenspezifische Ansätze für Frauen

In der KVT werden keine geschlechtsspezifischen Interventionen vorgeschlagen, dagegen erfolgt eine individuelle Problem- und Zieldefinition, die den spezifischen Lebenskontext der Patientin oder des Patienten berücksichtigt. Allerdings beziehen sich viele störungsspezifische KVT-Verfahren auf Störungsbilder, von denen hauptsächlich Frauen betroffen sind.

Darüber hinaus existieren *themenspezifische* Interventionen, die frauenspezifische Probleme ansprechen, dazu gehören z. B. Gruppentherapien für depressive Mütter, KVT bei prämenstruellem Syndrom oder bei klimakterischen Beschwerden sowie bei psychischen Störungen in der Peripartalzeit (s. de Jong-Meyer et al. 2007; Hofecker-Fallahpour et al. 2005; Kühner u. Hautzinger 2012; Riecher-Rössler 2012). Die KVT kann hier eine wichtige Alternative zur medikamentösen Behandlung darstellen, insbesondere wenn diese nur nach strenger Risiko-Nutzen-Abwägung erfolgen soll (z. B. Psychopharmaka während Schwangerschaft und Stillzeit, Hormonersatztherapie bei perimenopausalen Beschwerden).

27.4 Wirksamkeit und Nachhaltigkeit

Die *Effektivität* der KVT ist für eine Vielzahl von Störungen gut belegt. Bei einer Reihe von Erkrankungen nimmt sie im direkten Vergleich mit anderen Psychotherapien eine überlegene Position ein, für die vor allem die *störungsspezifischen* Behandlungsmodelle der KVT verantwortlich gemacht werden. So gilt sie als wirksames Verfahren bei der Behandlung von Angststörungen, Depressionen, Essstörungen, Somatisierungsstörungen, Schizophrenie und Substanzabhängigkeit (ohne Alkoholabhängigkeit) sowie als wahrscheinlich wirksam bei Alkoholabhängigkeit und zur Rückfallprophylaxe bei bipolarer Störung. Auch ist die *Nachhaltigkeit* der KVT für viele Störungsbilder gut belegt. Nach Abschluss der Behandlung werden z. B. bei Angst- und depressiven Störungen deutlich weniger Rückfälle berichtet als nach Absetzen medikamentöser Behandlung, was hauptsächlich auf das Erlernen hilfreicher Copingstrategien in der Therapie zurückführbar ist. Schließlich wird der KVT eine gute *Übertragbarkeit* in den klinischen Routinebetrieb bescheinigt (Margraf u. Schneider 2009a, S. 28 ff.).

Bei den neueren Verfahren hat sich die DBT als wirksames Verfahren zur Behandlung der Borderline-Persönlichkeitsstörung etabliert. MBCT war in verschiedenen Studien wirksam zur Rückfallprophylaxe bei Personen mit häufigen depressiven Episoden. Verschiedene kleinere Evidenzstudien liegen auch für die ACT vor, und eine große Multicenter-Studie bestätigte die Überlegenheit der Schematherapie gegenüber einer analytisch orientierten Therapie bei Personen mit Borderline-Störung. Für CBASP zeigen zwei große Studien an chronisch Depressiven gemischte Ergebnisse. Das Verfahren scheint besonders hilfreich für Personen mit früheren Traumata zu sein (Übersicht bei Kahl et al. 2011).

> Sigmon et al. (2007) werteten die Arbeiten dreier prominenter verhaltenstherapeutischer Zeitschriften bis zum Jahr 2000 im Hinblick auf die Berücksichtigung des Geschlechts aus und fanden einen nur marginalen Anstieg über die letzten 30 Jahre, obwohl internationale Leitlinien dies entsprechend fordern. Von den mehr als 4 600 publizierten Artikeln erwähnten 1 % den Begriff Gender im Titel, 4 % im Abstract und 3,6 % in der Diskussion. Angaben im Methodenteil fanden sich bei 42 % der Artikel, von denen 25 % Geschlechtsanalysen durchführten, ein knappes Drittel davon mit Geschlecht als Kontrollvariable. Nur 17,2 % dieser Arbeiten machten allerdings entsprechende Angaben in der Diskussion. Die Autoren kritisieren vor allem die daraus resultierende mangelnde Generalisierbarkeit von Ergebnissen, was auch für die zunehmende Zahl von – prinzipiell als wichtig erachteten – »Single gender«-Studien zutrifft.

Weder in den Metaanalysen zu den klassischen noch in Arbeiten zu den neueren KVT-Ansätzen finden sich systematische Prüfungen auf Geschlechtsunterschiede in der Wirksamkeit. Eine Ausnahme bildet der Bereich Depression. Hier finden sich derzeit keine Hinweise auf eine unterschiedliche Wirksamkeit von KVT bei depressiven Männern und Frauen (Parker et al. 2011). In der Perinatalzeit zeigte sich KVT erfolgreich zur Behandlung postpartaler Depressionen, während zur Frage der Wirksamkeit in der spezifischen Behandlung von Schwangerschaftsdepressionen noch weiterer Forschungsbedarf besteht (de Jong et al. 2007).

Aufgrund ihres Anspruchs, insbesondere in der Einzeltherapie auf die *individuelle Problemkonstellationen* der Patientin oder des Patienten einzugehen, sollten bei *lege artis* durchgeführten KVT-Therapien auch keine generellen Geschlechtsunterschiede in der Wirksamkeit zu erwarten sein. Zur Frage der geschlechtsdifferenziellen Effektivität der KVT besteht in weiten Bereichen jedoch noch genereller Forschungsbedarf, hier mag es auch sinnvoll sein, die Interaktion von Geschlecht mit weiteren Merkmalen (z. B. Krankheitsschwere) zu prüfen. Schließlich bedarf es auch größerer vergleichender oder »Single gender«-Studien zur Frage der Wirksamkeit von KVT bei Männern im Bereich von Störungen, die wesentlich häufiger bei Frauen behandelt werden, und umgekehrt.

27.5 Fazit

In diesem Kapitel wurden Prinzipien, Verfahren und Anwendungsbereiche der kognitiven Verhaltenstherapie einschließlich jüngerer Weiterentwicklungen beschrieben. Dabei wurden auch genderbezogene Aspekte diskutiert, die in der verhaltenstherapeutischen Diagnostik, der therapeutischen Beziehungsgestaltung und der Anwendung spezifischer Verfahren eine Rolle spielen.

Es wurde aufgezeigt, dass die KVT – mit wenigen Ausnahmen zu themenspezifischen Beiträgen – Geschlecht als Kategorie nicht explizit berücksichtigt. Eine Aufsplittung in »frauenspezifische« und »männerspezifische« Therapien erscheint grundsätzlich auch wenig günstig, da diese mögliche Geschlechtsrollenstereotype unwillentlich festschreiben könnte. Im Rahmen einer gendersensiblen Verhaltenstherapie ist es jedoch wichtig, mögliche geschlechtsspezifische Belastungs- und Bewältigungsmuster zu berücksichtigen und gegebenenfalls im therapeutischen Prozess zu bearbeiten.

Deshalb erscheint es auch notwendig, den Genderaspekt systematisch in die verhaltenstherapeutische Aus- und Weiterbildung einzubinden. Diese sollte die regelmäßige Behandlung von Frauen in besonderen Belastungssituationen beinhalten wie auch die kritische Reflexion eigener Einstellungen bezüglich Geschlechtsstereotypen in Fallarbeit und Selbsterfahrung. Schließlich sollten in zukünftigen Studien zur KVT systematischer als bislang mögliche geschlechtsbezogene Wirksamkeitsunterschiede und deren psychosoziale und innerpsychische Mediatoren geprüft werden. Dies gilt insbesondere auch für die neueren Entwicklungen der KVT, die eine klare Bereicherung des verhaltenstherapeutischen Behandlungsspektrums darstellen.

Literatur

Arold V, Kersting A (2011). Psychotherapie in der Psychiatrie. Heidelberg: Springer.

Beck JS (1999). Praxis der Kognitiven Therapie. Weinheim: Beltz.

De Jong-Meyer R, Hautzinger M, Kühner C, Schramm E (2007). Evidenzbasierte Leitlinie zur Psychotherapie Affektiver Störungen. Göttingen: Hogrefe.

Heidenreich T, Michalak J, Eifert G (2007). Balance von Veränderung und Akzeptanz: Die dritte Welle der Verhaltenstherapie. Psychother Psych Med; 57: 475–86.

Herpertz SC, Caspar F, Mundt Ch (2008). Störungsorientierte Psychotherapie. München: Elsevier.

Hofecker-Fallahpoor M, Zinkernagel C, Frisch U et al. (2005). Was Mütter depressiv macht ... und wodurch sie wieder Zuversicht gewinnen. Ein Therapiehandbuch. Bern: Huber.

Kahl KG, Winter L, Schweiger U, Sipos V (2011). Die dritte Welle der Verhaltenstherapie. Fortschr Neurol Psychiatr; 79: 330–9.

Kanfer FH, Reinecker H, Schmelzer D (2012). Selbstmanagement-Therapie. Heidelberg: Springer.

Kühner C (2007). Warum leiden Frauen häufiger unter Depression? In: Lautenbacher S, Hausmann M, Güntürkün O (Hrsg). Gehirn und Geschlecht. Heidelberg: Springer; 331–50.

Kühner C, Hautzinger M (2012). Depressive Störungen. In: Strauß B, Mattke D (Hrsg). Gruppenpsychotherapie. Heidelberg: Springer; 259–71.

Margraf J, Schneider S (2009a). Lehrbuch der Verhaltenstherapie. Bd. 1. 3. Aufl. Heidelberg: Springer.

Margraf J, Schneider S (2009b). Lehrbuch der Verhaltenstherapie. Bd. 2. 3. Aufl. Heidelberg: Springer.

McLean CP, Anderson ER (2009). Brave men and timid women? A review of the gender differences in fear and anxiety. Clin Psychol Rev; 6: 496–505.

Parker G, Blanch B, Crawford JB (2011). Does gender influence response to differing psychotherapies by those with unipolar depression? J Affect Dis; 130: 17–20.

Riecher-Rössler A (Hrsg) (2012). Psychische Erkrankungen in Schwangerschaft und Stillzeit, Freiburg, Basel: Karger.

Sigmon ST, Pells JJ, Edenfield TM et al. (2007). Are we there yet? A review of gender comparisons in three behavioral journals through the 20th century. Behav Ther; 38: 333–9.

Walker JA, Ladany N, Pate-Carolan LM (2007). Gender-related events in psychotherapy supervision: female trainee perspectives. Counsel Psychother Res; 7: 12–8.

28 Interpersonelle Psychotherapie (IPT)

Eva-Lotta Brakemeier und Elisabeth Schramm

Inhalt

28.1 IPT als frauenspezifisches Verfahren?........................302
28.2 Eckdaten zum Störungsbild unipolare Depression..............304
28.3 Das Verfahren – IPT als Behandlungsverfahren für depressive Frauen..305
28.4 Wirksamkeit und Nachhaltigkeit.............................309
28.5 Profitieren Frauen besser von der IPT als Männer?..............310
28.6 Fazit..311

28.1 IPT als frauenspezifisches Verfahren?

Die Interpersonelle Psychotherapie (IPT) wurde von mehreren Autoren (McGrath et al. 1993; O'Hara et al. 2000; Spinelli u. Endicott 2003; Swartz et al. 2008) als *frauenspezifisches Verfahren* bezeichnet, weil bei diesem Ansatz frauenspezifische Problembereiche im Fokus der therapeutischen Bearbeitung stehen. Dazu gehören beispielsweise Rollenüberforderung im Rahmen der Pflege eines Angehörigen bei gleichzeitiger Berufstätigkeit und Kinderversorgung. Weitere für Frauen typische Beispiele beim IPT-Fokus »Rollenwechsel« sind:
- Mutterschaft (z. B. postpartale Depression)
- Auszug der Kinder aus dem Elternhaus (»empty nest«)
- Klimakterium (Wechseljahre)
- Rollenkonflikte: zwischen beruflichen (Karriere) und häuslichen Pflichten und Rollen (Ehefrau, Mutter, Tochter [z. B. Pflege der Eltern] usw.)
- Rollenwechsel bei Übertritt des Partners in den Ruhestand
- Rollenüberforderung (z. B. durch Übernahme der Pflege des Beziehungsnetzes und des emotionalen Engagements in der Familie)
- komplizierte Trauer nach Tod eines (gepflegten) Angehörigen

---
Fallbeispiel

Im Erstgespräch berichtet die 38-jährige Frau P., dass sie vor 4 Monaten ihr erstes Kind bekommen habe. Sie habe sich auf das Kind gefreut, wisse jedoch nicht, wie sie Mutterrolle und Beruf unter einen Hut bekommen solle. Frau P. arbeitet als Journalistin in leitender Position bei einer überregionalen Zeitung und übt ihren Beruf mit Leidenschaft aus. Zurzeit sei sie noch in Mutterschutz, wollte jedoch während dieser Zeit einige Artikel schreiben. Allerdings sei ihre kleine Tochter ein sogenanntes Schreikind und derart anstrengend, dass sie neben ihrer Betreuung zu nichts anderem komme. Ihr Freund genieße es, an Abenden und Wochenenden Zeit mit der Kleinen zu verbringen, aber er zeige keine Bereitschaft, in seinem Arbeitsleben kürzer zu treten. So verbringe sie die Nächte allein mit dem Baby im Kinderzimmer, damit ihr Freund vom Stillen und Weinen des Kindes nicht gestört werde. Sie fühle sich unter Druck, sei mit sich und der Welt unglücklich, könne kaum noch schlafen und müsse sich zum Essen zwingen. Außerdem weine sie bei jeder Kleinigkeit.

Bezüglich unterschiedlicher sozialer Rollen für Frauen und Männer erscheint ein Zitat von Kühner (Kühner 2001, S. 166) relevant, für die »... einiges dafür spricht, dass Frauen aufgrund ihrer sozialen Rollen speziellen Belastungsfaktoren ausgesetzt sind, die ihr Depressionsrisiko erhöhen. Diese Rollen beinhalten das Wichtignehmen und Sorgetragen um zwischenmenschliche Beziehungen und die Gewährung emotionaler und instrumenteller Unterstützung für das familiäre und soziale Netzwerk«.

McGrath et al. (1993) vermuten, dass bei Frauen das Selbstbewusstsein und Selbstkonzept stärker von ihren emotionalen und zwischenmenschlichen Beziehungen abhängig sind als dies bei Männern der Fall ist. Daher ist die IPT bei der Behandlung der Depression möglicherweise gerade für Frauen besonders hilfreich, da hier die besondere Bedeutung von Beziehungsfunktionen beachtet und bearbeitet wird.

Durch die Veränderung der geschlechtsspezifischen Rollen in den letzten Jahren (z. B. durch die Möglichkeit einer rechtmäßigen Väterzeit) werden einige der genannten Problembereiche allerdings weniger »frauenspezifisch« als früher: Eine amerikanische Studie präsentierte unlängst beispielsweise hohe Prävalenzraten für die postnatale Depression bei Männern (25,6 % zwischen dem 3. und 6. Monat nach Geburt; Paulson u. Bazemore 2010).

Im Rahmen einer randomisiert-kontrollierten Studie an 124 stationären depressiven Patienten zeigten sich zu Behandlungsbeginn bei den im Zusammenhang mit der Depressionsentwicklung angegebenen Problemfoki von Frauen im Vergleich zu Männern signifikante Unterschiede (Schneider et al. 2008): Bei Frauen waren bei dem Fokus Rollenwechsel und Rollenkonflikte der Bereich »Familie bzw. Partnerschaft« deutlich häufiger als Problembereich vertreten als bei Männern (28 % vs. 6 %, p = .009). Anderseits waren bei Männern »berufliche Veränderungen« im Trend häufiger mit dem Auftreten der Depression verbunden als bei Frauen (44 % vs. 27 %, p = .075) (s. auch Kap. 28.4).

So ist nachvollziehbar, dass die IPT mittlerweile *zahlreiche speziell auf Frauen zugeschnittene Modifikationen* erfuhr, die bereits in ersten Studien überprüft wurden (Zusammenfassung bei Schramm 2010):

- IPT für schwangere depressive Frauen
- IPT für depressive Frauen nach einer Fehlgeburt
- IPT für postpartal depressive Frauen
- IPT für depressive Mütter psychisch kranker Kinder

- IPT für depressive Frauen mit Brustkrebs
- IPT für depressive Frauen mit sexuellem Missbrauch in der Vorgeschichte
- IPT bei Bulimia nervosa
- IPT bei Binge-Eating-Störung
- IPT bei Borderline-Persönlichkeitsstörung

> Die IPT kann als frauenorientiertes Verfahren bezeichnet werden, da bestimmte Problembereichskonstellationen insbesondere Frauen betreffen. Zahlreiche dieser typischen Problemfelder wurden in modifizierten Formen des IPT-Therapiemanuals berücksichtigt.

28.2 Eckdaten zum Störungsbild unipolare Depression

Für die IPT-Therapie erscheinen die folgenden diagnostischen Unterschiede (s. auch Kap. 11.1) zwischen Frauen und Männern besonders relevant:
- Bei Frauen stehen Angstsymptome häufiger im Vordergrund (Nazroo et al. 1997).
- Männer neigen eher zu Reizbarkeit und Aggressivität (Khan et al. 2002), was auch als »male depressive syndrome« (Rihmer et al. 1998) bezeichnet wird; typisch hierfür sind zudem ein vermehrter Alkoholkonsum sowie Probleme mit der Umwelt durch mangelnde Impulskontrolle (Winkler et al. 2005).
- Männer und Frauen haben nur dann dasselbe Risiko, auf belastende Lebensereignisse mit einer Depression zu reagieren, wenn sie diese Lebensereignisse auch für elementar erachten (Kühner 2001); bei Frauen betrifft dies vor allem Lebensereignisse, die sich auf die Familie beziehen (z. B. Kindererziehung; Nazroo et al. 1997), während bei Männern eher Arbeitskonflikte im Vordergrund stehen (Cochran u. Rabinowitz 2003).
- Männer scheinen zudem häufiger interpersonelle Probleme zu haben, die insbesondere mit abweisendem und kaltem Verhalten im Zusammenhang stehen; Frauen hingegen neigen eher zu fürsorglich-freundlichem Verhalten (Schneider et al. 2008).

Bezüglich interpersoneller Probleme können bei Frauen Lebensereignisse, die die Familie betreffen, eher zu depressiven Reaktionen führen als bei Männern; zudem neigen Frauen dazu, ein zu fürsorgliches Verhalten zu zeigen und sich zu sehr anzupassen. Diese interpersonellen Schwierigkeiten werden im Rahmen der IPT bearbeitet.

28.3 Das Verfahren – IPT als Behandlungsverfahren für depressive Frauen

Die IPT wurde ursprünglich in den USA von Weissman et al. (2000; dt. Version: Schramm 2010) als eine *Kurzzeittherapie* speziell für die Behandlung *unipolar depressiver Episoden* entwickelt. Das Verfahren setzt dabei direkt an den Lebensbezügen des Betroffenen an, die im unmittelbaren Zusammenhang mit der Depression stehen. Der theoretische Hintergrund der IPT beruht auf den Ideen der Interpersonellen Schule Harry S. Sullivans und der Bindungstheorie John Bowlbys. Der Therapiefokus liegt auf der *Bearbeitung zwischenmenschlicher und psychosozialer Probleme im Hier und Jetzt* (s. Abb. 28-1).

Die IPT-Behandlung erfolgt im Rahmen eines *medizinischen Krankheitsmodells* mit oder ohne Medikation und verfolgt zwei allgemeine Therapieziele:
- Reduktion der depressiven Symptome
- Bewältigung belastender zwischenmenschlicher und psychosozialer Stressoren sowie Aufbau oder Inanspruchnahme eines sozialen Netzwerks

Der therapeutische Prozess ist strukturiert und gliedert sich in drei Phasen, die auf das typische Verlaufsmuster einer akuten Depression zugeschnitten sind:
- In der initialen Phase (Sitzungen 1 bis 3) sollen Betroffene von den Symptomen und von Schuld- und Insuffizienzgefühlen bezüglich ihrer Depression entlastet werden. Zu diesem Zweck informiert die therapeutisch tätige Person den Patienten oder die Patientin über das Störungsbild, die Behandlungsmöglichkeiten und das IPT-Modell (s. Abb. 28-1). Sie vermittelt Hoffnung und schreibt dem Patienten oder der Patientin die sogenannte »aktive Krankenrolle« zu. Weiterhin wird der relevante interpersonelle Problembereich mithilfe einer Beziehungsanalyse (Interpersonal Inventory) identifiziert. Danach wird durch einen Behandlungsvertrag gemeinsam der Fokus einschließlich der dazugehörigen Ziele festgelegt.

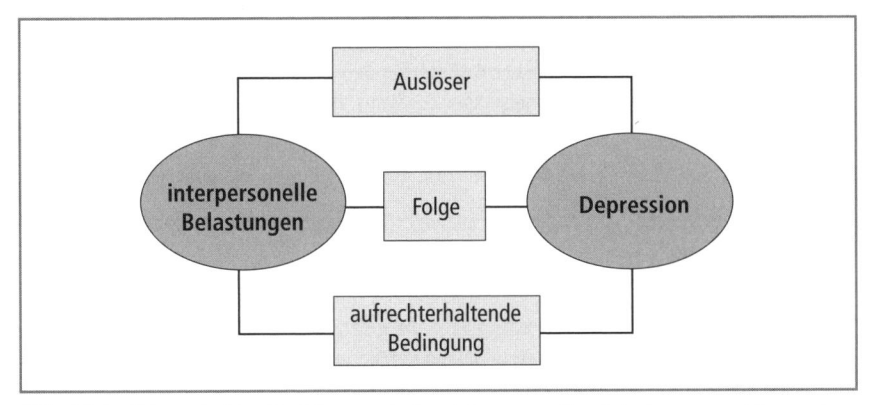

Abb. 28-1 Wechselseitige Beziehung zwischen interpersonellen Belastungen und Depression

- In der mittleren Behandlungsphase (Sitzungen 4 bis 13) wird der vereinbarte Fokus mithilfe von explorativen Techniken, Klärung, Kommunikationsanalyse, Ressourcenaktivierung, Emotionsfokussierung sowie Techniken der Verhaltensänderung bearbeitet (z. B. Entscheidungsanalyse).
- In den letzten 2 bis 3 Sitzungen vor Therapieende (Beendigungsphase) wird der Abschluss der Behandlung explizit als Trauer- und Abschiedsprozess bearbeitet. Darüber hinaus werden die erreichten Fortschritte zusammengefasst, und im Sinne einer Rückfallprophylaxe wird auf die Zeit nach der Behandlung vorbereitet.

Tab. 28-1 Die wichtigsten Merkmale der IPT

Dauer und Frequenz	• fokussierte, zeitlich begrenzte Kurzzeittherapie • 12 bis 20 wöchentliche, 50-minütige Einzelsitzungen
Indikation	• ambulante Patienten mit akuter unipolarer Major Depression (bei denen der Beginn der Depression mit belastenden Lebensereignissen oder Lebensphasen im Zusammenhang steht)
Nicht oder weniger indiziert	• Patienten mit psychotischen Merkmalen und/oder komorbider schwerer Substanzabhängigkeit • Patienten mit einer Vorgeschichte von schwerer, komplexer Traumatisierung und/oder ausgeprägter Persönlichkeitsstörung • Patienten mit einer anderen primären Achse-I-Störung • reine Dysthymie
Anwendung	• allein oder in Kombination mit antidepressiver Medikation
Behandlungsfokus	• aktuelle zwischenmenschliche Probleme, die mit der depressiven Episode in Zusammenhang stehen
Behandlungsziele	• Reduktion der depressiven Symptome (möglichst Remission) • Reduktion der interpersonellen Probleme • Aufbau oder Nutzen eines sozialen Netzwerks
Hintergrund	• hauptsächlich auf empirischen Befunden zur Entstehung und Aufrechterhaltung von Depressionen beruhend • wechselseitiger Zusammenhang zwischen Depression und interpersonellem Geschehen
Zuordnung	• keiner bestimmten Therapieschule zugeordnet
Sichtweise der Depressionsverursachung	• multifaktorielle Verursachungs- und Vulnerabilitätsfaktoren
Therapeuten- und Therapeutinnenrolle	• aktiv, unterstützend, sich auf die Seite des Patienten oder der Patientin stellend (Advokat) • an einem Therapeutenmanual ausgerichtet
Wirksamkeit	• empirisch als wirksam belegt

28 Interpersonelle Psychotherapie (IPT)

Rollenwechsel (z.B. Mutterschaft, Berentung, Trennung)

interpersonelle Konflikte (z.B. mit Partner)

IPT

komplizierte Trauer (gestörter Trauerprozess)

lang andauernde Einsamkeit (mit interpersonellen Defiziten)

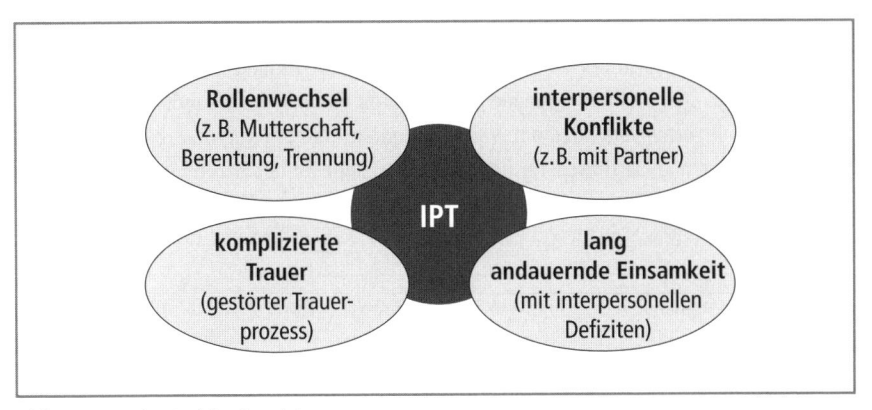

Abb. 28-2 Vier Problembereiche

Therapeutinnen und Therapeuten sind in der IPT-Therapie aktiv, unterstützend und fungieren als *Advokat* (nicht-neutraler therapeutischer Anwalt oder Anwältin) der Betroffenen. Im Unterschied zur Psychoanalyse wird die Übertragungsbeziehung nur dann thematisiert, wenn in der therapeutischen Beziehung gravierende Probleme auftauchen, die Therapie stagniert oder ein Therapieabbruch bevorsteht.

In Tabelle 28-1 sind die wichtigsten Aspekte der IPT zusammenfassend dargestellt.

Als spezifisches Merkmal der IPT ist die Arbeit mit den folgenden depressionsrelevanten Problembereichen anzusehen (s. Abb. 28-2):
- Rollenwechsel
- interpersonelle Konflikte
- lang andauernde Einsamkeit (mit interpersonellen Defiziten)
- komplizierte Trauer

Fallbeispiel

Die Therapeutin und Frau P. einigen sich auf folgende Foki mit den dazugehörigen Zielen:
- Rollenwechsel im familiären Bereich durch die Mutterschaft: von der 100 % berufstätigen Journalistin zur Mutter
  - Ziel: herausfinden, wie ich die Mutterrolle annehmen und ausfüllen kann mit der Zielsetzung einer »Gut-genug«-Mutter (Klärungsziel)
  - Ziel: Wege finden, meine berufliche Rolle nicht aufzugeben
- Konflikt im familiären Bereich mit dem Freund bzgl. weiterer Zukunftsplanung
  - Ziel: mit dem Partner die Zukunftsplanung verhandeln und gemeinsam nach Unterstützungsmöglichkeiten suchen

Nach der Fokusfindung und der Behandlungsabsprache erfolgt in der Hauptphase der Therapie zunächst die Bearbeitung des Rollenwechsels. Auf der emotionalen Ebene findet die Patientin Erleichterung, indem sie ihre Frustration, Enttäuschung, aber auch Verunsicherung bezüglich der Überforderung durch die Betreuung ihrer Tochter zum Ausdruck bringt. Den wahrgenommenen Verlust ihrer Freiheit (insbesondere der Möglichkeit, über ihr Arbeitsengagement frei verfügen zu können) kann sie betrauern. Dazu gehört, Ärger und Enttäuschung über die mangelnde Unterstützung ihres Partners zu äußern. In der 5. Sitzung stellt Frau P. die positiven als auch die negativen Aspekte beider Rollen gegenüber (s. Tab. 28-2).

Tab. 28-2 Gegenüberstellung positiver und negativer Aspekte des Rollenwechsels

	Positive Aspekte	Negative Aspekte
Alte Rolle: Journalistin	• Freiheit, Zeit selbst einteilen können • Zeit für den Beruf • Qualitätszeit mit Partner • flexibel reisen können (sowohl beruflich als auch privat) • auf eigene Bedürfnisse achten können	• psychischer Druck durch »biologische Uhr« • einseitiger Fokus auf Beruf • psychischer Druck durch Kinderwunsch des Partners
Neue Rolle: Mutter	• Erfüllung eines Lebensplans • Liebe zur Tochter • Geborgenheit einer Familie	• für nichts Zeit haben • Gefühl der Überforderung, gestresst und depressiv sein • schlechtes Gewissen wegen mangelnder »Mutterfreude« • eigene Bedürfnisbefriedigung findet keinen Raum • sich isoliert und »abgehängt« fühlen • Konflikte mit Partner (u. a. keine sexuellen Kontakte mehr)

Diese Gegenüberstellung führt zur Erkenntnis, dass der Verlust alter Privilegien durch den Zugewinn neuer Lebensinhalte ersetzt werden könnte. Die Patientin sieht klarer, an welche der neuen Lebensumstände sie sich noch flexibler anpassen möchte. Dazu gehört, im Paargespräch mit ihrem Partner die emotionale, aber auch sachbezogene Unterstützung auszuhandeln (Fokus Konflikte). Der Partner zeigt sich im Paargespräch überrascht, wie unglücklich und überfordert sich seine Freundin fühlt, und hilft, Lösungen zu finden. So zeigt er sich bereit, für einige Monate seine Arbeitszeit auf 80 % zu reduzieren und sich in die Betreuung der Tochter aktiver einzubringen. Auch wolle er seine Partnerin an den Wochenenden stärker entlasten. Zudem entdecken beide das Angebot einer Paten-Oma in ihrer Stadt, das noch während der Therapie in Anspruch genommen wird. Durch die zeitliche und emotionale Entlastung kann Frau P. zunehmend die positiven Aspekte und Möglichkeiten der neuen Rolle genießen. Mit ihrer Tochter kann sie endlich eine Bindung aufbauen und freut sich an ihrer Entwicklung. Durch die Vernetzung mit anderen Müttern in einer Krabbelgruppe kann sie überhöhte, perfektionistische Ansprüche an das Ausfüllen der Mutterrolle reduzieren. Vielmehr orientiert sie sich an dem Ziel einer »Gut-genug«-Mutter und lernt dies selbstbewusster zu vertreten. Bisher galt für sie nur die selbst erfahrene Überbemutterung durch ihre eigene Mutter. Sie entdeckt weiterhin Möglichkeiten, wie sie Zeit für sich in den Alltag einbauen kann (z. B. sich besser konzentrieren und abschalten zu können, wenn ihre Tochter schläft). Beim Ende der Therapie beschreibt sie, erstmals »Mutterglück« zu spüren und mit ihrem Partner Zusammenhalt zu empfinden.

28.4 Wirksamkeit und Nachhaltigkeit

■ **Depressionen**. Die IPT gilt – neben der kognitiven Verhaltenstherapie (KVT) – als das Psychotherapieverfahren, das für die *Depression* am besten untersucht ist. Eine aktuelle Metaanalyse (Cuijpers et al. 2011) erbrachte im Vergleich zu den Kontrollbedingungen eine differenzielle Gesamteffektstärke im mittleren bis hohen Bereich und im Vergleich zu anderen Psychotherapien inklusive der KVT eine Effektstärke von $d = 0.04$ (95 % CI -0.14~0.21) zugunsten der IPT. Pharmakotherapie schien im Gegensatz zu vorherigen Analysen jedoch wirksamer als IPT, insbesondere bei dysthymen Patienten. Als Erhaltungstherapie zeigte sich die Kombination gegenüber alleiniger Medikation von signifikantem Vorteil. Die Autoren schlussfolgern, dass die IPT mit und ohne medikamentöse Begleittherapie ihren Platz in den internationalen Behandlungsleitlinien als eine der am besten empirisch validierten antidepressiven Behandlungen verdient.

Befunde zu den für Frauenbereiche modifizierten IPT-Formen beinhalten (s. Kap. 28-1): Depressionen in der Schwangerschaft, nach einer Fehlgeburt, postpartal und bei Müttern psychisch kranker Kinder.

Bei schwangeren depressiven Frauen war die IPT im Vergleich zu einem edukativen Programm für Eltern signifikant effizienter (Spinelli u. Endicott 2003). Grote et al. (2009) behandelten ebenfalls perinatal depressive Frauen mit einer Kurzform der IPT und fanden kurz- und langfristig (6 Monate nach Geburt) eindeutige Vorteile bezüglich der depressiven Symptomatik wie auch der sozialen Funktionsfähigkeit im Vergleich zu einer Standardbehandlung.

Postpartum-Depression ließ sich bei 120 Frauen mit einer abgewandelten Form der IPT im Vergleich mit einer Wartebedingung effektiver bewältigen und führte zu besserer sozialer Anpassung (O'Hara et al. 2000). Auch im Gruppenformat erwies sich das Konzept als wirksam (Klier et al. 2001).

Das IPT-Modell hat sich mit bis zu 6 telefonischen Sitzungen auch bei subsyndromal depressiven Frauen nach einer Fehlgeburt bewährt (Neugebauer et al. 2007).

Bei depressiven Müttern, deren Kinder sich wegen einer psychischen Erkrankung in Behandlung befanden, führte eine Kurzform der IPT zu bedeutsamen Verbesserungen auf Symptom- und auf interpersoneller Ebene verglichen mit einer Standardbehandlung (Swartz et al. 2008). Die Veränderungen des Zustands der Mütter waren von einer Reduktion der depressiven Symptomatik der Kinder gefolgt.

■ **Brustkrebs.** Patientinnen mit Brustkrebs erhielten während und nach einer Chemotherapie wöchentliche telefonische IPT-Sitzungen und durften eine Bezugsperson dazu einladen, ebenfalls Einzelsitzungen in Anspruch zu nehmen. Die Patientinnen beurteilten das Therapieprogramm zwischen »gut« und »ausgezeichnet« (Donnelly et al. 2000).

■ **Borderline-Persönlichkeitsstörung.** Von italienischen Forschern (Bellino et al. 2007) wurde die IPT in Kombination mit Medikation bei 35 depressiven Patienten und einer *Borderline-Persönlichkeitsstörung* mit einer kombiniert kognitiven und medikamentösen Therapie verglichen. Es wurden keine signifikanten Unterschiede zwischen den beiden Bedingungen gefunden.

■ **Essstörungen.** In einer kontrollierten Therapievergleichsstudie (Fairburn et al. 1991) wurde eine modifizierte Form der IPT mit KVT und einem Verhaltenstherapieprogramm verglichen. Auf die Essproblematik durfte bei der IPT nicht eingegangen werden, während die beiden anderen Modalitäten spezifisch auf das Störungsbild der Bulimie zugeschnitten waren. Im Ergebnis erwies sich die KVT auf einigen Parametern effektiver (z. B. Häufigkeit von selbstinduziertem Erbrechen), auf anderen jedoch gleichwirksam wie die IPT (Agras et al. 2000). Das Follow-up nach einem Jahr erbrachte gleichermaßen substanzielle und dauerhafte Behandlungseffekte in der KVT und der IPT-Gruppe, die VT war nun deutlich weniger wirksam.

Eine ambulante IPT-Gruppenbehandlung bei Patientinnen mit Bulimia nervorsa war einer Wartekontrollbedingung gegenüber überlegen und gleich effektiv wie die KVT (Wilfley et al. 2002).

Eine australische Forschergruppe um McIntosh (2005) widmete sich der Behandlung der Anorexia nervosa, eine Störung, für die bisher noch keine wirksame ambulante Therapie gefunden wurde. Bei 65 anorektischen Frauen übertrumpfte die supportive Therapie die beiden störungsorientierten Ansätze IPT und KVT und warf die Frage nach den Wirkfaktoren der einzelnen Interventionen auf.

28.5 Profitieren Frauen besser von der IPT als Männer?

Bisher existieren relativ wenige Studien, welche die weit verbreitete Ansicht untersuchen, dass Frauen eher von der IPT profitieren als Männer. Ein neues Review zur psychotherapeutischen Behandlung der Depression (Parker et al. 2011) konnte lediglich 15 methodisch ausreichende Studien zu Geschlechtsunterschieden identifizieren, wobei nur zwei ältere Studien die IPT untersuchten. In einer dieser Studien (Frank et al. 1988) zeigten Männer ein deutlich schnelleres und stabileres Ansprechen auf die Kombinationsbehandlung mit IPT und Medikation, obwohl zu Behandlungsbeginn keine Unterschiede zwischen den Geschlechtern entdeckt werden konnten. Sotsky et al. (1991) berichteten bei der IPT von einem erhöhten Ansprechen männlicher Patienten, die bezüglich sozialer Problembereiche weniger vorbehandelt waren, die getrennt oder geschieden waren und die ein höheres Ausmaß an interpersoneller Sensibilität aufwiesen sowie ausgeprägte Zufriedenheit mit sozialen Beziehungen vorwiesen. Dieser Effekt war jedoch nicht anhaltend. Fraglich ist in jedem Fall, ob die bessere Ansprechbarkeit auf das Geschlecht zurückzuführen ist und nicht etwa auf die Konstellation der anderen genannten Faktoren.

In einer Studie unserer Arbeitsgruppe (Schneider et al. 2008) zeigte sich, dass Männer unabhängig von der Behandlungsform auf eine stationäre Depressionsbehandlung hinsichtlich der Remissionsraten besser ansprachen als Frauen. In der IPT-Behandlung wiesen sie auch signifikant höhere Remissionsraten auf (89,5 %) als Frauen (61,8 %). Im naturalistischen Follow-up nach 3 und 12 Monaten glichen sich die Werte jedoch wieder an.

Bei diesen referierten geschlechtsspezifischen Unterschieden müssen jedoch sowohl unspezifische als auch die spezifischen Differenzen beachtet werden: Unspezifisch sollte beachtet werden, dass sich Frauen in der Regel eine depressive Störung schneller eingestehen und Hilfe suchen. Spezifisch ist auch eine problemorientierte und eher praktische Herangehensweise von Männern im Gegensatz zu gefühlsfokussiertem Vorgehen bei Frauen.

Außerdem ergab eine von Parker et al. (2011) initiierte Umfrage im Internet bei therapierten Depressionspatientinnen und -patienten eine Bevorzugung der psychologischen Betreuung vonseiten der weiblichen Betroffenen. Gegebenenfalls ist die männliche Population, die psychotherapeutische Hilfe in Anspruch nimmt, spezifischer selektiert als die weibliche, sodass das bessere Ansprechen möglicherweise eher auf andere Faktoren zurückführbar ist (z. B. höhere Motivation).

Insgesamt existieren jedoch noch zu wenige publizierte Studien, um zu klären, ob es einen geschlechtsspezifischen Unterschied beim Behandlungserfolg durch psychotherapeutische Maßnahmen gibt. Aufschlussreich wäre der Vergleich, ob Frauen besser auf eine IPT ansprechen als auf eine KVT, die durch das rationale und strukturiert problemlösende Vorgehen eher an den Ressourcen der Männer ansetzt.

28.6 Fazit

Die IPT erscheint für Frauen als eine geeignete Methode, welche die Möglichkeit beinhaltet, frauenspezifische Themen (wie Mutterschaft, Klimakterium, Pflege von Angehörigen) explizit zu benennen und zu bearbeiten. Da Frauen vulnerabler für interpersonelle familiäre Konflikte scheinen als Männer, beziehen sich die

Problemfoki der IPT primär auf die emotionalen Probleme innerhalb der Familie und der Partnerschaft oder auf Rollenkonflikte und -überforderungen, bei denen es sich um Vereinbarung von familienspezifischen Aufgaben und dem Beruf sowie der Selbstverwirklichung handelt.

Allerdings profitieren Frauen im Vergleich zu Männern, bei denen vorwiegend interpersonelle Probleme in der Arbeitswelt bearbeitet werden, nicht besser von der IPT. Aufschluss geben könnte eine Metaanalyse, die untersucht, ob die IPT bei Frauen besser und langfristiger wirkt – zum einen im Vergleich zu Männern und zum anderen im Vergleich zu anderen Psychotherapieverfahren wie zur KVT oder zu psychodynamischen Verfahren.

In Deutschland gehört die IPT immer noch nicht zu den Richtlinienverfahren, obwohl sie auch in deutschsprachigen Leitlinien als evidenzbasierte Depressionsbehandlung empfohlen wird, beispielsweise in der nationalen Versorgungsleitlinie (Programm für Nationale Versorgungsleitlinien 2011) oder der Fachgruppe Klinische Psychologie und Psychotherapie (de Jong et al. 2007).

Literatur

Agras WS, Walsh T, Fairburn CG et al. (2000). A multicenter comparison of cognitive-behavioral therapy and interpersonal psychotherapy for bulimia nervosa. Arch Gen Psychiatry; 57: 459–66.

Bellino S, Zizza M, Rinaldi C, Bogetto F (2007). Combined therapy of major depression with concomitant borderline personality disorder: comparison of interpersonal and cognitive psychotherapy. Can J Psychiatry; 52: 718–25.

Cochran SV, Rabinowitz FE (2003). Gender-sensitive recommendations for assessment and treatment of depression in men. Prof Psychol Res Pract; 34: 132–42.

Cuijpers P, Geraedts AS, van Oppen P et al. (2011). Interpersonal psychotherapy for depression: a meta-analysis. Am J Psychiatry; 168: 581–92.

De Jong-Meyer R, Hautzinger M, Kühner C, Schramm E (2007). Evidenzbasierte Leitlinie zur Psychotherapie Affektiver Störungen. Im Auftrag der Fachgruppe Klinische Psychologie und Psychotherapie in der Deutschen Gesellschaft für Psychologie. Göttingen: Hogrefe.

Donnelly JM, Kornblith AB, Fleishman S et al. (2000). A pilot study of interpersonal psychotherapy by telephone with cancer patients and their partners. Psychooncology; 9: 44–56.

Fairburn CG, Jones R, Peveler RC et al. (1991). Three psychological treatments for bulimia nervosa. A comparative trial. Arch Gen Psychiatry; 48: 463–9.

Frank E, Carpenter LL, Kupfer DJ (1988). Sex differences in recurrent depression: are there any that are significant? Am J Psychiatry; 145: 41–5.

Grote NK, Swartz HA, Geibel SL et al. (2009). A randomized controlled trial of culturally relevant, brief interpersonal psychotherapy for perinatal depression. Psychiatr Serv; 60: 313–21.

Khan AA, Gardner CO, Prescott CA, Kendler KS (2002). Gender differences in the symptoms of major depression in opposite-sex dizygotic twin pairs. Am J Psychiatry; 159: 1427–9.

Klier CM, Muzik M, Rosenblum KL, Lenz G (2001). Interpersonal psychotherapy adapted for the group setting in the treatment of postpartum depression. J Psychother Pract Res; 10: 124–31.

Kühner C (2001). Affektive Störungen. In: Franke A, Kämmerer A (Hrsg). Klinische Psychologie der Frau. Ein Lehrbuch. Göttingen: Hogrefe; 165–208.

McGrath E, Keita GP, Strickland BR, Russo NF (1993). Frauen und Depression. Risikofaktoren und Behandlungsfragen. Bergheim: Mackinger.

McIntosh VV, Jordan J, Carter FA et al. (2005). Three psychotherapies for anorexia nervosa: a randomized, controlled trial. Am J Psychiatry; 162: 741–7.

Nazroo JY, Edwards AC, Brown GE (1997). Gender differences in the onset of depression following a shared life event: a study of couples. Psychol Med; 27: 9–19.

Neugebauer R, Kline J, Bleiberg K et al. (2007). Preliminary open trial of interpersonal counseling for subsyndromal depression following miscarriage. Depress Anxiety; 24: 219–22.

O'Hara MW, Stuart S, Gorman LL, Wenzel A (2000). Efficacy of interpersonal psychotherapy for postpartum depression. Arch Gen Psychiatry; 57: 1039–45.

Parker G, Blanch B, Crawford J (2011). Does gender influence response to differing psychotherapies by those with unipolar depression? J Affect Disord; 130: 17–20.

Paulson JF, Bazemore SD (2010). Prenatal and postpartum depression in fathers and its association with maternal depression: a meta-analysis. J Am Med Assoc; 303: 1961–9.

Programm für Nationale Versorgungsleitlinien (2011). S3-Leitlinie / Nationale VersorgungsLeitlinie. Unipolare Depression. Kurzfassung. Verfügbar unter www.depression.versorgungsleitlinien.de/ (Zugriff am 31. Juli 2012).

Rihmer Z, Pestality P, Pihlgren H, Rutz W (1998). ›Anxiety/aggression-driven depression‹ and ›male depressive syndrome‹: are they the same? Psychiatry Res; 77: 209–10.

Schneider D, Zobel I, Härter M et al. (2008). Wirkt die Interpersonelle Psychotherapie besser bei Frauen als bei Männern? Ergebnisse einer randomisierten, kontrollierten Studie. Psychotherapie, Psychosomatik, Medizinische Psychologie; 58: 23–31.

Schramm E (2010). Interpersonelle Psychotherapie. 4. Aufl. Stuttgart: Schattauer.

Sotsky SM, Glass DR, Shea MT et al. (1991). Patient predictors of response to psychotherapy and pharmacotherapy: findings in the NIMH Treatment of Depression Collaborative Research Program. Am J Psychiatry; 148: 997–1008.

Spinelli MG, Endicott J (2003). Controlled clinical trial of interpersonal psychotherapy versus parenting education program for depressed pregnant women. Am J Psychiatry, 160: 555–62.

Swartz HA, Frank E, Zuckoff A et al. (2008). Brief interpersonal psychotherapy for depressed mothers whose children are receiving psychiatric treatment. Am J Psychiatry; 165: 1155–62.

Weissman MM, Markowitz JC, Klerman GL (2000). Comprehensive Guide to Interpersonal Psychotherapy. New York: Basic Books.

Wilfley DE, Welch RR, Stein RI et al. (2002). A randomized comparison of group cognitive-behavioral therapy and group interpersonal psychotherapy for the treatment of overweight individuals with binge-eating disorder. Arch Gen Psychiatry; 59: 713–21.

Winkler D, Pjrek E, Kasper S (2005). Anger attacks in depression – evidence for a male depressive syndrome. Psychother Psychosom; 74: 303–7.

29 Stress und Stressreduktion

Jens Gaab

Inhalt

- 29.1 Einleitung 314
- 29.2 Definitionen und genderspezifische Aspekte 315
- 29.3 Psychobiologische Überlegungen. 316
    - Geschlechtsspezifische Stressbewältigung 316
    - Bedeutung situativer Merkmale. 317
- 29.4 Implikationen für die Stressreduktion 318
- 29.5 Überlegungen zum methodischen Vorgehen 318
    - Theoretische Überlegungen 318
    - Empirische Überlegungen. 319
    - Ethische Überlegungen. 320
- 29.6 Fazit 320

29.1 Einleitung

Die Stressforschung begann mit einem kurzen Artikel von Hans Selye über das allgemeine Adaptionssyndrom (Selye 1998/1936), das aus spezifischen physiologischen Reaktionen auf unspezifische Belastungen besteht. Die Forschung postulierte, dass diese Reaktionen eine generelle Schutzreaktion auf Belastungen darstellen.

Die typischen Reaktionen auf Belastungen sind vor allem die Aktivierung der Hypothalamus-Hypophysen-Nebennierenrinden-Achse mit den Hormonen Corticotropin-releasing-Hormon (CRH), Adrenocorticotropen-Hormon (ACTH) und Cortisol sowie die Aktivierung des sympathischen Nervensystems mit der Ausschüttung von Adrenalin und Noradrenalin. Diese Reaktionen haben nach dem heutigen Verständnis nicht eine direkte Schutzfunktion, wie anfangs angenommen, sondern eher die einer Koordination und Kontrolle der Reaktionen auf belastende Situationen. Eine passende Umschreibung stammt von Tausk (1951; zit. in Sapolsky et al. 2000). Er sah Stress als Feuer an und die Rolle der beobachtbaren Stressreaktionen als Versuch, den Wasserschaden zu beschränken, und weniger als Feuerlöscher selbst. Entsprechend weiß man heute, dass die generellen physiologischen Reaktionen des Körpers auf Belastungen eine Vielzahl verschiedener physiologischer, behavioraler, kognitiver und emotionaler Prozesse über unterschiedliche zeitliche Verläufe so steuert, dass eine kurz-, mittel- und langfristige Bewältigung der Belastung begünstigt und unterstützt wird.

29.2 Definitionen und genderspezifische Aspekte

Mit der kurzen Beschreibung der Entstehung des Begriffs Stress in Kapitel 29.1 wird deutlich, dass aus einer physiologischen Perspektive Stress über die Reaktion definiert wird, was aber problematisch ist. So kommt es auch in Situationen, die zwar körperlich belastend sein mögen, aber psychisch als (auch) angenehm wahrgenommen werden, zu physiologischen Reaktionen. Deshalb Stress ausschließlich über die Situation zu definieren ist aber ebenso problematisch, da eine eindeutige Zuordnung von Situation und Folge individuelle Bedingungen, wie auch Gender oder Geschlecht, vernachlässigt. Eine Lösung ist hier durch eine prozessorientierte Perspektive möglich.

> Aus der prozessorientierten (transaktionalen) Perspektive ist Stress das Resultat einer Transaktion zwischen situativen Merkmalen und internen Bewertungsprozessen. Stress ist dabei das Produkt zwischen der kognitiven Bewertung der Bedrohlichkeit der Situation in Bezug auf persönliche Ziele, Werte und Anliegen und der Wahrnehmung von Möglichkeiten, mit dieser Bedrohung umzugehen oder diese zu bewältigen.

Diese transaktionale Perspektive erlaubt auch, unterschiedliche individuelle physiologische Stressreaktionen auf standardisierte Stresssituationen zu erklären – je höher die subjektive Bewertung der Situation als Stress, desto höher auch die physiologische Stressreaktion (Gaab et al. 2005).

Stressspezifische gender- oder geschlechtsadaptierte Formulierungen des transaktionalen Modells stehen zwar aus, es lassen sich aber entsprechende Überlegungen aus der Depressionsforschung adaptieren (Hankin u. Abramson 2001). Dabei lassen sich nicht nur quantitative Unterschiede in der Art, sondern auch qualitative Unterschiede in der Verarbeitung von Stressoren beobachten. Können bei Jungen und jungen Männern eher leistungsbezogene und nichtinterpersonale Stressoren beobachtet werden, sind Mädchen und junge Frauen mehr von interpersonalen Stressoren betroffen (Rudolph u. Hammen 1999). Auch der Umgang mit diesen Belastungen scheint sich zwischen Jungen und Mädchen zu unterscheiden: Erstere weisen im Vergleich zu Letzteren weniger intensives Nachdenken über die Belastung und weniger negative Attributionen auf (Papadakis et al. 2006). Ein ähnliches Bild ergibt sich auch für die Entstehung von weiteren stressbezogenen Störungen, wie beispielsweise die posttraumatische Belastungsstörung. Der dort gefundene deutliche Prävalenzunterschied lässt sich nach Ansicht von Prachett et al. (2010) nicht nur durch die unterschiedliche Prävalenz von Traumatisierungen erklären, sondern ist auch das Resultat von genderspezifischen emotionalen und kognitiven Reaktionen auf die erlebten Traumata.

29.3 Psychobiologische Überlegungen

Geschlechtsspezifische Stressbewältigung

Ergebnisse der experimentellen Stressforschung bestätigen diese Hinweise indirekt. Zwar deuten Geschlechtsvergleiche der physiologischen Stressreaktivität darauf hin, dass Frauen eine niedrigere Cortisolreaktion auf einen einmaligen psychosozialen Stressor aufweisen (Kirschbaum et al. 1995), diese Unterschiede können aber auch durch physiologische Faktoren wie den Gebrauch von oralen Kontrazeptiva sowie Sexualhormone (Kirschbaum et al. 1999) und weniger durch Unterschiede in der kognitiven Verarbeitung des Stressors erklärbar sein (Hammerfald et al. 2006). Zu einem interessanten Schluss kommt eine Studie, die mittels funktioneller Magnetresonanztomografie Unterschiede zwischen der zerebralen Aktivierung unter Stress bei Frauen und Männern untersuchte (Wang et al. 2007). Männer zeigten dabei eine Aktivierung von präfrontalen, Frauen hingegen eine Aktivierung in limbischen Arealen. Diese Ergebnisse bestätigen Annahmen einer grundlegenden Unterschiedlichkeit der psychobiosozialen Stressreaktion.

Ausgehend von einer evolutionären Perspektive nehmen Taylor et al. (2000) an, dass Frauen aufgrund einer stärkeren Beteiligung an der Arterhaltung (sie trägt das Kind aus und stillt es) ein Stressbewältigungssystem entwickelt haben, das gegenüber dem klassischen und männlichen »fight or flight« als »tend and befriend« bezeichnet werden kann. Aus dieser Perspektive ist eine beschützende und befreundende Haltung und deren zugrunde liegenden neuronalen und physiologischen Korrelate zwar eine evolutionär sinnvolle Strategie zur Sicherung der Fortpflanzung und des Nachwuchses, es wird aber diskutiert, dass diese geschlechtsspezifischen Modi dann auch zu unterschiedlichen Vulnerabilitäten führen, wie beispielsweise die beschriebenen Geschlechtsunterschiede in Bezug auf kognitive Vulnerabilitäten.

Die Auswirkungen dieser geschlechtsspezifischen Stressbewältigungsmodi zeigen sich auch in der gegenseitigen Beeinflussung: In einer Untersuchung an Frauen und Männern, bei denen ein Teil jeweils mit und ein Teil ohne ihren Partner oder ihre Partnerin eine belastende Situation erlebten, zeigten sich eindrückliche Geschlechtsunterschiede in der physiologischen Stressreaktion (Kirschbaum et al. 1995). Männer mit Unterstützung durch die Partnerin zeigten deutlich verringerte Cortisolreaktionen im Vergleich zu Männern ohne Unterstützung, wohingegen Frauen, die von ihren Männern unterstützt wurden, eine höhere Cortisolreaktion zeigten als Frauen ohne Unterstützung. Es scheint, dass das »tend and befriend« wie auch das »fight or flight« und die damit assoziierte Dämpfung oder Erhöhung der psychobiologischen Stressreaktion auch interpersonal übertragbar ist.

Die Ergebnisse dieser klinischen und präklinischen Untersuchungen zeigen, dass genderspezifische Unterschiede in der Verarbeitung psychischer Belastungen existieren, physiologische Konsequenzen haben sowie neurofunktional nachweisbar sind, und es wird angenommen, dass diese Unterschiede die beobachtbaren Prävalenzunterschiede stressbezogener Störungen zwischen Frauen und Männern miterklären können.

Bedeutung situativer Merkmale

Auch wenn die Definition von Stress als Ergebnis einer Transaktion zwischen Situation und Individuum sinnvoll ist, ist eine Betrachtung der situativen Bedingungen sinnvoll. So konnte in einer Metaanalyse gezeigt werden, dass trotz großer interindividueller Unterschiede die situativen Merkmale von objektiver Unkontrollierbarkeit sowie das Vorliegen einer Beurteilung durch Andere das Ausmaß der anschließenden physiologischen Stressreaktion maßgeblich beeinflussten (Dickerson u. Kemeny 2004). Interessant ist, dass diese Effekte der situativen Bedingungen nicht bei den subjektiv-emotionalen Reaktionen zu beobachten waren. Es ist also möglich, dass bestimmte Situationen sich zwar nicht in der wahrgenommenen Belastung, wohl aber in deren physiologischen Konsequenzen unterscheiden. Es muss an dieser Stelle aber darauf hingewiesen werden, dass die Metaanalyse von Dickerson und Kemeny keine explizite Analyse von Gender- oder Geschlechtsunterschieden zulässt. Der Befund, dass unkontrollierbare Bewertungen – zumindest biologisch gesehen – die stärksten Stressoren sind, lässt auch gut verstehen, warum beispielsweise bestimmte kontextuelle, seien es arbeitsbezogene (Siegrist u. Marmot 2004) oder gesellschaftliche Aspekte (Marmot 2005), die Prävalenz und das Ausmaß von Morbidität und Mortalität bestimmen. Eine grundsätzliche gender- oder geschlechtsspezifische Ausdifferenzierung dieser Annahmen steht noch aus.

Der Befund einer Dissoziation zwischen subjektiv-emotionalen und physiologischen Konsequenzen von Belastungen wirft die Frage auf, welche Folgen, d.h. die physiologischen oder die wahrgenommenen, von Bedeutung sind. Entsprechend ist es nicht sinnvoll, zur Erklärung der oft alarmierenden Folgen von Stress ausschließlich die beobachtbaren oder berichtbaren Folgen von Stress als Erklärungs- und Interventionsansatz heranzuziehen, sondern auch die physiologischen Konsequenzen zu berücksichtigen. Dies bedeutet beispielsweise Folgendes: Eine belastende Situation kann zu Stress führen und in der Folge dann nicht nur zum sozialen Rückzug, zu Inaktivität und verändertem Ernährungsverhalten, sondern darüber hinaus kann die Belastung auch zur Aktivierung physiologischer Systeme beitragen und diese dann beispielsweise über eine Veränderung von Immunfunktionen die Anfälligkeit und den Verlauf von grippalen Infekten beeinflussen (Cohen et al. 2002). Entsprechend kann und sollte die Beurteilung der Effektivität einer stressreduzierenden Intervention auch über physiologische Parameter erfolgen.

29.4 Implikationen für die Stressreduktion

Betrachtet man die vorherigen Überlegungen – Stress als Produkt eines transaktionalen Prozesses, gender- und geschlechtsspezifische Unterschiede in der psychobiologischen Prozessierung von Stress, Berücksichtigung kontextueller Merkmale und die unterschiedlichen Konsequenzen von Stress –, dann stellt sich die Frage, wie bedeutsam diese ätiologischen Aspekte für die Gestaltung und Durchführung von Interventionen sind.

Die Ergebnisse der Psychotherapieforschung zeigen, dass die Bedeutung der Methode oder Technik – die in der Regel aus ätiologischen Überlegungen abgeleitet werden – generell überschätzt wird gegenüber beispielsweise der therapeutischen Beziehung, der Plausibilität der Intervention sowie den Hoffnungen und Erwartungen von Erkrankten und therapeutisch Tätigen. Entsprechend kann die Methode nicht als ausschließliche Richtlinie für die Konzeption einer Intervention angesehen werden (Wampold 2001). Die Prozessvariablen stehen aber nicht für sich allein, sondern werden in einem Kontext realisiert oder erhalten dort die Möglichkeit zur wirksamen Entfaltung (Anderson et al. 2010). Im Folgenden soll deswegen weder explizit auf die Durchführung des Prozesses noch auf die eingesetzten Methoden eingegangen werden, sondern es sollen die theoretischen, empirischen und ethischen Überlegungen beschrieben werden, die die Auswahl und Durchführung der Methoden beeinflussen.

29.5 Überlegungen zum methodischen Vorgehen

Theoretische Überlegungen

Auch wenn, wie beschrieben, die Methode per se nur wenig zum Ergebnis einer psychotherapeutischen Intervention beiträgt und die Methoden hierbei (unter gewissen Bedingungen) äquivalent sind, ist eine willkürliche Auswahl nicht sinnvoll, da der Erfolg der Intervention durch das Ausmaß der Plausibilität beeinflusst wird. Beispielsweise konnte gezeigt werden, dass die kulturellen Adaptationen von Psychotherapien im Vergleich zu nichtadaptierten Psychotherapien eine klinisch deutlich bessere Wirkung aufweisen (Benish et al. 2011). Bislang gibt es im Bereich des Stressmanagements keine vergleichbaren Studien, es lassen sich aber in letzter Zeit »Erweiterungen der Plausibilitätszone« erkennen, sodass nicht nur beispielsweise aus der Lerntheorie abgeleitete Verfahren, sondern auch neue (z. B. Meibert et al. 2011) im Kanon der etablierten Verfahren angekommen sind.

Darüber hinaus ist die Auswahl der Verfahren von der Definition von Stress abhängig. Diese kann wie beschrieben situations- oder reaktionsbezogen sein, auf intraindividuelle Kognitionen fokussieren oder kontextuelle Aspekte, wie arbeitsbezogene oder gesellschaftliche Rahmenbedingungen, umfassen. Beispielsweise kann arbeitsbezogener Stress auch als Folge familienbezogener Belas-

tungen angesehen werden; entsprechend beinhalten darauf basierende Interventionen dann neben klassischen Verfahren auch Informationen und Übungen zur Verbesserung des Erziehungs- und familiären Interaktionsverhaltens (Sanders et al. 2011). Weitere Beispiele von Definitions-Interventions-Passungen sind
- kognitive Stressmodelle und Interventionen zur Veränderung dysfunktionaler Kognitionen (Gaab et al. 2003; Hammerfald et al. 2006),
- dyadischer Stress und dyadisches Coping (Bodenmann et al. 2006) sowie
- Stress als Folge des Ausmaßes der sozialen Integration und Interventionen zur Erhöhung der sozialen Integration (Walton u. Cohen 2011).

Schlussendlich ist bei der Auswahl der Verfahren und deren Gestaltung auf gender- und/oder geschlechtsspezifische Aspekte zu achten. Wie beschrieben gibt es Hinweise dafür, dass sich Frauen und Männer in ihren Stressbewältigungsmodi im Sinne von »fight or flight« und »tend and befriend« unterscheiden. Bislang gibt es dazu noch keine empirischen Studien, eine genderspezifische Anpassung zur Verbesserung der Effektivität erscheint hier aber sinnvoll. Denkbar wäre hier eine genderspezifische Adaptation im Sinne eines Fokus auf soziale Unterstützung und Nutzung von Ressourcen.

Empirische Überlegungen

Auch wenn ein größerer (theoriebezogener) Freiheitsgrad bei der Auswahl der Verfahren besteht, gibt es auch hier Grenzen. Allgemein kann man sagen, dass
- die Zahl der Programme und Verfahren die Zahl der empirischen Wirkungsnachweise übersteigt (Kaluza 2006),
- eine Mehrheit der durchgeführten Studien methodische Mängel oder Probleme (Studiendesign, Auswertung, Messdauer etc.) aufweist und
- die Ansatzpunkte, die untersuchten Populationen sowie die eingesetzten Messvariablen sich zwischen den Studien stark unterscheiden.

Entsprechend ist eine generelle Einschätzung nur unter Berücksichtigung dieser Probleme möglich. Es zeigt sich hierbei, dass Verfahren und Interventionen zum Stressmanagement in der Regel Veränderungen von kleiner bis mittlerer Effektstärke erreichen (van der Klink et al. 2001; Flaxman u. Bond 2010). Das Ausmaß der erreichten Effektstärken ist vom Ausmaß der initialen Beschwerden beeinflusst, d. h. Personen mit hohen Belastungen zu Beginn einer Intervention zeigen stärkere Veränderungen als Personen mit initial niedriger Belastung (z. B. Berger et al. 2008). Unklar ist die Persistenz der erlangten Veränderungen; langfristige Evaluationsstudien fehlen bislang, auch wenn es Hinweise dafür gibt, dass die Effekte zumindest mittelfristig anhalten (z. B. van Wyk u. Pillai-van Wyk 2010). Das Vorliegen differenzieller Effekte zwischen unterschiedlichen Verfahren und zwischen unterschiedlichen zugrunde liegenden Modellen lässt sich momentan nur indirekt beurteilen, da bislang direkte Vergleiche zwischen unterschiedlichen Verfahren fehlen. Eigene Arbeiten zeigen, dass unterschiedliche psychotherapeutische Verfahren unter gleichen Bedingungen zu nahezu identischen Effekten führen (Gaab et al. 2003; Storch et al. 2007). Das Wirkungsspektrum bezieht sich vor allem auf subjektive Befindlichkeitsmaße. Auch wenn stressbezogene physiologische Maße beeinflussbar scheinen (s. z. B. zu Cortisolreaktionen bei Stress Gaab et al. 2003; Storch et al. 2007), sind die Effekte auf objektive und nicht reaktionsbezogene Marker meist nicht nachweisbar (s. z. B. zu somatischen Krankheitsmarkern bei HIV Berger et al. 2008, oder zu krankheitsbedingten Fehltagen van der Klink et al. 2001; van Wyk u. Pillai-van Wyk 2010).

Ethische Überlegungen

Das Vorliegen eines erwünschten Effekts ist an sich noch kein Beleg dafür, dass die vorhergehende Intervention oder die darin enthaltenen Verfahren tatsächlich »spezifisch«, also verantwortlich für diese Effekte sind. Lässt sich dieser logische Fehler (post hoc ergo propter hoc) in der somatischen Interventionsforschung noch durch den doppelblinden Vergleich mit einer Placebobedingung vermeiden, so sind die Möglichkeiten in der psychotherapeutischen Interventionsforschung ungleich beschränkter. Dies vor allem deshalb, weil hier der doppelblinde Vergleich mit einem echten, d. h. ununterscheidbaren, psychotherapeutischen Placebo aus theoretischen wie auch pragmatischen Gründen unmöglich ist. Entsprechend ist eine eindeutige Unterscheidung von spezifischen psychotherapeutischen und unspezifischen Effekten in der Psychotherapie nicht unproblematisch.

Was bedeutet dies für die Auswahl von Verfahren zur Stressreduktion? Der Nachweis einer Wirkung kann nicht die Validität der dem Verfahren zugrunde liegenden Annahmen bestätigen (sondern eben nur deren Wirksamkeit). Deshalb ist große Sorgfalt darauf zu legen, die empirische Evidenz der den Verfahren zugrunde liegenden Annahmen sicherzustellen und diese als Möglichkeiten darzustellen sowie den interaktionellen Prozess so zu gestalten, dass Anliegen, Vorstellungen und Wünsche des Klienten und der Klientin berücksichtigt werden (z. B. Flückiger et al. 2011).

29.6 Fazit

Stress und seine Folgen können unter verschiedenen Perspektiven betrachtet werden, wobei der Aufklärungswert der jeweiligen Perspektive von der zugrunde liegenden Frage abhängt. Beispielsweise können Ereignisse subjektiv als belastend wahrgenommen werden, ohne dass diese Ereignisse dann zu physiologischen Reaktionen führen. Dies macht diese Ereignisse dann nicht weniger belastend, auch wenn sie – physiologisch gesehen – wenig(er) negative Konsequenzen haben. Entsprechend ist es aber auch möglich, dass Situationen als nicht oder wenig bedrohlich angesehen werden, dann aber zu größeren physiologischen Konsequenzen führen.

In Bezug auf die Möglichkeiten der Stressreduktion ist die Berücksichtigung von geschlechts- und genderspezifischen Aspekten von Stress, Stressreaktionen und Stressbewältigung sinnvoll, auch wenn hierzu bislang entsprechende Ansätze und deren empirische Überprüfung ausstehen. Die Auswahl der Verfahren zur Stressreduktion sollte sowohl theoretische, empirische wie auch ethische Überlegungen berücksichtigen.

Literatur

Anderson T, Lunnen KM, Ogles BM (2010). Putting models and techniques in context. In: Duncan BL, Miller SD, Hubble MA (eds). The Heart and Soul of Change: What Works in Therapy. Washington: American Psychological Association; 143–66.

Benish SG, Quintana S, Wampold BE (2011). Culturally adapted psychotherapy and the legitimacy of myth: a direct-comparison meta-analysis. J Couns Psychol; 58: 279–89.

Berger B, Schad T, von Wyl et al. (2008). Effects of cognitive behavioral stress management on HIV-1 RNA, CD4 cell counts and psychosocial parameters of HIV-infected persons. AIDS; 22: 767–75.

Bodenmann G, Pihet S, Kayser K (2006). The relationship between dyadic coping and marital quality: a 2-year longitudinal study. J Fam Psychol; 20: 485–93.

Cohen S, Hamrick N, Rodriguez M (2002). Reactivity and vulnerability to stress-associated risk for upper respiratory illness. Psychosom Med; 64: 302–10.

Dickerson S, Kemeny M (2004). Acute stressors and cortisol responses: a theoretical integration and meta-analytic review. Psychol Bull; 130/3: 355–91.

Flaxman PE, Bond FW (2010). Worksite stress management training: moderated effects and clinical significance. J Occup Health Psychol; 15: 347–58.

Flückiger C, Del Re A, Wampold BE et al. (2011). Valuing clients' perspective and the effects on the therapeutic alliance: a randomized controlled study of an adjunctive instruction. J Couns Psychol; 59: 18–26.

Gaab J, Blättler N, Menzi T et al. (2003). Randomized controlled evaluation of the effects of cognitive-behavioral stress management on cortisol responses to acute stress in healthy subjects. Psychoneuroendocrinology; 28: 767–79.

Gaab J, Rohleder N, Nater UM, Ehlert U (2005). Psychological determinants of the cortisol stress response: the role of anticipatory cognitive appraisal. Psychoneuroendocrinology; 30: 599–610.

Hammerfald K, Eberle C, Grau M et al. (2006). Persistent effects of cognitive-behavioral stress management on cortisol responses to acute stress in healthy subjects – a randomized controlled trial. Psychoneuroendocrinology; 31: 333–9.

Hankin BL, Abramson LY (2001). Development of gender differences in depression: an elaborated cognitive vulnerability-transactional stress theory. Psychol Bull; 127: 773–96.

Kaluza G (2006). Psychologische Gesundheitsförderung und Prävention im Erwachsenenalter. Z Gesundheitspsychologie; 14/4: 171–96.

Kirschbaum C, Klauer T, Filipp SH, Hellhammer DH (1995). Sex-specific effects of social support on cortisol and subjective responses to acute psychological stress. Psychosom Med; 57: 23–31.

Kirschbaum C, Kudielka BM, Gaab J et al. (1999). Impact of gender, menstrual cycle phase, and oral contraceptives on the activity of the hypothalamus-pituitary-adrenal axis. Psychosom Med; 61: 154–62.

Marmot M (2005). Social determinants of health inequalities. Lancet; 365: 1099–104.

Meibert P, Michalak J, Heidenreich T (2011). Mindfulness-Based Stress Reduction (MBSR). Psychother Psychosom Med Psychol; 61: 328–32.

Papadakis AA, Prince RP, Jones NP, Strauman TJ (2006). Self-regulation, rumination, and vulnerability to depression in adolescent girls. Develop Psychopath; 18: 815–29.

Pratchett LC, Pelcovitz MR, Yehuda R (2010). Trauma and violence: are women the weaker sex. Psychiat Clin North Am; 33: 465–74.

Rudolph KD, Hammen C (1999). Age and gender as determinants of stress exposure, generation, and reactions in youngsters: a transactional perspective. Child Dev; 70: 660–77.

Sanders MR, Stallman HM, McHale M (2011). Workplace triple p: a controlled evaluation of a parenting intervention for working parents. J Fam Psychol; 25: 581–90.

Sapolsky RM, Romero LM, Munck AU (2000). How do glucocorticoids influence stress responses? Integrating permissive, suppressive, stimulatory, and preparative actions. Endocr Rev; 21: 55–89.

Selye H (1998/1936). A syndrome produced by diverse nocuous agents. Reprint in: J Neuropsychiat Clin Neurosci; 10: 230–1.

Siegrist J, Marmot M (2004). Health inequalities and the psychosocial environment-two scientific challenges. Soc Sci Med; 58: 1463–73.

Storch M, Gaab J, Küttel Y et al. (2007). Psychoneuroendocrine effects of resource-activating stress management training. Health Psychol; 26: 456–63.

Tausk M (1951). Hat die Nebenniere tatsächlich eine Verteidigungsfunktion? Das Hormon (Organon, Holland); 3: 1–24.

Taylor SE, Klein LC, Lewis BP et al. (2000). Biobehavioral responses to stress in females: tend-and-befriend, not fight-or-flight. Psychol Rev; 107: 411–29.

Van der Klink J, Blonk R, Schene A, van Dijk F (2001). The benefits of interventions for work-related stress. Am J Public Health; 91: 270.

Van Wyk BE, Pillay-Van Wyk V (2010). Preventive staff-support interventions for health workers. Cochrane Database Syst Rev; 17: CD003541.

Walton GM, Cohen GL (2011). A brief social-belonging intervention improves academic and health outcomes of minority students. Science; 331: 1447–51.

Wampold BE (2001). The Great Psychotherapy Debate: Models, Methods, and Findings. Hillsdale, NJ: Lawrence Erlbaum.

Wang J, Korczykowski M, Rao H et al. (2007). Gender difference in neural response to psychological stress. Soc Cog Affect Neurosci; 2: 227–39.

30 Posttraumatische Belastungsstörung (PTBS)

Astrid Lampe und Luise Reddemann

Inhalt

30.1 Zur Einführung der Diagnose 323
30.2 Definition, Epidemiologie und Ätiologie 324
　　　Art der Ereignisse 326
　　　Alter der Traumatisierung 326
　　　Subjektive Belastung durch ein Ereignis 326
　　　Vorbestehende psychische Erkrankungen 328
　　　Neurobiologische Faktoren 329
　　　Chronizität der Ereignisse und Beziehung zum Täter 329
30.3 Komplexe PTBS und Bindungstrauma 331
30.4 Fazit 332

30.1 Zur Einführung der Diagnose

Nach Ende des Vietnamkrieges zeigte ein Teil der US-amerikanischen Kriegsheimkehrer massive psychische Veränderungen, die eindeutig auf ihren Kriegseinsatz zurückzuführen waren. Kliniken und andere Hilfseinrichtungen sahen sich mit einem Strom Behandlungsbedürftiger konfrontiert. Die Symptomatik der Soldaten wurde mit dem Begriff »Posttraumatic Stress Disorder« PTSD (Posttraumatische Belastungsstörung: PTBS) beschrieben. Auf das politische Betreiben von Kriegsopferverbänden und Versicherungsanwälten und -anwältinnen und Sozialarbeitern und Sozialarbeiterinnen, die um Anerkennung der Kriegsfolgen und finanzielle Entschädigungen kämpften, wurde die Diagnose »Posttraumatische Belastungsstörung« 1983 in das psychiatrische diagnostische Manual (DSM) aufgenommen.

Die PTBS war also primär eine Diagnose für Männer. Gleichzeitig wurde jedoch erstmals die Tatsache, dass belastende Lebensumstände Einfluss auf die psychische Gesundheit von Menschen haben, anerkannt. Die breite gesellschaftliche Akzeptanz erreichte die Diagnose nicht zuletzt deswegen, weil einerseits Männer, die in den Krieg zogen, respektiert wurden, und sich andererseits öffentlich ein zunehmendes Unbehagen bezüglich der Folgen des Vietnamkrieges breit machte. Die Diagnose PTBS wäre möglicherweise weniger erfolgreich gewesen, wenn sie primär im politischen Kontext der Frauenbewegung und der stark tabuisierten Traumata wie Vergewaltigung, häusliche Gewalt und sexueller Missbrauch in der Familie, wie sie Frauen erleben, entstanden wäre.

Erst Mitte der 1980er Jahre wurden die gleichen Symptome, unter denen Kriegstraumatisierte litten, auch bei Frauen, die Opfer sexueller Übergriffe waren, beschrieben und noch später auch bei Frauen, die in ihrer Kindheit sexualisierter Gewalt ausgesetzt waren. So wurde erst rückwirkend über die Einführung der ursprünglich »männlichen« Diagnose PTBS Gewalt an Frauen als traumatisches Ereignis mit gesundheitlichen Folgen für die Betroffenen anerkannt.

Nach wie vor bestehen zwischen Männern und Frauen Unterschiede bezüglich der Diagnosestellung. So erhielten Männer in einer psychiatrischen Ambulanz signifikant häufiger die Diagnose PTBS, während bei Frauen eher eine affektive oder schizoaffektive Störung diagnostiziert wurde (Willer u. Grossmann 1995). Cloitre (1998) und Elliot (1995) konnten an unterschiedlichen klinischen Stichproben zeigen, dass ein Übersehen der PTBS zu durchschnittlich vier Achse-I-Diagnosen bei Frauen führt, insbesondere dann, wenn das traumatische Ereignis – vor allem interpersonelle Gewalt – als solches nicht erkannt wird.

30.2 Definition, Epidemiologie und Ätiologie

Die Diagnose PTBS fand vor allem in den westlichen Industrienationen breite Anerkennung. Im Rahmen einer großen epidemiologischen Studie wurde bei 6 % der Männer und 11 % der Frauen (9,4 % gesamt) eine PTBS diagnostiziert, davon gaben 51 % der Frauen und 61 % der Männer an, mindestens ein traumatisches Ereignis in ihrem Leben erlebt zu haben (Kessler et al. 1995). Obwohl Männer mehr traumatische Ereignisse erleben, scheinen Frauen häufiger an einer PTBS zu erkranken (Spitzer et al. 2011).

Doch wie wird die PTBS definiert? Folgender Kasten gibt die Diagnosekriterien des DSM-IV wieder.

Diagnostische Kriterien für 309.81 (F43.1) Posttraumatische Belastungsstörung

A. Die Person wurde mit einem traumatischen Ereignis konfrontiert, bei dem die beiden folgenden Kriterien vorhanden waren:
(1) Die Person erlebte, beobachtete oder war mit einem oder mehreren Ereignissen konfrontiert, die tatsächlichen oder drohenden Tod oder eine ernsthafte Verletzung oder eine Gefahr der körperlichen Unversehrtheit der eigenen Person oder anderer Personen beinhalteten.
(2) Die Reaktion der Person umfaßte intensive Furcht, Hilflosigkeit oder Entsetzen.
(...)
B. Das traumatische Ereignis wird beharrlich auf mindestens eine der folgenden Weisen wiedererlebt:
(1) wiederkehrende und eindringliche belastende Erinnerungen an das Ereignis, die Bilder, Gedanken oder Wahrnehmungen umfassen können.
(...)

(2) Wiederkehrende belastende Träume von dem Ereignis.
(...)
(3) Handeln oder Fühlen, als ob das traumatische Ereignis wiederkehrt (beinhaltet das Gefühl, das Ereignis wiederzuerleben, Illusionen, Halluzinationen und dissoziative Flashback-Episoden, einschließlich solcher, die beim Aufwachen oder bei Intoxikationen auftreten).
(...)
(4) Intensive psychische Belastung bei der Konfrontation mit internalen oder externalen Hinweisreizen, die einen Aspekt des traumatischen Ereignisses symbolisieren oder an Aspekte desselben erinnern.
(5) Körperliche Reaktionen bei der Konfrontation mit internalen oder externalen Hinweisreizen, die einen Aspekt des traumatischen Ereignisses symbolisieren oder an Aspekte desselben erinnern.
C. Anhaltende Vermeidung von Reizen, die mit dem Trauma verbunden sind, oder eine Abflachung der allgemeinen Reagibilität (vor dem Trauma nicht vorhanden). Mindestens drei der folgenden Symptome liegen vor:
(1) bewußtes Vermeiden von Gedanken, Gefühlen oder Gesprächen, die mit dem Trauma in Verbindung stehen,
(2) bewußtes Vermeiden von Aktivitäten, Orten oder Menschen, die Erinnerungen an das Trauma wachrufen,
(3) Unfähigkeit, einen wichtigen Aspekt des Traumas zu erinnern,
(4) deutlich vermindertes Interesse oder verminderte Teilnahme an wichtigen Aktivitäten,
(5) Gefühl der Losgelöstheit oder Entfremdung von anderen,
(6) eingeschränkte Bandbreite des Affekts (z. B. Unfähigkeit, zärtliche Gefühle zu empfinden),
(7) Gefühl einer eingeschränkten Zukunft (z. B. erwartet nicht, Karriere, Ehe, Kinder oder normal langes Leben zu haben).
D. Anhaltende Symptome erhöhten Arousals (vor dem Trauma nicht vorhanden). Mindestens zwei der folgenden Symptome liegen vor:
(1) Schwierigkeiten ein- oder durchzuschlafen,
(2) Reizbarkeit oder Wutausbrüche,
(3) Konzentrationsschwierigkeiten,
(4) übermäßige Wachsamkeit (Hypervigilanz),
(5) übertriebene Schreckreaktion.
E. Das Störungsbild (Symptome unter Kriterium B, C und D) dauert länger als 1 Monat.
F. Das Störungsbild verursacht in klinisch bedeutsamer Weise Leiden oder Beeinträchtigungen in sozialen, beruflichen oder anderen wichtigen Funktionsbereichen. (...)
(aus Saß et al. 2003, S. 520f., Abdruck mit freundlicher Genehmigung des Hogrefe Verlags)

Art der Ereignisse

Die Art der erlebten Ereignisse unterscheidet sich zwischen Männern und Frauen. Frauen sind deutlich häufiger Erlebnissen ausgesetzt, die interpersonelle Gewalt implizieren, wie sexuelle Belästigung, Vergewaltigung, körperliche Gewalt in der Partnerschaft und sexualisierte Gewalt in der Kindheit und im Erwachsenenalter. 77 % der in der Kindheit sexuell missbrauchten Frauen entwickeln im Erwachsenenalter eine PTBS. Männer erleben mehr Traumata wie Verkehrsunfälle, lebensbedrohliche Einsätze, Feuer, Bedrohung durch eine Waffe oder Gefangenschaft (Breslau 2002).

In Deutschland geben zwischen 6,2 und 15 % der Frauen an, sexualisierte Gewalt in ihrer Kindheit erlebt zu haben (Häuser et al. 2011). Der sexuelle Missbrauch an Mädchen findet häufig innerhalb der Familie statt, die Mädchen sind im Durchschnitt zwischen 9 und 16 Jahre alt und der Missbrauch dauert 6 Jahre an. Mädchen werden zumeist von nahen Bezugspersonen missbraucht, wie Vater, Großvater, Bruder oder Onkel. Wenn sexuelle Übergriffe an Buben stattfinden, so werden sie eher von Personen außerhalb des engeren Familienkreises begangen. Oft sind in diesen Fällen Lehrer, Sporttrainer oder Geistliche die Täter. Vergewaltigung und sexueller Missbrauch in der Kindheit sind die häufigsten Ursachen für die Entwicklung einer (komplexen) PTBS im Erwachsenenalter (zur komplexen PTBS s. Kap. 30.3).

Alter der Traumatisierung

Frauen erkranken im Erwachsenenalter nach kindlicher Traumatisierung (vor dem 15. Lebensjahr) häufiger an einer PTBS als Männer, die in ihrer Kindheit traumatisiert wurden, wobei sich diese Unterschiede nicht mehr so deutlich zeigten, wenn die Übergriffe nach dem 15. Lebensjahr stattfanden (Olff et al. 2007, S. 187). Andersen et al. (2008) zeigten in ihrer Arbeit an in der Kindheit traumatisierten Frauen, dass während der einzelnen Entwicklungsphasen unterschiedliche Gehirnareale sensibel für die Einflüsse traumatischer Ereignisse sind. Die von ihnen beschriebenen Befunde korrespondierten mit den Ergebnissen, dass bei Traumatisierungen im Alter zwischen 3 und 5 Jahren später eher Depressionen auftreten, bei Traumatisierungen zwischen 9 und 10 Jahren eher PTBS-Symptome. Dem weitgehend entsprechend fanden Maercker et al. (2004) in einer großen epidemiologischen Studie Traumatisierungen über dem 13. Lebensjahr als prädiktiv für die Entwicklung einer PTBS, Traumatisierungen im jüngeren Alter führten eher zur Entwicklung einer Depression und einer PTBS.

Subjektive Belastung durch ein Ereignis

Frauen fühlen sich subjektiv durch Ereignisse stärker belastet. Die subjektive Einschätzung eines Ereignisses, die als Kriterium A2 in das DSM Eingang gefunden hat, gilt als der größere Risikofaktor, eine PTBS zu entwickeln, als die objektiven Traumakriterien (Ozer et al. 2003). Frauen erleben sich ohnmächtiger, hilfloser und terrorisierter durch ein Ereignis; sie haben das Gefühl, das Ereignis weniger kontrollieren zu können, und sie nehmen stärker den Verlustcharakter und die Bedrohung durch ein Ereignis wahr (s. Olff et al. 2007).

Aus der feministisch-psychodynamischen Perspektive wird in diesem Zusammenhang die geschlechtsspezifische Rollenidentität diskutiert. Gefühle extremer Hilflosigkeit und Ausgeliefertseins im Moment des traumatischen Erlebens widersprechen dem männlichen Selbstbild (Saxe u. Wolfe 1999). Um die innere Spannung zu minimieren, werden die dazugehörigen Gefühle verleugnet und diesbezügliche Gedanken umstrukturiert. Die emotionale Qualität der traumatischen Ereignisse wird nicht wahrgenommen oder verdrängt. Dieser Befund deckt sich mit dem Verhalten von Männern und Frauen nach sexualisierter Gewalt in der Kindheit. Männer erleben sich selbst weniger als Opfer und verleugnen länger den stattgefundenen Missbrauch.

Gleichzeitig geben sich Buben weniger Schuld für Übergriffe als es Mädchen tun, Mädchen fühlen sich stärker beschämt und beschmutzt. Sie ziehen sich mehr von ihrer Umwelt zurück und geraten in soziale Isolation (Wolfe u. Kimerling 1997), wohingegen Buben mit stärker aggressivem und antisozialem Verhalten reagieren.

Frauen haben mehr Möglichkeiten, Gefühle auszudrücken, gleichzeitig sind sie jedoch täglich stärker von Armut, Diskriminierung, Gewalt und Unterdrückung bedroht. Im Alltag von Frauen spielen Gefühle von Hilflosigkeit und Ohnmacht eine größere Rolle – Gefühle, die sie für die Wahrnehmung von Bedrohung sensibler und für die Belastung durch ein Trauma wesentlich verletzbarer machen. Frauen werden darüber hinaus wegen ihres Geschlechts traumatisiert, insbesondere sexualisierte Gewalt gegen Frauen impliziert häufig die Erniedrigung und Demütigung der Opfer. Vielleicht ist damit auch das höhere Erkrankungsrisiko von Frauen in Gesellschaften, die an der traditionellen Frauenrolle festhalten, erklärbar (Norris et al. 2002).

Zahlreiche Studien haben die Bedeutung der peritraumatischen Dissoziation als unmittelbare Reaktion auf ein traumatisches Erlebnis untersucht. In Situationen extremer Belastung beschreiben Frauen ein Gefühl, außer sich selbst zu stehen, die Situation nur eingeschränkt wahrzunehmen, oft begleitet von Anästhesie. Manche Frauen sind außerstande, das gesamte Erleben zu schildern oder zu erinnern. So kann es vorkommen, dass sich eine Patientin nur an ein unwesentliches Detail des Überfalls erinnert und nicht mehr nachvollziehen kann, ob beispielsweise eine Penetration stattgefunden hat oder nicht. Tritt im Rahmen einer traumatischen Situation Dissoziation auf, gilt sie als der wesentlichste Prädiktor für die Entwicklung einer PTBS (Ozer et al. 2003).

Frauen reagieren angesichts eines Traumas häufiger mit peritraumatischer Dissoziation als Männer (Bryant u. Harvey 2003; Fullerton et al. 2001, zit. in Ollf et al. 2007). Zum einen wird dies mit biologischen Faktoren in Bezug auf die Hypothalamus-Hypophysen-Nebennierenrinden-Achse (HPA-Achse) erklärt, wenngleich die Befunde diesbezüglich noch widersprüchlich sind. Zum anderen

wird die peritraumatische Dissoziation mit eher defensiven Abwehrmechanismen in Zusammenhang gebracht. Perry und Pollard (1998) beschreiben bei Kindern zwei zentrale Abwehrmechanismen angesichts von traumatischem Stress:
- entweder das sogenannte »Hyperarousal«, das neurobiologisch gesehen der Kampf- oder Fluchtsituation gleichkommt, oder
- die Dissoziation als Form der inneren Erstarrung, des eingeschränkten Bewusstseins angesichts der Bedrohung.

Männer neigen eher zum »Hyperarousal« mit entsprechenden Begleitsymptomen wie Aggression, geringe Impulskontrolle, Übererregbarkeit und mit einer antisozialen Persönlichkeitsstörung im Erwachsenenalter.

Je jünger ein Kind ist, desto eher reagiert es in Situationen extremer Bedrohung mit dissoziativen Mechanismen. Nach Perry et al. (1995) nützen auch Frauen diesen adaptiven Mechanismus eher als Männer, um die Situation psychisch zu überstehen, und entwickeln mehr korrespondierende Symptome wie Angsterkrankung, körperliche Beschwerden, Rückzug, Depression und dissoziative Störungen. Andere Autoren sehen die dissoziative Reaktion als Hinweis auf eine Vortraumatisierung.

Neben Dissoziation erleben Frauen in der *akuten Reaktion auf ein Trauma* stärkere emotionale Reaktionen, die mit Gefühlen intensiver Furcht, Hilflosigkeit, Horror, Intrusionen, Panik und Vermeidung einhergehen. Sie greifen dann eher auf emotionsfokussierte und vermeidende Copingstrategien zurück. Darüber hinaus neigen Frauen nach einem akuten Trauma mehr dazu, Symptome durch Alkohol zu beeinflussen. Dies sind Voraussetzungen, die die Belastung durch ein Ereignis erhöhen. Emotionsfokussierte Copingstrategien und Vermeidungsverhalten begünstigen die Entwicklung einer PTBS (Olff et al. 2007).

Vorbestehende psychische Erkrankungen

Eine vorbestehende Depression oder Angsterkrankung gilt allgemein als Risikofaktor für die Entwicklung einer PTBS nach einem traumatischen Ereignis. Mehrere Übersichtsarbeiten zeigen, dass Frauen häufiger unter eben diesen Erkrankungen leiden als Männer (Rhode u. Maneros 2007). Feministische Theorien führen diesen Befund auf die immer noch weitgehende gesellschaftliche Akzeptanz von Gewalt gegen Frauen zurück. Eine Studie fand einen stärkeren Zusammenhang zwischen der Entwicklung einer PTBS mit einer vor dem traumatischen Ereignis bestehenden Depression bei Frauen (Bromet et al.1998), eine andere Studie konnte diesen Unterschied zwischen Männern und Frauen nicht eindeutig belegen (Breslau et al. 2004). Jedoch zeigte Breslau u. Anthony (2007), dass Frauen, die früher gewaltsame Übergriffe erlebt hatten und eine PTBS entwickelten, stärker mit einer PTBS-Symptomatik reagierten, wenn sie im Erwachsenenalter auch von nicht gewaltsamen Übergriffen betroffen waren.

Neurobiologische Faktoren

Frauen im gebärfähigen Alter zeigen eine geringere Stressantwort der HPA-Achse als Männer; dieser Umstand wird als möglicher Vulnerabilitätsfaktor für Frauen zur Entwicklung einer PTBS diskutiert. Frauen, die unter einer PTBS leiden, zeigen erniedrigte Cortisolspiegel; dieses Phänomen konnte bei Männern nicht beobachtet werden. In der Folge von Traumatisierung zeigen Frauen eine typische Dysregulation der HPA-Achse in Form einer erhöhten Stressantwort mit erniedrigtem basalen Cortisol. Dies weist auf eine größere Stressempfindlichkeit bei Frauen hin (Olff et al. 2007).

Oxytocin, wie es vermehrt im Rahmen des Pflegeverhaltens, bei emotional starken Bindungen oder auch im Zustand von Verliebtheit ausgeschüttet wird, schützt sowohl vor einer überschießenden sympathischen Reaktion bei Traumatisierung als auch vor einer erhöhten Stressreaktion der HPA-Achse. Allerdings ist die normale Entwicklung des Oxytocinsystems bei Kindern, die in der Kindheit vernachlässigt oder missbraucht wurden, gestört. So entfällt nachhaltig ein wesentlicher Schutzfaktor bei frühtraumatisierten Frauen.

Insgesamt scheinen jedoch neurobiologische Faktoren eine weniger ausschlaggebende Rolle hinsichtlich des Erkrankungsrisikos zu spielen als die Art der Traumatisierung (Yehuda 2001).

Chronizität der Ereignisse und Beziehung zum Täter

Zwei wesentliche Charakteristika des Traumas sind für die geschlechtsspezifischen Unterschiede zwischen Männern und Frauen relevant: Einerseits die Chronizität der Ereignisse und andererseits die Beziehung zum Täter. Interpersonelle Gewalt, wie sie eben von Frauen erlebt wird, z. B. häusliche Gewalt, sexuelle Übergriffe als Kind oder Gewalt im Erwachsenenalter, findet immer in bereits bestehenden Beziehungen statt und ist deshalb langandauernd und wiederholt sich immer wieder. Kontinuierliche eheliche Vergewaltigung oder die permanente Folter durch eine Kriegsgefangenschaft haben massive Auswirkungen auf die Betroffenen als Einzelereignisse. Für die komplexe PTBS (s. Kap. 30.3) wird die wiederholte und langandauernde Traumatisierung als Ursache angesehen. Studien, die hinsichtlich der Chronizität des Traumas zwischen Männer und Frauen unterscheiden, wurden bislang noch nicht durchgeführt, jedoch muss davon ausgegangen werden, dass Frauen wesentlich mehr chronischen Traumatisierungen ausgesetzt sind und deshalb an schwereren Folgen zu leiden haben.

Obwohl die DSM-Kriterien vor allem die Lebensbedrohung durch ein traumatisches Ereignis betonen, sind in den letzten Jahren der Beziehungsaspekt und die Bindung zum Täter stärker in den Vordergrund für die Folgen von Traumatisierungen getreten. Feministische Theorien unterstreichen die Bedeutung der Beziehung für Frauen. Bindung und Beziehungen haben einen besonderen Stellenwert im weiblichen Selbstkonzept. Das Selbstverständnis von Frauen und die weibliche Identität sind um den Erhalt, die Neugestaltung und die Entwicklung von Beziehungen organisiert. Empirische Untersuchungen zur Überprüfung dieser Hypothese fanden, dass Frauen den Beziehungserhalt in ihren Einschätzungen von Konflikten bevorzugen, während Männer sich eher auf abstrakte moralische Werte wie Gerechtigkeit beziehen (Gilligan 1982, zit. in Cloitre 2002). Nach einer Naturkatastrophe zeigten sich Frauen durch das gleiche Ereignis stärker belastet als Männer. Diesem Befund wurde nachgegangen, und es fiel auf, dass Frauen durch die Katastrophe eine Erschütterung ihres sozialen Netzes und des sozialen Eingebettetseins erfuhren und sich durch ihre Fürsorge um Familienmitglieder, Nachbarn oder die Gemeinschaft stärker belastet fühlten (Norris 2002). Frauen sind also vulnerabler, wenn Ereignisse ihre nahen Beziehungen betreffen.

Die Lebensbedrohung bei einer Vergewaltigung wird Männer und Frauen in ähnlicher Weise dem Risiko aussetzen, eine PTBS zu entwickeln. Der weitere Verlauf der Erkrankung wird jedoch wesentlich davon beeinflusst sein, ob der Täter ein Fremder oder die Vertrauensperson ist und welche Auswirkung die Vergewaltigung auf die bestehende Beziehung hat. Wenn der Misshandler eine nahe Bezugsperson ist, beschuldigen Frauen eher sich selbst, um den Täter zu schützen und so die Beziehung aufrechtzuerhalten (Cloitre 2002). Die erlebte Gewalt durch eine nahe Bezugsperson lässt die intensiven Gefühle von Panik, Ohnmacht und Ausgeliefertsein sehr nachvollziehbar erscheinen. Aus dieser Perspektive überrascht die stärkere subjektive Belastung durch ein Ereignis, wie sie Frauen erleben, nicht mehr. Die Erschütterung durch ein Bindungstrauma ist nachvollziehbar und die höhere Rate der PTBS-Erkrankungen bei Frauen in diesem Licht wenig überraschend.

> **Fallbeispiel**
>
> Frau A., eine Klientin mit Migrationshintergrund, wird von einem Mann aus ihrem Heimatland, mit dem sie eine Affäre hatte, über ein Jahr eifersüchtig verfolgt und zunehmend bedroht. Sie kann sich nicht entschließen, den Verfolger trotz massiver Belästigungen anzuzeigen. Als der Mann in ihrer Wohnung mit einem Küchenmesser droht, sich und sie umzubringen, ruft Frau A. die Polizei an und legt, als sich die Beamten melden, den Hörer wieder auf. Sie versucht, den Angreifer zu beruhigen, es gelingt nicht, sie ruft noch einmal die Polizei an, wieder melden sich die Beamten und wieder legt sie auf. In Panik flüchtet sie zu einem nahegelegenen Café; der Inhaber kennt den Verfolger, sie erhofft sich Hilfe, er könne ihn beruhigen. Der Inhaber lehnt es ab, in die Wohnung zu gehen. Erst als ein bekannter Gast sie fragt: »Was tust du denn da? Läufst ohne Schuhe nachts herum, dem Idioten schick ich doch die Polizei.« ruft sie erneut die Exekutive um Hilfe, nennt Name, Adresse und zeigt in der Folge den Täter an. Sie erzählt später, sie hätte sich irgendwie schuldig gefühlt und fühle sich immer noch schuldig, sie sorge sich um ihn und frage sich, was jetzt mit ihm passiere.

In diesem Fall wird die Bindung zum Täter sicher durch die gemeinsame Migrationsgeschichte und die daraus resultierende Loyalität verstärkt; es braucht die Unterstützung von außen, damit die Klientin es wagt, Hilfe zu holen und sich selbst zu schützen.

30.3 Komplexe PTBS und Bindungstrauma

Trotz der Ähnlichkeit des Namens zeigt die komplexe PTBS nur wenig Ähnlichkeit zur Symptomatik der PTBS. Der Begriff komplexe PTBS wurde von Herman 1992 (s. Fischer u. Riedesser 2009) verwendet und beschreibt die Auswirkungen chronischer andauernder Gewalt, die der Person von einem Menschen angetan wird und sehr häufig nach andauernder sexueller Gewalt und Gewalt in der Kindheit auftritt. Die Symptome ähneln denen einer Borderline-Persönlichkeitsstörung. Die Kernsymptomatik der PTBS wie Intrusion und Vermeidung müssen bei der komplexen PTBS nicht vorkommen. Eher leiden die Patientinnen unter Somatisierungsstörungen, Suizidgedanken und Suizidversuchen, sie haben Schwierigkeiten, anderen zu vertrauen, Beziehungen einzugehen und aufrechtzuerhalten. Die Patientinnen können ihre Gefühle schlecht regulieren, sie erscheinen impulsiv, auch aggressiv fordernd und sich gleichzeitig unterwerfend. Sie leiden unter Bewusstseinsstörungen im Sinne von dissoziativen Störungen wie Depersonalisation, Derealisation und Amnesien. Sie haben das Gefühl, fortgesetzt geschädigt zu werden und nichts bewirken zu können. Das Gefühl von Hoffnungslosigkeit und Verzweiflung ist andauernd. Anders als bei anderen Persönlichkeitsstörungen steht das existenzielle Trauma als Ursache der Symptome im Vordergrund; die Symptome werden als Anpassung an das Trauma und das ausbeutende Umfeld verstanden (de Prince 2002).

Da die Diagnose komplexe PTBS in empirischen Studien noch keine lange Tradition hat, gibt es wenig empirische Daten zur Geschlechterdifferenz. Derzeit ist der Großteil der Teilnehmenden an Studien zur komplexen PTBS weiblich, was damit zusammenhängt, dass Frauen signifikant häufiger langanhaltender, vor allem sexualisierter Gewalt ausgesetzt sind. Daten von Vietnamveteranen, die sexuellem Missbrauch in der Kindheit ausgesetzt waren, zeigen ähnlich hohe Raten an komplexer PTBS wie Frauen, die in der Kindheit missbraucht wurden. Risikofaktoren, die für die Entwicklung einer komplexen PTBS wie Alter und Dauer der Traumatisierung kennzeichnend sind, wurden fast ausschließlich für Frauen identifiziert.

Im Zusammenhang mit der komplexen PTBS und der mit ihr einhergehenden Bindungsstörung gewinnt seit den letzten 10 Jahren auch der Begriff *betrayal trauma* zunehmend an Bedeutung. Jennifer Freyd (de Prince u. Freyd 2002) definierte den Begriff, um eine besondere Form des Verrates, der vor allem Missbrauch in der Kindheit inhärent ist, zu beschreiben. Wenn ein Kind, das auf den Schutz, die Pflege und Fürsorge von Eltern in seiner physischen und psychischen Entwicklung angewiesen ist, von eben diesen massiv durch beispielsweise sexuelle Übergriffe verletzt wird, kann es sich durch die existenzielle Abhängigkeit nicht aus dieser Beziehung zurückziehen oder diese aufgeben, um sich zu schützen. Um die Beziehung zum mächtigen wichtigen Anderen aufrechterhalten zu können, »vergisst« das Kind den Missbrauch. Der Hintergrund des Vergessens oder Nichtwahrnehmens dieses Traumas hat also die Funktion, die Beziehung zum Täter zu schützen. Wie de Prince und Freyd (2002) in ihren Studien nachweisen konnten, korreliert ein solches »Verratstrauma« mit dem Auftreten von Dissoziation. Frauen erleben wesentlich häufiger sexuelle Gewalt innerhalb ihrer Herkunftsfamilie; es ist also umso wahrscheinlicher, dass sie ihr Wissen um die Tat verdrängen oder dissoziieren. PTBS-Symptome können als Ausdruck des dissoziierten Bewusstseins um die Tat verstanden werden.

Trotz der Erfolge der Frauenbewegung bezüglich der Stellung der Frau in der Gesellschaft finden sich viele Frauen in einer wenig mächtigen und stark abhängigen Position innerhalb von Beziehungen; sie sind deswegen gefährdeter, solche Verratstraumata öfter zu erleben. Dies ist ein weiterer Hinweis darauf, warum in Kulturen mit traditionellen Frauenrollen eine PTBS bei Frauen häufiger diagnostiziert wird.

Zahlreiche Autoren haben auf die entscheidende Bedeutung der frühen Bindung im Rahmen der Entstehung der komplexen PTBS hingewiesen. Sichere Bindung in der Kindheit ist für die Entwicklung von Selbstregulationsmechanismen notwendig, um affektive, mentale und körperliche Prozesse zielgerichtet und bewusst regulieren zu können. Erst diese Voraussetzungen ermöglichen dem heranwachsenden Kind, eigene Gefühle, Intentionen und Prozesse zu beobachten und zu regulieren, im späteren Verlauf Selbstreflexion zu entwickeln. In desorganisierten Bindungsmustern – wie sie entstehen, wenn ein Elternteil Quelle der Angst und potenzieller Sicherheit gleichzeitig ist – war die nahe Bezugsperson nicht imstande, das Kind bei der Emotionsregulation angemessen zu unterstützen. Die desorganisierte Bindung ist charakterisiert durch eine chaotische Mischung von Hilfesuchen und Abhängigkeit einerseits sowie sozialer Isolation und Rückzug andererseits, aber auch durch Aggression oder Unterwerfung, die bis ins Erwachsenenalter fortgesetzt wird (ausführlich dazu s. Lyons-Ruth et al. 2006).

30.4 Fazit

Die Tatsache, dass Frauen bei der gleichen Anzahl von Ereignissen doppelt so häufig PTBS-Symptome aufweisen wie Männer, ist noch unzureichend aufgeklärt und lässt noch Fragen offen. Neben den erwähnten neurobiologischen Faktoren, den unterschiedlichen Reaktionen auf akute Traumatisierung und verschiedenen Copingstilen scheinen uns doch zwei Faktoren für die erhöhte Vulnerabilität von Frauen wesentlich. Einerseits sind es sozioökonomische und andererseits soziokulturelle Faktoren, die Männer und Frauen voneinander unterscheiden und die zumindest teilweise den Unterschied in der Prävalenz erklären.

Frauen erleben deutlich häufiger interpersonelle Traumata, die oft von nahen Bezugspersonen, von Vertrauenspersonen wie Partnern oder Eltern ausgeübt werden und die somit die größte traumatische Potenz besitzen. Interpersonelle Traumata zerstören das Vertrauen in Beziehung und Bindung und greifen so zentrale Werte der Identität von Frauen an – ein Umstand, dem in frauenspezifischen Therapien Rechnung getragen werden muss, indem der Fokus auf die Wiederherstellung des Selbstwertes und auf die Entwicklung einer vertrauensvollen Beziehung gelegt wird.

Objektive Kriterien des Traumas wie sozioökonomische Faktoren und soziale Mobilität interferieren mit subjektiven Kriterien wie Kontrollüberzeugung und unterscheiden Frauen von Männern. Eine Frau, die aufgrund von Abhängigkeiten jahrelang häusliche Gewalt tolerieren muss, wird zunehmend weniger Kontrollüberzeugung und das Gefühl der Vorhersehbarkeit eines Ereignisses entwickeln. Diese Situation führt zu einem Zustand der Hilflosigkeit, in dem sich die Frau vielleicht immer stärker dem Geschehen ausgeliefert fühlt.

In jedem Fall bedarf es weiterer Forschung zu den subjektiven Faktoren der Traumatisierung, die die Vulnerabilität von Frauen besser erklärt, um noch gezieltere Behandlungsansätze zu entwerfen. Auch kann eine solche geschlechtsspezifische Forschung für die Entwicklung von Frühinterventionsprogrammen hilfreich sein, die junge Mädchen und Frauen unterstützen, Selbstwert, Autonomie und Resilienz zu entwickeln.

Literatur

Andersen SL, Tomada A, Vincow ES et al. (2008). Preliminary evidence for sensitive periods in the effect of childhood sexual abuse on regional brain development. J Neuropsychiatry Clin Neurosci; 20(3): 292–301.

Breslau N (2002). Gender difference in trauma and posttraumatic stress disorder. J Gender Spec Med; 5: 34–40.

Breslau N, Anthony JC (2007). Gender differences in the sensitivity to posttraumatic stress disorder: an epidemiological study of urban young adults. J Abnorm Psychol; 116: 607–11.

Breslau N, Peterson E, Poisson L et al. (2004). Estimating post-traumatic stress disorder in the community: lifetime perspective and the impact of typical trauma events. Psychol Med; 34: 889–98.

Bromet E, Sonnega A, Kessler R (1998). Risk factors for DSM-III-R posttraumatic stress disorder: findings from the National Comorbidity Survey. Am J Epidemiol; 147: 353–61.

Bryant R, Harvey A (2003). Gender differences in the relationship between acute stress disorder and posttraumatic stress disorder following motor vehicle accidents. Aust N Z J Psychiatry; 37: 226–9.

Cloitre M (1998). Interpersonal violence in the lives of men and women. Plenary session at the conference posttraumatic stress syndromes: practical strategies for evaluation and treatment. New York Hospital – Cornell Medical Center, Westchester Division.

Cloitre M, Koenen K, Gratz K, Jakupacak M (2002). Differential diagnosis of PTBS in women. In: Kimerling R, Ouimette P, Wolfe J (eds). Gender and PTBS. New York, London: Guilford; 117–49.

De Prince A, Freyd J (2002). The intersection of gender and betrayal in trauma. In: Kimerling R, Ouimette P, Wolfe J (eds). Gender and PTBS. New York, London: Guilford; 98–113.

Elliot D (1995). Severe Early Trauma: I. Therapy for Adult Survivors. Nevada City, CA: Cavalcade Productions.

Fischer G, Riedesser P (2009). Lehrbuch der Psychotraumatologie. München, Basel: Reinhardt, UTB; 42–3.

Fullerton CS, Ursano R, Epstein RS et al. (2001). Gender differences in posttraumatic stress disorder after motor vehicle accidents. Am J Psychiatry; 158: 1486–91.

Häuser W, Schmutzer G, Brähler M, Glaesmer H (2011). Misshandlung in Kindheit und Jugend. Ergebnisse einer Umfrage in einer repräsentativen Stichprobe der deutschen Bevölkerung. Dtsch Ärztebl 2011; 108: 278–94.

Herman JL (1992). Trauma and Recovery. New York: Basic Books.

Kessler RC, Sonnega A, Bromet E (1995). Posttraumatic stress disorder in the National Comorbidity Survey. Arch Gen Psychiatry; 52: 1048–60.

Lyons-Ruth K, Dutra L, Schuder M, Bianchi I (2006). From infant attachment disorganization to adult dissociation: relational adaptations or traumatic experiences? Psychiatr Clin North Am; 29: 63–81.

Maercker A, Michael T, Fehm L et al. (2004). Age of traumatization as a predictor of posttraumatic stress disorder or major depression in young women. Brit J Psychiatry; 184: 482–7.

Norris FH, Foster JD, Weisshaar DL (2002). The epidemiology of sex differences in PTBS across developmental, societal, and research contexts. In: Kimerling R, Ouimette P, Wolfe J (eds). Gender and PTBS. New York, London: Guilford; 3–43.

Ollf M, Draijer N, Langeland W, Gersons B (2007). Gender differences in posttraumatic stress disorder. Psychol Bull; 133: 183–204.

Ozer EJ, Best SR, Lipsey TL, Weiss DS (2003). Predictors of posttraumatic stress disorder and symptoms in adults: a meta-analysis. Psychol Bull; 129: 52–73.

Perry B, Pollard R (1998). Homeostasis, stress, trauma, and adaptation: a neurodevelopmental view of childhood trauma. Child Adolesc Psychiatr Clin N Am; 7: 33–51.

Perry BD, Pollard R, Blakley T et al. (1995). Childhood trauma, the neurobiology of adaptation and »usedependent« development of the brain: how »states« become »traits«. Infant Ment Health; 16: 271–91.

Rohde A, Marneros A (Hrsg) (2007). Geschlechtsspezifische Psychiatrie und Psychotherapie. Stuttgart: Kohlhammer.

Saß H, Wittchen HU, Zaudig M, Houben I (2003). Diagnostisches und Statistisches Manual Psychischer Störungen – Textrevision – DSM-IV-TR (Übersetzt nach der Textrevision der vierten Auflage des Diagnostic and Statistical Manual of Mental Disorders der American Psychiatric Association). Göttingen: Hogrefe.

Saxe G, Wolfe J (1999). Gender and posttraumatic stress disorder. In: Saigh P, Bremner J (eds). Posttraumatic Stress Disorder: A Comprehensive Text. Needham Heights, MA: Allyn & Bacon: 160–79.

Spitzer C, Wingenfeld K, Freyberger HJ (2011). Geschlechtsspezifische Aspekte der Posttraumatischen Belastungsstörung. In: Seidler H, Freyberger HJ, Maerker A (Hrsg). Handbuch der Psychotraumatologie. Klett-Cotta; 92–102.

Willer J, Grossman L (1995). Mental health care needs for female veterans. Psychiatr Serv; 46: 938–40.

Wolfe J, Kimerling R (1997). Gender issues in the assessment of posttraumatic stress disorder. In: Wilson JP, Keane TM (eds). Assessing Psychological Trauma and PTBS. New York: Guilford; 43–56.

Yehuda R (2001). Immune neuroanatomic neuroendocrine gender differences in PTBS. Program and abstracts of the 154th Annual Meeting of the American Psychiatric Association; May 5–10, 2001; New Orleans, Louisiana. Symposium 12A.

31 Paar- und Familientherapie

Andrea Ebbecke-Nohlen und Astrid Riehl-Emde

Inhalt

31.1 Einleitung 336
31.2 Standortbestimmung 337
31.3 Das Therapieverfahren 340
31.4 Wirksamkeit und Nachhaltigkeit des Therapieverfahrens 344
31.5 Fazit 346

31.1 Einleitung

Paar- und Familientherapie hat zum Ziel, die Interaktionen und die Beziehungsdynamik zwischen den Beziehungspartnern so zu verändern, dass die Probleme der Einzelnen, des Paares oder der Familie, die zur Therapie geführt haben, aufgelöst oder gemildert werden. Sie ist zur Behandlung von Störungen, von krankheitswertigen Symptomen, aber auch zur Ressourcenmobilisierung und Bewältigungshilfe bei psychischen und körperlichen Krankheiten indiziert. Anlass zur Paar- und Familientherapie können darüber hinaus allgemeine Lebensprobleme oder familiäre Krisensituationen sein. Paar- und Familientherapie ist seit Jahren aus klinischen Versorgungseinrichtungen nicht mehr wegzudenken; sie hat sich als zusätzliches Behandlungssetting neben der Einzel- und Gruppentherapie etabliert.

Systemische Paar- und Familientherapie unterscheidet sich vom psychodynamischen und behavioralen Vorgehen vor allem durch den theoretischen Hintergrund. Sie beruft sich auf systemtheoretische und konstruktivistische Prämissen, versteht sich als Kurzzeittherapie und begreift Therapie als von Klientinnen und Klienten sowie von Therapeutinnen und Therapeuten gemeinsam erzeugte Wirklichkeit. Sie betrachtet Symptome und Probleme als kontextabhängig, in Zusammenhang mit den jeweiligen Beziehungsmustern, und interpretiert sie als Lösungsversuche. Systemische Paar- und Familientherapie orientiert sich an der Viabilität (Gangbarkeit) und Nützlichkeit von Handlungsalternativen und gewinnt diese aus der Arbeit mit Zukunftsszenarien. Sie ist den Haltungen der Neugier, Kontextsensibilität, Allparteilichkeit, Veränderungs- und Konstruktneutralität verpflichtet. Sie geht von der Fähigkeit der Selbstorganisation der Klientinnen und Klienten aus und überlässt die Entscheidung bezüglich der Wahl einer Handlungsoption den Betroffenen. Systemische Paar- und Familientherapie interessiert sich für die Vielfalt von Geschichten und Perspektiven und stützt sich auf den wertschätzenden, ressourcen- und lösungsorientierten Dialog.

Die Entwicklung der gendersensiblen Paar- und Familientherapie lässt sich als schlüssige Weiterentwicklung systemtheoretischer und konstruktivistischer Vorannahmen verstehen. Nachdem oben verdeutlicht wurde, was Paar- und Familientherapie von anderen Psychotherapieformen unterscheidet, werden im Folgenden einzelne Aspekte ihres theoretischen Hintergrunds beschrieben. Es wird gefragt, worin die Besonderheiten gendersensibler Paar- und Familientherapie bestehen und worin die durch diesen Ansatz erzielten Weiterentwicklungen liegen. Sodann wird an einem Fallbeispiel aufgezeigt, wie gendersensible systemische Paartherapie verläuft. Abschließend folgen Befunde zur Wirksamkeit und Nachhaltigkeit von Paar- und Familientherapie.

31.2 Standortbestimmung

Generation und Geschlecht gelten als universelle Prinzipien, die Familien in zentraler Weise strukturieren (Goldner 1989, S. 44). Während die Beziehungen zwischen den Generationen von Anbeginn der Familientherapie im Fokus standen, geriet das Geschlecht – das soziale Geschlecht bzw. die Geschlechtsrolle oder *gender* – erst Ende der 1970er Jahre in den Blick: Ausgelöst durch den von der Frauenbewegung initiierten Diskurs über den Einfluss der Geschlechtszugehörigkeit auf alle möglichen gesellschaftlichen Zusammenhänge, gaben vier Familientherapeutinnen aus den USA – Betty Carter, Peggy Papp, Olga Silverstein und Marianne Walters – den Anstoß, Theorie und Praxis der Paar- und Familientherapie in Hinblick auf geschlechtsspezifische Vorurteile und Stereotypisierungen von Geschlechtsrollen zu hinterfragen. 1978 erschienen die ersten beiden Fachartikel über feministische Ansätze in der US-amerikanischen Familientherapie (Hare-Mustin 1978; Hare-Mustin u. Hines 1978). Dieser Anstoß wurde recht schnell im deutschen Sprachraum aufgenommen und löste eine gendersensible Weiterentwicklung von Theorie und Praxis der Paar- und Familientherapie aus. Als Meilensteine im deutschen Sprachraum gelten das Themenheft der Familiendynamik (1987) »Frauen über Frauen (und Männer) in der Familientherapie« und das Buch »Balanceakte. Familientherapie und Geschlechterrollen« (Rücker-Embden-Jonasch u. Ebbecke-Nohlen 1992). Einer der »Klassiker« der Feministischen Paar- und Familientherapie, das Buch »The Invisible Web« (Walters et al. 1988), erschien 1991 auf deutsch unter dem Titel »Unsichtbare Schlingen«.

Die damalige Auseinandersetzung mit der Geschlechterperspektive in der Paar- und Familientherapie öffnete Therapeutinnen und Therapeuten unabhängig von der Schulenzugehörigkeit die Augen für genderspezifische Haltungen und Vorannahmen, die dem Ideal der Allparteilichkeit bzw. Neutralität und der Idee der systemischen Gleichberechtigung der Geschlechter eklatant widersprachen. Der sich daran anschließende Diskurs über Gerechtigkeit und Herrschaft im Verhältnis zwischen Mann und Frau bzw. über Gleichheit und Differenz der Geschlechter stellte soziale Strukturen und gesellschaftliche Kontexte infrage und reichte nicht nur in die Paar- und Familientherapie, sondern auch in die allerpersönlichste Zweierbeziehung hinein. Bei Tagungen, Fort- und Weiterbildungen führte dieser Diskurs regelmäßig zu heftigen, unüberwindbaren Polarisierungen. Typischerweise redeten Männer und Frauen auf der Inhaltsebene aneinander vorbei und gerieten auf der Beziehungsebene in heftigen Clinch (Ebbecke-Nohlen u. Schweitzer 1992, S. 228).

Gendersensible Paar- und Familientherapie weist sich in der Praxis allerdings nicht nur dadurch aus, dass sie die Geschlechtsrollen und ihre Auswirkungen zum Thema macht. Es wäre weder sinnvoll noch zielführend, sich als verlängerter Arm feministischer Theorie und Bewegung zu gebärden, da Frauen sich möglicherweise falsch verstanden und Männer vor den Kopf gestoßen fühlen könnten. Gendersensible Paar- und Familientherapie ergänzt vielmehr die Dimension Generation um die Dimension Geschlecht. Dies kommt in Haltung und Methode zum Ausdruck. Von der Haltung hängt ab, worauf im therapeutischen Gespräch fokussiert wird. Im methodischen Vorgehen wird die Haltung sichtbar und wirksam.

Die folgenden Punkte fassen die Besonderheiten der gendersensiblen Paar- und Familientherapie zusammen:
- Gendersensible Paar- und Familientherapie reflektiert den *größeren Kontext von Raum und Zeit*, d. h. sie nimmt die Gesellschaft, in der Klientinnen und Klienten leben, in den Blick und betrachtet den Rollenwandel im Lauf der Geschichte. Vergleicht man die konkreten Probleme von Paaren und Familien in Therapie mit den Problemen anderer, erscheinen diese in vielen Aspekten strukturell ähnlich und von den jeweiligen *gesellschaftlichen Bedingungen* geprägt, sodass auch heute noch gilt »Das Persönliche ist politisch« (de Beauvoir 1951). Diese Aussage bezieht sich nicht nur auf Probleme, sondern auch auf Lösungen, d. h. auf die Mittel und Wege, die zur Bearbeitung der jeweiligen Anliegen einzusetzen bzw. aufzuzeigen sind. Lösungen können insofern nicht nur auf der persönlichen, sondern auch auf der gesellschaftlichen Ebene gesucht werden. Sie müssen nicht von jedem Paar und jeder Familie gänzlich neu erfunden werden, sie werden häufig lediglich passend gemacht. Indem die gendersensible Paar- und Familientherapie zudem die *historische Entwicklung der Geschlechtsrollen* berücksichtigt, erscheinen etliche in der Therapie besprochene Themen in einem neuen Licht. Trotz Fortschritten im Hinblick auf die Gleichstellung von Mann und Frau weist die heutige Gesellschaft nach wie vor in vielen Bereichen patriarchale Muster auf, die sowohl für Frauen als auch für Männer in ihrer Persönlichkeitsentwicklung einschränkend wirken können. Gendersensible Paar- und Familientherapie versucht, die Bevorzugung eines Teils der Familie qua Geschlecht zu vermeiden und stattdessen die Vielzahl und Vielfalt der Familienmitglieder zu berücksichtigen. Sie sucht nach Wegen, Frauen und Männer gleichberechtigt und ganzheitlich anzu-

sprechen und ihnen dabei zu helfen, ihre Potenziale für sich und ihre Beziehungen besser auszuschöpfen.
- Gendersensible Paar- und Familientherapie geht von der *Gleichwertigkeit von Werten* aus, die dem weiblichen und männlichen Stereotyp zugeschrieben werden. In den ersten Jahrzehnten paar- und familientherapeutischer Theorie und Praxis wurden vor allem die implizit als männlich konnotierten Werte Ablösung, Distanz und Freiheit als maßgeblich für den Therapieerfolg eingeschätzt. Nähe, Bindung und Sicherheit als im dualen Vergleich weiblich konnotierte Werte wurden als problemerzeugende Faktoren betrachtet. »Duales Denken bedeutet in unserem Denksystem in den seltensten Fällen ein gleichberechtigtes Nebeneinander von zwei gleichwertigen Dingen. Mit dem dualen Unterschiedsdenken werden sehr häufig Wertungen wie besser/schlechter, wichtig/unwichtig und mächtig/ohnmächtig verbunden« (Ebbecke-Nohlen 2000, S. 176). Zum Beispiel wird ein Bestandteil der Gegensatzpaare Nähe/Distanz, Subjekt/Objekt, Emotionalität/Rationalität, Aktivität/Passivität, Freiheit/Sicherheit oder Ablösung/Bindung meist dem männlichen und der andere Bestandteil dem weiblichen Geltungsbereich zugeordnet, wobei das männliche Element in der Regel höher bewertet wird. Gegensatzpaare haben also potenziell ideologische und hierarchisierende Implikationen (Hare-Mustin u. Marecek 1990, S. 46). Erst mit der gendersensiblen Wende wurde weiblichen Werten positive Bedeutung zugeschrieben. Gegensatzpaare wurden im weiteren Verlauf nicht mehr als disjunkte, sich ausschließende und in ein Entweder-oder-Muster eingezwängte Alternativen angesehen, sondern als Sowohl-als-auch-Optionen, die einander ergänzen. Ablösung kann z. B. dann gelingen, wenn Bindungsbedürfnisse berücksichtigt werden. Sowohl Frauen als auch Männer haben z. B. potenziell Bedürfnisse nach Nähe *und* Distanz und suchen nach der für sie passenden Balance. Gendersensible Paar- und Familientherapie unterstützt Individuen, Paare und Familien dabei, ihre unterschiedlichen »legitimen« Bedürfnisse zu benennen und miteinander auszubalancieren.
- Gendersensible Paar- und Familientherapie versucht des Weiteren, im Gespräch *Offenheit und Transparenz* herzustellen und *Macht abzubauen*; auch im Machtgefälle zwischen Therapeuten und Therapeutinnen sowie Klienten und Klientinnen. Statt wie in der frühen Paar- und Familientherapie Veränderungen durch raffinierte Experteninterventionen »hervorzaubern« zu wollen, wird das therapeutische Vorgehen transparent gemacht, z. B. dadurch, dass Fragen und Hypothesen erläutert und damit nachvollziehbar werden; oder dadurch, dass Schlusskommentare und Anregungen für die Zeit zwischen den Gesprächen zusammen mit den Klienten und Klientinnen erarbeitet werden.
- Gendersensible Paar- und Familientherapie legt schließlich Wert auf eine *Sprache mit weiblichen und männlichen Begriffen und Metaphern*, die Frauen in weiblicher Anrede anspricht sowie Frauen und Männer in gleichem Maße repräsentiert. Sie nutzt systemische paar- und familientherapeutische Konzepte und Prämissen geschlechterorientiert; sie erkundet die unterschiedlichen Ausdrucksformen von Geschlecht; sie arbeitet geschlechtsspezifische

Dualitäten heraus und hilft dabei, sie zu überwinden; sie verwendet geschlechtsspezifische Gleichheits- und Unterschiedsmetaphern und arbeitet mit der geschlechterorientierten Mehrgenerationenperspektive (Ebbecke-Nohlen 2000).

31.3 Das Therapieverfahren

Anhand der Arbeit mit einem Paar werden im Folgenden zehn Prinzipien systemischer gendersensibler Paartherapie veranschaulicht.

> 1. Prinzip: Gendersensible Paartherapie fokussiert bei der Auftragsklärung auf die unterschiedlichen Erwartungen beider Partner und sucht nach dem logisch übergeordneten gemeinsamen Ziel eines Paares.

Das Ehepaar X findet sich zum Erstgespräch ein. Ihre geröteten Augen und sein abweisender Gesichtsausdruck geben einen Hinweis auf die spannungsgeladene Situation, in der sich das Paar gerade befindet. Nach der klassischen Geschlechtsrollenverteilung zeigt sich Frau X zuständig für die Emotionen, wohingegen Herr X sich in seinem Verhalten als Vertreter der Rationalität zu erkennen gibt. Die Skepsis von Herrn X geht dahin, dass auch die Therapeutin nichts ändern könne, da seine bisherigen Bemühungen, seiner Frau deutlich zu machen, dass sie sich ändern müsse, nichts gefruchtet hätten. Frau X befürchtet ebenfalls, dass sich nichts ändert. Sie sei ratlos, was sie noch machen könne. Das Paar zeigt ein komplementäres Muster; es befindet sich in der dualen Falle der Geschlechtsrollenaufteilung: Er ist das Subjekt, der Aktive, der seine Frau verändern will, sie das Objekt, das verändert werden soll. Das gemeinsame Ziel des Paares verweist auf »Veränderung«, wobei noch nicht klar ist, wie diese inhaltlich aussehen könnte. Die Therapeutin merkt an, dass beide sowohl für die aktuelle Krise als auch für die Veränderung verantwortlich seien. Allerdings müsste auch in Krisenzeiten nicht alles verändert werden, manches dürfe auch so bleiben, wie es ist.

> 2. Prinzip: Gendersensible Paartherapie ist zukunfts- und gegenwartsorientiert und nutzt die Vergangenheit lediglich zur Erhellung von Zukunft und Gegenwart.

Das Paar entwickelt unterschiedliche Zukunftsvorstellungen: Frau X sieht Trennung als »Horrorszenario«, Herr X meint, Trennung sei zwar nicht schön, aber besser als permanente Disharmonie. Er sei nicht bereit, so weiterzumachen wie bisher. Nach ihren Erwartungen an die Therapie gefragt, wirft Frau X ihrem Mann vor, er sei auf seinen häufigen geschäftlichen Reisen für sie und die gemeinsamen Kinder nicht erreichbar, worauf er antwortet, nicht mehr bereit zu sein, für »nichts und wieder nichts« Tag und Nacht zur Verfügung zu stehen. Die Therapeutin glaubt verstanden zu haben, dass Frau X sich von ihrem Mann mehr Nähe durch Erreichbarkeit wünscht, während Herr X sich von seiner Frau eingeengt und kontrolliert fühlt. Auf die Frage der Therapeutin »Angenommen, Sie hätten erreicht, was Sie gerne möchten, und wären schon im Zustand des Erwünschten, was würden Sie dann anders machen, was wäre Ihr Beitrag?« antwortet Herr X, er würde sich dann mehr Freiraum nehmen und sich auch einmal mit Freunden allein treffen, was seine Frau für sich ja bereits mache. Frau X antwortet, sie würde dann mehr an sich selbst denken, statt zuerst an die Kinder und ihren Mann, und sie würde selbständiger handeln.

> 3. Prinzip: Gendersensible Paartherapie bezieht sich auf die Beziehungsmuster eines Paares, weniger auf individuelle Verhaltensauffälligkeiten.

Die Therapeutin äußert, sie verstehe, dass sich die Situation für beide sehr dramatisch anfühle, dass jedoch die Themen Nähe versus Distanz sowie Sicherheit versus Freiheit auch bei anderen Paaren immer wieder neu ein Spannungsfeld erzeugen. Das Paar verhalte sich in der Krise gemäß einem Entweder-oder-Muster. Herr X stehe für Freiheit und Distanz, Frau X für Sicherheit und Nähe. Wenn man Freiheit und Sicherheit sowie Nähe und Distanz jeweils auf einem Kontinuum abbilde, hätten sich beide in die Außenpositionen manövriert. Je stärker eine Person auf einer Seite bestehe, desto deutlicher tendiere die andere Person zur anderen. Sich dieses Wechselspiels bewusst zu sein und sich weniger extrem zu verhalten, sei viel hilfreicher als immer wieder auf seinem eigenen Bedürfnis zu bestehen.

> 4. Prinzip: Gendersensible Paartherapie baut auf bereits vorhandenen Stärken auf, statt die Diskussion der Schwächen zum Ausgangspunkt ihres Vorgehens zu machen.

Frau X erzählt, sie kenne ihren Mann seit fast 30 Jahren. Früher sei er für die Familie immer erreichbar gewesen, wovon sie nie Gebrauch gemacht habe, was er ihr damals vorgeworfen habe. Nun rufe sie an, da sie das Gefühl habe, er entgleite ihr, und nun gehe er nicht ans Telefon und fühle sich unter Druck gesetzt. Herr X beklagt, dass seine Frau und seine Kinder früher eine sehr enge Verbindung gehabt hätten und er sich manchmal ausgeschlossen fühlte. Heute seien die Kinder in der Pubertät und hätten ihren eigenen Kopf. Er könne jetzt mehr mit ihnen anfangen, sie hätten sich gut entwickelt. Das Paar erkennt an dieser Stelle, dass die »veränderten Zeiten« bei beiden auch andere Bedürfnisse in den Vordergrund haben treten lassen.

> **5. Prinzip:** Gendersensible Paartherapie geht davon aus, dass Problemgespräche Probleme vertiefen und Lösungsgespräche Lösungen hervorbringen.

Herr X weist auf ein Ungleichgewicht des Paares hin: Er solle immer erreichbar sein, aber seine Frau wolle kein Handy haben; in Zukunft müsse seine Frau dann aber auch erreichbar sein. Er kann mit seinem Wunsch nach mehr Erreichbarkeit seiner Frau auf indirekte Weise sein Bedürfnis nach Nähe einbringen. Er wolle jedoch selbst entscheiden, wann er ans Telefon gehe, und sei auch bereit, von sich aus Kontakt zu halten. Damit sei sein Wunsch nach Freiheit erfüllt. Das Paar entdeckt im gemeinsamen Gespräch die Wichtigkeit neuer Spielregeln. Frau X meint, sie finde neue Spielregeln gut, es gelte dann »gleiches Recht für alle«. Besonders wichtig sei ihr, dass jeder seine Freiheit habe, aber auch Gemeinsames unternommen werde.

> **6. Prinzip:** Gendersensible Paartherapie sieht Krisen als vorübergehend an und konnotiert sie positiv als Entwicklungschancen. Sie versteht Probleme als im Moment passende Lösungsversuche und fragt nach den guten Gründen einer Krise.

Neben dem Neubalancieren eigener Bedürfnisse und dem Finden neuer Spielregeln nimmt das Paar auch in Bezug auf das eigene Elternhaus wichtige Lösungsimpulse auf. Weder Frau noch Herr X sehen ihre eigenen Eltern als Vorbilder in Sachen Partnerschaft. Herr X schildert die von ihm wahrgenommene Gefühlskälte in seinem Elternhaus, z. B. habe ihn seine Mutter nie in den Arm genommen. Er habe seine Jugend im Internat verbracht. Frau X erzählt von ihren Eltern, die sich häufig gestritten hätten. Ihre Mutter habe es dem Vater nie recht machen können. Frau und Herr X wollen es heute anders machen und befürchten, dabei zu scheitern. Neben den Parallelen zu den eigenen Eltern erkennen sie die wechselseitige »Beelterung«, die darin liegt, dass Herr X seiner Frau sagt, wie sie sich verändern soll, und Frau X ihren Mann kontrolliert.

> **7. Prinzip:** Gendersensible Paartherapie interessiert sich für die wechselseitige Wahrnehmung beider Partner, also für die Beschreibungen und Bewertungen des Verhaltens der und des jeweils anderen.

Im zweiten Gespräch nach 3 Wochen schildert Frau X, sie nehme die Dinge inzwischen nicht mehr als selbstverständlich. Sie höre ihrem Mann mehr zu und beginne ihn besser zu verstehen, und ihr Mann frage mehr nach. Herr X betont, für ihn hänge die Krise auch mit dem Verlust an Respekt und Freundlichkeit zusammen. Herr X wünsche einen positiveren Kontakt zu seiner Frau, ohne Kontrolle. Er könne die feindselige Atmosphäre nicht mehr ertragen.

> 8. Prinzip: Gendersensible Paartherapie fokussiert auf die Eigenverantwortung beider Partner im Veränderungsprozess.

Paare stellen sich oft vor, eine Lösung für die Krise sei dann erreicht, wenn die oder der jeweils andere sich ändert. Herrn Xs Bemerkungen zu Beginn der Therapie entsprechen diesem Bild. Die Therapeutin wirft ein, dass Menschen andere Menschen nicht ändern können, weder könnten Frau und Herr X einander ändern, noch könne die Therapeutin die beiden ändern. Beide könnten sich jedoch entscheiden, selbst etwas anders zu machen. Die Therapeutin könne dem Paar lediglich dabei helfen, wieder in Bewegung zu kommen, wobei das Paar selbst die Richtung bestimme. Beide setzen ihre eigenen Bedürfnisse zunehmend in die Tat um und kommen darüber miteinander ins Gespräch.

> 9. Prinzip: Gendersensible Paartherapie versucht, Wahlmöglichkeiten für beide Partner zu schaffen, sowohl für das jeweils eigene Verhalten als auch für die Bewertung des Verhaltens der jeweils anderen Seite.

Beim dritten und letzten Gespräch wirkt das Paar wesentlich lockerer. Frau X hat allein einen Urlaub verbracht, der ihr sehr gut getan hat. Herr X hat die Zeit genossen und mehr mit den Kindern unternommen. Frau X hat sich einen eigenen Laptop und ein Handy gekauft und nimmt sich die Freiheit, beides auch mal auszuschalten. Beide tauschen E-Mails aus, wenn Herr X auf Geschäftsreise ist, und berichten, dass ihre Gespräche auch zuhause intensiver geworden seien, und sie wieder mehr miteinander lachen könnten. Herr X nimmt sich den Freiraum, mit seinen Freunden auszugehen. Insgesamt fühle er sich freier und kreativer und auch wieder wohler mit seiner Frau. Das Paar hat die Option ergriffen, aus dem Entweder-oder-Muster auszusteigen.

> 10. Prinzip: Gendersensible Paartherapie fühlt sich einer allparteilichen Haltung und dem wertschätzenden Dialog verpflichtet.

Unabhängig von der Fragestellung, dem Muster oder der Rollenverteilung wendet sich die Therapeutin beiden Partnern wertschätzend zu, ohne Partei für eine Seite zu ergreifen. Herr X gab sich zu Beginn sehr cool und rational, Frau X zeigte sich sehr emotional und brach auch öfter in Tränen aus. Die Betonung der Gleichwertigkeit von emotionalem und rationalem Stil zeigt sich auch im Umgang mit den Tränen als wichtigem Kommunikationsmittel, z. B. durch die Frage der Therapeutin: »Angenommen, Ihre Tränen könnten sprechen, was würden sie mir mitteilen, was bislang noch nicht gesagt worden ist?« (Ebbecke-Nohlen 2009).

Das gendersensible Vorgehen und die Berücksichtigung von Raum und Zeit ermöglichten es Frau und Herr X, sich aus einer Rollenaufteilung zu befreien, die zwar über viele Jahre gepasst hatte, aber mit der Zeit für beide immer mehr zu einer Art Zwangskorsett geworden war und gegen die beide zuletzt rebellierten, indem sie eine Krise heraufbeschworen. Herr X befreite sich aus seiner Vater- und Partnerrolle, in der er in seinem Beruf aufging, in der Familie als strenger Vater und distanzierter Ehemann aber eher eine Rolle am Rande spielte. Frau X befreite sich aus der entsprechenden Mutter- und Partnerinrolle, in der sie neben ihrer beruflichen Halbtagstätigkeit eine enge Beziehung zu ihren Kindern pflegte und die eher distanzierte Beziehung zu ihrem Mann für selbstverständlich nahm.

Eine Herausforderung der Gespräche mit dem Paar X lag darin, die Gleichwertigkeit und Eigenverantwortung beider Personen vorauszusetzen und der Versuchung zu widerstehen, Frau X als Klientin und Herrn X als »Cotherapeuten« anzusehen. Des Weiteren ging es darum, die *Gleichwertigkeit der Werte* von Frau und Herrn X zu betonen. Bei der eher klassischen Verteilung der Geschlechtsrollen des Paares war es wichtig, sowohl die von Frau X geäußerten Bedürfnisse nach Nähe und Sicherheit als auch die Bedürfnisse des Ehemannes nach Distanz und Freiheit positiv zu konnotieren und die Idee zu hinterfragen, dass beide ihre jeweiligen Bedürfnisse ändern müssen. Zudem war es entscheidend, sowohl die Wünsche der Ehefrau nach Distanz als auch die nähesuchende Seite des Ehemannes zu erkennen und wertzuschätzen. So entstand zunehmend nicht nur persönlicher Freiraum, sondern auch Spielraum für das Paar, der beiden sowohl Nähe als auch Distanz erlaubte.

Offenheit und Transparenz herzustellen sowie Macht abzubauen gelang unter anderem dadurch, dass die Therapeutin zirkuläre Fragen stellte und ihre Hypothesen und Kommentare dem Paar erläuterte. Da die Wichtigkeit sowohl von Veränderung als auch von Nichtveränderung bzw. Beibehaltung des Erhaltenswerten im Blick stand, wurde der Veränderungsdruck reduziert. Mittels einer Sprache mit weiblichen und männlichen Begriffen und Metaphern konnten sich beide Partner angenommen fühlen.

31.4 Wirksamkeit und Nachhaltigkeit des Therapieverfahrens

Zur Wirksamkeit und Nachhaltigkeit der gendersensiblen Paar- und Familientherapie liegen bisher keine Studien vor. Allerdings gilt Paar- und Familientherapie insgesamt als befriedigend evaluiert. Eine 2010 erschienene Meta-Inhaltsanalyse (von Sydow et al. 2010) bestätigt explizit die Wirksamkeit von Systemischer Therapie/Familientherapie. Insgesamt kann für die Beurteilung der Effektivität auf eine Vielzahl methodisch fundierter, meist angloamerikanischer Übersichtsarbeiten und Metaanalysen zurückgegriffen werden (z. B. Alexander et al. 1994; Shadish et al. 1993, 1995). Pinsof und Wynne (1995) haben den immer noch aktuellen Ergebnisstand wie folgt zusammengefasst:

- *Familientherapie ist wirksam.* Untersuchungen mit unbehandelten Kontrollgruppen bestätigen eindeutig und übereinstimmend, dass Familientherapie sowohl in statistischer als auch klinischer Hinsicht effektiver ist als keine Therapie.
- *Familientherapie zeigt keine negativen Effekte.* Die Autoren fanden keine einzige replizierte und kontrollierte Studie, in der paar- bzw. familientherapeutisch behandelte Patienten oder Familien schlechtere Ergebnisse erzielten als solche, die sich keiner Psychotherapie unterzogen hatten.
- *Familientherapie ist effektiver als eine Standardbehandlung (z. B. Gespräch plus Medikament).* Eine Behandlung von erwachsenen Alkoholikern, die die Familie einbezieht, ist effektiver als wenn ausschließlich mit dem Patienten gearbeitet wird. Auch in der Nachsorge erwies sich Familientherapie gegenüber Standard- und Gruppenbetreuung überlegen.
- *Es liegen keine Hinweise vor, dass eine Form der Familientherapie einer anderen überlegen ist.* Ein relativ übereinstimmender Trend geht allerdings dahin, dass paar- und familientherapeutische Behandlungen bei schweren Störungen effektiver sind, wenn sie mit anderen Interventionselementen kombiniert werden.
- *Familientherapie ist zur Behandlung von bestimmten schweren Störungen und Problemen allein nicht ausreichend.* Je schwerer und dominierender die Störung, desto größer ist die Notwendigkeit eines multimodalen, integrativen und problembezogenen Behandlungsangebots.

Paartherapie wurde bis zur Jahrtausendwende meist in Kombination mit Familientherapie abgehandelt und wird erst in jüngeren Überblicksarbeiten eigenständig präsentiert (Gurman u. Fraenkel 2002; Snyder et al. 2006). Hier zeigt sich:
- *Paartherapie ist wirksam.* Untersuchungen mit unbehandelten Kontrollgruppen bestätigen eindeutig und übereinstimmend, dass Paartherapie sowohl in statistischer als auch in klinischer Hinsicht effektiver ist als keine Therapie. In zwei Dritteln der Fälle bewirkt Paartherapie positive Ergebnisse in Bezug auf eheliche Zufriedenheit und Reduktion von ehelichem Distress. Positive Ergebnisse treten typischerweise in Kurzzeitsettings von 12 bis 20 Sitzungen auf. *Kotherapie ist nicht wirksamer als das Setting mit einem Therapeuten oder einer Therapeutin.*
- *Bei Ehe- und Beziehungsproblemen erweist sich Paartherapie wirksamer als Einzeltherapie.* Paartherapie erweist sich als hilfreich in der Behandlung psychiatrischer Krankheitsbilder (z. B. Depression, Alkoholismus, Angststörungen), sowohl allein als auch in Kombination mit anderen Therapieformen. Ein relativ übereinstimmender Trend geht dahin, dass *Paartherapie bei schwe-*

ren Störungen dann effektiver ist, wenn sie mit anderen Interventionselementen kombiniert wird. Wie in der Einzeltherapie kommt es auch in der Paartherapie in *bis zu 10% der Fälle zu negativen Effekten bzw. zu Verschlechterungen.* Diese stehen insbesondere mit einer therapeutischen Vorgehensweise in Verbindung, die frühzeitig in der Therapie mit affektiv hochbesetztem Material konfrontiert und gleichzeitig wenig strukturiert und wenig unterstützend wirkt.

- *Es liegen keine Hinweise vor, dass eine Form der Paartherapie einer anderen überlegen ist.* Tendenziell scheint die Besserung bei einsichtsorientierter Paartherapie dauerhafter (4-Jahres-Follow-up) als bei behavioraler Paartherapie zu sein. Unabhängig von der Methode wurden zwei wesentliche Muster identifiziert, die prädiktiv sind für den späteren Therapieerfolg:
  - *Paare, die jünger sind*, weniger distressed oder weniger unzufrieden sind und sich emotional besser aufeinander einstimmen können, scheinen mehr von Paartherapie zu profitieren. »The rich seem to get richer« (Gurman u. Fraenkel 2002, S. 244).
  - *Paare, die gut miteinander kooperieren* und auch mit dem Therapeuten in einen kooperativen, affektiv bedeutungsvollen Austausch kommen, profitieren mehr.

31.5 Fazit

Die dargestellten theoretischen und praktischen Erwägungen sprechen deutlich für ein gendersensibles Vorgehen in der Paar- und Familientherapie. Mancherorts hat sich die gendersensible systemische Paar- und Familientherapie fest etablieren können, vor allem auch wegen ihrer offensichtlichen Wirkung und ihrer Anwendungsmöglichkeiten im kurzzeittherapeutischen Kontext (2–10 Sitzungen). Manchmal erfolgt die Integration gendersensibler Prämissen und Methoden explizit und sichtbar, manchmal stillschweigend und unmerklich, dadurch dass methodisches Vorgehen übernommen wird, ohne seine Herkunft aufzuzeigen.

Es wäre zuviel, von einer Erfolgsstory zu sprechen, denn es gibt auch subtile Widerstände gegen gendersensible Prämissen; die Basis für gendersensible Psychotherapie hat sich jedoch fühlbar verbreitet, und die früheren Genderdebatten haben sich deutlich beruhigt. Jenseits mancher Kontroversen ist das Ziel gendersensibler Paar- und Familientherapie zweifelsohne allgemein akzeptabel, nämlich in der bunten Mischung von Gemeinsamkeiten und Unterschieden eines Paares oder einer Familie das spezifische Mosaik zu entdecken und dabei die Vielfalt der gefundenen Ressourcen wertzuschätzen und zu nutzen.

Literatur

Alexander JF, Holtzworth-Munroe A, Jameson P (1994). The process and outcome of marital and family therapy: research review and evaluation. In: Bergin AE, Garfield SL (eds). Handbook of Psychotherapy and Behaviour Change. 4. Aufl. New York: Wiley & Sons; 595–630.

De Beauvoir S (1951). Das andere Geschlecht. Reinbek: Rowohlt.

Ebbecke-Nohlen A (2000). Systemische Paartherapie – Das Balancieren von Gemeinsamkeiten und Unterschieden. In: Psychotherapie im Dialog; 1: 21–8.

Ebbecke-Nohlen A (2009). Systemische Paarberatung. In: Lenz K, Nestmann F (Hrsg). Handbuch Persönliche Beziehungen. München: Juventa; 859–77.

Ebbecke-Nohlen A, Schweitzer J (1992). Macht der »kleine Unterschied« einen Unterschied? Eine Diskussion über die Geschlechterperspektive in der systemischen Familientherapie. In: Schweitzer J, Retzer A, Fischer HR (Hrsg). Systemische Praxis und Postmoderne. Frankfurt a. M.: Suhrkamp; 206–32.

Goldner V (1989). Generation and gender. Normative and covert hierarchies. In: McGoldrick M, Anderson CM, Walsh F (eds). Women in Families – A Framework in Family Therapy. New York: WW Norton; 42–60.

Gurman AS, Fraenkel P (2002). The history of couple therapy: a millennial review. Fam Proc; 41: 199–260.

Hare-Mustin R (1978). A feminist approach to family therapy. Fam Proc; 17: 181–94.

Hare-Mustin R, Hines M (1978). Ethical Concerns in Family Therapy. Prof Psychol; 9: 165–71.

Hare-Mustin R, Marecek J (1990). Making a Difference. New Haven: Yale University Press.

Pinsof WM, Wynne LC (1995). The efficacy of marital and family therapy: an empirical overview, conclusions, and recommendations. JMFT; 21: 585–610.

Rücker-Embden-Jonasch I, Ebbecke-Nohlen A (Hrsg) (1992). Balanceakte. Familientherapie und Geschlechterrollen. Heidelberg: Carl-Auer (2. überarb. u. erw. Aufl. 2000).

Shadish WR, Montgomery LM, Wilson P et al. (1993). The effects of family and marital psychotherapies: a meta-analysis. JCCP; 61: 992–1002.

Shadish WR, Ragsdale K, Glaser RR, Montgomery LM (1995). The efficacy and effectiveness of marital and family therapy: a perspective from meta-analysis. JMFT; 21: 345–59. Dt. (1997): Effektivität und Effizienz von PT/FT: eine metaanalytische Perspektive. Familiendynamik; 22: 5–33.

Snyder DK, Castellani AM, Whisman MA (2006). Current status and future directions in couple therapie. Annu Rev Psychol; 57: 317–44.

Von Sydow K, Beher S, Schweitzer J, Retzlaff R (2010). The efficacy of systemic therapy with adult patients: a meta-content analysis of 38 randomized controlled trials. Fam Proc; 49: 457–85.

Walters M, Carter B, Papp P, Silverstein O (1988). The Invisible Web. Gender Patterns in Family Relationships. New York: Guilford. Dt. (1991): Unsichtbare Schlingen. Die Bedeutung der Geschlechterrollen in der Familientherapie. Eine feministische Perspektive. Stuttgart: Klett-Cotta.

32 Gruppentherapeutische Ansätze

Gertraude Hagmann

— Inhalt
- 32.1 Einleitung 348
- 32.2 Was ist Gruppenpsychotherapie? 348
- 32.3 Wirksamkeit 354
- 32.4 Fazit 356

32.1 Einleitung

Hat Gruppenpsychotherapie mit Frauen besondere Vorzüge? Bringt die Abwesenheit von Männern in einem therapeutischen Setting Vorteile für die Teilnehmerinnen? Bietet diese Therapieform einen geschützten Raum für angst- und schambesetzte Themen oder sehen Frauen darin, überspitzt formuliert, den Rahmen für männerfeindliche Solidarität?

Zum Verständnis der gruppenpsychotherapeutischen Ansätze wird zunächst das Verfahren Gruppenpsychotherapie beschrieben. Unter Berücksichtigung eigener Erfahrungen mit Frauentherapiegruppen geht es nachfolgend um Beurteilung und Wirksamkeit des Verfahrens.

32.2 Was ist Gruppenpsychotherapie?

»Gewöhne dich, wenn du jemand sprechen hörst, so genau als möglich hinzuhören und dich in seine Seele zu versetzen.«
Marc Aurel, röm. Kaiser, 121–180 n. Chr.

Im Vergleich zur Einzelpsychotherapie werden in der Gruppentherapie Gruppendynamiken, vielfältigere Ausprägungen von Übertragung und Gegenübertragung sowie interpersonelle Interaktionen von Individuen im Rahmen des Gruppensettings therapeutisch genutzt (Burlingame u. McClendon 2008).

1905 fasste der Bostoner Internist Joseph Pratt in dem Bewusstsein eines Zusammenhanges zwischen psychischem und physischem Befinden Tuberkulose-Kranke in einer Gruppe zusammen. Diese oft depressiven Patienten profitierten deutlich von Kohäsion und gegenseitiger Unterstützung (Yalom 1996). Seitdem entwickelte sich eine Fülle von gruppenpsychotherapeutischen Richtungen, Schulen und Bezeichnungen: verhaltenstherapeutisch, kognitiv-behavioral, psy-

32 Gruppentherapeutische Ansätze

chodynamisch, psychoanalytisch-interaktionell, Gruppenanalyse, klientenzentriert, interpersonal, Psychodrama, gestalttherapeutisch, systemisch-lösungsorientiert, mentalisierungsbasiert, transaktionsanalytisch, störungsspezifisch (z. B. Angsterkrankungen, Zwangsstörungen, Essstörungen, Suchterkrankungen), Gruppen mit sogenannten nonverbalen Therapieverfahren (z. B. Musiktherapie, Kunsttherapie, konzentrative Bewegungstherapie).

Zwei unterschiedliche Grundansätze in der Gruppenpsychotherapie gilt es zu unterscheiden:
- Bei verhaltenstherapeutischen und kognitiv-behavioralen Gruppen stehen spezifische Veränderungsstrategien in Einzelarbeit innerhalb der Gruppe im Fokus; die Gruppenarbeit ist phänomen-, störungs- und zielorientiert (Fiedler 2005). Gruppendynamik und Interaktionen der Gruppenmitglieder stehen nicht im Vordergrund.
- In einem anderen Ansatz liegt der Schwerpunkt auf dem interpersonellen und interaktionellen Erleben und den gruppendynamischen Prozessen im Hier und Jetzt. Ziel ist, maladaptive interpersonale Verhaltensmuster durch unmittelbare Erfahrungen in neue adäquate Verhaltensweisen zu verändern (Yalom 2005).

Die Gruppengröße kann sehr variieren. Als minimale Teilnehmerzahl ist von 4 Patienten auszugehen; Großgruppen können 30 bis 200 Teilnehmer umfassen. Bezüglich der Dauer der Gruppentherapie stehen sich Kurzzeitgruppen (bis zu 25 Sitzungen) und Langzeitgruppen gegenüber.

Die Zusammensetzung wird einerseits über das Gruppenformat bestimmt: Bei einer geschlossenen Gruppe ist es das Ziel, dass die Zusammensetzung über die gesamte Therapiestrecke unverändert ist. In halboffenen Gruppen werden ausscheidende Mitglieder durch neue ersetzt. In offenen Gruppen wechselt der Teilnehmerstamm ständig (Tschuschke 2010). Andererseits ist die Variable Homogenität/Heterogenität der Gruppenzusammensetzung bezüglich Symptomatik, psychischem Funktionsniveau und Störungsspezifität relevant (Tschuschke 2010). Therapiegruppen können im ambulanten oder stationären Setting stattfinden. Bei Teilnahme an einer ambulanten Therapiegruppe verbleiben die Teilnehmenden in ihrem gewohnten Lebensumfeld, und die Gruppentherapie findet zumeist als alleinige Therapie statt. Im Setting eines stationären Aufenthaltes hingegen befinden sich die Patienten und Patientinnen in der Ausnahmesituation der räumlichen Distanz vom häuslichen und gegebenenfalls beruflichen Umfeld und die Gruppentherapie ist Teil eines multimodalen Therapieprogramms.

In der Literatur finden sich von verschiedenen Autoren und Autorinnen Angaben zu Wirkfaktoren oder therapeutischen Faktoren von Gruppenpsychotherapie. Einige dieser Wirkfaktoren kommen nur in der Gruppenpsychotherapie zum Tragen, andere haben auch in der Einzeltherapie Bedeutung. Sie wirken wechselseitig, können Bedingung oder Folge von Veränderung sein. Yalom (2005) benennt folgende therapeutische Faktoren:
- Einflößen von Hoffnung: durch die zuversichtliche Haltung des Therapeuten, aber auch durch erfolgreiche Beispiele von Mitpatienten

- Universalität: Erleichterung durch die Erfahrung, in seinem Leiden nicht der Einzige oder die Einzige, nicht allein und isoliert zu sein
- Informationsvermittlung: didaktische Unterweisung, Ratschläge und Hinweise durch Therapeut oder Therapeutin sowie durch Mitpatienten und Mitpatientinnen
- Altruismus: die (unerwartete) Erfahrung, anderen von Nutzen sein zu können
- konfliktlösendes Aufarbeiten der Erfahrungen in der Herkunftsfamilie: Rekapitulation früherer unangepasster Verhaltensmuster und korrigierendes Durchleben
- Entwicklung sozialer Umgangsformen: gegenseitige Unterstützung und Feedback im Entwickeln sozialer Kompetenzen, im Lernen empathischen Umgangs
- nachahmendes Verhalten: Vorbildfunktion der Mitpatienten und Mitpatientinnen sowie Therapeuten und Therapeutinnen
- Katharsis: Unterstützung im Zulassen und Äußern von Affekten
- existentielle Faktoren: Eigenverantwortung lernen in Bezug auf Beziehungen und Grundfragen der Existenz
- Kohäsion: Gefühl der Zusammengehörigkeit und Akzeptanz in der Gruppe; sich in einem geschützten Rahmen mitteilen können
- interpersonelles Lernen: Identifizierung, Klärung und Modifizierung unangepasster interpersoneller Beziehungen

Weitere Wirkfaktoren (Dziewas 1980) sind:
- Offenheit: angemessenes Mitteilen und Diskutieren persönlich relevanter Dinge
- Vertrauen: schützen und geschützt werden, Kritik konstruktiv anbringen, dadurch Offenheit ermöglichen
- kooperative Arbeitshaltung: Bereitschaft zu aktiver Mitarbeit und kooperativen Verhaltensweisen in der Gruppe
- Fiedler (2005) benennt außerdem: Feedback empfangen und geben: die Art der Interaktion trägt zu Kohäsion, Offenheit und Vertrauen bei; die Differenzierung des Selbstbildes wird unterstützt

Den hohen Stellenwert einer sicheren Bindung im Rahmen einer Gruppenpsychotherapie betont Flores (2010). In einer Langzeittherapie, die eine starke Bindungserfahrung und sichere Bindung mit Therapeut oder Therapeutin und mit anderen Gruppenmitgliedern vermittelt, verbessert sich das neurophysiologische Gleichgewicht, und Hirnstrukturen werden im Sinne einer Nachreifung beeinflusst, was mithilfe bildgebender Verfahren wie der funktionellen Magnetresonanztomografie (fMRI) nachgewiesen wurde (Kay 2008).

Bislang unerwähnt blieben genderspezifische Aspekte im Zusammenhang mit Gruppenpsychotherapie. Symptome, Beschwerden, Diagnosen und Motivation sind untrennbar verbunden mit der jeweiligen individuellen Biografie, die wiederum durch das Geschlecht, die geschlechtsspezifischen Rollen und die jeweilige Sozialisation geprägt ist. Entsprechend können in gemischten Gruppen die Interaktionen, Übertragungen und Gegenübertragungen beeinflusst sein durch geschlechtsstereotype Haltungen und Vorurteile. Gleichzeitig kann die Gruppe die Chance bieten, das Bewusstsein für geschlechtsspezifische Aspekte zu schärfen und Lernprozesse hinsichtlich interpersoneller Beziehungen in Gang zu setzen. Besondere Bedeutung kommt dabei der Sensibilität des Gruppenleiters oder der Gruppenleiterin zu.

Reine Frauen- und Männergruppen stellen eine spezielle Form der Gruppenpsychotherapie dar, in dem sie beiden Geschlechtern Abgrenzungsmöglichkeiten bieten. Frauen und Männern wird ermöglicht, ihre spezifischen Konflikte in Bezug auf die weibliche und männliche Sozialisation zu bearbeiten (Schoenholtz-Read in Tschuschke 2010).

Meine eigenen Erfahrungen mit Frauentherapiegruppen beziehen sich auf die Zeit seit 2002 und erfolgten im stationären Bereich: 2002 bis 2007 in der Klinik Kinzigtal, Fachklinik für Psychosomatische und Psychotherapeutische Medizin in Gengenbach; seit 2007 in der Klinik Schützen, Klinik für Psychosomatik und Medizinische Psychotherapie in Rheinfelden in der Schweiz. Die Teilnahme an der Gruppentherapie war und ist jeweils eingebettet in ein multimodales Therapieprogramm mit Behandlungen auf psychischer und somatischer Ebene.

Zahlreiche *Themen und Diagnosen* können Indikation für die Teilnahme an der Frauentherapiegruppe sein: unerfüllter Kinderwunsch, Verarbeitung von Krebserkrankungen, klimakterischer Symptomkomplex, Konflikte nach Schwangerschaftsabbruch, sexuelle Funktionsstörungen, Traumata und Missbrauch, somatoforme Schmerzstörungen, traumatisierend erlebte Operationen, frauenspezifisches Rollenverständnis im familiären und beruflichen Umfeld, Partnerschaft, Trennung, Scheidung. Die Gruppe umfasst maximal zehn Teilnehmerinnen und wird halboffen geführt. Eine Homogenität der Zusammensetzung bezüglich des Geschlechtes ist somit gegeben, nicht aber bezüglich Alter, Einweisungsdiagnose und Familienstand.

Die Heterogenität beispielsweise des Alters ist erheblich: Im genannten Zeitraum war die jüngste Teilnehmerin 18 Jahre alt (Anpassungsstörung nach einer Operation wegen einer Missbildung der Vagina und Anlage einer künstlichen Vagina; Mayer-Rokitansky-Küster-Hauser-Syndrom); die älteste war 80 Jahre alt (somatoforme autonome Funktionsstörung im Urogenitalbereich nach Demenzerkrankung und Heimeinweisung des Ehemannes). Die breite Altersverteilung wird von den Teilnehmerinnen geschätzt; eine 23-jährige Patientin formulierte: »Ich hatte noch nie so intensiven Kontakt und Austausch mit Frauen im Alter meiner Mutter und meiner Tanten, mit denen ich aber nicht verwandt war.« Auch die Heterogenität in Bezug auf die familiäre Situation erweist sich vielfach als bereicherndes Korrektiv: Eine alleinlebende Frau mit Partnerwunsch findet eine adäquatere, weniger idealisierende Einstellung, wenn sie die Belastungen einer vor der Scheidung stehenden Mitpatientin hört; umgekehrt erscheint einer Frau in problembehafteter Beziehung die Single-Situation nicht mehr als Garant für ein glückliches, freies und selbstbestimmtes Leben. Auch im Hinblick auf Kinder können die gegensätzlichen Erfahrungen ein Korrektiv darstellen: Eine ungewollt kinderlose Frau kann das Wunschbild der »heilen Familie« relativieren, wenn sie z. B. von Drogenerkrankungen oder Suizidversuchen der Kinder von Mitpatientinnen hört; eine belastete Mutter kann umgekehrt die Schattenseiten der vermeintlichen Freiheit wahrnehmen. Sinnvoll ist es, mit den Teilnehmerinnen ein kurzes Vorgespräch zu führen über Motivation zur Gruppenteilnahme, eine Schwerpunktanamnese durchzuführen und die Gruppenfähigkeit sowie Introspektionsfähigkeit einzuschätzen. Die Patientinnen erhalten Informationen über das Setting der Gruppe (Ort, Dauer, Zusammensetzung, Verbindlichkeit, Vertraulichkeit). Eine Fülle von Themen kann Inhalt der Gruppensitzungen sein:

- Wahrnehmen von Gefühlen (Ängste, Wut, Schuldgefühl, Trauer, Kränkung)
- Kommunikation
- Sexualität (z. B. Lust und Lustlosigkeit)
- generationsübergreifende Konflikte als Tochter mit Mutter oder Vater oder als Mutter
- Trauerverarbeitung
- Umgang mit körperlichen Veränderungen durch Mutterschaft oder Klimakterium
- familiäre Verflechtungen und Konfliktsituationen hinsichtlich der Herkunftsfamilie und/oder aktueller Familiensituation
- frauenspezifische Verhaltensweisen und Einstellungen in Familie und Beruf
- Abgrenzung
- Wahrnehmung und Formulierung eigener Wünsche und Bedürfnisse (»gesunder Egoismus«)
- weibliches Selbstwertgefühl und Selbstakzeptanz
- Bedeutung von Kinderwunsch
- Klimakterium als Zäsur
- Partnerschaft, Trennung oder Scheidung
- erlebte verbale und körperliche Gewalt
- Selbst- und Fremdwahrnehmung

Alle diese Themen haben auch ihren Platz in den Einzeltherapiegesprächen. In einer Frauengruppentherapie profitieren die Teilnehmerinnen jedoch zusätzlich durch die oben genannten Gruppenwirkfaktoren. Im Kontakt und Austausch mit anderen findet bewusst oder unbewusst ein Abgleichen der Erfahrungen, Haltungen, Affekte und Überzeugungen anderer mit den eigenen statt. Dies ermöglicht den Aufbau und das Ausleben eines verbesserten Selbstbewusstseins. Ein besserer Zugang zu vorher unbekannten Anteilen der eigenen Persönlichkeit kann erfolgen. Dies geschieht im Rahmen einer Gruppenpsychotherapie in intensiverem Ausmaß als in den sozialen Kontakten des Alltags.

Die *Ziele* der Teilnahme an einer Frauentherapiegruppe sind abhängig von der individuellen Biografie, Symptomatik und Diagnose. Sie sind im Kontext des

Klinikaufenthaltes zu sehen und so vielfältig wie die Persönlichkeiten der Patientinnen: verbesserte Abgrenzungsfähigkeit, Förderung der Introspektionsfähigkeit, Trauerbewältigung, gesteigertes Selbstwertgefühl und Selbstbewusstsein, verbesserter Umgang mit (Partnerschafts-)Konflikten, Bewältigung von traumatischen Erlebnissen, Sensibilisierung für verdrängte Konflikte, Wahrnehmung eigener Gefühle und Bedürfnisse, Übernahme von Eigenverantwortung, Verbesserung von Fremd- und Selbstwahrnehmung, Umgang mit übertriebenen Schuldgefühlen – die Aufzählung ließe sich fortsetzen.

Auf der Metaebene steht die Bearbeitung pathogener Konflikte wie Abhängigkeit versus Autonomie, Selbstwertkonflikte (Selbst- versus Objektwert), Schuldkonflikte (egoistische versus prosoziale Tendenzen) und Identitätskonflikte, um einige wichtige zu nennen. Folgende zwei Beispiele illustrieren Entwicklungsprozesse sowie Raum für Offenheit und Vertrauen.

Fallbeispiel 1

Frau S. (40), gepflegt, im Kontakt angepasst-freundlich, alleinerziehende Mutter einer Tochter. Ihre Einzeltherapeutin sieht rezidivierende maladaptive Beziehungsmuster zu Männern mit verbaler und körperlicher Gewalt als Indikation zur Gruppenteilnahme. Die Patientin selbst benennt im Vorgespräch Partnerschaftsprobleme und Übergriffe. In den Gruppensitzungen beschreibt sie, immer in Beziehungen zu dominierenden Männern zu geraten und verbale und sexuelle Gewalt erlitten zu haben. In der Gruppe gibt es mehrere Teilnehmerinnen, die abhängiges Beziehungsverhalten, teils mit Gewalt, und unzureichende Abgrenzungsfähigkeit mit reduzierter Autonomieentwicklung erlebt haben. Sie beginnen, die Genese dieser maladaptiven und dysfunktionalen Beziehungsmuster zu hinterfragen. Frau S.: »Ich strahle irgendwas aus.« Frau G. (43): »Ich bin zu offen und liebenswürdig, wie ein offenes Buch.« Frau B. (46): »Ich bin zu dumm und gutgläubig.« Frau W. (34) äußert Angst vor dem Alleinsein. Später kommt eine neue Teilnehmerin, Frau D. (28), in die Gruppe und berichtet vom respektvollen Umgang ihres Partners mit ihrer depressionsbedingten Libidominderung. Jetzt ändert sich der Tenor der Gruppensitzung von selbstentwertenden, abhängigen und (an-)klagenden Äußerungen hin zum Diskutieren von Erkennen der Grenzen der Verantwortung für den Partner, Eigenverantwortung, gegenseitigem Respekt und Interesse in einer Partnerschaft.

Frau S. versteht zunehmend den Eigenanteil an den bisherigen Beziehungsmustern, den Wechsel von Umworbenwerden hin zu einem sie dominierenden Verhalten. Sie versteht besser, dass sie im Bemühen um das Aufrechterhalten einer Partnerschaft ihre Autonomie völlig aufgab, zeitlich, emotional und bezüglich Sexualität nahezu unbegrenzt zur Verfügung stand und so erst Raum für die Dominanz der Partner schuf. Frau S. zieht bei Entlassung aus der Klinik eine sehr positive Bilanz der Teilnahme an der Frauentherapiegruppe. Sie habe für sich eine andere Haltung zum Thema Grenzenziehen gefunden; sie spüre eigene Bedürfnisse wieder mehr; sie habe sich besser kennengelernt und sie nehme die Formulierung »ich will« mit.

Der authentische Austausch mit Mitpatientinnen »auf gleicher Augenhöhe«, basierend auf Kohäsion, ermöglicht ein interpersonelles Lernen, das durch die Interventionen und Deutungen eines in der Fantasie von Patienten oft allwissenden Therapeuten nicht in diesem Ausmaß stattfindet.

> **Fallbeispiel 2**
>
> Frau N. (58) ist ungewollt kinderlos und ebenso unfreiwillig Single. Gefragt danach, was eine Beziehung für sie bedeuten würde, benennt sie Freud und Leid teilen, gemeinsame Freizeitaktivitäten, Geborgenheit geben und nehmen und »Sex wäre auch nicht schlecht«. Daraufhin berichtet Frau G. (28), in Trennung lebende Mutter von zwei Kleinkindern, von ihren guten Erfahrungen mit Swinger-Clubs, anfänglich gemeinsam mit dem Ehemann, seit der Trennung allein. Synchron beugen sich Frau B. (51, verheiratet) und Frau H. (60, in homosexueller Beziehung zu zwei Frauen lebend) vor; Frau B. formuliert das in beider Mimik deutlich sichtbare Fragezeichen: »Was ist denn ein Swinger-Club?« Die nachfolgende ausführliche Beschreibung mit den ihr wichtigsten Vorzügen durch Frau G. wird recht kontrovers diskutiert. Uneingeschränkte Einigkeit herrscht am Ende jedoch darüber, dass in der Frauengruppe der geschützte Rahmen geschätzt wird: erstens zu fragen, was ein Swinger-Club ist, zweitens eigene Erfahrungen mitzuteilen und drittens diese Art des Auslebens der Sexualität so offen zu diskutieren, was ein Überdenken und vielleicht Erweitern eigener Haltungen ermöglicht.

32.3 Wirksamkeit

Yalom (2005) fasst eigene und fremde Forschungsergebnisse zusammen in der Aussage, dass stationäre Gruppenpsychotherapieprogramme nachweislich erfolgreich sind. Von hervorzuhebender Bedeutung ist das In-Beziehung-Treten in unterstützender Weise. Das damit praktizierte Training sozialer Fertigkeiten ist von hohem Wert sowohl im Hinblick auf die Situation in der Gruppe und im Klinikalltag, aber auch auf die Situation im alltäglichen sozialen Kontext.

Tschuschke (2010) und Wyniger (2010) veröffentlichen Übersichten über Studien zur Wirksamkeit von Gruppentherapien und über den Vergleich von Einzel- und Gruppentherapie. Beide Autoren kommen zu der Schlussfolgerung, dass es deutliche Hinweise auf positive Effekte von Gruppentherapie gibt, die nicht oder kaum geringer sind als die der Einzeltherapie. Die Untersuchung der Wirksamkeit von Gruppenpsychotherapie ist aufgrund der Komplexität des Verfahrens eine anspruchsvolle Aufgabe. Zu berücksichtigen sind das Setting (ambulant, stationär), die Dauer, die Therapierichtung (z. B. psychodynamisch, kognitiv-behavioral, interpersonal, supportiv) und gegebenenfalls die Störungsspezifität. Weiterhin spielt eine Rolle, ob die Gruppentherapie als Monotherapie eingesetzt wird oder Teil eines multimodalen Programms ist. Nach Tschuschke (2010) und Wyniger (2010) gibt es Belege für die Wirksamkeit. Gleichwohl besteht aufgrund der Komplexität weiterhin Forschungsbedarf.

Meine eigenen Ergebnisse belegen eine hohe Zufriedenheit mit dem Angebot einer Frauentherapiegruppe. Die Evaluation von Januar 2001 bis Dezember 2005

32 Gruppentherapeutische Ansätze

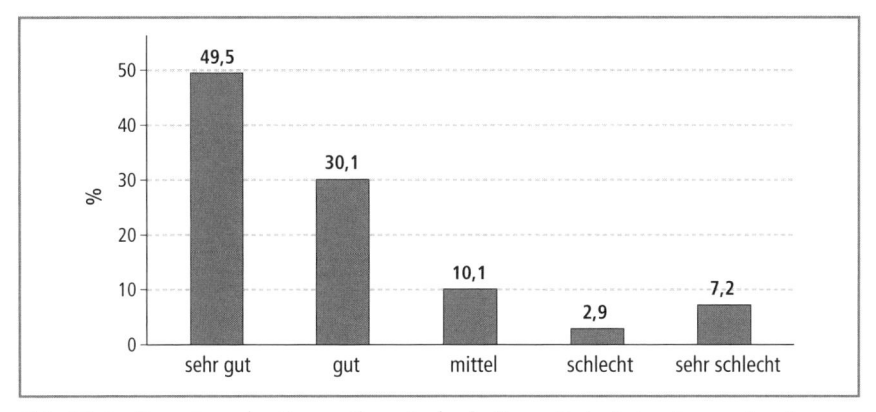

Abb. 32-1 Bewertung der Gruppentherapie durch die gynäkologische Gruppe. Angaben von 345 Patientinnen zwischen 1/2001 und 12/2005

durch das eqs-Institut Karlsruhe (2006) (Privatinstitut für Evaluation und Qualitätssicherung im Gesundheits- und Sozialwesen mbH, Karlsruhe) ergab folgende Angaben von 345 Patientinnen (s. Abb. 32-1): Fast 80 % beurteilen die Gruppentherapie als gut oder sehr gut. Die Bewertung auf einer Skala von 1 bis 5 (sehr gut – sehr schlecht) lag bei 1,9 (s. Tab. 32-1). Folgende Zitate von Teilnehmerinnen übersetzen die Statistik in Worte:
- »Ich habe hier Dinge erzählt, die ich noch nie vorher ausgesprochen habe.«
- »Mir gefiel der respektvolle, achtsame und offene Umgang. Ich konnte ich sein.«
- »Wir konnten etwas miteinander aushalten, ohne gleich Lösungen zu suchen.«
- »Ich hatte nicht, wie in der gemischten Stationsgruppe, Angst vor Entwertungen von Männern wegen meines Übergewichts.«

Tab. 32-1 Bewertung der Gruppentherapie durch die gynäkologische Gruppe. Angaben von 345 Patientinnen zwischen 1/2001 und 12/2005

Patientinnen der gynäkologischen Gruppe	N	Mittelwert	SD	Min	Max
Durchschnittsalter (in Jahren)	341	**41,3**	10.1	16	82
Dauer der Rehamaßnahme (in Wochen)	331	**5,9**	1,6	2	18
Bewertung der Gruppentherapie durch die gynäkologische Gruppe (1 = sehr gut, 5 = sehr schlecht)	345	**1,9**	1,2	1	5
ZUF8-Gesamtwert*	345	**25,3**	4,0	11	32

*Zufriedenheit mit der Rehamaßnahme, möglicher Wertebereich 8 (niedrig) bis 32 (hoch)
SD = Standardabweichung

- »Die Gruppe war eine Riesenchance, mit Frauen unterschiedlichen Alters und Herkunft gemeinsame Themen anzugehen.«
- »Ich würde gern nach Entlassung weiter in eine Frauentherapiegruppe gehen.«

32.4 Fazit

Erfahrungen zeigen, dass eine Frauentherapiegruppe Raum bietet, in dem die Teilnehmerinnen frauenspezifische, intime und schambesetzte Themen bearbeiten können. Eine authentisch wertschätzende, achtsame und respektvolle Haltung der Gruppentherapeutin ist die Voraussetzung für Beziehung und Bindung. Gruppenkohäsion als Grundlage weiterer Wirkfaktoren kann entstehen. Gruppentherapie für Frauen kann als wichtiger Baustein gesehen werden zum Erreichen des übergeordneten Zieles, autonom und eigenverantwortlich zu leben und zu handeln. Wünschenswert wären einerseits ein Ausbau des gruppentherapeutischen Angebotes für Frauen im ambulanten und stationären Bereich, andererseits weitere Forschungsprojekte, die mehr Aufschluss geben über diesen bislang wenig untersuchten Genderaspekt der Gruppenpsychotherapie.

Gruppenpsychotherapie mit Frauen? Gruppenpsychotherapie mit Frauen!

Literatur

Burlingame GM, McClendon DT (2008). Grouptherapy. In: Lebow JL (eds). Twenty-First Century Psychotherapies: Contemporary Approaches to Theory and Practice. Hoboken: Wiley; 347–88.

Dziewas H (1980). Instrumentelle Gruppenbedingungen als Voraussetzung des individuellen Lernprozesses. In: Grawe K (Hrsg). Verhaltenstherapie in Gruppen. München: Urban & Schwarzenberg; 27–52.

eqs-Institut Karlsruhe (2006). Störungsspezifische Behandlung psychosomatisch-gynäkologischer Beschwerden von Frauen in einer psychosomatischen Fachklinik. Posterpräsentation auf der Jahrestagung der DGGG in Berlin.

Fiedler P (2005). Verhaltenstherapie in Gruppen: Psychologische Psychotherapie in der Praxis. 2. Aufl. Weinheim: Beltz.

Flores PJ (2010). Group psychotherapy and neuro-plasticity: an attachment theory perspective. Int J Group Psychother; 60: 547–70.

Kay J (2008). Neurobiology of Psychotherapy. Grand Rounds Department of Psychiatry and Behavioral Sciences, Emody. University School of Medicine. June 11, 2008, Atlanta, Georgia.

Tschuschke V (2010). Gruppenpsychotherapie. Von der Indikation bis zu Leitungstechniken. Stuttgart: Thieme.

Wyniger N (2010). Gruppenpsychotherapie. Vergleich von Gruppenpsychotherapie mit Einzelpsychotherapie im Hinblick auf Wirkfaktoren, interpersonale Probleme sowie Prozess und Outcome. Masterarbeit. Institut für Psychologie, Universität Bern.

Yalom ID (1996). Theorie und Praxis der Gruppenpsychotherapie. Ein Lehrbuch. Stuttgart: Pfeiffer bei Klett-Cotta.

Yalom ID (2005). Im Hier und Jetzt. Richtlinien der Gruppenpsychotherapie. München: btb.

33 Stationäre Psychotherapie

Ernst Hermann, Elian Hürlimann, Esther Biedert, Rebecca Hermann und Simone Munsch

---
Inhalt
33.1 Einleitung..357
33.2 Strukturelemente der stationären Behandlung am Beispiel
      einer Frauenklinik...................................359
33.3 Patientinnen und Ergebnisse..........................365
33.4 Prozessmerkmale stationärer Therapie.................368
33.5 Fazit..369

33.1 Einleitung

Wird mit depressiven Frauen stationär therapeutisch gearbeitet, so stellt sich folgende grundlegende Frage: Ist das Spezielle an der Therapie darauf beschränkt, dass es Frauen sind, die therapiert werden, oder gibt es darüber hinaus spezifische Aspekte, die für die Therapie von Frauen charakteristisch und wichtig sind?

Bei einer geschlechtsspezifisch ausgerichteten Therapie wird speziell darauf geachtet, die frauenspezifische Behandlung mit der geschichtlichen Entwicklung der Frauenbewegung in den 1970er Jahren in Verbindung zu bringen. Entsprechende Autoren äußern aus dieser Perspektive heraus auch Kritik an etablierten Therapieverfahren, weil diese die geschlechtsspezifischen Entwicklungs- und Sozialisierungsaspekte zu wenig berücksichtigen. Frauenspezifische Therapie habe als zentrales Konzept das weibliche Arbeitsvermögen und die doppelte Verfügbarkeit zu berücksichtigen. Frauenspezifische Therapie bewirkt spezifische Übertragungskonstellationen in der Therapie und eine Förderung der Selbstaktualisierung sowie die Berücksichtigung des familiären partnerschaftlichen Kontextes. Während der Therapie liegt eine Schwierigkeit der Patientin zwischen Selbstbestimmung und Bindung an die Therapeutin vor. Die Therapie hat darauf ausgerichtet zu sein, den Patientinnen eine Bindungserfahrung zu vermitteln, die sich von der primären zu ihrer Mutter unterscheidet. Krause-Girth (2004) betont, dass Psychotherapie nicht nur die Behandlung spezifischer Symptome und Syndrome sei, sondern eine aktive Auseinandersetzung mit der eigenen Person und Persönlichkeit beinhalte – was in der Therapie von Frauen auch die geschlechtsspezifische Sozialisation berücksichtigt. Psychotherapie umfasst somit auch den Erwerb neuer Sicht- und Verhaltensweisen weiblicher Lebenslagen und Gesundheitsressourcen, veränderte Wahrnehmung und verändertes Selbstbewusstsein in der weiblichen Identität, verändertes Selbstwertgefühl und veränderte Problemlösungsfähigkeit. Resiliente Jugendliche zeigen häufig Attribute, die gemeinhin als weiblich gelten. So erwiesen sie sich als sozial, flexibel, fürsorglich, behutsam und dankbar. Resiliente Jugendliche zeigen insgesamt eher wenige geschlechtstypische, sondern vor allem androgyne Verhaltensweisen.

Diese Charakteristika in der Therapie allgemein akzentuieren sich zum Teil weiter unter stationären Bedingungen. Eine stationäre Behandlung bedingt aufgrund des Settings spezifische Faktoren, die in einer ambulanten entsprechend nicht vorkommen. So weisen Judd et al. (2009) darauf hin, dass eine stationäre Behandlung per se ein *disempowerment* (im Sinne einer Schwächung der Autonomie) beinhalten kann. Durch die Hospitalisierung könnten so auch Trigger gesetzt werden, die Retraumatisierungen aktivieren könnten. Dieser Effekt sei verstärkt dann zu beobachten, wenn neben der Hospitalisierung noch eine Einschränkung in der Bewegungsfreiheit – wie dies auf einer geschlossenen Abteilung anzutreffen ist –, allenfalls sogar ein zeitbeschränkter Aufenthalt in einem Isolationszimmer, dazu käme. Die Art und Weise, wie Frauen und ihre Bedürfnisse während der Hospitalisierung durch gegebenenfalls männliches Medizinalpersonal mitbestimmt werden, weist einen etwas weniger objektiven, gleichwohl jedoch bedeutsamen Missbrauchsgehalt auf. Ebenso kann die Art und Weise, wie Medikamente verschrieben werden, z. B. mit unzureichender Information über Nebenwirkungen auf die sexuelle Appetenz, einen weiteren Missbrauchsbereich darstellen. Lelliott und Quirle (2004) weisen darauf hin, dass psychiatrische Abteilungen potenziell traumatisierend oder belastend sein können, wenn Aggression, Selbst- und Fremdverletzungen, Medikationsverweigerung, Substanzmissbrauch und Regelbrüche vorkommen. Ein Drittel aller Patientinnen hat während einer psychiatrischen Hospitalisation Gewalt erfahren (Australian Bureau of Statistic 1995), zwei Drittel werden Zeugen von potenziell traumatisierenden Situationen (Fruech et al. 2005). Als problematisch wird auch die Antwort des Personals auf Regelverletzungen bezeichnet, indem diese häufig mit körperlichen Einschränkungen sanktioniert würden. Ford et al. (2003) weisen auf das Risiko für sexuelle Übergriffe hin, das aufgrund zweier Faktoren als hoch zu beurteilen sei: einerseits aufgrund der psychischen Erkrankung, andererseits aufgrund der gegebenfalls sedierenden Medikation. Bereits 1996 hatte die National Patients Safety Agency darauf hingewiesen, dass eine hohe Zahl von sexuellen Übergriffen und Belästigungen während der Hospitalisation erfolge, zum einen durch andere Patienten oder Patientinnen, zum anderen durch das Personal. Judd et al. (2009) fordern, dass die Exploration von inadäquaten sexuellen Verhaltensweisen und Übergriffen Teil jeder Eintrittsuntersuchung sein muss, ebenso müsse Information verfügbar sein, aus der hervorgehe, dass Vergewaltigung und sexuelle Übergriffe als kriminelle Handlungen betrachtet und angezeigt würden. Unklar bleibt jedoch, ob geschlechtsspezifische oder nach Geschlechtern getrennte Abteilungen tatsächlich sicherer sind als gemischte Abteilungen.

Eine geschlechtsspezifische stationäre Behandlung garantiert per se keinen Schutz vor Gewalt und sexuellen Übergriffen. Ein besonderes Augenmerk ist auf das therapeutische Vorgehen zu richten, damit nicht institutionalisierte Gewalt (z. B. beim Setting oder bei der Medikation) angewendet wird. Bezüglich körperlicher oder sexueller Gewalt sind sowohl Kranke als auch Mitarbeitende als potenzielle Täter oder Täterinnen in Betracht zu ziehen.

33.2 Strukturelemente der stationären Behandlung am Beispiel einer Frauenklinik

Die Psychiatrische Klinik Meissenberg war zum Zeitpunkt der Befunderhebung (s. Kap. 33.3) eine psychiatrische Klinik mit fünf Abteilungen, wovon eine Abteilung psychiatrische Intensivpflege erlaubte, also geschlossen geführt wurde. Die Klinik verfügte über 75 Betten (15 davon auf der geschlossenen Abteilung). Die Psychiatrische Klinik Meissenberg behandelte alle psychischen Störungen und verfügte über Spezialprogramme für affektive Störungen, Borderline-Persönlichkeitsstörungen sowie Essstörungen. Zentrales Element der Behandlung war die Psychotherapie. Dabei war der Stellenschlüssel so ausgelegt, dass pro Patientin und Woche vier Einzelkontakte stattfinden konnten.

Die stationäre Behandlung umfasste – dem Wesen eines 24 Stunden umfassenden Behandlungs- und Pflegeauftrages entsprechend – unterschiedliche Elemente. Die Gesamtheit aller Maßnahmen war es, die dazu führen sollte, dass am Schluss eine verbesserte psychische Gesundheit, zumindest jedoch ein verbessertes psychisches Wohlbefinden erreicht werden konnte. Der Stufenplan (s. Tab. 33-1, S. 360ff.), wie er für die Therapie depressiver Patientinnen prototypisch vorlag, gibt einen Überblick über die unterschiedlichen psychotherapeutischen, medizinischen und pflegerischen Maßnahmen im Verlauf der Behandlung. Ein Charakteristikum war, dass die Behandlung in fünf Stufen unterteilt war, in denen in Abhängigkeit von der Ausprägung der Symptomatik je unterschiedliche Schwerpunkte zum Tragen kamen. Folgender Kasten fasst allgemeine Bedingungen zusammen (s. auch Tab. 33-1):

Allgemeine Bedingungen der stationären Behandlung

- regulärer Austritt: Beendigung Stufe V
- Behandlungsabbruch: Beck-Depressions-Inventar (BDI) > 12 oder Austritt vor Stufe V (Wenn eine Patientin einen Wert von BDI > 12 hat oder vor Stufe V die Klinik verlassen will, gilt das als Behandlungsabbruch.)
- Therapieresistenz: länger als 6 Wochen keine Stufenveränderung möglich: Fallbesprechung und Procedere-Festlegung, also Klärung der Frage, ob die Behandlung modifiziert werden muss
- Anzeigefrist für Austritt: minimal 10 Tage (Patientin muss mindestens 10 Tage vorher die Beendigung der Therapie anzeigen.)
- Revers: erforderlich bei Behandlungsabbruch (vgl. Punkt 2; also z. B. BDI > 12)

Tab. 33-1 Stufenplan Abteilung Depressive Störungen

Stufe I, mind. 1 Woche, Therapiezeiten 8 bis 18 Uhr							
Zustand Patientin	Medizin	Medikation	Psychotherapie	Pflege	Psychosoziale Aspekte	Setting	Urlaub/Besuch	Diagnostik
• kann sich nicht selbst versorgen, ist vollumfänglich auf Hilfe durch Pflege angewiesen • ist auch in elementaren Aspekten (z. B. Suizid) nur begrenzt absprachefähig	• Psychostatus • somatische Untersuchung • Interventionsbedarf klären (z. B. Schwangerschaft)	• Pat. über Behandlungsoptionen aufgeklärt, d. h. Behandlung mit oder ohne Pharmakotherapie möglich • Aufklärung über Wirkungen/Nebenwirkungen der Pharmakotherapie erfolgt • Steady-state-Bedingungen fortführen bei Bedarf: Notfallmedikation (Triziklikum, SSRI, Noradrenalin-SSRI)	• Psychodiagnostik erheben • Anamnese erheben • frühere Behandlungen erheben • Settingfragen koordinieren	• Selbständigkeit erheben • Tagesrhythmus erfassen • Grundpflege • Alltagsbeobachtung	• Screening des psychosozialen Bedarfs • Maßnahmenkatalog und Priorisierung (in Absprache mit Ersttherapeut oder -therapeutin) • Vollzug an die Hand nehmen, dort wo eine längere Bearbeitungszeit zu erwarten ist (z. B. Heimplatz) (in Absprache mit Ersttherapeut oder -therapeutin)	• offen oder geschlossen • Erwartungen klären • Gefährdungspotenzial im Aufnahmegespräch klären	• kein Urlaub möglich • Besuch möglich • Arealausgang möglich	• Übertrittswert in Stufe II: BDI unter 35

Aufgaben und Ziele in Stufe I
• Pathogenese erhoben • Diagnose bekannt • frühere Behandlungen bekannt • Selbständigkeit/Pflegebedürftigkeit erhoben • psychosoziale Probleme und Belastungen erkannt (und dringende Probleme geregelt/geklärt) • körperlicher Zustand/Handicaps/Krankheiten bekannt • Medikation überprüft/angepasst/umgestellt • Bedarf nach Mood-Stabilizern geklärt • Gefährdungspotenzial und Absprachefähigkeit erhoben • Settingfragen geklärt (Überwachungsnotwendigkeit besprochen, Urlaubsprozedere angepasst) • Telefonat mit Hausarzt oder Zuweiser erfolgt • Konzepterläuterung erfolgt • Krankschreibung erfolgt

Tab. 33-1 Stufenplan Abteilung Depressive Störungen (Fortsetzung)

Stufe II, mind. 2 Wochen

Zustand Patientin	Medizin	Medikation	Psychotherapie	Pflege	Psychosoziale Aspekte	Setting	Urlaub/Besuch	Diagnostik
• ist zur Versorgung und Aktivitätsaufnahme wesentlich auf Hilfe angewiesen • ist häufig unzuverlässig und nur für definierte Zeitabschnitte absprachefähig	• bei spezifischer Indikation: Blutbildkontrolle	• Varianten: Beibehalten von Phase-I-Bedingungen; Veränderung der Dosis der Phase-I-Medikation (nach mind. 2 Wochen) • bei Indikation: Mood-Stabilizer; Reserve: 1. pflanzliche Präparate (z. B. Valverde®), 2. Neuroleptika, 3. Benzodiazepine	• Aktivitätsaufbau (vorgegeben) • KBT • Stimmungsregulation herbeiführen • Fähigkeit zur Stimmungsregulation im Urlaub erarbeiten	• Alltagsbeobachtung • Grundpflege • Behandlungspflege • Eigenaktivität fördern (Entscheidung: Hotelservice vs. Eigenständigkeit) • Planen der Schritte zur Selbständigkeit • passives Kontaktangebot	• Vollzug der als dringlich erachteten Maßnahmen	• offen oder geschlossen: bei Beendigung von Stufe II offen, aber immer offen während mind. 1 Woche	• kein Urlaub vorgesehen • Besuch möglich • Arealausgang und 2,5 Std. in Begleitung	• Übertrittswert in Stufe III: BDI unter 28

Aufgaben und Ziele in Stufe II

- Anamnese bekannt
- ätiologische Faktoren exploriert
- Krankheitskonzept erarbeitet
- Selbstkonzept bekannt
- Verstärkerschema bekannt
- Stimmungsregulationsmöglichkeiten (inkl. Ressourcen, Effekt von Besuch und sozialen Kontakten) bekannt
- soziale Kontakte bekannt
- Psychoedukation (inkl. Krankheitsakzeptanz) thematisiert

Tab. 33-1 Stufenplan Abteilung Depressive Störungen (Fortsetzung)

Stufe III, mind. 2 Wochen							
Zustand Patientin	Medizin	Medikation	Psychotherapie	Pflege	Psychosoziale Aspekte	Setting	Urlaub/ Besuch	Diagnostik
• kann für eigene Bedürfnisse sorgen und hat die Möglichkeit, Bedürfnisse etwas aufzuschieben • ist absprachefähig und verlässlich	• Stand-by	• wie Stufe II, aber: Reservemedikation regredient	• Aktivitätsaufbau Kleingruppe • Psychodiagnostik • Konzentrative Bewegungstherapie • Stimmungsregulation begleiten	• Grundpflege nach Möglichkeit ausschleichen • Behandlungspflege • Eigenaktivität begleiten	• Vollzug der als dringlich erachteten Maßnahmen	• offen	• Urlaub möglich (nach Stabilität von mind. 1 Woche) • Besuch erwünscht • Arealausgang erwünscht • freier Ausgang möglich	• Übertrittswert in Stufe IV: BDI unter 20

Aufgaben und Ziele in Stufe III
• Verstärker nutzbar gemacht • Selbstkonzeptkorrektur begonnen • Fähigkeit zur autonomen Stimmungsregulation erarbeitet • Fähigkeit zur selbständigen Tagesplanung erarbeitet • Fähigkeit zur selbständigen Aktivitätsdurchführung gegeben • Belastungen zuhause bekannt • Fähigkeit zur Bewältigung der Belastung erarbeitet • Medikation evaluiert/angepasst

Tab. 33-1 Stufenplan Abteilung Depressive Störungen (Fortsetzung)

Stufe IV, 2 Wochen

Zustand Patientin	Medizin	Medikation	Psychotherapie	Pflege	Psychosoziale Aspekte	Setting	Urlaub/Besuch	Diagnostik
• hat die (innere und äußere) Möglichkeit, die Bedürfnisse der anderen wahrzunehmen und die Befriedigung eigener Bedürfnisse aufzuschieben • ist fürsorglich auch in Bezug auf andere, ohne deswegen die eigenen Bedürfnisse zu vernachlässigen		• wie Stufe III, aber keine Reserven aus der Gruppe 3	• psychosoziale Klärung (z. B. Angehörigengespräche) • Konzentrative Bewegungstherapie • Aktivitäten zur Stimmungsregulation einsetzen	• Einfluss von Urlaub auf Stimmung beobachten • Effekt von bedeutsamen Anderen beobachten		• offen	• Urlaub zwecks Heimtraining erwünscht • freier Ausgang erwünscht	• Übertrittswert in Stufe V: BDI unter 13 • alle übrigen Messungen werden hier wiederholt (also Persönlichkeitsstil- und Störungs-Inventar etc.)

Aufgaben und Ziele in Stufe IV

- psychosoziale Klärung erreicht
- Wohn- und Arbeitssituation nach Austritt bekannt
- Stimmungsregulation bei Belastungen durch externe Stressoren möglich
- autonome Tagesgestaltung erreicht
- Rezidiv-/Relapsprävention erarbeitet

- Telefonat mit Zuweiser erfolgt (mind. 10 Tage vor Austritt!)
- Evaluation der Behandlung inkl. aller Messwiederholungen
- Therapieevaluationsgespräch durchgeführt

Tab. 33-1 Stufenplan Abteilung Depressive Störungen (Fortsetzung)

Stufe V, 1 Woche

Zustand Patientin	Medizin	Medikation	Psychotherapie	Pflege	Psychosoziale Aspekte	Setting	Urlaub/Besuch	Diagnostik
• kann das eigene Leben nach der Hospitalisation aktiv planen • kann auch über größere Zeiträume verlässlich Abmachungen einhalten und andere respektieren	• Austrittsuntersuchung	• wie Stufe IV, aber keine Reserve aus der Gruppe 2	• Rezidiv- und Relapseprävention • Kennen der Belastungsfaktoren • psychosoziale Bedingungen angepasst/verbessert	• keine spezifischen Aufgaben mehr zu erfüllen		• offen • Ausgang und Urlaub erwünscht	• Ausgang und Urlaub erwünscht	• BDI unter 13

Aufgaben und Ziele in Stufe V, Austrittsplanung

• Austritt in geklärte Bedingungen möglich
• Nachsorgetermine bekannt
• Medikation geklärt

• Austrittsbericht erstellt
• bei Bedarf: Angehörigengespräch durchgeführt
• Austrittstermin festgelegt

Analoge fünffach gestufte Behandlungspläne lagen auch für die anderen Indikationen vor.

Ein weiteres Merkmal der stationären Behandlung in der Klinik Meissenberg war das Konzept behandlungsführender Ersttherapeuten oder -therapeutinnen. Diese hatten unterschiedliche Funktionen. Sie waren direkte Ansprechperson für alle persönlichen Anliegen der Patientinnen. Während sie psychotherapeutische Aspekte selbständig führen konnten, wurden Settingaspekte, die das Verhalten in und außer dem Haus betrafen (also Ausgang, Urlaub etc.) immer von einem Mehrpersonengremium bestimmt. Dies führte zu einer gewissen Dialektik, indem die Ersttherapeuten oder -therapeutinnen einerseits die wichtigsten Ansprechpartner für die Patientinnen waren, zugleich jedoch nicht »allmächtig« sein sollten und konnten, indem sie sich nicht abschließend zu den Rahmenbedingungen, in denen die Behandlung stattfand, äußern konnten. Gleiches galt auch für die Unterkunft der Patientinnen. Wo und in welchem Zimmer sie lagen, wurde einerseits randomisiert, in einem zweiten Schritt zusätzlich determiniert durch versicherungstechnische Aspekte. Konflikte, die im Kontext von Rahmenbedingungen auftraten, wurden zwar bei den Ersttherapeuten oder -therapeutinnen angesprochen, jedoch konnten diese erst nach Rücksprache mit der Leitung zu diesen Aspekten Stellung nehmen.

Die Behandlungskonzeption war störungsspezifisch, das Setting geschlechtsspezifisch angelegt.

33.3 Patientinnen und Ergebnisse

In Tabelle 33-2 (S. 366) finden sich die Ergebnisse der diagnostischen Abklärungen im Sinne einer Diagnoseübersicht der Patientinnen. Affektive Störungen machen bei weitem die diagnostisch größte Gruppe aus. Drei von fünf Patientinnen haben eine affektive Störung als Hauptdiagnose, bis zu drei von vier Patientinnen leiden insgesamt unter Berücksichtigung der Nebendiagnosen an einer affektiven Störung.

In Abbildung 33-1 (S. 367) sind die Ergebnisse der Behandlung im Zeitraum 2006 bis 2010 festgehalten. Die Symptombelastung – gemessen mit dem Beck-Depressions-Inventar (BDI) – liegt bei Eintritt durchwegs im Bereich einer schweren, zum Teil an der Grenze zu einem schwer depressiven Syndrom, und die Behandlung führt über all die Erhebungsjahre übereinstimmend zu einer wesentlichen Aufhellung, wobei der Cut-off-Wert des BDI von 12 zum Teil unterschritten wird. Die Effektstärke der Behandlung auf die Zielvariable Depressivität ist über all die Jahre als hoch zu beurteilen (die Effektstärke reicht von 1,04 bis 1,47).

Eine spezifische Frage, die sich bei der Behandlung von Frauen stellt, ist, ob Frauen erfolgreicher durch Frauen behandelt werden. Abbildung 33-2 (S. 367) zeigt für eine ausgewählte Stichprobe mit komplettem Datensatz über vier Messzeitpunkte (2 Katamnesezeitpunkte) einerseits die Nachhaltigkeit des Ergeb-

Tab. 33-2 Behandlungsdiagnosen im Zeitraum 2006 bis 2010

ICD-10		Haupt-diagnosen		Zusatz-diagnosen		Total	
F0	Organische Störungen	13	1,0 %	19	1,5 %	32	2,6 %
F1	Störungen durch psychotrope Substanzen	8	0,6 %	223	17,8 %	231	18,5 %
F2	Schizophrenie	109	8,7 %	25	2,0 %	134	10,7 %
F3	Affektive Störungen	763	61,0 %	179	14,3 %	942	75,4 %
F4	Neurotische Belastungs- und somatoforme Störungen	108	8,6 %	521	41,7 %	629	50,3 %
F5	Verhaltensauffälligkeiten	49	3,9 %	112	9,0 %	161	12,9 %
F6	Persönlichkeitsstörungen	180	14,4 %	187	15,0 %	367	29,4 %
F7	Intelligenzminderung	1	0,1 %	12	1,0 %	13	1,0 %
F8	Entwicklungsstörungen	0	0,0 %	0	0,0 %	0	0,0 %
F9	Störungen mit Beginn in der Kindheit und Jugend	14	1,1 %	78	6,2 %	92	7,4 %
Sonstige (X, Z)		5	0,4 %	85	6,8 %	90	7,2 %
Total		1250	100 %	1441		2691	

nisses nach Austritt (Katamnese), andererseits die Unterschiede zwischen männlichen und weiblichen Therapeuten. Während über die vier Messzeitpunkte eine signifikante Verbesserung ausgewiesen werden kann, besteht keine Interaktion mit dem Geschlecht des therapeutisch Tätigen. Frauen, so das Ergebnis, werden keineswegs erfolgreicher durch Frauen behandelt, das Geschlecht des therapeutisch Tätigen ist für das Behandlungsergebnis sowohl kurz- als auch mittelfristig nicht relevant.

Ein weiterer Gegenstand der Exploration waren Gewalterfahrungen im Leben der Patientinnen. Die im Jahre 2010 untersuchten 247 Patientinnen waren anamnestisch (life-time) in 48 % aller Fälle Opfer von Gewaltereignissen: 43 % erlebten sexuellen Missbrauch und sexuelle Gewalt. 11 % gaben zusätzlich noch andere, nicht sexuelle, Gewalterfahrungen an. Fünf hatten ausschließlich andere Gewalterfahrungen. Diese Befunde sind vor dem Hintergrund epidemiologischer Zahlen zu interpretieren: Australische Untersuchungen ergaben, dass 38 % aller australischen Frauen in ihrem Leben Opfer von Gewalt waren. Wenngleich die Kulturen nicht direkt vergleichbar sind, lässt sich daraus schließen, dass die psychiatrischen Patientinnen unserer Stichprobe gehäuft Opfer von Gewalt waren. Dabei bleibt ungeklärt, ob die psychische Erkrankung einen Risiko-

33 Stationäre Psychotherapie

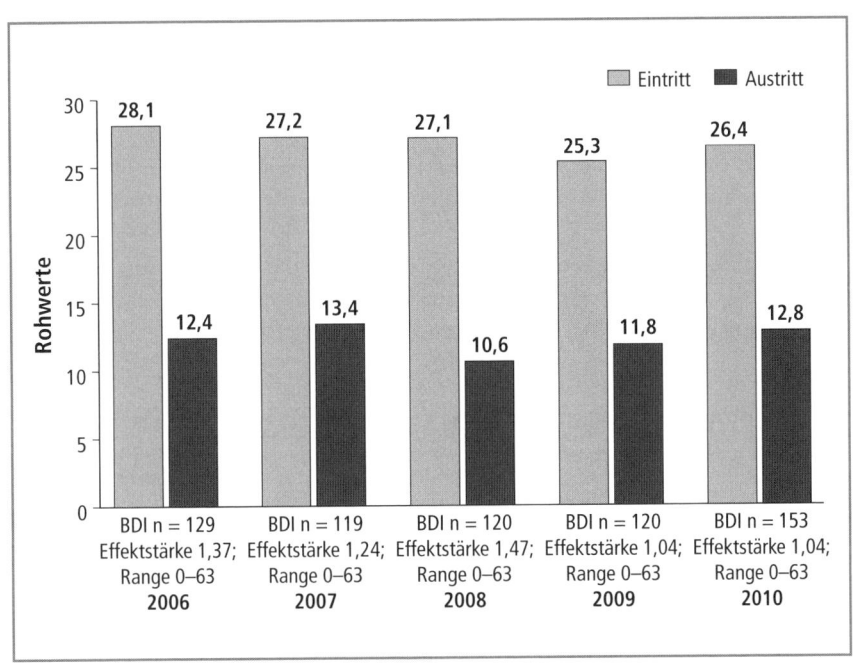

Abb. 33-1 Ergebnisse der Behandlung in den Jahren 2006 bis 2010. Zielvariable »Depressivität«. Messinstrument: Beck-Depressions-Inventar (BDI)

Therapeut	n	prä	post	3-Monats-Katamnese	1-Jahres-Katamnese
weiblich	78	24,5 ± 9,9	8,1 ± 7,7	9,8 ± 10,5	9,4 ± 10,4
männlich	26	25,1 ± 11,7	10,7 ± 8,6	10,8 ± 10,7	12,0 ± 13,7

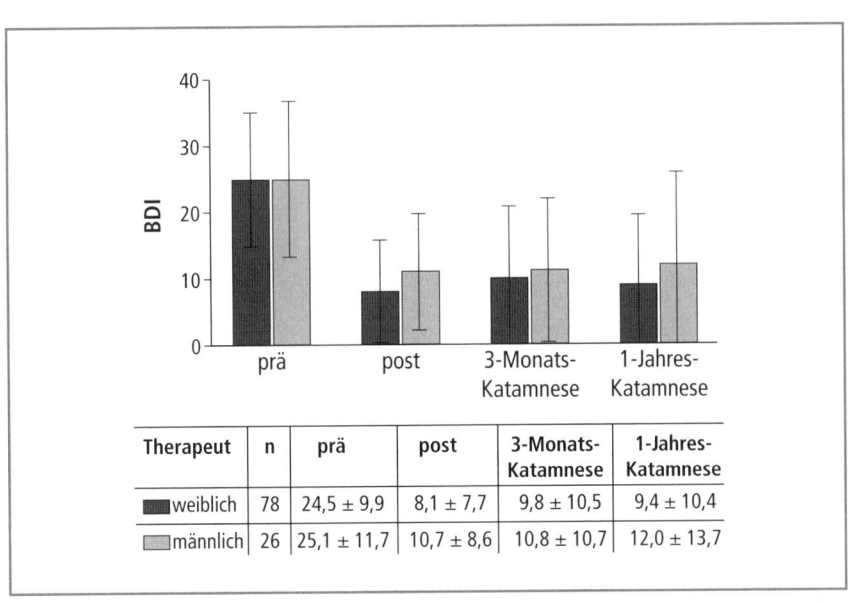

Abb. 33-2 Nachhaltigkeit der Behandlung und Unterschiede zwischen Behandlung durch Therapeut und Therapeutin. Behandlungsintervall 3-Monats- und 1-Jahres-Katamnese gemessen mit dem Beck-Depressions-Inventar (BDI)

faktor darstellt oder umgekehrt die Gewalterfahrung für psychische Erkrankungen vulnerabilisiert.

Die stationär behandelten Patientinnen leiden mehrheitlich an depressiven Störungen. Borderline-Persönlichkeitsstörungen und Essstörungen, hier vor allem vom Typus der Anorexia nervosa, sind aufgrund der Konzeption ebenfalls prominent unter dem stationär behandelten Sample vertreten (Hermann u. Sutter 2011).

Dem Wunsch der Patientinnen, von Frauen behandelt zu werden, wird entsprochen – obwohl die Ergebnisse keinen Vorteil einer gleichgeschlechtlichen Behandlung erkennen lassen (Hürlimann u. Hermann 2009).

33.4 Prozessmerkmale stationärer Therapie

Die stationäre Behandlung unterscheidet sich in vielerlei Hinsicht von ambulanten Maßnahmen. Jenseits des Umstandes, dass die Krankheitssituation in der Regel komplexer und chronifizierter ist, ist auch das Setting ein besonderes und wirkt sich gerade im Hinblick auf geschlechtsspezifische Aspekte zum Teil maßgeblich auf die Behandlung und die Prozesscharakteristik aus:
- Stationäre Patientinnen übergeben der Institution einen 24 Stunden dauernden Behandlungs- und Pflegeauftrag. Dies hat zur Folge, dass auch Einschränkungen in der Bewegungs- und Handlungsfreiheit möglich, ja erforderlich sein können.
- Das Zusammenleben mit anderen Frauen auf der Abteilung bietet vielfältige Möglichkeiten, Bekanntschaften einzugehen – oder aber zu vermeiden. Die Kontaktmöglichkeit, die rund um die Uhr gewährleistet ist, gibt Einblicke in die Wahrnehmungswelt und den Verarbeitungsstil der einzelnen Personen. Das stationäre Setting aktualisiert Themen und Verhaltensmodi, die unter ambulanten Bedingungen – wenn überhaupt – erst nach längerer Zeit sichtbar werden. Diese Besonderheit konstruktiv zu nutzen, ist Aufgabe der behandlungsführenden Ersttherapeuten oder -therapeutinnen.
- Die stationären Behandlungsmöglichkeiten beinhalten, im Gegensatz zur ambulanten Therapie, auch Pflege. Pflege wiederum bedingt, dass zum Teil die Intimsphäre der Patientinnen auch im körperlichen Sinne tangiert werden kann. Die Zusammensetzung der Pflege kann in einer Klinik nicht ausschließlich geschlechtsgetrennt erfolgen. Entsprechend hat die Gegenwart von männlichen Pflegepersonen mit der entsprechenden Sensibilität zu erfolgen. Vor allem aber hat die »Grenzüberschreitung«, d. h. das Betreten der Räumlichkeiten der Patientinnen, mit der gebotenen Rücksichtnahme zu erfolgen.
- In der stationären Behandlung sind auch Einschränkungen und Besonderheiten in der Besuchsregelung zu beachten. Während Patientinnen auf der offenen Abteilung Besuch außerhalb der Abteilung empfangen können, sind Patientinnen auf der geschlossenen Abteilung in einem spezifischen Setting hospitalisiert, das Einschränkungen unterliegt. Zum Schutz der anderen Pati-

entinnen gab es im Hause die Regel, dass keine Besuche auf der Abteilung empfangen werden können. Dies kann bedeuten, dass während einer akuten Phase überhaupt kein Besuch möglich ist, dann nämlich, wenn aus Schutzgründen die Abteilung nicht verlassen werden kann, auch nicht in Begleitung.
- Eine stationäre Behandlung von psychisch kranken Frauen erfordert auch eine spezielle Vision. Diese wiederum muss im Leitbild der Klinik verankert sein, und es muss versucht werden, diesem Leitbild im alltäglichen Leben die gebührende Beachtung zu geben. Dazu gehört unter anderem, dass Patientinnen – vorausgesetzt der Gesundheitszustand lässt dies zu – ihre Kinder zumindest über das Wochenende zu sich in die Klinik holen oder gegebenenfalls Kleinkinder auch während der Woche bei sich haben können.
- Stationäre Behandlung trennt Therapie in engerem Sinne von Hosting sowie Pflege.
- Im Alltag wird das Bedürfnis nach Privatsphäre und Schutz der Intimität respektiert – in der Therapie sollen diese Themen dagegen behandelt werden.

33.5 Fazit

Ein Charakteristikum der aktuellen Versorgungslage war, dass die Behandlung durch mehrheitlich junge Therapeuten und Therapeutinnen unter 30 Jahren geführt wurde. Sie waren somit durchschnittlich deutlich jünger als die Patientinnen. Damit präsentiert sich die Ausgangslage so, dass »die Töchter ihre Mütter« behandelten – mit allen damit implizierten Schwierigkeiten.

Für die Töchter stellte sich die Aufgabe, eine Barriere zu überwinden, wenn sie ihre Mütter, also die Patientinnen, nach ihrer Sexualität fragten. Wurden die jungen Therapeutinnen hierzu nicht angeleitet, so blieb die Sexualität Terra incognita.

Themen, die für die Frauen relevant sind, in der störungsspezifischen Therapie jedoch nicht zwingend angesprochen werden, sind Geburt, Menarche, Mutterschaft, weibliche Sexualität, Geschlechtsidentität und Klimakterium. Diese Themen sind im Kontext von Erikson und seinen Entwicklungsaufgaben zu lokalisieren. Eine weitere spezifische Charakteristik ist die Thematik der Verantwortungsdelegation von Frauen bei krankheits- und unfallbedingtem Ausfall zuhause.

Um eine effektive Behandlung zu erzielen, ist es anzustreben, hinsichtlich des Verständnisses der Störungsätiologie sowie der spezifischen Behandlungsplanung und -durchführung auf individuelle geschlechtsspezifische Faktoren einzugehen und diese entsprechend zu berücksichtigen.

Das stationäre Setting ist per se dialektisch angelegt. So braucht es Regeln, um die Sicherheit zu gewährleisten und das Zusammenleben zu regeln. Gleichwohl kann es ein außerordentlich erwünschtes Ziel sein, Patientinnen zu ermutigen, sich für ihre eigenen Bedürfnisse zu engagieren und einzusetzen. Wenn eine Patientin mit einer dependenten Persönlichkeitsstruktur die Teilnahme an einer

»ungeliebten« Therapie verweigert, so ist dies aus therapeutischer Sicht im engeren Sinne außerordentlich erwünscht. Jedoch ist es alles andere als einfach, das Personal, das darin eine Regelverletzung – oder allenfalls eine persönliche Kränkung – sieht, davon abzuhalten, Sanktionen einzufordern.

Inhaltlich zeigt sich am Beispiel der anamnestisch berichteten Gewalterfahrungen, dass zwar viele frauenspezifische Themen angesprochen werden, diese aber nicht zwingend direkt mit der Psychopathologie verknüpft sein müssen.

Es erfordert ein gewisses Augenmaß, zwischen einer Tendenz, demütigende und verletzende Beziehungen zu suchen, und einer schicksalhaften Konstellation zu unterscheiden. Dabei könnten Verhaltensweisen im stationären Kontext (»Ich muss jetzt ein Einzelzimmer haben!«), die mit Enttäuschung und Frustration einhergehen, als Verhaltensstichprobe benutzt werden. Die Gefahr, dass dergestalt diagnostische vor therapeutischen Anliegen positioniert werden, ist jedoch groß. Groß ist demnach auch die Gefahr, die stationäre Behandlung nicht als Korrektur fehlgeleiteter Erfahrungen zu gebrauchen, sondern diesen weitere hinzuzufügen.

Stationäre Behandlung bietet die Möglichkeit, belastende und prägende Lebenserfahrungen zu wiederholen – oder zu erkennen, zu korrigieren und eine neue Verhaltens- und Erlebensspur zu legen. Es ist die besondere Verantwortung der therapeutischen Leitung, dem »Wiederholungszwang« zu entrinnen und die stationäre Behandlung zum Ausgangspunkt neuer Lernerfahrungen zu machen!

Literatur

Australian Bureau of Statistics (1995). Women's Safety Australia. Canberra: Australian Bureau of Statistics.

Ford E, Rosenberg M, Holsten M, Bondreaux T (2003). Managing sexual behaviour on adult acute inpatient units. Psychiatr Serv; 54: 346–50.

Fruech BC, Knapp RG, Cusack KJ (2005). Patients reports of traumatic or harmful experiences within the psychiatric setting. Psychiatr Serv; 58: 1123–33.

Hermann E, Sutter Ch (2011). Bewerbung um Aufnahme in die Spitalliste »Psychiatrie« 2012 des Kantons Zürich. Unveröffentlichtes Manuskript, Zug, 2011.

Hürlimann E, Hermann E (2009). Werden Patientinnen erfolgreicher von Frauen behandelt? Kongressbeitrag, Universität Basel, 2009.

Judd F, Armstrong S, Kulkurmi J (2009). Gender sensitive mental health care. Aust Psychiatry; 17: 105–11.

Krause-Girth C (2004). Psychotherapie, Gesundheit und Geschlecht – Argumente für eine geschlechtersensible gesundheitsförderliche Psychotherapie. Psychotherapie Forum; 12: 26–35.

Lelliot P, Quirle A (2004). What is life like on acute psychiatric wards? Current Opinion in Psychiatry; 17: 297–301.

National Patient Safety Agency (1996). With Safety in Mind: Mental Health Services and Patient Safety. London: NHS.

34 Stationäre Psychotherapie – ein Fallbeispiel

Günter Schiepek und Igor Tominschek

Inhalt

34.1 Einleitung 371
34.2 Therapie einer Patientin mit Zwangsstörung 372
34.3 Kommentar 378

34.1 Einleitung

Stationäre Psychotherapie ist in europäischen Ländern – anders als etwa in den USA – ein weit verbreitetes Angebot (z. B. Bassler 2001). Einschlägige Behandlungskonzepte gehen davon aus, dass es sich hier um einen eigenen Behandlungsansatz und nicht nur um Einzel- oder Gruppentherapie in einem stationären Setting handelt. Unter anderem spielt bei stationären Therapien die interpersonelle Dynamik zwischen den Mitpatienten und Mitpatientinnen, die ja meist längere Zeit auf engem Raum miteinander verbringen, eine große Rolle. Intrapsychische Konflikte, familiäre Vorerfahrungen und Übertragungsbereitschaften inszenieren sich dabei in der Regel schnell und oft auch intensiv auf der sozialen Bühne einer Klinik oder einer Abteilung. Dies eröffnet Chancen, sie in geeigneten Kontexten zu reflektieren, zu verstehen und zu korrigieren, womit eine entwicklungsfördernde Neuerfahrung möglich werden sollte.

Für die Betroffenen resultiert eine entwicklungsförderliche, stressreduzierende und zugleich aber auch oft bedrohliche Situation aus der mehrwöchigen oder mehrmonatigen Distanz zur Familie, zur Partnerschaft, zum Arbeitsplatz und zu sozialen Netzwerken. Speziell für Frauen können sich daraus Schuldgefühle angesichts der Nichterfüllung häuslicher Pflichten und der Kinderfürsorge oder aus der Entfernung von Partnerschaft, Familie und Alltag ergeben. Die bekannte Eigendynamik persönlicher Entwicklungen beider Geschlechter im Verlauf einer Psychotherapie ohne expliziten Einbezug des Partners verschärft sich bei stationären Therapien meist deutlich. Die Entfernung der Patienten oder des Patientin schafft für den zuhause gebliebenen Partner beliebige Projektionsflächen für Verlassensängste und andere Konflikte. In der Tat schafft die räumliche Trennung nicht nur in seltenen Einzelfällen eine Möglichkeit, den Verbleib in Partnerschaften oder belastenden Lebenssituationen zu überdenken oder Trennungsentscheidungen vorzubereiten. Aber es ergeben sich auch Chancen für die Vorbereitung von neuen Lebensentwürfen in bestehenden Partnerschaften, was unter anderem in Paar- oder Familiengesprächen während des stationären Aufenthalts oder in anschließenden Paar- oder Familientherapien bearbeitet werden kann.

Die psycho- und soziodynamische Nähe von Männern und Frauen im Kliniksetting provoziert bei entsprechenden Vorerfahrungen (z. B. sexuellen Traumatisierungen) durchaus starke Reaktionen, und auch Verliebtheiten kommen durchaus nicht selten vor. Es obliegt einer permanenten professionellen Reflexion, Beobachtung und therapeutischen Aufarbeitung im Stationsalltag, solche Erfahrungen auf die Psychodynamik der Betroffenen zu beziehen und andere als nur reproduzierende Erfahrungen möglich zu machen. Spezielle Dynamiken ergeben sich für therapeutische Gemeinschaften und Stationspersonal auch aus der polarisierenden und spaltenden Dynamik von Personen mit einer Borderline-Persönlichkeitsstörung sowie aus potenzieller Selbst- und Fremdgefährlichkeit einzelner Personen.

Das folgende Fallbeispiel illustriert einige genderspezifische Aspekte der stationären Therapie von Zwangsstörungen, in welcher weibliche Rollenbindungen, Sozialisationsfolgen und Rollenkonflikte deutlich werden, wie sie charakteristisch sind für viele andere Therapien mit Zwangspatientinnen. Der hier beschriebene Behandlungsansatz bot – keineswegs selbstverständlich und allgemein verbreitet – die Möglichkeit, den Partner der Patientin intensiv in die Therapie einzubeziehen. Der Behandlungsverlauf reflektiert damit eine Dynamik, die sich aus Einzeltherapie, Abstand zum häuslichen Setting, klärenden Gesprächen ihrer Lebenssituation und auch wiederholten Paargesprächen sowie Entlassung und Wiederaufnahme in die Klinik entwickelte.

34.2 Therapie einer Patientin mit Zwangsstörung

Die 30-jährige kinderlose Patientin, von Beruf Sekretärin, wird von ihrer Psychiaterin mit schweren wiederkehrenden depressiven Episoden in eine stationäre Therapie eingewiesen. Seit ihrer Kindheit bestehen Wasch- und Kontrollzwänge, seit einigen Jahren habe sich ein massives Kontrollbedürfnis in Bezug auf die eigene Wohnung entwickelt. Der Ehemann dürfe sich in der Wohnung nur langsam bewegen, um keine Gegenstände zu verrücken. Sie müsse Fingerabdrücke sofort abwischen und den Abstand der Kleiderbügel und Gardinenringe mit dem Zentimetermaß ausmessen. Sei ein Gegenstand nicht an seinem Platz, so komme sie massiv unter Anspannung, fühle sich als Versagerin und werde dann entweder depressiv oder aggressiv.

Die Patientin erscheint am Aufnahmetag gemeinsam mit ihrem Ehemann zum Erstgespräch, in dem der Eindruck von Unnahbarkeit der Patientin ihrem Ehemann gegenüber dominiert. Sie berichtet über ihr ausgeprägtes Kontrollbedürfnis innerhalb der Wohnung, und kurz darauf erzählt sie, dass sie als Kind sexuell missbraucht worden sei und ihren Ehemann schon mehrfach geschlagen habe. Als zur Sprache kommt, dass ihr Vater letztes Jahr verstorben ist, bricht sie in Tränen aus. Der frühe und wiederholte sexuelle Missbrauch durch einen Cousin, die Schilderung ihrer Impulsivität, die Beobachtung der emotionalen Instabilität und die vielen Therapien im Vorfeld wecken den Verdacht auf eine Borderline-Persönlichkeitsstörung. Es ist zu erfahren, dass sie die Beziehung zu ihrem Mann entweder als ganz nah oder als völlig distanziert erlebt, dass sie sich durch seine Anwesenheit häufig überfordert fühlt, gleichzeitig aber befürchtet, ihn zu verlieren. Ihren Eltern gegenüber habe sie sich noch nie abgrenzen können, ihre Schwester dagegen habe immer den eigenen Willen durchgesetzt. Um Schuldgefühle zu vermeiden, richte sie sich häufig nach anderen, obwohl sie sich dadurch chronisch überfordere. Wenn ihr »alles zuviel« werde, habe sie Suizidgedanken.

Da die Zwangssymptomatik für die Patientin offenbar eine stark emotionsregulierende und emotional stabilisierende Funktion hat, würde eine – wie in unserem Behandlungssetting ansonsten übliche – frühe Exposition mit Reaktionsverhinderung eventuell zu einer Dekompensation mit der Gefahr von suizidalen Krisen führen. Vorrangig erscheint daher ein Aufbau von Kompetenzen in der Emotionsregulation und der Verhaltenskontrolle, bevor die Zwänge abgebaut werden können. Um mit einem Bild aus Kanfers Selbstmanagement-Konzept (Kanfer et al. 1996) zu sprechen: Man sollte ihr zuerst eine Leiter zur Verfügung stellen, bevor man den Ast absägt, auf dem sie sitzt. Es wird vereinbart, dass der Ehemann in 2- bis 3-wöchigen Abständen zu Paargesprächen in die Klinik kommt.

Ein weiterer psychoedukativer Schritt besteht darin, der Patientin Informationen an die Hand zu geben, um Zusammenhänge zwischen ihrer emotionalen Instabilität bzw. Borderline-Störung und der Zwangssymptomatik verständlich zu machen. Nachdem sie die Y-BOCS-Checkliste (ein Diagnoseinstrument für Zwangsstörungen; Hand u. Büttner-Westphal 1991) ausfüllt, zeigt sich, dass ihr gesamter Tagesablauf aus Zwangsbefürchtungen und Zwangsgedanken aggressiven und sexuellen Inhalts sowie aus Kontroll-, Putz- und Waschzwängen besteht. Außerdem sei sie »immer« depressiv, energielos, ohne Antrieb und unfähig, sich etwas zu gönnen.

In der dritten Sitzung wird ein Therapievertrag aufgesetzt, um die Dauer des stationären Aufenthalts, den Umgang mit Suizidalität und Spannungszuständen sowie die Selbstfürsorge zu regeln. Sie berichtet, in ca. 5 Wochen stünde ein Umzug in das Haus ihrer Mutter an, und sie könne jetzt schon den Gedanken nicht ertragen, dass Handwerker ohne ihre Aufsicht die Renovierungsarbeiten durchführen. Das Paar habe bereits notariell die Dachgeschosswohnung ihres Elternhauses überschrieben bekommen. Dafür müsse die Patientin ihre Mutter später einmal pflegen. Zu dieser Entscheidung sei es gekommen, da die Mutter seit einigen Monaten verwitwet sei und nicht allein im Haus leben wolle.

Es wird überlegt, welche Therapieziele in welchem Zeitraum realistisch sind und welche Kompetenzen die Patientin nach dem Klinikaufenthalt benötigen wird. Wir kommen zu dem Schluss, dass die Patientin vor allem ihre Abgrenzungsfähigkeit steigern sollte, um mit der räumlichen Nähe zu ihrer Mutter zurechtzukommen. Hierzu sollte sie am 4-wöchigen Selbstsicherheitstraining in der Gruppe teilnehmen. Als zweiten Problembereich können wir die fehlende Selbstfürsorge identifizieren. Da die Patientin von Kindheit an Anerkennung nur über ihre Arbeitsleistung bezog, bekommt sie sofort ein schlechtes Gewissen, wenn sie sich ausruht oder sich etwas gönnt. Sie wird angeleitet, selbstfürsorgliches Verhalten zu üben und das dabei auftretende schlechte Gewissen auszuhalten. In Therapiegesprächen werden ihr Zusammenhänge zwischen ihrem negativen Selbstbild und ihren Schuldgefühlen mit dem durch die Familie tabuisierten sexuellen Missbrauch deutlich.

Bezüglich der Zwangssymptomatik wird ihr angeboten, graduiert vorzugehen: Sie soll zunächst üben, in Teilbereichen auf die Zwänge zu verzichten. Ihre Einwilligung zur Unterbringung in einem Dreibettzimmer konnotieren wir positiv, da sie damit ihre Bereitschaft signalisiert, Kompromisse einzugehen. In der nächsten Sitzung berichtet die Patientin ungewohnt aktiv über den Druck, den ihre Mutter seit Kindheit auf sie ausgeübt habe. Wenn sie sich als Kind ausruhen wollte, sei sie sofort als »faul« bezeichnet worden. Dies habe dazu geführt, dass sie ihren Tag mit Aktivitäten verplane, da sie in Ruhephasen sofort ein schlechtes Gewissen bekomme. Die Patientin wirkt bei ihrer Schilderung kämpferisch: Es sei ihr am Wochenende erstmalig gelungen, sich tagsüber ohne schlechtes Gewissen ins Bett zu legen. Sie habe mit ihrem Mann vereinbart, noch weitere 6 Wochen in der Klinik zu bleiben, obwohl ihre Mutter der Meinung sei, dieser Aufenthalt würde ihr genauso wenig bringen wie die vorangegangenen zwei (in einer anderen psychosomatischen Klinik und in der Psychiatrie).

Es folgt ein Wochenende, für das sich ihre Schwester mit ihrem 4-jährigen Sohn und ihr Ehemann zu Besuch angekündigt haben. Zögerliche Abgrenzungsversuche hätten die Angehörigen »überhört« und nachdem sie abgereist seien, habe sie »völlig erschöpft« den Tag im Bett verbracht. Da für das darauffolgende Wochenende eine Belastungserprobung zuhause am Heimatort geplant ist, thematisieren wir im Paargespräch die Tagesstrukturierung. Der Ehemann befürchtet die übliche Selbstüberforderung seiner Frau durch zu viele Aktivitäten. Hierzu passend präsentiert sie einen Schreibblock mit Notizen, auf dem sie minutiös das Wochenende verplant hat. Der Therapeut liest die Notizen vor und fragt den Ehemann, bei welchen Punkten er Krisen erwartet. Es wird schnell klar, dass der Zeitplan fast nur aus Verpflichtungen besteht, keine Pausen berücksichtigt sind und Haushaltsarbeiten sowie Pflichtbesuche bei der Mutter viel zu viel Zeit beanspruchen. Die in der Sitzung erarbeiteten Veränderungsvorschläge bringen die Patientin stark unter Druck, und sie beginnt zu weinen. Während die Patientin weint, wird mit dem Ehemann diskutiert, wann Pausen sinnvoll sein könnten. Die Patientin beruhigt sich schnell wieder, und wir können uns auf eine drastische Reduktion ihres Programms einigen.

Für den Ehemann ist es wichtig, instruiert zu werden, wie er sich seiner Frau gegenüber verhalten sollte. Wir stellen klar, dass er sie zu nichts zwingen könne. Es liege in ihrer Verantwortung, sich zu verändern. Wenn er beobachte, dass sie in ritualisiertes Verhalten verfalle, solle er sie lediglich darauf aufmerksam machen, was im Paargespräch vereinbart worden sei. Sollte seine Frau versuchen, ihn in die Rituale einzubinden, so müsse er sich klar abgrenzen. Für den Fall, dass sie aggressiv reagiere, empfehlen wir dem Ehemann, sich für 10 Minuten räumlich zu entfernen und danach wieder zurückzukommen. Diese Zeit benötige die Patientin, um ihre Spannung abzubauen und wieder klare Gedanken zu fassen. Diskussionen oder Vorwürfe vonseiten des Ehemanns seien in solchen Situationen kontraproduktiv. Die Patientin solle sich eine Anspannungsskala von 1 bis 10 vorstellen. Da sie ab einer Spannung von 6 nicht mehr rational handeln könne, müsse sie schon frühzeitig für einen Spannungsabbau sorgen. Dieser kann durch körperliche Aktivität, Rückzug in ein Zimmer oder durch Konzentrationsübungen erfolgen. Mit diesen Instruktionen im Umgang mit Zwangsritualen, Spannungszuständen und intensiven Emotionen werden die Grenzen der beidseitigen Verantwortlichkeiten geklärt und die gegenseitigen Schuldgefühle reduziert. Der Ehemann erfährt von seiner Frau, dass es für sie eine Erleichterung darstellt, wenn er sich räumlich distanziert und sie nicht tröstet. Es wird in diesem Paargespräch am Zeit- und am Konfliktmanagement gearbeitet. Eine reine Anleitung für die häusliche Exposition wäre im Fall dieser Borderline-Patientin unzureichend gewesen.

In einer Einzelsitzung berichtet die Patientin, ihr Mann unterstelle ihr eine Affäre, weil sie seinen Besuch in der Klinik am Wochenende ablehne. Wir erklären ihr, dass eine zunehmende Unabhängigkeit im Rahmen einer stationären Therapie häufig ein großes Problem für den zuhause gebliebenen Partner darstellt. Um die zugrunde liegenden Verlustängste zu thematisieren, empfehlen wir ein Telefongespräch, das wir zusammen mit Ehemann und Patientin führen wollen. Außerdem soll die Patientin ihr Handy auf der Station abgeben und ihrem Mann vorschlagen, die Telefonate von zweimal auf einmal täglich zu reduzieren. Das therapeutische Telefongespräch lehnt der Ehemann ab und bleibt am Wochenende zuhause. Nach dem Wochenende berichtet die Patientin erstmalig in der Gruppentherapie über ihre Zwänge und ihre Problembereiche. Sie trägt ihr Haar offen und meint, zuhause würde sie sich ihrem Mann zuliebe nicht schminken und ihre Haare nur zusammengebunden tragen. Außerdem ziehe sie nur schwarze Kleidung an. Da die Zwangssymptomatik in der Klinik in den Hintergrund getreten ist, wird mit ihr vereinbart, das Desinfektionsmittel abzugeben und das Gemeinschaftsbad nach Benutzung der Zimmerkollegin nicht mehr zu desinfizieren.

In den ersten 4 Wochen des stationären Aufenthaltes absolviert sie ein Selbstsicherheitstraining in der Gruppe. Darin übt sie in Rollenspielen und unter Anwendung von Videoaufnahmen die Abgrenzung gegenüber Forderungen, das Annehmen und Verbalisieren von Kritik, das Aushalten von Schuld- und Schamgefühlen und den adäquaten Umgang mit Konfliktsituationen.

Im abschließenden Paargespräch äußert ihr Ehemann die Sorge, dass die Therapieerfolge zuhause nicht aufrechtzuerhalten seien. Es sei ihm bei den Wochenendbeurlaubungen aufgefallen, dass sie Putzzwänge und Kontrollhandlungen ausgeführt habe. Die Patientin rechtfertigt dies mit dem Zeitdruck, den sie an den Wochenenden empfinde. Sie ist in diesem Gespräch erstmalig in der Lage, ihrem Mann konkret zu sagen, dass es sie überfordert, wenn er ihr von seinem Arbeitstag erzählt, während sie noch mit Hausarbeiten beschäftigt ist. In der Vergangenheit habe sie ihn nicht unterbrochen, um ihn nicht zu kränken, hat aber letztlich doch sehr gereizt reagiert, ohne einen Grund zu benennen. Mit dem Paar wird vereinbart, dass der Ehemann in der neuen Wohnung ein Zimmer bekommt, auf das die Patientin keinen Einfluss hat. Der Umgang mit gemeinsamen Räumen, wie z. B. der Küche oder dem Wohnzimmer, soll im Rahmen der ambulanten Therapie geregelt und begleitet werden. Es wird ein zweites stationäres Therapieintervall in 5 Monaten vereinbart. Das erste Intervall dient der Aufklärung über die Persönlichkeitsstörung, der Klärung der Funktionalität der Zwänge sowie dem Aufbau von Abgrenzungsfähigkeit und Selbstfürsorge. Im zweiten Intervall soll es um den Abbau der Zwangssymptomatik gehen.

Im Verlauf der Therapie wird mit der Patientin eine idiografische Systemmodellierung (zur Methodik s. Schiepek 1986; Schiepek et al. 1998) erarbeitet (s. Abb. 34-1). Es stellt sich heraus, dass ihre Überforderung eine zentrale Variable

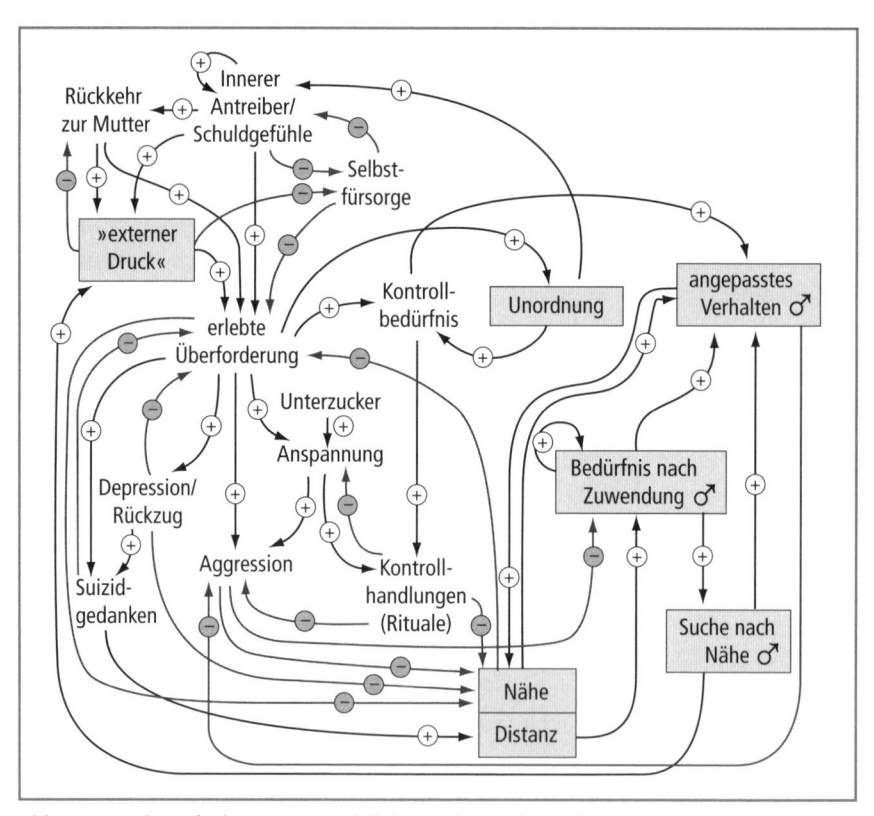

Abb. 34-1 Idiografisches Systemmodell der Psycho- und Beziehungsdynamik der dargestellten Patientin (nach Tominschek u. Schiepek 2007, Abdruck mit freundlicher Genehmigung des Hogrefe Verlags)

darstellt. Diese verstärkt sich durch Schuldgefühle, die wiederum durch Konflikte mit der Mutter und dem Ehemann ausgelöst werden. Die erlebte Überforderung führt zu einem verstärkten Kontrollbedürfnis, sowohl interpersonell wie auch im Haushalt in Form von Kontroll- und Reinigungszwängen. Durch die Zwänge wird die Anspannung wieder reduziert. Ist es der Patientin nicht möglich, ihre Anspannung durch Zwänge ausreichend abzubauen, treten meist Depressionen auf, die sich bis zu Suizidgedanken steigern können. Indem die Patientin mehr auf ihre Selbstfürsorge und auf Grenzsetzungen achtet, nehmen ihre Überforderung und damit die Zwangssymptomatik ab.

Eine große Rolle spielt für sie die Regulation von Nähe und Distanz. Schon die räumliche Distanz zu ihren Angehörigen erlebt die Patientin als Entlastung, weswegen in der Klinik die Zwänge weniger auftreten als zuhause. Das Zuwendungsbedürfnis ihres Ehemannes überfordert sie häufig und führt zu Aggressionen, die wiederum interpersonelle Distanz herstellen. Auch durch Zwangshandlungen kann sie ihren Mann auf Distanz halten. Nur wenn sie sich wohl fühlt, kann sie seine Nähe ertragen. Diese gelebte Distanz steigert jedoch sein Bedürfnis nach Zuwendung. Er sucht ihre Nähe und verhält sich angepasst, d.h. er ordnet sich ihren Ritualen unter. Sein Nähebedürfnis aber bringt sie unter Druck, wodurch der Teufelskreis der Zwänge von Neuem beginnt.

Drei Monate nach Beendigung des ersten Klinikaufenthalts ruft die Patientin an und klingt verzweifelt. Ihre Psychiaterin habe sie vor die Wahl gestellt, entweder zur Krisenintervention in eine psychiatrische Einrichtung zu gehen oder vorzeitig in unserer Klinik aufgenommen zu werden. Eine kurzfristige Aufnahme wird vereinbart. In der Klinik berichtet die Patientin, seit dem Umzug in die neue Wohnung seien die Zwänge wieder so stark ausgeprägt wie vor dem ersten Klinikaufenthalt. Durch die räumliche Nähe werde sie jetzt noch mehr mit ihrer Mutter konfrontiert, die, ohne zu fragen, ihre Wohnung betrete. Ihr Mann könne sich gegenüber der Mutter gut abgrenzen, sie aber bekomme sofort Schuldgefühle und gebe klein bei. Wenn die Mutter die Wohnung wieder verlässt, müsse sie ihren Zwängen nachgeben. Außerdem erlebe sie ihren Mann nach wie vor anklammernd. Wenn sie sich von ihm zurückziehe, reagiere er beleidigt, was sie nur schwer aushalten könne.

Diesmal wird frühzeitig mit der Reizkonfrontation begonnen, da die Patientin das Setting kennt und durch die räumliche Distanz von zuhause deutlich entlastet ist. In der ersten Woche der Reizkonfrontation wirkt sie sehr zögerlich. Sie reduziert ihre Zwänge nur in Teilbereichen und hält die therapeutisch geforderte Unordnung ihrer persönlichen Gegenstände nur kurz aus. Wir müssen die Reizkonfrontation abbrechen und ihre Therapiemotivation überprüfen. Es stellt sich heraus, dass sie an ihrer Rolle der perfekten Tochter und Ehefrau festhält. Erst nachdem geklärt werden kann, dass ihre alte Rolle mit einer Aufgabe der Zwänge nicht vereinbar ist, setzen wir die Reizkonfrontation fort. Die Patientin entschließt sich, einen Juristen zu konsultieren, um den notariellen Vertrag mit ihrer Mutter anzufechten. Außerdem will sie Fahrstunden nehmen und dadurch unabhängiger von ihrem Mann werden. In dieser Zeit bekommt sie täglich Termine von der Kotherapeutin. In der Beziehung zur Kotherapeutin erlebt sie einerseits authentische Fürsorge, gleichzeitig die Forderung, ihre Zwangssymptomatik konsequent abzubauen. Nach 2 Wochen Reizkonfrontation liegen praktisch keine Zwänge mehr vor. Die Zeit, die sie vorher für die Zwänge gebraucht hatte, nutzt sie jetzt für Freizeitaktivitäten mit den Mitpatienten und Mitpatientinnen. Zu zwei Mitpatientinnen hat sich eine Freundschaft entwickelt. Sie fühlt sich wohl wie nie zuvor.

Doch dann spricht sie im Rahmen einer Konfrontationsübung erstmalig detailliert über ihren Missbrauch. Dies führt vorübergehend zu einer PTBS-Symptomatik (PTBS: Posttraumatische Belastungsstörung) mit Flashbacks, Intrusionen und gesteigerter Schreckhaftigkeit. Nach jahrelanger Therapie ist die Patientin jetzt endlich bereit, sich den traumatischen Erfahrungen zu stellen. Da sie die Traumabearbeitung aber nicht mit ihrem männlichen Bezugstherapeuten machen will, vereinbaren wir einen Wechsel zu einer darauf spezialisierten Kollegin.

Aus organisatorischen Gründen muss sie für zwei Wochen nach Hause fahren. In der ersten Woche verspürt sie auch zuhause nur geringe Zwangsimpulse. In der zweiten Woche dagegen schleichen sich wieder vermehrt Zwänge ein. Zurück in der Klinik treten die Zwänge vor allem auf, wenn sie an den Missbrauch denkt. Konflikte mit Mitpatienten verarbeitet sie nicht mehr schuldhaft, sondern grenzt sich klar ab. Sie erkennt das Muster, das sich wie ein roter Faden durch ihr Leben zieht: Von Kindheit an hatte sie Verantwortung für andere übernommen und trotz der Zwänge funktioniert. Trotz ihrer Eigenständigkeit hatte sie sich immer abhängig von ihrer Familie und ihrem Mann erlebt. Erst durch die Klinikaufenthalte erkennt sie ihre Ressourcen und ihre Eigenständigkeit.

34.3 Kommentar

Dieses Fallbeispiel einer Patientin mit Zwangs- und komorbider Borderline-Störung demonstriert die Sinnhaftigkeit einer Intervalltherapie, bei der die Reizkonfrontation zurückgestellt wird, um suizidale Krisen und Therapieabbrüche zu vermeiden. In der Therapie wird eingangs der Zusammenhang zwischen den Spannungszuständen, den emotionalen Schwankungen und der Zwangssymptomatik der Patientin herausgearbeitet. Der begleitende Einsatz des Synergetischen Navigationssystems als internetbasiertem Prozessmonitoring würde sich empfehlen (Schiepek et al. 2011; Tominschek et al. 2008), doch war dieses Monitoring-System zum Zeitpunkt der Therapie noch nicht verfügbar. Der Ehemann wird, soweit möglich, in die Therapie eingebunden. Die Patientin erkennt beim ersten stationären Aufenthalt, dass der Umzug in ihr Elternhaus ihre Ambivalenz der Mutter gegenüber widerspiegelt. Einerseits versucht sie, durch die räumliche Nähe die noch immer ersehnte Zuwendung nachzuholen. Andererseits verpflichtet sie sich durch den Umzug notariell zur späteren Pflege einer Mutter, der sie es nie recht machen konnte.

Da die Zwangssymptomatik vor dem Hintergrund des sexuellen Missbrauchs und ihrer Persönlichkeitsstruktur eine deutlich emotionsregulierende Funktion hat, ist die Erwartung einer Aufgabe der Zwänge nach dem ersten Therapieaufenthalt unrealistisch. Mit dieser Einschätzung muss die Patientin zu Beginn der stationären Therapie konfrontiert werden. Trotzdem werden in den 8 Wochen des ersten stationären Aufenthaltes wichtige Voraussetzungen für den Abbau der Zwangssymptomatik geschaffen. Die Patientin lernt das Behandlungskonzept kennen, kann Vertrauen zum therapeutischen Team aufbauen, verbessert auch ihre soziale Kompetenz und ihre Selbstfürsorge. Sie wird über die Borderline-Problematik aufgeklärt und erkennt funktionale Zusammenhänge zwischen ihrer Biografie, den aktuellen Lebensbedingungen und der Zwangssymptomatik. Die Aussicht auf den zweiten stationären Aufenthalt ist wichtig, da der Umzug in das Elternhaus erwartungsgemäß sehr konfliktträchtig werden würde. Beim zweiten Intervall geht es um den konsequenten Abbau der Zwangssymptomatik. Dabei werden auch ihre traumatischen Erfahrungen therapeutisch zugänglich. Die Zwänge haben verschiedene Funktionen: Sie kompensieren belastende Emotionen wie Wut und Ekel, lenken von den Paarkonflikten ab, verdecken vergangene Traumata und stabilisieren das Selbstwertgefühl der Patientin.

Das Fallbeispiel macht einige charakteristische Problemkonstellationen von Zwangsstörungen bei Frauen deutlich (s. Tominschek u. Schiepek 2007). Die konflikthafte Auflehnung gegen erlebte Zumutungen von Gefügigkeit und Unterwerfung, insbesondere unter einen imperialen mütterlichen Anspruch, die Tochter an sich zu binden, ohne dass diese je genügen könnte, werden sinnfällig. Oft entstehen und chronifizieren – wie im Beispiel – ausgeprägte Autonomiekonflikte in der Partnerschaft, die in der Herkunftsfamilie angelegt sind und sich im Erwachsenenleben maligne geltend machen. Das Anliegen, den eigenen fragilen Selbstwert handelnd und kontrollierend zu optimieren, Schuldgefühle zu reduzieren, aber auch eigene Grenzen zu setzen und sich im eigenen Terrain zu positionieren, lassen sich im zwanghaften Beschwerdebild deutlich ausmachen. Aggression im Interesse, sich zu behaupten, zu verteidigen, andere herauszufordern, couragiert zu handeln, Kräfte zu messen, werden als zerstörerische Impulse gefürchtet und im imperativen Zwangsregime ichdyston zum Ausdruck gebracht.

Literatur

Bassler M (Hrsg) (2001). Störungsspezifische Ansätze in der stationären Psychotherapie. Gießen: Psychosozial-Verlag.

Hand I, Büttner-Westphal H (1991). Die Yale-Brown Obsessive Compulsive Scale (Y-BOCS): Ein halbstrukturiertes Interview zur Beurteilung des Schweregrades von Denk- und Handlungszwängen. Verhaltenstherapie; 1: 223–5.

Kanfer FH, Reinecker H, Schmelzer D (1996). Selbstmanagement-Therapie. 2. Aufl. Berlin: Springer.

Schiepek G (1986). Systemische Diagnostik in der Klinischen Psychologie. Weinheim: Beltz.

Schiepek G, Wegener C, Wittig D, Harnischmacher G (1998). Synergie und Qualität in Organisationen. Ein Fensterbilderbuch. Tübingen: dgvt.

Schiepek G, Zellweger A, Kronberger H et al. (2011). Psychotherapie. In: Schiepek G (Hrsg). Neurobiologie der Psychotherapie. 2. Aufl. Stuttgart: Schattauer; 567–92.

Tominschek I, Schiepek G (2007). Zwangsstörungen. Ein systemisch-integratives Behandlungskonzept. Göttingen: Hogrefe.

Tominschek I, Schiepek G, Mehl C et al. (2008). Real-Time Monitoring in der Behandlung von Zwangsstörungen: Technologie und Fallbeispiel. Verhaltenstherapie; 18: 146–52.

35 Frauenspezifische Behandlungsangebote – Psychotherapie, Beratung und Selbsthilfe

Sabine Scheffler

Inhalt

35.1 Entwicklung 381
    Frauenbewegung und ihre Folgen 381
    Genderperspektiven und ihre Folgen........................ 382
35.2 Ergebnisse 384
    Gendersensible Betrachtungsweise und ihre Folgen für
    psychosoziale frauenspezifische Interventionssysteme........... 384
    Beratung.. 386
    Selbsthilfe.. 388
    Geschlechtsspezifische Betrachtungsweisen 389
35.3 Fazit 391

35.1 Entwicklung

Frauenbewegung und ihre Folgen

Frauenspezifische Behandlungsangebote sind eng an die Frauenbewegung, ihre Projekte und die sich daraus entwickelnde Frauen- und Geschlechterforschung gebunden. Als soziale, politische Bewegung ist es das Anliegen der Frauenbewegung, Lebensverhältnisse von Frauen zu hinterfragen, Benachteiligungen sichtbar zu machen und zu verändern. In Projekten (Frauengesundheit, Frauenhäuser, Frauenberatung, Frauentherapie, Frauenbildung) wurden Alternativen zu herkömmlichen Hilfsangeboten für Frauen entwickelt. Gleichzeitig entfalteten sich, in Verschränkung von forschender Haltung und praktischer Arbeit, alternative Konzepte zu Erkenntnistheorie, Politologie, Soziologie, Psychologie, Gesundheitswissenschaften und sozialer Arbeit (s. Becker u. Kortendiek 2008; Rohde u. Marneros 2007; Steins 2010). Zentral für Erkenntnis und Handlung ist:

- *die Thematik mangelnder sozialer Teilhabe* von Frauen in unterschiedlichen gesellschaftlichen Lebensbereichen (z. B. ökonomische Benachteiligung, Karrierechancen)
- *die Frage der Geschlechterdifferenz* und ihrer gesellschaftlichen Bewertungen (z. B. Interaktion gesellschaftlicher und biologischer Faktoren, Psychologie der Geschlechtsunterschiede; Bischof-Köhler 2002)

- *die Dekonstruktion von Männlichkeiten und Weiblichkeiten* als kulturelles System und ihre Bedeutung für gesellschaftliche Organisationen (z. B. Geschlecht im Management von Organisationen; Butler 1990; Becker u. Kortendiek 2008; Lange 1998)

Die Kritik der Geschlechterverhältnisse führte zur Ablehnung oder Überarbeitung traditioneller Theorien in Psychologie und Soziologie. Sie wendet sich gegen die Basisannahmen dieser Disziplinen, ihr Frauenbild und die daraus folgende Praxis. Die Diskussion kreist um die Fragen, was Frauen krank macht, was psychosoziale Gesundheit in einer von Geschlechterdifferenz strukturierten Gesellschaft bedeutet. Mit der Kritik am Androzentrismus der Wissenschaften wird infrage gestellt, ob es überhaupt möglich sei, »die Frau« anders als durch einen männlichen Blick wahrzunehmen, wenn die gesamte Wissensproduktion von »männlichen« Wertorientierungen geprägt ist und die Frauen als »das Andere«, »das Fremde« definiert. So bemühen sich die geschlechtsspezifisch arbeitenden Sozialwissenschaften um eine alternative Sichtweise in Bezug auf Frauen und Männer, um Aufwertung und Ergänzung frauenspezifischer Gesichtspunkte in Therapie und Beratung.

In Selbsthilfegruppen werden Auswirkungen von Benachteiligung und Unterdrückung offengelegt und begleitet. Gewaltverhältnisse werden zum öffentlichen Skandal, und es gründen sich die oben genannten Projekte, die sich professionalisieren, deren Arbeitsweise aber bestimmt bleibt von der Sichtweise, dass gesellschaftliche Problemlagen individualisiert sind und strukturelle Benachteiligungen mit individuellen eingeschränkten Möglichkeiten und Selbstverständnissen von Frauen verknüpft sind (z. B. www.frauenhauskoordinierung.de; www.bv-bff.de/kontakt; www.autonome-frauenhaeuser-zif.de; www.wave-network.org; www.frauen-gegen-gewalt.de; www.akf-info.de/wir-ueber-uns).

Genderperspektiven und ihre Folgen

Die folgende Beschreibung ist das kurzgefasste Ergebnis eines etwa 30-jährigen Theorie-Praxis-Diskurses. Es gibt kaum einen Bereich gesellschaftlicher Organisation, der nicht im Hinblick auf die Dimension Geschlecht analysiert und dekonstruiert worden wäre (Becker u. Kortendiek 2008; Franke u. Kämmerer 2001; Lorber 1999; Steins 2010).

Aus der kritischen Haltung gegenüber traditionellen therapeutischen und Beratungstheorien sowie Methoden (Psychoanalyse, Humanistische Therapien, Verhaltenstherapie) entwickeln sich Basisanahmen, die für frauenspezifisches Arbeiten grundlegend sind (Becker-Schmidt 2006; Bilden u. Dausien 2006; Chodorow 1985; Connell 2000; Eagly et al. 2004; Eichenbaum u. Orbach 1984; Enns 2003; Franke 2007; Kaschak 1992; Kopala u. Keitel 2003; Lorber 1999; Scheffler 2010; Schigl 2012; Worell u. Remer 1992; Wyckhoff 1977).

Die Vorstellung, dass Geschlecht eine essenzielle, naturhafte Gegebenheit ist, löst sich auf zugunsten einer konstruktivistischen, interaktionellen, kontextuellen Sichtweise. Das Konzept *gender* wird tragend für die weitere Entwicklung (engl.: *gender* als soziales Geschlecht im Unterschied zu *sex* und *sex category* als biologisch und sozial zugewiesenes Geschlecht). Die Genderperspektive verdeutlicht, wie Selbstbild, Verhalten, Denksysteme, Lebensbedingungen und Institutionen mit Geschlechterdynamiken verwoben sind. Sie bestimmen therapeutische Konzepte und Methodiken. Geschlecht (*sex* und *gender*) ist eine soziale Kategorie, ein Prinzip gesellschaftlicher Organisation. Gender hat folgende zwei Dimensionen:

- Es ist *ein je persönliches Verhaltensset*. Geschlecht wird im Kindes- und Jugendalter vermittelt und reproduziert sich in sozialen Interaktionen und in sozialen Institutionen als *doing gender*. Man hat kein Geschlecht, sondern man tut es. Gender wird im Interaktionsprozess durch eigenes Verhalten gestaltet, variiert und erhält Geschlechterkulturen aufrecht. So entstehen unterschiedliche Lebenslagen, Bedürfnisse und Belastungssituationen von Männern und Frauen.
- Es ist *ein gesellschaftliches Organisationsprinzip*. Es bestehen hierarchische Geschlechterverhältnisse auf der Basis komplementärer, dichotomer Rollenzuschreibungen, einer geschlechtsspezifischen Arbeitsteilung und einer unterschiedlichen gesellschaftlichen Bewertung für Männlichkeiten und Weiblichkeiten. Der Zugang zu persönlichen, sozialen und materiellen Ressourcen wird durch Geschlecht strukturiert. Geschlechterstereotype bestimmen die Denk- und Interaktionsmuster, sie wirken als Zuschreibungen und Erwartungen und führen im Verhalten zur Bestätigung der Dichotomie: Alles, was männlich ist, kann nicht weiblich sein und umgekehrt. Geschlecht interagiert zudem mit anderen Variablen sozialer Differenzierung wie Alter, Schicht, ethnische Zugehörigkeit und modifiziert Ressourcen (s. Bilden u. Dausien 2006). »Zweigeschlechtlichkeit ist eine kulturelle Setzung, eine Interpretation der Körperlichkeit und nicht die unmittelbare Wahrheit der Körper« (Hagemann-White 2006, S. 70). So ergibt sich aus der Zentralität wie scheinbaren Natürlichkeit der Geschlechterdynamiken jede Menge »gender-troubles«, denn: »Wir können uns nicht nicht geschlechtlich verhalten« (West u. Zimmermann 1991, S. 13).

Die Genderperspektive ist eine kulturelle Grundsystematik, die intrapsychisch und interaktionell Wahrnehmungs-, Denk- und Fühlweisen prägt und die Lebenspraxis und -perspektive von Menschen nachhaltig bestimmt. Entsprechend breit ist das Beratungs- und Therapieangebot von selbsthilfeorientierten Ansätzen bis zu feministisch-psychoanalytisch argumentierenden Arbeitsformen, z. B. folgende:
- Radical therapy (Wyckhoff 1977)
- Empowerment model for women (Kaschak 1992)
- Feministische Psychotherapie (Eichenbaum 1984)
- Psychoanalyse und Feminismus (Mitchell 1976)
- Relational Psychoanalysis (Benjamin 1990, 2002; Chodorow 1985; Koellreuter 2000, 2010; Rohde-Dachser 1991)

35.2 Ergebnisse

Gendersensible Betrachtungsweise und ihre Folgen für psychosoziale frauenspezifische Interventionssysteme

Geschlecht generiert komplexe Ausgangsbedingungen für die Entwicklung von frauen- oder genderspezifischen Interventionen, wie z. B.
- »doppelte Vergesellschaftung von Frauen« (Becker-Schmidt 2006)
- Status, Anerkennung im Beruf
- Haltung und Umgang mit Körperlichkeit
- subjektive Gesundheitstheorien
- Umgang mit Krankheit und Gesundheit
- Schmerzempfinden
- Medikamentenkonsum
- Risikoverhalten
- Umgang mit Emotionen
- Ressourcen und Ressourcenmanagement
- geschlechtsspezifische Aspekte im Verhalten gegenüber und von Professionellen
- geschlechtsspezifische Erwartungen im Gesundheitssystem (s. Franke 2007, S. 64)

Die Rahmenmodelle von Gesundheit und Krankheit (psychosoziales Modell, Psychoanalyse, Verhaltenstheorie, humanistische Modelle, Kommunikations- und Systemtheorie, Salutogenese) integrieren in unterschiedlicher Weise, je nach Werthaltung und Institution, frauenspezifisches Wissen. Die Anwendung frauenspezifischer Behandlungsformen ist oft personengebunden oder findet in eigenen Zentren statt (s. Freytag 2003).

Die Arbeitsweisen stellen kein geschlossenes System im Sinne einer Schule dar. Die Handlungsorientierungen haben sich in der Auseinandersetzung mit den Debatten um Geschlechterdifferenz, strukturelle Benachteiligung und Entwicklung des Genderkonzepts ausdifferenziert. Es ist aber möglich *Axiome* frauenspezifischen Arbeitens zu benennen:
- Interventionssysteme sind ein »intermediärer Raum«, ein Raum, der als Puffer zwischen gesellschaftlichen Friktionen und den in der helfenden Beziehung erfahrbaren Bedürfnissen von Einzelpersonen gedacht ist (s. Großmaß 2005).
- Beratung und Therapie werden konzeptionell als Orte gesehen, an dem jenseits gesellschaftlicher Zuschreibungen Selbstachtung, -vertrauen und -bestimmung entwickelt werden können (z. B. Großmaß 2005; Orbach 1981; Scheffler 2007).
- Die Frau ist Expertin. Die Sichtweise der betroffenen Frau ist entscheidend, ihre subjektive Wirklichkeit bestimmt die Intervention, sie ist die Expertin ihres Lebens. Die Unterschiedlichkeit von Frauen, ihr Verständnis von Welt

aus der Perspektive ihrer sozialen Lage wird hervorgehoben (Bilden u. Dausien 2006; Enns 2003; Frauen helfen Frauen 2010; Sickendiek 2004). Die Arbeit ist getragen von der Unterstellung von Autonomie und Selbstverantwortlichkeit (Brückner 1998; Hartwig u. Weber 2000; Kavemann 1997).
- Weibliches Selbstverständnis ist wandelbar. Das Selbstverständnis wird situativ, kontextabhängig und kreativ verstanden. Strukturelle Benachteiligungen und biografische Erfahrungen bestimmen Verhaltensspielräume und Störungsmodi.
- Konfliktverständnis: Symptome und Erkrankungen werden in ihrer Bedeutung an gesellschaftliche Positionen und Lebenslagen gebunden und dann als persönliches Konfliktgeschehen bearbeitet (z. B. Belastungsstörungen durch Gewalt, Entzug sozialer Teilhabe). Eine Störung wird als multikausales Geschehen verstanden, wie in den Konzepten *environment model of psychopathology* (Kaschak 1992) und *self-in-relation* (Jordan u. Surrey 1991). Die Berücksichtigung der Lebenslage führt zur Verlagerung des im Symptom erscheinenden Konflikts von ausschließlich intrapsychischen zu interaktiven, kontextuellen Betrachtungsweisen. Der psychische Konflikt ist nicht nur ein Konflikt zwischen psychischen Repräsentanzen, z. B. Bedürfnisspannung und internalisierten Ansprüchen, er benötigt vielmehr auch eine eigene, interaktiv darstellende Bewältigung, um so Spannungen zwischen Selbstbefindlichkeit und Lebenszusammenhang ausgleichen zu können (Bilden u. Dausien 2006; Gahleitner et al. 2009; Kopala u. Keitel 2003; Scheffler 2010).
- Dominanz und Abhängigkeit: Da Geschlechterverhältnisse Dominanzen regeln, gilt diesem Aspekt in der Methodik besondere Aufmerksamkeit. Die Ungleichheit der Geschlechter bewirkt unterschiedliche Zugänge zu Macht und Einfluss. Autorität und Hierarchie werden äußerst kritisch gesehen und deshalb in beratenden und therapeutischen Arbeitszusammenhängen grundsätzlich reflektiert (Brown u. Ballou 1992). Ausgehend von der Kritik an Weiblichkeitsbildern in Medizin, Diagnostik und Therapie wird versucht, eine egalitäre Beziehungsstruktur zu fördern. Autoritäts- und Expertenzuschreibungen von seiten der Klientin werden hinterfragt, Übertragungsdynamiken nicht forciert, eigenständige Sichtweisen und Lösungsversuche der Betroffenen werden unterstützt. Dies soll dazu führen, dass kommunikative, intersubjektive Arbeitsweisen entstehen. Auf diese Weise sollen abhängige Beziehungsgestaltungen unterlaufen werden (Brown u. Ballou 1992; Enns 2003; Greenspan 1983; Großmaß 2010; Kaschak 1992; Scheffler 2010; Sickendiek 2004).
- Frau hat kein Geschlecht, »sie tut es«: Die Vorstellung von *doing gender* wird favorisiert. Das Wissen um die Variabilität von Geschlechtsrollenidentitäten wird zum Motor für die Dekonstruktion bewusster und unbewusster Rollenerwartungen, die Selbstverständnis und Lebensführung konfliktreich bestimmen. Die Vorstellung von weiblichen Eigenschaften als einem festgefügten stabilen Muster wird aufgeweicht.

- Frauenspezifische Therapie ist nicht eine neue Therapieschule im üblichen Sinne, sondern eine Erweiterung therapeutischer und beraterischer Vorgehensweisen.
- Frauenspezifisch Arbeitende »liegen« quer zu klassischen theoretischen und methodischen Prinzipien, sie haben die Genderperspektiven in ihren Ausprägungen in die jeweilige Psychotherapieform hineingetragen und damit theoretische, diagnostische und Handlungsbezüge verändert.

Die Stärken und Potenziale von Therapie und Beratung nach diesen Axiomen liegen in den verschiedenen Funktionen, die aufeinander verweisen und sich ergänzen können. Beratung kann sich zeitweise wie ein therapeutischer Prozess gestalten, aber sie folgt nicht wie Therapie einem Heilungsdiskurs, sondern einem integrativen Hilfediskurs.

Beratung

Die Projekte der Frauenbewegung waren der Motor der Professionalisierung von Beratung allgemein (s. Nestmann et al. 2004).

Mit der Erfahrung in Selbsthilfegruppen, dass allein Solidarisierung und geteilte Betroffenheit die Probleme der betroffenen Frauen nicht lösten, wurden Zugehensweisen erarbeitet, die aus dem Wissen um das System *gender* abgeleitet sind. Vor allem in der Bewältigung akuter Krisen und kritischer Lebensereignisse (Trennung, Scheidung, Statuspassagen, häusliche Gewalt, sexueller Missbrauch, Essstörungen) wurde psychosoziale Beratung professionalisiert, die durch ein ganzheitliches Problemverständnis (s. die oben aufgezählten Axiome) zu charakterisieren ist und Stabilisierung und Erweiterung von Handlungsspielräumen zum Ziel hat.

Beratung als institutionalisiertes Angebot dient der Abfederung gesellschaftlicher Brüche und Notlagen (soziale und wirtschaftliche Veränderungen, z. B. Arbeits- und Familienstrukturen). Dies führt zu erhöhten Anforderungen an die persönliche Lebensgestaltung. Arbeitslosigkeit, Flexibilisierung, Mobilität, die Entgrenzung von Zeitstrukturen weichen stabile Lebensverläufe auf und erfordern mehr Eigengestaltung (Wahlbiografien). Soziale Problemlagen werden nicht mehr als gesellschaftlich verursacht verstanden und erlebt, sondern als individuelles, persönliches Missgeschick betrachtet (Individualisierung sozialer Problemlagen; Beck 1986). Dies trifft besonders für weibliche Biografien zu, die vielfältiger, gestaltbarer und weniger planbar geworden sind. Spezielle Beratung ermöglicht hierbei die Unterstützung und Orientierung, die in gewandelten gesellschaftlichen Strukturen verlorengegangen ist. Beratung hat eine charakteristische Qualität und Reichweite. Sie ist politisch notwendig und gewollt zur Abfederung gesellschaftlicher Risiken und Brüche in Biografien im Sinne von Prävention und Stabilisierung (s. Nestmann 2004). Unter diesem Blickwinkel ist Beratung nicht die »kleine Schwester« der Psychotherapie oder die »billigere« Lösung im Gesundheits- und Sozialsystem. Beratung ist in einen Kontext einge-

bundene, offene, eklektische Orientierungs-, Planungs-, Entscheidungs- und Bewältigungshilfe. Beratung ist je nach Standort
- pädagogische Bildungschance,
- alltags- und lebensweltorientierte Bewältigungshilfe und
- therapienahe Intervention (klinische, medizinische Handlungsfelder).

Beratungsangebote stellen für Großmaß (2000) deshalb einen »Übergangsraum« zwischen Öffentlichkeit und Privatheit her. Sie umschreibt Beratungsarbeit als eine »Zwischenstruktur«. Individuelles kann mit Sozialem gleichsam wie in einer Pufferzone anders oder neu gestaltet werden, individuelles Probehandeln wird möglich.

Frauenspezifische Beratungsarbeit unterscheidet sich von lösungsorientierten Methodiken und Therapieorientierung durch ihre Nähe zur Theorie der Geschlechterverhältnisse (s. Sickendiek 2004). Charakteristisch für frauenspezifische Beratungsarbeit ist:
- Die kritische Haltung gegenüber scheinbar geschlechtslosen Beratungstheorien (z. B. systemische Beratung, personenzentrierte Gesprächsführung, Familientherapie).
- Die Auffassung, dass geschützte Räume notwendig sind.
- Die soziale Begründung psychischer Belastungen: Diese werden nicht als abweichend oder pathologisch definiert. Verhaltensweisen mit Symptomcharakter sind normale Reaktionen auf anormale Situationen. Diese Sichtweise entpathologisiert individuelle Krisen und Symptombildungen. Die prinzipielle Gestaltbarkeit von Selbstverständnis und Lebenschancen wird so betont.
- Frauenspezifische Beratung gewinnt aus der politisch sozialen Verortung ihre besondere Qualität. Arbeit in diesem Bereich versteht sich sowohl als »politisches Sprachrohr« für die Vertretung von Frauenrechten in der Öffentlichkeit wie auch als individuelles Unterstützungsangebot; Frauenberatung fungiert als politisch motivierte Dienstleistung (Scheffler 2007).
- Beratung reagiert direkt, ganzheitlich und unmittelbar auf sich verändernde Lebensverhältnisse im sozialen Feld und in aktuellen Problemlagen.
- Zum Repertoire gehören arbeitsfeldspezifische und -unspezifische Handlungskompetenzen, wie Beratungs-, Interaktions- und Faktenwissen zur jeweiligen Problemlage (Familien-, Scheidungsrecht, finanzielle Unterstützungssysteme) (s. Großmaß 2010).

Ziel ist es, Kommunikations- und Interaktionsprozesse professionell zu gestalten zur
- Bewältigung von Entscheidungsanforderungen,
- Bewältigung von Krisen und Prävention von Krisen,
- Gestaltung individueller Lebensverläufe,
- Bewältigung und Verminderung von akuten Problemlagen und

- Verringerung der Folgeprobleme psychischer, sozialer und materieller Notlagen (Großmaß 2010; Kopala u. Keitel 2003; Sickendiek 2004; Tatschmurat 2004; Teubner 2002).

Die frauenspezifische Beratung hat spezielle Zugehensweisen erarbeitet. Parteilichkeit, Ergebnisoffenheit, Freiwilligkeit, Offenheit, Abgrenzung von administrativen Maßnahmen und geschützter Rahmen sind methodisch durchaus Herausforderungen gegenüber verwaltungsorientierten Hilfesystemen. Der Beratungsansatz konnte so Konzepte wie Ressourcenorientierung und Selbstermächtigung als Ziel leicht integrieren, da beides das Konzept frauenspezifischer Lebenslagen ergänzt. Die kritische Befragung festgefügter Rollenbilder gehört zum Standard geschlechtspezifischer Beratungsarbeit. So kommt es immer wieder zu kontrovers diskutierten Handlungsorientierungen. Sie hängen eng zusammen mit dem Beharren auf dem Subjektstatus von Frauen, stehen in Widerspruch zu regelorientierten Handlungs- und Verwaltungsvollzügen und stellen die subjektive Erfahrung der Betroffenen in den Mittelpunkt (s. Großmaß 2010).

Selbsthilfe

Die Frauenbewegung verfügte über ein weitgespanntes Selbsthilfepotenzial: Aus der gesellschaftskritischen Haltung entstanden selbstorganisierte Projekte, z.B. Frauenbuchläden, Zentren mit Cafés, Gesundheitszentren; auch die ersten Frauenhäuser arbeiteten solidarisch, von der eigenen Betroffenheit her, um Gewaltverhältnisse öffentlich zu machen.

In dieser Anfangszeit hatten vor allem die aus den USA übernommenen *conciousness raising groups* den Charakter von Selbsthilfegruppen. Durch den Austausch persönlicher Erfahrungen in Gruppen wurden solidarische Erlebnisse über Anteilnahme und Betroffenheit ermöglicht, die Empörung und Handlungsbereitschaft stützten. Durch die Vergleichbarkeit des Ausgetauschten wurden strukturelle Normierungen für Frauen bewusst (*concious*). Diese Gruppen scheiterten letztlich an der eigenen Zielsetzung. Die Gruppen zerfielen, je belastender das Erzählte erlebt wurde und je sichtbarer das Störungspotenzial der Erzählenden war. Ohne Zweifel aber waren diese Gruppen Auslöser für die Politisierung mit dem Ziel, den Opferstatus von Frauen zu verdeutlichen und sich in eigenständigen Arbeitsformen von üblichen gesellschaftlichen Institutionen abzugrenzen. Dies mündete schließlich in die Projektkultur der Bewegung, die sich professionalisierte und eigene Institutionen mit antihierarchischen Organisationskulturen schuf.

Die Organisation »Wildwasser e.V.« als Beratungsstelle gegen sexualisierte Gewalt arbeitete lange als Selbsthilfegruppe und bietet nach wie vor Selbsthilfegruppen an (www.wildwasser.de). Die einzige Selbsthilfegruppe, die sich seit dieser Zeit erhalten hat, ist der »Notruf für vergewaltigte Frauen«: Die Ansprechpartnerinnen kümmern sich solidarisch um die Begleitung zu Polizei und Arzt und unterstützen die betroffenen Frauen in der Verfolgung ihrer Belange.

Geschlechtsspezifische Betrachtungsweisen

Körperlichkeit

Die Auseinandersetzung mit weiblichen Rollenbildern, den unterdrückenden und benachteiligenden Aspekten ist zentral. Unterdrückung und Vereinnahmung von Frauen durch Verfügungsmacht entfaltet(e) sich über die Kontrolle von Körperlichkeit, weiblichem Begehren, sexueller Selbstbestimmung, der Objektivierung und Funktionalisierung des weiblichen Körpers im Schönheitsideal einer männlich dominierten Kultur (Duden 1991; Hervé 1998; McRobbie 2010; Orbach 1982; Rommelspacher 1987; Scheffler 2009; Villa 2000; Wardetzki 1995). Der weibliche Körper ist Objekt der Begierde und kulturelles Kapital (Bourdieu 1992). Dieses Verhältnis wird skandalisiert und führte früh zur Betrachtung weiblicher Bewältigungsstrategien (Übergewicht, Bulimie, Magersucht). Susie Orbach beginnt diese Diskussion mit ihrem 1978 erschienenen Klassiker »Fat is a feminist issue« (dt.: Anti-Diätbuch). In diesem Bereich ist der Versuch, Genderaspekte mit individueller Konfliktdynamik zu verbinden und spezielle Handlungskonzepte zu verfolgen, deutlich sichtbar. Dabei geht es nicht so sehr darum, wie kritisiert wurde, Psychodynamik zu soziologisieren, sondern gesellschaftliche Anforderungen in ihrer Bedeutung bei der Darstellung einer individuellen Konfliktdynamik zu verstehen und in die Arbeit einzubeziehen (u. a. Bruch 1982; Gast 1989; Gerlinghoff u. Backmund 2008).

Die Diskussion der Essstörungen hat in einem feministischen Diskurs begonnen und sich durch diesen Anstoß differenziert und verbreitet (s. www.bzga-essstoerungen.de/index.php?id=147; www.essstoerungen-frankfurt.de). In der Behandlung von Essstörungen gibt es multimodale Zugehensweisen, die nicht nur auf die individuelle Konfliktdynamik fokussiert sind, eher ganzheitlich arbeiten und kreative, übungszentrierte Verfahren einbeziehen.

Gewalt im Geschlechterverhältnis

Frauenspezifische Arbeitsansätze lassen sich nicht von der Diskussion der Gewalt im Geschlechterverhältnis trennen. Gewalterfahrung ist mit gesellschaftlich tolerierter Diskriminierung, Chancenungleichheit, dominanten dichotomen Beziehungsstrukturen zwischen Frauen und Männern verknüpft. Der Diskurs zur häuslichen Gewalt entstand in Selbsthilfegruppen. Misshandlung, Entwürdigung, sexualisierte Gewalt wurden offenkundig und von der Frauenbewegung skandalisiert. »Das Private ist politisch!«

Seit der Gründung des 1. Berliner Frauenhauses (1976) sind die Organisation und Methodik des Arbeitens, die Konfliktdynamik der betroffenen Frauen ein zentrales Thema frauenspezifischer Forschung und Praxis (s. Brückner 1998; Büchele 2010; Gig-net 2008; Hagemann-White 2006).

Diese Antigewaltarbeit steht für einen ganzheitlichen Ansatz, der, getragen von einem politischen Verständnis des Rechts auf ein Leben in Würde und Sicherheit, Unterstützung und Hilfe anbietet. Die Entwicklung der Frauenspezifik ist gut zu verfolgen in Bezug auf Grundüberzeugungen und Methodik. Kritische und differenzierende Diskussionen zeigen die Weiterentwicklung in diesem Arbeitsbereich (www.autonome-frauenhaeuser-zif.de; www.frauenhauskoordinierung.de).

Die Frauenhausbewegung hat wichtige Forschungen ermöglicht, unter anderem die Studie zu »Lebenssituation, Sicherheit und Gesundheit von Frauen in Deutschland«, eine repräsentative Studie zu Ausmaß und Auswirkung von Gewalt im Geschlechterverhältnis (Müller u. Schröttle 2004). Gesetzesinitativen wurden realisiert, die den Schutz von Frauen fördern und Gewalt zum öffentlichen Problem machen (Gewaltschutzgesetz). Die schädigenden Folgen führen die WHO (2008) zum Schluss, dass Gewalt ein zentraler Risikofaktor für die Gesundheit von Frauen ist. Die Koinzidenz von Gewalterfahrung, psychischen Störungen, psychosomatischen Leiden und Suchterkrankungen ist mehrfach nachgewiesen (Hellbernd/Brzak 2006, zit. n. GiG-net 2008, S. 50 f.).

In dieser Antigewaltarbeit hat sich Beratung zu einer eigenständigen Methodik entwickelt. Sie orientiert sich – anders als Psychotherapie und ihre klinische Diagnostik – am unmittelbaren Bedarf und an der Förderung individueller und sozialer Ressourcen (s. Büchele 2010; Großmaß 2000; Sickendiek 2004; Gig-net 2008). Sie beruht auf den in der Beratung formulierten Grundprinzipien der Parteilichkeit, der Selbstermächtigung und Ergebnisoffenheit. Das Prinzip der Parteilichkeit, als Engagement für das Anliegen der Betroffenen, basiert auf dem Wissen um die Folgen von Gender, um die Dynamik von Gewalt in Paarbeziehungen und Familien. Diese schaffen Lebensformen für Frauen, die Abhängigkeit bedeuten, in denen ihre Position und Sichtweise abgewertet und umgedeutet werden. Erfahrungen werden so oft unglaubwürdig und bedeutungslos. Parteilichkeit heißt, den Blickwinkel der Betroffenen einzunehmen, ihr mit Respekt vor ihren Gefühlen zu begegnen, auch wenn diese ambivalent in der Beziehung zum Täter sind und die Frauen sich kaum lösen können (s. Brückner 1998). Dies verlangt die Reflexion von Geschlechterbildern und Wertvorstellungen seitens der Beraterin und das Begreifen von fremden und/oder irritierenden Vorstellungen und Verhaltensweisen der betroffenen Frau (s. Großmaß 2010; Hartwig u. Weber 2000; Sickendiek 2004; Tatschmurat 2004). Zusätzlich gibt es Informationswissen und Unterstützungsmöglichkeiten, die Stärkung und Stabilisierung nach erfahrener Gewalt zum Ziel haben. Eine realistisch gestaltete Beziehung steuert bewusst mögliche Übertragungs- und Abwehrdynamiken.

Ergebnisoffenheit ist trotz klarer Haltung zu Gewalt zentral, um die Eigenverantwortlichkeit der Betroffenen wertzuschätzen und sie in ihren Entscheidungen weder zu majorisieren noch zu überfordern.

Gewalttätige Beziehungen als kritische Lebensereignisse bedeuten methodisch Krisenbegleitung. Sicherheit und Schutz für Frauen und Kinder, Entlastung und so etwas wie Normalität sind wichtige Strukturbedingungen der Arbeit, die bei der Bewältigung stützen.

Traumatisierte Frauen werden stabilisiert, erlittene Gewalt wird anerkannt und mitgetragen mit stetigem Blick auf Ressourcen und die Möglichkeiten der Veränderung (s. Büchele 2010, S. 75 ff.).

35.3 Fazit

Dieser Beitrag versucht aus der Komplexität der Impulse, die aus der Frauenbewegung als sozialer Bewegung des 20. Jahrhunderts entstanden sind, die bedeutsamsten zu benennen und deren praktische Umsetzung zu erläutern. Die Impulse umfassen
- den politischen Anspruch auf Geschlechtergerechtigkeit,
- das Recht auf ein Leben in Würde und Sicherheit und
- die Reflexion der Geschlechterdifferenz als einer gesellschaftlichen Ordnungskategorie und deren Dekonstruktion.

Als soziale Bewegung entwickelt die Frauenbewegung in ihren Projekten spezifische Zugehensweisen in Therapie und Beratung, die sich kritisch mit gängigen Modellen auseinandersetzen und Interventionen ableiten, die diagnostische Setzungen vermeiden, den Zusammenhang zwischen Lebenskontext, Befindlichkeit und Handlungsspielraum betonen und die Rolle der Beratenden reflektieren. Frauenberatung hat spezifische Interventionssysteme zur Unterstützung bei Krisen und kritischen Lebensereignissen entwickelt. Die Präsenz als Unterstützungssytem in diesem Bereich ist hoch. Frauenspezifische Einrichtungen sind von ihrem Selbstverständnis her auch Akteurinnen im Bereich der politischen Arbeit im Sinne der genannten Ziele. Sie greifen Inhalte auf (z. B. Körperlichkeit und Gewalt gegen Frauen), die für die Integrität von Frauen besonders bedrohlich sind. Im Theorie-Praxis-Dialog mit der sich entwickelnden Geschlechterforschung werden wissenschaftliche Disziplinen und Organisationen hinsichtlich ihrer Aussagen und Haltungen zum Geschlechterverhältnis kritisch analysiert.

Zurzeit geht es eher darum, diese Erkenntnisse, die theoretisch, methodisch, klinisch, sozial und politisch die Bedeutsamkeit von Geschlecht als gesellschaftlicher Ordnungskategorie nachweisen, in die »Mainstream-Arbeit« zu integrieren. Die Verarbeitung der Ergebnisse der Genderforschung und Frauenprojektarbeit in Psychotherapie, Beratung, Supervision und Coaching sowie in therapeutischen Ausbildungscurricula steht noch weitgehend aus. Dabei bedarf es nicht so sehr neuer Ansätze, sondern der systematischen Integration von Genderwissen in bestehende Therapietheorien, Methodiken, Forschung und Organisationsmanagement.

Literatur

Beck U (1986). Risikogesellschaft. Auf dem Weg in eine andere Moderne. Frankfurt a. M.: Suhrkamp.
Becker R, Kortendiek B (Hrsg) (2008). Handbuch der Frauen- und Geschlechterforschung, Wiesbaden: VS Verlag für Sozialwissenschaften.

Becker-Schmidt R (2006). Theoretische und methodische Anmerkungen zu »Sozialisation und Geschlecht«. In: Bilden H, Dausien B (Hrsg). Sozialisation und Geschlecht. Opladen: Budrich; 289–307.

Benjamin J (1990). Die Fesseln der Liebe. Psychoanalyse, Feminismus und das Problem der Macht. Basel, Frankfurt a. M.: Stroemfeld.

Benjamin J (2002). Der Schatten des Anderen: Intersubjektivität, Gender, Psychoanalyse. Basel, Frankfurt a. M.: Stroemfeld.

Bilden H, Dausien B (Hrsg) (2006). Sozialisation und Geschlecht. Opladen: Budrich.

Bischof-Köhler D (2002). Von Natur aus anders. Die Psychologie der Geschlechtsunterschiede. Stuttgart: Kohlhammer.

Bourdieu P (1992). Ökonomisches Kapital – Kulturelles Kapital – Soziales Kapital. In: Bourdieu P (Hrsg). Die verborgenen Mechanismen der Macht. Hamburg: VSA; 49–80.

Brown LS (1992). A feminist critique of personality disorders. In: Brown LS, Ballou M (eds). Personality and Psychopathology – Feminists Re-appraisal. New York: Routledge; 206–29.

Brown LS, Ballou M (1992). Personality and Psychopathology – Feminists Re-appraisal. New York: Routledge.

Bruch H (1982). Der goldene Käfig. Frankfurt a. M.: Fischer.

Brückner M (1998). Wege aus der Gewalt gegen Frauen und Mädchen. Eine Einführung. Frankfurt a. M.: Fachhochschulverlag.

Büchele A (2010). Gewalt gegen Frauen: Viel erreicht! Wenig verändert? In: Frauen helfen Frauen Wien (Hrsg). In Anerkennung der Differenz. Gießen: Psychosozial-Verlag; 75–87.

Butler J (1990). Das Unbehagen der Geschlechter. Frankfurt a. M.: Suhrkamp.

Chodorow N (1985). Das Erbe der Mütter. Psychoanalyse und Soziologie der Geschlechter. München: Frauenoffensive.

Connell RW (2000). Der gemachte Mann. Konstruktion und Krise von Männlichkeiten. Opladen: Budrich.

Duden B (1991). Geschlecht, Biologie, Körpergeschichte. Bemerkungen zu neuer Literatur in der Körpergeschichte. In: Feministische Studien – Kulturelle und sexuelle Differenzen; 9. Jg. Nr. 2: 105–22.

Eagly AH, Beall AB, Sternberg RJ (2004). The Psychology of Gender. London, New York: Guilford.

Eichenbaum L, Orbach S (Hrsg) (1984). Feministische Psychotherapie. Auf der Suche nach einem neuen Selbstverständnis. München: Frauenoffensive.

Enns CZ (2003). Contemporary adaptions of traditional approaches to the counseling of women. In: Kopala M, Keitel MA (eds). Handbook of Counseling Women. Thousand Oaks, London, New Delhi: Sage; 3–22.

Franke A (2007). Zur Bedeutung des Geschlechts in den Rahmenmodellen von Gesundheit und Krankheit. In: Ztsch Frauenforsch Geschlechterstudien; 25: 63–75.

Franke A, Kämmerer B (Hrsg) (2001). Klinische Psychologie der Frau. Göttingen: Hogrefe.

Frauen helfen Frauen Wien (Hrsg) (2010). Frauenspezifische Beratung und Therapie. Gießen: Psychosozial-Verlag.

Freytag G (2003). Von der Avantgarde zur Fachfrau. Heidelberg: Asanger.

Gahleitner SB, Gunderson CL (Hrsg) (2009). Gender – Trauma – Sucht. Neues aus Forschung, Diagnostik und Praxis. Kröning: Asanger.

Gast L (1989). Magersucht: Der Gang durch den Spiegel. Zur Dialektik der individuellen Magersuchtentwicklung und gesellschaftlicher Strukturzusammenhänge. 4. Aufl. Pfaffenweiler: Centaurus.

Gerlinghoff MH, Backmund G (2008). Essen will gelernt sein. Weinheim: Beltz.

GiG-net (Hrsg) (2008). Gewalt im Geschlechterverhältnis. Erkenntnisse und Konsequenzen für Politik Wissenschaft und soziale Praxis. Opladen: Budrich.

Greenspan M (1983). A New Approach To Women And Therapy. New York: McGraw-Hill.

Großmaß R (2005, November). Bedarfsorientierte Beratung und Krisenintervention. In: Frauenhauskoordinierung e. V. Tagung in Berlin: www. Frauenhauskoordinierung.de; 11.05.06.

Großmaß R (2010). Frauenberatung im Spiegel von Beratungstheorie und Genderdiskursen. In: Frauen beraten Frauen (Hrsg). In Anerkennung der Differenz. Feministische Beratung und Psychotherapie. Gießen: Psychosozial-Verlag; 61–73.

Hagemann-White C (2006). Sozialisation – zur Wiedergewinnung des Sozialen im Gestrüpp individualisierter Geschlechterbeziehungen. In: Bilden H, Dausien B (Hrsg). Sozialisation und Geschlecht. Theoretische und methodologische Aspekte. Opladen: Budrich; 70–88.

Hartwig L, Weber M (2000). Parteilichkeit als Konzept der Mädchen- und Frauenarbeit. In: Hartwig L, Merchel J (Hrsg). Parteilichkeit in der sozialen Arbeit. Münster, New York, München, Berlin: Waxmann; 25–48.

Hervé F (Hrsg) (1998). Geschichte der deutschen Frauenbewegung. Köln: PapyRossa.

Jordan JV, Surrey JL (1991). The self in relation: empathy and the mother daughter relationship. In: Bernay T, Cantor DW (eds). The Psychology of Today's Women. Hillsdale: McGraw-Hill; 81–101.

Kaschak E (1992). Engendered Lives. A new Psychology of Women's Experience. New York: Harper Collins.

Kavemann B (1997). Zwischen Politik und Professionalität: Das Konzept der Parteilichkeit. In: Hagemann-White C, Kavemann B, Ohl L (Hrsg). Parteilichkeit und Solidarität, Praxiserfahrungen und Streitfragen zur Gewalt im Geschlechterverhältnis. Bielefeld: Waxmann; 179–219.

Koellreuter A (2000). Das Tabu des Begehrens. Zur Verflüchtigung des Sexuellen in Theorie und Praxis der feministischen Psychoanalyse. Gießen: Psychosozial-Verlag.

Koellreuter A (2010). Weder Analytikerin noch Analysandin. Keine ist Herrin im eigenen Haus. In: Frauen helfen Frauen (Hrsg). In Anerkennung der Differenz. Feministische Beratung und Psychotherapie. Gießen: Psychosozial-Verlag; 163–75.

Kopala M, Keitel MA (eds) (2003). Handbook of Counseling Women. Thousand Oaks, London, New Delhi: Sage.

Lange R (1998). Geschlechterverhältnisse im Management von Organisationen. München: Hampp.

Lorber J (1999). Gender-Paradoxien. Opladen: Leske + Budrich.

McRobbie A (2010). »What not to Wear« und postfeministische symbolische Gewalt. In: Top Girls Feminismus und der Aufstieg des neoliberalen Geschlechterregimes. Wiesbaden: VS Verlag für Sozialwissenschaften; 165–93.

Mitchell J (1976). Psychoanalyse und Feminismus. Frankfurt a. M.: Suhrkamp.

Müller U, Schröttle M (2004). Lebenssicherheit, Sicherheit und Gesundheit von Frauen in Deutschland. Eine repräsentative Untersuchung zu Gewalt gegen Frauen in Deutschland. Zusammenfassung zentraler Studienergebnisse. www.bmfsfj.de.

Nestmann F, Engel H, Sickendiek U (Hrsg) (2004). Das Handbuch der Beratung. Tübingen: dgvt.

Orbach S (1981). Das Antidiätbuch. München: Frauenoffensive.

Rohde A, Marneros M (Hrsg) (2007). Geschlechtsspezifische Psychiatrie und Psychotherapie. Ein Handbuch. Stuttgart: Kohlhammer.

Rohde-Dachser C (1991). Expedition in den dunklen Kontinent. Weiblichkeit im Diskurs der Psychoanalyse. Berlin, Heidelberg, New York: Springer.

Rommelspacher B (Hrsg) (1987). Weibliche Beziehungsmuster. Frankfurt a. M.: campus.

Scheffler S (2007). Beratung kann mehr. In: Standpunkte gegen Gewalt 2007 – Kooperation, Qualität, politische Perspektiven. Fachtagung des Bundesverbandes Frauenberatungsstellen und Frauennotrufe in Freising. Dokumentation. Zu beziehen unter bv-bff.de/dokumente/index.php?doc_rubrik=115 (Zugriff am 1. Juli 2012).

Scheffler S (2009). Patientenverhalten von Frau und Mann als soziales Konstrukt, Strukturmerkmal und Verhaltensset – Ergebnisse der Geschlechterforschung und ihre Bedeutung für beraterische Interventionssysteme. Integrative Therapie; 35: 37–51.

Scheffler S (2010). »… und sie bewegt sich doch!« Entwicklung und Zukunft frauenspezifischer Psychotherapie und Beratung. In: Frauen helfen Frauen Wien (Hrsg). Frauenspezifische Beratung und Therapie. Gießen: Psychosozial-Verlag; 45–61.

Schigl B (2012). Psychotherapie und Gender. Konzepte. Forschung. Praxis. Wiesbaden: Springer VS.

Sickendiek U (2004). Feministische Beratung. In: Nestmann F, Engel F, Sickendiek U (Hrsg). Das Handbuch der Beratung. Bd. 2. Tübingen: dgvt; 765–79.

Steins G (Hrsg) (2010). Handbuch der Psychologie und Geschlechterforschung. Wiesbaden: VS Verlag für Sozialwissenschaften.

Tatschmurat C (2004). Gender Troubles in der Beratung. In: Nestmann F, Engel F, Sickendiek U (Hrsg). Das Handbuch der Beratung. Bd. 2. Tübingen: dgvt; 231–43.

Teubner U (2002). Soziale Ungleichheit zwischen den Geschlechtern – kein Thema innerhalb der Systemtheorie? In: Göttert M, Walser K (Hrsg). Gender und soziale Praxis, Unterschiede: Diversity. Werkstattberichte des GFFZ. Königstein: Helmer; 232–63.

Villa PI (2000). Sexy Bodies. Eine soziologische Reise durch den Geschlechtskörper. Opladen: Leske + Budrich.

Wardetzki B (1995). Weiblicher Narzissmus. Der Hunger nach Anerkennung. München: Kösel.

West C, Zimmermann DH (1991). Doing gender. In: Lorber J, Farell SA (eds). The Social Construction of Gender. Newbury Park, CA, London: Sage; 13–31.

Worell J, Remer P (1992). Feminist Perspectives in Therapy. An Empowerment Model For Women. New York: Wiley.

Wyckhoff H (1977). Solving Women's Problems. New York: Random House.

36 Internetbasierte Therapie

Birgit Wagner

Inhalt

36.1 Einleitung 395
36.2 Was ist eine internetbasierte Psychotherapie? 396
36.3 Internetbasierte Traumatherapie nach sexueller Gewalt und
     Missbrauch 396
36.4 Online-Präventionsprogramm nach Verlust eines Kindes in der
     Schwangerschaft 399
36.5 Internetbasierte Traumatherapie im arabischen Kontext 400
36.6 Fazit 400

36.1 Einleitung

Das Internet ist innerhalb weniger Jahre in unserem Alltag angekommen und wird inzwischen mit der gleichen Häufigkeit genutzt wie beispielsweise das Fernsehen, Radio oder die Tageszeitung. Die Ergebnisse der ARD/ZDF-Onlinestudie 2010 (van Eimeren u. Frees 2010) belegen, dass 63 % der weiblichen Bevölkerung in Deutschland wenigstens gelegentlich das Internet nutzen und vor allem ein großer Zuwachs der Internetnutzung bei den über 50-jährigen Frauen zu verzeichnen ist. Im Vergleich zu den vergangenen Jahren nimmt der weibliche Anteil der Internetnutzer überproportional zu.

Männer und Frauen verhalten sich im Internet unterschiedlich. Männer nutzen das Internet häufiger und länger, wobei die Informationssuche im Mittelpunkt der Nutzung steht, wohingegen Frauen eher aktiv Online-Communitys (z. B. Facebook) für den sozialen Austausch nutzen. Im Bezug auf die Informationssuche gibt es Geschlechtsunterschiede im gesundheitlichen und medizinischen Bereich. Frauen nutzen gesundheitsorientierte Webseiten häufiger als Männer (Cohen u. Stussman 2009). Diese Ergebnisse zu Geschlechtsunterschieden bei der Internetnutzung spiegeln sich in Studien zur internetbasierten Psychotherapie wieder. Alle bisherigen Studien zur internetbasierten Psychotherapie »Interapy«, die im deutschsprachigen Raum durchgeführt wurden (Knaevelsrud u. Maercker 2007; Wagner u. Maercker 2009; Wagner et al. 2006), zeigen einen sehr hohen Anteil an Studienteilnehmerinnen (90–92 %). Das könnte bedeuten, dass Frauen gegenüber neuen internetgestützten Therapieangeboten eine hohe Akzeptanz aufzeigen. Im Folgenden wird das Vorgehen einer internetbasierten Therapie beschrieben und es werden drei internetbasierte Therapieangebote vorgestellt, die sich insbesondere an Frauen richten.

36.2 Was ist eine internetbasierte Psychotherapie?

Mit der Entwicklung des Internets entdeckt die Forschung neue Aspekte in der ärztlichen und psychotherapeutischen Kommunikation. In der normalen Sprechzimmertherapie spielt das physische Bild der therapeutisch Tätigen einschließlich aller sozialen und nonverbalen Signale (z. B. Körperhaltung, Gesichtsmimik, Augenkontakt) eine Rolle und entscheidet unter Umständen auch über das Zustandekommen oder Fortführen einer therapeutischen Beziehung. Hingegen ist die internetbasierte Kommunikation zwischen den Professionellen und den Hilfesuchenden deutlich reduziert und ermöglicht den Letztgenannten Spielraum, sich ihren »idealen Therapeuten« oder ihre »ideale Therapeutin« vorzustellen und auch so wahrzunehmen. Diese fehlenden Hintergrundinformationen über persönliche Merkmale der behandelnden und behandelten Person wie zum Beispiel Geschlecht, Alter und Aussehen können zu einer verstärkten Offenheit und sozialer Unbefangenheit führen. Das Phänomen der »Telepräsenz«, das Gefühl (oder die Illusion), dass eine reale oder virtuelle Person als präsent wahrgenommen wird, obwohl sie physisch abwesend ist, ermöglicht eine erhöhte Offenheit (Suler 2004). Dies kann vor allem bei Hilfesuchenden, die an stigmatisierenden Symptomen oder traumatischen Erlebnissen leiden, zu einem reduzierten Schamerleben führen. Gerade diese Personen vermeiden oft aus Schamgefühlen den therapeutischen Kontakt. Das erklärt vielleicht, weshalb trotz der reduzierten Kommunikationsform in allen bisher durchgeführten Interapy-Studien die erfasste Behandlungszufriedenheit in der Regel bei den Betroffenen sehr hoch eingeschätzt wird (Knaevelsrud u. Maercker 2006; Lange et al. 2001).

36.3 Internetbasierte Traumatherapie nach sexueller Gewalt und Missbrauch

In allen bisher durchgeführten internetbasierten Therapiestudien zur posttraumatischen Belastungsstörung (PTBS) hatte fast ein Drittel der Teilnehmerinnen sexuellen Missbrauch oder Vergewaltigung erfahren (Knaevelsrud u. Maercker 2007). Das heißt, die Nutzung von neuen Medien kann für Frauen, die sich entweder aus Gefühlen der Scham und Stigmatisierung nicht zu einer ambulanten Sprechzimmertherapie trauen oder für die es aufgrund von langen Wartezeiten auf einen Therapieplatz keine Behandlungsmöglichkeit gibt, eine neue Behandlungsoption darstellen.

Interapy heißt die von der Arbeitsgruppe von Alfred Lange von der Universität Amsterdam entwickelte Online-Therapie. Grundlage der Entwicklung von Interapy waren die Untersuchungen von James Pennebaker aus den 1980er Jahren (Pennebaker 1997). Hier konnte aufgezeigt werden, dass diejenigen Studienteilnehmenden, die mithilfe von strukturierten Schreibaufgaben mehrfach über traumatische Erlebnisse geschrieben hatten, nach der Schreibintervention deutlich geringere Traumasymptome aufwiesen als die Teilnehmenden der Kontrollgruppe. In einer ersten Internetstudie zur Behandlung von PTBS-Betroffenen konnte eine ebenso positive Wirkweise nachgewiesen werden (Lange et al. 2001). Inzwischen wurden insgesamt drei randomisierte Kontrollgruppenstudien für PTBS in niederländischer und deutscher Sprache durchgeführt, und die Therapie zeigte hohe Behandlungseffekte (Knaevelsrud u. Maercker 2007; Lange et al. 2001, 2003). Diese Behandlungseffekte konnten auch in einer 1,5-Jahres-Nachuntersuchung aufrechterhalten werden (Wagner u. Maercker 2007).

Aufgrund dieser ermutigenden Befunde wurde im Anschluss an die PTBS-Studien ein internetbasiertes Therapiemanual für von komplizierter Trauer Betroffene (Wagner et al. 2006; Wagner u. Maercker 2009) und ein internetbasiertes Präventionsprogramm für von komplizierter Trauer Betroffene entwickelt; beide bewirkten eine deutliche Reduzierung der komplizierten Trauersymptomatik (Wagner u. Maercker 2009).

Die Therapie besteht aus Psychoedukation und einem strukturierten Behandlungsmanual, das ein individualisiertes Feedback des Therapeuten oder der Therapeutin berücksichtigt. Die Therapie für PTBS hat eine Behandlungszeit von 5 Wochen, in denen Betroffene zweimal pro Woche zu festen Zeiten ihre Schreibzeiten haben, wobei auch die therapeutisch Tätigen angehalten sind, den Hilfesuchenden nach spätestens einem Werktag zu antworten. Die Patientin oder der Patient schreibt insgesamt 10 Texte.

Die Behandlung der PTBS erfolgt in insgesamt drei Therapiephasen. Am Anfang jeder Phase bestimmen die Betroffenen, an welchen Tagen und zu welcher Uhrzeit sie die Essays schreiben werden.

■ **Phase 1: Selbstkonfrontation.** In dieser Phase, die insgesamt vier Essays umfasst, steht die Selbstkonfrontation mit den schmerzhaftesten Erinnerungen, Gedanken und Gefühlen bezüglich des traumatischen Ereignisses im Mittelpunkt. Die Person wird gebeten, die schmerzhaftesten Momente und Augenblicke zu schildern. Die Texte sollten im Präsens und in der ersten Person, ohne Rücksicht auf Grammatik und chronologische Reihenfolge, geschrieben werden.

Beispieltext: »Ich möchte Sie nun bitten, in den nächsten beiden Texten aus der gesamten Situation, als Sie vergewaltigt wurden, einen Moment zu wählen. Einen Moment oder ein Bild, an das Sie kaum zu denken wagen, das Sie noch immer sehr beunruhigt. Meistens ist das ein Moment, der sich Ihnen immer wieder stark aufdrängt, der Gefühle auslöst und körperliche Reaktionen verursacht wie Schwitzen, kalte Hände oder Beklemmung.«

■ **Phase 2: kognitive Umstrukturierung.** In der zweiten Phase wird der Inhalt der vier Schreibaufgaben auf eine kognitive Umstrukturierung gerichtet. In dieser Phase schreiben die Betroffenen ihre Erfahrungen ein weiteres Mal auf, dieses Mal jedoch in Form eines unterstützenden Briefes an eine fiktive befreundete Person, der genau das Gleiche widerfahren ist wie der Patientin oder dem Patienten. Durch diesen Perspektivenwechsel werden die Teilnehmenden in die Lage versetzt, ihre eigenen automatisierten Gedanken infrage zu stellen. Die Person erhält nach dem sechsten Text eine Rückmeldung und eine neue Schreibanleitung.

Beispieltext: »Stellen Sie sich vor, eine erdachte Freundin hätte diese Texte geschrieben, nachdem sie das Gleiche durchgemacht hat wie Sie. Sie hat die gleichen Erfahrungen, die gleichen Gefühle und die gleichen Erinnerungen an die Vergewaltigung und muss damit weiterleben. Wenn Sie die Texte gelesen haben, schreiben Sie ihr einen unterstützenden Brief. Geben Sie ihr in diesem Brief Rat, wie sie das Geschehnis anders betrachten könnte.«

In dieser Behandlungsphase nehmen die Therapeutinnen oder Therapeuten bewusst dysfunktionale Gedanken auf, die von den Betroffenen in den vorangegangenen Texten geäußert wurden, und hinterfragen diese in unterstützender Art und Weise. Durch diesen Perspektivenwechsel werden die Teilnehmenden in die Lage versetzt, ihre eigenen automatisierten Gedanken infrage zu stellen.

Beispieltext: »Sie haben geschrieben, dass Ihre Freundin seit der Vergewaltigung starke Schuldgefühle hat, da sie sich nicht gegenüber dem Täter gewehrt hat. Wie könnte Ihre Freundin ihr Verhalten heute anders sehen? Was hätte passieren können, wenn sich Ihre Freundin zu Wehr gesetzt hätte?«

■ **Phase 3: social sharing.** In der abschließenden Phase steht das »social sharing« (andere teilhaben lassen) im Vordergrund. Das heißt, in den letzten beiden Schreibaufgaben verfassen die Teilnehmenden einen Brief, in dem sie von ihrer traumatischen Erfahrung Abschied nehmen und damit Abstand gewinnen. Diesen Brief richten sie an eine nahestehende Person (eine Person, die im Zusammenhang mit der traumatischen Erfahrung steht) oder an sich selbst. Hierbei geht es nicht um die tatsächliche Versendung des Briefes, sondern um den symbolischen und rituellen Charakter. Im Gegensatz zu den ersten beiden Phasen, in denen die Teilnehmenden ermutigt werden, frei heraus zu schreiben, achten die Therapeuten oder Therapeutinnen in dieser letzten Phase auch auf Stil, Rechtschreibung und Grammatik, um die Wichtigkeit dieses Briefes zu unterstreichen.

36.4 Online-Präventionsprogramm nach Verlust eines Kindes in der Schwangerschaft

Zahlreiche Studien haben nachgewiesen, dass Trauerreaktionen nach dem Verlust eines Kindes während der Schwangerschaft oder nach der Geburt zu komplizierten Trauerprozessen und psychischen Erkrankungen führen können (Kersting et al. 2004, 2005, 2010; s. auch Kap. 7 in diesem Buch). Allerdings erhält gerade diese Patientinnengruppe nur sehr unzureichende therapeutische Unterstützung. Zum einen verhindert häufig die Entfernung vom Wohnort zu einer Spezialeinrichtung oder Klinik die Inanspruchnahme von Therapieangeboten; zum anderen aber auch familiäre Verpflichtungen, da viele Mütter, die einen pränatalen Verlust erlebt haben, bereits Kinder haben und aus Mangel an einer Möglichkeit der Kinderbetreuung eine Psychotherapie nicht regelmäßig wahrnehmen können. Mütter, die einen Verlust eines Kindes in der Schwangerschaft zu bewältigen haben, sind in der Regel jüngere Menschen, die über einen Internetzugang verfügen und in ihrem Alltag dieses Medium nutzen. Aus diesem Grund liegt es nahe, das Internet auch für die therapeutische Kommunikation zu nutzen.

Die Grundlage für dieses Präventionsprogramm war das Behandlungsmanual für komplizierte Trauer (Wagner et al. 2005, 2006) und PTBS (Lange et al. 2001). Unterschiede zwischen den Behandlungsmanualen bestehen vor allem in der Phase der kognitiven Restrukturierung. Während es bei der PTBS-Behandlung in dieser Phase hauptsächlich darauf ankommt, das Erlebnis zu verarbeiten, geht es beim pränatalen Verlust auch darum, Schuldgefühle in Bezug auf den Tod des Babys und Gefühle von Mitverantwortlichkeit am Tode kritisch zu reflektieren. Ein weiterer Bestandteil dieser Phase ist das Entwickeln von Ritualen oder Aktivitäten, um dem verstorbenen Baby zu gedenken. Es geht hier vor allem darum, dem verstorbenen Kind einen festen Platz im Alltag zu geben. Neben den dysfunktionalen Gedanken werden auch Aspekte der posttraumatischen Reifung thematisiert, indem die Patientin auch nach positiven Auswirkungen und Veränderungen durch den Verlust des Babys gefragt wird. Die Patientin wird beispielsweise gefragt, ob sie etwas über die Welt oder das Leben entdeckt hat, das sie sonst gar nicht oder viel später entdeckt hätte. In einer Studie zu einer internetbasierten Therapie für komplizierte Trauer, die ähnliche Fragen zur persönlichen Reifung nach dem Tod eines nahen Angehörigen stellte, wurde nach Abschluss der Behandlung eine signifikante Zunahme der Werte für posttraumatische Reifung festgestellt (Wagner et al. 2007).

36.5 Internetbasierte Traumatherapie im arabischen Kontext

Das Internet findet auch in Krisengebieten und Konfliktregionen inzwischen eine immer weitere Verbreitung; dessen Informationsmöglichkeiten werden häufig vor allem für die aktuelle Sicherheitslage genutzt. Allerdings wird das Internet für humanitäre Zwecke selten in Anspruch genommen. Der Mangel an psychotherapeutischer Hilfe im Nahen Osten ist derzeit groß, und nur ein verschwindend kleiner Prozentsatz an traumatisierten Personen erhält tatsächlich Hilfe. Besonders Frauen bietet die internetbasierte Behandlungsmethode im arabischen Kontext eine neue Möglichkeit, in relativ anonymer Art und Weise therapeutische Hilfe aufzusuchen (Knaevelsrud et al. 2007).

Wie in den meisten kriegerischen oder bürgerkriegsähnlichen Auseinandersetzungen sind Frauen derzeit besonders häufig Opfer von sexueller Gewalt, Entführungen und Verschleppungen durch bewaffnete Gruppen. Arabische Frauen, die Opfer sexueller Gewalt werden, gelten vielerorts immer noch als entehrt und suchen sich trotz ihrer psychischen Beschwerden keine Hilfe. Diese Patientinnengruppe erlebt häufig Gefühle der Stigmatisierung und Scham und wagt es oft nicht, sich einer Person anzuvertrauen, da dies unter Umständen lebensbedrohliche Konsequenzen für sie haben kann. In der arabischen Version der Interapy-Behandlung für PTBS werden Patientinnen ausschließlich durch Therapeutinnen behandelt.

Das arabischsprachige virtuelle Behandlungszentrum für Traumaopfer im Irak »Iljanasfsy« (www.ilajnafsy.org) ist eines der ersten Projekte, die das Internet als Brücke zur psychotherapeutischen Versorgung in Konfliktregionen nutzen. Das Interapy-Behandlungsmanual für posttraumatische Belastungsstörungen wurde ins Arabische übersetzt und dem arabischen kulturellen Kontext angepasst. Die therapeutisch Tätigen sind Personen mit psychiatrischer und psychologischer Ausbildung aus dem Irak, Syrien, Dubai und Palästina. Erste Ergebnisse der Studie zeigen, dass dieses Behandlungsangebot vor allem von hoch traumatisierten Patientinnen in Anspruch genommen wird. Die Patientinnen waren häufig Zeuginnen oder Überlebende von Selbstmordanschlägen, Schießereien oder Entführungen (Wagner et al. 2012).

36.6 Fazit

Erste Studien zu internetbasierten Therapien zeigen, dass insbesondere Frauen dieses neue Therapieangebot nutzen. Das niedrigschwellige, quasi-anonyme Behandlungsangebot bietet vor allem Frauen, die Opfer von sexueller Gewalt und Missbrauch wurden, einen geschützten Rahmen, mit ihren Scham- und auch Schuldgefühlen umzugehen. Aber auch sehr spezielle Patientinnengruppen, wie beispielsweise Mütter nach dem Verlust ihres Kindes in der Schwangerschaft, erhalten ein spezifisches auf sie ausgerichtetes Behandlungsangebot, das sie sonst wegen verschiedener Faktoren nicht in Anspruch nehmen könnten. Aufgrund der starken Strukturierung durch das Behandlungsmanual kommt den Patientinnen bei der Interapy-Behandlung eine evidenzbasierte kognitive Verhaltenstherapie zugute. Die Resultate der vorgestellten Interapy-Studien für die PTSD stimmen weitgehend darin überein, dass die Behandlungseffekte groß und durchaus vergleichbar mit entsprechenden Face-to-face-Therapien sind.

Literatur

Cohen R, Stussman B (2009). Health information technology use among men and women aged 18–64: early release of estimates from the National Health Interview Survey, January–June 2009. National Center for Health Statistics. www.cdc.gov/nchs/data/hestat/healthinfo2009/healthinfo2009.htm (Zugriff am 9. Juli 2012).

Kersting A, Dorsch M, Kreulich C, Baez E (2004). Psychological stress response after miscarriage and induced abortion. Psychosom Med; 66: 795–6.

Kersting A, Dorsch M, Kreulich C et al. (2005). Trauma and grief 2–7 years after termination of pregnancy because of fetal anomalies – a pilot study. J Psychosom Obstet Gynaecol; 26: 9–14.

Kersting A, Kroker K, Steinhard J (2010). Psychiatric morbidity after termination of pregnancy for fetal anomaly. Am J Obstet Gynecol; 202: e6.

Knaevelsrud C, Maercker A (2006). Does the quality of the working alliance predict treatment outcome in online psychotherapy for traumatized patients? J Med Internet Res; 8: e31.

Knaevelsrud C, Maercker A (2007). Internet-based treatment for PTSD reduces distress and facilitates the development of a strong therapeutic alliance: a randomized controlled clinical trial. BMC Psychiatry; 7: 13.

Knaevelsrud C, Wagner B, Karl A, Mueller J (2007). New treatment approaches: integrating new media in the treatment of war and torture victims. Torture; 17: 67–78.

Lange A, van de Ven JP, Schrieken B, Emmelkamp PMG (2001). Interapy. Treatment of posttraumatic stress through the Internet: a controlled trial. J Behav Ther Exp Psychiatry; 32: 73–90.

Lange A, Rietdijk D, Hudcovicova M et al. (2003). Interapy: a controlled randomized trial of the standardized treatment of posttraumatic stress through the internet. J Consult Clin Psychol; 71: 901–9.

Pennebaker JW (1997). Writing about emotional experiences as a therapeutic process. Psychol Sci; 8: 162–6.

Suler J (2004). The online disinhibition effect. Cyberpsychol Behav; 7: 321–6.

Van Eimeren B, Frees B (2010). Fast 50 Millionen Deutsche online – Multimedia für alle? Media Perspektiven; 7–8: 334–49. www.media-perspektiven.de/5634.html (Zugriff am 9. Juli 2012).

Wagner B, Maercker A (2007). A 1.5-year follow-up of an Internet-based intervention for complicated grief. J Trauma Stress; 20: 625–9.

Wagner B, Maercker A (2009). Internet-based Preventive Intervention (CBT) for complicated grief: a pilot study. Pscicologia Applicata alla Medicina del Lavoro ed Ergonomia, Suppl. A.

Wagner B, Knaevelsrud C, Maercker A (2005). Internet-based treatment for complicated grief: concepts and case study. J Loss Trauma; 10: 409–32.

Wagner B, Knaevelsrud C, Maercker A (2006). Internet-based cognitive-behavioral therapy for complicated grief: a randomized controlled trial. Death Stud; 30: 429–53.

Wagner B, Knaevelsrud C, Maercker A (2007). Post-traumatic growth and optimism as outcomes of an internet-based intervention for complicated grief. Cogn Behav Ther; 36: 156–61.

Wagner B, Schulz W, Knaevelsrud C (2012). Efficacy of an Internet-based intervention for posttraumatic stress disorder in Iraq: a pilot study. Psychiatry Res; 95: 85–8.

37 Psychotherapeutische Begleitung bei onkologischen Erkrankungen am Beispiel des Mammakarzinoms

Melanie Wollenschein und Anke Rohde

Inhalt

37.1 Einleitung 403
37.2 Psychische Belastung und Störungen 403
37.3 Psychoonkologische Interventionen und ihre Wirksamkeit 405
37.4 Inhalte psychoonkologischer Interventionen 405
    Verarbeitung der Krebsdiagnose 406
    Körperliche Veränderungen 406
    Psychische Veränderungen 406
    Soziales Umfeld 407
    Bewältigungsmechanismen 407
    Zukunftsperspektive 407
37.5 Fazit 408

37.1 Einleitung

Das Mammakarzinom ist die häufigste Krebserkrankung bei Frauen mit 57 000 Neuerkrankungen pro Jahr. Brustkrebs zählt zu den gut heilbaren Krebserkrankungen; die Überlebensrate liegt nach 5 Jahren bei 81 %. Da aber keine Betroffene weiß, ob sie zu diesen Frauen gehört, bedeutet dies oft ein *Leben unter dem Damoklesschwert*. Unabhängig vom Verlauf der Krebserkrankung stehen Betroffene vielen Herausforderungen gegenüber: der Körper verändert sich, psychische Belastungen häufen sich, die Erkrankung zeigt Auswirkungen auf die Partnerschaft, das Familien- und Sozialleben.

37.2 Psychische Belastung und Störungen

■ **Prävalenz.** Eine Krebsdiagnose ist für viele Betroffene ein Schock mit Auswirkungen auf das seelische Gleichgewicht. Jedoch können die meisten Erkrankten nach einer Phase der Anpassung die Anforderungen selbst bewältigen. *Schätzungen für den psychoonkologischen Betreuungsbedarf liegen bei 30 bis 50 %* (Schwarz et al. 2008; Grimm et al. 2006; Mehnert u. Koch 2008).

Die meisten psychiatrischen Diagnosen in diesem Zusammenhang sind Anpassungsstörungen. Aber auch ausgeprägte depressive Störungen treten in etwa 10 bis 25 % auf, ebenso subsyndromale oder voll ausgeprägte posttraumatische Belastungsstörung (Mehnert et al. 2009). Die Belastungen lassen bei den meisten Frauen mit der Zeit nach, bei manchen bleiben sie auf einem hohen Niveau bestehen (Schwarz et al. 2008; Mehnert u. Koch 2008).

■ **Indikation für psychoonkologische Begleitung.** Die psychischen Reaktionen im Zusammenhang mit einer Krebserkrankung sind vielfältig. Die Abgrenzung zwischen »normaler Trauerreaktion« und manifester psychischer Störung ist notwendig, um weder eine Überversorgung der Frau zu riskieren – es bestünde die Gefahr einer reduzierten Selbstwirksamkeitserwartung – noch eine Unterversorgung – in diesem Fall könnte die Erkrankung chronifizieren.

Zur Ermittlung des psychoonkologischen Betreuungsbedarfs empfehlen die Fachgesellschaften inzwischen, alle Krebserkrankten hinsichtlich ihres Betreuungsbedarfs mittels Kurzfragebögen zu untersuchen (Screening). Hierfür besteht ein Expertenkonsens (Herschbach u. Weis 2008). Leitsymptome für Betreuungsbedarf sind laut Weis (Weis et al. 2006, S. 6):
- psychische Befindlichkeitsstörungen, insbesondere Angst und Depression
- psychovegetative Syndrome wie Schlafstörungen, Müdigkeit und Erschöpfung
- starke körperliche Beeinträchtigung
- zusätzliche familiäre oder partnerschaftliche Belastungen

> Eine bedarfsabhängige psychoonkologische Versorgung orientiert sich an folgenden drei Faktoren:
> - Diagnostik der psychischen Symptomatik mittels Selbst- und/oder Fremdbeurteilung
> - Wunsch und Motivation der Patientin
> - Inhalte der Intervention: Welche Bereiche der Lebensqualität werden als defizitär erlebt?

■ **Ressourcen.** In der Regel sind Brustkrebspatientinnen psychisch gesunde Frauen in einer Belastungssituation. Diese »normalen« Frauen verfügen meist über einen reichhaltigen Pool von Ressourcen. Wichtigster protektiver Faktor ist die vorhandene und als hilfreich erlebte soziale Unterstützung.

37.3 Psychoonkologische Interventionen und ihre Wirksamkeit

Bislang wurden am häufigsten psychoonkologische Interventionen in der Gruppe beschrieben. Die meisten gruppentherapeutischen Maßnahmen ergänzen ihr Programm um das Erlernen eines Entspannungsverfahrens.

- **Patientenschulungen.** Psychoedukative Programme zur Patientenschulung (z. B. Weis et al. 2006) werden als kurzzeitiges niedrigschwelliges Gruppenangebot durchgeführt. Zentrale Bestandteile sind interaktive Wissensvermittlung, Kommunikationstraining und Stressmanagement. Ziel ist es, die Betroffenen in ihrer Kompetenz im Umgang mit der Krankheit und im Gesundheitsverhalten zu stärken.

- **Supportiv-expressive Therapien.** Die supportiv-expressiven Gruppenprogramme (z. B. Classen et al. 2008) gehören zu den psychodynamischen Therapien. Sie legen ihren Schwerpunkt auf den Gefühlsausdruck zur Förderung der emotionsgesteuerten Krankheitsbewältigung und begleiten die Erkrankten meist über einen längeren Zeitraum (etwa 1 Jahr).

- **Kognitiv-behaviorale Therapien.** Kognitiv-verhaltenstherapeutische Manuale (z. B. Moorey u. Greer 2007) werden sowohl im Einzel- wie auch im Gruppensetting durchgeführt. Methoden der Krankheitsbewältigung umfassen kognitive Techniken wie den Umgang mit automatischen Gedanken, Emotionsausdruck und Emotionsmanagement sowie Aktivitätsplanung und Zukunftsplanung trotz krankheitsbedingter Einschränkungen.

- **Wirksamkeit.** Wirksamkeitsstudien zu psychoonkologischen Interventionen sind in ihren Ergebnissen uneinheitlich. Häufig werden nur dann positive Effekte festgestellt, wenn die Therapie nur von psychisch Belasteten in Anspruch genommen wird. Nicht effektiv sind Interventionen für alle Krebspatientinnen, unabhängig vom Belastungsgrad (Faller 2009). Die besten Effekte wurden für psychoedukative Programme ermittelt, die auch langfristig eine stabile Verbesserung bringen (Weis et al. 2009).

37.4 Inhalte psychoonkologischer Interventionen

Die Inhalte psychoonkologischer Interventionen werden im Folgenden dargestellt am Beispiel der Bonner Semistrukturierten Kurzzeitpsychotherapie für onkologische Patientinnen (BSKP-ONK) (Dorn et al. 2007; Dorn u. Wollenschein 2007). In dieser verhaltenstherapeutisch orientierten Therapie, die auf die speziellen Bedürfnisse von Brustkrebspatientinnen ausgerichtet ist, werden in sechs (zeitlich variabel einsetzbaren) Therapiebausteinen die für Betroffene relevanten Aspekte therapeutisch bearbeitet.

Verarbeitung der Krebsdiagnose

»Es ging alles so schnell, ich hab's noch gar nicht richtig begriffen.«

Für viele Frauen ist es wichtig, die Erlebnisse rund um die Diagnosemitteilung rückblickend nachzuerleben. Dies kann auch im Hinblick auf eine traumatische Verarbeitung wichtig sein. Die subjektive Krankheitsüberzeugung ist ein zentrales Thema. Besteht die Überzeugung, dass der Krebs durch eine belastete Psyche verursacht wurde, ist die Erwartung an die psychoonkologische Begleitung hoch (»Nur wenn ich psychisch gesund werde, werde ich auch körperlich gesund.«).

Körperliche Veränderungen

»Der Haarausfall war das Schlimmste an der ganzen Erkrankung!«

Die Veränderungen der weiblichen Brust können Auswirkungen für verschiedene Lebensbereiche haben: sexuelles Erleben, Körperbild und orthopädische Probleme. Frauen brauchen Zeit für die Auseinandersetzung damit. Eine schrittweise selbstbestimmte Annäherung z. B. an die Narbe nach der Operation hilft bei der Bewältigung. Als besonders belastend wird der nach außen sichtbare Haarverlust unter der Chemotherapie erlebt. Auch Bewegungseinschränkungen im Schulter-Arm-Bereich, Fatigue, Einschränkungen der Sexualfunktion und Inkontinenz können die Lebensqualität nachhaltig einschränken.

Trauern um die Verluste und lösungsorientierte Auseinandersetzung mit den Veränderungen helfen bei der Bewältigung.

Psychische Veränderungen

»Nie mehr kann ich so unbeschwert sein wie vor der Diagnose!«

Schwerpunkt dieses Moduls ist die Auseinandersetzung mit neuen oder auch intensiven Gefühlen. Viele Frauen stehen unter Druck, keine negativen Emotionen wie Angst oder Traurigkeit erleben zu dürfen, weil »positives Denken« wichtig für den Behandlungserfolg sei. Hier helfen Psychoedukation und Anleitung zum Emotionsmanagement, bei der es nicht darum geht, sich zu einem positiven Denken zu zwingen, sondern allen Gedanken und Gefühlen eine Berechtigung zuzugestehen. Insbesondere die Progredienzangst ist für viele Frauen ein permanenter Begleiter. Ziel ist, mit dieser Angst leben zu können, ohne dass die Lebensqualität nachhaltig eingeschränkt wird. Im Zentrum der Auseinandersetzung steht die Konfrontation mit den befürchteten Szenarien (s. auch Waadt et al. 2011).

Soziales Umfeld

»Anfangs haben sie mir alle Arbeit aus der Hand genommen, inzwischen werde ich wieder voll eingespannt, auch wenn ich manchmal nicht mehr kann.«

Zentral für dieses Modul ist die Kommunikation mit dem Umfeld: mit dem Partner, den Kindern, Eltern, Freunden, Kollegen und Nachbarn, aber auch mit den Ärztinnen und Ärzten. Frauen werden gestärkt, sich Personen zum Gedanken- und Gefühlsaustausch zu suchen, auch tabuisierte Themen wie Tod und Sterben zu thematisieren und Wünsche und Bedürfnisse zu äußern. Weitere Themen können sein, Schwäche einzugestehen, Hilfe zu fordern und Grenzen zu setzen.

Bewältigungsmechanismen

»Wenn ich das Malen nicht hätte, ich hätte längst aufgegeben.«

In diesem Baustein geht es neben den Kraftquellen auch um die Veränderungen infolge der Erkrankung: Fragen nach Veränderungen des Selbstwerts, der Identität; existenzielle, philosophische und religiös-spirituelle Fragen beschäftigen die Frauen mit zunehmendem Abstand vom akuten Krankheitsgeschehen. Auch die Auseinandersetzung mit einer Sinnsuche in dem Erlebten wird hier thematisiert.

Zukunftsperspektive

»Ich mache gar keine Pläne mehr …«

Durch die Einschränkungen, die die Erkrankung mit sich bringt, fällt es vielen Frauen schwer, eigene Wünsche und Pläne in Angriff zu nehmen. Hierzu gehören aber auch schmerzliche Auseinandersetzungen und Gespräche, z. B. bei deutlich begrenzter Lebenszeit. Nur durch offene Kommunikation kann die Betroffene wichtige Erfahrungen machen, z. B. alte Streitigkeiten beilegen, Danke sagen, persönlich bedeutsame Orte bereisen.

Fallbeispiel

Frau D., 54 Jahre, 5 Jahre nach Diagnose Brustkrebs, könnte eigentlich zufrieden sein. Sie nimmt sich viel Zeit für sich, ihre Beziehung zu ihrem Partner und zu ihrem Sohn bezeichnet sie als liebevoll. Sie geht interessanten Hobbys nach und hat viele Freundinnen. Trotzdem liegt »ein dünner grauer Schleier« über ihrem Leben. »Ich bin nicht mehr so unbeschwert, es gibt nur kurze Momente, in denen ich mir meiner Krankheit nicht bewusst bin.« Das Damoklesschwert eines möglichen Rezidivs schwebt für sie jederzeit sichtbar über ihr. Im Verlauf der Gespräche beginnt sie, sich mit dem bis dahin tabuisierten Thema Tod und Sterben auseinanderzusetzen. Am größten sei ihre Sorge, was aus ihrem Kind werde, da ihr Mann nicht der leibliche Vater sei. Mithilfe von Rollenspielen probiert sie verschiedene Arten des offenen Gespräches mit ihrem Mann über ihre Ängste aus. Trotzdem gelingt es ihr im Therapiezeitraum nicht, das Gespräch mit ihm zu suchen. Sie selbst beginnt wieder, das Thema Tod zu vermeiden, beendet auf eigenen Wunsch die Psychotherapie.

37.5 Fazit

Ein Mammakarzinom bedeutet für Frauen neben körperlichen und sozialen auch psychische Belastungen. Häufig entwickeln sich ängstliche und depressive Symptome, die aber in den überwiegenden Fällen im Laufe der Zeit remittieren. Jede zweite bis dritte erkrankte Frau hat während des Krankheitsverlaufs mindestens einmal psychoonkologischen Betreuungsbedarf.

Nach derzeitigem Erkenntnisstand sind psychoonkologische Interventionen wirksam bei psychisch belasteten Patientinnen. Bislang kann aber unser Gesundheitssystem den besonderen Bedarf dieser Klientel kaum decken. Psychotherapeutisch Tätige sollten, wenn es die Institution erlaubt, flexibel in ihren Angeboten sein: Kriseninterventionen, Kurzzeitpsychotherapien, Paar- oder Familiengespräche und flexible Behandlungsfrequenz entsprechen eher den Bedürfnissen der Betroffenen als eine »klassische« Psychotherapie mit 25 oder 45 Sitzungen im wöchentlichen Rhythmus.

Literatur

Classen CC, Kraemer HC, Blasey C et al. (2008). Supportive-expressive group therapy for primary breast cancer patients: a randomized prospective multicenter trial. Psychooncology; 17: 438–47.

Dorn A, Wollenschein M (2007). Psychische Aspekte und Basisinterventionen in der Brustkrebsbehandlung. Frauenheilkunde up2date; 5: 391–409.

Dorn A, Wollenschein M, Rohde A (2007). Bonner Semistrukturierte Kurzzeitpsychotherapie. Köln: Ärzte-Verlag.

Faller H (2009). Erfolg psychologischer Interventionen – ein Review. In: Koch U, Weis J (Hrsg). Psychoonkologie. Göttingen: Hogrefe; 189–98.

Grimm A, Voigt B, Schneider A et al. (2006). Psychosoziale Befunde im Rahmen der psychoonkologischen Versorgung von Mammakarzinompatientinnen. Geburtsh Frauenheilk; 66: 51–8.

Herschbach P, Weis J (Hrsg) (2008). Screeningverfahren in der Psychoonkologie. Berlin: Deutsche Krebsgesellschaft.

Mehnert A, Koch U (2008). Psychological comorbidity and health-related quality of life and its association with awareness, utilization, and need for psychosocial support in a cancer register-based sample of long-term breast cancer survivors. J Psychosom Res; 64: 383–91.

Mehnert A, Berg P, Henrich G, Herschbach P (2009). Fear of cancer progression and cancer-related intrusive cognitions in breast cancer survivors. Psychooncology; 18: 1273–80.

Moorey S, Greer S (2007). Kognitive Verhaltenstherapie bei Krebspatienten. München: Elsevier, Urban & Fischer.

Schwarz R, Krauss O, Höckel M et al. (2008). The course of anxiety and depression in patients with breast cancer and gynaecological cancer. Breast Care; 3: 417–22.

Waadt S, Duran G, Berg P, Herschbach P (2011). Progredienzangst: Manual zur Behandlung von Zukunftsängsten bei chronisch Kranken. Stuttgart: Schattauer.

Weis J, Brocai D, Heckl U, Seuthe-Witz S (2006). Psychoedukation mit Krebspatienten: Therapiemanual für eine strukturierte Gruppenintervention. Stuttgart: Schattauer.

Weis J, Brocai D, Heckl U (2009). Psychoedukative Gruppentherapie mit Krebspatienten. In: Koch U, Weis J (Hrsg). Psychoonkologie. Göttingen: Hogrefe; 212–24.

38 Psychotherapie bei ungewollter Kinderlosigkeit und in der Infertilitätstherapie

Almut Dorn und Tewes Wischmann

Inhalt

38.1 Einleitung 410
38.2 Eckdaten 410
38.3 Psychosoziale Unterstützung und Psychotherapie 412
38.4 Wirksamkeit 414
38.5 Fazit 414

38.1 Einleitung

Von ungewollter Kinderlosigkeit spricht man, wenn ein Paar über ein Jahr ungeschützten Geschlechtsverkehr ohne Eintritt einer Schwangerschaft angibt. Es gelten ungefähr 3 bis 9 % der Paare mit Kinderwunsch als ungewollt kinderlos. Das bedeutet, dass diese ca. 0,5 bis 1,4 Millionen Paare in Deutschland auf die Reproduktionsmedizin angewiesen sind, wenn sie ihren Wunsch realisieren wollen. Das Thema Reproduktionsmedizin verführt, wie andere Bereiche der »Hightech-Medizin« auch, zur Polarisierung. Dies betrifft insbesondere die psychosozialen Aspekte des unerfüllten Kinderwunsches und die Auswirkungen der assistierten Reproduktion (ART). Stereotype wirken hier häufig stärker als die wissenschaftlichen Fakten, die hier aufgezeigt werden sollen.

38.2 Eckdaten

Es ist von einer weiteren Zunahme ungewollter Kinderlosigkeit auszugehen, da das Durchschnittsalter der Erstgebärenden ansteigt, was als wichtigster prognostischer Faktor für die Erfüllung des Kinderwunsches gilt (zur Übersicht s. Dorn u. Wischmann 2012). Spektakuläre Medienberichte über ältere Mütter – wie z. B. über die Sängerin Gianna Nannini, die mit 54 Jahren erstmals Mutter wurde – suggerieren grenzenlose Möglichkeiten der ART, die dann allerdings in Deutschland nicht erlaubte Behandlungsverfahren beinhaltet (wie z. B. die Eizellspende).

In der Psychosomatik dominierte über Jahrzehnte ein stark pathologieorientierter Blick, fast ausschließlich auf die »sterile Frau«. In der Laienpresse, aber auch in aktuellen Fachbüchern werden Paare mit unerfülltem Kinderwunsch weiterhin häufig in psychischer Hinsicht pathologisiert: So seien diese – insbesondere die Frauen – in ihrer Persönlichkeit stark gestört, hätten unbewusst erhebliche Ängste bezüglich Schwanger- oder Elternschaft, oder die Partnerschaft lasse aufgrund unbewusster Konflikte eine Schwangerschaft nicht zu.

Systematische Studien entkräften solche Vorurteile durchweg. Im Durchschnitt erscheinen Paare mit Kinderwunsch psychisch unauffällig. Es zeigen sich nur eine leicht erhöhte Depressivität, Ängstlichkeit und vermehrt Körperbeschwerden bei vielen Frauen, die plausibel als Folge der reproduktionsmedizinischen Diagnostik und Therapie interpretiert werden können.

Nach der Leitlinie »Psychosomatisch orientierte Diagnostik und Therapie bei Fertilitätsstörungen« (Strauß et al. 2004) liegt eine *verhaltensbedingte Fertilitätsstörung* nur dann vor, wenn

- ein Paar trotz ärztlicher Aufklärung weiter ein die Fruchtbarkeit schädigendes Verhalten praktiziert (z. B. Ernährungsweise, vor allem Über- und Untergewicht, Hochleistungssport, Genussmittel- und Medikamentenmissbrauch, extrem beeinträchtigender beruflicher Stress, z. B. Wechselschicht bei beiden Partnern),
- ein Paar gar keinen Geschlechtsverkehr an den fruchtbaren Tagen praktiziert oder eine nichtorganisch bedingte dauerhafte sexuelle Funktionsstörung vorliegt und
- ein Paar eine aus medizinischer Sicht notwendige Kinderwunschtherapie zwar bewusst bejaht, diese dann aber – auch nach langer Bedenkzeit – doch nicht beginnt, also beispielsweise die Prüfung der Eileiterdurchgängigkeit oder die Spermiogrammerstellung immer wieder aufschiebt.

Nach konservativer Schätzung liegt die Prävalenz einer verhaltensbedingten Infertilität nach dieser Definition bei insgesamt ca. 5 bis maximal 10 % der Gesamtinfertilität (Wischmann 2012).

Die entscheidende Zahl der Reproduktionsmedizin, die Lebendgeburtenrate, ist über die Jahre nahezu gleich geblieben. Kupka et al. (2009, S. 524) kommen pro Zyklus der In-vitro-Fertilisation (IVF) und intrazytoplasmatischen Spermieninjektion (ICSI) (ohne Kryotransfer, d. h. Transfer zuvor eingefrorener Embryonen im Vorkernstadium) auf durchschnittlich 20 % Lebendgeburtenrate. Dieser Zahlenangabe zufolge bleibt nach 3 abgeschlossenen Behandlungszyklen durchschnittlich die Hälfte der Paare kinderlos (nach 4 Zyklen noch 40 %). Dieser Prozentsatz zur kumulativen Lebendgeburtenrate verdeutlicht die Notwendigkeit, in der psychosozialen Beratung rechtzeitig den »Plan B« zu thematisieren.

Mit den nach ART vermehrt auftretenden Mehrlingsschwangerschaften sind erhebliche medizinische und psychische Risiken sowohl für die werdende Mutter als natürlich auch für die Kinder zu erwarten. Aber auch Einlinge nach ART weisen im Durchschnitt ein niedrigeres Geburtsgewicht auf. Sie sind häufiger Frühgeburten als spontan gezeugte Kinder. Nach assistierter Reproduktion ist bei jeder 12. Schwangerschaft mit einer schweren Fehlbildung zu rechnen (nach einer Spontankonzeption bei jeder 15. Schwangerschaft) (Wunder 2005).

Für die psychosoziale Kinderwunschberatung spielen sowohl die kumulativen Geburtenraten nach ART als auch die Risiken eine gewichtige Rolle, da psychosoziale Berater und Beraterinnen häufiger mit den Risiken und den Misserfolgen der ART konfrontiert sind als Fachleute der Reproduktionsmedizin.

Die psychische Belastung während der ART begründet sich unter anderem durch Fehlversuche und vermehrte *Verlusterlebnisse*. Nach dem Embryonentransfer bei IVF und ICSI haben die Frauen häufig das Bild eines bereits werdenden Kindes innerlich repräsentiert. Die Nachricht, dass keine Schwangerschaft eingetreten ist, wird dann nicht nur mit Enttäuschung aufgenommen, sondern mit dem Gefühl, eine Art Fehlgeburt erlitten zu haben, auch wenn das nicht der medizinischen Definition entspricht. Zudem kommen Fehlgeburten nach ART häufiger vor als nach Spontanschwangerschaften. Die Ängste vor und nach Aborten sind sehr hoch, da das Erreichen der Schwangerschaft bereits viel körperliche und psychische Energie (und Geld) gekostet hat. Weiterhin stellen die Frauen nach Aborten oder Totgeburten erneut ihre »Fähigkeit«, ein Kind auszutragen, infrage. Die Trauer geht dann oft einher mit starker Selbstabwertung, Schuldgefühlen und gemindertem Selbstbewusstsein. Häufig werden innere Anspannung und starke Ängste für Fehlgeburten verantwortlich gemacht. Manche Kinderwunsch-»Ratgeber« unterstützen eine solche Sichtweise noch. Aus wissenschaftlicher Sicht gibt es aber hierfür keinerlei Hinweise. Von einem erhöhten Beratungs- und Betreuungsbedarf dieser Frauen ist auszugehen, sowohl zur Verarbeitung der Verluste als auch zur Entlastung von Schuldgefühlen aufgrund vermeintlicher Inkompetenz. Der Beratungs- und Betreuungsbedarf besteht natürlich auch während weiterer Behandlungsversuche (Rohde u. Dorn 2007).

38.3 Psychosoziale Unterstützung und Psychotherapie

In einer Studie an über 1 300 Frauen in reproduktionsmedizinischer Behandlung sagten 57 % der Befragten, sie würden eine psychosoziale Kinderwunschberatung in Anspruch nehmen, wenn sie angeboten würde, aber dieses war dann trotz Angebot nur bei 14 % tatsächlich der Fall. Retrospektiv betrachtet wird Kinderwunschberatung allerdings wesentlich mehr wertgeschätzt. Wenn die psychosoziale Beratung ein integraler Bestandteil der Behandlung ist, können Akzeptanzraten von bis zu 80 % erreicht werden (Wischmann 2009a).

Der psychosoziale Beratungsbedarf der Betroffenen wird unterschiedlich eingeschätzt: Frauenärztinnen gehen durchschnittlich von einem deutlich höheren Beratungsbedarf aus als Frauenärzte. Bisherige Studien haben übereinstimmend ergeben, dass Infertilität von sehr vielen Frauen als schlimmste emotionale Belastung empfunden wird. Hinzu kommt die nicht nur zeitlich, sondern auch emotional und zudem finanziell aufwendige reproduktionsmedizinische Behandlung. Partnerschaftsqualität und sexuelle Zufriedenheit nehmen durchschnittlich mit der Dauer der Behandlung ab, bleiben aber weitgehend im Bereich der Fragebogennormen. Wegen invasiver Diagnostik (z. B. beim »Verkehr nach Termin« für den Postkoitaltest [Prüfung, ob Spermien den Gebärmutterhalsschleim durchdringen können]) berichten bis zu 60 % der Paare über zeitweise Einschränkungen in der Sexualität (Wischmann 2009b). Nach Edelmann und Connolly (2000) beruht die Behauptung, dass Frauen auf Infertilität mit größerer emotionaler Belastung reagieren als ihre Partner, auf überholten Geschlechtsstereotypen und wird durch Forschungsergebnisse nicht gestützt. Tatsächlich erbrachte beispielsweise eine Studie an 162 Paaren vor ART, in der die Belastung für jeweils das Paar berechnet wurde (und nicht wie sonst gehandhabt im Gruppenvergleich Frauen vs. Männer), dass die Unterschiede in der emotionalen Belastung zwischen Frauen und Männern nahezu unerheblich sind (Chachamovich et al. 2009). Auch eine australische Studie zeigt, dass Männer ebenso unter der Kinderlosigkeit leiden wie Frauen und sich auch nicht besser an diesen Zustand adaptieren (Fisher et al. 2010). Ebenso räumt eine dänische Untersuchung mit üblichen Vorurteilen auf. Männer leiden unter der Kinderlosigkeit unabhängig von eigener Infertilität; sie gehen überwiegend offen mit der Problematik um (Peronace et al. 2007). Die bestehenden psychosozialen Beratungsangebote erreichen jedoch eher Frauen als Männer.

Stammer et al. (2004) nennen folgende *Beratungsziele*:
- Paare sollen die Kinderlosigkeit besser bewältigen können und die Kommunikation miteinander, mit den Ärzten und Ärztinnen und mit dem sozialen Umfeld verbessern.
- Berater und Beraterinnen sollen Entscheidungshilfen zu den medizinischen Therapieschritten anbieten und damit verbundene mögliche Paarkonflikte im Vorfeld verhindern helfen oder mindern.
- Beratungsfokus sollte sein, den Paaren bei der Bewältigung dieser Krise zu helfen und ein die Fertilität schädigendes Verhalten aufzuzeigen, nicht aber primär möglichen unbewussten Konflikten gegenüber einer Elternschaft nachzuspüren.
- Die emotionalen Krisen (»Achterbahn der Gefühle«) und sexuellen Funktionsstörungen während der medizinischen Diagnostik und Therapie gilt es zu antizipieren, aktiv anzusprechen und zu akzeptieren, da dieses meistens zur Entlastung des Paares führt.
- Psychosoziale Berater und Beraterinnen sollten auf das gegebenenfalls unterschiedliche emotionale Erleben beider Partner des Kinderwunschpaares eingestellt sein.
- Und schließlich sollte die Kinderwunschberatung es dem Paar ermöglichen, sich vom »Traum vom eigenen Kind« zeitweise – und gegebenenfalls auch endgültig – zu verabschieden, um das Leben »außerhalb des Kinderwunsches« wieder zu entdecken (Wischmann u. Stammer 2010).

Eine Übersicht über die verschiedenen *Beratungssettings* (einzeln, Paar, Gruppe) geben Van den Broeck et al. (2010). Eine *Psychotherapie* aufgrund ungewollter Kinderlosigkeit ist in der Regel nicht notwendig, außer bei Vorliegen entsprechender Indikationen (z. B. Entwicklung einer Depression).

38.4 Wirksamkeit

Frauen oder Paaren mit unerfülltem Kinderwunsch kann eine qualifizierte psychosoziale Beratung zur emotionalen Entlastung empfohlen werden. Voraussetzung ist die Einhaltung wissenschaftlich abgesicherter Qualitätsstandards durch die jeweiligen psychosozialen Berater und Beraterinnen (Kleinschmidt et al. 2008). Ablauf, Inhalt und Ziele der Beratung sollten von vornherein transparent sein. Auch das Erlernen von Entspannungsverfahren wie das Autogene Training kann betroffenen Frauen (und Männern) angeraten werden. Für Paare vor »third party reproduction« (wie z. B. einer Spendersamenbehandlung) sind edukative Gruppenangebote als hilfreich zu erachten. Obwohl die Studienergebnisse aus Sicht der evidenzbasierten Medizin noch uneinheitlich sind, ist eine Erhöhung der Schwangerschaftsraten während ART durch Teilnahme an einer begleitenden psychologischen Intervention unwahrscheinlich (es sei denn, die ursächlichen Faktoren einer psychogenen Fertilitätsstörung konnten erfolgreich bearbeitet werden). Darüber sollten Frauen und Paare aufgeklärt, in jedem Falle ihnen keine Illusionen gemacht werden. Andere psychosoziale Interventionsangebote (wie z. B. das Lesen von Ratgeberbüchern oder die Teilnahme an Internetforen) werden zwar von vielen Betroffenen als hilfreich eingeschätzt, ihre Wirksamkeit ist aber wissenschaftlich noch nicht genügend evaluiert worden.

38.5 Fazit

Nach Revermann und Hüsing sollten alle Paare vor und in reproduktionsmedizinischer Behandlung niederschwellig Zugang zu einer psychosozialen Beratung erhalten. Dieser Zugang sollte zu allen Zeitpunkten einer reproduktionsmedizinischen Behandlung zur Verfügung stehen, aber auch für Paare offen sein, die sich keinem Verfahren der ART unterziehen. Schließlich sollte das Beratungsangebot auch Familien nach ART (insbesondere nach Gametenspende) und ungewollt kinderlos gebliebene Paare als Zielgruppen ansprechen. Eine routinemäßige psychologische *Begutachtung* von Paaren im Vorfeld einer reproduktionsmedizinischen Behandlung ist nicht erforderlich (Revermann u. Hüsing 2011, S. 175 f).

Stöbel-Richter et al. (2011) weisen darauf hin, dass trotz des anerkannt hohen Stellenwertes der psychosozialen Kinderwunschberatung in Deutschland deren praktische Umsetzung häufig noch stark eingeschränkt ist. Neben den zugrunde liegenden strukturellen Defiziten (mangelnde Anbindung an das IVF-Zentrum und ungeregelte Finanzierung der Beratungsleistungen) scheint auch die Informationspolitik zur psychosozialen Beratung deren ungenügende Inanspruchnahme zu erklären. In der Praxis sollte die Effektivität dieser Beratung daher offensiver kommuniziert werden. Nach Stöbel-Richter et al. (2011) wären ein obligatorischer Hinweis auf eine behandlungsunabhängige psychosoziale Beratung und dessen Dokumentation durch den behandelnden Arzt oder die Ärztin als integraler Bestandteil der ART sinnvoll.

Literatur

Chachamovich J, Chachamovich E, Fleck MP et al. (2009). Congruence of quality of life among infertile men and women: findings from a couple-based study. Hum Reprod; 24: 2151–7.

Dorn A, Wischmann T (2012). Psychosomatik und psychosoziale Betreuung. In: Diedrich K, Griesinger G, Ludwig M (Hrsg). Reproduktionsmedizin. Heidelberg: Springer; 483–501.

Edelmann R, Connolly K (2000). Gender differences in response to infertility and infertility investigations: real or illusory? B J Health Psychol; 5: 365–75.

Fisher JR, Baker GH, Hammarberg K (2010). Long-term health, well-being, life satisfaction, and attitudes toward parenthood in men diagnosed as infertile: challenges to gender stereotypes and implications for practice. Fertil Steril; 94: 574–80.

Kleinschmidt D, Thorn P, Wischmann T (2008). Kinderwunsch und professionelle Beratung. Das Handbuch des Beratungsnetzwerkes Kinderwunsch Deutschland (BKiD). Stuttgart: Kohlhammer.

Kupka M, Bühler K, Felberbaum R (2009). Qualitätssicherung und Qualitätskontrolle in der Reproduktionsmedizin. Nationale und internationale Einrichtungen. Gynäkologe; 42: 522–34.

Peronace LA, Boivin J, Schmidt L (2007). Patterns of suffering and social interactions in infertile men: 12 months after unsuccessful treatment. J Psychosom Obstet Gynaecol; 28: 105–14.

Revermann C, Hüsing B (2011). Fortpflanzungsmedizin – Rahmenbedingungen, wissenschaftlich-technische Fortschritte und Folgen. Berlin: Edition Sigma.

Rohde A, Dorn A (2007). Gynäkologische Psychosomatik und Gynäkopsychiatrie. Das Lehrbuch. Stuttgart: Schattauer.

Stammer H, Verres R, Wischmann T (2004). Paarberatung und -therapie bei unerfülltem Kinderwunsch. Göttingen: Hogrefe.

Stöbel-Richter Y, Thorn P, Kentenich H et al. (2011). Umfrageergebnisse zum Stellenwert psychosozialer Beratung in reproduktionsmedizinischen Zentren in Deutschland – eine Pilotstudie. J Reproduktionsmed Endokrinol; 8: 416–23.

Strauß B, Brähler E, Kentenich H (Hrsg) (2004). Fertilitätsstörungen – psychosomatisch orientierte Diagnostik und Therapie. Leitlinie und Quellentext. Stuttgart: Schattauer.

Van den Broeck U, Emery M, Wischmann T, Thorn P (2010). Counselling in infertility: individual, couple and group interventions. Patient Educ Couns; 81: 422–8.

Wischmann T (2009a). Implikationen der psychosozialen Unterstützung bei Fertilitätsstörungen – eine kritische Bestandsaufnahme. J Reproduktionsmed Endokrinol; 6: 214–22.

Wischmann T (2009b). Sexualstörungen bei Paaren mit Kinderwunsch. Sexuologie 16: 111–21.

Wischmann T (2012). Einführung Reproduktionsmedizin. Medizinische Grundlagen – Psychosomatik – Psychosoziale Aspekte. PsychoMed compact. München: Reinhardt UTB.

Wischmann T, Stammer H (2010). Der Traum vom eigenen Kind. 4. Aufl. Stuttgart: Kohlhammer.

Wunder D (2005). Fehlbildungen nach assistierter Reproduktionsmedizin. Gynäkologe; 38: 33–8.

III Gute psychotherapeutische Praxis in der Psychotherapie mit Frauen

39 Welcher Psychotherapiebedarf für wen? Geschlechtsspezifische Aspekte

Martina Belz und Anita Riecher-Rössler

Inhalt

39.1 Einleitung 419
39.2 Lebensbedingungen und soziale Realität. 422
39.3 Gesundheitszustand, Gesundheitsverständnis und
       Gesundheitsverhalten. 422
39.4 Häufigkeit und Verbreitung von psychischen Störungen 424
39.5 Entwicklung und Verlauf von psychischen Störungen 425
39.6 Psychotherapeutische Versorgung und Behandlung 426
39.7 Psychotherapieforschung 427
39.8 Aus- und Weiterbildung 428
39.9 Fazit: Gleichbehandlung heißt nicht gleiche Behandlung 429

39.1 Einleitung

In den 1970er und 1980er Jahren begann sich die Psychotherapieforschung, inspiriert durch Kieslers Kritik am Uniformitätsmythos (Kiesler 1966), vermehrt mit differenziellen Aspekten auseinanderzusetzen, d. h. mit der Frage: »Welche Therapie, durch wen angewandt, unter welchen Bedingungen, bei welchen Patienten und Patientinnen bewirkt welche Effekte?« (Paul 1967). Ein zeitgleich durch die Frauenbewegung initiierter gesellschaftlicher Wertewandel, in dem traditionelle Rollenbilder kritisiert und eine Gleichbehandlung von Männern und Frauen gefordert wurden, beeinflusste vor allem in den Human- und Gesellschaftswissenschaften auch wissenschaftliches Denken und Handeln, sodass sich die Psychotherapieforschung mit der Frage auseinanderzusetzen begann, ob es einen geschlechtsbezogenen Therapiebedarf gibt. Passend zu dieser Entwicklung schlug Oakley (1972) eine begriffliche Unterscheidung der anatomisch-biologischen und der sozialen, politischen, ethnischen und ökonomischen Perspektive vor, unter der die Geschlechter gesehen werden sollten. Mit *Gender* bezeichnete sie die soziale, gesellschaftlich geprägte und geformte Geschlechtsrolle, mit *Sex* die biologische Dimension des Geschlechts. Der Boden für eine geschlechtersensible Psychotherapiepraxis und -forschung war also bereitet.

1970 wurde auch die inzwischen klassische Studie von Broverman et al. (1970) zum Doppelstandard seelischer Gesundheit publiziert; sie verdeutlichte, wie auch klinische Experten und Expertinnen in ihrer Arbeit durch traditionelle Geschlechtsrollenzuschreibungen bestimmt werden. So war das Bild, das Therapeutinnen und Therapeuten zu der Zeit von einem gesunden Menschen hatten, einseitig und männlich geprägt. Beim Vergleich des gesunden Menschen mit einem gesunden Mann und einer gesunden Frau zeigte sich, dass das Bild des gesunden Menschen mit dem Bild des gesunden Mannes (Aggressivität, Rationalität, Unabhängigkeit, Gelassenheit u. ä.) übereinstimmte, dass aber das Bild der gesunden Frau (gefühlvoll, nachgiebig, wenig aggressiv) dem eines psychisch gestörten Mannes entsprach. Diese Ergebnisse, die auch als Doppelstandard seelischer Gesundheit bezeichnet werden, sind mehrfach bestätigt worden (z. B. Nesbitt u. Penn 2000).

Es reicht also nicht aus – wie auch heute noch in vielen Psychotherapiestudien realisiert – nur das biologische Geschlecht als Variable zu berücksichtigen. Vielmehr ist es notwendig, neben dem biologisch-anatomischen Geschlecht andere Prinzipien sozialer Differenzierung, mit denen das Geschlecht interagiert, wie z. B. den ethnisch-kulturellen Hintergrund, das Alter, den sozialen und ökonomischen Kontext, mitzuberücksichtigen. Das gilt nicht nur für Patienten und Patientinnen, auch Therapeuten und Therapeutinnen bringen in ihre Arbeit ihre eigenen geschlechtsrollenspezifischen Erfahrungen, Prägungen und Erwartungen mit ein. Therapie wie Therapieforschung bewegen sich innerhalb von kulturell vorherrschenden Erwartungen und sozialen Normen, sodass Personenvariablen sowohl aufseiten der Hilfesuchenden als auch der Hilfebietenden unter einer geschlechts(rollen)spezifischen Perspektive zu berücksichtigen sind wie auch die Interaktion oder die Gestaltung der therapeutischen Beziehung.

Auch wenn sich die Psychotherapieforschung nach wie vor schwer damit tut, Studien durchzuführen, die dieser Komplexität in einem machbaren Auflösungsgrad gerecht werden, da sie häufig als zu aufwendig gelten, trägt die Entwicklung der Psychotherapie dieser Komplexität mehr und mehr Rechnung. Neben manualisierten und standardisierten Vorgehensweisen, die die geschlechtstypischen Besonderheiten kaum berücksichtigen, werden die verschiedenen Therapieansätze zunehmend schulenunabhängig, indikations- und patientenbezogen kombiniert eingesetzt. Dies korrespondiert mit den Erwartungen von Menschen, die psychotherapeutische Hilfe suchen. Sie haben die Hoffnung, dass sie unabhängig und doch auch unter Berücksichtigung ihres Geschlechts als Individuum gesehen und verstanden werden, ohne befürchten zu müssen, vorgefasste Konzepte und Werturteile übergestülpt zu bekommen – auch und gerade im Zusammenhang mit ihrer Geschlechtsrolle.

Die Fähigkeit von Therapeuten und Therapeutinnen, sich auf die jeweils besonderen Voraussetzungen individueller Patienten und Patientinnen einzustellen, um das Therapieergebnis zu optimieren, wird in der Psychotherapie als *Responsiveness* bezeichnet (Caspar u. Grosse Holtforth 2009; Stiles et al. 1998).

Ein Vorgehen, das dieses Konzept in therapeutisches Handeln umsetzt und als individuellen Konstruktionsprozess versteht, bei dem für jeden Patienten und jede Patientin eine breite Palette von Aspekten zu beachten sind, deren Berück-

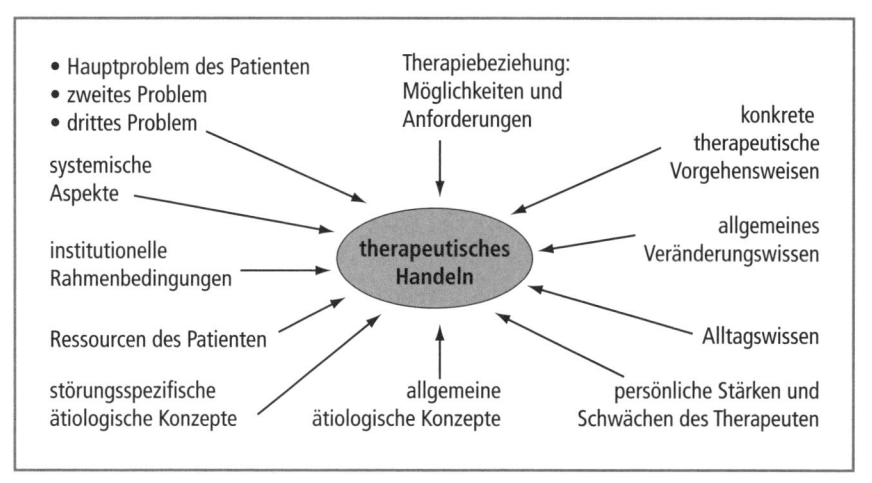

Abb. 39-1 Neukonstruktionsmodell nach Caspar (2009)

sichtigung oder Nichtberücksichtigung sich auf Therapieverlauf und -ergebnis auswirken, sind im sogenannten Neukonstruktionsmodell (Caspar 2009; s. Abb. 39-1) umgesetzt.

In ein derartiges Modell können und sollten explizit auch geschlechts(rollen)-spezifisch relevante Variablen aufseiten der Hilfesuchenden, der Hilfebietenden und der Beziehungsseite integriert werden. Riecher-Rössler weist immer wieder auf die Notwendigkeit einer geschlechtersensiblen Psychotherapie hin (Riecher-Rössler 2003; Riecher-Rössler u. Bitzer 2005a; Riecher-Rössler u. Rohde 2001), die sie damit begründet, dass Männer und Frauen nicht nur in unterschiedlicher Häufigkeit an verschiedenen psychischen Erkrankungen leiden, sondern dass es auch Geschlechtsunterschiede bei Risikofaktoren, pathogenetischen Mechanismen und Auslösern gibt, ebenso wie geschlechtsspezifische Bedürfnisse in Diagnostik und Therapie.

Insbesondere sollten bezüglich der Psychotherapie von Frauen folgende Bereiche berücksichtigt werden:
- Lebensbedingungen und soziale Realität
- Gesundheitszustand, Gesundheitsverständnis und Gesundheitsverhalten
- Häufigkeit und Verbreitung von psychischen Störungen
- Entwicklung und Verlauf von psychischen Störungen
- psychotherapeutische Versorgung und Behandlung
- Psychotherapieforschung
- Aus- und Weiterbildung

Diese Punkte wurden auch an anderer Stelle ausführlich dargestellt (Belz u. Riecher-Rössler 2007) und sollen im Folgenden nur noch einmal zusammenfassend beschrieben und – wo notwendig – durch neuere Forschungsergebnisse ergänzt werden.

39.2 Lebensbedingungen und soziale Realität

Nach wie vor unterscheiden sich die Lebensrealitäten von Frauen und Männern erheblich. Auch wenn die gesellschaftliche Modernisierung das Spektrum der Möglichkeiten zur Gestaltung von Biografien insbesondere für Frauen, aber auch für Männer erheblich erweitert hat, gibt es immer noch deutliche Unterschiede zwischen den Geschlechtern in allen Phasen der Erwerbsarbeit und Familiengründung oder -nichtgründung mit mehr oder weniger gravierenden Folgen sowohl für die psychische Gesundheit als auch für die Teilhabe an der Gesundheitsversorgung.

Erwerbstätigkeit ist trotz der teilweise damit einhergehenden Rollenkonflikte und Überforderung auch für Frauen ein gesundheitlicher Protektivfakor (Bebbington 1998). Seit den 1980er Jahren wurden vermehrt Frauenförderungs- und Gleichstellungsmaßnahmen auf den Weg gebracht, um Frauen bei der Vereinbarkeit von Beruf und Familie zu unterstützen. Trotz der dadurch erreichten Unterstützung für Frauen tragen diese Maßnahmen auch zur Fortschreibung der traditionellen Rollenverteilung bei (vgl. auch Funken 2011; Wiegand 1995). Für den Lebensalltag von Männern hat die Erwerbstätigkeit von Frauen relativ wenig verändert. Eine mögliche Entlastung durch Abgabe der Rolle als Alleinverdiener und die durch neuere Gesetzgebungen (Elternzeit) mögliche größere Teilhabe an Familie inklusive der Familienarbeit beginnt sich erst abzuzeichnen.

Eine interessante These zur Erklärung dieser relativen Änderungsresistenz bietet der Sozialpsychologe Baumeister (2012), wonach diese Unterschiede Produkte der Kultur seien, in der die Menschen leben. Kultur selbst ist für ihn wiederum eine evolutionäre Errungenschaft, die das Überleben einer Gruppe unter anderem dadurch gesichert hat, dass sie Männer und Frauen auf unterschiedliche Weise (be-)nutzt. Eine Veränderung in den Geschlechtsrollenstereotypien würde also voraussetzen, dass wir verstehen, dass für das Überleben von Gesellschaften möglicherweise traditionelle Geschlechtsrollenvorstellungen in modernere überführt werden müssen, um weiterhin optimale Überlebensstrategien zu besitzen.

39.3 Gesundheitszustand, Gesundheitsverständnis und Gesundheitsverhalten

Geschlechtsrollentypisches Verhalten dürfte auch dazu beitragen, dass Männer früher sterben als Frauen. Der in unserer Gesellschaft vorherrschende männliche Lebensstil und die größeren Risiken, denen Männer auch im beruflichen Bereich eher ausgesetzt sind, könnten wichtige Einflussfaktoren für Morbidität und Mortalität sein. So werden weltweit Männer fast dreimal häufiger als Frauen Opfer von Verkehrsunfällen – die zweithäufigste Todesursache bei Männern zwischen 15 und 44 Jahren (WHO 2002). Typische Risikoverhaltensweisen von

Männern sind immer noch Zigarettenrauchen, Alkoholmissbrauch und stärker auf Konkurrenz ausgerichtetes, aggressives Verhalten, die wiederum mit der bei Männern höheren Rate an Herzkreislauferkrankungen, Erkrankungen des Verdauungssystems, Lungenkrebs und (alkoholbedingten) Erkrankungen der Leber einhergehen (Laube 2011). Frauen leiden dafür häufiger unter anderen Krebserkrankungen und psychosomatischen Beschwerden, wobei die Inzidenzraten für Krebserkrankungen bei Männern in den letzten Jahren erheblich gestiegen sind. Neben dem riskanteren Lebensstil der Männer werden immer wieder die geringere Sorge um die eigene Gesundheit und den eigenen Körper sowie die geringere Nutzung von Primär- und Sekundärprävention für die Unterschiede in Mortalität und Morbidität zwischen Männern und Frauen verantwortlich gemacht (Courtenay 2000). Dennoch sind die Krankheitskosten in allen Altersgruppen, mit Ausnahme der 0- bis 14-Jährigen, für Frauen höher als für Männer. Die sogenannten Klosterstudien (Luy 2006) zeigen eindrücklich, wie sich geschlechtsspezifische Sterblichkeitsunterschiede in für Männer und Frauen vergleichbaren Lebenslagen (Nonnen und Mönche im Kloster) auf ca. ein Jahr verringern.

Die immer wieder geäußerte Hypothese, Frauen hätten insgesamt niedrigere Schwellenwerte für Symptomwahrnehmung und Symptomschilderung, lässt sich bei differenzierter Betrachtung nicht generell bestätigen. Bereits Mechanic (1976) beschrieb, dass Frauen einfach andere Symptome berichten als Männer und eher über unspezifische Symptome klagen, die im Zusammenhang mit einem hohen Grad an »vitaler Erschöpfung« auftreten. Fromanek (2000) fand, dass Männer eher über organbezogene Beschwerden klagten (Brust, Abdomen, hypertone Dysregulation), während Frauen signifikant häufiger über chronische Schmerzzustände und Symptome im Sinne depressiver Verstimmung sowie vagotoner Dysregulation klagten. Er konnte zudem zeigen, dass Geschlechtsunterschiede in der Symptomwahrnehmung von körperlichen Erkrankungen immer unbedeutender werden, je spezifischer Krankheitskonditionen untersucht werden. Insgesamt sind es viel stärker soziomedizinische Faktoren wie Zugehörigkeit zu einer sozialen Schicht, emotional-vitale Erschöpfung und die eigene Gesundheitseinschätzung, die einen entscheidenden Einfluss auf Symptomwahrnehmung und Symptomschilderung haben als das Geschlecht. Das Wissen um solche geschlechtsspezifischen Unterschiede, die zudem durch verschiedene sozioökonomische Faktoren mitbedingt sind, kann auf Behandlerseite über eine Sensibilisierung und Kompetenzverbesserung zu einer verbesserten Versorgung führen. Beispielsweise geht eine bessere diagnostische Kompetenz, die die geschlechtstypischen Varianten der Depression und ihre Äußerungsformen berücksichtigt, mit einer Reduktion der Suizide bei Männern einher (Rutz et al. 1995).

Wie sehr die Gesellschaft auch geschlechtsrollenspezifisches Verhalten, das Morbidität und Mortalität beeinflusst, nicht nur toleriert, sondern sogar durch geschlechtsrollenspezifische Erwartungen fördert und fordert, wurde von Baumeister (2012) beschrieben. Er weist darauf hin, dass etwa 95 % aller bei der Ausübung ihres Berufes getöteten Personen Männer sind, z. B. Soldaten, Minenarbeiter, Feuerwehrleute und Polizisten. Die Gesellschaft gebraucht (und oft genug verbraucht) Männer für Tätigkeiten, für die Frauen kaum eingesetzt werden. Baumeister begründet dies jedoch nicht mit unterschiedlichen Fähigkeiten, sondern mit Unterschieden in der Motivation. Er geht davon aus, dass die Gesellschaft zum Arterhalt erheblich weniger Männer als Frauen brauche und daher für »gefährliche und dreckige« Tätigkeiten Männer benutzt, die sich dadurch wieder einen gesellschaftlichen Vorteil (Macht, Anerkennung) erwerben.

39.4 Häufigkeit und Verbreitung von psychischen Störungen

Frauen geben insgesamt mehr psychische und psychosomatische Beschwerden an als Männer. Im Vergleich zu Männern erhalten Frauen eher Diagnosen aus dem Bereich der Angst- und Essstörungen und sie sind dreimal häufiger von einer Medikamentenabhängigkeit betroffen. Borderline-Störungen, dissoziative Identitätsstörung, Konversionsstörungen, histrionische und dependente Persönlichkeitsstörung werden bei Frauen ebenfalls deutlich häufiger berichtet. Depressionen gehören weltweit zu den häufigsten psychischen Störungen und gelten als typische Frauenkrankheit, da das Risiko, als depressiv diagnostiziert zu werden, bei Frauen zwei- bis dreimal höher ist. Typisch männliche Störungsbilder sind hingegen Alkoholkrankheit, antisoziale und narzisstische Persönlichkeitsstörung, sexuelle Störungen, pathologisches Spielen und vollendete Suizide. Diese Ungleichverteilung in den Prävalenzraten für Männer und Frauen findet sich in zahlreichen epidemiologischen Studien (Übersicht bei Riecher-Rössler u. Bitzer 2005b). Wie wichtig es ist, hier auch geschlechtsrollentypische Aspekte mit zu berücksichtigen, zeigen Erhebungen, die in Gesellschaften durchgeführt wurden, in denen antisoziales Verhalten unterbunden wird und Alkohol und Drogenkonsum untersagt sind (z.B. Subkultur der Amish in den USA, Jugendliche in Israel) (Heller 2008; Möller-Leimkühler 2006). Hier wurde die Diagnose Depression an beide Geschlechter gleich häufig vergeben (Egeland u. Hostetter 1983; Egeland et al. 1983; Levav et al. 1993). Ob und inwieweit die Unterschiede in den Prävalenzraten psychischer Störungen echte Unterschiede sind, bedarf weiterer Klärung. Zumindest gibt es Hinweise, dass es sinnvoll ist, geschlechts(rollen)typische Distresssymptome und Copingstrategien bei der Diagnosestellung zu berücksichtigen. Gutiérrez-Lobos et al. (2000) zeigen mit einer klinischen Studie, die sich mit dem sogenannten *gender gap in depression* auseinandersetzt, wie sinnvoll komplexere Modelle zur Erklärung von Geschlechtsunterschieden sind. Die globale Feststellung, Frauen hätten grundsätzlich ein doppelt so hohes Risiko wie Männer, an einer Depression zu erkranken, halten sie für eine Übersimplifizierung. Sie untersuchten dazu eine große Stichprobe von N = 2 599 depressiven Patienten und Patientinnen, so dass bei der Datenanalyse die gleichzeitige Berücksichtigung von Geschlecht, Familienstand und Berufstätigkeit möglich war. Bei der Regressionsanalyse verschwanden die Geschlechtsunterschiede in einigen Untergruppen und wurden in einigen anderen umgedreht. Die höchste Depressionsrate fand sich bei nichtberufstätigen geschiedenen Frauen, die niedrigste bei berufstätigen verheirateten Männern. Während bei den berufstätigen Verwitweten die Männer überwogen, zeigten sich bei berufstätigen Geschiedenen keine Geschlechtsunterschiede.

39.5 Entwicklung und Verlauf von psychischen Störungen

Erst im Ansatz untersucht sind die biologischen, sozialen und psychischen Faktoren, die die geschlechtsspezifischen Prävalenzunterschiede von psychischen Störungen erklären könnten. Bereits im Vorschulalter finden sich erste Geschlechtsunterschiede bezüglich depressiver und Angstsyndrome (Lewinsohn et al. 1998). Mädchen im Alter von 8 Jahren haben bereits 2,2-mal häufiger Angstsyndrome als Jungen (Breslau et al. 1995). Frühe Ängstlichkeit wiederum prädestiniert für die Entwicklung von Depressionen.

Im Teenageralter werden die Geschlechtsunterschiede noch deutlicher: 13- bis 16-jährige Mädchen fühlen sich körperlich und psychisch weniger wohl als Jungen. Sie leiden häufiger unter Kopf- und Rückenschmerzen, Niedergeschlagenheit, Lustlosigkeit und Unzufriedenheit mit dem eigenem Aussehen. Zwischen 15 und 18 Jahren steigt die Prävalenz von Depressionen bei Jungen von 1 auf 4 %, bei Mädchen von 4 auf 23 %. Depressionen, Ängste und psychosomatische Störungen werden mit zunehmendem Alter (ab etwa dem 15., 16. Lebensjahr) immer »weiblicher«. Jungen dominieren dagegen bei Lern- und Leistungsstörungen (Aufmerksamkeits-Defizit-Hyperaktivitäts-Störung, ADHS) und Delinquenz. Gleichzeitig ist im Geschlechtervergleich die Anzahl verstorbener Jungen zwischen 15 und 20 Jahren mehr als doppelt so hoch. Neubauer und Winter (2010) führen dies zurück auf Männlichkeitserwartungen (riskantes Verhalten im Verkehr und Verkehrsunfälle) und nicht erreichte Männlichkeitsideale (Aggression gegen sich selbst, Depression, Suizid), wobei Jungen mit einem niedrigen Sozialstatus und einer prekären finanziellen Situation sich insgesamt deutlich riskanter in Bezug auf ihre Gesundheit (Rauchen, Fernsehkonsum, problematisches Essverhalten, Gewalt) verhalten.

Für depressive Störungen gilt, dass Frauen und Männer insgesamt ein vergleichbar großes Risiko haben, auf belastende Lebensereignisse mit einer Depression zu reagieren, wenn für sie wichtige Lebensbereiche betroffen sind (Kühner 2001). In einer neueren Studie, die weltweit in 18 Ländern durchgeführt und in der die Depression standardisiert erhoben wurde, zeigte sich über die Kulturen hinweg, dass Frauen zwar doppelt so oft wie Männer an einer Depression leiden. Der Hauptauslöser für Depressionen ist jedoch in allen Ländern der Studie für beide Geschlechter gleichermaßen der Verlust des Partners durch Trennung, Scheidung oder Tod (Bromet et al. 2011). Bezieht man die um ein

Vielfaches höheren Suizidraten bei Männern, denen in der überwiegenden Zahl der Fälle eine depressive Störung zugrunde gelegt wird, in die Betrachtung mit ein, ist zu vermuten, dass Depressionen bei Männern häufig unerkannt bleiben oder durch Suizid beendet und so in ihrer Verbreitung unterschätzt werden (Feller 2011).

Geschlechtsrollen und Geschlechtsstereotypien könnten sich also auf die Entwicklung von psychischen Störungen auswirken, und zwar umso mehr, je rigider an traditionellen Geschlechtsrollenstereotypen festgehalten wird und die für eine moderne Gesellschaft adaptiven Problemlösungsstrategien nicht ausreichend vermittelt werden. Wenn Frauen vor allen Dingen Angst und Anpassung lernen, kann dies depressive Entwicklungen fördern. Dies kann durch strukturelle und soziale Faktoren (z. B. Bildung, soziale Schicht) verstärkt oder abgemildert werden (Möller-Leimkühler 2005; Nolen-Hoeksema 1991). Ebenso kann eine einseitige Erfolgs- und Leistungsorientierung, wie sie durch die traditionelle männliche Geschlechtsrolle gefördert wird, gekoppelt mit dem Fehlen von sozialen und emotionalen Kompetenzen, Alkoholmissbrauch und anderes Risikoverhalten bis hin zum Suizid unterstützen (Hollstein 1999).

39.6 Psychotherapeutische Versorgung und Behandlung

In der medizinischen wie in der psychotherapeutischen Versorgung und in psychosozialen Beratungsstellen findet sich meist ein weitaus höherer Anteil an Frauen als an Männern (Riecher-Rössler u. Bitzer 2005b). Im Zusatzsurvey »Psychische Störungen« im Rahmen des repräsentativen deutschen Bundesgesundheitssurveys von 1998 (Wittchen u. Jacobi 2001) lag die Inanspruchnahme der Frauen bei 45 %, die der Männer bei 34 %, wobei die Art der Störung das Inanspruchnahmeverhalten deutlich beeinflusste.

Eine populäre, empirisch aber nicht belegte Annahme ist die, dass Frauen die besseren Therapeutinnen seien, insbesondere für Patientinnen, da sie empathischer, beziehungsfähiger und weniger entmächtigend seien (Huppert et al. 2001). Beutler et al. (2004) geben im Handbuch von Lambert einen Überblick über Studien, die den Einfluss des Geschlechts auf das Therapieergebnis untersuchen und vertreten aufgrund dieser Ergebnisse die Auffassung, dass das Geschlecht des Therapierenden oder die Zuordnung zwischen Therapiertem und Therapierendem nach Geschlecht einen geringeren Einfluss auf den Therapie-Outcome haben als bislang angenommen. Vieles mag im Einzelfall entscheidend sein, verschwindet aber bei der Reduktion auf messbare Variablen bei der Bildung von Mittelwerten über viele Patienten und Patient-Therapeut-Konstellationen. Belege gibt es aber offensichtlich dafür, dass Klientinnen zufriedener sind, wenn sie mit Therapeuten oder Therapeutinnen arbeiten, die keine traditionellen geschlechtsrollentypischen Ansichten vertreten (Banikiotes u. Merluzzi 1981; Enns u. Hackett 1990; Hart 1981; Moradi et al. 2000).

Dies bedeutet nun nicht, dass das Geschlecht des Therapierenden für ein gutes Therapieergebnis egal ist, sondern dass wir davon ausgehen können, dass die Variable Geschlecht, wenn sie denn bedeutsam ist, nur im Kontext sozialer, kultureller, ethnischer und ökonomischer Bedingungen sinnvoll berücksichtigt werden kann. Auch hier dürfte eher ein »Es kommt darauf an« stimmig sein, wer mit wem unter welchen Bedingungen die besten Therapieergebnisse hervorbringt. Für die konkrete Arbeit mit Patienten und Patientinnen bedeutet dies, dass die Reflexion folgender Aspekte in Fallkonzeption, Therapieplanung und -durchführung miteinzubeziehen und zu berücksichtigen sind:

- Menschenbild und therapeutische Orientierung
  - Wie beschreibe und erkläre ich mir auf dem Hintergrund meiner therapeutischen Ausbildung die Unterschiede der Geschlechter?
  - Welche theoretischen Konzepte zum psychischen Funktionieren und zur geschlechtsspezifischen Entwicklung, Auftretenshäufigkeit und zum Erscheinungsbild psychischer Störungen nutze ich?
- interpersonelle Beziehungen und Kontextbedingungen
  - Wie gehen weibliche und männliche Bezugspersonen des Patienten oder der Patientin mit dem Patienten oder der Patientin und deren Störung um?
- Therapiebeziehung
  - Welche geschlechtsspezifischen Erwartungen habe ich als Therapeut oder Therapeutin an Patientinnen und Patienten und auf welche motivationalen Ziele treffen diese beim Gegenüber?
- Therapietechniken und -ziele
  - Setze ich bestimmte Techniken in Abhängigkeit vom Geschlecht häufiger ein?
  - Habe ich geschlechtsspezifisch zuzuordnende thematische oder technische Sperren?
  - Kann ich sinnvolle geschlechtsspezifische Therapieziele formulieren?
- Selbsterfahrung
  - Was traue ich mir als Therapeut oder Therapeutin zu und was nicht?
  - Wo bin ich besonders empfindsam oder verführbar, und was hat das mit meiner geschlechtsspezifischen Sozialisation zu tun?

Die genannten Aspekte wurden auch schon ausführlich bei Belz und Riecher-Rössler (2007) dargestellt.

39.7 Psychotherapieforschung

Nach wie vor gilt die von Belz und Riecher-Rössler (2007) gemachte Aussage, dass Psychotherapie-Outcome-Studien Mangelware sind, die den Einfluss von Sex und Gender auf das Therapieergebnis mit differenzierten Designs untersuchen und der Komplexität der Thematik gerecht werden. Bislang liegt der Schwerpunkt mit wenigen Ausnahmen (Rudolf 2002) auf Studien, die subjektive

Einschätzungen und Präferenzen von Patienten und Patientinnen erfragen, ohne den Therapie-Outcome zu erfassen. Um zu fundierten geschlechtsspezifischen Aussagen über Indikation und Auswirkungen von therapeutischen Maßnahmen zu kommen, braucht es noch einiges an Forschung. Die Tatsache, dass sich bislang das Geschlecht als einzelne Variable nicht als hochsignifikanter Einflussfaktor auf das Therapieergebnis finden ließ, ist nicht erstaunlich, ja sogar zu erwarten. Der Ein-Variablen-Ansatz hat auch in anderen Bereichen der Psychotherapieforschung fast immer zu Nullergebnissen geführt. Vielversprechender dürfte ein Weg sein, der ergänzend zur Outcome-Forschung im Sinne der Prozess-Ergebnis-Forschung systematisch und kontinuierlich das hochkomplexe Therapiegeschehen über die Vielfalt der Störungsbilder hinweg in Bezug auf die Variable Geschlecht(srolle) untersucht. Ein mit allem methodischen Geschick nicht überlistbares Problem ist, dass mit jeder weiteren Differenzierung (Aufteilung nach Geschlecht) ein Verlust an statistischer Power einhergeht: Um bei wahren Effekten signifikante Ergebnisse zu erzielen, bedarf es größerer Stichproben. Dazu kommt der größere Aufwand zur Messung zusätzlicher Variablen, die genderrelevante Aspekte erfassen könnten.

39.8 Aus- und Weiterbildung

Die Ausbildungssituation im psychotherapeutischen Bereich hat einen unmittelbaren Einfluss auf die psychotherapeutische Versorgungsqualität und -quantität. Auch hier sind geschlechtsspezifische Aspekte hochrelevant, zumal aktuell nicht nur die überwiegende Zahl der Patienten weiblich ist, sondern auch die psychotherapeutische Profession zunehmend weiblicher wird. Bereits heute sind 80 % der Psychologie-Studierenden in Deutschland und der Schweiz Frauen; der Frauenanteil innerhalb der Profession liegt derzeit bei 70 %. Es ist anzunehmen, dass der Anteil in Zukunft weiter steigen wird. Darüber, welche Auswirkungen das auf die Versorgung hat, kann nur spekuliert werden. Psychotherapeutinnen bringen eventuell andere geschlechtsrollenspezifische Stereotype in die Therapie mit als Männer (Sachse 2003). Diese können dazu führen, dass sie selbst bestimmte Konstruktionen von Patienten oder Patientinnen für plausibel und unhinterfragbar halten (sog. »Plausibilitätsfallen«: Männer bzw. Frauen sind halt so ...), oder dass sie Patienten oder Patientinnen mit bestimmten geschlechtsspezifischen Ansichten inakzeptabel finden und sich somit kaum auf diese einstellen können. Aufgabe einer Psychotherapieausbildung wäre dann, gezielt solche blinden Flecke und Plausibilitätsfallen zu bearbeiten.

39.9 Fazit: Gleichbehandlung heißt nicht gleiche Behandlung

In der Psychotherapie geht es darum, Patienten und Patientinnen dabei zu unterstützen, relevante Probleme ihres Erlebens und Verhaltens besser zu bewältigen und sie möglichst nachhaltig dazu zu befähigen, ein zufriedenstellendes, für psychopathologische Symptome wenig anfälliges Leben zu führen. Das zentrale Therapieziel ist die Entwicklung einer funktionierenden Selbstregulation. Welchen Beitrag kann eine geschlechtersensible Psychotherapie hierfür leisten? Die zahlreichen in den letzten Jahren publizierten epidemiologischen Studien und in weiten Teilen deskriptiven Berichte über Frauen- und teilweise Männergesundheit verdeutlichen, wie sehr die körperliche und seelische Gesundheit mit Geschlecht und Geschlechtsrolle zusammenhängt und wie sehr Lebensläufe von Männern und Frauen durch Geschlechtsrollenstereotype bestimmt werden können. Je rigider und traditioneller geschlechtsspezifische Vorstellungen und Normen sind, desto mehr gehen typische psychische Störungen und Copingstrategien mit ihnen einher. Während Politik und Teile der Gesellschaft es sich zur Aufgabe gemacht haben, die Lebensbedingungen für Männer und Frauen umfassend zu analysieren und geschlechtsgerechter zu gestalten, ist die Liste der offenen Frage in der Psychotherapie noch lang. Nach wie vor sind die empirischen Grundlagen zur Beantwortung der folgenden Fragen wenig fundiert:

- Sind Männer und Frauen »gleich gute« Therapierende? Und falls es Unterschiede gibt, mit welchen weiteren Variablen ist dies assoziiert?
- Welche Rolle spielt die Geschlechtsrollenorientierung der Therapierten und Therapierenden für den Therapieprozess und das Therapieergebnis?
- Sind gleichgeschlechtliche Paarungen in der Therapie besser, gleich oder schlechter als gegengeschlechtliche für Therapieprozess und -ergebnis?
- Gibt es spezifische Patientengruppen, mit denen männliche oder weibliche Therapierende besonders erfolgreich sind oder besondere Schwierigkeiten haben?
- Beeinflussen Persönlichkeit, therapeutischer Stil, Berufserfahrung und Therapieansatz den Erfolg von Therapierenden bei gleich- oder gegengeschlechtlichen Paarungen?

Vielleicht stellt sich irgendwann heraus, dass wir auf alle diese Fragen die Antwort geben müssen: »Es macht keinen Unterschied.« Das aktuelle Fazit lautet aber erst einmal: »Wir wissen es nicht« und »more research needed«. Dabei ist es nicht so sehr ein Mehr an Forschung als vielmehr ein anderes Forschen, das wir brauchen: mehr Forschung mit komplexeren Designs, wie oben beschrieben, um zu verstehen, welche Art von Setting und Therapiebeziehung sich für unterschiedliche Männer und Frauen am besten eignet, sie für die Inanspruchnahme einer Psychotherapie zu motivieren und sie in Therapie zu halten, und welche Techniken und Vorgehensweisen am wirksamsten sind, um Männern und

Frauen in unterschiedlichen Problemlagen gerecht zu werden. Dass bisher (bei Mittelung der Effekte über viele Patienten) wenig Unterschiede gefunden wurden, heißt ja nur, dass Effekte wohl nicht so stark sind, dass sie sich auch bei mäßig geeigneter Forschung durchsetzen. Wenn mit der vorhandenen Forschung kleine bis mittelgroße Effekte nicht gefunden werden konnten, heißt dies nicht, daß sie nicht bestehen, klinisch plausibel und im Einzelfall relevant sind. Solange wir dies nicht mit hinreichender Sicherheit ausschließen können, tun wir gut daran, geleitet durch individuelle Fallkonzeptionen Geschlechtsunterschiede als Teil unserer Bemühungen um Anpassung des therapeutischen Vorgehens an das Individuum zu berücksichtigen.

Literatur

Banikiotes PG, Merluzzi TV (1981). Impact of counselor gender and counselor sex-role orientation on perceived counselor characteristics. J Couns Psychol; 28: 342–8.

Baumeister RF (2012). Wozu sind Männer eigentlich überhaupt noch gut? Wie Kulturen davon profitieren, Männer auszubeuten. Bern: Huber.

Bebbington P (1998). Sex and depression. Psychol Med; 28: 1–8.

Belz M, Riecher-Rössler A (2007). Geschlechtsspezifische Aspekte in der Psychotherapie. In: Herpertz SC, Caspar F, Mundt Ch (Hrsg). Störungsorientierte Psychotherapie. München: Urban & Fischer; 609–25.

Beutler LE, Malik M, Alimohamed S et al. (2004). Therapist variables. In: Lambert MJ (ed). Bergin and Garfield's handbook of psychotherapy and behavior change. 5th edition. New York: Wiley; 227–306.

Breslau N, Schultz L, Peterson E (1995). Sex differences in depression. A role for preexisting anxiety. Psychiat Res; 58: 1–2.

Bromet E, Andrade LH, Hwang I et al. (2011). Cross-national epidemiology of DSM-IV major depressive episode. BMC Medicine; 9: 90.

Broverman IK, Broverman DM, Clarkson FE et al. (1970). Sex-role stereotypes and clinical judgements of mental health. J Consult Clin Psych; 34: 1–7.

Caspar F (2009). Therapeutisches Handeln als individueller Konstruktionsprozess. In: Margraf J, Schneider S (Hrsg). Lehrbuch der Verhaltenstherapie. Vol. 1. Heidelberg: Springer; 213–25.

Caspar F, Grosse Holtforth M (2009). Responsiveness – Eine entscheidende Prozessvariable in der Psychotherapie. Z Klin Psychol Psychoth; 38 (1): 61–9.

Courtenay WH (2000). Behavioral factors associated with disease, injury, and death among men: evidence and implications for prevention. J Men's Stud; 9: 81–142.

Egeland JA, Hostetter AM (1983). Amish study, I: affective disorders among the Amish, 1976–1980. Am J Psychiatry; 140: 56–61.

Egeland JA, Hostetter AM, Eshleman SK (1983). 3rd Amish study, III: the impact of cultural factors on diagnosis of bipolar illness. Am J Psychiatry; 140: 67–71.

Enns CZ, Hackett G (1990). Comparison of feminist and non-feminist women's reactions to variants of non-sexist and feminist counseling. J Couns Psychol; 37: 33–40.

Feller S (2011). Depression und Suizid bei Männern. In: Bezirksamt Lichtenberg von Berlin, Abteilung Familie, Jugend und Gesundheit (Hrsg). Man(n), wie geht's? Eine neue

Perspektive für die Gesundheitsförderung. Lichtenberger Männergesundheitsbericht; 49–60.

Fromanek B (2000). Geschlechtsunterschiede in Symptomwahrnehmung und Gesundheitsverhalten in einer gesunden Erwachsenenpopulation. Inauguraldissertation: Fakultät für Medizin der Technischen Universität München.

Funken C (2011). Managerinnen 50plus. Berlin: BMFSFJ.

Gutiérrez-Lobos K, Wölfl G, Scherer M et al. (2000). The gender gap in depression reconsidered: the influence of marital and employment status on the female/male ratio of treated incidence rates. Soc Psychiatry Psychiatr Epidemiol; 35(5): 202–10.

Hart LE (1981). An investigation of the effect of male therapists' views of women on the process and outcome of therapy with women. Dissertation Abstracts International; 42: 2529B.

Heller J (2008). Einfluss der Geschlechtsrollenorientierung auf Wohlbefinden, depressive Symptome und Hilfesuchverhalten bei jungen Männern. Ergebnisse einer repräsentativen Befragung. Inauguraldissertation: Medizinische Fakultät der Ludwigs-Maximilian-Universität zu München.

Hollstein W (1999). Männlichkeit und Gesundheit. In: Brähler E, Felder H (Hrsg). Weiblichkeit, Männlichkeit und Gesundheit. Oplanden, Wiesbaden: Westdeutscher Verlag; 72–81.

Huppert JD, Bufka LF, Barlow DH (2001). Therapists, therapist variables, and cognitive-behavioral therapy outcome in a multi-center trial for panic disorder. J Consult Clin Psychol; 69: 747–55.

Kiesler DJ (1966). Some myths of psychotherapy research and the search for a paradigm. Psychol Bull; 65: 110–36.

Kühner C (2001). Affektive Störungen. In: Franke A, Kämmerer A (Hrsg). Klinische Psychologie der Frau. Ein Lehrbuch. Göttingen: Hogrefe; 165–99.

Laube R (2011). Gesundheitsdaten unter Genderaspekten. In: Bezirksamt Lichtenberg von Berlin, Abteilung Familie, Jugend und Gesundheit (Hrsg). Man(n), wie geht's? Eine neue Perspektive für die Gesundheitsförderung. Lichtenberger Männergesundheitsbericht; 11–25.

Levav I, Kohn R, Dohrenwend BP et al. (1993). An epidemiological study of mental disorders in a 10-year cohort of young adults in Israel. Psychol Med; 23: 691–707.

Lewinsohn PM, Gotlib JH, Lewinsohn M et al. (1998). Gender differences in anxiety disorders and anxiety symptoms in adolescents. J Abnorm Psychol; 107: 109–17.

Luy M (2006). Ursachen der männlichen Übersterblichkeit: Eine Studie über die Mortalität von Nonnen und Mönchen. In: Geppert J, Kühl J (Hrsg). Gender und Lebenserwartung, Gender kompetent – Beiträge aus dem GenderKompetenzZentrum, Bd. 2. Bielefeld: Kleine; 36–76.

Mechanic D (1976). Sex, Illness, Illness Behavior, and the Use of Health Services, J Hum Stress; 2(4): 29–40.

Möller-Leimkühler AM (2005). Geschlechtsrolle und psychische Erkrankung. J Neurol Neurochir Psychiatr; 6(3): 29–35.

Möller-Leimkühler AM (2006). Männer und Depression. In: Stoppe G, Bramesfeld A, Schwartz FW (Hrsg). Volkskrankheit Depression? Berlin: Springer; 215–28.

Moradi B, Fischer AR, Hill MS et al. (2000). Does »feminist« plus »therapist« equal »feminist therapist«? An empirical investigation of the link between self-labeling and behavior. Psychol Women Q; 24: 285–96.

Nesbitt MN, Penn NE (2000). Gender stereotypes after thirty years: a replication of Rosenkrantz, et al. (1968). Psychol Rep; 87: 493–511.

Neubauer G, Winter R (2010). Jungengesundheit in Deutschland. In: Weissbach L (Hrsg). Erster Deutscher Männergesundheitsbericht. Kurzfassung. Berlin: Stiftung Männergesundheit; 10–12.

Nolen-Hoeksema S (1991). Responses to depression and their effects on the duration of depressive episodes. J Abnorm Psychol; 4: 569–82.

Oakley A (1972). Sex, gender and society. London: Maurice Temple Smith.

Paul GL (1967). Strategy of outcome research in psychotherapy. J Consult Clin Psychol; 31: 108–18.

Riecher-Rössler A (2003). Psychotherapie von Frauen – Chancen und Grenzen der Geschlechtersensibilität. Psychodyn Psychother; 2: 91–101.

Riecher-Rössler A, Rohde A (Hrsg) (2001). Psychische Erkrankungen bei Frauen – für eine geschlechtersensible Psychiatrie und Psychotherapie. Basel: Karger.

Riecher-Rössler A, Bitzer J (Hrsg) (2005a). Frauengesundheit. Ein Leitfaden für die ärztliche und psychotherapeutische Praxis. München: Elsevier Urban & Fischer.

Riecher-Rössler A, Bitzer J (2005b). Epidemiologie psychischer Störungen bei Frauen. In: Riecher-Rössler A, Bitzer J (Hrsg). Frauengesundheit – Ein Leitfaden für die ärztliche und psychotherapeutische Praxis. München: Elsevier Urban & Fischer; 21–9.

Rudolf G (2002). Gibt es nachweisbar Einflüsse der Geschlechtszugehörigkeit in der Psychotherapie? In: Schweizer Charta für Psychotherapie (Hrsg). Mann oder Frau? Tübingen: Edition Diskord; 75–95.

Rutz W, von Knorring L, Pihlgren H et al. (1995). Prevention of male suicides: lessons from Gotland study. Lancet; 345: 524.

Sachse R (2003). Klärungsorientierte Psychotherapie. Göttingen: Hogrefe.

Stiles WB, Honos-Webb L, Surko M (1998). Responsiveness in psychotherapy. Clin Psychol Sci Pract; 5: 439–58.

WHO (World Health Organisation) (2002). The world health report 2002: reducing the risks, promoting healthy life. Genf: World Health Organization.

Wiegand H (1995). Berufstätigkeit und Aufstiegschancen von Frauen. Eine (nicht nur) ökonomische Analyse. Bd. 52. Berlin: Duncker & Humblot.

Wittchen HU, Jacobi F (2001). Die Versorgungssituation psychischer Störungen in Deutschland. Eine klinisch-epidemiologische Abschätzung anhand des Bundes-Gesundheitssurveys 1998. Bundesgesundheitsblatt Gesundheitsforschung Gesundheitsschutz; 44 (10): 993–1000.

40 Missbrauch in der Psychotherapie

Irina Franke und Anita Riecher-Rössler

Inhalt

40.1 Grenzen und Grenzüberschreitungen..........................433
40.2 Missbrauchsformen 435
   Emotionaler und narzisstischer Missbrauch....................435
   Sexueller Missbrauch 435
40.3 Empirische Daten 436
   Häufigkeit..436
   Opfer..437
   Täter 437
40.4 Ethische und juristische Implikationen........................438
   Berufsethische Aspekte 438
   Rechtliche Aspekte im deutschsprachigen Raum............439
40.5 Aktuelle Praxis im Umgang mit Missbrauch..................440
40.6 Fazit 441

40.1 Grenzen und Grenzüberschreitungen

Seit den Anfängen der Psychotherapie sind immer wieder intime Beziehungen zwischen Therapeut und Patientin[1] dokumentiert worden (z. B. zwischen Carl Gustav Jung und Sabina Spielrein; zwischen Sándor Ferenczi und Gisela Palos sowie Elma Palos). Schon damals stellten Therapeutinnen, die mit männlichen Analysanden eine sexuelle Beziehung begannen, die Ausnahme dar (z. B. Frieda Fromm-Reichmann mit Erich Fromm). Historisch wurden diese Beziehungen nicht als Missbrauch betrachtet, auch wenn sie aus heutiger Sicht unter Umständen die Kriterien dafür erfüllen würden.

Sexuelle Beziehungen oder Übergriffe zwischen Therapeut und Patientin blieben dennoch lange Jahre weitgehend außerhalb der öffentlichen Wahrnehmung. In den 1970er Jahren erschienen erste Fallberichte, die auf die Problematik hinwiesen und auch vermuten ließen, dass es eine erhebliche Dunkelziffer gibt (Dahlberg 1970; Gartrell et al. 1986). Weitere Untersuchungen zeigten auch,

---
[1] In diesem Text wird für die Patienten die weibliche Form gewählt, für die Therapeuten die männliche, weil Missbrauch meist in diesem Geschlechterverhältnis erfolgt. Männer sind mitgemeint.

Tab. 40-1 Beispiele für Grenzüberschreitungen und Grenzverletzungen des Therapeuten

Grenzüberschreitungen	Grenzverletzungen
• Aufsuchen derselben Lokalitäten • Überschneidungen im Freundes- und Bekanntenkreis • Selbstoffenbarungen • zweigleisiger Beziehungsaufbau (professionell und sozial) • Berührungen und Umarmungen	• unangemessene Geschenke schenken oder entgegennehmen • gängige Konventionen zugunsten bestimmter Patientinnen ignorieren, z. B. keine oder geringere Rechnung stellen, Therapie außerhalb des professionellen Settings anbieten, Termin außerhalb der regulären Öffnungszeiten vergeben, Alkohol anbieten oder konsumieren • Annahme, die Normen und Werte der Patientin seien identisch mit den eigenen • ausgeprägte Selbstoffenbarung oder Selbstoffenbarung ohne das Ziel, der Patientin zu helfen • verbale Verletzungen der Privatsphäre der Patientin, z. B. Verletzungen der Schweigepflicht, wertende Äußerungen über Aussehen oder Verhalten, ein- oder gegenseitiges Duzen • unangemessene Berührungen

dass Missbrauch durch Psychotherapeuten alle Psychotherapierichtungen gleichermaßen betrifft (Becker-Fischer u. Fischer 1997).

Gutheil und Gabbard (1993) differenzierten zwischen *Grenzüberschreitungen (boundary crossing)* und *Grenzverletzungen (boundary violation)* innerhalb des therapeutischen Rahmens: Grenz*überschreitungen* sind je nach Kontext bezüglich ihrer Auswirkungen auf die Patientin zu beurteilen und können heilsame, neutrale oder schädliche Konsequenzen haben. Grenz*verletzungen* sind in jedem Fall schädlich und deshalb intolerabel. Beides kann Vorläufer zu sexuellem Missbrauch sein. Viele Handlungen können sowohl Grenzüberschreitung als auch -verletzung sein. Die Bewertung erfolgt z. B. danach, ob die Entscheidung für oder gegen eine Handlung die Folge klinischer Urteilsbildung war, ob die Situation im therapeutischen Gespräch aufgegriffen und geklärt wurde und ob eine angemessene Dokumentation erfolgte. Tabelle 40-1 listet Beispiele für Grenzüberschreitungen und Grenzverletzungen auf.

Missbrauch liegt immer dann vor, wenn eine Fachperson ihre definierte professionelle Rolle bewusst oder unbewusst verlässt und ihre Funktion zur Befriedigung persönlicher, sozialer, finanzieller oder sexueller Bedürfnisse einsetzt. Alle Formen von Missbrauch untergraben das wesentliche Ziel jeder Psychotherapie, die Patientin bei der Entwicklung von Autonomie zu unterstützen.

Aufgrund der spezifischen Rolle des Psychotherapeuten muss es selbstverständlich sein, dass die Einhaltung von Grenzen *alleinige Aufgabe* der Fachperson ist. Der Therapeut ist auch dann zu Abstinenz verpflichtet, wenn sexuelle Kontakte von der Patientin ausdrücklich gewünscht werden. Gerade im Umgang mit psychisch erkrankten Patientinnen, deren Störungen oft eng verknüpft sind mit gestörten Beziehungserfahrungen, wäre es paradox, zu verlangen, dass diese die Grenzen der Therapeut-Patient-Beziehung kennen und für deren Einhaltung mitverantwortlich sein sollen.

40.2 Missbrauchsformen

Emotionaler und narzisstischer Missbrauch

Emotionaler Missbrauch meint den unangemessenen Umgang mit Emotionen der Patientin oder des Therapeuten. Dabei kann es zu einer Therapiegestaltung kommen, die in erster Linie der Bedürfnisbefriedigung des Therapeuten dient. Unreflektierte Identifizierung mit der Patientin, Instrumentalisierung von Emotionen der Patientin, um bestimmte Informationen zu erhalten, oder vollständige Emotionslosigkeit in der therapeutischen Beziehung aus einem übersteigerten Abgrenzungsbedürfnis sind Beispiele hierfür. Zum emotionalen Missbrauch zählen im weitesten Sinne auch Versuche des Therapeuten, die Patientin religiös, politisch oder esoterisch zu beeinflussen und materiell auszunutzen (Sedlak 1997). Auch der *narzisstische Missbrauch* kann dem emotionalen Missbrauch zugeordnet werden und dient in erster Linie der narzisstischen Gratifikation des Therapeuten, wobei die Beschwerden der Patientin vernachlässigt werden. Übermäßig submissives, überhöfliches Interaktionsverhalten, Stagnation in der Psychotherapie und Idealisierungen des Therapeuten können die Folge sein (Hutterer-Krisch 2007).

Eine genderspezifische Form des emotionalen Missbrauchs ist die vor allem von der feministischen Psychotherapie kritisierte (bewusste oder unbewusste) geschlechtsrollenstereotypische Haltung männlicher Therapeuten gegenüber weiblichen Patientinnen. Diese besteht z. B. darin, sich in Therapie, Diagnostik und Symptombewertung von Geschlechtsrollenstereotypen oder darauf aufbauenden Konzepten leiten zu lassen, sexuelle Verhaltensweisen Klischees zu unterwerfen oder den sozialen oder gesellschaftlichen Kontext der Beschwerden zu vernachlässigen (s. auch American Psychological Association 2007, die APA-Leitlinien zum Umgang mit Frauen im psychotherapeutischen Setting).

Sexueller Missbrauch

Sexueller Missbrauch durch psychotherapeutisch tätige Personen ist dem Oberbegriff *professioneller sexueller Missbrauch* (Professional Sexual Misconduct, PSM) zuzuordnen. Darunter versteht man jede Form sexueller Handlungen im Rahmen von fachlichen Auftragsverhältnissen oder Beziehungen (Tschan 2005), im Einzelnen:

- jede Form sexueller Handlungen (orale, anale oder vaginale Penetration, genitale Stimulation mit oder ohne Ejakulation), Berühren von Geschlechtsorganen, Küssen etc.
- sogenannte Hands-off-Delikte wie z. B. voyeuristische oder exhibitionistische Handlungen, Zeigen pornografischen Materials, Frotteurismus
- sexualisierende oder sexistische verbale Äußerungen

Dem vollzogenen sexuellen Missbrauch gehen oft gezielte *vorbereitende Handlungen* (*grooming*) voraus. Diese beinhalten einerseits bestimmte Grundeinstellungen und Fantasien des Therapeuten, die den Missbrauch begünstigen, andererseits auch konkrete Handlungen, die zu sukzessivem Abbau der Schwelle zum Missbrauch führen, z. B. bevorzugte Vergabe von Terminen zu Randzeiten an eine bestimmte Patientin, weil dann keine Kollegen oder weitere Patienten erwartet werden (Simon 1995).

40.3 Empirische Daten

Häufigkeit

Die Schätzungen zur Häufigkeit von Missbrauch in therapeutischen Beziehungen basieren auf Umfragen unter Fachleuten (u. a. Folgetherapeuten), Opfern und der Allgemeinbevölkerung. Es wird davon ausgegangen, dass 10 bis 15 % aller therapeutisch tätigen Fachleute mindestens einmal in ihrer Laufbahn sexuelles Fehlverhalten begehen (Zondervan 2007). In einer kanadischen Umfrage aus dem Jahr 1999 gab 1 % der Bevölkerung an, in den vergangenen 5 Jahren sexuelle Kontakte mit Fachleuten aus dem Gesundheitswesen gehabt zu haben, doppelt so viele berichteten über unangemessene sexualisierende Bemerkungen oder Verhaltensweisen (Manzer 2000). Zuverlässige Daten aus dem deutschen Sprachraum und über die Häufigkeit von PSM in einzelnen Fachgebieten, insbesondere *Psychotherapie*, liegen nicht vor. Eine retrospektive amerikanische Analyse aller strafrechtlichen Verurteilungen wegen sexueller Grenzverletzungen durch Ärzte zwischen 1982 und 1996 zeigte, dass PSM-Täter überdurchschnittlich häufig aus den Bereichen Psychiatrie, Kinder- und Jugendpsychiatrie, Gynäkologie und Geburtshilfe und Allgemeinmedizin stammten (Dehlendorf 1998). Bei Psychotherapeuten wird gemäß vorliegender Daten davon ausgegangen, dass 7 bis 11 % aller männlichen und 2 bis 3,5 % aller weiblichen Psychotherapeuten in ihrer beruflichen Laufbahn sexuelles Fehlverhalten begehen, 33 bis 80 % davon sind Wiederholungstäter (Ehlert-Balzer 1999; Halter et al. 2007; Schoener et al. 1989; Tschan 2005).

Opfer

Risikofaktor für einen sexuellen Übergriff in der Psychotherapie ist in erster Linie die Psychopathologie des Therapeuten. Für betroffene Patientinnen ist der Therapeut oft eine der wenigen oder die einzige Person, durch die sie Interesse, Zuwendung und Nähe erfahren. Sie können in aller Regel den missbräuchlichen Charakter nicht erkennen.

Am häufigsten werden Frauen Opfer von Übergriffen männlicher Therapeuten. Je nach Studie verteilen sich die prozentualen Anteile wie folgt (Zondervan 2007):
- 61 bis 96 % Mann-auf-Frau-Übergriffe
- 0,5 bis 25 % Frau-auf-Frau-Übergriffe
- 2 bis 8 % Mann-auf-Mann-Übergriffe
- 2 bis 5 % Frau-auf-Mann-Übergriffe

Opfer von PSM bilden eine heterogene Gruppe. Jeder, der eine therapeutische Beziehung eingeht, kann Opfer eines Übergriffs werden. Prädiktive Faktoren (z. B. Diagnose) ließen sich nicht identifizieren (Schoener et al. 1989).

Ebenso uneinheitlich zeigt sich die Psychopathologie bei den Opfern *nach* einem sexuellen Übergriff. Betroffene zeigen vor allem nach umschriebenen Traumatisierungen Symptome einer Posttraumatischen Belastungsstörung (PTBS), Depressionen oder eine Angststörung. Es zeigen sich auch komplexe Traumafolgestörungen, wie z. B. chronifizierte Beschwerden und Störungen der Persönlichkeitsentwicklung (Tschan 2005).

Bei den traumatisierenden Folgen von PSM kann – wie bei anderen Traumata auch – unterschieden werden zwischen
- den unmittelbaren physischen und psychischen Auswirkungen (z. B. Verzweiflung, Verletzung, Scham, Schock),
- eventuellen unsachgemäßen, unsensiblen Reaktionen des Umfelds (z. B. Untersuchungsbehörde, beratende Fachleute) und
- dysfunktionaler sozialer Antwort auf die Traumatisierung, d. h. Entwicklung einer Opferidentität (Foa et al. 2000).

Zum letzten Punkt gehört auch, dass Täter im Falle einer strafrechtlichen Untersuchung oft über den Bonus der (manipulativ einsetzbaren) fachlichen Kompetenz verfügen, mit der z. B. versucht wird, Anschuldigungen von Patientinnen mit deren Störungsbild zu begründen.

Täter

Die Täter sind in der überwiegenden Mehrheit der Fälle männlich. Wenn Frauen zu Täterinnen werden, liegt in ca. 80 % der Fälle Frau-zu-Frau-Missbrauch vor (Ehlert-Balzer 1999; Tschan 2005). Die Tätertypologie reicht vom Berufsanfänger bis hin zu renommierten, langjährig im Beruf tätigen Fachleuten.

Oft gehen den Übergriffen gezielte vorbereitende Handlungen des Täters voraus, um die Schwelle zur Grenzverletzung und den Widerstand des Opfers sukzessive zu minimieren. Wie bei anderen Sexualstraftaten auch werden Fantasien als Katalysator für reale Straftaten gesehen (Simon 1995). Im englischsprachigen Raum wird der Begriff des *slippery slope* (etwa: rutschiger Abhang) gebraucht, um zu beschreiben, dass einem erfolgten Missbrauch schrittweise konkreter werdende Fantasien und vorbereitende Handlungen vorausgehen.

Tschan (2005) nimmt eine Einteilung in 3 *Tätertypen* vor, beruhend auf möglichen Interventions- oder Behandlungsstrategien:
- situational Handelnde: Handlungsimpuls aufgrund aktueller eigener Lebensumstände in Kombination mit moralisch-ethischen Defiziten in der Berufsauffassung
- Täter mit psychischen Störungen, die deren Entscheidungsfähigkeit und Fähigkeit zur Aufrechterhaltung von Grenzen beeinträchtigen (z. B. Depressionen, Abhängigkeitserkrankungen, Persönlichkeitsstörungen, beginnende Demenzen)
- Sexualstraftäter

Bei mehr als 50 % der Täter liegt mindestens eine gravierende psychische Störung vor. Oft spielt eine narzisstische Persönlichkeitsproblematik eine Rolle, daneben auch affektive Störungen, Suchterkrankungen und Paraphilien (Gonsiorek 1995; Schoener et al. 1989). Die genannten Störungen bedingen aber höchstens in Einzelfällen eine Schuldunfähigkeit.

Für therapeutisch tätige Fachleute gibt es spezielle, psychoedukativ und kognitiv-verhaltenstherapeutisch ausgerichtete Therapieprogramme (Boundary Training Program) mit dem Ziel, Übergriffe zu verhindern und das Rückfallrisiko zu senken (Abel 1998).

40.4 Ethische und juristische Implikationen

Berufsethische Aspekte

Psychische Erkrankung disponiert Betroffene aufgrund ihrer Vulnerabilität in ganz besonderem Maße für Benachteiligung oder Schädigung durch Behandlung und erfordert von den Behandelnden besondere ethische Achtsamkeit (Reiter-Theil 1995). Jede Form von Missbrauch verletzt zunächst die vier wesentlichen Prinzipien medizinethischen Handelns (Beauchamp u. Childress 1983):
- Verpflichtung zur Hilfe
- Schadensvermeidung
- Respekt vor der Autonomie
- Gerechtigkeit

Besonders traumatisierend wirkt sich im Rahmen psychotherapeutischer Behandlungen aber vor allem der Missbrauch des Abhängigkeits- und Vertrauensverhältnisses aus.

Das zentrale medizinethische Konzept des *informed consent*, das für alle therapeutischen Handlungen die Einwilligung der Patientin nach angemessener Aufklärung fordert, gilt auch für Psychotherapien und psychotherapeutische Interventionen. Was im Therapieraum – unabhängig davon, nach welcher Methode gearbeitet wird – vor sich geht, entzieht sich in der Regel externer Kontrolle. Psychisch kranke Patientinnen wissen häufig noch wenig darüber, was in einer Psychotherapie passiert und was zulässige Methoden und Verhaltensweisen des Therapeuten sind. Psychotherapeutische Interventionen können bei entsprechender Absicht manipulativ eingesetzt werden.

Rechtliche Aspekte im deutschsprachigen Raum

■ **Deutschland**. In Deutschland wird »Sexueller Missbrauch unter Ausnutzung eines Beratungs-, Behandlungs- oder Betreuungsverhältnisses« (§ 174c StGB) strafrechtlich verfolgt. Nachdem das Strafmaß zunächst bis zu 5 Jahre Freiheitsstrafe oder Geldstrafe betrug, wurde 2003 (Gesetz zur Änderung der Vorschriften über Straftaten gegen die sexuelle Selbstbestimmung) die Mindeststrafe auf 3 Monate Freiheitsstrafe angehoben. Die Verjährungsfrist beträgt 5 Jahre. Mit folgender Gesetzesformulierung wurde der erhöhten Schutzbedürftigkeit von Personen Rechnung getragen, die sich in ein Behandlungsverhältnis begeben, in dem eine starke psychische Abhängigkeit entstehen kann: »Ebenso wird bestraft, wer sexuelle Handlungen an einer Person, die ihm zur psychotherapeutischen Behandlung anvertraut ist, unter Missbrauch des Behandlungsverhältnisses vornimmt oder an sich von ihr vornehmen lässt.«

Im Zivilrecht werden Aspekte der Berufspflicht wie z. B. Schadenersatz oder Unterlassung störender Handlungen geregelt. Der Behandlungsvertrag zwischen Therapeut und Patientin ist ein Dienstvertrag (§ 611 BGB): Der Therapeut führt gegen vereinbartes Honorar mit der gebotenen Sorgfalt und entsprechend seinen Berufspflichten geeignete Maßnahmen zur Wiederherstellung der körperlichen und seelischen Gesundheit durch. Behandlungsfehler (z. B. bei Diagnose, Aufklärung, Organisation, Schweigepflicht) können zivilrechtlich Schadensersatzansprüche auslösen. Im Gegensatz zur häufig bei Arzthaftungsfällen geahndeten Fahrlässigkeit handelt es sich bei sexuellem Missbrauch regelhaft um vorsätzliches Handeln. Deshalb besteht keine Möglichkeit, das Haftungsrisiko durch eine Versicherung abzudecken.

Das 1999 in Kraft getretene Psychotherapeutengesetz regelt unter anderem die Zulassung zur Berufsausübung und die berufsrechtlichen und -ethischen Verpflichtungen (Bundespsychotherapeutenkammer 2006).

Ist der betroffene Therapeut Mitglied eines Berufsverbandes, kann das Opfer zudem dort schriftlich Beschwerde einreichen. Der Verband entscheidet dann über die Einleitung eines berufsrechtlichen Verfahrens, das zur Folge haben kann, dass dem Betroffenen die Erlaubnis zur Berufsausübung entzogen wird.

- **Österreich.** In Österreich regelt das Bundesgesetz über die Ausübung der Psychotherapie seit 1991 vergleichbar mit dem deutschen Psychotherapeutengesetz die berufsrechtlichen Rahmenbedingungen. Das Strafrecht (§ 212 StGB Missbrauch eines Autoritätsverhältnisses) sieht eine Freiheitsstrafe von bis zu 3 Jahren vor für denjenigen, »der als Arzt, klinischer Psychologe, Gesundheitspsychologe, Psychotherapeut [...] unter Ausnützung seiner Stellung dieser Person gegenüber eine geschlechtliche Handlung vornimmt oder von einer solchen Person vornehmen lässt oder [...] dazu verleitet, eine geschlechtliche Handlung an sich selbst vorzunehmen«.

- **Schweiz.** In der Schweiz ist das Inkrafttreten einer einheitlichen berufsrechtlichen Grundlage zur Ausübung der Psychotherapie 2013 vorgesehen. Im Strafrecht fällt Missbrauch in Psychotherapien meist unter Art. 193 (Ausnützung einer Notlage): »Wer eine Person veranlasst, eine sexuelle Handlung vorzunehmen oder zu dulden, indem er eine Notlage oder eine durch ein Arbeitsverhältnis oder eine in anderer Weise begründete Abhängigkeit ausnützt, wird mit Freiheitsstrafe bis zu drei Jahren oder Geldstrafe bestraft«. Das seit 1993 geltende Opferhilfegesetz verpflichtet die Kantone, Beratungs- und Hilfsangebote für Opfer (sexueller) Gewalt zur Verfügung zu stellen und kann somit zu verbessertem Opferschutz beitragen. Zivilrechtliche Ansprüche sind weitgehend analog zur oben beschriebenen deutschen Gesetzeslage im Schweizer Obligationenrecht (Art. 394 ff.) geregelt.

Im Vergleich zum deutschen Strafrecht gibt es in Österreich und der Schweiz keine Mindeststrafe. Außerdem ist in Deutschland bereits der Versuch eines Missbrauchs strafbar.

40.5 Aktuelle Praxis im Umgang mit Missbrauch

Richtlinien ethischen Handelns in der Psychiatrie sind z. B. durch die World Psychiatric Association (WPA) in der 1996 veröffentlichten und zuletzt 2005 ergänzten Deklaration von Madrid formuliert. In den »Leitlinien für spezifische Situationen« werden unter anderem das Prinzip des *informed consent* und die absolute Verpflichtung zur Abstinenz bezüglich sexueller Beziehungen mit Patientinnen betont.

Bezüglich der speziellen Situation von Frauen und deren erhöhtem Risiko, Opfer diverser Formen interpersoneller Gewalt zu werden, wurde 2006 von der WPA ein Konsensuspapier veröffentlicht, das auf Maßnahmen gegen geschlechtsrollenspezifische Diskriminierung und Missbrauch von Frauen fokussiert. Es wird unter anderem Wert gelegt auf die sichere, respektvolle, angemessene und gendersensitive Behandlung psychischer Erkrankungen bei Frauen unter Berücksichtigung allgemeingültiger Qualitätsstandards, kultureller und sozioökonomischer Voraussetzungen unter größtmöglicher Autonomiewahrung (Stewart 2006).

Ergebnisse einer E-Mail-Umfrage unter den Mitgliedergesellschaften der WPA (Stewart 2009) zeigten, dass nur 51 % der nationalen Fachgesellschaften die Umfrage beantworteten. Von denen, die geantwortet haben, gaben 85 % an, im jeweiligen Land Gesetze oder Reglemente zu haben, die sexuelle Kontakte mit aktuellen Patientinnen verbieten. Aber weniger als ein Viertel hatte solche Regelungen in Bezug auf frühere Patientinnen. Nur ein kleiner Teil der Fachgesellschaften gab an, dass Behandlung für Opfer und/oder Täter zu Verfügung stehe. Die am häufigsten berichtete Sanktion für Täter war ein Entzug der Zulassung für variable Zeiträume.

Das Resultat zeigt zum einen Konsens vieler nationaler Fachgesellschaften in Bezug auf Abstinenz in psychotherapeutischen Beziehungen darin, dass Beziehungen (insbesondere sexuelle Kontakte) zu *aktuellen* Patientinnen tabu sind. Andere Aspekte, z. B. die Haltung zu Beziehungen mit *ehemaligen* Patientinnen oder zum Abbruch einer Therapie, um eine Beziehung beginnen zu können, werden offensichtlich kontrovers beurteilt. Dabei geht es insbesondere um die Beurteilung der *Fortdauer der Abhängigkeitsbeziehung* nach Beendigung einer Psychotherapie. Die Schweizerische Gesellschaft für Psychiatrie und Psychotherapie (SGPP) hat 2009 in einem Positionspapier eindeutig festgehalten, dass die Besonderheiten einer psychotherapeutischen Beziehung, vor allem das Machtungleichgewicht und das Abhängigkeitsverhältnis zwischen Behandler und Patientin, auch *über die Therapie hinaus* bestehen bleiben und insofern sexuelle Beziehungen zu Patientinnen auch *nach* Beendigung der Psychotherapie zu unterlassen sind. Auch nach einer – hinsichtlich Dauer nicht näher definierten – längeren Pause könne »nur die genaue Beurteilung aller Umstände« zeigen, ob das Geschehen als Missbrauch zu werten ist.

Insbesondere im englischsprachigen Ausland (Kanada, Australien, Neuseeland) hat sich eine Nulltoleranz-Politik gegenüber PSM durchgesetzt. Hinweise auf sexuelle Übergriffe durch Therapeuten können z. B. anonym gemeldet werden. Bei einschlägiger Häufung solcher Meldungen können Begutachtungen, Zulassungseinschränkungen oder -aufhebungen initiiert werden. Zum Teil werden die Namen sanktionierter Fachleute auch publiziert (College of Physicians and Surgeons of Ontario 2008).

40.6 Fazit

Sexueller Missbrauch in der Psychotherapie betrifft in überwiegender Mehrheit weibliche Patienten, die Opfer von männlichen Therapeuten werden. Welche Rolle das Geschlechterverhältnis bei emotionalem und anderen Missbrauchsformen spielt, ist unbekannt. Bei Tätern handelt es sich nicht um einzelne Ausnahmen, sodass es zur Problemlösung nicht ausreichen würde, nur deren Berufsausübung zu beschränken. Im Sinne einer Qualitätssicherung in der Psychotherapie ist vielmehr eine reflektierte Auseinandersetzung mit dem Thema Grenzen und Grenzüberschreitung in therapeutischen Beziehungen auch schon in der Aus- und Weiterbildung, aber auch in laufenden Fortbildungen unbedingt erforderlich.

Eine gute therapeutische Beziehung ist eine wesentliche Voraussetzung für eine erfolgreiche Therapie und unterscheidet sich durch ihre Definition als Arbeitsbündnis zwangsläufig von anderen zwischenmenschlichen Beziehungen. In einer therapeutischen Beziehung kommen immer (unbewusste) Beziehungswünsche der Patientin zum Tragen, die mit denjenigen des Therapeuten interagieren. Deshalb muss der Therapeut in der Lage sein, die Beziehungswünsche oder -muster der Patientin zu identifizieren, seine eigenen zu reflektieren und sich komplementär zur Beziehungsgestaltung der Patientin zu verhalten (Lambert u. Barley 2002). Dazu gehört auch, vermeintlich »eindeutige Angebote« der Patientin (sei es sexueller, finanzieller oder anderer Natur) in den therapeutischen Kontext einordnen, bearbeiten sowie klar und eindeutig ablehnen zu können.

Trotz der unbestrittenen Wichtigkeit der therapeutischen Beziehung wird in den Therapieausbildungen wenig praktisches Wissen dazu vermittelt, was die Kennzeichen einer guten therapeutischen Beziehung sind, wie diese aufgebaut werden kann und welche Verhaltensweisen des Therapeuten gerade in diesem Kontext angemessen sind (Norcross 2002).

Wünschenswert ist eine Auseinandersetzung mit der Missbrauchsthematik auf mehreren Ebenen:
- Forschung zur Häufigkeit und zu den Bedingungen, die das Auftreten von Missbrauch in Therapien begünstigen
- Einrichtung von Anlaufstellen, in denen Betroffene psychotherapeutische und juristische Beratung und Unterstützung finden
- Entwicklung einheitlicher, ethisch begründbarer Grundhaltungen der Psychotherapieverbände, inklusive Sanktionierung von Tätern und Meldesystem
- Integration in Ausbildungscurricula mit Schwerpunkt auf praxisnaher Supervision der Beziehungsaspekte (z. B. Videoaufnahmen) und Selbsterfahrung unter Einbezug der eigenen moralischen Auffassungen (s. auch folgender Kasten)
- informed consent: Aufklärung der Patientinnen darüber, was zulässige psychotherapeutische Techniken sind und welche Verhaltensweisen des Therapeuten inakzeptabel sind

---

Leitfaden zur Selbstbeurteilung bezüglich Einhaltung von Grenzen
- Wie fühle ich mich, wenn bestimmte Patientinnen meine Sprechstunde verlassen, und warum fühle ich mich so?
- Würde ich die Behandlung von Patientinnen, die mir undankbar erscheinen, am liebsten abbrechen?

- Vermeide ich die Beendigung der Behandlung bei Patientinnen, die emotional abhängig von mir sind?
- Bevorzuge ich Patientinnen, die meine Anweisungen befolgen?
- Wie fühle und verhalte ich mich gegenüber Patientinnen, die sich trotz eines erwartet (schlechten) Behandlungsergebnisses beschweren?
- Wie verhalte ich mich gegenüber kulturellen Tabus, die mit meiner Meinung über eine effektive Behandlung interferieren?
- Verwende ich unangemessen viel Zeit darauf, über bestimmte Patientinnen nachzudenken?
- Hindere ich – vorsätzlich oder versehentlich – durch Wortwahl, Tonfall oder Haltung Patientinnen daran, am Entscheidungsfindungsprozess bezüglich ihrer Gesundheit teilzuhaben?
- Nehme ich unangemessene Geschenke von Patientinnen an?
- Suche ich während eines klinischen Kontaktes Rat bei Patientinnen, um einen persönlichen Vorteil daraus zu ziehen?
- Lege ich mehr Wert auf mein persönliches Erscheinungsbild, wenn ich weiß, dass ich eine bestimmte Patientin sehen werde?
- Mache ich persönliche Details ausfindig, die über das klinisch Notwendige hinausgehen, um mehr über das Privatleben einer Patientin zu erfahren?
- Tue ich regelmäßig bestimmten Patientinnen einen Gefallen oder mache spezielle Arrangements (z. B. Termine zu ungewöhnlichen Zeiten oder an ungewöhnlichen Orten, Ausdehnung der üblichen Konsultationszeit)?
- Behandle ich Patientinnen, die ich attraktiv oder wichtig finde, anders?
- Teile ich private Probleme mit meinen Patientinnen?
- Habe ich Gedanken oder Fantasien, einer bestimmten Patientin näherzukommen?
- Suche ich sozialen Kontakt zu bestimmten Patientinnen außerhalb der Behandlungszeiten? Wenn ja, warum?
- Erzähle ich Patientinnen persönliche Dinge? Wenn ja, warum?
- Bin ich aufgeregt oder habe ich Sehnsucht, wenn ich an eine bestimmte Patientin denke oder ihren Besuch erwarte?
- Empfinde ich es als Bestätigung für meinen persönlichen Sex-Appeal, wenn sich eine Patientin mir gegenüber verführerisch verhält?
- Verschreibe ich Medikamente oder stelle Diagnosen in meinem sozialen Umfeld?
- Bitte ich Patientinnen um einen persönlichen Gefallen oder schließe ich Geschäfte mit ihnen ab?
- Erkläre ich meine Funktion, bevor ich Patientinnen befrage?
- Falls nötig, frage ich Patientinnen, ob sie die Anwesenheit einer dritten Person während einer Untersuchung wünschen?

(übersetzt nach College of Physicians and Surgeons of Ontario [2004])

Literatur

Abel GG, Osborn CA, Warberg BW (1998). Professionals. In: Marshall WL, Fernandez YM, Hudson SM, Ward T (eds). Sourcebook of Treatment Programs for Sexual Offenders. New York: Plenum Press; 319–36.

American Psychological Association (APA) (2007). Guidelines for Practitioners. APA Guidelines for the Psychological Practice with Girls and Women. A Joint Task Force of APA Divisions 17 and 35. Adopted February 2007. www.apa.org/practice/guidelines/girls-and-women.pdf (Zugriff am 22. Juni 2012).

Beauchamp TL, Childress JF (1983). Principles of Biomedical Ethics. Oxford: Oxford University Press.

Becker-Fischer M, Fischer G (1997). Sexuelle Übergriffe in Psychotherapie und Psychiatrie. Schriftenreihe des Bundesministeriums für Familie, Senioren, Frauen und Jugend, Bd. 107. Stuttgart: Kohlhammer.

Bundespsychotherapeutenkammer (2006, Januar). Musterberufsordnung für die Psychologischen Psychotherapeutinnen und Psychotherapeuten und Kinder- und Jugendlichenpsychotherapeutinnen und Kinder- und Jugendlichenpsychotherapeuten in der Fassung der Beschlüsse des 7. Deutschen Psychotherapeutentages. Dortmund. www.bptk.de/uploads/media/20060117_musterberufsordnung.pdf (Zugriff am 24. Juni 2012).

College of Physicians and Surgeons of Ontario (2004, September/Oktober). Maintainig Boundaries with Patients. Member's Dialogue; 7–15. www.cpso.on.ca/uploadedFiles/downloads/cpsodocuments/members/Maintaining%20Boundaries.pdf (Zugriff am 22. Juni 2012).

College of Physicians and Surgeons of Ontario (2008, Dezember). Policy Statement Nr. 4–08. Maintaining Appropriate Boundaries and Preventing Sexual Abuse. www.cpso.on.ca/uploadedFiles/downloads/cpsodocuments/policies/policies/sexual_abuse_boundaries.pdf (Zugriff am 22. Juni 2012).

Dahlberg C (1970). Sexual contact between patient and therapist. Contemp Psychoanal; 6: 107–24.

Dehlendorf CE, Wolfe SM (1998). Physicians disciplined for sex-related offenses. JAMA; 279: 1883–8.

Ehlert-Balzer M (1999). Fundament in Frage gestellt. Sexuelle Grenzverletzungen in der Psychotherapie. Mabuse; 121: 47–51.

Foa EB, Keane TM, Friedman MJ (2000). Effective treatments for PTSD. Practice guidelines from the International Society for Traumatic Stress Studies. New York: Guilford.

Gartrell N, Hermann J, Olarte S et al. (1986). Psychiatrist-patient sexual contact: results of a national survey. I. Prevalence. Am J Psychiatry; 143: 126–31.

Gonsiorek JC (1995). Breach of Trust. Sexual Exploitation by Health Care Professionals. Thousand Oaks: Sage.

Gutheil TG, Gabbard GO (*1993*). The concept of boundaries in clinical practice: theoretical and risk-management dimensions. *Am J Psychiatry; 150*: 188–96.

Halter M, Brown H, Stone J (2007). Sexual boundary violations by health professionals – an overview of the published empirical literature. Edited by The Council for Healthcare Regulatory Excellence. Als PDF herunterzuladen unter www.chre.org.uk/satellite/133/ (Zugriff am 22. Juni 2012).

Hutterer-Krisch R (Hrsg) (2007). Grundriss der Psychotherapieethik: Praxisrelevanz, Behandlungsfehler und Wirksamkeit. Wien, New York: Springer; 214–54.

Lambert MJ, Barley DE (2002). Research summary on the therapeutic relationship and psychotherapy outcome. In: Norcross JC (ed). Psychotherapy Relationships that Work: Therapist Contributions and Responsiveness to Patients. Oxford: University Press; 17–32.

Manzer J (2000). Conduct unbecoming. Investigative report reveals thousands of Ontarians say they are sexually abused by health-care workers. Medical Post; 36: 17.

Norcross JC (ed) (2002). Psychotherapy Relationships that Work: Therapist Contributions and Responsiveness to Patient Needs. New York: Oxford University Press.

Reiter-Theil S (1995). Versorgung und Therapie psychisch kranker Menschen. In: Kahlke W, Reiter-Theil S (Hrsg). Ethik in der Medizin. Stuttgart: Enke; 68–77.

Schoener GR, Hofstee Milgorm J, Gonsiorek JC et al. (1989). Psychotherapists' sexual involvements with clients: intervention and prevention. Minneapolis, Minnesota: Walk-in Counselling Centre.

Schweizerische Gesellschaft für Psychiatrie und Psychotherapie (2009, Februar). Positionspapier: Missbrauch in psychiatrischen und psychotherapeutischen Beziehungen. www.psychiatrie.ch/index-sgpp-de.php?frameset=74 (Zugriff am 22. Juni 2012).

Sedlak F (1997). Überlegungen zum emotionalen Missbrauch – ein Diskussionsbeitrag. Psychotherapie Forum; 5: 163–6.

Simon R (1995). The natural history of therapist sexual misconduct: identification and prevention. Psychiatr Ann; 25: 90–4.

Stewart DE (2006). The International Consensus Statement on Women's Mental Health and the WPA Consensus Statement on Interpersonal Violence against Women. www.wpanet.org/detail.php?section_id=5&content_id=10 (Zugriff am 22. Juni 2012).

Stewart DE, Venos E, Ashraf IJ (2009). Mental health policies on reporting child sexual abuse and physician-patient sexual relationships. World Psychiatry; 8: 45–8.

Tschan W (2005). Missbrauchtes Vertrauen. Sexuelle Grenzverletzungen in professionellen Beziehungen. 2. Aufl. Basel: Karger.

World Psychiatric Association (2005). Madrid Declaration on Ethical Standards for Psychiatric Practice. 1996/ www.wpanet.org/content/madrid-ethic-english.shtml (Zugriff am 22. Juni 2012).

Zondervan T (2007). Missbrauch durch Hilfeleistende: Prävention und Post-Prävention von Professional Sexual Misconduct durch Aufklärungsarbeit. Psychotherapie Forum; 15: 183–9.

41 Behandlung traumatisierter Patientinnen

Luise Reddemann und Astrid Lampe

―― Inhalt ――――――――――――――――――――――――――――――――――

41.1 Einleitung 446
41.2 Wozu frauengerechte traumatherapeutische Behandlungen? 447
41.3 Allgemeine Grundsätze der Behandlung 448
     Behandlung der nichtkomplexen und der komplexen PTBS 448
     Sicherheit und Stabilität 450
41.4 Die therapeutische Beziehung 450
     Ich-Stärkung, Empowerment und Würde 450
     Ressourcen- und Resilienzorientierung 451
     Übertragung und Gegenübertragung verstehen und nutzen 452
     Psychodynamisches Verstehen und das Prinzip »Nachbeelterung« .. 453
     Traumatische Erfahrungen erkunden und Resilienz fördern 453
41.5 Interventionen 454
41.6 Trauern und Neubeginnen 456
41.7 Fazit 456

41.1 Einleitung

Das Störungsbild der Posttraumatischen Belastungsstörung (PTBS) ist im Vergleich zu vielen anderen Traumafolgestörungen nur in etwa 20 % der Fälle relevant. Sehr viel häufiger ist die sogenannte Komplexe Posttraumatische Belastungsstörung, im DSM-IV als »Disorder of extreme stress not otherwise specified, DESNOS« bezeichnet. Auch viele depressive, somatoforme und andere Störungsbilder hängen ätiologisch mit Traumatisierungen, häufig in Kindheit und Jugend, zusammen. Daher stellen wir in diesem Kapitel Grundsätze in der Behandlung der verschiedensten Traumafolgestörungen dar. Wir führen in die Problematik anhand eines Fallbeispiels ein.

―― Fallbeispiel ――――――――――――――――――――――――――――――

Frau P. ist Mitte 50, kürzlich ist ihre Mutter gestorben. Seither fühle sie sich mutlos, kraftlos und ohne Antrieb. Der Hausarzt meine, sie habe eine Depression. Zur Vorgeschichte berichtet sie, dass sie als Kind sexuell ausgebeutet worden sei, darüber habe sie nie mit jemand gesprochen, und sie wolle auch jetzt nicht darüber sprechen. Das sei lange her, und sie wolle sich gar nicht daran erinnern. Sie habe ein Studium absolviert, aber sei nie berufstätig gewesen, da sie nach dem Staatsexamen sofort geheiratet habe und ihr

Mann es nicht gewollt habe, dass sie arbeite. Er sei inzwischen ein erfolgreicher Jurist. Sie habe zwei erwachsene Kinder. Die Ehe sei nur kurz gut gewesen, ihr Mann sei aufbrausend und manchmal habe er auch körperliche Gewalt angewandt, um seine Ziele zu erreichen. Sie habe, als die Kinder erwachsen waren, immer wieder an Scheidung gedacht. Aber ihre Mutter habe sie gezwungen, das nicht zu tun. Gezwungen? Ja, sie habe ihr gedroht, dass sie allein nicht zurechtkomme, sie habe ja keinen Beruf, sie würde ihr Leben ruinieren, sie solle stillhalten und das Beste daraus machen.

41.2 Wozu frauengerechte traumatherapeutische Behandlungen?

Die traumatischen Erfahrungen von Frauen unterscheiden sich häufig deutlich von denen von Männern. Insbesondere werden Frauen häufiger als Männer wegen ihres Geschlechts traumatisiert. Besonders sexualisierte Gewalt gegen Frauen, bei der es häufig um die Erniedrigung des Opfers geht, unterscheidet sich durch die massive und immer noch weltweit verbreitete Verachtung von Frauen deutlich von sexualisierter Gewalt gegen Männer: So schrecklich es für einen Mann oder Jungen ist, sexualisierte Gewalt zu erleiden, so wird er doch in aller Regel nicht wegen seines Geschlechts gedemütigt (s. Kap. 22 in diesem Band).

> Frauen erleiden häufig auch im Alltag Herabsetzung, Nicht-ernst-genommen-Werden und Demütigungen. Deshalb ist es stets wichtig, darauf zu achten, dass ihre Wünsche berücksichtigt werden und dass sie auf der Basis von genauer Information selbst entscheiden, welcher Behandlung sie zustimmen; dies wird als *informed consent* oder partizipative Entscheidungsfindung beschrieben (s. Brown 2005; Reddemann 2008).

Im Fall von Frau P. wird ihr Wunsch, nicht über die Kindheitstraumatisierungen zu sprechen, respektiert, zumal sie derzeit noch in einer sie traumatisierenden Beziehung lebt. Das Sprechen über Traumen bei anhaltender Gewalterfahrung würde sie destabilisieren. Frau P. wolle über ihre aktuelle Situation mehr Klarheit gewinnen und schauen, ob sie mehr Optionen habe, als die Mutter gemeint habe. Die Depression wird überwiegend als Abwehr ihrer Autonomiewünsche verstanden und als Versuch einer Anpassung an den Konflikt zwischen Autonomie und Sicherheitsbedürfnissen, die auf dem Hintergrund frühkindlicher Traumatisierungen eine große Bedeutung für die Patientin haben. Sie wird zunächst eingeladen, sich Zeit zu lassen und die Depression auch unter dem Aspekt zu betrachten, dass sie ihr helfe, keine überstürzten Entscheidungen zu treffen. Dadurch fühlt sich die Patientin verstanden und unterstützt.

41.3 Allgemeine Grundsätze der Behandlung

Hier sollen zunächst einige Grundsätze der Behandlung von traumatisierten Menschen dargestellt werden, die für Männer ebenso wie für Frauen gelten.

In einer aktuellen Metaanalyse (Wampold et al. 2010) wird festgestellt, dass aufgrund des derzeitigen Forschungsstands keine Behandlung für die PTBS als effektiver angesehen werden könne als andere, die den Anforderungen an eine »Bona fide«-Therapie entsprechen. Als »Bona fide«-Therapien werden solche bezeichnet, die »Bestandteile haben, die allen legitimierten Psychotherapien gemeinsam sind, eingeschlossen eine nachvollziehbare Erklärung der Störung, die behandelt werden soll, eine Behandlung, die auf psychologischen Prinzipien beruht, therapeutischen Aktivitäten, die konsistent sind mit dem Rationale der Therapie, und einer gemeinsamen Entscheidungsfindung und Zusammenarbeit von Therapeut oder Therapeutin und Patient oder Patientin« (Wampold et al. 2010; Übersetzung durch die Autorin).

Wir wollen uns hier von dieser Forschungslage leiten lassen, allgemeine Grundsätze in der Behandlung von traumatisierten Patientinnen darstellen und schließlich auf die unter Klinikern und Klinikerinnen konsensfähigen Erfahrungen eingehen, die die Genderproblematik berücksichtigen.

Behandlung der nichtkomplexen und der komplexen PTBS

In Kapitel 30 in diesem Band werden die verschiedenen Traumafolgestörungen beschrieben. In der Praxis sind *nichtkomplexe* Traumafolgestörungen relativ selten. Es wird von einem Verhältnis von 20 % nichtkomplexe und 80 % komplexe Traumafolgestörungen ausgegangen.

> Für die nichtkomplexen Störungsbilder wird, sobald es die Stabilität der Patientin zulässt, eine Konfrontation mit dem auslösenden Ereignis, also der traumatischen Situation, empfohlen. Unter Gendergesichtspunkten kann nicht genug hervorgehoben werden, dass dies nur mit Zustimmung der Patientin zu geschehen hat.

In der Behandlung komplexer posttraumatischer Störungsbilder empfiehlt sich die Berücksichtigung des *3-Phasen-Modells der Traumatherapie*. Schon Pierre Janet erhob im Jahr 1898 in seiner Arbeit über »Nevroses et ideés fixes« die Forderung, nach einem 3-phasigen Modell zu arbeiten (van der Hart et al. 1989):
- Phase 1: Stabilisierung und Symptomreduktion
- Phase 2: Behandlung traumatischer Erinnerungen
- Phase 3: (Re-)Integration der Persönlichkeit und Rehabilitation

Diesen Empfehlungen entsprechend werden heute folgende Punkte beachtet:
- *Stabilisierung*: Zunächst sollte die Ich-Stärke und Stressbewältigungsfähigkeit überprüft und gegebenenfalls gefördert werden: Das heißt im Fall von Frau P.,

ihr dabei zu helfen, sich ihrer Kompetenzen bewusster zu werden und ihr Vertrauen und ihre Selbstwirksamkeit zu stärken. Dies wird in der Therapie angewandt, was dazu führt, dass sie sich darum bemüht, halbtags berufstätig zu werden und zumindest teilweise ihre Studienkenntnisse zu verwenden. Dabei ist sie trotz der Schwierigkeiten auf dem aktuellen Arbeitsmarkt erfolgreich. Die berufliche Tätigkeit hilft ihr, sich kompetenter und selbstsicherer zu fühlen, was ihr wiederum hilft, die Trennung vom gewalttätigen Ehemann für möglich zu halten.
- *Durcharbeiten:* Anschließend können bei ausreichender Ich-Stärke die auslösenden Ereignisse durchgearbeitet werden: Da Frau P. mit ihrem Mann, der sie misshandelt und vergewaltigt, noch zusammenlebt, kommt zu Beginn der Behandlung dieses Durcharbeiten traumatischer Erfahrungen nicht infrage. Im weiteren Verlauf erfolgt dann aber die Trennung, sodass nach einer längeren Phase der Stabilisierung eine Durcharbeitung einiger traumatischer Erfahrungen mit dem Ehemann möglich wird. Die Patientin besteht weiter darauf, sich mit ihren Kindheitstraumata nicht befassen zu wollen.
- *Integration:* Ziel ist hier, der Patientin schließlich bei der Integration dieser Erfahrungen und eines Neubeginnens behilflich zu sein. Dies ist im Fall von Frau P. sehr bedeutsam. Sie muss lernen, mit Konflikten »wie eine Erwachsene« umzugehen, statt in kindliche Verhaltensweisen zu regredieren. Jede Situation, in der sich Frau P. der Therapeutin gegenüber angepasst und »brav« verhält, wird dazu genutzt, ihr diese Mechanismen bewusst zu machen und mit ihr neue Verhaltensmöglichkeiten imaginativ durchzuspielen. Über längere Zeit trauert die Patientin über ihr »verpfuschtes Leben«, bis sie nach und nach dazu kommt, ihr Leben als das zu akzeptieren, was es gewesen ist, und sich auf gegenwärtige und zukünftige Möglichkeiten zu konzentrieren.

»Eine phasenorientierte Behandlung, die die Standardbehandlung bei chronifizierter Traumatisierung darstellt, wird als die effektivste angesehen«, betonen van der Hart et al. (2006, S. 216). Sie heben hervor: »… diese direkten (konfrontativen) Vorgehensweisen scheitern häufig oder sie sind für chronisch traumatisierte Individuen nicht angemessen«.

Komplexe Traumatisierungen erfordern eine komplexe Behandlung (Courtois et al. 2009). Vor zu früher Konfrontation wird nachdrücklich gewarnt. »Behandlung bedeutet nicht, dass ein Vorgehen für alle passt, sondern jede Klientin sollte eingeschätzt werden und die Behandlung ihren Bedürfnissen entsprechend angepasst werden« (van der Hart et al. 2006, S. 86). Daher gilt: »In der Einleitungsphase geht es um Sicherheit und Affektregulierung« (S. 91). Die Phase der Stabilisierung ist im Allgemeinen die längste und am wichtigsten für den Behandlungserfolg und braucht Zeit (Reddemann 2011).

Sicherheit und Stabilität

Sicherheit und die Erarbeitung von Stabilität sind also in der Behandlung von Frauen, die vielfach traumatisiert wurden und deren Bindungen daher nicht sicher, sondern desorganisiert sind, von großer Bedeutung. »Die Konzepte von ›Sicherheit‹ und der Schwerpunkt auf der Stabilisierungsphase sind dazu gedacht, die Therapeuten ebenso wie die Patienten zu schützen. Indem sie ihren Patienten helfen, mehr Sicherheit zu erlangen, schützen Therapeuten auch sich selbst vor den Gefahren einer zu schnell, ohne ausreichende Stabilisierung verlaufenden Therapie: Sorgen um das Wohl ihrer Patienten, sekundäre Traumatisierung, rechtliche Konflikte und gefährliche Übertragungs- und Gegenübertragungsprozesse, die durch inadäquate Behandlungen entstehen können [...] (also) ›Sicherheit finden‹ sollte daher das Ziel sowohl der Patientin als auch der Therapeutin sein« (Najavits 2009, S. 23).

41.4 Die therapeutische Beziehung

Es sollte in der Therapie zunächst und kontinuierlich um Bemühungen gehen, eine tragfähige, sicherheit- und haltgebende therapeutische Beziehung zu ermöglichen, sodann um eine Bejahung und Würdigung der Symptomatik – nicht zuletzt auch unter dem Aspekt der Widerständigkeit des Subjekts gegen zerstörerische äußere Bedingungen. Des Weiteren gehört dazu auch eine gezielte Nutzung *traumakompensatorischer Schemata* (Reddemann u. Fischer 2010), wozu alle Versuche der Patientinnen zu rechnen sind, mit der traumatischen Erfahrung fertig zu werden und diese ins Selbst zu integrieren.

Für den Aufbau einer sicheren Beziehung sollten die Auswirkungen des Verhaltens des Therapeuten oder der Therapeutin genauso sehr in den Blick genommen werden wie das der Patientin, immer unter Berücksichtigung der Tatsache, dass sich Frauen mit einer Traumageschichte erheblich schneller gekränkt und missverstanden fühlen können, sodass wir gefordert sind, uns besonders achtsam und gegebenenfalls behutsam zu verhalten.

Ich-Stärkung, Empowerment und Würde

Wir empfehlen auch aus Gründen der *Würde der Patientin* eher mit Ansätzen zu arbeiten, die nicht mit dem Prinzip massiver Erregung vorgehen, also Angebote zu machen, die Zeit lassen und individuelle Bedürfnisse berücksichtigen (Reddemann 2008).

Der Therapeut oder die Therapeutin sollte erkennen, in welcher der vielen möglichen Phasen der Entwicklung einer Frau sich die Patientin befindet und wovon sie am besten profitiert. Es geht daher nicht nur um »Traumatherapie«, sondern um die Behandlung des ganzen Menschen (Boss 2008; Briere u. Jordan 2009).

Es geht um Beruhigung *und* Verarbeiten, weniger um ein Entweder-oder, sondern ein »Pendeln«, denn Pendelbewegungen sind Zeichen von Lebendigkeit. Häufig ist diese Fähigkeit zu Beginn der Behandlung aufgrund des »Eingefrorenseins« der Patientinnen kaum möglich. Es sollte darum gehen, minimale Pendelbewegungen, zu denen unsere Patientinnen trotz allem fähig sind, zu erkennen, die Patientinnen anzuregen und zu ermutigen, sie zu nutzen und zu fördern, damit sie sich schließlich größere und große Pendelausschläge erlauben können, wenn sie es wünschen (s. Levine 1998).

Es sollte im Sinne von Kant um selbstgesetzte Zwecke der Patientin gehen, mit einer Haltung, die Würdeverletzungen erkennt und unterlässt, da die Würde von traumatisierten Frauen sehr häufig verletzt wurde (Kant 1786, zit. nach Wenke 2008). Traumatisierte Menschen erleben Uneinfühlsamkeit und nicht einsehbare Forderungen sogar als retraumatisierend. Wir kennen nicht wenige Patientinnen, die durch die Rücksichtslosigkeit von Behörden, z. B. bei der Beantragung von Opferentschädigung, die ihnen gesetzlich zusteht, immer tiefer in Verzweiflung und Ratlosigkeit geraten. Hier haben wir es mit *kumulativer* oder *sequenzieller Traumatisierung* zu tun.

> Da Frauen mehr oder weniger lebenslang Erfahrungen ausgesetzt sind, die würdeverletzend sind, und Entwürdigung ohnehin zu jeder Art von »*Man made*«-*Traumatisierung* dazugehört, sind Interventionen, die Patientinnen dabei helfen, ihre Würde wiederzuerlangen und sich als eigenmächtig handelnd zu erleben, von besonderer Bedeutung. Die Aufrechterhaltung einer tragfähigen therapeutischen (Arbeits-)Beziehung hat dabei immer Vorrang vor jeder anderen Intervention.

Respektvolles Einbeziehen der Patientinnen durch Information und Beteiligung an Entscheidungen festigt die therapeutische Beziehung. Rettungsfantasien und gesteigertes Helfen wirken sich nicht günstig aus; falsch verstandene Abstinenz (sondern es geht vielmehr um *parteiliche Abstinenz!*) und die Weigerung, hilfreich beizustehen, ebenso.

Wir raten von allzu langem Warten oder Hinnehmen von eingefahrenen Verhaltensweisen ab, insbesondere wenn Patientinnen sich durch ausdauerndes Beschäftigen mit Belastendem immer mehr in einen belasteten, womöglich dissoziativen Zustand hineinmanövrieren. Dann ist der Therapeut oder die Therapeutin gefordert, dies zu benennen und die Patientin einzuladen, zu überprüfen, ob ihr dieses Verhalten weiterhilft.

Ressourcen- und Resilienzorientierung

Therapien scheinen dann besonders wirksam zu sein, wenn mit den Ressourcen der Patientinnen gearbeitet wird und sie den Eindruck haben, dass sie sich die Erfolge der Therapie selbst zuschreiben können (Wampold et al. 2010). Es wird einleuchten, dass dies ein Gegenmittel gegen Ohnmachtserleben sein kann.

Neue Erfahrungen der Stärke und der Selbstwirksamkeit sind nicht hoch genug einzuschätzen.

> Wichtig erscheint, dass wir uns klar machen, dass die Patientin bereits überlebt hat! Dafür benötigt sie uns nicht, sie benötigt uns aber dafür, dass ihr ein »gutes Leben« möglich wird, wenn sie das wünscht.

Resilienzorientierung neben der Leidorientierung stellt sich in den letzten Jahren zunehmend als zentraler Faktor in der Behandlung allgemein und in der Psychotherapie von Menschen mit Traumafolgestörungen im Besonderen heraus (Boss 2008). Keinesfalls aber sollte Resilienzorientierung dafür missbraucht werden, dem Leiden aus dem Weg zu gehen und Patientinnen den Raum, den sie für ihr Leid brauchen, zu versagen. Therapeuten und Therapeutinnen laufen manchmal Gefahr, im Sinne einer auch gesellschaftlich bedingten Gegenübertragungsreaktion zu schnell Veränderungen anzustreben, um dem Leiden zu entkommen.

Die Frage nach der Resilienz darf nicht dafür missbraucht werden, Menschen abzuverlangen, dass sie sich mit sozialer Ungerechtigkeit und Gewalt »resilient« abfinden sollen. Resilienz bedeutet nicht andauerndes Wohlgefühl, sondern Widerstandskraft. *Ressourcenorientierung* ist nicht gedacht für Verleugnung, Bagatellisierung und Beschönigung.

Resilient sein kann auch heißen, zu »lernen, mit unbeantwortbaren Fragen zu leben« (Boss 2008, S. 85). Resilienz resultiert in solchen Fällen eher aus einem Akzeptieren von Widersprüchlichem statt aus der Überwindung von Problemen.

Besonders hier sehen wir eine Chance für psychodynamische Behandlungsansätze. Zwar gibt es bisher noch keine konsistente psychoanalytische Theorie für die Arbeit mit Resilienz, jedoch gibt es Gedanken zur Förderung progressiver Tendenzen in den Schriften psychoanalytischer Autoren.

> Die Grundprinzipien einer psychodynamischen Hermeneutik können eine therapeutische Ressource per se bedeuten. Das Wissen über Übertragungs- und Gegenübertragungskonstellationen bei traumatisierten Menschen sollte bei jedweder therapeutischen Orientierung genutzt werden (Reddemann 2011).

Übertragung und Gegenübertragung verstehen und nutzen

Folgende eher als hinderlich anzusehende *Gegenübertragungsreaktionen* werden von Zurek und Fischer (2003) als Ausweg beschrieben, um aus der Belastung des sogenannten Empathiestresses mit traumatisierten Patientinnen und Patienten herauszukommen:

- Eine aktive »Solidarisierung« traumatherapeutisch Arbeitender mit den Betroffenen *drängt* diese zu Schritten, zu denen sie noch nicht in der Lage sind, z. B. im Falle von Täterkontakt der Patientin Frau P. Hier sollte es nicht darum gehen, die Patientin quasi zu zwingen, den Kontakt abzubrechen, sondern sorgfältig mit ihr zu erarbeiten, dass sie sich selbst schädigt und wie sie dieses selbstschädigende Verhalten beenden kann.
- Die unmittelbare Identifikation mit den Betroffenen im Sinne der Mitbetroffenheit vermeidet ebenfalls Empathiestress. Der Traumatherapeut oder die Traumatherapeutin ist sozusagen in ihrer Fantasie selbst betroffen und vermeidet den Stress, als Nichtbetroffene beim Zuhören die Hilflosigkeit des Opfers teilen zu müssen.
- Emotionale Anästhesie und Vermeidungshaltungen können sich analog zu den Symptomen der Traumatisierten entwickeln (s. Zurek 2002).
- Es ist bei der von uns vorgeschlagenen Arbeitsweise wichtig, daran zu denken, dass ein Zuviel an Ressourcenorientierung auch der Vermeidung von Ohnmacht und Trauer bei den traumatherapeutisch Arbeitenden dienen kann.
- Ein zentrales Thema sind auch Schuldgefühle in der traumatischen Gegenübertragung. Eine therapeutische Grundhaltung, die Traumatisierte in immer größere Abhängigkeit bringt, weil der Therapeut oder die Therapeutin meint, beistehen zu müssen, auch dort, wo durchaus die Selbsthilfefähigkeit und die Kräfte der Selbstheilung angesprochen werden könnten, gilt als fragwürdig.

Psychodynamisches Verstehen und das Prinzip »Nachbeelterung«

Psychodynamische Ansätze bieten Patientinnen die Möglichkeit einer intellektuellen und emotionalen Integration an, indem unerklärliche und erschreckende Erfahrungen, die sie bisher gemacht haben, in ein Erklärungs- und Interpretationsschema eingeordnet werden (Brown 2005; Reddemann u. Fischer 2010). Sich selbst besser verstehen zu können, verhilft Frauen zu mehr Selbstkontrolle, wirkt stressmindernd und ermöglicht, dass Neues erprobt werden kann.

Traumatisierte Patientinnen möchten verstehen, warum sie sich verhalten, wie sie sich verhalten, und sie suchen nach dem Sinn ihrer Erfahrungen, wie sie diese in ihr jetziges Leben integrieren und ihr Leiden daran vermindern können – sie wünschen sich keine Neuauflage ihrer traumatischen Erfahrungen, sondern einen Neubeginn.

Heute verstehen wir *Nachbeelterung* als einen Akt imaginativer Selbstbegegnung und Selbstfürsorge. Dies wiederum kann als wesentlicher Faktor für Resilienzförderung in der Therapie verstanden werden.

Traumatische Erfahrungen erkunden und Resilienz fördern

Die therapeutische Beziehung und die Interventionen sollten so gestaltet werden, dass sich dies zusätzlich als resilienzfördernd auswirken kann.

Fragt man danach, was Menschen hilft, mit akuten Traumata fertig zu werden, erfährt man, dass am meisten mitfühlende Andere helfen, die zu trösten bereit sind und die zum Ausdruck bringen, »Das war schlimm, was du durchgemacht hast« und gegebenenfalls »Das war Unrecht«. Diese Antwort der Mitmenschen scheint Menschen besonders intensiv dabei zu helfen, die Gegenwart wieder nach und nach als gesondert von der traumatischen Vergangenheit unterscheiden zu können. So lässt sich festhalten, dass es für Patientinnen oft nicht ausreichend ist, die Traumata durchzuarbeiten. Unsere Vorstellungskraft ermöglicht es, dass wir vieles nachholend gutmachen können, wenn auch nicht alles. Daher erscheinen *Imaginationen* empfehlenswert, die darauf angelegt sind, den verletzten inneren Anteilen zu vermitteln, dass das erwachsene Ich versteht, wie schlimm die Erfahrungen waren. Das erwachsene Ich wendet sich mitfühlend seinem jüngeren verletzten Anteil zu – gegebenenfalls macht dies ein hilfreicher innerer Teil, man spricht auch von »Helferwesen«, also ein sogenannter innerer Helfer – und vermittelt ihm schließlich, dass der Schrecken vorbei ist. Voraussetzung für diesen Umgang der Patientin mit sich selbst ist allerdings der mitfühlende Therapeut oder die mitfühlende Therapeutin. Andererseits genügt ihr Mitgefühl allein nicht, sondern es gilt, die Patientin zu ermutigen und ihr dabei behilflich zu sein, sich selbst mitfühlend zu begegnen. Eine herausfordernde Aufgabe!

41.5 Interventionen

Wampold et al. (2010) haben in ihrer Metaanalyse zur Wirksamkeit von Behandlungen der PTBS eine Liste möglicher erfolgreicher Interventionen erstellt. Wir beziehen uns darauf, da wir sie für nützlich halten. Da es bis heute keine Forschung zum Therapieoutcome bei posttraumatischen Störungsbildern gibt, die zwischen männlichen und weiblichen Patienten differenziert, ergänzen wir die Empfehlungen mit Forderungen nach einer frauengerechten Therapie (s. Enders-Dragässer u. Sellach 2001) und unseren eigenen Erfahrungen.
- Entwicklung und Förderung einer sicheren, respektvollen und vertrauenswürdigen therapeutischen Beziehung (Dazu gehört, dass Frauen die Möglichkeit haben, von Frauen behandelt zu werden, wenn sie es wünschen; insbesondere bei sexueller Gewalt wünschen sich viele Patientinnen die Möglichkeit des Gesprächs mit einer Frau. Insbesondere in der stationären Therapie müssen Frauen außerdem vor Gewalt durch Mitpatienten umfassend geschützt werden.)
- überzeugende psychologische Erklärungen, die für die Patientin akzeptabel sind, zur Verfügung stellen; dazu gehört Psychoedukation über posttraumatische Störungen
- gemeinsam erarbeitete Vereinbarungen über die Aufgaben und Ziele der Therapie

- Förderung von Hoffnung und Aufbau eines Gefühls von Selbstwirksamkeit (Patientinnen sollten dahin kommen, dass sie Veränderungen sich selbst zuschreiben)
- Möglichkeit, über die traumatischen Erfahrungen zu sprechen
- Sorge um die Sicherheit der Patientin, insbesondere im Fall von Viktimisierung, wie sie bei häuslicher Gewalt, nachbarschaftlicher Gewalt oder Missbrauch geschieht, sowie Hilfsangebote, wie Patientinnen lernen können, Reviktimisierung zu verhindern
- Benennen der Ressourcen der Patientinnen und ihrer Stärken, Überlebensfertigkeiten, sowie intra-und interpersonaler Ressourcen und der Aufbau von Resilienz und das Erlernen von Copingmechanismen sowie teilweise Veränderung der bestehenden Copingmechanismen
- Traumaexposition
- Sinngebung für traumatische Erfahrungen und die Reaktionen der Patientinnen auf das Ereignis
- Ermutigung, soziale Unterstützung herbeizuführen und zu nutzen
- Prävention von Rückfällen

Weitere Empfehlungen sind folgende:
- Das *Konzept der inneren Bühne* (Reddemann 2011): Es hat sich als nützlich erwiesen, die Bühne als den Ort zu nutzen, auf dem Regression stattfindet. Damit behält die therapeutische Beziehung überwiegend den Charakter einer Arbeitsbeziehung. Die Leiden und Probleme traumatisierter Patientinnen sollten immer zuerst Würdigung erfahren, Mitgefühl sollte erkennbar gezeigt werden.
- *Distanzierungstechniken* sind ein hochwirksames Mittel gegen Angst und Dissoziation.
- *Therapieziele* lassen sich leichter aus Lebenszielen der erwachsenen Person ableiten. Wenn es gelingt, einen Zusammenhang zwischen Auftrag oder Zielen einerseits und Beschwerden sowie Lösungsmöglichkeiten und Resilienz andererseits herzustellen, fördert dies die Therapiemotivation der Patientin, weil sie Kontrolle hat.
- Es hat sich bewährt, parallel zur Problemanamnese auch die *Freudebiografie* zu erheben (Kast 1994). Dies beinhaltet auch Fragen danach, was der Patientin geholfen hat, schwierige Situationen zu überstehen. Eine Frage könnte lauten: »Wie haben Sie es geschafft, mit all dem Schweren fertig zu werden?«
- Eine Patientin, die die Fähigkeit zur Selbstbeobachtung besitzt – und dazu gehört auch das Wahrnehmen von Erfreulichem (Zufriedenheits- oder Freudetagebuch), wird sich eher als selbstwirksam erleben. *Ressourcenorientierte Selbstbeobachtungsempfehlungen* (z. B. »Bitte achten Sie bis zu unserem nächsten Termin auf alles, was Ihnen gut tut, und notieren Sie es«) werden meist als nützlich erlebt.

41.6 Trauern und Neubeginnen

Eine Frau, die von Menschen, denen sie vertraut hat, schwer seelisch und körperlich verletzt wurde, braucht vor allem Zeit, diese Verletzungen und die damit zusammenhängenden Verluste zu betrauern. Dies geschieht häufig von Beginn der Behandlung an, in jedem Fall braucht es am Ende der Behandlung Zeit für diese Trauer und auch für den Abschied von dem Therapeuten oder der Therapeutin. In dieser letzten Phase der Therapie geht es aber auch um das Erarbeiten neuen Verhaltens, den Umgang mit Konflikten auf andere Art als durch Dissoziieren und Vermeiden. Daher ist es wichtig, auch Geschlechtsstereotypien zu erkennen, zu benennen und Verhaltensalternativen zu erarbeiten. Die Chancen auf Besserung und Heilung erhöhen sich, wenn Frauen ihr traditionelles Geschlechtsrollenmuster durchschauen und es wagen, sich mehr abzugrenzen und durchzusetzen, ohne ihre Bedürfnisse nach Verbundenheit aufzugeben.

41.7 Fazit

Traumakonfrontation zu machen, weil stabilisierende Arbeit schwierig erscheint, ist meist ein Irrweg und führt häufig zu kaum auflösbaren Schwierigkeiten. Es sei an den Satz eines berühmten amerikanischen Traumatherapeuten erinnert: »The slower, the faster.« Umgekehrt gilt leider auch: »The faster, the slower«, d. h. wenn man sich nicht genügend darum kümmert, ob eine Patientin stabil ist und sie sich zu früh und zu intensiv mit traumatischem Material beschäftigt, führt das fast immer zu verlängerten Behandlungen. Es geht darum, der Frau die Zeit zu lassen, die sie braucht, wie im Fallbeispiel deutlich wird, und nicht ausschließlich einem Manual zu folgen.

Günstiger dürfte es sein, kleinere Schritte zu machen, noch mehr Sorgfalt für das Auffinden von Ressourcen oder das Ausfantasieren von Ressourcen für die Zukunft zu verwenden und an einem tragfähigen Arbeitsbündnis zu arbeiten. Hierbei ist zu berücksichtigen, dass Frauen häufig über Ressourcen verfügen, über die sie nicht sprechen, weil sie sie für »normal« halten. Eine sorgfältige Eruierung der Lebensumstände der Patientin ist daher notwendig und lohnend. Zum Beispiel: Wie verbringt eine Frau ihre Zeit und mit wem?

Es ist auch notwendig, über stereotypische Auffassungen der weiblichen Geschlechtsrolle zu sprechen und daran gegebenenfalls zu arbeiten. Traditionelle Geschlechtsrollen verhindern Entwicklung und damit auch eine ausreichende Stabilisierung. Hierbei sind allerdings auch kulturspezifische Rollen- und Geschlechterbilder zu berücksichtigen.

Wenn stabilisierende Arbeit nicht gelingen will, obwohl ein gutes Arbeitsbündnis besteht, ist das in aller Regel ein Hinweis auf äußere Instabilität, meist Täterkontakt in irgendeiner Form.

Techniken welcher Art auch immer sind nützlich, jedoch gehören Techniken eingebettet in ein therapeutisches Gesamtkonzept und benötigen für ihre erfolgreiche Nutzung eine tragfähige und als sicher erlebte therapeutische Beziehung. Hierzu trägt bei, dass therapeutisch Tätige sämtliche aufscheinende Kompetenzen ihrer Patientinnen würdigen und fördern. Traumatisierte Frauen neigen noch mehr als andere dazu, sich abzuwerten und klein zu machen. Um diese Haltungen zu überwinden, braucht die Patientin eine Person, die sie wertschätzt.

Literatur

Boss P (2008). Verlust, Trauma und Resilienz. Stuttgart: Klett-Cotta.
Briere J, Jordan E (2009). Childhood maltreatment, intervening variables, and adult psychological difficulties in women. Trauma Viol Abuse; 10, 4: 375–88.
Brown LS (2005). Working with women survivors of trauma and abuse. DVD. Washington: American Psychological Association.
Courtois C, Ford J, Cloitre M (2009). Best practices in the treatment for adults. In: Courtois C, Ford, J (eds). Treating Post Traumatic Stress Disorder. New York: Guilford; 82–103.
Enders-Dragässer U, Sellach B (2001). Frauen in stationärer psychiatrischer Behandlung. In: Bundesministerium für Familie, Senioren, Frauen und Jungend (Hrsg). Bericht zur gesundheitlichen Situation von Frauen in Deutschland. Schriftenreihe des BMFSFJ, Bd. 209. Berlin; 574–81.
Fischer G (2000). Mehrdimensionale psychodynamische Traumatherapie. Kröning: Asanger.
Janet P (1898). Névroses et Idées Fixes. Paris: Alcan.
Kast V (1994). Freude, Inspiration, Hoffnung. Olten: Walter.
Levine P (1998). Traumaheilung. Essen: Synthesis.
Najavits LS (2009). Trauma und Posttraumatische Belastungsstörung. Das Programm »Sicherheit finden«. Göttingen, Bern: Hogrefe.
Reddemann L (2008). Würde – Annäherung an einen vergessenen Wert in der Psychotherapie. Stuttgart: Klett-Cotta.
Reddemann L (2011). Psychodynamisch imaginative Traumatherapie. PITT. Das Manual. Stuttgart: Klett-Cotta.
Reddemann L, Fischer G (2010). Worauf es ankommt: Psychodynamische Traumatherapien. Psychotherapie; 15: 263–78.
Van der Hart O, Brown, P, van der Kolk BA (1989). Pierre Janet's treatment of post-traumatic stress. J Trauma Stress; 2: 379–96.
Van der Hart O, Nijenhuis E, Steele K (2006). The Haunted Self. New York: Norton.
Wampold BE, Imel ZR, Laksa KM et al. (2010). Determining what works in the treatment of PTSD. Clin Psychol Rev; 30: 923–33.
Wenke M (2008). Im Gehirn gibt es keine Gedanken. Kritik des Reduktionismus. Würzburg: Königshausen und Neumann.
Zurek G (2002). Gegenübertragung – historische Aspekte der Begriffsgeschichte in der Psychotherapie psychotraumatischer Belastungssyndrome. Diplomarbeit, Universität zu Köln, Philosophische Fakultät.
Zurek G, Fischer G (2003). Übertragung und Gegenübertragung in der Psychotherapie von Patienten mit PTBS. ZPPM; 1, 2: 7–17.

42 Intelligenz und Mut in der Genderperspektive

Bernd Nitzschke

Inhalt

42.1 Freiheit, Gleichheit, Brüderlichkeit. 458
42.2 Familie, Arbeitsteilung und Geschlechtsrollen 461
42.3 Wahlspruch der Aufklärung 465

42.1 Freiheit, Gleichheit, Brüderlichkeit

Freiheit, Gleichheit, Brüderlichkeit! Das der Französischen Revolution von 1789 zugeschriebene Motto verdeutlicht das Credo der Aufklärung: Alle Menschen werden frei geboren – alle Menschen haben gleiche Rechte – alle Freien und Gleichen sind solidarisch. 1958 wurde die Parole *Liberté, Égalité, Fraternité* in der französischen Verfassung verankert. Da fehlte die »Schwesterlichkeit« noch. Und mit der »Brüderlichkeit« war es auch nicht weit her: Die Arbeiterbewegung kämpfte noch für die Durchsetzung elementarer sozialpolitischer Rechte. Lediglich das Ziel der 1788 in Paris gegründeten *Société des Amis des Noirs*, die Abschaffung der Sklaverei, war in den westlichen Staaten (formal) erreicht. Doch wenn der Mensch eine farbige Frau war, die in Afrika ihren Lebensunterhalt durch körperliche Arbeit selbst verdienen musste, dann klang die Parole wie Spott in ihren Ohren – oder bestenfalls wie eine schöne Zukunftsmelodie. *Rasse, Klasse* und *Geschlecht*, das waren also noch immer die Kriterien, die sich gut eigneten, sozial Privilegierte von sozial Diskriminierten zu unterscheiden. Und heute? Wie sieht es heute in Deutschland mit der Gleichstellung der Geschlechter aus?

Antworten auf diese Frage finden sich im ersten vom Bundesministerium für Familie, Senioren, Frauen und Jugend (BMFSFJ)[1] herausgegebenen »Gender Datenreport«, der im November 2005 der Öffentlichkeit übergeben wurde. Zwei Befunde illustrieren die Situation der Frauen zu Beginn des 21. Jahrhunderts:

---

1 Welch eigenartige Aufzählung! Bei dieser Namensgebung findet man die Frauen zwischen Alt und Jung und die Männer gar nicht – obgleich es auf einer Internetseite des BMFSFJ unter dem Stichwort »Gleichstellung« 2012 doch heißt: »Im Mittelpunkt der Gleichstellungspolitik des Bundesministeriums […] stehen sowohl faire Chancen für Frauen als auch gezielte Maßnahmen und Projekte für Jungen und Männer« (BMFSFJ 2012).

- »Gleich, welchen Datensatz man einer Analyse der Erwerbseinkommen zu Grunde legt, das Einkommen von Frauen liegt in Deutschland bei ungefähr gleicher Arbeitszeit mindestens 20 Prozent unter dem von Männern.«
- »Frauen waren häufiger als Männer auf Sozialhilfe angewiesen. […] Hauptursache des Sozialhilfebezugs war die Arbeitslosigkeit. Die Armut von Frauen ist allerdings oft auch Folge der familienbedingten Nicht-Erwerbstätigkeit. Besonders hoch lag die Sozialhilfequote bei allein erziehenden Müttern mit 26 Prozent.«

Die gebildete, erwerbstätige und alleinerziehende Mutter findet sich *nicht* in dieser benachteiligten Gruppe. Sie hat aus der Not der Frau, die im 19. Jahrhundert vom Vater des Kindes »sitzengelassen« wurde, die Tugend der emanzipierten Frau des 21. Jahrhunderts gemacht, für die es weder Makel noch Mangel ist, vielmehr ein Zeichen der Selbstbestimmung, dass sie ihr Kind auch ohne Mann aufziehen kann. Diese modernste aller historisch bekannten Mütter steht am Ende eines Veränderungsprozesses, der mit dem Zerfall des »ganzen Hauses« begann. In der handwerklich-zünftigen oder bäuerlichen Großfamilie lebten noch mehr als zwei Generationen in einem Haus, das Menschen unterschiedlichen Verwandtschaftsgrads sowie das Gesinde bewohnten (Mitterauer u. Sieder 1977; Peuckert 1991).

Diese Familie der vorbürgerlichen Zeit war durch religiöse Rituale abgesichert, die von der Wiege bis zur Bahre reichten. Vor-Bild der Frauen war das Bild der Muttergottes: »Über keine andere Frau ist so viel gedacht und geschrieben worden wie über Maria, die Mutter Christi. Keine andere Frau unserer Geschichte ist in einem solchen Maße mit inniger Verehrung bedacht worden […]« (Siepe 2007, S. 73). Ihr Bild zeigt eine Mutter, die ihren neugeborenen Sohn schützend in den Armen hält – und eine Mutter, die ihren toten Sohn trauernd beweint. Die Aufklärer haben zwar den Absolutheitsanspruch der Religion und damit das religiös verbrämte Mutterbild infrage gestellt, doch sie haben es nicht zerstört – sie haben es säkularisiert. Und so erwachte die Muttergottes in Gestalt der bürgerlichen Hausfrau zu neuem Leben:

»Alles Vergängliche
Ist nur ein Gleichnis;
Das Unzulängliche,
Hier wird's Ereignis;
Das Unbeschreibliche,
Hier ist's getan;
Das Ewig-Weibliche
Zieht uns hinan.«
Goethe – Faust II

Greifen wir die Ansichten eines Aufklärers über die Frau *im Haus* heraus, die von Erwerbsarbeit freigestellt ist, während ihr Mann außer Haus Geld verdienen muss (Badinter 1980; Schütze 2010): Jean-Jacques Rousseau, der sehr viel Wert auf gute Erziehung legte, schreibt in seiner Schrift »Emile« über eine Frau, die genügend Mut und Intelligenz besitzt, um sich dem Dasein als Hausfrau zu verweigern: »Bei dem hohen Fluge, zu dem sich ihr genialer Geist erhebt, erscheinen ihr die Pflichten, die sie als Weib zu verrichten hat, verächtlich [...]. All dieses charlatanartige Wesen ist einer rechtschaffenen Frau unwürdig. Schon die Geltendmachung wirklicher Talente würde erniedrigend für sie sein. Ihre Würde besteht darin, daß ihr Name nicht im Munde der Leute ist, ihr Ruhm liegt in der Achtung ihres Gatten, ihre Freuden haben im Glücke ihrer Familie ihre Quelle.« Und so endet diese Schmähung mit der Warnung: »Jedes überstudierte Mädchen erhält, wenn es einmal nur vernünftige Männer auf Erden geben wird, nie einen Mann« (Rousseau 1762, Bd. 2, Kap. 23; s. Pauer-Studer 1997, S. 37 f.).

Rousseau war einer der Männer, die das »Bild der europäischen Frau der Mittelschicht« (Schiebinger 1997, S. 120) zeichneten, das zum Vor-Bild *der* Frauen werden sollte. Jetzt sollten die Frauen »als zarte, feinfühlige, reine und leidenschaftslose Wesen« die Welt der reinen Herzen – sprich: das traute Heim – als letztes »Bollwerk moralischer und geistiger Tugenden« (Schiebinger 1997, S. 120) gegen den Rest der Welt verteidigen. In der Außenwelt, in der Welt des Vater-Mannes galt hingegen nur noch *ein* Wert: Geld! In dieser Warenwelt ist jetzt alles zu kaufen und jeder ist käuflich – auch die Frau als Hure, die Otto Weininger (1903) als heimliches Gegenbild der unheimlichen Mutter im Kopf des Mannes erkannte (Nitzschke 1980).

In dieser Welt des Handels vernichtet Geld all das, was im Haus der Mutter unbezahlbaren Wert besitzt: Selbstlosigkeit, Opferbereitschaft, Hingabe, Fürsorge, Mitleid mit den Schwachen (Kindern) und Kranken (Alten). Die ins Gegenteil verkehrte Welt der Mutter, das ist jetzt die Welt des Vaters, in der »Geld [...] die Treue in Untreue, die Liebe in Haß, den Haß in Liebe, die Tugend in Laster« verwandelt. Doch: »Setze den *Menschen* als *Menschen* und sein Verhältnis zur Welt als ein menschliches voraus, so kannst du Liebe nur gegen Liebe austauschen, Vertrauen nur gegen Vertrauen« meinte Karl Marx (1968/1844, S. 562), der das Verlorene nicht mehr in der jenseitigen Welt suchte, sondern vorschlug, freie und gleiche Menschen sollten es in der diesseitigen Welt solidarisch wiederherstellen. Romantisch veranlagte Dichter wollten das Verlorene hingegen in der Welt der Mütter wiederfinden. Und so wurde das Ewig-Gleiche als das *Ewig-Weibliche* verherrlicht – und aus der *Würde der Frauen* wurde die Bürde der Frauen, die »ewig« erhalten sollten, was *des Mannes wilde Kraft* gerade zerstörte:

»Aber mit zauberisch fesselndem Blicke
Winken die Frauen den Flüchtling zurücke, [...].
In der Mutter bescheidener Hütte
Sind sie geblieben mit schamhafter Sitte,
Treue Töchter der frommen Natur.«
Schiller – Würde der Frauen

Je schneller die Welt sich drehte, je stärker »Die Zerstörung der Sinnlichkeit« (Nitzschke 1974) voranschritt, desto inbrünstiger wurde das Bild der Mutter beschworen. 1934 war es dann endlich soweit: Die Nationalsozialisten führten in Deutschland den Muttertag ein. Damals wuchs die erste vaterlose Generation heran (Federn 1919) – denn die Väter waren im Krieg geblieben; und die nächste vaterlose Generation ließ nicht lange auf sich warten (Mitscherlich 1963) – denn der Zweite Weltkrieg stand vor der Tür. Und so wurden die deutschen Männer wieder zu Kindern und knieten – wie einst die Frommen vor dem Marienbild – vor den »deutschen« Müttern, vor der »heiligsten Kraft«, vor der »Wahrheit des Lebens«, vor der »Offenbarung des Göttlichen« (Weyrather 1993, S. 7) mit einem Seufzer nieder:

»So laßt uns still
den Namen ›Mutter‹ beten,
in tiefer Andacht …
und mit treuem Sinn.
Es wird der Klang
des Namens
Trost und Kraft in Nöten.
Hab Dank, o Mutter,
daß dein Kind ich bin!«
Will Reeg – Gebet (Weyrather 1993, S. 42)

42.2 Familie, Arbeitsteilung und Geschlechtsrollen

»Während der letzten 100 Jahre haben sich in Deutschland die Lebensformen enorm gewandelt, außerdem haben sich die Beziehungen der Generationen untereinander stark verändert. Beispielsweise sind heute drei (und mehr) zusammenlebende Generationen eher selten: Im Jahr 2005 findet man diese Konstellation in nicht mal einem Prozent aller Haushalte in Deutschland. Aber auch über relativ kurze Zeitspannen lassen sich Veränderungen feststellen: So ist der Anteil von Personen, die einer ehelichen Familienform angehören, zwischen 1996 und 2005 um 13 % gesunken« (Bundesinstitut für Bevölkerungsforschung 2008, S. 60). »Um 1900 waren noch fast 45 % der Haushalte von fünf und mehr Personen bewohnt, heute beträgt ihr Anteil weniger als vier Prozent. […] Im Gegensatz dazu steht die Entwicklung der kleinen Haushalte, insbesondere der Einpersonenhaushalte. Ihr Anteil hat sich innerhalb der letzten 100 Jahre von rund 7 % auf heute 37 % mehr als verfünffacht. Mit 14,7 Millionen Haushalten ist dies heute schon der am weitesten verbreitete Haushaltstyp« (Bundesinstitut für Bevölkerungsforschung 2008, S. 62). Gemeint sind Single-Haushalte, in denen ein Erwachsener lebt, der *allein wirtschaftet* – was nicht heißt, dass all diese Menschen keinen (intimen) Lebenspartner hätten. Sie können sogar einen Lebenspartner haben, der – wie sie selbst – Alleinlebender ist. Außerdem ist bei der Interpretation der Statistik zu berücksichtigen, dass die Menschen immer älter werden und nach dem Tod ihres Partners keine neue Bindung mehr eingehen.

Einsamkeit kann, muss aber nicht mit Alleinleben einhergehen. Und innere Einsamkeit kann auch dann bestehen, wenn Bindungen vorhanden sind. Diese Art Einsamkeit kann bereits in der Herkunftsfamilie entstehen – und muss nicht notwendig Resultat von Vernachlässigung, sie kann auch Ergebnis übergroßer Zuwendung sein. Im Extremfall lebt das Einzelkind ohne Vater – und ist Ersatzpartner einer sich einsam fühlenden Mutter. Diese Form *emotionalen* Missbrauchs, die vom handgreiflichen (sexuellen oder gewalttätigen) Missbrauch zu unterscheiden wäre, hat Freud (1910, S. 186 f.) am Beispiel Leonardo da Vincis so beschrieben: »So nahm sie nach der Art aller unbefriedigten Mütter den kleinen Sohn an Stelle ihres Mannes an und raubte ihm durch die allzu frühe Reifung seiner Erotik ein Stück seiner Männlichkeit.« Der Überzärtlichkeit der vereinsamten Mutter steht die Zärtlichkeit der Mutter gegenüber, die selbst sicher an einen Dritten *gebunden* ist und von ihm (im Idealfall ist das der Vater ihres Kindes) bei der Pflege des Kindes unterstützt wird. Skylla und Charybdis – übergroße und fehlende Mutterliebe – und dazwischen der Vater, der als heroischer Held das Kind und die Mutter durch das Meer der stürmischen Leidenschaften sicher in den Hafen des reifen Begehrens geleitet: So sieht die ideale »Triangulierung« aus, die in der psychoanalytischen Literatur vielfach beschrieben worden ist (z. B. von Rotmann 1978).

Fehlt die körperlich-sinnliche Erfahrung ursprünglicher Liebe – etwa weil das Kind in einem Heim aufwachsen musste –, kann es zu vielfältigen Entwicklungsstörungen kommen. Im Extremfall spricht man von Hospitalismus (Gross 1920/2000, S. 147), ein Syndrom, das auch als anaklitische Depression bezeichnet worden ist. Die Kinder gehen dann, »wie sich einer der führenden Erforscher des Hospitalismus ausdrückt, an seelischem Hungertode zugrunde [...]. Die zahllosen psychischen und körperlichen Anregungen zu Essen und Bewegung, Wachen und Schlaf, die das glücklich Kind in den Armen der liebenden Mutter empfängt, das Lächeln und Lieben, das Singen und Wiegen, das Aufgehobenwerden von der Mutter nach dem ersten Wimmerlaut der Nacht und das süße Wiederversinken in Träume unter der Flüstermelodie der Hüterin, die Befriedigung, die das Kind empfindet, auf den ersten Schrei nach Nahrung zu gewohnter Stunde an die nährende Brust gelegt zu werden und die halb bewußt-unbewußte erste Wollust des Daseins, saugend am warmen Busen der Mutter zu liegen, all diese traumhaften, kaum empfundenen und doch dem Kinde nötigen Wonnen des ersten Lebens, fehlen dem Kinde der Anstalt. Ihm fehlt der Ammenzauber« (Gross 1920/2000, S. 147 f.).

Die in der psychoanalytischen Literatur beschriebenen mütterlichen und väterlichen Funktionen, die der Therapeut übernehmen soll, erinnern an die tradierten Geschlechtsrollen und damit an die Stereotype von Weiblichkeit und Männlichkeit. Allerdings sind diese Funktionen in diesem Fall geschlechtsneutral aufzufassen – d. h.: sie können von einem Mann (Analytiker) wie von einer

Frau (Analytikerin) übernommen und auch abwechselnd ausgeübt werden. So kann sich der väterliche Analytiker, der sich, der Tradition Freuds verpflichtet, an der Abstinenz als leitendem (Realitäts-)Prinzip der Behandlung orientiert, dem Patienten phasenweise auch mütterlich-versorgend zuwenden. »Bei Spitz heißt das, daß die Antwort auf die anaklitische Haltung des Patienten wie die der Mutter sein müsse [...].« Und bei »Winnicott, der den analytischen Prozeß als ein Äquivalent des Reifungsvorganges beim Säugling und beim Kleinkind ansieht [...], muß der Analytiker die Übertragung so gestalten, daß er wie die Mutter zu seinem Gelingen beitragen kann« (Cremerius 1979, S. 587).

Die Entkoppelung von *Körpergeschlecht* (*sex*) – das durch das Genetische oder das Gonadengeschlecht bestimmt wird (Reimers 1994, S. 43 ff.) – und *Erziehungsgeschlecht* (*gender*) ging mit der Erkenntnis einher, dass die *Geschlechtsrollen* kulturelle Hervorbringungen sind (King 2008). Damit konnte man nun auch die historisch-gesellschaftliche Bedingtheit jener Eigenschaften und Fähigkeiten erkennen, die man früher als vermeintlich »natürliche« Merkmale von Frauen oder Männern aufgefasst hatte. Die Wertschätzung oder Verurteilung der vermeintlich typisch weiblichen oder männlichen Tugenden oder Untugenden aber blieb bestehen. Und die Wertvorstellungen, die – unabhängig vom rasanten Wandel der Familie – traditionell mit »Familie« verbunden wurden, stehen auch heute noch hoch im Kurs: »Für über 90 Prozent der Menschen ist die Familie der wichtigste Bereich in ihrem Leben. [...] Die Familie bietet zuverlässige wechselseitige Unterstützung und gewährleistet den generationsübergreifenden Zusammenhalt. Der [Siebte] Familienbericht (Deutscher Bundestag 2006) definiert zu Recht Familie nicht nur als Ort, ›wo Kinder sind‹. Er erweitert das Verständnis von Familie zu einer Gemeinschaft mit starken Bindungen, in der mehrere Generationen füreinander sorgen. [...] Familie ist im wahrsten Sinne des Wortes der ursprüngliche Ort, wo Alltagssolidaritäten gelebt werden« (BMFSFJ 2006, S. 5 f.).

Unterstützung, Zusammenhalt, Bindung, Füreinandersorgen, Solidarität – wenn wir diese Werte in der Welt da draußen auch vergebens suchen sollten, in der »Familie« wollen wir sie wiederfinden. Der »Siebte Familienbericht« (Deutscher Bundestag 2006) meint mit »Familie« allerdings nicht mehr nur die Gemeinschaft der Menschen, die unter einem Dach zusammenwohnen, vielmehr sind damit die Menschen gemeint, die sich als Familie *fühlen*, auch wenn sie getrennt – und womöglich weit entfernt voneinander – leben. »Familie« wird in diesem Bericht auch nicht mehr »nur« als ein Verband *mit* Kindern definiert. Schließlich ist Deutschland laut einer OECD-Studie (Thurm 2011) das kinderärmste Land Europas: Die Geburtenrate pro Frau beträgt gerade noch 1,36 Kinder. Das hat (auch) ökonomische Gründe: »Wegen des ›Karriereknicks‹ in der Erziehungsphase erzielen Frauen mit Kindern weniger als die Hälfte des Lebenseinkommens einer kinderlosen Frau« (Thurm 2011).

»Alle Industriegesellschaften unterliegen seit gut 20 Jahren tiefgreifenden politischen, ökonomischen und demografischen Veränderungen. Die Bedeutung dieses Wandels ist vermutlich nur vergleichbar mit dem Übergang von der

Agrar- zur Industriegesellschaft zu Ende des 19. Jahrhunderts«, heißt es dazu im »Siebten Familienbericht« (Deutscher Bundestag 2006, S. 5). Dieser Wandel am Ende des 19. Jahrhunderts war begleitet von einer fundamentalen Kritik am autoritär-patriarchalen Vater und an der durch ihn repräsentierten Familienform (Nitzschke 2010). Die damaligen Re-Volutionäre blickten sehnsuchtsvoll in die Vergangenheit zurück und suchten nach neuen Möglichkeiten, den vermeintlich »matriarchalen« Urzustand wiederherzustellen. Sie forderten die »wirkliche Befreiung der Frau, die Auflösung der bestehenden Vaterrechtsfamilie«. Das Programm war radikal: »Die Vorarbeit zu solcher Revolution muß die Befreiung jedes einzelnen vom Autoritätsprinzip bewirken, das er im Innern trägt, von allen Anpassungen an den Geist der autoritären Institutionen, die sich in ihm gebildet haben im Laufe einer Kindheit im Schoße der Autoritätsfamilie« (Gross 2000/1919, S. 103). Auch Erich Fromm, der zu der Forschergruppe gehörte, die in den 1930er Jahren die sozioökonomischen und psychosozialen Zusammenhänge von »Autorität und Familie« (Horkheimer 1987/1936) untersuchte, formulierte entsprechende Hoffnungen. Sie erschienen gesammelt unter dem programmatischen Titel »Liebe, Sexualität und Matriarchat« (Fromm 1994).

Der Ende des 19. Jahrhunderts vorgetragenen Anklage des (autoritären) Vaters folgten – spätestens ab Mitte des 20. Jahrhunderts – anhaltende Klagen über den fehlenden (liberalen) Vater. In der Zwischenzeit hatte man die große Bedeutung der frühen Mutter-Kind-Beziehung und darauffolgend die des Vaters als notwendigem »Dritten« erkannt, dessen Funktion es ist, Mutter und Kind vor Verschlingungen in der Symbiose zu bewahren und die Ablösung des Kindes von der Mutter zu unterstützen. Parallel zu dieser Theorieentwicklung und begleitet vom gesellschaftlichen Wandel der Familie, der in der psychoanalytischen Literatur in diesem Zusammenhang allerdings selten thematisiert wird, änderten sich auch die Diagnosen. Zunehmend rückten die *frühen* (präödipalen) Störungen in den Fokus der Aufmerksamkeit.

Dazu heißt es bei Anna Freud bereits in den 1950er Jahren: »Statt weiterhin die Konflikte zwischen den inneren Instanzen (Es, Ich und Über-Ich), d. h. die Disharmonien innerhalb der strukturierten Persönlichkeit zu studieren, richten jetzt viele analytische Forscher und Autoren ihr Interesse auf die allererste Lebenszeit, in der die Fundamente der Persönlichkeitsentwicklung niedergelegt werden. [...] Diese Forschung konzentriert sich vor allem auf das frühe Wechselspiel zwischen dem Kleinkind und seiner Mutter« (1980/1956, S. 1870). Die Bedeutung der Bindung des Säuglings an die Mutter für die Herstellung des Fundaments der Persönlichkeit (Struktur) und für den Beginn der Regulation der Wünsche – Bedürfnis- oder Triebbefriedigung im Sinne Freuds (Konflikt) – im Kontext von *Beziehungen* (Boothe 2010; Nitzschke 2008) wurde nun immer genauer beschrieben. Es entstanden neue (und inzwischen fest etablierte) Disziplinen wie die Bindungsforschung, die Säuglingsbeobachtung oder die von der Selbstpsychologie (Kohut 1989) inspirierte intersubjektive Psychoanalyse (Altmeyer u. Thomä 2006; Benjamin 1990). Die Auswirkungen der infantilen Gefühlsbeziehungen auf die Beziehungsgestaltung des späteren Erwachsenen sind inzwischen schulenübergreifend anerkannt (Ochs 2011). Vereinfacht und zusammenfassend könnte man sagen: Wurde in der Psychoanalyse früher das vom *Vater* ausgesprochene *Verbot* des Begehrens des Kindes *nach* der Mutter als wichtiger Grund für die Ausbildung *ödipaler* Störungen genannt, so gilt inzwischen der *Mangel* der Zuwendung der *Mutter zum* Kind (Containing, Spiegelung, Mentalisierung etc.) als wichtiger Grund *präödipaler* Störungen.

Im »Siebten Familienbericht« heißt es, das »Humanvermögen einer Gesellschaft« werde »durch die Leistungen der Familie begründet«. Schließlich werde hier die »Fähigkeit zum Eingehen verlässlicher Bindungen« erworben (BMFSFJ 2006, S. 5). Damit schließt sich der Kreis: Seit alters her waren die Frauen für die Herstellung dieses »Humanvermögens« zuständig. Warum? Weil nur Frauen Mütter werden können. Dieses Vermögen begründete die Arbeitsteilung zwischen den Geschlechtern, der die Ausgestaltung der Geschlechtsrollen folgte: »Wenn Frauen in Wildbeuter-Gesellschaften 3–5 Geburten während ihrer Lebenszeit haben, werden sie für ca. 15 Jahre, in der Blüte ihres Lebens, an Jagdausflügen gehindert [...]. Weil nur Frauen stillen können und jahrelange Laktation lebensnotwendig ist für Menschenkinder, bis ins 19. Jahrhundert, leben Mütter besser, streßfreier, risikoloser ohne die Jagd [...]. Erst kulturell ermöglichte Zusatznahrung und schließlich sterile Verarbeitungstechniken für Muttermilch-Ersatznahrung befreien das weibliche Geschlecht von dieser generellen Einschränkung seiner Bewegungsfreiheit« (Reimers 1994, S. 162). Im Vergleich zum Tod einer gebärfähigen Frau oder einer stillenden Mutter bedeutet der infolge von Jagd oder Krieg eingetretene Tod eines einzelnen Mannes einen wesentlich geringeren Verlust. Denn der Beitrag eines Mannes zur biologischen Reproduktion der Gesamtgruppe konnte problemlos durch jeden anderen Mann ersetzt werden.

Wie immer der Inhalt und die Grenzen der Geschlechtsrollen auch ausgesehen haben – in allen historisch bekannten Gesellschaften gab es eine Unterscheidung »zwischen männlich und weiblich«; und es gab zu allen Zeiten »institutionalisierte geschlechtsspezifische Rollen für erwachsene Männer und Frauen« (Gilmore 1991, S. 9). Heute sind die Grenzen des Geschlechts passierbar – allerdings in der einen Richtung sehr viel leichter als in der anderen. Um es bildhaft zu sagen: Eine Frau gilt auch dann als »richtige« Frau, wenn sie Hosen trägt, während ein Mann, der im Rock auftritt, nur im Karneval ernst genommen wird (und selbst da lacht man über ihn).

42.3 Wahlspruch der Aufklärung

»Aufklärung ist der Ausgang des Menschen aus seiner selbstverschuldeten Unmündigkeit. Unmündigkeit ist das Unvermögen, sich seines Verstandes ohne Leitung eines anderen zu bedienen. Selbstverschuldet ist diese Unmündigkeit, wenn die Ursache derselben nicht am Mangel des Verstandes, sondern der Entschließung und des Mutes liegt, sich seiner ohne Leitung eines andern zu bedienen. [...] Habe Mut, dich deines eigenen Verstandes zu bedienen! ist also der Wahlspruch der Aufklärung« (Kant 1784) – den Mary Wollstonecraft (1989/1790) sehr ernst nahm. Sie stellte Rousseaus Weiblichkeitsideal infrage und forderte – anders als er – *gleiche* Erziehung für beide Geschlechter. Bisher würden Mädchen so geformt, dass sie als Frauen zu »Gegenständen der Begierde« (1790, S. 42) der Männer würden. Das Bestreben dieser Frauen müsse es sein, sich schön und gefällig zu zeigen. Wenn die Frauen sich so frei wie Männer bewegen und ähnliche berufliche Positionen einnehmen dürften, dann bräuchten sie auch keine Ernährer mehr, von denen sie abhängig sind. Denn dann könnten sie sich aus eigener Kraft erhalten.

Nicht nur die Tugenden, auch die Laster, die man den Frauen zuschreibe, seien Folgen der Unterdrückung. So sei die vermeintlich »natürliche« Verschlagenheit der Frau ein Hilfsmittel, um sich gegen die »Tyrannei des Mannes« zur Wehr zu setzen (1790, S. 302 f.). Solange diese Unterdrückung anhalte, müsse der Sohn zum Hochzeitstag vom Vater eine Peitsche bekommen, um als »Ehemann seine ganze Familie auf ein und dieselbe Weise [wie seine Vorväter] in Ordnung« zu halten (1790, S. 304). Die Peitsche als Symbol der Knechtschaft hat Nietzsche im »Zarathustra« zitiert, als er einem »alten Weiblein« (= Mary Wollstonecraft) diese Worte in den Mund legte: »Du gehst zu Frauen? Vergiss die Peitsche nicht!« (1883, S. 86). Kurz zuvor, 1851, war in England ein Aufsatz mit dem Titel »Enfranchisement of Women« erschienen. Obgleich der Artikel anonym erschien, wurde er John Stuart Mill zugeschrieben, der 1868 einen Neudruck, der nun unter seinem Namen erschien, zum Anlass nahm, in der Einleitung auf die tatsächliche Autorin hinzuweisen: Es war seine Ehefrau, Harriet Taylor Mill. Zwölf Jahre später erschien die deutsche Übersetzung unter dem Titel »Über Frauenemanzipation« (1880), die der 23-jährige Student Sigmund Freud für den 12. Band der Gesammelten Werke Mills angefertigt hatte (Molnar 1999). Als Verfasser wurde abermals John Stuart Mill genannt (Narewski 2008, S. 91). Es sollte dann noch ein Jahrhundert vergehen, bevor der Aufsatz auf Deutsch unter dem Namen von Harriet Taylor Mill (Taylor Mill 1976) erscheinen konnte. In dieser Arbeit werden die Beziehungen zwischen den Geschlechtern so beschrieben, als hätte die Autorin die Genderperspektive des 20. Jahrhunderts bereits gekannt.

Heute heißt es »nicht mehr: Frauen haben aufgrund ihres Geschlechts spezifische Interessen, *sondern*: Spezifische Interessen der Frauen sind Reflexe auf Lebensbedingungen, die Frauen qua Geschlecht zugewiesen werden. Männer hätten dieselben Interessen, wenn sie die Lebensbedingungen der Frauen teilen würden« (Stiegler 2001). Und schon damals hieß es: »Während dem Namen nach derselbe Moralkodex für beide Geschlechter gilt, bilden in Wirklichkeit Eigenwille und Selbstbehauptung den Typus der für männlich geltenden Tugenden, während Selbstentäußerung, Geduld, Entsagung und Unterwerfung [...] zu [...] weiblichen Pflichten und Reizen gestempelt worden sind. Der Sinn davon ist bloß der, daß sich die Gewalt zum Mittelpunkt der moralischen Verpflichtungen macht und daß ein Mann seinen eigenen Willen zu haben wünscht, aber nicht wünscht, daß seine Gefährtin einen von dem seinigen verschiedenen Willen habe« (Taylor Mill 1976, S. 92).

Und was meinte Sigmund Freud, der diese Auffassungen als Student kennengelernt hatte, als er den Artikel übersetzte? Welches Bild der Frau hat er in seinen späteren psychoanalytischen Schriften gezeichnet? Er hat sich gerne mit Frauen umgeben – und wurde von vielen Frauen bewundert und verehrt (Appignanesi u. Forrester 1994). Er hat sich wiederholt über Weiblichkeit geäußert (Schlesier 1981) – und am Ende eingestanden, das »Rätsel der Weiblichkeit« nicht lösen zu können (Freud 1933, S. 120). So schränkte er sein Erkenntnisinteresse ein: »Der Eigenart der Psychoanalyse entspricht es […], daß sie nicht beschreiben will, was das Weib ist, – das wäre eine für sie kaum lösbare Aufgabe, – sondern untersucht, wie es wird, wie sich das Weib aus dem bisexuell veranlagten Kind entwickelt« (Freud 1933, S. 124).

Freud meinte, aus der ursprünglich vorhandenen »polymorph perversen« (1905, S. 136) Anlage des Kindes entwickle sich die »Monosexualität« (1905, S. 40) des Erwachsenen, die konventionell mit Männlichkeit oder Weiblichkeit gleichgesetzt werde. Die Identifizierung von Männlichkeit mit Stärke und Aktivität und Weiblichkeit mit Schwäche und Passivität beruhe jedoch auf einer falschen Voraussetzung (1940, S. 115). Denn unabhängig vom Geschlecht verfüge jeder Mensch über Stärke und Aktivität einerseits und Schwäche und Passivität andererseits. Im Kontext der kulturell vorgegebenen Geschlechtsrollen hätten Männer und Frauen dann aber unterschiedliche Möglichkeiten, um ihr Streben nach Macht und Stärke und ihren Widerstand gegen Ohnmacht und Schwäche zum Ausdruck zu bringen (Nitzschke 2003).

Liegt das Ergebnis des langen Entwicklungs- und Erziehungsprozesses zur Weiblichkeit oder Männlichkeit erst einmal vor, in dessen Verlauf das Kind auf Alternativen verzichten (Fast 1991) und zahlreiche Konflikte bewältigen musste (Mertens 1992, 1994), so ist es nicht einfach revidierbar. Frühe Konflikte, die keine befriedigende Lösung gefunden haben, werden in immer neue Beziehungen übertragen, auch wenn sie abermals leidvoll erlebt werden müssen. Und da die Geschlechtsrollen (Alfermann 1996) nicht am Reißbrett entworfen wurden (Dux 1997), sondern sozioökonomischen und politischen Vorgaben folgten, können sie am grünen Tisch auch nicht so einfach verabschiedet werden. Mann oder Frau mögen noch so sehr unter dieser oder jener Einschränkung leiden – für *Gender* gilt, was für jede Verinnerlichung gilt: Die »Organisationsprinzipien«, aufgrund derer wir uns selbst und andere Menschen wahrnehmen und behandeln, sind »in der Hitze prägender Beziehungen« entstanden und wir sind nicht ohne weiteres in der Lage, diesen »formativen Erfahrungen« neue »Bedeutungen« zuzuordnen (Jaenicke 2010, S. 98). Korrektive Beziehungserfahrungen und nachholende Selbst-Erziehung können helfen, diese Organisationsprinzipien Schritt für Schritt zu modifizieren. Doch ob Mann oder Frau – um korrektive Erfahrungen zu machen und dadurch einen freieren Zugang zu uns selbst zu gewinnen, sind wir auf die Begegnung mit *anderen* Menschen angewiesen.

Literatur

Alfermann D (1996). Geschlechterrollen und geschlechtstypisches Verhalten. Stuttgart: Kohlhammer.

Altmeyer M, Thomä H (2006). Die vernetzte Seele. Die intersubjektive Wende in der Psychoanalyse. Stuttgart: Klett-Cotta.

Appignanesi L, Forrester J (1994). Die Frauen Sigmund Freuds. München, Leipzig: List.

Badinter E (1980). Die Mutterliebe. Geschichte eines Gefühls vom 17. Jahrhundert bis heute. München: Piper.

Benjamin J (1990). Die Fesseln der Liebe. Psychoanalyse, Feminismus und das Problem der Macht. Basel: Stroemfeld.

BMFSFJ – Bundesministerium für Familie, Senioren, Frauen und Jugend (2005). Gender Datenreport. 1. Datenreport zur Gleichstellung von Frauen und Männern in der Bundesrepublik Deutschland, November 2005 (2. Fassung). www.bmfsfj.de/Publikationen/genderreport/2-Erwerbstaetigkeit-arbeitsmarktintegration-von-frauen-und-maenner/2-2-europaeischer-vergleich.html (Zugriff am 5. Mai 2012).

BMFSFJ – Bundesministerium für Familie, Senioren, Frauen und Jugend (2006). Familie zwischen Flexibilität und Verlässlichkeit. Perspektiven für eine lebenslaufbezogene Familienpolitik. Siebter Familienbericht. www.bmfsfj.de/doku/Publikationen/familienbericht/haupt.html (Zugriff am 20. Mai 2012).

BMFSFJ – Bundesministerium für Familie, Senioren, Frauen und Jugend. Gleichstellung (2012). www.bmfsfj.de/BMFSFJ/Gleichstellung/perspektiven-fuer-jungen-und-maenner.html (Zugriff am 20. Mai 2012).

Boothe B (2010). Kultur der Beziehungen – Ein psychoanalytisches Programm. Psychosozial; 33(120): 9–20.

Bundesinstitut für Bevölkerungsforschung (2008). Bevölkerung – Daten, Fakten, Trends zum demographischen Wandel in Deutschland. www.bib-demografie.de/cln_090/nn_749862/SharedDocs/Publikationen/DE/Download/Broschueren/bev3__2008.html?__nnn=true (Zugriff am 20. Mai 2012).

Cremerius J (1979). Gibt es *zwei* psychoanalytische Techniken? Psyche – Z Psychoanal; 33: 577–99.

Deutscher Bundestag (2006). Siebter Familienbericht »Familie zwischen Flexibilität und Verlässlichkeit – Perspektiven für eine lebenslaufbezogene Familienpolitik« und Stellungnahme der Bundesregierung. Drucksache 16/1306. 26. April 2006. dip.bundestag.de/btd/16/013/1601360.pdf (Zugriff am 5. Mai 2012).

Dux G (1997). Erkenntnis und Methode: Das Verständnis der Geschlechterbeziehung. In: Völger G (Hrsg). Sie und Er. Frauenmacht und Männerherrschaft im Kulturvergleich, Bd. 2. Köln: Rautenstrauch-Joest-Museum; 91–6.

Fast I (1991). Von der Einheit zur Differenz. Psychoanalyse der Geschlechtsidentität. Berlin: Springer.

Federn P (1919). Zur Psychologie der Revolution. Die vaterlose Gesellschaft. Leipzig, Wien: Anzengruber.

Freud A (1980/1956). Anwendungen des psychoanalytischen Wissens auf die Kindererziehung. Die Schriften der Anna Freud, Bd. X. München: Kindler; 2719–32.

Freud S (1905). Drei Abhandlungen zur Sexualtheorie. GW V. Frankfurt a. M.: Fischer; 33–145.

Freud S (1910). Eine Kindheitserinnerung des Leonardo da Vinci. GW VIII. Frankfurt a. M.: Fischer; 127–211.
Freud S (1933). Neue Folge der Vorlesungen zur Einführung in die Psychoanalyse. GW XV. Frankfurt a. M.: Fischer.
Freud S (1940). Abriss der Psychoanalyse. GW XVII. Frankfurt a. M.: Fischer; 63–138.
Fromm E (1994). Liebe, Sexualität und Matriarchat. Beiträge zur Geschlechterfrage. Herausgegeben von Funk R. München: dtv.
Gilmore DD (1991). Mythos Mann. Rollen, Rituale, Leitbilder. München: Artemis & Winkler.
Gross O (2000/1919). Die kommunistische Grundidee in der Paradiessymbolik. In: Gross O (Hrsg). Von geschlechtlicher Not zur sozialen Katastrophe. Hamburg: Edition Nautilus; 90–104.
Gross O (2000/1920). Drei Aufsätze über den inneren Konflikt. In: Gross O. Von geschlechtlicher Not zur sozialen Katastrophe. Hamburg: Edition Nautilus; 125–69.
Horkheimer M (Hrsg) (1987/1936). Studien über Autorität und Familie. Forschungsberichte aus dem Institut für Sozialforschung. Lüneburg: Klampen.
Jaenicke C (2010). Veränderung in der Psychoanalyse. Selbstreflexionen des Analytikers in der therapeutischen Beziehung. Stuttgart: Klett-Cotta.
Kant I (1784). Beantwortung der Frage: Was ist Aufklärung? Berlinische Monatsschrift. Dezember-Heft 1784; 481–94. http://www.uni-potsdam.de/u/philosophie/texte/kant/aufklaer.htm (Zugriff am 5. Mai 2012).
King V (2008). Geschlechterdifferenz. In: Mertens W, Waldvogel B (Hrsg). Handbuch psychoanalytischer Grundbegriffe. 3. Aufl. Stuttgart: Kohlhammer; 247–51.
Kohut H (1989). Wie heilt die Psychoanalyse? Frankfurt a. M.: Suhrkamp.
Marx K (1968). Ökonomisch-philosophische Manuskripte aus dem Jahr 1844. Marx K, Engels F. Werke, Ergänzungsband, 1. Teil. Berlin: Dietz; 465–588.
Mertens W (1992). Entwicklung der Psychosexualität und der Geschlechtsidentität. Bd. 1: Geburt bis 4. Lebensjahr. Stuttgart: Kohlhammer.
Mertens W (1994). Entwicklung der Psychosexualität und der Geschlechtsidentität. Bd. 2: Kindheit und Adoleszenz. Stuttgart: Kohlhammer.
Mill JS (1880). Über Frauenemancipation. In: Mill JS. Gesammelte Werke, Bd. 12: Vermischte Schriften III. Herausgegeben von Gomperz T, übersetzt von Freud S. Leipzig: Fues's; 1–29.
Mitscherlich A (1963). Auf dem Weg zur vaterlosen Gesellschaft. Ideen zur Sozialpsychologie. München: Piper.
Mitterauer M, Sieder R (1977). Vom Patriarchat zur Partnerschaft. Strukturwandel der Familie. München: Beck.
Molnar M (1999). John Stuart Mill translated by Siegmund Freud. Psychoanalysis and History; 1: 195–205.
Narewski R (2008). John Stuart Mill und Harriet Taylor Mill. Leben und Werk. Wiesbaden: VS Verlag für Sozialwissenschaften.
Nietzsche F (1883). Also sprach Zarathustra. Erster Theil. Ders. Sämtliche Werke, Bd. 4. München: dtv (1980).
Nitzschke B (1974). Die Zerstörung der Sinnlichkeit. München: Kindler.
Nitzschke B (1980). Männerängste, Männerwünsche. München: Matthes & Seitz.

Nitzschke B (2003). Kastrationsangst und phallischer Triumph. Anmerkungen zu Sigmund Freuds Männlichkeitskonstruktion. In: von Arx S, Gisin S, Grosz-Ganzoni I et al. (Hrsg). Koordinaten der Männlichkeit. Orientierungsversuche. Tübingen: edition diskord; 49–66.

Nitzschke B (2008). Beziehung in der Psychoanalyse. Erkundungen in unübersichtlichem Gelände. In: Franz M, Frommer J (Hrsg). Medizin und Beziehung. Göttingen: Vandenhoeck & Ruprecht; 265–84.

Nitzschke B (2010). GROSS REICH FROMM. Der Wille zur Macht. Die Sehnsucht nach Liebe. In: Felber W, Götz von Olenhusen A, Heuer GM, Nitzschke B (Hrsg). Otto Gross, Psychoanalyse und Expressionismus. 7. Internationaler Otto Gross Kongress Dresden, 3. bis 5. Oktober 2008. Marburg: LiteraturWissenschaft.de; 32–61.

Ochs M (2011). »Psychotherapeutische BEZIEHUNGen«. Psychotherapeutenjournal; 10 (Nr. 2): 204–5.

Pauer-Studer H (1997). Ethik und die Macht symbolischer Geschlechterkonstruktionen. In: Völger G (Hrsg). Sie und Er. Frauenmacht und Männerherrschaft im Kulturvergleich, Bd. 2. Köln: Rautenstrauch-Joest-Museum; 35–40.

Peuckert R (1991). Familienformen im sozialen Wandel. Opladen: Leske & Budrich.

Reimers T (1994). Die Natur des Geschlechterverhältnisses. Biologische Grundlagen und soziale Folgen sexueller Unterschiede. Frankfurt a. M.: Campus.

Rotmann M (1978). Über die Bedeutung des Vaters in der »Wiederannäherungsphase«. Psyche – Z Psychoanal; 32: 1105–47.

Rousseau JJ (1762). Emile oder über die Erziehung. http://gutenberg.spiegel.de/buch/3815/23 (Zugriff am 5. Mai 2012).

Schiebinger L (1997). Männer und Frauen in der anthropologischen Seinskette des 18. Jahrhunderts. In: Völger G (Hrsg). Sie und Er. Frauenmacht und Männerherrschaft im Kulturvergleich, Bd. 2. Köln: Rautenstrauch-Joest-Museum; 115–20.

Schlesier R (1981). Konstruktionen der Weiblichkeit bei Sigmund Freud. Frankfurt a. M.: Europäische Verlagsanstalt.

Schütze Y (2010). Mutterbilder in Deutschland. Psychoanalyse – Texte zur Sozialforschung; 14: 179–95.

Siepe F (2007). Die Farben des Eros. Das Schönheitsideal im Wandel der Zeit. Berlin: wjs.

Stiegler B (2001). Gender Mainstreaming. www.komma-sh.de/themen/gendermainstreaming/BarbaraStieglerGenderMainstreaming.pdf (Zugriff am 14. Mai 2012).

Taylor Mill H (1976). Über Frauenemanzipation. In: Mill JS, Taylor Mill H, Taylor H. Die Hörigkeit der Frau. Texte zur Frauenemanzipation. Herausgegeben von Schröder H. Frankfurt a. M.: Syndikat; 71–108. Orig. (1851): Enfranchisement of Women (anonym).

Thurm F (2011). Deutschland unterstützt die Familien falsch. Die OECD-Studie zur Familienpolitik zeigt: Nicht nur Deutschland könnte Eltern und Kinder effektiver fördern. Gerade für eine höhere Geburtenrate ist mehr als Geld nötig. »Die Zeit« vom 27.04.2011.

Weininger O (1903). Geschlecht und Charakter. Eine prinzipielle Untersuchung. Wien, Leipzig: Braumüller.

Weyrather I (1993). Muttertag und Mutterkreuz. Der Kult um die »deutsche Mutter« im Nationalsozialismus. Frankfurt a. M.: Fischer.

Wollstonecraft M (1989/1790). Eine Verteidigung der Rechte der Frau. Leipzig: Verlag für die Frau.

Sachverzeichnis

A

AAI s. Adult Attachment Interview
AAP s. Adult Attachment Projective Picture System
Abhängigkeit, finanzielle, Isolation 76
Abhängigkeitsbeziehung, professioneller sexueller Missbrauch (PSM) 441
Abhängigkeitserkrankungen 152–160
- Ätiopathogenese 153–154
- im Alter 268
- biopsychosoziale Determinanten 153
- diagnostische Kriterien 152–153
- Dopamin 154
- Epidemiologie 153
- Geschlechterverhältnis 385
- Hypothalamus-Hypophysen-Nebennierenrinden-Achse 154
- Komorbidität mit Persönlichkeitsstörung 213
- Missbrauch/Vernachlässigung 154
- nichtstoffgebundene 164–165
Abhängigkeitsverlust, Depression 98–99
Achtsamkeitsbasierte kognitive Therapie der Depression (MBCT) 296
ACT s. Akzeptanz- und Commitmenttherapie
activity (Aktivitäten), Behinderungen und Beeinträchtigungen 75

Adult Attachment Interview (AAI), Borderline-Persönlichkeitsstörung 214–215
Adult Attachment Projective Picture System (AAP), Borderline-Persönlichkeitsstörung 214–215
ältere psychisch Erkrankte, Psychotherapie 270–271
Ängste
- s. a. Angst(störungen)
- frei flottierende 105
ängstlich-vermeidende Persönlichkeitsstörung 211
ästhetische Behandlungen/Eingriffe 172–173
affektive Störungen 243
- Depression 96
- Patientenstichprobe 36
- stationäre Psychotherapie 366
aggressionslose Frau, Mythos 223–224
Agoraphobie 106–107
Akzeptanz- und Commitmenttherapie (ACT) 296
Alkoholabhängigkeit/ -missbrauch 154–156
- im Alter 268–269
- Angststörungen 119
- Erkrankungen, geschlechtsspezifische 423
- Häufigkeit/Verbreitung 424
- und Internetabhängigkeit 166
- jugendliche Konsumentinnen 156

- kognitive Verhaltenstherapie (KVT) 298
- bei Krebserkrankungen 156
- (Lebenszeit-)Prävalenz 153, 155
- Paar- und Familientherapie 345
- in der Schwangerschaft 245, 250
- sexuelle Funktionsstörungen 196
Alkoholentzug, Krampfanfälle 155
Alleinerziehende, Belastungen 235
Alltagsorientierung 30
Alter
- Genderunterschiede 266–268
- psychische Störungen 265–274
Amenorrhoe, Essstörungen 245
Amphetaminabhängigkeit 156
Angsthysterie 105
Angstneurosen 105
Angst(störungen) 105–123
- s. a. Ängste
- ACTH-Sekretion, verstärkte 105
- Alkoholabhängigkeit/ -missbrauch 119
- Alkoholentzug 155
- im Alter 268
- Amygdalaaktivierung 111–112
- Beschwerden/Symptombelastung 114
- Control-Mastery-Theorie 117
- Depression 116
- Epidemiologie 107–110

Angst(störungen)
– Erfassung im DASS 21 116
– Explorationsverhalten, unterschiedliches 110
– GABAerges System 109, 111
– vor der Geburt 57
– generalisierte 105–107, 111, 282
– Geschlechtsspezifität/ -unterschiede 106, 108
– Heroinabhängigkeit 158
– Hirnentwicklung, unterschiedliche 108–109
– Internetabhängigkeit 166
– körperliche Symptome 105
– kognitive Abläufe 105
– kognitive Verhaltenstherapie (KVT) 298
– Komorbidität 213
– Major Depression 44
– neurobiologische Korrelate 110–113
– Östrogene 109, 119
– Paar- und Familientherapie 345
– pathologische 105
– Patientenstichprobe 36
– in der Perimenopause 256
– Persönlichkeitsstörungen 213
– prämenstruelle 109
– Prävalenz 107, 425
– preparedness 110
– nach professionellem sexuellem Missbrauch (PSM) 437
– Progesteron 109, 119
– Psychotherapie 111
– Rollenerwartungen 110
– Scham 115
– Schuld 115, 118
– bei sehr früh entwickelten Mädchen 42

– somatoforme Störungen 185
– sonstige 106
– Sozialisationsverhalten, unterschiedliches 110
– Stresserleben 116
– Substanzabhängigkeit 108, 154
– synergetisches Navigationssystem (SNS) 113
– Therapie 119
– Therapieprozessbogen (TPB) 114–118
– nach Totgeburt 63
– Trauer 115, 118
– Verhaltensebene 105
– vorbestehende, Posttraumatische Belastungsstörung (PTBS) 328
Anorexia nervosa 2, 140–143
– im Alter 270
– Amenorrhoe 137
– Binge-Eating/Purging-Typus 137
– Cognitive Remediation Therapy (CRT) 148
– diagnostische Kriterien 137, 139
– Gewichtsphobie 140, 149
– Gewichtsrehabilitation 148
– psychopharmakologische Behandlungen 148
– restriktiver Typus 137
– soziokulturelle Faktoren 145–146
– Symptomentwicklung 141–142
Antidepressiva, Östrogenabhängigkeit 119
Antigewaltarbeit 389–390
antisoziale Persönlichkeitsstörung 424
Arbeitsteilung, Genderperspektive 461–465
Armutsrisiko 76–77

assistierte Reproduktion (ART) 410–412
Attraktivität, weibliche 25–26
Aufklärung, Genderperspektive 465–467
Aufmerksamkeitsdefizit- und Hyperaktivitätssyndrom (ADHS)
– s. a. hyperkinetische Störungen
– Internetabhängigkeit 166
Autoerotik, sexuelle Liberalisierung 193

B
Babyblues 248
back street hospitals 233
Barbiturate, GABA-Wirkung 111
Beck-Depressions-Inventar (BDI), stationäre Psychotherapie 359, 365, 367
Bedürfnis- oder Triebbefriedigung, Beziehungen 464
Befehlshaushalt 22
Behinderungen
– Armutsrisiko 76–77
– Gefährdungen 75–82
– sexuelle Gewalt 78
Belastungsstörungen
– neurotische, stationäre Psychotherapie 366
– Patientenstichprobe 36
Benzodiazepine, GABA-Wirkung 111
Beratung(sangebote)
– Frauenbewegung 386–387
– Übergangsraum 387
Beschränktheit, eigene, begreifen 4
Beschwerden und Symptombelastung
– Angststörungen 114
– Therapieprozessbogen (TPB) 34

Sachverzeichnis

Beziehungen
- Bedürfnis- oder Triebbefriedigung 464
- psychoanalytische Psychotherapie 281

Beziehungsangebot, therapeutisches 6

Beziehungsdelikte 220

Beziehungsgestaltung, sexuelle 194

Bildung 22

Bindungsforschung 283, 464

Bindung(smuster)
- Borderline-Persönlichkeitsstörung 214
- (nicht)sichere 13

Bindungstrauma, komplexe Posttraumatische Belastungsstörung (PTBS) 331–332

Binge-Eating-Störung (BES) 137–138
- Interpersonelle Psychotherapie (IPT) 304

Biografiearbeit 282

biografische Entwicklung 12

bipolare Störungen
- im Alter 268
- kognitive Verhaltenstherapie (KVT) 298
- rhythmische Muster 33

blinde Frauen, Gewalterfahrungen 80

body dysmorphic disorder/disturbance s. Körperbildstörungen/körperdysmorphe Störungen

body image depression 174

body image dissatisfaction/satisfaction 174

»Bona fide«-Therapie, Posttraumatische Belastungsstörung (PTBS) 448

Bonner Semistrukturierte Kurzzeitpsychotherapie für onkologische Patientinnen (BSKP-ONK) 405

Borderline-Persönlichkeitsstörung 215
- Adult Attachment Interview (AAI) 214–215
- Adult Attachment Projective Picture System (AAP) 214–215
- Ätiologie 213–215
- affektive Ebene 217
- anteriorer cingulärer Kortex (ACC) 214
- Bindungsmuster, desorganisiertes 214
- Diagnose, Lebenszeitprävalenz 282
- Dialektisch-behaviorale Therapie (DBT) 216
- Essstörungen 213
- fMRT (funktionelle Magnetresonanztomografie) 214
- Geschlechterverhältnis 212
- impulsive Unterform 212
- Interpersonelle Psychotherapie (IPT) 304, 310
- kognitive Ebene 217
- kognitive Verhaltenstherapie (KVT) 298
- Mentalisierungsbasierte Therapie (MBT) 216
- Mentalisierungsfähigkeit 214–215
- Perversionen, weibliche 201, 228
- Prävalenz 212
- Risikofaktoren 213–215
- Scham- und Schuldneigung 217
- Schemafokussierte Therapie (SFT) 216
- stationäre Psychotherapie 368
- Trauma, unverarbeitetes (unresolved trauma) 214–215
- Übertragungsfokussierte Psychotherapie (TFP) 215–218, 280

Brüderlichkeit, Genderperspektive 458–461

Brustaufbaupatientinnen 176

Brustkrebs s. Mammakarzinom

Bulimia nervosa 143–144
- im Alter 270
- diagnostische Kriterien 138
- Interpersonelle Psychotherapie (IPT) 304
- kognitive Verhaltenstherapie (KVT) 148
- (Nicht-)Purging-Typus 138
- soziokulturelle Faktoren 145–146
- SSRI 148

C

Cannabisabhängigkeit 157–159

Catechol-O-Methyltransferase (COMT)
- Angststörungen 108
- Zwangsstörungen 132

CBASP s. Cognitive Behavioral Analysis System for Psychotherapy

Chaos(theorie) 33–34

Citalopram, Zwangsstörungen 130

Clomipramin, Zwangsstörungen 130

Cognitive Behavioral Analysis System for Psychotherapy (CBASP) 297

Cognitive Behavioral Therapy (CBT) s. kognitive Verhaltenstherapie (KVT)

Cognitive Remediation Therapy (CRT), Anorexia nervosa/Essstörungen 148

Committee on the Elimination of Discrimination against Women (CEDAW) 5
Comprehensive Care Project, Schwangere, drogenabhängige 250
Containing, Mutter-Kind-Beziehung 465
Coping, dyadisches 319
Copingstil
– kognitiver, Geschlechtsrolle, traditionelle 43
– ruminativer, Depression 44
Courage 7
– psychoanalytische Psychotherapie 281
Cyber-Affair 165
Cybersexual Addiction 165

D
DBT s. Dialektisch-behaviorale Therapie
Delinquenz 220
Demenz im Alter 269
dependente Persönlichkeitsstörung, Geschlechterverhältnis 212
Depression 95–104, 239, 423
– Abhängigkeit 98–99
– ängstliche 97
– affektive Störungen 96
– Alkoholentzug 155
– im Alter 269–270
– anaklitische 462
– Angststörungen 116
– Appetitstörungen 97
– Belastungen, interpersonelle 305
– bipolare Störung 96
– Copingstile, ruminative 44
– Diagnose 95–97
– Epidemiologie 95–97
– FSH/LH 255
– Geschlechtsrollen/-normen 43

– Geschlechtszugehörigkeit, Entwicklung 99–101
– Gewichtszunahme oder -abnahme 97
– Gruppenpsychotherapie 348
– Harvard Study of Moods and Cycles 255
– Heroinabhängigkeit 157–158
– Hitzewallungen 256
– Inhibin B 255
– Interpersonelle Psychotherapie (IPT) 305–309
– Körperbildstörungen 174
– kognitive Verhaltenstherapie (KVT) 298
– Kokainabhängigkeit 158
– Komorbiditäten 185, 213
– larvierte 97
– Liebesverlust, primärer 101
– Menopause 254
– bei nicht berufstätigen geschiedenen Frauen 425
– orale Wünsche nach Passivität und Abhängigkeit 102
– Paar- und Familientherapie 345
– perimenopausale 254–256
– – Östrogene 260–261
– – Risikofaktoren 259
– Persönlichkeitsstörung 213
– postpartale 247–248
– – Interpersonelle Psychotherapie (IPT) 309
– Prädiktoren 25, 248
– pränatale 248
– Prävalenz 243, 425
– nach professionellem sexuellem Missbrauch (PSM) 437
– Psychodynamik 97

– psychosexuelle Entwicklungsphasen 102
– Pubertätsentwicklung 42
– Schlafstörungen 256
– in der Schwangerschaft 246
– – Interpersonelle Psychotherapie (IPT) 303, 309
– SCID (Structured Clinical Interview for DSM Disorders) 256
– bei sehr früh entwickelten Mädchen 42
– somatoforme Störungen 185
– stationäre Psychotherapie 357, 360–364, 368
– stressspezifische 315
– Substanzabhängigkeit 154
– unipolare 96
– – Interpersonelle Psychotherapie (IPT) 304
– – nach Totgeburt 63
– Verlustabwehr 97–99
– Verlusterfahrung 97
– Verlustverarbeitung 98
– Verständnis 101–103
– vorbestehende, Posttraumatische Belastungsstörung (PTBS) 328
Deutsche Gesellschaft für Ästhetisch-Plastische Chirurgie (DGÄPC) 173
diagnostische Standards 4
Dialektisch-behaviorale Therapie (DBT) 295–296
– Borderline-Persönlichkeitsstörung 216
Diathese-Stress-Modell 43
Differenzdiskurs 19–20
Diskriminierung 5–7, 19
dissozial-aggressive Störungen 42

Dissoziation, peritraumatische, Posttraumatische Belastungsstörung (PTBS) 327
Diversität 20
Doing Gender 20, 385
Dominanz, Geschlechterverhältnis 385
Double Depression 97
Drogenabhängigkeit 156–159
– Lebenszeitprävalenz 153
Dysmorphophobie 174
Dyspareunie 200, 256
– Perimenopause 254
Dysthymie 97

E
Eating Disorders Not Otherwise Specified (EDNOS) 136, 144
Edinburgh Postpartal Depression Scale (EPDS) 247
Einsamkeit 462
Einzeltherapiegespräche, Themeninhalte 352
Eltern-Kind-Beziehung 282
– psychoanalytische Forschung 285
emotionale Vernachlässigung, Borderline-Persönlichkeitsstörung 213
emotional-instabile Persönlichkeitsstörung
– des Borderline-Typs 33
– Geschlechterverhältnis 212
– Internetabhängigkeit 166
Empowerment
– model for women 383
– Traumatherapie 450–451
empty nest 71
Enkopresis 42
Entwicklung
– Bildungsgeschehen 12

– lebenslange 11–17
– transsexuelle 204–205
– weibliche 14, 16–17, 42–43
Entwicklungsstörungen, stationäre Psychotherapie 366
EPDS s. Edinburgh Postpartal Depression Scale
EPH-Gestose, Gewalterfahrungen in der Schwangerschaft 236
EPL (»Ein partnerschaftliches Lernprogramm«) 51
Erregungsstörungen 199
Erwerbstätigkeit, Überforderung 422
Essstörungen 1, 42, 136, 141–151
– im Alter 270
– atypische bzw. nicht näher bezeichnete 136, 144
– Behandlung 139, 147–149
– Borderline-Persönlichkeitsstörung 213
– Cognitive Remediation Therapy (CRT) 148
– diagnostische Kategorien 136–140
– Ernährungsrehabilitation 147
– Geschlechtsunterschiede 136
– Hintergründe 144–147
– Interpersonelle Psychotherapie (IPT) 310
– körperdysmorphe Störung 174
– kognitive Verhaltenstherapie (KVT) 298
– Komorbidität mit Persönlichkeitsstörung 213
– Lebenszeitprävalenz 282
– neuropsychologische Untersuchungen 145

– Patientenstichprobe 36
– Perfektionismus 144
– Schönheitsideal, vorherrschendes 146, 149
– in der Schwangerschaft 245–246, 250
– Schwangerschaftserbrechen (Hyperemesis gravidarum) 245
– bei sehr früh entwickelten Mädchen 42
– sexuelle Funktionsstörungen 196
– soziokulturelle Faktoren 145–146
– stationäre Psychotherapie 368
– Ursachen 144–147
– Vulnerabilitätsfaktoren, prämorbide 145
– Wahrnehmung des Ganzen (weak central coherence) 145
– Zyklusanomalien 245
Expansion, weibliche 14–15
externalisierende Störungen, körperliche Misshandlungen bei Jungen 43

F
Familie 21, 463
– Bindung 463
– Genderperspektive 461–465
Familientherapie s. Paar- und Familientherapie
Fertilitätsstörungen 411
Fetisch/Fetischismus 226
– Gebärmutter 227–228
– intrakorporaler 226
Fibromyalgie 186
Filizid 220
Fluoxetin
– Bulimia nervosa 148
– Zwangsstörungen 130
Fluvoxamin, Zwangsstörungen 130

Frau(en)
– Emanzipation 466
– Interessen, spezifische 466
– soziale Teilhabe, mangelnde 381
– Überforderung, Erwerbstätigkeit 422
Frauenberufe, typische 22
Frauenbewegung
– Beratung 386–388
– und ihre Folgen 381–382
– Selbsthilfe 388
– soziale 391
Frauenhausbewegung, Lebenssituation, Sicherheit und Gesundheit 390
frauenspezifische Behandlungsangebote 381–394
– gendersensible Betrachtungsweise 384–386, 389–390
frauenspezifische Beratung 387–388
Frauentherapiegruppen 356
– Zufriedenheit 354
Frau-zu-Mann-Transsexualität 204
Freiburger Stresspräventionstraining s. paarlife
Freiheit, Genderperspektive 458–461
Freizeitverhalten 22–23
Frigidität 197
Furcht 112
– Konditionierung, prämenstruelle 109

G
Gebärmutter, Fetischisierung 227–228
Geburt
– psychische Störungen 246–248
– psychische Verarbeitung 249

– psychoendokrinologische Prozesse 57
– als Übergangserfahrung 55–57
Geburtshilfe, psychosoziale Unterstützungssysteme 59
gehörlose Frauen, Gewalterfahrungen 79
Gender Dysphoria 205–206
Gender 383, 420
gender gap in depression 424
Genderattraktivität 15
Gender-Based-Violence (GBV) und Folgen 235–236
Gendergerechtigkeit 30
Genderinszenierung 15
Genderperspektive
– Anspruch auf angemessene Komplexität und Idiografik 30–33
– Aufklärung 465–467
– Folgen 382–383
– frauenspezifische Interventionssysteme, psychosoziale 384–386
– in den Humanwissenschaften 29–30
– Intelligenz/Mut 458–470
– psychoanalytische Psychotherapie 284
– selbsthilfeorientierte Ansätze, Beratungs- und Therapieangebote 383
Genderpositionierung 15
gendertheoretische Diskurse 19–20
Genderunterschiede
– im Alter 266–268
– Bewertungen, gesellschaftliche 381
– in psychiatrischer Hinsicht 268–270
Generationenunterschied 3

genitale Reaktionen, Versagen 199
genitale Verstümmelung von Mädchen und Frauen 234
Geschlecht
– Beta-Gewichte 37
– biologisches 383, 420
– genetisches 463
– soziales 383, 420
Geschlechterbilder, Reflexion 390
Geschlechtertheorien, psychoanalytische, Objektwechsel 101
Geschlechtsdysphorie s. Gender Dysphoria
Geschlechtsentwicklung
– Depression 99–101
– melancholische 102
– Störungen 204
Geschlechtsidentität 101–102
– erlebte 32, 207
– subjektive 33
Geschlechtsidentitätsstörungen 195, 203–207
– Neukonzeptionalisierung im DSM-5 205
– nicht näher bezeichnete 204
Geschlechtsrollen
– Depression 43
– Genderperspektive 461–465
– historische 338
– Identitäten, Variabilität 385
– kulturelle Hervorbringungen 463
– Nonkonformität 206
– psychische Störungen 426
– Stereotypien bei psychischen Störungen 426, 429
– traditionelle, Copingstil, kognitiver 43
– Veränderung 26
– Verständnis 19

Sachverzeichnis

geschlechtsrollenspezifisches Verhalten, Morbidität/Mortalität 423
Geschlechtsunterschiede, anatomische, Entdeckung 195
Gesundheit
– psychische 5–7, 239–240
– Rahmenmodelle 384
– seelische 419
Gesundheitsverhalten, -verständnis bzw. -zustand 422–424
Gewalt
– in der Adoleszenz 232, 234–236
– Auswirkungen auf die Schwangerschaft 243–246
– emotionale 84
– im Erwachsenenalter 232, 234–236
– familiäre 1
– im Geschlechterverhältnis 389–390
– geschlechtsspezifische Segregation 234–236
– häusliche 83–92
– – Epidemiologie 84
– – gesundheitliche Auswirkungen 86–87
– – Hilfesuche/Hilfsangebote 87–90
– – Lebenszeitprävalenz 91
– – psychosomatische Folgen 86–87
– – Risikofaktoren 85
– in der Kindheit 232–234
– körperliche, in einer Partnerschaft 235
– im Lebenszyklus 78, 232–237
– in Paarbeziehungen 91
– physische 83
– psychische (emotionale) 84

– Schutz, stationäre Psychotherapie 358–359
– sexualisierte gegen Mädchen 234
– sexuelle 83
– – internetbasierte Traumatherapie 396
– strukturell bedingte 80
– vorgeburtliche 232
Gewaltdelinquenz 220–230
Gewalterfahrungen 77
– anhaltende 447
– Borderline-Persönlichkeitsstörung 213
– Koinzidenz 390
– in der Schwangerschaft 236, 249
– stationäre Psychotherapie 366, 370
– traumatisierte Frauen 390
Gewaltgefährdung 77–80
Gewaltschutzgesetz in Österreich, Broschüre 79
gewalttätige Beziehungen 390
Gilles-de-la-Tourette-Syndrom 124
Gleichbehandlung, Psychotherapie 429
Gleichheit, Genderperspektive 458–461
Gleichheitsdiskurs 19
Gleichstellung(spolitik) 5–6, 30
Gonadengeschlecht 463
Gruppenpsychotherapie 348–356
– Abgrenzungsfähigkeit 353
– Alter, Heterogenität 351
– Altruismus 350
– Bedeutung 348–354
– Diagnosen 351
– Entwicklungsprozesse 353
– Erfahrungen, eigene 351
– existentielle Faktoren 350

– Gegenübertragung/ Übertragung 348, 351
– Geschlechter, Abgrenzungsmöglichkeiten 351
– Hoffnung, Einflößen 349
– Informationsvermittlung 350
– Katharsis 350
– Kohäsion 350
– konfliktlösendes Aufarbeiten 350
– Lernen, interpersonelles 350
– soziale Umgangsformen, Entwicklung 350
– Stellenwert 350
– Teilnehmerzahl 349
– Themen/Inhalte 351–352
– Universalität 350
– Verhalten, nachahmendes 350
– Vorgespräch 352
– Wirkfaktoren 349–350
– Wirksamkeit 354–356
– Ziele 352–353
– Zusammensetzung 349

H

Haschisch 159
Hausfrauenehe 22
Herausforderungen, lebenslange 11–17
Heroinabhängigkeit 156–158
Herzinfarkt 267
Heterosexualität 103
hirnorganische Störungen im Alter 268–269
Historisierung 7
– psychoanalytische Psychotherapie 284
histrionische Persönlichkeitsstörung, Geschlechterverhältnis 212
Hort- und Sammelzwänge (hoarding) 125
Hospitalismus 462

hyperkinetische Störungen 42
- s.a. Aufmerksamkeitsdefizit- und Hyperaktivitätssyndrom (ADHS)
Hypochondrie, somatoforme Störungen, Vorläufer 180
Hypothalamus-Hypophysen-Nebennierenrinden-Achse
- Abhängigkeitserkrankungen 154
- Posttraumatische Belastungsstörung (PTBS) 327, 329
- psychische Störungen, perimenopausale 258
- Stress 314
Hysterie, somatoforme Störungen 180

I
Idealbilder, weibliche 223–224
Identifizierung, bisexuelle 99
Identität, weibliche 25–26
Identitätsentwicklung, Migrationsprozess 71
impairment (Schädigung), Behinderungen und Beeinträchtigungen 75
Impotenz 197
Impulskontrollstörungen, Internetabhängigkeit 166
Individualisierung, neue 24
Individualität, Persönlichkeitspsychologie 30
Industriegesellschaften, Veränderungen 463
Infantizid 220
Infertilität, verhaltensbedingte 411
Infertilitätstherapie 412–414
Informationssucht (Information Overload), Internetnutzung 165

Intelligenz, Genderperspektive 458–470
Intelligenzminderung, stationäre Psychotherapie 366
»Interapy«-Behandlung
- internetbasierte Traumatherapie 397
- Posttraumatische Belastungsstörung (PTBS) 400
internalisierende Störungen, körperliche Misshandlungen bei Mädchen 43
Internetabhängigkeit 163–167
- Arten 163–164
- Identitätsrelevanz 162
- Internetforen, Nutzung 167
- Online-Spiele 163
- Phänotypen 164–166
- Pro-Anorexie-Foren 164
- psychische Auffälligkeiten 161–171
- Selbsthilfegruppen 168
- Selbstverletzungsforen 164
- Suizidforen 164
- Therapie 167–169
- Ursachen 169
- Verlusterleben 168
internetbasierte (Trauma-)Therapie 395–402
- s.a. Traumatherapie
- im arabischen Kontext 400
- Posttraumatische Behandlungsstörung (PTBS) 396
- Selbstkonfrontation 397
- nach sexueller Gewalt und Missbrauch 396–398
- social sharing 398
Internetnutzung
- pathologische s. Internetabhängigkeit

- Relational Addiction 165
Internetnutzungsverhalten 162–163
Interpersonelle Psychotherapie (IPT) 302–313
- Bulimia nervosa 304
- Depression 305–309
- – postpartale 309
- – in der Schwangerschaft 303, 309
- – unipolare 304
- geschlechtsspezifische Unterschiede 310–311
- Indikation 306
- interpersonelle Defizite/Konflikte 307
- Nachhaltigkeit 309–310
- Problembereiche 307
- Rollenwechsel 307
- therapeutischer Prozess 305
- Trauer, pathologische 307
- Verfahren 305–309
- Wirksamkeit 309–310
- zwischenmenschliche und psychosoziale Probleme 305
Intersexualität 204
Interventionstechniken, standardisierte 4
Intimität 16
intrazytoplasmatische Spermieninjektion (ICSI) 411
In-vitro-Fertilisation (IVF) 411
Irritable Bowel Syndrome 186

K
Kastrationsangst, Ödipuskomplex, ungelöster 226
Kind, perfektes, Erwartungen 56
Kinderheirat 234
Kinderlosigkeit, ungewollte 410–416

Sachverzeichnis

- assistierte Reproduktion (ART) 410–412
- Begutachtung 414
- Beratung 413–414
- emotionale Krisen 413
- psychosoziale Unterstützung 412–414
- Psychotherapie 412–414
- Zunahme 410–414

Kinderwunschberatung, psychosoziale 412
Kindheitstraumatisierungen 447
Klaustrophobie 106
klimakterisches Syndrom/Klimakterium 253
Körperbild
- positives 242
- in der psychoanalytischen Psychotherapie 281
- Unzufriedenheit/Zufriedenheit 174
Körperbildstörungen/körperdysmorphe Störungen 172–179
- Depression 174
- Essstörungen 174
- Prävalenz 177
- in der Schwangerschaft 250
Körpergeschlecht, Entkopplung 463
Körperideal(e)
- normierte 174
- weibliches 174
körperliche Beeinträchtigungen
- als Folge von Gewalt 77–78
- Gefährdungen 75–82
körperliche Misshandlungen 78
- bei Jungen und Mädchen, internalisierende Störungen 43
Körperlichkeit 389
kognitive Verarbeitungsstile bei Mädchen 44

kognitive Verhaltenstherapie (KVT) 289–301
- Ablauf, typischer 291
- Aktivitätsaufbau 293–294
- Alkoholabhängigkeit/-missbrauch 298
- Angst(störungen) 298
- Anwendungsgebiete 297
- bipolare Störungen 298
- Bulimia nervosa 148
- Depression 298
- emotions- und achtsamkeitsbasierte Ansätze 289
- Erklärungsmodell 292
- Gedanken, automatische, Hinterfragen 295
- Genderaspekte 292
- gendersensible Diagnostik 291
- internetbasierte Traumatherapie 398
- Interventionen 293–297
- komorbide Erkrankungen 291
- Modelllernen 294
- Nachhaltigkeit 298–299
- operante Verfahren 293
- psychoonkologische Interventionen 405
- Reizkonfrontation 293
- Schwangerschaftsverlust 65
- Selbstverbalisationsansatz von Donald Meichenbaum 295
- themenspezifische Ansätze für Frauen 298
- therapeutische Beziehung 292
- Veränderungsmodell 292
- Verfahren 291–298
- Wirksamkeit 298–299
- Zwangsstörungen 130
Kokainabhängigkeit 156, 158

Konfliktdynamiken, destruktive/maligne 3
Konflikte, innere 464
- Schwangerschaft 246
Konfliktverständnis 385
Kontrollzwänge (obsessions, checking) 125
Konversionsneurose 180
kosmetische Chirurgie 172–179
Krankheitskonzepte/-modelle 4
- Rahmenmodelle 384
Krebsdiagnose 403–404
- Verarbeitung, psychoonkologische Interventionen 406
KVT s. kognitive Verhaltenstherapie

L

leaky pipeline 23
Lebensbedingungen/-formen 422
- heute 23–24
- neue 11–18
Lebensgestaltung, Formen, ungewohnte 4
Lebensjahr, erstes 13
Lebensumstände, belastende 231–238
Lebenszugewandtheit 3
Libidoverlust 256
Liebe, körperlich-sinnliche Erfahrung 462
Liebesobjekt
- erstes 103
- homosexuelles, Verlust 101
Liebesverlust, primärer, Depression 101
LIVE-Studie, Armutsrisiko 76
Lubrikationsstörungen 256
LUZIA-Studie 80
- Armutsrisiko 76

M

Mädchen
- Abtreibung und Tötung, selektive 233
- und Jungen, Ungleichheit 233

Männerberufe, typische 22

männliche Systeme, Chaos und Komplexität 33–38

männliche Versorgerehe, Vereinbarkeitsmodell 24

Männlichkeit 467
- Dekonstruktion 382
- Entwicklungs-/Erziehungsprozesse 467

Magersucht s. Anorexia nervosa

Major Depression 96
- im Alter 268–269
- Angststörungen 44
- Lebenszeitprävalenz 281
- Leitsymptome 96
- perimenopausale, Prävalenz und Inzidenz 255–256
- Schlafstörungen 96
- unipolare, Interpersonelle Psychotherapie (IPT) 306

male depressive syndrome 304

Mammakarzinom
- Interpersonelle Psychotherapie (IPT) 310
- psychotherapeutische Begleitung 403–409
- Ressourcen der Patientinnen 404

»Man made«-Traumatisierung 451

Mann-zu-Frau-Transsexualität 204

Marihuana s. Cannabisabhängigkeit

Masturbation 193

Mayer-Rokitansky-Küster-Hauser-Syndrom 351

MBCT s. Achtsamkeitsbasierte kognitive Therapie der Depression

MBT s. Mentalisierungsbasierte Therapie

Medikamentenabhängigkeit im Alter 268

Mehrlingsschwangerschaften, assistierte Reproduktion (ART) 411

Menopause 253, 261
- Depression 254

Menopausensyndrom, psychisches/vegetatives 253

Mentalisierung, Mutter-Kind-Beziehung 465

Mentalisierungsbasierte Therapie (MBT) 280
- Borderline-Persönlichkeitsstörung 216

Mentalisierungsfähigkeit, Borderline-Patientinnen 214–215

Mentalisierungsforschung 283

Migration 69
- frauenspezifische Konflikte 71–72
- Gesundheitsforschung 67
- psychische Belastungen in der zweiten Generation 70
- seelische Gesundheit 67–68

Migrationsprozess, intrapsychische Spannungen 71

Milieus, pathogene 231–238

Minor Depression im Alter 268–269

Missbrauch
- Abhängigkeitserkrankungen 154
- emotionaler 435, 462
- gewalttätiger 462
- Heroinabhängigkeit 158
- narzisstischer, in der Psychotherapie 435
- Posttraumatische Belastungsstörung (PTBS) 332
- in der Psychotherapie 433–445
- sexueller s. sexueller Missbrauch
- Zwangsstörungen 378

Missgestaltungsfurcht 174

Misshandlung s. körperliche Misshandlung

Monosexualität 467

Morbidität
- geschlechtsrollenspezifisches Verhalten 423
- psychiatrische, im Alter 269

Mortalität, geschlechtsrollenspezifisches Verhalten 423

motherhood mindset 56

Münchhausen-by-proxy-Syndrom 224

mütterliche Funktionen 462

mütterliche Praxis, gute 13

mütterlicher Körper, Entsexualisierung 103

Mütterlichkeit 12, 14

Mut, Genderperspektive 458–470

Mutter-Kind-Beziehung, dyadische 57

Mutterliebe, Mythos 224

Mutterschaft
- Lernprozess, intrapsychischer, dynamischer 56
- perfekte, Idealbilder/-konzepte, überhöhte 56, 59
- werdende, Krisenmomente 56

Mutter-Tochter-Beziehung, destruktive, Perversion 226

Mythos
- von der aggressionslosen Frau 223–224
- von der Mutterliebe 224

N
narzisstische Persönlichkeitsstörung 211
- Geschlechterverhältnis 212
- Häufigkeit/Verbreitung 424
- Perversion, weibliche 228
narzisstischer Missbrauch in der Psychotherapie 435
Neonatizid 220–223, 225
Net Compulsions, Internetnutzung 165
Neubeginnen, Traumatherapie 456
Neurose/neurotische Störungen
- hypochondrische/hysterische 181
- Patientenstichprobe 36
Normierung, gesellschaftliche 14
Nozizeptoren/nozizeptiver Schmerz 185

O
Objektwahl, heterosexuelle 101
Objektwechsel
- Auswirkungen, Geschlechtertheorien, psychoanalytische 101
- Geschlechtertheorien, psychoanalytische 101, 389–390
Obsessive Compulsive Disorder (OCD) s. Zwangsstörungen
ödipale Konflikte 285
ödipale Phase 195
Ödipuskomplex, ungelöster, Kastrationsangst/ Perversion 226

Östrogene 267
- Angststörungen 109, 119
- Depression, perimenopausale 260–261
- Perimenopause 253
- psychische Störungen, perimenopausale 257, 261
onkologische Erkrankungen, psychotherapeutische Begleitung 403–409
Orgasmus, (un)reifer 200
Orgasmusstörungen 200
- perimenopausale 254

P
Paar- und Familientherapie 336–346
- Auftragsklärung 340
- Bedürfnisse, eigene, Neubalancieren 342
- Beziehungsmuster 341
- Dialog, wertschätzender 343–344
- Effekte, negative 346
- gendersensible 338–339
- Geschlechterperspektive 337–338
- Haltung, allparteiliche 343–344
- Handlungsalternativen 336
- Kooperation 346
- kurzzeittherapeutische 346
- Lösungsgespräche 342
- Nachhaltigkeit 344–346
- Problemgespräche 342
- Stärken, vorhandene, Aufbau 341
- Standortbestimmung 337–340
- Verfahren 340
- Viabilität (Gangbarkeit) 336
- Wahlmöglichkeiten für beide Partner 343

- Wahrnehmung, wechselseitige 342
- Werte, Gleichwertigkeit 344
- Wirksamkeit 344–346
- zukunfts- und gegenwartsorientierte 340–341
paarlife (Programm) 51
Panikattacken/-störungen 105–107
- Erwartungsangst 106
- prämenstruelle 109
- bei sehr früh entwickelten Mädchen 42
paranoide Symptome im Alter 269
Parentifizierung bei Töchtern depressiv erkrankter Eltern 44
participation (Teilhabe), Behinderungen und Beeinträchtigungen 75
Partnergewalt 88–90
Partnerorientierung 16
partnerschaftliche Präventionsprogramme 51
Partnerschaftskrisen 48–49
Penisneid 195
Penn Ovarian Aging Study (POA-Studie), Perimenopause 256
Perfektionismus, Essstörungen 144
Perimenopause 253
- Dehydroepiandrosteron (DHEA) 258
- Depression 254–256, 259–261
- DHEA-Sulfat-Werte 258
- Dyspareunie 254
- Hormontherapie 260–261
- Major Depression 255–256
- Östrogene 253
- Orgasmusstörungen 254

Perimenopause
- Penn Ovarian Aging Study (POA-Studie) 256
- psychische Störungen s. unter psychischen Störungen
- Schlafstörungen 255

Persönlichkeit in der psychoanalytischen Psychotherapie 281

Persönlichkeitsstörungen 36, 210–219
- Cluster A, B, C 211
- Diagnostik 210–211
- Epidemiologie 211–212
- genderspezifische Konflikt- und Beziehungsdynamik 282
- genetische Einflüsse 213
- Geschlechterverhältnis 212
- Interpersonelle Psychotherapie (IPT) 306
- Klassifikation 210–211
- Komorbidität 213
- Patientenstichprobe 36
- Prävalenz 212
- psychotherapeutische Verfahren 216–218
- stationäre Psychotherapie 366
- Substanzabhängigkeit 154

Persönlichkeitsstruktur, fragile, Kohärenz 228

Personalisierung 6

PERSPEKTIVA-Studie 79

Perversion(en) 194, 197, 202–203, 225–227
- Borderline-Patientinnen 201, 228
- eigener Körper als Objekt 202
- Fetischisierung der Gebärmutter 227–228
- Mutter-Tochter-Beziehung, destruktive 226
- narzisstische Persönlichkeitsstörung 228

- Ödipuskomplex, ungelöster 226
- psychotherapeutische Überlegungen 228–229
- Schönheitsoperationen 226
- Selbstverstümmelung 226

Phobien/phobische Störungen 105–106
- Psychotherapie 111–112
- soziale 106–107
- spezifische 106–107

Phthisis nervosa 140

physical appearance-related body image disturbance 173

Placenta praevia, Gewalterfahrungen in der Schwangerschaft 236

plastisch-chirurgischer Eingriff, ästhetisch motivierter 176

Pornografisierung der jungen Gesellschaft 193

positive Verstärker, operante Verfahren 293

Postmenopause, HHNA-Reaktion 258

Postpartalzeit 54–60
- Interventions- und Präventionschancen 248
- psychische Störungen 246–248

Posttraumatische Belastungsstörung (PTBS) 323–335, 446
- Ätiologie 324–331
- Angststörung, vorbestehende 328
- Behandlungsgrundsätze 448–450
- »Bona fide«-Therapie 448
- Cortisol 329
- Definition 324–331
- Depression, vorbestehende 328
- Diagnose 323–325

- Dissoziation, peritraumatische 327
- Entwicklungsprädiktor 327
- Epidemiologie 324–331
- Ereignisart 326
- Ereignisbelastung, subjektive 326–328
- Ereignischronizität 329
- feministisch-psychodynamische Perspektive 327
- Hypothalamus-Hypophysen-Nebennierenrinden-Achse 327, 329
- »Interapy«-Behandlung 400
- internetbasierte Traumatherapie 396
- komplexe 446, 448–450
- – Bindungstrauma 331–332
- – Diagnose 331
- Lebensbedrohung 329–330
- Missbrauch 332
- neurobiologische Faktoren 329
- nichtkomplexe 448–450
- Oxytocin 329
- Prävalenz 315
- nach professionellem sexuellem Missbrauch (PSM) 437
- soziale Mobilität 333
- sozioökonomische Faktoren 333
- Substanzabhängigkeit 154
- Symptome, anhaltende 325
- Täterbeziehung 329
- Totgeburt 63
- Traumakriterien 326–327, 333
- Traumareize, Vermeidung 325
- Vergewaltigung 330
- Zwangsstörungen 378

Prämenopause
- FSH-Werte 255
- Hypothalamus-Hypophysen-Nebennierenrinden-Achse 258
präödipale Störungen 465
Prime-MD (Primary Care Evaluation of Mental Disorders Screening Questionnaire for Depressive Symptoms) 255
Privilegierung 6
Pro-Anorexie-Foren, Internetnutzung 164
Professional Sexual Misconduct s. professioneller sexueller Missbrauch
Professionalisierung des Alltags 279
professioneller sexueller Missbrauch (PSM) 435–441
- Abhängigkeitsbeziehung, Fortdauer 441
- Auseinandersetzung mit der Thematik 442
- berufsethische Aspekte 438–439
- Beziehungswünsche, unbewusste, der Patientin 442
- empirische Daten 436–438
- ethische und juristische Implikationen 438–440
- Häufigkeit 436–437
- Handlungen, vorbereitende (grooming) 436
- informed consent 439
- Leitfaden zur Selbstbeurteilung bezüglich Einhaltung von Grenzen 442–443
- Nulltoleranz-Politik im englischsprachigen Ausland 441
- rechtliche Aspekte im deutschsprachigen Raum 439–440
- slippery slope 438

- Täter 437–438
- Umgang, aktuelle Praxis 440–441
Profilierungspraxis, weibliche 15
Progesteron
- Angststörungen 109, 119
- Monoaminooxidase-Aktivität 119
Prüfungsangst 106
PSM s. professioneller sexueller Missbrauch
psychiatrische Abteilungen, Traumatisierung 358
psychische Belastungen
- Gewalt, häusliche 83–92
- Krebsdiagnose 403–404
- vor der Schwangerschaft 242–243
psychische Störungen
- im Alter 265–274
- aufrechterhaltende Bedingungen 290
- auslösende Bedingungen 290
- der Eltern 43
- Entwicklungsphasen, frühe 196
- fremd- und selbstschädigendes Verhalten 280
- Geburt 246–248
- Geschlechtsrollen(stereotypien) 426, 429
- Geschlechtsunterschiede 41–42
- Häufigkeit 424–425
- Krebsdiagnose 403–404
- Perimenopause 253–264
- - Ätiologie 257–259
- - alternativ- und komplementärmedizinische Interventionen 260
- - Dydrogesteron 261
- - endokrine Faktoren 257

- - Entspannungsübungen 260
- - Epidemiologie 254–259
- - Formen 254–255
- - Hormontherapie 260–261
- - Hypothalamus-Hypophysen-Nebennierenrinden-Achse 258
- - Östrogene 257
- - psychosoziale Faktoren 258–259
- - psychotherapeutische Interventionen 259–260
- - Window of Vulnerability 257
- Postpartalzeit 246–248
- prädisponierende Faktoren 290
- Verbreitung 424–425
psychische Überforderung 2
Psychoanalyse 276–277
- als Beziehungshandeln 280
- und Feminismus 383
- selbstreflexive Deutungsarbeit 278
psychoanalytische Professionalität als Habitus 278–279
psychoanalytische Psychotherapie 275–288
- Beziehung 281
- Denken in dynamischen Konfigurationen 285
- Differenz- und Trennungsnormen 276
- drittes Objekt, Zuwendung 283–284
- erotische Ressourcen 281
- Genderperspektive 284
- Historisierung 284
- Körper 281
- konfliktbezogene Retrospektion 282
- Kreditierung 284

psychoanalytische Psychotherapie
- Persönlichkeit 281
- Qualitätskontrolle 280
- Risikobereitschaft 281
- Rückhalt, familiärer 281
- Selbstakzeptanz 281
- Selbstgefühl 281
- therapeutische Beziehung 282–283
- wissenschaftliche Prüfung 280

psychoanalytischer Behandlungsraum als Rückzugsort 277–278
psychodynamische Fokal-/Kurztherapie 280
Psychodynamisch-imaginative Traumatherapie 280
Psychoedukation, psychische Störungen, Perimenopause 260
psychoonkologische Interventionen 404–408
- Betreuungsbedarf 403–404
- kognitiv-behaviorale Therapie (KVT) 405
- Krebsdiagnose, Verarbeitung 406
- Patientenschulungen 405
- psychische Veränderungen 406
- Ressourcen 404
- soziales Umfeld 407
- supportiv-expressive Therapien 405
- Wirksamkeit 405
- Zukunftsperspektive 407

Psychose, postpartale 247
Psychosexualität 194
psychosexuelle Entwicklung 194–196
- Depression 102
psychosomatische Störungen 42

- Ausprägung, ethnische Herkunft 70
- Prävalenz 425
psychosoziales Entwicklungsmodell 12
Psychotherapeut/-in sein und älter werden 272
Psychotherapie
- Akzeptanz 270–271
- im Alter 270–271
- Aus- und Weiterbildung 428
- Bedarf, geschlechtsspezifische Aspekte 419–432
- Bereiche, zu berücksichtigende 421
- Beziehungen, interpersonelle 427
- für Eltern bei Totgeburt 64–65
- erfolgreiche, neuronale Korrelate 111–112
- feministische 383
- forensische 220–230
- Geschlechtsrollenstereotype 429
- geschlechtsspezifische Vorstellungen und Normen 429
- Gleichbehandlung 429
- Grenzüberschreitungen/-verletzungen (boundary crossing/violation) 433–435
- heutige, Weiblichkeit 276
- Inanspruchnahme 429
- Infertilitätstherapie 412–414
- interkulturelle mit Migrantinnen 2, 67–74
- internetbasierte 396
- Internetnutzung, pathologische 168
- Kinderlosigkeit, ungewollte 412–414
- kulturspezifische Aspekte 68–70

- Lebenswelt, heutige 2
- Menschenbild 427
- Missbrauch 433–445
- Neukonstruktionsmodell nach Caspar 421
- onkologische Erkrankungen 403–409
- als Profession 3
- Responsiveness 420
- Schmetterlingseffekt 33–34
- Selbsterfahrung 427
- Selbstverfehlung, persönliche 279
- sexuelle Beziehungen oder Übergriffe 433–435
- Techniken und Ziele 427
- therapeutische Orientierung 427
- Therapiebeziehung 427
- Versorgung 426–427
- Zwangsstörungen 130
Psychotherapieforschung 427–428
- genderorientierte 35
Pubertät 1

R
Radical Therapy 383
Raum für sich allein (room of her own) 16
Realangst 105
Reizdarm 186
Relational Psychoanalysis 383
Reproduktionsmedizin 410
Restless-legs-Syndrom 256
Risikoschwangerenbetreuung 241
Rollenbilder, weibliche 389
Rollenkonflikte 422
Rollenwechsel
- Interpersonelle Psychotherapie (IPT) 307

Sachverzeichnis

– positiver und negativer Aspekt, Gegenüberstellung 308
Rumination 43

S

Säuglingsbeobachtung 464
Scham
– Angststörungen 115
– Borderline-Persönlichkeitsstörung 217
Scheidenkrampf s. Vaginismus
Scheidungen 49–51
Schematherapie 296
– Borderline-Persönlichkeitsstörung 216
Schizophrenie
– im Alter 269
– kognitive Verhaltenstherapie (KVT) 298
– Patientenstichprobe 36
– stationäre Psychotherapie 366
schizotype Störungen, Patientenstichprobe 36
Schlafstörungen 256
– Alkoholentzug 155
– im Alter 268
– Depression 256
– Komorbidität mit Persönlichkeitsstörung 213
– Major Depression 96
– perimenopausale 255
Schmerzen
– chronische 423
– funktionelle 189
– genitale 200
– nozizeptive 185
– psychogene 181, 185
– somatoforme 184–185
Schönheitschirurgie 173, 175
– Perversion, weibliche 226
– psychosoziales Outcome 176
– wissenschaftliche Erkenntnisse, bisherige 176–177

Schönheitsideal, vorherrschendes, Essstörungen 146, 149
Schulangst 106
Schuld(neigung)
– Angststörungen 115, 118
– Borderline-Persönlichkeitsstörung 217
Schutzfaktoren, spezifische 43–44
Schwangere, drogenabhängige, Comprehensive Care Project 250
Schwangerenbetreuung
– Gewaltthematik 244
– psychosoziale 59
Schwangerenvorsorge, Risikoorientierung 240
Schwangerschaft 54–60
– Alkoholabhängigkeit 245, 250
– Belastungen der psychischen Gesundheit 239–240
– Binge-Eating-Symptome 245
– Depression 246
– – Interpersonelle Psychotherapie (IPT) 303
– – kognitive Verhaltenstherapie (KVT) 299
– Essstörungen 245–246, 250
– Gewalterfahrungen 243–246, 249
– Interventions- und Präventionschancen 248
– Körperbildstörungen 250
– Konflikte, innere 246
– Kontrolluntersuchungen, Guidelines und Schulungen 249
– Östrogenspiegel, erhöhter 228
– psychische Belastungen

davor 242–243
– psychische Verarbeitung 249
– Risikofaktoren 241
– somatopsychische Reaktion 240
– Substanzabhängigkeit 244–245, 250
– als Übergangserfahrung 55–57
– unglückliche 240–242
– Verarbeitung, pathologische 221–222
– Verlust eines Kindes 65
– – Online-Präventionsprogramm 399
Schwangerschaftsdiabetes 236
Schwangerschaftserbrechen (Hyperemesis gravidarum) 245
SCID (Structured Clinical Interview for DSM Disorders), Depression 256
Screening Partnergewalt 88–90
seelische Gesundheit, Migration 67–68
seelische Lebenskrisen im Alter, Bewältigung 265–266
Selbständigkeit 12
Selbstanteile, perverse und realitätsbezogene, vertikale Spaltung 228
Selbsthilfe, Frauenbewegung 388
Selbstkontrollansätze, operante Verfahren 293
Selbstobjekt, perverses 202
Selbstpsychologie 464
Selbstthematisierung, Habitus, Psychoanalyse 278
Selbstverantwortung 12
Selbstverbalisationsansatz von Donald Meichenbaum, kognitive Verhaltenstherapie (KVT) 295

Selbstverletzungsforen, Internetnutzung 164
Selbstverständnis, weibliches 385
Selbstverstümmelung, Perversion, weibliche 226
Serotonin
– GABA-Synthese 111
– Zwangsstörungen 131
Sexualentwicklung, neurotische 194
Sexualität 16, 192
– attraktive 26
– im Gastland, Migrationsprozess 71
– weibliche 193
Sexualtheorie nach Freud 195
sexuelle Appetenz, verminderte 199
sexuelle Aversion 199
sexuelle Befriedigung, mangelnde 199
sexuelle Belästigung am Arbeitsplatz 235
sexuelle Beziehungen oder Übergriffe in der Psychotherapie 433
sexuelle Erregungsstörungen 199–200
sexuelle (Funktions-) Störungen 192–209
– Häufigkeit/Verbreitung 424
– Komorbidität mit Persönlichkeitsstörung 213
sexuelle Gesundheit 193
sexuelle Liberalisierung, Autoerotik 193
sexuelle Übergriffe 235
– Langzeitfolgen 243
– Schutz, stationäre Psychotherapie 358–359
sexueller Missbrauch 197, 462
– Borderline-Persönlichkeitsstörung 213
– internetbasierte Traumatherapie 396

– Interpersonelle Psychotherapie (IPT) 304
– in der Psychotherapie 435–436
sexueller Reaktionszyklus 193, 198
sexuelles Verlangen
– gesteigertes 201
– Mangel oder Verminderung 197
Siebter Familienbericht 463–464
Somatisierungsstörungen s. somatoforme Störungen
somatoforme Schmerzen 184–185
somatoforme Störungen 180–191
– Ätiologie 182–185
– im Alter 268
– biografisch-entwicklungsorientiertes Modell 183
– biopsychosoziales Modell 184
– Charakteristika 181
– Definition 180–182
– Diagnostik 188
– Epidemiologie 185
– Klassifikation 180–182
– kognitive Verhaltenstherapie (KVT) 189, 289
– Komorbidität 185, 213
– lösungsorientierte Ansätze 189
– bei Migrantinnen 282
– multifaktorielle Modelle 184
– Pathogenese 182–185
– Patientenstichprobe 36
– Persönlichkeitsstörung 213
– Posttraumatische Belastungsstörung (PTBS) 331
– Prävalenz 185
– Schmerzentstehung 184
– stationäre Psychotherapie 366

– Symptomatik 186–187
– therapeutische Herangehensweise 189–190
– Toronto Alexithymia Scale (TAS-20) 183
– Totgeburt 63
– zirkulär-interaktive Modelle 184
soziale Prägung (gender) 161
soziale Realität 422
soziale Teilhabe, mangelnde 381
Sozialisations- und Lebensbedingungen, Genderperspektive 19
Sozialisationsmuster, neue 21–23
Spiegelung, Mutter-Kind-Beziehung 465
Spielen, pathologisches, Häufigkeit/Verbreitung 424
Spitzenpositionen in der Wirtschaft 23
SSRI
– Bulimia nervosa 148
– Zwangsstörungen 130
Stalking 235
stationäre Psychotherapie 357–378
– Anzeigefrist für Austritt 359
– Beck-Depressions-Inventar (BDI) 359, 365, 367
– Bedingungen 359
– Behandlungsdiagnosen 366
– Behandlungskonzepte 371
– Borderline-Persönlichkeitsstörung 367
– Charakteristika 358
– Depression 357, 360–364, 367
– disempowerment 358
– effektive 369
– Ergebnisse 365–368
– Essstörungen 367

Sachverzeichnis

- geschlechtsspezifische 358
- Gewalt, Schutz 358–359
- Gewalterfahrungen 366, 370
- Grenzüberschreitung 368
- Missbrauchsgehalt 358
- Prozessmerkmale 368–369
- Revers 359
- Selbstsicherheitstraining 375
- sexuelle Übergriffe, Schutz 358–359
- Strukturelemente 359–365
- Therapieresistenz 359
- Versorgungslage, aktuelle 369
- Zwangsstörungen 372–379

Sterberisiko 265
stimulierende Substanzen 156
Stimuluskontrolle, operante Verfahren 293
stoffgebundene Abhängigkeiten, Internetabhängigkeit 166
Stress 314–322
- ACTH/CRH 314
- Cortisol 316
- dyadischer 319
- genderspezifische Aspekte 315
- geschlechtsspezifische Bewältigung 316–317
- Hypothalamus-Hypophysen-Nebennierenrinden-Achse 314
- Reduktion 318–320

stressbezogene Störungen, Prävalenz 315
Stresserleben, Angststörungen 116
Stressmanagement-Strategien, psychische Störungen, perimenopausale 260

Stressmodelle, kognitive 319
Stressreduktion, ethische Überlegungen 320
Substanzabhängigkeit 153
- Angst(störungen) 108, 154
- Interpersonelle Psychotherapie (IPT) 306
- kognitive Verhaltenstherapie (KVT) 298
- Komorbidität, Angststörungen 108
- in der Schwangerschaft 244–245, 250
- stationäre Psychotherapie 366
Suizid(alität)
- im Alter 267–268, 270
- Internetnutzung 164
- Posttraumatische Belastungsstörung (PTBS) 331
- bei türkischen jungen Frauen 70
- vollendeter, Häufigkeit/Verbreitung 424
Suizidforen, Internetnutzung 164
Suizidgedanken
- Depression 97
- Posttraumatische Belastungsstörung (PTBS) 331
supportiv-expressive Therapien, psychoonkologische Interventionen 405
Symmetriezwänge (symmetry, ordering) 125
Symptombehandlung 4
Symptomschilderung/-wahrnehmung, Schwellenwerte 423

T

Teilzeitbeschäftigung 23
therapeutische Beziehung
- kognitive Verhaltenstherapie (KVT) 292

- psychoanalytische Psychotherapie 282–283
- Therapieprozessbogen (TPB), Offenheit/Vertrauen, Qualität 34
Therapeutisierung des Alltags 279
Therapieprozessbogen (TPB) 35–37
- Angststörungen 114–115
- Beschwerden und Symptombelastung 34, 114
- Beziehungsqualität/Offenheit/Vertrauen 118
- Emotionales Klima
- – zu Hause 31–32
- – auf der Therapiestation 31–32, 34
- Permutationsentropie 35, 37
- Perspektivenerweiterung/Innovation 35–37
- Problembearbeitung, Intensität 35–37
- Qualität der therapeutischen Beziehung/Offenheit/Vertrauen 34
- Subskalen 31, 34, 36
- synergetisches Navigationssystem (SNS) 35, 113
- Therapeutische Fortschritte/Zuversicht/Selbstwirksamkeit 31, 35–37, 114, 118
Therapietrajektorien, Patientenstichprobe 36
Therapieverlauf, Komplexität 37–38
Tics 42, 124
Tochtersein, Wiederaufleben durch Schwangerschaft und Geburt 58
Tod
- des Lebenspartners 268
- Ursachen 267
Tötungsdelikte 220–221
Toleranz für Intransparenz 7

Toronto Alexithymia Scale
 (TAS-20), somatoforme
 Störungen 183
Totgeburt 61–66
– Copingstrategien, weibliche und männliche,
 diskordante 63
– empathisch unterstützende Umgebung 65
– Posttraumatische Belastungsstörung 63
– Prä- und Perinatalverlust 65
– psychische Folgen 63
– Psychotherapie für
 Eltern 64–65
– somatoforme Beschwerden 63
– Trauergefühle, geschlechtsspezifische
 Unterschiede 63–64
– Trauerreaktionen 61–63
Transsexualismus
 203–204
Trauer
– Angststörungen 115,
 118
– Gefühlsqualitäten 62
– komplizierte, Online-Präventionsprogramm
 399
– pathologische, Interpersonelle Psychotherapie
 (IPT) 307
– nach Totgeburten
 62–63
– Traumatherapie 456
– Verlustverarbeitung 98
Trauerarbeit 7
Trauma, unverarbeitetes
 (unresolved trauma),
 Borderline-Persönlichkeitsstörung 214–215
Traumafolgestörungen
 446–447
Traumakonfrontation 456
Traumaopfer, virtuelles
 Behandlungszentrum,
 arabischsprachiges
 400

Traumatherapie
– s. a. internetbasierte
 (Trauma-)Therapie
– Abstinenz, parteiliche
 451
– Distanzierungstechniken 455
– Durcharbeiten 449
– Empowerment 450–451
– frauengerechte 447
– Freudebiografie 455
– Gegenübertragung
 452–453
– Ich-Stärke 448–449
– Ich-Stärkung 450–451
– Imaginationen 454
– Integration 449
– Interventionen 454–455
– Konzept der inneren
 Bühne 455
– Nachbeelterung 453
– Neubeginnen 456
– 3-Phasen-Modell 448
– psychodynamische
 Ansätze 453
– Resilienzförderung
 451–454
– Resilienzorientierung
 451–452
– Ressourcenorientierung
 451–452
– Selbstbeobachtungsempfehlungen 455
– Sicherheit 450
– Stabilisierung 448–449
– Stabilität 450
– Stressbewältigungsfähigkeit 448–449
– therapeutische Beziehung 450–454
– Therapieziele 455
– Trauern 456
– traumatische Erfahrungen erkunden 453–454
– Übertragung 452–453
– Würde 450–451
traumatische Ereignisse
 und Lebensumstände in
 Adoleszenz und Erwachsenenalter 232

traumatisierte Patientinnen
– Behandlung 446–457
– Gewalterfahrungen 390
Traumatisierung(en)
– frühkindliche 447
– komplexe, Behandlung
 449
– in psychiatrischen
 Abteilungen 358
– sexuelle 197
Trennungen
– Belastungen 49–51
– finanzielle Folgen 50
– körperliche Folgen 50
– psychische Folgen
 49–51
– soziale Folgen 50–51
Trennungsangst 106
Trichotillomanie 124

U
Überidealisierung, maternalistische 54
Übertragungsfokussierte
 Psychotherapie (TFP),
 Borderline-Persönlichkeitsstörung 215–218,
 280
Undoing Gender 20
Unterbauchschmerz,
 chronischer 187
Urvertrauen 13

V
väterliche Funktionen 462
Vaginismus 198, 200–201
vagotone Dysregulation
 423
Vater
– autoritärer 464
– fehlender (liberaler) 464
Vater-Kind-Beziehung,
 künftige 58
Vaterschaft, werdende,
 psychologische Aspekte
 57
Verfolgungswahn im Alter
 269
Vergänglichkeit 16

Vergewaltigung 235
- Posttraumatische Belastungsstörung (PTBS) 78, 330
Verhaltensauffälligkeiten, stationäre Psychotherapie 366
Verhaltenssüchte 164
Verhandlungshaushalt 22
Verlust eines Kindes 61–66
- Online-Präventionsprogramm 399
Verlusterfahrung, Depression 97
Vernachlässigung, Abhängigkeitserkrankungen 154
Versorgerehe, männliche, Vereinbarkeitsmodell 21, 24
vitale Erschöpfung 423
VITA-Studie, gehörlose Frauen, Unterdrückung 79
Vulnerabilität
- Faktoren, spezifische 43–44
- psychische 19, 24–25
- weibliche 14
Vulvodynie 187–188

W

wahnhafte Störungen, Patientenstichprobe 36
Wasch- und Reinigungszwänge (washing, cleaning, contamination fear) 125
Wechseljahre 253
weibliche Systeme, Chaos und Komplexität 33–38
Weiblichkeit 14
- Dekonstruktion 382
- Entwicklungs- und Erziehungsprozesse 467
- Identifizierung 467
- professionalisierte 279
- Psychotherapie, heutige 276

Weiblichkeitsideal 466
- Abweichungen 224–228
Wertvorstellungen, Reflexion 390
WITAF (Gehörlosenbetreuung) 79
World Professional Association of Transgender Health (WPATH) 206

Y

Y-BOCS-Checkliste, Zwangsstörungen 373

Z

Zukunftsoffenheit 7
Zuversicht 3
zwanghafte Persönlichkeitsstörung, Geschlechterverhältnis 212
Zwangsgedanken (obsessions) 124
- Prävalenz 125
Zwangshandlungen (compulsions) 124
Zwangsstörungen 124–135
- Basalganglien-Kontrollsystem 128
- COMT-Gen, Geschlechtsdimorphismus 132
- Epidemiologie 124–126
- Erkrankungsbeginn, früher 126
- Executive Dysfunction Model 127
- Exposure/Response Prevention (ERP) 130
- familiäre Transmission 131
- Genexpression, erfahrungs- und lernabhängige 126
- geschlechtsspezifische Unterschiede 131
- 5-HT2A-PromotorPolymorphismus 132
- idiografisches Systemmodell, Psycho- und

Beziehungsdynamik 376–377
- kognitive Verhaltenstherapie (KVT) 130
- Komorbidität mit Persönlichkeitsstörung 213
- Konfrontationsübung 378
- Lebenszeitprävalenz 107, 124
- medikamentöse Therapie 130
- Missbrauch 378
- Modulatory Control Model 127, 129
- neuronales Netzwerk 126–129
- neuropsychologische Beeinträchtigungen 126–127
- Pathophysiologiemodell 128
- Phänomenologie 124–126
- Posttraumatische Belastungsstörung (PTBS) 378
- Problemkonstellationen, charakteristische 379
- Psychotherapie 130
- Reizkonfrontation 377
- Selbstsicherheitstraining 374–375
- Serotoninrezeptoren, Sensitivität 131
- sexuelle Funktionsstörungen 196
- SSRI 130
- stationäre Psychotherapie 372–379
- task-switching, Defizite 127
- Y-BOCS-Checkliste 373
Zweigeschlechtlichkeit, Entdeckung, frühe Kindheit 195
Zyklusanomalien, Essstörungen 245

Psychotherapie & Persönlichkeit

Brigitte Boothe
Das Narrativ
Biografisches Erzählen im psychotherapeutischen Prozess
Mit einem Geleitwort von Jörg Frommer

Der Therapeut als narrativer Experte

- **Konkurrenzlos:** Systematische Verbindung von narrativen Konzepten und psychodynamischer Interpretation
- **Authentisch:** Zahlreiche übersichtliche Transkripte von Originalnarrativen veranschaulichen die kommunikative Wirklichkeit im Therapiegespräch
- **Plus:** Glossar mit wesentlichen Begriffen aus dem Bereich der Narratologie und der psychodynamischen Psychotherapie

2011. 260 Seiten, 17 Abb., geb.
€ 39,95 (D) / € 41,10 (A)
ISBN 978-3-7945-2801-1

Claudia Christ, Ferdinand Mitterlehner
Männerwelten
Männer in Psychotherapie und Beratung

Mut für männliche Wege

- **Standortbestimmung:** Gesellschaftliches Rollenbild versus eigene Position
- **Analyse:** Äußere Veränderungen für die innere Veränderung nutzen
- **Ziel:** Den eigenen Weg finden

Mit konkreten Anweisungen für Veränderungsprozesse und praktischen Arbeitsmaterialien liefern die Autoren das Handwerkszeug für eine positive Lebensgestaltung.

2013. 208 Seiten, 10 Abb., 10 Tab., kart.
€ 34,99 (D) / € 36,– (A)
ISBN 978-3-7945-2909-4

Heinz Walter, Helmwart Hierdeis (Hrsg.)
Väter in der Psychotherapie
Der Dritte im Bunde?

Vaterschaft im Spiegel der Psychotherapie

- **Grundlegend:** Was man zum Thema „Väter in der Psychotherapie" wissen sollte
- **Lebendig:** Zahlreiche Fallbeispiele aus der psychotherapeutischen Praxis
- **Vielseitig:** Beiträge aus der Psychoanalyse, der Analytischen Gruppentherapie, Systemischer Therapie, tiefenpsychologischen und körperorientierten Verfahren

Ein Werk, das die zunehmende Diskussion um Männlichkeit und Vaterrolle von der Seite der therapeutischen Theorie und Praxis aus beleuchtet und vertieft!

2013. 270 Seiten, geb.
€ 39,95 (D) / € 41,10 (A)
ISBN 978-3-7945-2819-6

Schattauer

www.schattauer.de

Psychotherapie & Persönlichkeit

Elisabeth Schramm (Hrsg.)
Interpersonelle Psychotherapie
Mit dem Original-Therapiemanual von Klerman, Weissman, Rounsaville und Chevron

Mit Geleitworten von Klaus Grawe und Ulrich Schnyder | Zusätzlich online: Kurzmanual für das Gruppensetting inkl. Handouts für Patienten und Angehörige

Die zwischenmenschliche Beziehung im Fokus

- **Das Praxisbuch:** Durchführungsleitlinien, zahlreiche Fallbeispiele und Arbeitsmaterialien
- **Gezielt an den deutschsprachigen Raum angepasst:** Entstehung und Verbreitung des Verfahrens in den deutschsprachigen Ländern, verstärkte Anwendung im stationären Setting, Ausbildungsmöglichkeiten etc.

3., vollst. überarb. u. aktual. Aufl. 2010. 316 Seiten, 17 Abb., 35 Tab., geb.
€ 39,95 (D) / € 41,10 (A)
ISBN 978-3-7945-2469-3

Gerd Rudolf
Psychodynamische Psychotherapie
Die Arbeit an Konflikt, Struktur und Trauma

Psychodynamische Therapie: ein Verfahren, viele Methoden

- **Ätiologie und Pathogenese** konfliktbedingter, strukturbedingter und posttraumatischer Störungen
- **Psychodynamische Diagnostik und Behandlungsplanung** nach OPD-2
- **Ausführliche Darstellung** der Strukturbezogenen Psychotherapie anhand von konkreten Fallbeispielen

„Eine didaktische Perle – wie ich finde." www.amazon.de, 5/2010
„Das Buch fasst vieles zusammen, was viele Therapeuten fühlen und denken." Psychotherapeut 1/2011

1. Ndr. 2011 der 1. Aufl. 2010. 270 Seiten, 6 Abb., 15 Tab., geb.
€ 39,95 (D) / € 41,10 (A)
ISBN 978-3-7945-2784-7

Eckhard Roediger
Praxis der Schematherapie
Lehrbuch zu Grundlagen, Modell und Anwendung

Die Schematherapie – alles andere als Schema F

- **Anwendungsbezogen:** Zahlreiche anschauliche Fallbeispiele aus der Praxis
- **Lösungsorientiert:** Empfehlungen für den Umgang mit schwierigen Therapiesituationen
- **Neu in der 2. Auflage:** Differenzierte Darstellung des Modusmodells; ausführliche Anleitungen zum Einsatz der spezifischen Techniken einschließlich Alternativstrategien; Schematherapie und Achtsamkeitsansatz

2., völlig überarb. u. erw. Aufl. 2011. 480 Seiten, 33 Abb., 33 Tab., geb.
€ 52,95 (D) / € 54,50 (A)
ISBN 978-3-7945-2767-0

Schattauer www.schattauer.de

Psychotherapie & Persönlichkeit

John F. Clarkin, Peter Fonagy, Glen O. Gabbard (Hrsg.)
Psychodynamische Psychotherapie der Persönlichkeitsstörungen
Handbuch für die klinische Praxis

Persönlichkeitsstörungen effektiv und sicher behandeln

- **Herausragende Kompetenz:** Namhaftes Autorenteam unter Federführung der weltweit führenden Experten für Psychodynamische Psychotherapie, John F. Clarkin, Peter Fonagy und Glen O. Gabbard
- **Komplettes Spektrum:** Theorie und Praxis der Behandlung von Persönlichkeitsstörungen
- **Fundiertes Wissen:** Aktuelle Erkenntnisse aus Forschung und klinischer Praxis
- **Plus:** Ausblick auf Neuerungen im DSM-5

2013. 502 Seiten, 13 Abb., 30 Tab., geb.
€ 69,– (D) / € 71,– (A)
ISBN 978-3-7945-2835-6

Birger Dulz, Cord Benecke, Hertha Richter-Appelt (Hrsg.)
Borderline-Störungen und Sexualität
Ätiologie – Störungsbild – Therapie

Auf die Beziehung kommt es an ...

- **Kompetent:** Namhaftes Autorenteam unter Federführung des renommierten Experten für Borderline-Störungen Birger Dulz, des Emotionsforschers Cord Benecke und der international anerkannten Sexualwissenschaftlerin Hertha Richter-Appelt
- **Wegweisend:** Themenkomplex „Borderline-Störungen und Sexualität" erstmals systematisch dargestellt
- **Komplett:** Theorie und Praxis in einem Band
- **Aus der klinischen Praxis:** Zahlreiche Fallbeispiele

2009. 412 Seiten, 6 Abb., 11 Tab., geb.
€ 52,95 (D) / € 54,50 (A)
ISBN 978-3-7945-2453-2

Martin Sack, Ulrich Sachsse, Julia Schellong (Hrsg.)
Komplexe Traumafolgestörungen
Diagnostik und Behandlung von Folgen schwerer Gewalt und Vernachlässigung

Komplexe Traumafolgestörungen sicher diagnostizieren und gezielt behandeln

- **Komplett:** Diagnostik und Therapie bei allen Altersgruppen und unterschiedlichsten komorbiden Störungen
- **Praktisch:** Detaillierte Übersicht und Einordnung häufig angewandter Therapiemethoden
- **Kompetent:** Autorenteam aus über 30 namhaften und praxiserfahrenen Experten

2013. 592 Seiten, 12 Abb., 35 Tab., geb.
€ 59,99 (D) / € 61,70 (A)
ISBN 978-3-7945-2878-3

Schattauer   www.schattauer.de